34 Schriften aus der Fakultät Geistes- und Kulturwissenschaften der Otto-Friedrich-Universität Bamberg

Schriften aus der Fakultät Geistes- und Kulturwissenschaften der Otto-Friedrich-Universität Bamberg

Band 34

Vielfalt vor Ort

Die Entwicklung des privaten Rundfunks in Bayern

herausgegeben von Markus Behmer und Vera Katzenberger

unter Mitwirkung von Julia Gürster

Bibliographische Information der Deutschen Nationalbibliothek
Die Deutsche Nationalbibliothek verzeichnet diese Publikation in der Deutschen
Nationalbibliographie; detaillierte bibliographische Informationen sind im Internet
über http://dnb.d-nb.de abrufbar.

Dieses Werk ist als freie Onlineversion über das Forschungsinformationssystem
(FIS; https://fis.uni-bamberg.de) der Universität Bamberg erreichbar. Das Werk –
ausgenommen Cover, Zitate und Abbildungen – steht unter der CC-Lizenz CC-BY.

Lizenzvertrag: Creative Commons Namensnennung 4.0
https://creativecommons.org/licenses/by/4.0/deed.de

Herstellung und Druck: Digital Print Group, Nürnberg
Umschlaggestaltung: University of Bamberg Press
Titebild: © John Rodenn Castillo

University of Bamberg Press, Bamberg 2021
http://www.uni-bamberg.de/ubp

ISSN: 1866-7627
ISBN: 978-3-86309-782-0 (Druckausgabe)
eISBN: 978-3-86309-783-7 (Online-Ausgabe)
URN: urn:nbn:de:bvb:473-irb-497539
DOI: http://dx.doi.org/10.20378/irb-49753

Inhaltsverzeichnis

Grußwort 9
Siegfried Schneider

Einleitung 13
Markus Behmer und Vera Katzenberger

1. Prolog

Rundfunkentwicklung in Bayern bis 1985 27
Manfred Treml

2. Rahmenbedingungen der Rundfunkentwicklung

2.1. Rundfunkrecht: Vom Medienerprobungs- und -entwicklungsgesetz
zum Bayerischen Mediengesetz 81
Markus Behmer

2.2. Von analog zu digital, von Kabel und Satellit zum Internet:
Die Entwicklung der Rundfunktechnik 95
Christian Henrich-Franke

2.3. Medienstandort Bayern: Die Ökonomie des lokalen Rundfunks 107
Vera Katzenberger und Markus Behmer

2.4. Forschung zur Rundfunkentwicklung 115
Melina Bosbach und Vera Katzenberger

3. Die Struktur des „Privatfunks" in Bayern

3.1. Die Bayerische Landeszentrale für neue Medien (BLM):
Entwicklung, Strukturen und Funktionen 139
Vera Katzenberger

3.2. Entwicklung und gegenwärtige Struktur der Anbieter:
Besitzverhältnisse, Kooperationen, Tendenzen 159
Markus Behmer

3.3. Von Abenberg bis Zwiesel: Die Vielfalt der lokalen Sender und
Programme in Bayern 177
Vera Katzenberger

3.3.1. Lokaler Hörfunk in Bayern 181
Vera Katzenberger

3.3.2. Lokales und regionales Fernsehen in Bayern 197
Vera Katzenberger

3.4. Interessenvertretung im privaten Rundfunk in Bayern 221
Julia Gürster

3.5. Medientage und viel mehr: Die Veranstaltungen der Bayerischen
Landeszentrale für neue Medien 235
Markus Kaiser

4. Die Programmmacher

4.1. Der lokale und regionale Rundfunk als Arbeitgeber 247
Markus Behmer

4.2. Journalistinnen im privaten Rundfunk in Bayern:
Status Quo und Diagnose zur Entwicklung 257
Romy Fröhlich

4.3. Die Entwicklung der Redaktionsorganisation bei lokalen Radio- und
Fernsehsendern 273
Klaus Meier, Maria Lisa Schiavone und Jonas Schützeneder

4.4. Journalistischer Nachwuchs für den privaten Rundfunk 291
Vera Katzenberger

4.4.1. Journalistische Ausbildung für lokale Radio- und Fernsehsender:
Aus- und Fortbildungskanäle in Bayern 295
Vera Katzenberger

4.4.2. Hochschulrundfunk in Bayern 309
Vera Katzenberger

4.4.3. Früh übt sich:
Praktika im bayerischen Lokal- und Regionalrundfunk 319
Julia Gürster

5. Das Programm

5.1. Kulturelle Identität im lokalen Rundfunk 337
Rudi Loderbauer

5.2. „Keine wirkliche Firma":
Die Gemeinschaftsredaktion der bayerischen Lokalradios BLR 359
Holger Müller

5.3. Musikformate im Wandel der Zeit 375
Rudi Loderbauer

5.4. Vom flotten Mundwerk zum akustischen Einerlei?
Die Entwicklung der Moderation im privaten Hörfunk in Bayern 387
Holger Müller

5.5. Werbeformate im Wandel der Zeit 411
Guido Zurstiege

5.6. Multimedia-Pioniere, aber wenig Journalismus:
Internetauftritte privater Rundfunkanbieter in Bayern 423
Christoph Neuberger

5.7. „Das System heißt Mensch": Eine Studie zum crossmedialen Arbeiten
in den Redaktionen lokaler Radiosender in Niederbayern 435
Lea Sophia Lehner und Ralf Hohlfeld

5.8. Zwischen Zweitverwertung und Zusatzangebot:
Podcasts der privatkommerziellen Hörfunkanbieter in Bayern 457
Michael Wild

5.9. Journalistische Qualität im privaten Rundfunk 469
Annika Geuß und Vera Katzenberger

6. Das Publikum

6.1. Rundfunkrezeption im Zeitverlauf 493
Sophie Reitmeier

6.2. Bürgerbeteiligung im Rundfunk 517
Vera Katzenberger

6.2.1. Nichtkommerzieller lokaler Rundfunk und
Partizipation im Wandel 521
Jeffrey Wimmer

6.2.2. Partizipation im Rundfunk:
Nichtkommerzielle Radio- und Fernsehinitiativen in Bayern 531
Julia Gürster

6.3. Medienkompetenzförderung:
Aufgaben der Landesmedienanstalten und deren Umsetzung in Bayern 541
Sarah Malewski, Vera Katzenberger und Markus Behmer

Chronik 551

Abbildungs- und Tabellenverzeichnis 575

Abkürzungsverzeichnis 577

Autorinnen- und Autorenverzeichnis 585

Personenregister 591

Grußwort

Lokaler Rundfunk in Bayern ist eine Erfolgsgeschichte. Von Berchtesgaden bis Aschaffenburg, von Hof bis Lindau – mehr als 100 lokale und regionale Radio- und Fernsehprogramme gibt es im Freistaat: Die bundesweiten Angebote außen vorgelassen haben wir mit Antenne Bayern ein landesweites UKW-Hörfunkangebot, das auch bundesweit Spitzenreiter ist. Dazu kommen landesweit fünf Digitalprogramme. Außerdem sind da 59 UKW-Lokalprogramme, die alle simulcast in regionalen DAB+-Multiplexen laufen, sowie 23 lokale Digitalprogramme. Darüber hinaus gibt es ein Zulieferprogramm für Lokalradios und zwei Aus- und Fortbildungsprogramme. Beim Fernsehen haben wir 14 Lokal-TV-Anbieter. Spartenanbieter, Internet-Only-Programme und Programme in kleinen Kabelnetzen mit eingerechnet sind es insgesamt 45 lokale TV-Programme. Dazu kommen fünf landesweite TV-Programme. Zusammengenommen erreichen diese Sender täglich ein Millionenpublikum. Kein Wunder. Denn sie bieten einen bunten Strauß an Inhalten. Allem voran gibt es lokale Information, Service und Kultur, im Radio kommt viel Musik dazu. Ganz wichtig dabei: Unsere privaten Sender sind im Freistaat direkt vor Ort. Sie geben Heimat, sind Anker, begegnen den Menschen auf Augenhöhe – das ist ihr Alleinstellungsmerkmal, auch und gerade in der globalen Medienwelt. Die Bayerische Landeszentrale für neue Medien (BLM) hat diese bundesweit einmalige Rundfunklandschaft mitaufgebaut. Heute und in Zukunft bleibt es unsere Aufgabe, sie zu erhalten und weiterzuentwickeln.

Dazu brauchen wir auch die Unterstützung der Politik. Umso erfreulicher ist es, dass im aktuellen Koalitionsvertrag explizit festgehalten ist: „Erhalt und Stärkung regionaler und lokaler Radio- und Fernsehsender" sind ein „besonderes Anliegen". Der Landeszentrale sind neben Erhalt und Stärkung auch Archivierung und Dokumentation dieser Vielfalt besondere Anliegen.

Zunächst einmal ist es eine wichtige, auch im Bayerischen Mediengesetz explizit festgeschriebene Aufgabe der Landeszentrale, auf die „Archivierung von Programmen privater Anbieter" hinzuwirken. Dabei geht es darum, lokale Medienarchive in ihrer Rolle als digitales Gedächtnis der Regionen zu unterstützen. Doch das allein reicht nicht, um das überaus erfolgreiche Stück Zeitgeschichte des privaten Rundfunks in Bayern nachzuschreiben.

Deshalb haben wir vorliegendes Forschungsprojekt zur „Entwicklung des privaten Rundfunks in Bayern" angestoßen. Das Besondere daran: Methodisch werden nicht nur Dokumentenanalyse, Quellenstudium und Literaturschau angewandt. Es wurden vor allem auch Zeitzeugeninterviews geführt. So kommen politische Wegbereiterinnen und Wegbereiter des privaten Rundfunks, Senderverantwortliche und -kreative sowie Gremienmitglieder und viele mehr zu Wort. Ohne Anspruch auf Vollständigkeit möchte ich nur ein paar Namen nennen: Auf Seiten der Politik hat Bayerns ehemaliger Ministerpräsident Dr. Edmund Stoiber – zunächst als Staatssekretär und Leiter der Bayerischen Staatskanzlei, dann als Staatsminister und schließlich viele Jahre als Ministerpräsident – gekonnt die Weichen für den privaten Rundfunk gestellt. Als seinen Beauftragten zum Aufbau der BLM ernannte Stoiber seinerzeit Prof. Wolf-Dieter Ring, von 1990 bis 2011 mein Vorgänger als BLM-Präsident. Zu Wort kommt auch Klaus Warnecke, Ex-Landtagsabgeordneter der SPD und von 1985 bis 1994 Mitglied des Medienrats. Bei seinen Nachfragen wurde es oft unruhig …

Unter den Senderverantwortlichen sticht Gunther Oschmann hervor. Der „Leo Kirch des Radios" begann gleich mit Start des Kabelpilotprojekts 1984, sich im lokalen Hörfunk unternehmerisch zu engagieren. Fakten für den Medienstandort Bayern hat *Focus*-Gründer Helmut Markwort schon als Mitgründer von Radio Gong und Antenne Bayern, an denen er noch heute Beteiligungen hält, geschaffen. Seine Radiokollegin Maria-Teresia von Seidlein gründete einen der ersten privaten Radiosender Bayerns und machte M1 zu einer der erfolgreichsten Stationen in München. Elke Schneiderbanger begann ihre Karriere wie so viele beim privaten Rundfunk – zunächst bei Neue Welle Bamberg, dann bei Antenne Bayern, als Chefredakteurin und stellvertretende Programmdirektorin. Wie einige andere auch verließ Fred Kogel 1984 den BR, um den Aufbruch beim privaten Rundfunk mitzumachen. Er baute unter anderem den Münchner Lokalsender Radio 44 auf, das später in Energy München umbenannt wurde.

Die Liste ließe sich fortsetzen – aber ich will nicht zuviel vorwegnehmen … Lassen Sie mich stattdessen noch einen kurzen Blick in die Zukunft werfen.

Die Pionierjahre des privaten Rundfunks liegen hinter uns – große Herausforderungen jedoch vor uns: In Zeiten der Digitalisierung müssen wir unseren lokalen und regionalen Rundfunk für die Zukunft gut aufstellen. Sprachassistenten, Storytelling, Podcasts, neue Digitalstrategien und Erlösmodelle sind dabei nur einige Stichpunkte. Wer sich weiterentwickelt, wird auch weiter Erfolg haben – das ist meine Überzeugung.

Der Lokalfunk muss sich in der digitalen Medienwelt neu erfinden – dieses Bewusstsein war in den Sendern schon vor der Krise da. Doch erst das letzte Jahr hat gezeigt, was wirklich alles möglich ist. Wie innovativ und wie systemrelevant unsere Sender sind, wurde durch ihre großen Leistungen während der Corona-Pandemie mehr als deutlich. Sie haben über das Geschehen vor Ort nicht nur informiert. Sie haben – nicht zuletzt durch zahlreiche neue Programmangebote im kulturellen und kirchlichen Bereich – ein Stück weit gesellschaftliche Teilhabe ermöglicht und Zusammenhalt gestaltet. Heimat gewinnt! – das war, ist und bleibt der unverwechselbare USP des lokalen und regionalen Privatfunks in Bayern.

Unser neues Forschungsprojekt macht das mehr als deutlich. Die Landeszentrale ist stolz darauf, mit diesem Band die erste wissenschaftlich fundierte Gesamtdarstellung zur Geschichte des lokalen Rundfunks in Bayern vorzulegen – zumal Historie und Programmgeschichte des Bayerischen Rundfunks immer wieder Gegenstand von wissenschaftlichen Veröffentlichungen und Ausstellungen waren und sind.

Diese Lücke wollte der Medienrat der BLM – allen voran der langjährige Vorsitzende des Hörfunkausschusses, Prof. Dr. Manfred Treml, schließen. Deshalb hat der Medienrat den Kommunikationswissenschaftler Prof. Dr. Markus Behmer von der Universität Bamberg um eine wissenschaftliche Bestandsaufnahme gebeten, die die Entwicklung der privaten lokalen Rundfunkangebote in Bayern dokumentiert und kritisch einordnet.

Mein Dank und meine Anerkennung gelten dem Medienrat für die Unterstützung des Forschungsprojekts, den Wegbereiterinnen und Wegbereitern des privaten Rundfunks für ihre Offenheit und ihre Anekdoten, Prof. Dr. Manfred Treml für die Inititiierung und Begleitung des Projekts, Prof. Dr. Markus Behmer und seinem Team sowie den zahlreichen Autorinnen und Autoren für ihre Forschung und ihren Einsatz.

Siegfried Schneider,
Präsident der Bayerischen Landeszentrale für neue Medien (BLM)

München, im April 2021

Einleitung

Markus Behmer und Vera Katzenberger

Am Anfang war die Musik. Und die Musik kam zum Volk. Über den Äther. Es war ein Weihnachtskonzert, das am 22. Dezember 1920 als Rundfunkversuchssendung von einer Sendeanlage des Reiches in Königs Wusterhausen südlich von Berlin ausgestrahlt wurde. Aber nur wenige konnten zuhören: einige Angehörige des Reichspostministeriums, Radiobastler, vormalige Angehörige der Funkbataillone der Truppen im Ersten Weltkrieg, Funkpioniere (Frauen dürften kaum darunter gewesen sein). Dieses Datum vor 100 Jahren, dieses Konzert kann heute als Geburtsstunde des Radios in Deutschland gelten, auch wenn es noch nicht wirklich öffentlich und nirgends angekündigt worden war (siehe Stock 2020). Musik, das blieb bis heute ein wesentlicher Faktor fast aller Radioprogramme, zumal im Privatradio, auch wenn dort zu Weihnachten weit, weit mehr Wham zu hören ist als, wie einstmals 1920, Wagner, weit eher „Driving home for Christmas" denn „Eine feste Burg ist unser Gott", die Zugabe im ersten Rundfunkfesttagskonzert.

Am Anfang war Privatfunk. Unter dem Funkregal der Post und kontrolliert vom Reichsinnenministerium nahm die Funk-Stunde Berlin am 29. Oktober 1923 aus der Dachkammer eines Schallplatten- und Musikinstrumenteunternehmens, der Vox, den ersten regelmäßigen Unterhaltungssendebetrieb auf. Andere Regionalgesellschaften folgten bald. So die Deutsche Stunde in Bayern GmbH, die – Beginn des Radios im Freistaat – am 30. März 1924 mit der Übertragung eines Festakts im Auditorium Maximum der Münchner Universität ihr Programm startete (vgl. Lerg 1980: 167). Bald gerieten die privaten Radiogesellschaften mehr und mehr unter staatliche Aufsicht, wurden ab 1925 unter das Dach der Reichsrundfunkgesellschaft gestellt und ab 1932 ganz rausgedrängt, der Rundfunk schließlich im „Dritten Reich" ein Propaganda- und Ablenkungsinstrument in der Hand von Staat und Partei. Nach dem Krieg wurde im Westen Deutschlands, bald der Bundesrepublik (mindestens weithin) konsequent das Gegenmodell eines öffentlich-rechtlichen Rundfunks möglichst frei oder wenigstens fern von staatlichen und privatökonomischen Interessen oder Zwängen umgesetzt. Private Rundfunkunternehmen blieben außen vor. Bis dann, nach vielen Diskussionen, Rechtsgutachten, Verfassungsgerichtsurteilen und Parlamentsentscheidungen ab Mitte der 1980er Jahre (wieder) privater Rundfunk etabliert wurde im dualen Modell mit dem Nebeneinander von öffentlich-rechtlichen und privatwirtschaftlich gestalteten Anbietern, Veranstaltern und Programmen. Bayern blieb, wir werden in diesem Band ausführlich darauf zu sprechen kommen, de jure ein Sonderfall – de facto aber wurde es ein „Rundfunkmusterland" mit der umfangreichsten Lokalradio- und Regionalfernsehlandschaft der „alten" wie dann auch der vereinten Bundesrepublik. Am Anfang gab es Visionen: 1932 hat Bert Brecht in einem bis heute viel zitierten Aufsatz über den „Rundfunk als Kommunikationsapparat" (der mit drei anderen Texten dann überhöht als „Radiotheorie" zusammengefasst wurde) gefordert:

> Der Rundfunk ist aus einem Distributionsapparat in einen Kommunikationsapparat zu verwandeln. Der Rundfunk wäre der denkbar großartigste Kommunikationsapparat des öffentlichen Lebens, ein ungeheures Kanalsystem, das heißt, er wäre es, wenn er es verstünde, nicht nur auszusenden, sondern auch zu empfangen, also den Zuhörer nicht nur hören, sondern auch sprechen zu machen und nicht zu isolieren, sondern ihn in Beziehung zu setzen (Brecht 1932/1967: 134).

Von Call-In-Sendungen, von Bürgerradios, gar vom Internet und Social Media hatte der vorausdenkende Dichter selbstverständlich noch keine Vorstellung. Welche Rolle sie heute im bayerischen Lokal- und Regionalfunk entwickelt haben, welche Konzepte es gibt, ob der einstige bloße Distributionsapparat gar zum „großartigsten", partizipativen Kommunikationsapparat geworden ist? Wir werden darüber berichten.

„Von Anfang an hat der Rundfunk nahezu alle bestehenden Institutionen, die irgend etwas mit der Verbreitung von Sprech- oder Singbarem zu tun hatten, imitiert", so nochmals Brecht bereits 1932: „Es entstand ein unüberhörbares Durch- und Nebeneinander im Turmbau zu Babel" (ebd. 133). Eingestürzt ist dieser Turmbau bis heute nicht; vielmehr hat er immer mehr Kammern, Säle und Stockwerke bekommen, Haupt- und Nebengebäude. Er ruht auf einem soliden Fundament, dem Medienrecht, und wird stabilisiert durch die spezifischen Strukturen, im bayerischen Privatfunk unter dem öffentlich-rechtlichen Dach der BLM. Auch das wird im Folgenden dargestellt.

Am Anfang, vor der Versuchsausstrahlung vom Sender am Windmühlenberg in Königs Wusterhausen, war die Spanische Grippe gerade einigermaßen überwunden. Jetzt, da wir dies schreiben, beginnen die Massenimpfungen gegen das SARS-Cov-2-Virus, um der Corona-Pandemie ein Ende zu setzen. Was 1923 von dem kleinen Vox-Dachstudio in der Potsdamer Straße 4 (direkt beim Potsdamer Platz im Herzen Berlins) seinen Ausgang nahm, geht heute, in Monaten des Homeoffice, zwangsläufig und wohl vorübergehend zurück in Kleinststudios im privaten Raum. Mobile-Office heißt das Stichwort, flexibles Moderieren und Teamwork via Apps und Streams von zu Hause, wenn in den hochmodernen Newsrooms der nötige Abstand innerhalb des Kollegiums nicht eingehalten werden kann. Doch: „Das Radioherz schlägt weiter" (Seibel 2021), berichtet Inge Seibel (selbst eine Pionierin des bayerischen Privatfunks, von 1986 bis 1995 Moderatorin und Programmleiterin bei Radio Charivari München) aus den Lockdown-

Phasen 2020/21, als etwa bei der Rock Antenne am Redaktionsstandort nur 19 von 150 Arbeitsplätzen vor Ort in Ismaning aus Hygienegründen freigegeben waren (vgl. ebd.: 68). Diese aktuellsten Herausforderungen können in diesem Band noch kaum Berücksichtigung finden, waren doch die meisten Recherchen bereits abgeschlossen, die meisten Texte schon geschrieben. Zitiert sei daher zumindest eine Stimme für ganz viele, der Geschäftsführer von Radio Energy Nürnberg, Markus Schülein: „Ich bin super stolz auf die gesamte Belegschaft. Mit welcher Professionalität und diesem tollen Teamgeist sie diese Monate gemeistert haben, ist beeindruckend" (zit. n. Maltz-Kummer 2020: 19).

Während der Covid-19-Pandemie konnten die lokalen Radio- und Fernsehsender zwar viele neue Hörerinnen und Hörer, Zuschauerinnen und Zuschauer gewinnen, denn ihr Service mit detaillierten lokalen Informationen wurde nachgefragt, aber die Werbeerlöse und Umsätze sind dennoch eingebrochen. In der Pandemie habe der lokale Rundfunk gezeigt, dass er „systemrelevant" sei, so BLM-Präsident Siegfried Schneider in einem Interview mit der *Augsburger Allgemeinen* (siehe Wirsching 2020). Er habe Zusammenhalt ermöglicht und sei „Anker in einer unruhigen Zeit" gewesen.

Welche längerwirkenden Auswirkungen die Krise allerdings haben wird, das lässt sich derzeit nicht absehen, weder hinsichtlich der künftigen Zusammenarbeit – in Großraumbüros oder verstärkt dezentralisiert – noch hinsichtlich der Zukunft der Medienberufe allgemein. Hierzu kam jüngst eine Studie des Instituts für Kommunikationswissenschaft und Medienforschung der Universität München, in der von Oktober bis Dezember 2020 fast tausend Journalistinnen und Journalisten zu ihrer beruflichen Situation gefragt wurden, zu bitteren Befunden: 58 Prozent der Befragten über alle Medientypen und Anstellungsformen hinweg (eine Differenzierung für den privaten Rundfunk und Bayern liegt nicht vor) schätzten ihr aktuelles Arbeitsverhältnis als „eher unsicher" ein, drei von fünf gaben an, dass sich „ihre Arbeitsbedingungen seit der Corona-Pandemie verschlechtert" hätten, und 43 Prozent der hauptberuflich Beschäftigten ordneten ihre Situation gar als „prekär" ein (vgl. Hanitzsch/Rick 2021: 2). So ist zu hoffen, dass Siegfried Schneider mit seinem Optimismus recht behalten möge, wenn er feststellt: „Die Krise bedeutet für die Medienbranche nicht nur eine wirtschaftliche Herausforderung, sondern auch eine Chance: Sie weckt das Kreativ- und Innovationspotential bei allen Beteiligten"; ja, sie habe gar „wie ein Turbo-Booster für die Digitalisierung gewirkt" (Schneider 2020).

Am Anfang stand ein Defizit. Die öffentlich-rechtliche Säule des dualen deutschen Rundfunksystems und ihre historische Entwicklung ist weithin gut bis sehr gut erforscht (siehe etwa Dussel 2010), es gibt eine Gruppe Interessierter, die sich dezidiert ihrer Historie widmet, den Studienkreis Rundfunk und Geschichte, mit einer eigenen Zeitschrift, *Rundfunk und Geschichte*, in der nur gelegentlich auch Themen aus dem Bereich des privaten Rundfunks vorkommen (so zuletzt ein „rundfunkhistorisches Gespräch" mit Wolf-Dieter Ring, siehe Walendy 2020). Und es gibt diverse Archive, angefangen vom Deutschen Rundfunkarchiv mit seinen Standorten in Frankfurt am Main und Potsdam-Babelsberg bis hin zu den historischen und institutionellen Archiven der einzelnen Rundfunkanstalten (siehe Behmer/Bernard/Hasselbring 2013), die auch der Forschung offen stehen. Zum privaten Rundfunk in Deutschland gibt es weit, weit weniger. Die Programme sind kaum systematisch archiviert, Unternehmensarchive sind – falls überhaupt vorhanden – Forschenden noch fast nicht zugänglich. Und es gibt bislang keine umfassende wissenschaftliche Darstellung der Entwicklung des privatwirtschaftlichen Rundfunks in Deutschland oder speziell in Bayern oder gar zum bayerischen lokalen wie regionalen Radio und Fernsehen, sondern nur Bausteine dazu (siehe etwa Treml 2016). Immerhin aber bestehen viele Spezialstudien, so schon allein die aktuell 109 Bände umfassende Schriftenreihe der BLM (zu Details siehe BLM 2021). Einzelheiten zum Forschungsstand sind im Weiteren den Literaturangaben nach jedem Beitrag zu entnehmen. Zudem sind etwa Zahlenangaben zum privaten Rundfunk in Bayern teils uneinheitlich, der jeweils aktuelle Stand – trotz großer Hilfsbereitschaft seitens der BLM – nicht immer leicht zu ermitteln. So ist alles in allem die Quellensituation ebenso desiderat wie der Forschungsstand; mithin eine doppelte Herausforderung für die Forschenden.

Am Anfang war ein Gespräch. Vor nun schon bald fünf Jahren fand es statt und von Manfred Treml, Historiker und Vorsitzender des Hörfunkausschusses der BLM, ging es aus. Nach mehr als 30 Jahren privaten Rundfunks in Bayern sollte man doch systematisch aufzuarbeiten versuchen, wie es zu dem kam, was da nun heute ist. Man müsse die Bedeutung des lokalen Rundfunks erkennbar machen, müsse ihn als Kulturfaktor in den Blickpunkt einer breiteren Öffentlichkeit rücken, wo er als Unterhaltungs- und auch Informationsmedium doch tagtäglich von Hunderttausenden, ja Millionen genutzt werde. Wie ist die Entwicklung über die Jahrzehnte hinweg gerade im Bereich des lokalen und regionalen Rundfunks gelaufen? Welche Strukturen sind entstanden, welche Akteure hatten und haben dabei welchen Einfluss? Was hat sich bewährt, wo gibt es Defizite? Und so fort. Man könnte doch, so waren wir uns einig, auch mit den Leuten sprechen, die das alles, was hier nun in der bayerischen Breite besteht, aufgebaut haben, solange sie noch erreichbar sind und sich gut erinnern. So suchte Manfred Treml unser Interesse zu wecken, so tauschten wir uns aus – und so war der Forscherehrgeiz erweckt. Er, Manfred Treml, ist also der Spiritus Rector oder mindestens Initiator des Projekts, dessen Befunde hier nun im Folgenden dokumentiert werden. Viele, sehr viele Gespräche folgten: Mit den baldigen Trägern des Projekt bei der BLM, allen voran mit Heinz Heim, dem Bereichsleiter Programm, und mit Wolfgang Flieger, bis 2020 Bereichsleiter Kommunikation und Medienwirtschaft, rasch auch mit BLM-Geschäftsführer Martin Gebrande, mit

Präsident Siegfried Schneider selbst und mit seinem Amtsvorgänger Wolf-Dieter Ring, der selbst gerade an einem inzwischen erschienenen Buch (siehe Ring 2019) über die Entwicklung des privaten Rundfunks in Bayern und seine Rolle dabei arbeitete und uns gleichwohl vorbehaltlos unterstützte. So überreichte er uns nach einem unserer Gespräche mehrere große Kisten, voll mit zahllosen Videokassetten und DVDs, auf denen seine vielen Fernsehauftritte gespeichert sind: „Machen Sie damit, was Sie wollen." Viele Gespräche folgten schließlich auch mit Fachkolleginnen und -kollegen, Expertinnen und Experten für Spezialthemen, die im Band bearbeitet werden sollten – und die schließlich versprachen, Beiträge zu erstellen.

Gleichzeitig begannen Gespräche ganz besonderer Art: Interviews mit Personen, die die Entwicklung des bayerischen Privatfunks in ganz unterschiedlichen Funktionen und Positionen aktiv gestalteten, ermöglichten oder teils auch kritisch begleiteten. Manch Prominenz ist darunter, so der vormalige bayerische Ministerpräsident Edmund Stoiber, der Privatradio-Pionier Helmut Markwort, Medienunternehmer oder -manager wie Gunther Oschmann, Elke Schneiderbanger und Fred Kogel oder Moderatoren wie Wolfgang Leikermoser und Viktor Worms, aber auch Unbekanntere, Praktikantinnen und Praktikanten sowie Redakteurinnen und Redakteure der „ersten Stunde" und viele Mitglieder des ersten BLM-Medienrats.

Genau 101 „Zeitzeugengespräche" sind es bislang; alle wurden transkribiert, viele Erkenntnisse und auch manche Zitate flossen in diesen Band ein. Wesentlich wurde hier aber Grundlagenforschung betrieben: Die Interviews werden nun, nachdem dieser Band erschienen ist, bearbeitet und sollen bald der weiteren Forschung zur Verfügung gestellt werden.

„Vielfalt vor Ort" ist dieser Band überschrieben – daher lag der Schwerpunkt auch stets bei der Entwicklung und der Situation des lokalen und regionalen Rundfunks. Zum Einstieg in den Band soll nun noch ein Überblick über den Inhalt geboten werden. Eingeteilt ist der Sammelband in insgesamt sechs große Abschnitte beziehungsweise Hauptkapitel, die sich unterschiedlichen Aspekten des privaten Rundfunks und seiner Entwicklung widmen.

Im ersten Hauptkapitel stellt Manfred Treml basierend auf umfassenden Quellenrecherchen die Rundfunkentwicklung in Bayern bis 1985 dar. Er beschreibt die Entwicklung der Privatisierung des Rundfunks in vier Phasen und bietet dabei fundierte Ausführungen zum „Adenauer-Fernsehen" in den 1950er Jahren, zu den Bemühungen um ein „Verlegerfernsehen" in den 60er Jahren, zum „Volksbegehren Rundfunkfreiheit" in den 70er Jahren und zur endgültigen Durchsetzung des privaten Rundfunks in Bayern ab 1984/85.

Das zweite Hauptkapitel ist den verschiedenen Rahmenbedingungen der Rundfunkentwicklung gewidmet. Es enthält eine kurze, überblicksartige Darstellung zu den wichtigsten rundfunkrechtlichen Grundlagen von Markus Behmer und zeichnet vor allem den Weg vom Medienerprobungs- und -entwicklungsgesetz hin zum Bayerischen Mediengesetz nach. Im nächsten Kapitel untergliedert Christian Henrich-Franke die Entwicklung der Rundfunktechnik in zwei Phasen, eine erste, die durch eine Pluralisierung des Angebots durch neue Übertragungswege geprägt war, und eine zweite, die durch eine effektivere Nutzung der bestehenden Übertragungswege dank digitaler Technologie sowie durch eine Verschmelzung vorher getrennter Medien (Rundfunk, Telekommunikation etc.) gekennzeichnet ist. Danach erläutern Vera Katzenberger und Markus Behmer in einem Kapitel den ökonomischen Status Quo des bayerischen Rundfunkmarkts und seine Entwicklung in den letzten Jahrzehnten überblicksartig. Eine empirische Auseinandersetzung bietet das nächste und letzte Kapitel in diesem Abschnitt: Ausgehend von einer Programmanalyse zu Regionalnachrichten in Würzburg diskutiert Melina Bosbach gemeinsam mit Vera Katzenberger den Stellenwert von (Programm-)Forschung zur Rundfunkentwicklung.

Das dritte Hauptkapitel rückt anschließend die Struktur des „Privatfunks" in den Mittelpunkt. Zunächst führt Vera Katzenberger Entwicklung, Strukturen und Funktionen der BLM aus. Die drei zentralen Gremien der Landeszentrale – Medienrat, Präsident und Verwaltungsrat – finden dabei besondere Beachtung. Im nächsten Kapitel blickt Markus Behmer auf die Besitzverhältnisse, Kooperationen und Tendenzen in der gegenwärtigen Struktur der Rundfunkanbieter in Bayern. In den beiden darauffolgenden Kapiteln stellt Vera Katzenberger zunächst die Entwicklung des lokalen Hörfunks und anschließend des lokalen und regionalen Fernsehens in Bayern dar. Danach befasst sich Julia Gürster mit den komplexen Strukturen der Interessensvertretung: Überblicksartig stellt sie die Arbeitsgemeinschaft Privater Rundfunk (APR) sowie den Verband Privater Medien e.V. (VAUNET), zuvor Verband Privater Rundfunk und Telemedien (VPRT), auf nationaler Ebene und die Vereinigung Bayerischer Rundfunkanbieter (VBRA), den Verband Bayerischer Lokalrundfunk (VBL) und den Verband unabhängiger Lokalradios in Bayern (VuLB) auf Ebene des Freistaats vor. Markus Kaiser bietet schließlich im letzten Beitrag dieses Hauptkapitels einen Überblick zu den Veranstaltungen der BLM und richtet seinen Fokus insbesondere auf die Medientage München und die Lokalrundfunktage in Nürnberg. Dabei wirft er Schlaglichter auf die wichtigsten Veränderungen in den vergangenen Jahrzehnten.

Im vierten Hauptkapitel liegt der Fokus auf den „Macherinnen" und „Machern" des privaten Rundfunks. Im ersten Beitrag des Hauptkapitels ordnet Markus Behmer die Bedeutung des lokalen und regionalen Rundfunks als Arbeitgeber in Bayern anhand mancher Beispiele aus der Praxis ein. Mit den Journalistinnen befasst sich Romy Fröhlich im nächsten Kapitel. Basierend auf einer eigens für diesen Sammelband durchgeführten Vollerhebung bietet sie aktuelle Ausführungen zum Frauenanteil im privaten Hörfunk und Fernsehen im Freistaat. Im nächsten Kapitel geben Klaus Meier, Maria Lisa Schiavone und Jonas Schützeneder einen Überblick über die Redaktionsorganisation im Allgemeinen und die Spezifika bei lokalen Radio- und Fernsehsendern im Speziellen und zeigen anschließend anhand dreier Fallstudien auf, wie sich die redaktionellen Strukturen einzelner Radiosender in Bayern konkret über die letzten Jahrzehnte hinweg entwickelt haben. Anschließend wird die Nachwuchsförderung in drei Beiträgen deskriptiv dargestellt: Vera Katzenberger befasst sich mit der Entwicklung der Aus- und Fortbildungskanäle sowie anschließend mit dem Hochschulrundfunk in Bayern, Julia Gürster ordnet danach den Stellenwert von Praktika im privaten Rundfunk ein.

Das fünfte Hauptkapitel ist das umfangreichste: In neun Unterkapiteln wird das Programm des privaten Rundfunks in Bayern aus unterschiedlichsten Blickwinkeln heraus betrachtet. Den Aufschlag macht Rudi Loderbauer, der sich mit Fragen der kulturellen Identität im lokalen Rundfunk befasst. Er zieht dazu, nach allgemeinen Ausführungen, Radio Oberland mit Sitz in Garmisch-Partenkirchen als Fallbeispiel heran. Im nächsten Kapitel beschäftigt sich Holger Müller mit der Bayerischen Lokal-Radioprogramme mbh & Co. KG (BLR) und beleuchtet die Gründungsphase sowie die Gesellschafterstruktur und den Wandel der verschiedenen Nachrichtenformate der BLR. Anschließend befasst sich Rudi Loderbauer mit den Musikformaten im Radio und deren Veränderungen im Zeitverlauf. Er blickt auf die weit verbreiteten Formate wie Adult Contemporary (AC), Contemporary Hit Radio (CHR) oder Middle of the Road (MOR) und bietet Ausführungen zu deren Bedeutung im privaten Hörfunk in Bayern. Danach stellt Holger Müller die Entwicklung der Moderation im privaten Hörfunk in Bayern anhand von vielen Beispielen aus der Radiopraxis der letzten Jahrzehnte dar.

Im nächsten Kapitel stehen die Werbeformate im Fokus. Guido Zurstiege stellt in diesem allgemein ausgerichteten Beitrag die Veränderungen der Werbeformate im Fernsehen entlang dreier Phasen dar. Er berücksichtigt dabei die Einführung des dualen Rundfunksystems in Deutschland, den technologischen Medienwandel und hier vor allem die Digitalisierung des Fernsehens sowie die damit zusammenhängende, voranschreitende Liberalisierung der rechtlichen Voraussetzungen für die Fernsehwerbung. Inwiefern sich die Vielfalt des lokalen und regionalen Angebots auch im Internet beobachten lässt, zeigt Christoph Neuberger auf. Er befasst sich in seinem Beitrag mit den Internetauftritten privater Rundfunkanbieter in Bayern.

Wie es um die crossmediale Arbeit in den Redaktionen lokaler Radiosender bestellt ist, führen anschließend Lea Sophia Lehner und Ralf Hohlfeld in einer Studie mit Fallbeispielen aus Niederbayern aus. Eine weitere empirische Studie legt Michael Wild vor: Basierend auf umfassenden Recherchen stellt er die Struktur des Podcastangebots der privatkommerziellen Hörfunkanbieter in Bayern dar und fragt danach, inwiefern die Anbieter Podcasts als Zweitverwertung ihres linearen Programms oder als Zusatzangebot nutzen. Im letzten Beitrag dieses Hauptkapitels blicken schließlich Annika Geuß und Vera Katzenberger auf die journalistische Qualität im privaten Rundfunk. Sie nähern sich zunächst aus theoretisch-konzeptioneller Perspektive an das komplexe Konzept der journalistischen Qualität an und stellen abschließend exemplarisch Fördermaßnahmen der BLM zur Sicherung und Steigerung der journalistischen Qualität im Rundfunk dar.

Das sechste und letzte Hauptkapitel richtet den Blick schließlich vom Programm zum Publikum, also auf die Hörerinnen und Hörer sowie Zuschauerinnen und Zuschauer vor ihren Radio- und Fernsehgeräten, aber immer häufiger auch vor ihren Smartphones, Tablets oder Laptops. Sophie Reitmeier gibt einen Überblick zur Rundfunkrezeption im Zeitverlauf. Sie macht die Funkanalyse Bayern zum Gegenstand einer umfassenden Einordnung. Im nächsten Kapitel beschäftigt sich Jeffrey Wimmer aus theoretischer Perspektive mit dem nichtkommerziellen Rundfunk und blickt auf Möglichkeiten der Bürgerbeteiligung. Anschließend stellt Julia Gürster exemplarisch einzelne nichtkommerzielle Radio- und Fernsehinitiativen in Bayern vor. Das letzte Hauptkapitel endet schließlich mit einem Beitrag von Sarah Malewski, Vera Katzenberger und Markus Behmer zur Medienkompetenzförderung durch die BLM.

Im Anhang findet sich neben der Abkürzungsauflösung und dem Verzeichnis der Autorinnen und Autoren vor allem eine Chronik, die im Jahresschritt einen kurzen Überblick über die Entwicklung des privaten Rundfunks von den 1980er Jahren bis 2021 bereitstellt. So bietet der Band insgesamt eine Mischung aus beschreibenden Texten, die die dreieinhalb Jahrzehnte der Entwicklung privaten Rundfunks in Bayern mit unterschiedlichen Schwerpunkten und aus unterschiedlichen Perspektiven zusammenfassen und resümieren, und empirischen Studien, die vielfältige Detaileinblicke vermitteln. Die jüngsten Daten, auf die sich die verschiedenen Kapitel dabei beziehen, stammen meist aus den Jahren 2019 und 2020. Die Situation des Rundfunks in Bayern ist allerdings dynamisch: Viele Zahlen haben sich seitdem bereits wieder mehr oder weniger stark verändert; so kann also – hier wie stets im ältesten Druckmedium Buch – nicht davon ausgegangen werden, dass alle Zahlen zum Zeitpunkt des Erscheinens noch aktuell sind; vieles ist Momentaufnahme, auch wenn es das Anliegen ist, einen großen Zeitraum in den Blick zu nehmen.

Weil vieles im bayerischen Rundfunkmarkt miteinander verflochten und verwoben ist, wird sich manches in den Kapiteln wiederholen. Der Sammelband ist nicht darauf ausgelegt, „am Stück gelesen" zu werden – dies schon allein aufgrund seiner Länge von 600 Seiten. Er ist vielmehr als Reader und als Handbuch zum Nachschlagen gedacht.

Möge er interessante Einblicke und sinnvolle Überblicke vermitteln, möge er gegebenenfalls auch zum Diskurs anregen, zu weiterer Forschung inspirieren und so Ausgangspunkt zu einer intensiveren wissenschaftlichen Befassung mit dem relevanten und faszinierenden Gegenstand werden, eben dem privaten Rundfunk unter öffentlich-rechtlichem Dach in Bayern mit Fokus insbesondere auf den lokalen Hörfunk und das regionale Fernsehen.

In dem Reader wird versucht, viele Aspekte und Facetten der bunten und vielfältigen, aber eben auch zunehmend unübersichtlichen Medienlandschaft in Bayern abzudecken. Dem Herausgeberteam und den Autorinnen und Autoren des Bands sei also verziehen, wenn viele, jedoch nicht alle Aspekte und Facetten gleichermaßen Beachtung erfahren. Allein die Komplexität des Forschungsgegenstands machte Schwerpunktsetzungen nötig. Manche werden also Manches vermissen. So wird etwa wenig auf die einstigen Kabel-, dann Medienbetriebsgesellschaften oder zum Beispiel auf die Bayerische Lokalradio-Werbung GmbH (kurz BLW) als gemeinsamer Vermarkter vieler Sender eingegangen und es werden auch keine Detailstudien etwa zur Politikvermittlung oder der Wirtschafts- oder Sportberichterstattung im lokalen Rundfunk geboten. Auch wurde darauf verzichtet, die spezifische Entwicklung in den sieben bayerischen Regierungsbezirken oder in einzelnen Ballungsräumen und Großstädten nachzuzeichnen. Dies und anderes mehr sei weiteren Studien, akademischen Abschlussarbeiten, Aufsätzen, Büchern vorbehalten; mögen sie zahlreich folgen.

Am Ende des Anfangs dieses Bandes, eben der Einleitung; stehe nun ein Wort. Großgeschrieben: DANKE.

An erster Stelle gilt unser Dank der Bayerischen Landeszentrale für neue Medien (BLM), die das Forschungsprojekt und den Sammelband materiell wie ideell förderte. Ohne den Präsidenten der BLM, Siegfried Schneider, sowie die Geschäftsführer, Martin Gebrande und seit 2019 Thorsten Schmiege, hätten weder das Projekt noch der Band in der vorliegenden Weise umgesetzt werden können. Der Dank gilt ihnen nicht nur für die Förderung, sondern auch für die wohlwollende und stets interessierte Begleitung. Dies gilt ebenso für viele Mitarbeiterinnen und Mitarbeiter der Landeszentrale, so Heinz Heim und Wolfgang Flieger, Stefanie Reger, Tina Täsch, Ruth Neeser, Regina Deck, Gabriele Bopp, Bettina Pregel, Tanja Nagel und viele andere, die alle unsere Nachfragen stets schnell und ausgesprochen hilfsbereit beantwortet und bearbeitet haben und immer wieder auch die Tore zu den Archiven der BLM für uns öffneten.

Manfred Treml gebührt, wie oben bereits deutlich geworden sein sollte, ein besonderes Dankeschön dafür, dass er die Idee zum Projekt im Medienrat angestoßen hat und dessen Umsetzung nicht nur interessiert begleitet, sondern sich auch aktiv daran beteiligt hat.

Dem ehemaligen Präsidenten der BLM, Wolf-Dieter Ring, gilt unser Dank für den freundlichen und offenen Empfang in München und die Kisten mit von ihm gesammelten Archivalien, die er uns zur Verfügung stellte. Dem Vorsitzenden des Verbands Bayerischer Lokalrundfunk (VBL) Willi Schreiner gilt unser

Dank für die herzliche Einladung nach Straubing und alle Archivalien, die er uns überlassen hat.

Unser Dank gilt selbstverständlich ebenso allen Autorinnen und Autoren, die zu diesem Sammelband beigetragen haben und die bereit waren, nicht nur Daten und Fakten zusammenzutragen, sondern auch ihre Expertise und ihr Erfah-rungswissen zu verschriftlichen, mit Geduld viele Nachfragen zu beantworten und bei Verzögerungen Nachsicht zu zeigen.

Nicht zuletzt sei den vielen Zeitzeuginnen und Zeitzeugen für ihre Bereitschaft zu nicht selten mehrstündigen Interviews gedankt. An dieser Stelle seien zumindest einige von ihnen namentlich genannt, so Ministerpräsident Edmund Stoiber, Georg Dingler, Brigitte Jelinek, Fred Kogel, Helmut Markwort, Gunther sowie Michael Oschmann, Elke Schneiderbanger, Inge Seibel, Maria-Theresia von Seidlein oder Klaus Warnecke. Viele der Zeitzeuginnen und Zeitzeugen stellten uns freudig und zuvorkommend Materialien aus ihren Privatarchiven zur Verfügung. Ohne ihre Unterstützung hätten wir weder das Forschungsprojekt noch den Sammelband umsetzen können.

Ein großes Anliegen ist es uns auch, den Studentinnen und Studenten zu danken, die sich interessiert und engagiert einbrachten, allen voran Julia Gürster, Jonna Hahn und Anja Hecht, die mit großer Umsicht beispielsweise Interviews transkribierten, sich an der Layoutumsetzung beteiligten und teils Schlussredaktionsarbeiten übernahmen; auch bedankt sei Susanne Selig, die sich um die administrative Begleitung der Projektfinanzen verdient gemacht hat, sowie Barbara Ziegler, der Verlagsleiterin der University of Bamberg Press, in dem der Band nun erscheint.

Kurzum: Ein multiples Dankeschön an alle, die dieses Buch mit ermöglichten. Und an Sie, liebe Leserin, lieber Leser, die es nun in die Hand nehmen, für Ihr Interesse.

Möge es weiterhin gute Rahmenbedingungen geben, in denen sich die lokale und regionale Rundfunklandschaft in Bayern entwickeln kann. Möge es ein Publikum geben, das sich den Angeboten interessiert und auch kritisch zuwendet. Davon lebt sie, die titelgebende Vielfalt vor Ort.

Bamberg, im Februar 2021

Literatur

Behmer, Markus/Bernard, Birgit/Hasselbring, Bettina (Hrsg.) (2013): Das Gedächtnis des Rundfunks. Die Archive der öffentlich-rechtlichen Sender und ihre Forschung und ihre Bedeutung für die Forschung. Wiesbaden: Springer VS.

BLM (2021): BLM-Schriftenreihe [Gesamtverzeichnis]. Online: www.blm.de/infothek/publikationen/blm-schriftenreihe.cfm (zuletzt abgerufen am 15.02.2021).

Brecht, Bertolt (1932/1967): Der Rundfunk als Kommunikationsapparat. Rede über die Funktion des Rundfunks. In: ders.: Schriften zur Literatur und Kunst I (1920-1932). Frankfurt a.M.: Suhrkamp, S. 132-140.

Dussel, Konrad (^{3}2010): Deutsche Rundfunkgeschichte. Köln: Herbert von Halem Verlag.

Hanitzsch, Thomas/Rick, Jana (2021): Prekarisierung im Journalismus. Erster Ergebnisbericht März 2021. Online: https://survey.ifkw.lmu.de/Journalismus_und_Prekarisierung/Prekarisierung_im_Journalismus_erster_Ergebnisbericht.pdf (zuletzt abgerufen am 05.03.2021).

Lerg, Winfried B. (1980): Rundfunkpolitik in der Weimarer Republik. München: dtv.

Maltz-Kummer, Kai (2020): Und plötzlich war alles anders: Redaktion at home. Wie Radio Energy Nürnberg die Corona-Herausforderung meistert. In: Tendenz. Das Magazin der Bayerischen Landeszentrale für neue Medien, H. 2, S. 18f.

Ring, Wolf-Dieter (2019): Aufbruch zur Medienvielfalt. Entwicklung des privaten Rundfunks in Bayern. Augsburg: Context Verlag.

Schneider, Siegfried (2020): Editorial: Corona und die Folgen. In: Tendenz. Das Magazin der Bayerischen Landeszentrale für neue Medien, H. 2, S. 3.

Seibel, Inge (2021). Das Radioherz schlägt weiter. In: medium magazin, H. 1, S. 68f.

Stock, Ulrich (2020): Funken ins Rund. In: Die Zeit, Nr. 54 vom 23.12.2020, S. 19.

Treml, Manfred (2016): Geschichte und Struktur des Lokalfunks in Bayern. In: Mitteilungen des Verbandes bayerischer Geschichtsvereine 27, S. 271-296.

Walendy, Elfriede (2020): „Alle haben mir vertraut." Der Aufbau des privatrechtlichen Rundfunks in Bayern. Rundfunkhistorisches Gespräch mit Wolf-Dieter Ring. In: Rundfunk und Geschichte, H. 3-4, S. 61-81.

Wirsching, Daniel (2020): BLM-Chef Siegfried Schneider: „Lokaler Rundfunk ist systemrelevant". Online: www.augsburger-allgemeine.de/panorama/BLM-Chef-Siegfried-Schneider-Lokaler-Rundfunk-ist-systemrelevant-id57687501.html (zuletzt abgerufen am 15.02.2021).

1. Prolog

Rundfunkentwicklung in Bayern bis 1985

Manfred Treml

Seit 1985 besteht in Bayern ein von Anfang an umstrittenes und bis heute immer noch kontrovers bewertetes duales Rundfunksystem, das neben dem Bayerischen Rundfunk, der traditionellen öffentlich-rechtlichen Anstalt, eine Fülle von privaten Anbietern hat entstehen lassen. Nie zuvor war die bayerische Medienlandschaft so bunt und vielfältig, aber auch so unübersichtlich. Die werbefinanzierten privaten Medien stehen inzwischen in heftiger Konkurrenz, untereinander ebenso wie gegenüber den öffentlich-rechtlichen Sendern, die gebührenfinanziert und damit nur in geringem Maße von Werbeeinnahmen abhängig sind.

Dieser inzwischen seit weit über 30 Jahren bestehende private landesweite und lokale Rundfunk in Bayern hat bisher weder bei den Historikern noch bei den Kommunikationswissenschaftlern das verdiente Interesse gefunden und ist daher noch weitgehend unerforscht. In der Geschichtswissenschaft nahmen seit den späten 1990er Jahren medienhistorische Studien zu und gewannen ein eigenes methodisches Profil (siehe Frei 1989; Bösch 2016). Die Historiker zeigen dabei in der Regel weniger Interesse an den Medien selbst als an ihrer gesellschaftlichen Rolle und verstehen diese vorrangig als Teil einer allgemeinen Kulturgeschichte. Geradezu dramatisch ist das Defizit dagegen im Bereich der Landesgeschichte, wo immerhin der Bayerische Rundfunk inzwischen Aufmerksamkeit gefunden hat (vgl. Bösch 2017: 579). Frank Bösch sieht dabei die Felder „Identitätsbildung", „Rolle der Politik" und „Wandel von Werten und Lebenswelten" im Fokus künftiger Forschung und betont die Bedeutung der regionalen Rundfunkprogramme für neue regionale Identitätsbildung (vgl. ebd.: 581).[1] Jochen Gaab betrachtet den Rundfunk in seiner föderalen Organisation als wichtiges landesgeschichtliches Forschungsfeld (vgl. Gaab 2017: 607; siehe hierzu auch Schulz 2017: 593–604) und hebt dabei die besondere Bedeutung des Bayerischen Rundfunks hervor, dessen identitätsstiftender Programmauftrag auch im Rundfunkgesetz festgeschrieben ist und der als Quelle für die Geschichte Bayerns hohen Rang genießen müsse.[2] Obwohl nach über dreißig Jahren auch der Privatfunk in

---

[1] Weitere Ausführungen dazu bieten Lindenberger und Sabrow (2016). Zum Thema Lokalität und Regionalisierung schreiben allgemein auch Jonscher (1995) sowie Klingler und Lesch (2001). Aufschlussreich ist dafür auch der Tagungsbericht „Landmedien im 20. Jahrhundert", in dem der ländliche Raum „als medial konstruierter Raum" betrachtet und der enge kommunikative Austausch zwischen Stadt und Land betont wird. Interessantes zur Methodik findet sich bei Müske et. al. (2019), S. 9-20.

[2] Typisch dafür ist die Aussage des Landeshistorikers und Rundfunkrats Karl Bosl am 2. Oktober 1960 bei der Einführung von Regionalprogrammen: „Der Bayerische Rundfunk ist das einzige Organ, das die Einung von Staatsbayern täglich artikuliert. Am Morgen in der ersten Welle das bayerisch betonte Gesamtprogramm, am Mittag die ethnische Vielfalt

Bayern Quellenwert gewonnen hat, fehlen dazu einschlägige Untersuchungen fast völlig, nicht zuletzt auch wegen der unbefriedigenden Archivsituation bei den privaten Medien (vgl. Behmer/Hasselbring 2014: 201; Bösch 2017: 591).

Zu diesem Desiderat mögen auch die ausgrenzende Bewertung[3] und die Enthistorisierung in den Kommunikationswissenschaften[4] beigetragen haben. Daher sind die Standardwerke zur Rundfunkgeschichte überwiegend aus Sicht des öffentlich-rechtlichen Rundfunks geschrieben und behandeln den Privatfunk nur am Rande oder mit deutlicher Skepsis (siehe Bausch 1980; Hickethier 1993; Hickethier 1998; Stuiber 1998; Schwarzkopf 1999; Dussel 2002; Dussel 2010). Die einzige substanzielle Untersuchung zur Privatisierung stammt bisher von dem Historiker Frank Bösch (2012a), der die bundespolitische Entwicklung der 80er Jahre kenntnisreich darstellt. Eine von der Sicht eines mitwirkenden Akteurs geprägte Auseinandersetzung legte Alfred-Joachim Hermanni (2008) in seiner Dissertation vor.[5] Für Bayern existiert nur eine kleine Skizze von Manfred Treml (2016), die mehr die Defizite aufweist als Ergebnisse präsentiert. Nicht zufällig erschien die Studie von Bösch auch im Zusammenhang mit einer seit Jahren prosperierenden Forschung zur Privatisierung[6], die „die Totalisierung des Markt-

---

unseres Landes und spätnachmittag in der Bayernchronik wieder die Gesamtheit von Staatsbayern. Mit der Einführung der regionalisierten Programme hat der Bayerische Rundfunk den Gesetzesauftrag, der Eigenart Bayerns gerecht zu werden, in hervorragender Weise erfüllt" (Haus der Bayerischen Geschichte 1999: 161).

[3] Bezeichnend dafür etwa Knut Hickethiers Einschätzung der kommerziellen Sender: „Wir haben es also hier mit ganz anderen Institutionen zu tun, als sie bis in die Mitte der 1980er Jahre im Rundfunk tätig waren. Die kommerziellen Sendeunternehmen produzieren zwar auf Produktebene scheinbar das Gleiche, betreiben jedoch in Wirklichkeit etwas ganz anders, agieren mit anderen Rollen des gesellschaftlichen Handelns und gehen auch von einem grundlegend anderen Verständnis von dem aus, was an kommunikativen Produkten hergestellt wird" (Behmer/Hasselbring 2014: 383). Rudolf Stöber (2017: 17ff.) hält in seinem Beitrag für ein Spezialheft der Zeitschrift *Rundfunk und Geschichte* unter dem Titel „Stand und Probleme der rundfunkhistorischen Ausbildung" seiner Zunft den Spiegel vor, indem er eine kritische Literatursichtung vornimmt und auch die einseitige Positionierung zugunsten des öffentlich-rechtlichen Rundfunks anprangert.

[4] Schon Lerg und Steininger (1975: 12ff.) weisen darauf hin, dass in der deutschen Historiografie wenig Interesse bestehe und forderten eine engere Verbindung von Wissenschaft und Rundfunk sowie interdisziplinäre Zusammenarbeit. Dazu ist besonders Dussel (1999: 39ff.), der der traditionellen Rundfunk-Geschichte eine Nischenexistenz und kommunikatives Ungenügen bestätigt und das Fehlen einer Verbindung zur Sozial- und Alltagsgeschichte, aber auch zur Kultur- und Geschlechtergeschichte des 20. Jahrhunderts beklagt, zugleich aber auch die Perspektive einer Kommunikationsgeschichte als einer neu interpretierten historischen Sozialwissenschaft eröffnet. Hierzu ebenso interessant ist Dussel (2002: 17ff.).

[5] Von 1982 bis 1987 war Hermanni der Leiter der Abteilung Medienpolitik der CDU-Bundesgeschäftsstelle in Bonn und vertritt daher deutlich die Perspektive der CDU, deren medienpolitische Entwicklung er in diesen Jahren auch stark mitbeeinflusst hat.

[6] Ein Überblick hierzu findet sich bei Süß (2012), S. 11-33.

prinzips und Durchsetzung neoliberaler Programmatik" (Süß 2012: 12) als eigentlichen Motor der Entwicklung betrachtet. Sie setzt einen Strukturbruch in der Epoche zwischen 1973/74 und den 90er Jahren an und sieht in der Privatisierung eine Antwort auf die Krisen der westlichen Demokratien (vgl. ebd.: 14). Beim Kampf um die kulturelle Hegemonie in diesen gesellschaftlichen und politischen Kontroversen kam dem Rundfunk verständlicherweise ein besonderes Gewicht zu (vgl. Bösch 2012b: 88–107). Bösch analysiert in seiner wegweisenden Untersuchung, die bis etwa 1984 reicht, nicht nur die öffentliche Debatte und Entscheidungsfindung, sondern stützt sich auf auch auf Archivakten, Nachlässe[7] und eine reichhaltige Sekundärliteratur, die drei Ursachen für die Entwicklung des privaten Rundfunks erkennen lässt: die neue technische Entwicklung, den Wandel der Rechtslage und „den Wunsch der Christdemokraten, dem angeblich linkslastigen öffentlich-rechtlichen Rundfunk eine private Konkurrenz gegenüberzustellen" (Bösch 2012a: 193). Der folgende Beitrag orientiert sich an diesem Ansatz und versucht, die Etappen der bis in die 50er Jahre zurückreichenden bayerischen Privatisierungsgeschichte im Wechselspiel zwischen politischen Institutionen, Rundfunkanstalten sowie gesellschaftlichen und wirtschaftlichen Interessengruppen zu skizzieren. Dieser landesgeschichtliche Zugriff erfordert nicht nur „archivalische Kärrnerarbeit" (Behmer 2014b: 222) und „Gespräche mit Zeitzeugen" (ebd.), sondern bezieht auch gedruckte Quellen wie Landtagsprotokolle, Zeitungsberichte, Gerichtsurteile, Gesetzentwürfe etc. ein. Der Stand der Archivierung bei den Privatsendern und den einschlägigen Institutionen ist allerdings höchst unterschiedlich[8], und auch die vorhandene Sekundärliteratur kann nur begrenzt zufriedenstellen (siehe Schick 1991; Maaßen 1998; Ring 2019).[9] Im Mittelpunkt dieses Beitrages stehen daher vor allem die vor kurzem freigegebenen

---

[7] Dazu interessant ist Behmer (2014a), S. 323-331.
[8] Müller (2015) stellt die Situation zurecht als problematisch dar und folgert: „Ein Zugang für die Wissenschaft ist zudem weiterhin nicht gegeben. Dadurch steht zu befürchten, dass interessante und nicht nur für die Mediengeschichtsforschung relevante Dokumente, Unterlagen und Programmaufzeichnungen (sofern es sie überhaupt noch gibt), die mindestens teilweise auch wichtige Kulturgüter sind, früher oder später unwiderruflich verloren gehen" (ebd.: 35). Kramp (2015) befasst sich ausschließlich mit dem öffentlich-rechtlichen Rundfunk. Der Archivierung im Privatfunk widmete sich eine Tagung der BLM (2017) unter dem Titel „Digitales Gedächtnis der Regionen?". Eine interne Umfrage der BLM Ende 2016 bei 32 bayerischen Fernseh- und 104 Hörfunksendern (Rücklauf 25 bzw. 45 Fragebögen) ergab einen deutlichen Handlungs- und Beratungsbedarf. Einen interessanten Vergleich dazu liefert eine ältere Publikation der BLM (1999).
[9] Ring (2019) verdient besondere Aufmerksamkeit, weil der langjährige Präsident der BLM damit eine ebenso informative wie detailreiche subjektive Rückschau bietet, die eine Fülle an Material und Hintergrundinformationen enthält. In seinem Vorwort betont er, dass er ein Sachbuch herausgegeben hat mit seinen persönlichen Erlebnissen und Erfahrungen und denen von Persönlichkeiten, die am Aufbau des privaten Rundfunks in Bayern beteiligt waren, das aber nicht den Anspruch erhebt, die Entstehungsgeschichte des privaten

Bestände der bayerischen Staatskanzlei (BStK) und des Bayerischen Kultusministeriums für die Jahrzehnte von 1950 bis 1985 sowie die Archivalien der Hanns-Seidel-Stiftung, die sowohl die innerbayerische Diskussion als auch die Interessengegensätze zwischen Bayern und dem Bund in der Rundfunkpolitik gut dokumentieren. Bei der Entwicklung der Privatisierung lassen sich, nachdem die US-Besatzungsmacht ein demokratisch verfasstes Rundfunksystem verordnet hatte, vier Phasen erkennen, von denen jede etwa zehn Jahre umfasst. Die erste Phase begann in den 50er Jahren mit dem „Adenauer-Fernsehen" und endete mit dem wegweisenden Fernsehurteil von 1961. Die zweite Phase in den 60er Jahren war von den Bemühungen um ein „Verlegerfernsehen" gekennzeichnet. Die dritte Phase seit 1970 war zunächst dominiert vom „Volksbegehren Rundfunkfreiheit" und dem vermeintlichen Scheitern des Privatfunks durch den Artikel 111a der Bayerischen Verfassung, ging dann aber schon nach wenigen Jahren in eine vorbereitende Versuchsphase über, die unmittelbar in die vierte Phase mündete, in der sich in den Jahren 1984/85 der private Rundfunk in Bayern endgültig durchsetzte und dauerhaft etablierte.

Rundfunk unter amerikanischer Aufsicht (1945-1949)

1945 begründeten die alliierten Militärregierungen in ihren Besatzungszonen eigene Medieneinrichtungen, aus denen 1948/49 in Westdeutschland öffentlich-rechtliche Rundfunkanstalten hervorgingen. Nach dem Vorbild der britischen BBC wurde ein gesellschaftlich kontrollierter Rundfunk in Deutschland aufgebaut; er sollte politisch von den Ländern beaufsichtigt werden, ausgewogen sein und staatsfern seine Programme gestalten.[10] Uneingeschränkt sollte die Pressefreiheit sicherstellen, dass die Medien nicht wie im „Dritten Reich" oder in anderen Diktaturen als politisches Massenbeeinflussungsinstrument zu einseitiger Informationspolitik missbraucht werden konnten. Entsprechend dem politischen System wurde eine dezentrale und föderalistische Rundfunkordnung errichtet, mit der die Zuständigkeit der Bundesgewalt entzogen und in Hände der Länder gelegt war. Die Post wurde am 21. November 1947 als Entscheidungsträger ausgeschaltet, sodass die Bundesregierung später in Medienangelegenheiten vollkommen neutralisiert war. Lediglich die technische Seite des Rundfunks verblieb bei der Deutschen Bundespost und war damit Bundesangelegenheit. Der Herrenchiemseer Verfassungsentwurf, der von dem im August 1948 tagenden

---

Rundfunks in Bayern umfassend und wissenschaftlich aufzuarbeiten. Ein rundfunkhistorisches Gespräch mit Wolf-Dieter Ring ist in *Rundfunk und Geschichte* (Nr. 3-4, 2020) bei Walendy (2020) abgedruckt, S. 61-81.

[10] Einen knappen Überblick mit detaillierter rechtsgeschichtlicher Darstellung der Entwicklung bieten Hartstein et. al. (1995), S. 211-216. Bausch (1980a) liefert ebenfalls einen guten Überblick, S. 106-199.

Verfassungskonvent erstellt und als Beratungsgrundlage für das Grundgesetz dem Parlamentarischen Rat in Bonn zugesandt worden war, hatte noch eine klare Trennung zwischen Fernmeldewesen und Rundfunk vorgenommen und das Rundfunkwesen einschließlich der Rundfunktechnik als nicht zum Fernmeldewesen gehörig betrachtet, der Parlamentarische Rat dagegen hat in Art. 73 Ziffer 7 dem Bund die ausschließlichen Gesetzgebungsbefugnisse für das Post- und Fernmeldewesen zugewiesen, aber keine präzise Begriffsbestimmung vorgenommen (siehe Treml 2020a: 447-473). Der Artikel 5 des Grundgesetzes wurde der zentrale Ausgangspunkt für alle Rechtsfragen im Medienbereich sowohl für die Entscheidungen des Bundesverfassungsgerichts als auch für Bestimmungen der Rundfunkstaatsverträge, die später von den Ländern zur Regelung des Rundfunkwesens abgeschlossen wurden. Damit gesteht die bundesdeutsche Verfassung den Medien einen großzügigen Freiraum zu, der nur bei Verstößen gegen gesetzliche Bestimmungen, gegen ethische Grundsätze oder auch gegen Programmrichtlinien im Anschluss an eine Informationsübermittlung geahndet werden kann. Ob Rundfunk in öffentlich-rechtlicher oder privater Form veranstaltet wird, überließen die Verfasser des Grundgesetzes dem Urteil nachfolgender Generationen. Unter Aufsicht der US-Militärregierung startete in Bayern am 12. Mai 1945 zunächst Radio München. Der ursprüngliche Plan der USA, ein kommerzielles Rundfunksystem einzuführen, scheiterte an den fehlenden wirtschaftlichen Voraussetzungen, noch mehr aber am bayerischen Widerstand, weil man dort ein staatliches Monopol bevorzugte. Am 17. Februar 1946 legte die bayerische Staatsregierung einen ersten Entwurf für ein Rundfunkgesetz vor, der einen starken Regierungseinfluss sicherte. Vier weitere Entwürfe schlossen sich an, die jeweils versuchten, die staatskonservative Position zu wahren. Das Ergebnis war schließlich ein System mit Intendant und Rundfunkrat und nach einer weiteren Phase mit restaurativer Tendenz noch einem Verwaltungsrat als zusätzlichem Gremium. Das erste bayerische Rundfunkgesetz vom 1. Oktober 1948 war somit ein Kompromiss zwischen bayerischer Staatskontrolle und amerikanischer Staatsferne. Auf dieser Grundlage entstand am 25. Januar 1949 der Bayerische Rundfunk[11], dessen Rundfunkrat auf Wunsch der SPD gleich mit mehr Landtagsabgeordneten ausgestattet wurde als ursprünglich vorgesehen. Politische Auseinandersetzungen und der zum Teil vehemente Zugriff der Politik gehörten in den Folgejahren zum Alltag dieses jungen Senders, der auch als „Hundhammer-Rundfunk" bezeichnet wurde, seit dieser als Präsident des Bayerischen Landtags den Vorsitz im Verwaltungsrat übernommen hatte.[12] 1959 wurde der

---

[11] Schulz (2018) führt dies umfassend aus. Eine kritische Rezension dazu legte Rittner (2018) vor. Immer noch hilfreich für den Gesamtüberblick ist Maaßen (1998), S. 35-40. Detailliert, aber ohne archivalische Quellen, sind die Ausführungen von Mettler (1975).

[12] Zu den heftigen Auseinandersetzungen um den damaligen Chefkommentator Walter von Cube in den Jahren zwischen 1949 und 1954 äußerte sich Götschmann (2014).

Rundfunkrat durch eine Gesetzesänderung einerseits erheblich gestärkt, indem man Kompetenzen, vor allem auch im personalpolitischen Bereich, vom Intendanten auf den Rundfunkrat verlagerte, zugleich aber mit einer Erhöhung der Abgeordnetenzahl um sechs Sitze auch deutlich politisiert. In der Folgezeit etablierte sich der Bayerische Rundfunk sowohl innerhalb der Arbeitsgemeinschaft der öffentlich-rechtlichen Rundfunkanstalten (ARD), die am 27. März 1953 gegründet worden war, als eine der größeren deutschen Rundfunkanstalten und innerhalb Bayerns als medialer Monopolist, der mit dem Studio Rom auch grenzüberschreitend agierte (siehe Gißibl 2017).

Bundespolitische Kontroversen in den 50er Jahren

Die ersten Jahre der Bundesrepublik waren geprägt von Auseinandersetzungen zwischen Bund und Ländern, weil eine klare Regelung für Zuständigkeit bei der Organisation des Rundfunkwesens fehlte. Dabei waren die Maßnahmen des Bundes von partei- und gesellschaftspolitischen Vorstellungen, aber auch von ganz persönlichen Ambitionen geprägt.[13] Vor allem Bundeskanzler Konrad Adenauer, der in der Rundfunkorganisation ein Instrument der Opposition sah und besonders den Nordwestdeutschen Rundfunk (NWDR) kritisierte, versuchte bereits in seiner ersten Amtszeit 1949 bis 1953, das föderalistisch organisierte Rundfunksystem in die Arme einer übergreifenden Bundeskompetenz zu ziehen. Er scheiterte damit allerdings sowohl am Widerstand der Alliierten als auch seines eigenen Innenministers Gustav Heinemann und nicht zuletzt an der Gegnerschaft der Länder, allen voran Bayerns. Auch in der zweiten Legislaturperiode, als der Kampf besonders um Kurz- und Langwelle ausgetragen wurde und mit den Sendern Deutsche Welle und später auch Deutschlandfunk erstmals Bundesrundfunkanstalten eingerichtet wurden, ging der Bund offensiv gegen das Sende- und Programmmonopol der Länder an. Die Ministerpräsidenten der unionsgeführten Länder, die sich in diesen Jahren häufig in einem Dilemma zwischen Partei- und Länderinteressen befanden, entschieden meist zugunsten ihres Landes. Vor allem die Absichten Adenauers, ein privatwirtschaftliches Fernsehen unter Bundeshoheit einzurichten, stieß auf Ablehnung. Am 10. Dezember 1957 berichtete der Bevollmächtigte Bayerns beim Bund, Ministerialdirektor Claus Leusser[14] in einem ausführlichen Schreiben dem Bayerischen Ministerpräsidenten Hanns Seidel über die unübersichtliche Lage bei den Plänen für das Privatfernsehen.[15] Unüberhörbar war seine Kritik am Bayerischen Rundfunk

---

[13] Die Bundespolitik nach 1949 führt Steininger (1975) aus.
[14] Zur Vertretung des Freistaates beim Bund und zu Claus Leusser, der von 1951 bis 1962 Bevollmächtigter Bayern in Bonn war, siehe Gelberg (2003), S. 699 und Anm. 305. Einen allgemeinen Überblick gibt Treml (2020b).
[15] BStK 18932 Bericht Leussers an Hanns Seidel v. 10.12.1957.

und an der Deutschen Bundespost, die nach seiner Einschätzung ein doppeltes Spiel trieben, um möglichst großen Nutzen aus einem privaten Werbefernsehen zu ziehen, gegen das er grundsätzliche Bedenken äußerte. Als Notlösung unterbreitete er aber dennoch den Vorschlag, ein eigenes Werbefernsehen beim Bayerischen Rundfunk zu akzeptieren, der ohnehin seit dem 3. November 1956 schon täglich sechs Minuten Werbespots im Hörfunk senden durfte. Vor allem aber kritisierte Leusser die geringe Transparenz bei der Politik der Bundesregierung gegenüber den Ländern. Bezeichnend für die Situation war die Aussage des Postministers Richard Stücklen, der immerhin der CSU angehörte, dass nicht das Kabinett, sondern der Kanzler entscheide. Zugleich machte der Minister keinen Hehl daraus, dass er selbst einem privaten Fernsehen mit posteigenen Strahlern positiv gegenüberstehe. Seine kritische Position vertrat Leusser auch auf Bundesebene, wo er deutlich machte, dass nur mit den Ländern gehandelt werden könne, und mehr als deutlich formulierte: „Bayern vertritt die Auffassung, daß das, was für den Bund nicht ausdrücklich festgelegt ist, Sache der Länder ist".[16] Wenige Monate später forderten die Ministerpräsidenten, die offensichtlich nur über die Presse von den Plänen erfahren hatten, beim Bundeskanzler die Mitwirkung der Länder bei Regelungen des Rundfunks und Fernsehens ein und verlangten einen Termin für eine persönliche Aussprache, der ihnen bisher nicht angeboten worden war.[17] Über die Fernsehfrequenzbereiche IV und V, auf die die Landesrundfunkanstalten zugreifen wollten, sollte offensichtlich in einem geheimen Beschluss und unter Übergehung der Länder entschieden werden. Am 14. Januar 1959 gab das Bundeskabinett den Auftrag an den Bundespostminister für den Aufbau der Sendernetze und entwarf ein Rundfunkgesetz für ein „Deutschlandfernsehen", das allerdings in Bundesrat und Bundestag auf Ablehnung stieß. Deshalb legte Adenauer am 16. Juli 1960 den Entwurf eines Verwaltungsabkommens vor, in dem die Errichtung einer zweiten Fernsehanstalt als GmbH auf privatrechtlicher Basis vorgesehen war, an der der Bund mit 51 Prozent und die Länder mit 49 Prozent beteiligt sein sollte. Ohne jede Vorankündigung gründete Adenauer am 25. Juli diese Deutschland-Fernsehen GmbH, bei der Bundesfinanzminister Fritz Schäffer – eigens dafür aus dem Urlaub eingeflogen – mit seiner Unterschrift den Anteil der Länder treuhänderisch übernahm und damit Adenauers mehr als fragwürdigen Coup unterstützte. Dass er damit in eine höchstpeinliche Rolle geriet, die ihn in Konflikt mit seiner eigenen Partei, mit der CSU-Landesgruppe in Bundestag ebenso wie mit der Bayerischen Staatsregierung und der CSU-Parteiführung in München, brachte, war naheliegend,

---

[16] BStK 18931 Deutscher Bundestag 3. Wahlperiode 1958: Ausschuss für Kulturpolitik und Publizistik Prot. Nr. 5, 5. Sitzung, dort 5/13: Redebeitrag MD Dr. Claus Leusser.
[17] BSTK 18933 Schreiben der Ministerpräsidenten an Bundeskanzler Konrad Adenauer vom September 1958 (Entwurf).

zumal nicht einmal der bayerische Ministerpräsident Ehard eingeweiht war und sich darüber auch schriftlich bei Adenauer beschwerte.[18] Im September berichtete Leusser seinem Ministerpräsidenten[19] von den trickreichen Versuchen des Bundes, die Länder bei der „Neuordnung der Rundfunkverhältnisse" zu übergehen. Dass die Presse vor dem Bundesrat unterrichtet worden ist, sah er als Verstoß gegen das Grundgesetz an, das in Art. 53 Satz 3 bestimmte, dass der Bundesrat von der Bundesregierung über die Führung der Geschäfte auf dem Laufenden zu halten war. Das Einschwenken der SPD kommentierte er mit dem Satz: „Die SPD macht eben jetzt mit der CDU das Geschäft, das die Länder mit dem Bund hätten machen müssen." Sein wenig optimistisches Fazit lautete: „Es wird also auf eine Gewaltprobe zwischen Bund und den Ländern ankommen. Wie das Bundesverfassungsgericht letzten Endes entscheiden wird, läßt sich aber schwer voraussagen."

Gegenüber Seidel, der über Höcherl Vermittlungsvorschläge einbrachte, beklagte Adenauer die Differenzen zwischen den Ministerpräsidenten der Union als außerordentlich schädlich.[20]

Nachdem am 26. September 1960 auch ein Vermittlungsversuch von Ehard nicht akzeptiert worden war, schien der Konflikt unausweichlich (vgl. Bausch 1980a: 421-422). Mit der Verfassungsbeschwerde der Länder Hamburg, Hessen, Bremen und Niedersachsen wurde Leussers Prophezeiung Realität und mündete in das Urteil des Bundesverfassungsgerichts vom 28. Februar 1961. Dieses „1. Fernsehurteil", das als die „Magna Charta des Rundfunkrechts" bezeichnet wird, erklärte die Deutschland-Fernsehen GmbH für verfassungswidrig. Darüber hinaus bestätigte das Bundesverfassungsgericht als Grundprinzip, dass Rundfunkgesetzgebung Ländersache war und Rundfunk nur in öffentlich-rechtlicher Verantwortung und staatsfern stattfinden durfte. Damit waren zunächst auch die ersten Pläne für eine Privatisierung ad acta gelegt. Große Bedeutung für ein zukünftiges duales Rundfunksystem hatte dieses Urteil dennoch, weil auch die Frage nach einer privatrechtlich organisierten Trägerschaft von Rundfunkveranstaltungen erörtert wurde. Nach Ansicht des Gerichts konnten einerseits bei gesetzlichen Vorkehrungen zur Sicherung der Rundfunkfreiheit auch rechtsfähige Gesellschaften des privaten Rechts zugelassen werden. Andererseits ging jedoch die Rechtsprechung zum damaligen Zeitpunkt von einer finanziellen wie technischen „Sondersituation" des Rundfunks aus, vor allem wegen der hohen finanziellen Aufwendungen und der Knappheit der Frequenzen. Dass die Fernmeldehoheit zum Aufbau von Sendenetzen beim Bund verblieb, bot manchen Ansatz

---

[18] Die fragwürdige Statistenrolle Schäffers und die eigenartigen Vorgänge um die Unterzeichnung betont Henzler (1994), S. 587-590.
[19] BSTK 18933 Leusser an Seidel v. 25.09.1959.
[20] Schreiben Adenauer an Seidel am 15.12.1959, ACSP, NL Seidel Hanns: 100.

für künftige Konflikte, auch wenn damit keine Mitbestimmung über die Inhalte verbunden war.

Der Rundfunk war nun unbestritten als kulturelles Phänomen anerkannt und der Kulturhoheit der Länder unterstellt. Der öffentlich-rechtliche Rundfunk wurde allerdings nur als eine von mehreren denkbaren Organisationsformen anerkannt, wobei auch in jeder anderen Form alle gesellschaftlich relevanten Kräfte zu Wort kommen mussten und die Freiheit der Berichterstattung nicht angetastet werden durfte (vgl. Frei 1989: 437). In einem äußerst aufschlussreichen 38-seitigen Gutachten hat Leusser im Januar 1961 – also fast zeitgleich mit dem Urteil des Bundesverfassungsgerichts – die bayerische Position dargestellt.[21] Nach einem rechtsgeschichtlichen Rückblick stellt er fest, dass nach 1945 Sender und Sendetechnik an Länder übergegangen sind und die Post diese Zuständigkeit aus eigener Schuld verloren hat. Demgemäß ist der Rundfunk als Kulturträger seit 1945 nicht mehr Bestandteil des Fernmeldewesens und die Bundespost ist zur Vergabe der Frequenzen verpflichtet. Besonders wichtig ist ihm die Feststellung, dass die Bundesrepublik nach dem Grundgesetz ein föderalistischer Staat ist und als ausschließlicher Träger der Kulturhoheit nur die Länder wirken können. Deshalb liegt auch die Kompetenz in Gesetzgebungs- und Ausführungszuständigkeit bei den Ländern. „Rundfunk und Fernsehen dienen als Institutionen der Kulturpflege der Daseinsvorsorge. Diese Aufgabe der Daseinsvorsorge obliegt nach dem Grundgesetz den Ländern", lautet sein Credo. Pointiert wendet er sich gegen die zeitgenössische Diffamierung dieser Position als „Besatzungsföderalismus" oder als „Danaergeschenk der Besatzungsmächte" und bekennt in einer fast polemischen Antithese: „Auf alle Fälle ist ein, wenn auch von den Besatzungsmächten inaugurierter Föderalismus einem nazistischen Kulturzentralismus vorzuziehen". Damit ist die bayerische Grundposition für die nächsten Jahre gegenüber dem Bund markiert, die interne Entwicklung aber wird nun von weiteren potenten Interessenvertretern vorangetrieben, der Presse und ihren Verlegern.

---

[21] BSTK 18933 Die Verteilung von Rundfunk- und Fernsehfrequenzen. Gutachten von Ministerialdirektor Claus Leusser, abgeschlossen im Januar 1961.

Manfred Treml

Öffentlich-rechtlicher Rundfunk und Presse im Konkurrenzkampf in den 60er Jahren

Als Reaktion auf das Fernsehurteil gründeten die Länder am 6. Juli 1961 durch einen Staatsvertrag das Zweite Deutsche Fernsehen (ZDF) als „gemeinnützige" Anstalt des öffentlichen Rechts. Das ZDF erwarb die bereits geschaffenen Produktionseinrichtungen und das Programmvermögen von der verfassungswidrigen „Deutschland-Fernsehen GmbH" und geriet daher in den Folgejahren in massive wirtschaftliche Schwierigkeiten. Der Bund deutscher Zeitungsverleger (BDZV) versuchte, Nutzen aus dieser Situation zu ziehen mit dem Angebot an die Ministerpräsidenten, das ZDF als „Verlegerfernsehen" mit den Schulden in Höhe von über 100 Millionen DM zu übernehmen und der Forderung nach einem Werbeverbot für die öffentlich-rechtlichen Anstalten (vgl. Bausch 1980b: 528; Hartstein et. al. 1995: 216-218). Der Bayerische Rundfunk wurde schon im März 1961 beauftragt, für die Zeit nach ZDF-Sendebeginn ein regionales Drittes Fernsehprogramm auf die Beine zu stellen, dessen Programm am 22. September 1964 startete (vgl. Frei 1989: 438).

Einer der Hauptakteure in dem Bemühen der Presse, gegen die öffentlich-rechtlichen Anstalten Boden gut zu machen, war der Nürnberger Zeitungsverleger Heinrich G. Merkel, der Vorsitzende des Verbandes bayerischer Zeitungsverleger, der schon seit den 50er Jahren privaten Rundfunk der Presse auf UKW-Frequenzen zu organisieren versucht hatte.[22] In einem Schreiben an Ministerpräsident Alfons Goppel zog er am 1. August 1963 alle Register, um die Bedrohung der Presse durch die Aktivitäten des Bayerischen Rundfunks zu belegen.[23] Insbesondere die expandierende Werbung, aber auch Abwerbung von Personal und die Begünstigung durch Gemeinnützigkeit und Steuerfreiheit prangerte er an. Die Verzerrung des Wettbewerbs, die nach seiner Einschätzung daraus resultierte, belegte er mit reichhaltigem Zahlenmaterial. Die Kommission, die er vorschlug, löste später auch kontroverse Diskussionen über die Mitwirkung der Länder und die personelle Besetzung aus.[24] Die bayerische Staatsregierung, die durch schriftliche Anfragen des FDP-Abgeordneten von Löffelholz vom 10. April 1964 und vor allem des einflussreichen Gewerkschafters und SPD-Abgeordneten Erwin Essl vom 20. Juni 1964 in einen gewissen Zugzwang geraten war[25], lehnte zwar eine Kommission für den Freistaat ab, sicherte aber ihre Unterstützung auf Bundesebene zu, wobei alle bisherigen Aktivitäten zur Presse und den Medien

---

[22] BStK 18932 05.12.1957 Freies Fernsehen GmbH sowie Bausch (1980b: 422ff.).
[23] BStK 18970 Schreiben Merkel an Goppel v. 01.08.1963.
[24] BStK 18970.
[25] BStK 18970 Schreiben BStK v. 30.08.1963 an Staatskanzleien der Länder mit Mitteilung über Anfrage Essl/Löffelholz.

und die besondere Betonung der Unabhängigkeit der Presse vor allem der Heimat- und Regionalzeitungen besonders hervorgehoben wurde.[26] Auch der Bayerische Rundfunk blieb nicht untätig und regte eine derartige Untersuchung über die Wettbewerbsgleichheit von Presse, Funk/Fernsehen und Film an, nicht ohne eine detaillierte Vorschlagsliste mit Personennamen vorzulegen, darunter sogar Ralf Dahrendorf.[27] Im Februar 1965 wurde unter Einfluss der Verleger sogar ein Gesetzentwurf der CDU/CSU-Fraktion im Bundestag für ein Werbeverbot im öffentlich-rechtlichen Rundfunk eingebracht, der aber nicht über die Beratungen in den Ausschüssen hinausgelangte. Parallel zu der inzwischen tagenden Kommission betrieben die Verleger nun intensive Lobbyarbeit, bei der Bayern nicht zufällig ein besonders gesuchter Partner für die konservative Presse war.

Eine Art Gipfelgespräch fand am 17. Dezember 1965 in der Bayerischen Vertretung in Bonn zwischen der 1964 von der Ministerpräsidentenkonferenz gegründeten Kommission, bei der Bayerns Ministerpräsident Alfons Goppel den Vorsitz hatte, und den wichtigsten Verlegern, darunter Springer und Neven DuMont, statt.[28] Vor allem Springer betonte die bereits bestehende Krise der Presse und forderte unmissverständlich, die Werbung bei den öffentlich-rechtlichen Anstalten müsse eingestellt, zumindest aber müssten die Verleger in die Werbegesellschaften aufgenommen werden und bei der Werbung in regionalen oder lokalen Bezirken dabei sein. Dezidiert wurde auch die Forderung nach einem Vierten Fernsehprogramm erhoben, das als Verlegerfernsehen mit eigener Werbung betrieben werden sollte. Als Variante wurde auch Werbung durch die Rundfunkanstalten akzeptiert, wenn die Verleger mit 50 Prozent an deren Werbeeinnahmen beteiligt würden. Sogar ein öffentlich-rechtliches Modell für ein Viertes Fernsehprogramm wurde diskutiert, bei dem die Verleger mit Werbefernsehen und Programmfenstern beteiligt sein sollten.

Eine vertrauliche Mitteilung des seit 1962 als Pressereferent der Staatskanzlei tätigen Raimund Eberle über eine Aussage des Verlegers Merkel ließ erkennen, dass der Verband der deutschen Zeitungsverleger zwei Optionen vorschlug, nämlich entweder ohne Gesetzesänderung mit den bestehenden Rundfunkanstalten in deren Werbegesellschaften zusammenzugehen oder mit Gesetzesänderung ein eigenes Fernsehprogramm betreiben zu dürfen. Im Januar des Folgejahres gingen die Verleger sogar noch einen Schritt weiter, indem sie die alte Idee von der Übernahme des ZDF erneut aufwärmten, zugleich aber auch ein bundesweites Pressefernsehen im Dritten Programm forderten und als weitere Möglichkeit erneut ein Viertes Programm ins Spiel brachten.[29] Diese Erwartungen wurden

---

26 Ebd. Ministerpräsident Goppel an Landtagspräsident Hanauer v. 11.06.1964.
27 Ebd. Intendant Wallenreiter an Ministerpräsident Goppel v. 06.10.1964.
28 BStK 18972 Vormerkung BStK v. 17.12.1965 zu Verhältnis Presse/Fernsehen.
29 Ebd. Präsident des Bundes Deutscher Zeitungsverleger (BDVZ) Dr. Betz an Ministerpräsident Alfons Goppel v. 27.01.1966.

aber bald bei einer weiteren Besprechung in der bayerischen Vertretung in Bonn gedämpft durch den Hinweis auf die Frequenzsituation in den zu belegenden Frequenzbereichen IV und V, die nach Auskunft des Bundespostministeriums für die Verleger keinen Raum ließen.[30] Die von den Vertretern der Verleger geforderte Sonderstellung der Presse gegenüber anderen Medien stellte Goppel zwar in Frage, zugleich aber konzedierte er, dass die Situation der Frequenzknappheit von 1961 nicht mehr gegeben sei und befürchtete in der Konsequenz sogar, dass die Programmhoheit der Länder wegen der technischen Entwicklung in absehbarer Zeit nicht mehr gegeben sein könnte. Weitere politische Entscheidungen wurden allerdings um einige Monate bis zur Vorlage des Berichts der vom Bund eingesetzten Kommission zurückgestellt und damit elegant auf die lange Bank geschoben.[31] Alle bayerischen Bemühungen um ein Beschleunigung des Berichts[32] und die Erörterung von Detailfragen zur konstituierenden Sitzung der Arbeitsgruppe Verleger-Fernsehen am 5. Dezember 1966, die auf Wunsch der Verleger von der Bayerischen Staatskanzlei organisiert und geleitet werden sollte[33], waren allerdings bald Makulatur. Zwei vom Deutschen Bundestag eingesetzte Kommissionen, die „Michel-Kommission" und die „Günther-Kommission", formulierten 1967 und 1968 verfassungsrechtliche und wettbewerbsrechtliche Bedenken gegen ein Verlegerfernsehen und sahen keine Wettbewerbsverzerrungen zwischen Presse und öffentlich-rechtlichem Rundfunk (vgl. Hartstein et. al. 1995: 217).

Besondere Unruhe verursachten die Auseinandersetzungen um das Rundfunkgesetz des Saarlandes vom 7. Juni 1967, mit dem im Saarland privater Rundfunk zugelassen werden sollte (vgl. ebd.: 217f.). Der damalige Vorsitzende der ARD und Intendant des Bayerischen Rundfunks, Christian Wallenreiter, forderte sofort eine gemeinsame Stellungnahme der Ministerpräsidenten. Intensive Absprachen zwischen dem stellvertretenden Ministerpräsidenten Alois Hundhammer, Landtagspräsident Rudolf Hanauer als Vorsitzendem des Verwaltungsrats und dem Vorsitzenden des Rundfunkrats und Landtagsabgeordneten Reinhold Vöth führten zu einer Anfrage an den Ministerpräsidenten des Saarlandes,

---

[30] Ebd. Vormerkung Eberle v. 11.02.1966 und Entwurf v. 08.03.1966 (Schreiben an Ministerpräsidenten). Mit Raimund Eberle, der das Amt des Pressereferenten der Bayerischen Staatskanzlei und des Sprechers der Bayerischen Staatsregierung von 1962 bis 1975 engagiert und wirksam ausübte, beschäftigt sich Kramer (2010), S. 312-320.

[31] Ebd. Vorlage v. 24. Juni 1966 für die Besprechung der Ministerpräsidenten mit dem unübersehbaren bayerischen Vorbehalt: „Dieser Beschluß bedeutet nicht, dass die verfassungsrechtlichen Bedenken gegen die Einsetzung dieser Kommission durch den Bund aufgegeben werden."

[32] BStK 18973 Schreiben Goppel an Bundeskanzler Erhard v. 12.08.1966.

[33] Ebd. Schreiben Chefjustiziar des Verlagshauses Axel Springer H.F. Arning an Eberle v. 29.11.1966.

Franz-Josef Röder, der allerdings erklärte, dass ihm noch kein Antrag vorliege.[34] Die Bayerische Staatsregierung hielt sich zunächst bedeckt. Eine Anfrage des SPD-Abgeordneten Waldemar von Knoeringen im Bayerischen Landtag, der die Bundestreue des Saarlandes in Frage stellte und Position der Bayerischen Staatsregierung zur Errichtung kommerzieller Funk- und Fernsehsender erfahren wollte, beantwortete man ausweichend. Man wolle sich kein Urteil über ein anderes Bundesland erlauben – hieß es in der Antwort – zumal die Initiative vom saarländischen Landtag und nicht von der Regierung ausgehe. Im Übrigen sei die Erörterung über kommerzielle Funk- und Fernsehstationen noch nicht abgeschlossen, so dass eine Stellungnahme zum gegenwärtigen Zeitpunkt nicht möglich sei.[35] Die Ministerpräsidenten dagegen äußerten sich „mit großer Besorgnis" und erklärten, „dass die wirtschaftliche Betätigung politischer Parteien im Rahmen des kommerziellen Fernsehens im Hinblick auf deren demokratischen Auftrag unerwünscht ist."[36]

Auch der Rundfunkrat des Bayerischen Rundfunks meldete sich zu Wort, weil er im Privatfunk „eine Gefahr nicht nur für die Qualität der Programme, sondern vor allem auch für die Unabhängigkeit des Rundfunks im Sinne einer freien, weitgefächerten Information der Öffentlichkeit" und diese für die „Demokratie unerläßliche Aufgabe" am besten bei den öffentlich-rechtlichen Rundfunkanbietern gewahrt sah.[37] Diesen Anspruch unterstrichen die öffentlich-rechtlichen Sender denn auch wirksam, indem sie mithilfe ihres Meinungsmonopols ein wahres Kesseltreiben gegen jegliche Privatisierung betrieben. Ins gleiche Horn stieß auch der Bayerische Journalistenverband, dessen Vorsitzender Ernst Müller-Meiningen jr. dem Bayerischen Ministerpräsidenten Goppel eine warnende Resolution seines Verbandes zur Kenntnis brachte und gleich die Gelegenheit nutzte, um gegen die „Begehrlichkeit der Parteien" und die „Machtballung in der Hand der wirtschaftlich stärksten Verleger" ins Feld zu ziehen.[38] Dass er damit nicht ganz falsch lag und das Verlegerfernsehen durchaus noch ein Thema war, lässt die Vormerkung des Pressereferenten Eberle vom 28. Juli 1967 erkennen, in dem er von einem vertraulichem Gespräch mit dem seit 1965 als Ehrenvorsitzender des Verbandes bayerischer Zeitungsverleger fungierenden Heinrich G. Merkel berichtete, der seinem Bundesverband einen lukrativen Deal

---

34   BStK 19280 Vormerkung BStK an Goppel (über Abtlg. B III Bußler) zu Zulassung privater Veranstalter von Rundfunksendungen im Saarland v. 15.06.1967.
35   BStK 18974 Anfrage MdL von Knoeringen im Bayerischen Landtag v. 11.07.1967.
36   Ebd. Ministerpräsidentenkonferenz v. 14.07.1967 Erklärung zur Einführung kommerziellen Fernsehens im Saarland.
37   Ebd. Beschluss des Rundfunkrats des Bayerischen Rundfunks v. 13.07.1967.
38   Ebd. Müller-Meiningen an Goppel am 21.08.1967.

vorschlagen wollte, nämlich eines von den Verlegern betriebenes Werbefernsehen gegen die Unterstützung für eine Erhöhung der Rundfunkgebühr.[39] Die Zeitungsverleger, die bereits in einer Arbeitsgruppe mit den Rundfunkreferenten der Länder organisiert waren[40], brachten als neue Trumpfkarte nun die Lokalsender ins Spiel, wobei sie auf einschlägige Versuche der BBC verwiesen.[41] Dieser Bezug provozierte den Justitiar des Bayerischen Rundfunks, Albert Scharf, zu einem ausführlichem Gutachten zum Rundfunkbegriff, das über den Leiter der Rechtsabteilung und den Leiter der bayerischen Staatskanzlei nahezu unverändert an den Chef der Staatskanzlei Rheinland-Pfalz weitergeleitet wurde.[42] Zugleich aber liefen Verhandlungen zwischen Verlegern und Bayerischem Rundfunk in einer Arbeitsgruppe, die die Zusammenarbeit mit den Werbegesellschaften des Bayerischen Rundfunks bei der Errichtung von Lokalsendern erörtern sollte.[43]

Dieses zunächst nur bayerische Modell wurde auf Bundesebene aufgegriffen und besonders nachdrücklich von Axel Springer gefordert, der „die durch die Ausstrahlung von Werbesendungen entstehenden Verluste im Anzeigengeschäft voll auszugleichen" bemüht war.[44] So hatte sich in den 60er Jahren, in denen die Politisierung der Gesellschaft weiter fortgeschritten war und auch die Privatisierungsbestrebungen international Auftrieb erhalten hatten, auch die politischen und gesellschaftlichen Lager positioniert, wobei die divergierenden Interessen auch unerwartete Koalitionen ermöglichten (vgl. Bösch 2012a: 203–206). Deutlich war der Gegensatz zwischen Verlegern, bei denen zwischen Zeitungs- und Zeitschriftenverlegern durchaus Konflikte bestanden, und den öffentlich-rechtlichen Anstalten, die ihren Einfluss systematisch zur Verhinderung jeder Privatisierung einsetzten. Bei den großen politischen Lagern tendierten die konservativen Parteien in Teilen zu einer Liberalisierung des Rundfunkmarktes[45], wohingegen die SPD beharrlich bei ihrer ablehnenden Position blieb.

---

[39] Ebd. Vormerkung Eberle v. 28.07.1967.
[40] BStK 18975 Arning (Chefjustiziar von Springer) an Eberle v. 02.11.1967.
[41] BStK 18976 Merkel an Eberle v. 12.7.1968 mit Informationen über wachsendes Interesse an Lokalsendern und Hinweis auf BBC, die in acht Städten probeweise lokale Programme ausstrahlte und bei einem positiven Ergebnis bis zu 130 Sender plante.
[42] Ebd. Albert Scharf mit ausführlichem Gutachten zum Rundfunkbegriff an Regierungsdirektor Konrad Kruis (Rechtsabteilung BStK) v. 08.08.1968 und Ministerialdirektor Rainer Keßler (Leiter BStK) an Chef der Staatskanzlei Rheinland-Pfalz v. 04.09.1968.
[43] Ebd. Merkel an Eberle v. 17.01.1969.
[44] BStK 18977 Abdruck eines Briefes von Axel Springer an Ulrich Lohmar (Vors. Bundestagsausschuss für Wissenschaft, Kulturpolitik und Publizistik) weitergeleitet von Starke (Springer Verlag) an Eberle v. 05.05.1969.
[45] BStK 19280 Entschließung der Konferenz der Fraktionsvorsitzenden v. 17.10.1969 mit Zustimmung zu privaten Fernsehgesellschaften bei Kontrolle über Programmgestaltung.

In Bayern wurden in dieser Zeit dennoch alle Anfragen auf Zulassung für Kabelfernsehangebote abschlägig beschieden, jeweils auch unterstützt vom Bayerischen Rundfunk, der diese Ablehnung juristisch rechtfertigen half.[46] Offiziell sah man noch Ende 1969 keinen Handlungsbedarf, weil bisher die Ansätze in Richtung private Rundfunk- und Fernsehveranstaltungen angeblich kaum nennenswert oder publizistisch so unerheblich waren, dass ein Einschreiten nicht erforderlich schien.[47] Gleichzeitig aber verhandelte der Wirtschaftsminister mit den Zeitungsverlegern[48], fragte der Medienreferent der Staatskanzlei wegen der Kosten und Bedingungen für privaten Rundfunk in Washington an[49] und empfahl in einer Vormerkung für die Ministerpräsidentenbesprechung des Folgetages am 17. Dezember 1969 eine deutlich veränderte Zielrichtung. Es würde die Informationsmöglichkeiten für den Bürger verbessern, "wenn ihm neben einer örtlichen Zeitung vielleicht zwei, drei oder gar – wie technisch möglich – vier örtliche Fernsehprogramme zur Verfügung stehen", so steht da zu lesen, verbunden mit dem durchaus kritischen Hinweis auf den Konzentrationsprozess bei der Presse, wo in Schwaben und Mittelfranken nur noch jeweils ein Zeitungsverlag bestehe. Ohne Frage zeichneten sich mit dieser vorsichtigen Wende erste Konsequenzen aus den in Aussicht gestellten 12-Gigabite-Frequenzen ab, mit denen eine wesentliche Änderung gegenüber der Situation des Fernsehurteils von 1961 zu erwarten war.[50]

---

[46] MK 73627 Konzessionsanfragen für Kabelfernsehen mit abschlägigen Bescheiden (Anfragen Schörghuber wegen privaten Rundfunksendungen Arabellahochhaus im März 1969; Anfrage Ferency Presse Agentur v. 02.09.1969 wegen „Gesellschaft Freies Bayerisches Fernsehen AG"). Dazu Schreiben Scharff (Justiziar BR) an MD Keßler v. 09.12.1968 wegen Vorführung von Filmen auf Flughäfen.

[47] Ebd. Vermerk BStK Eberle v. 15.10.1969 zu Besprechung der Rundfunkreferenten der Länder v. 8.10.1969 und der Diskussion im Bayerischen Landtag (78. Sitzung v. 28.10.1969 mit Anfrage Kamm (SPD) wegen privaten Fernsehens und nichtssagenden Antworten des Wirtschaftsministers Otto Schedl); dazu auch Entwurf und Aktenvermerk von Eberle v. 28.10.1969 in: BStK 19280.

[48] BStK 19280 Stellvertretender Ministerpräsident und Wirtschaftsminister Otto Schedl an Präsident des Bundesverbandes Deutscher Zeitungsverleger Dr. Hellmut Girardet v. 13.10.1969 mit Vorschlag des Wiederauflebens der AG mit den Verlegern, wenn Forderungen des Verlegerverbands vom September 1969 weiterverfolgt werden sollen.

[49] Ebd. Schreiben Raimund Eberle an Arthur Schatzow (Federal Bureau of Communications, Washington) v. 05.11.1969 und 26.1.1970.

[50] Ebd. Vormerkung Eberle v. 17.12.1969 Betreff: Ministerpräsidentenbesprechung am 18.12.1969.

Privatisierungsversuche in den 70er Jahren

Von der Krisendiskussion der 70er Jahre befördert erwuchs als neues Heilmittel die ökonomische Privatisierung, die nun auch den Medienbereich intensiv erfasste.[51] Zwischen den Parteien wurde ein Machtkampf um den Rundfunk entfacht und daraus moralische, politische und demokratische Legitimation für oder gegen die Privatisierung entwickelt. Die SPD blieb hartnäckig bis 1984 in der kulturkritischen Gegenposition und prophezeite einen gravierenden Bildungsverfall und die Fragmentierung der Gesellschaft. CDU und CSU dagegen betonten die plurale Wahlfreiheit und erhofften sich auch politische Vorteile beim Kampf gegen den angeblichen linkslastigen Meinungsjournalismus in den öffentlich-rechtlichen Rundfunkanstalten, zu dem Elisabeth Noelle-Neumann vom Institut für Demoskopie in Allensbach mit der „Schweigespirale" (Hermanni 2008: 78) die Stichworte lieferte.[52] Nach der Wahlniederlage von 1976 unterstützte sie mit einer wissenschaftlichen Untersuchung die Haltung der Unionsparteien, sie seien um den Sieg betrogen worden, weil bei einem sehr knappen Wahlergebnis nicht auszuschließen sei, dass das durch das Fernsehen beeinflusste Meinungsklima eine entscheidende Rolle für das Ergebnis gespielt habe.

Mitte der 70er Jahre vollzog die Union die Wende zu dualem Rundfunk, bei dem die Beteiligung der Verleger eine wichtige Rolle spielen sollte. Das Grundsatzprogramm der CDU im Jahre 1978 sprach sich bereits klar für privaten Rundfunk aus. Insgesamt

> entstanden seit Mitte der 1970er Jahre vielfältige Zukunftsentwürfe, die eine durch Kabel- und Satellitentechnik veränderte Mediengesellschaft ausmalten. Während die bürgerliche Öffentlichkeit sie als konsumentenfreundlich und bürgernah zeichnete, sah die politische Linke sie überwiegend als eine Schreckensvision. Der kommerzielle Rundfunk erschien Letzteren als ein Teil jener Apokalypse, die sie zeitgleich bei der Nachrüstung, der Umweltpolitik oder auch in der Sozialpolitik im Falle einer ‚konservativen Wende' befürchteten (Bösch 2012a: 210).

In Bayern reichten die Versuche der CSU, die Rundfunkaufsicht des Staates zu erweitern und damit die öffentlich-rechtlichen Sender zu domestizieren, bis in die 60er Jahre zurück und fanden 1969 im Bundeswahlkampf ihren Höhepunkt,

---

[51] Die folgenden Ausführungen orientieren sich an den Darstellungen von Bösch (2012a). Einen guten Überblick liefern auch Schwarzkopf (1999a) und Mai (2005). Ausführliche Informationen bietet auch Hermanni (2008), S. 63-196.

[52] Edmund Stoiber weist im Zeitzeugengespräch ausdrücklich darauf hin, dass über diese These in der Folge eine breite gesellschaftliche Debatte entbrannt sei, die auch politische Wirkungen hatte (siehe BLM 2018). Hierfür auch relevant ist Ring (2019: 28).

als Strauß den Vorwurf der linken Unterwanderung der öffentlich-rechtlichen Rundfunkanstalten erhob und sich für ein privates Fernsehen aussprach. 1970 versuchte die CSU nach einem überwältigenden Wahlsieg daher ihren Einfluss auf den Bayerischen Rundfunk durch eine Änderung des Rundfunkgesetzes zu verstärken und zugleich privaten Rundfunk einzuführen.[53]

Der „Amorbacher Entwurf" der Studiengesellschaft für staatspolitische Öffentlichkeitsarbeit e.V. vom Februar 1970, hinter dem die Wortführer für die Privatisierung, die Landtagsabgeordneten Erwin Stein[54] und Erich Schosser im Verbund mit der PRIBAG (Private Bayerische Rundfunk- und Fernseh-AG) standen, enthielt entsprechende Änderungsvorschlägen zum Rundfunkgesetz (siehe Lindner 2006). Inzwischen wuchs auch in der CSU die Zahl der Befürworter des privaten Rundfunks. Im CSU-Vorstand stimmten im Mai 1970 immerhin alle 20 Landtagsabgeordneten für die Gründung eines privaten Rundfunks in Bayern.[55] Die ebenso kritische wie unermüdliche FDP-Abgeordnete Hildegard Hamm-Brücher erhielt zwar auf ihre Anfrage noch die gewohnt ausweichende Antwort[56], der Druck auf die Staatsregierung war inzwischen aber immer stärker geworden sowohl von Verlegerseite[57] als auch von der eigenen Fraktion, in der die Abgeordneten Stein und Schosser mit einem Gesetzentwurf vorpreschen wollten.[58] Schonungslos freilich war die Analyse von Friedrich Zimmermann, dem Fraktionsvorsitzenden der CSU-Landesgruppe im Bundestag, der am 13. Januar 1971 die Mitglieder des Parteipräsidiums mit seinen „Gedanken zur Rundfunk-/Fernseharbeit der CDU/CSU" konfrontierte. Er kritisierte nicht nur das völlige Fehlen eines rundfunkpolitischen Konzepts und das Versagen der Parteielite in diesem Bereich, sondern forderte auch rigide organisatorische Konsequenzen, mit denen diesem Mangel abzuhelfen war.[59] Um bei der Internationalen Konferenz in Genf, bei der es um die Verteilung der Langwellen- und Mittelwellenfrequenzen gehen sollte, nicht nur berücksichtigt zu werden, sondern zusätzliche Frequenzen zu erhalten, entwarf er sogar ein Schreiben für den bayerischen Ministerpräsidenten, das an den Bundespostminister Georg Leber gesandt wurde.[60] Die SPD

---

[53] Weitere Informationen liefern Gelberg (2003), S. 917-919, oder auch Hartstein et. al. (1995), S. 218-220. Details auf der Grundlage von Insiderwissen finden sich bei Bocklet (1979), S. 362-379.

[54] Stein lud schon am 30. April Abgeordnete der Landtagsfraktion zu einer Besprechung ein, um angeregt durch das saarländische Beispiel über einen privaten freien Rundfunk in Bayern zu sprechen, ACSP, NL Prümmer Franz von: 05.02.3.1.

[55] BStK 19281 Vermerk Eberle v. 14.05.1970.

[56] Ebd. BL Anfrage Hamm-Brücher wegen privatem Hör- und Sehfunk v. 17.02.1971.

[57] Ebd. Vermerk Eberle v. 25.02 1971.

[58] Ebd. Vermerk Eberle v. 29.03.1971: vertrauliche Mitteilungen zum Gesetzentwurf von MdL Stein.

[59] ACSP, NL Strauß: Büro Bonn 4230.

[60] Ebd. Friedrich Zimmermann an Eberle v. 28.4.1971 Beilage: Schreiben Zimmermann an Leber (Kopie).

brachte sich mit dem Eintreten für regionale Fernseh- und Rundfunksendungen in Stellung gegen die Verleger, der einflussreiche Gewerkschaftler und Landtagsabgeordnete Erwin Essl schlug sogar gewerkschaftliche Privatsender vor, um die CSU-Pläne zu konterkarieren[61], während Intendant Wallenreiter darüber Beschwerde führte, dass die neuen Frequenzen im 12-Gigaherzbereich nicht vorrangig für den öffentlich-rechtlichen Rundfunk zur Verfügung stünden.[62] Stein und Schosser wandten sich sogar an den Leiter der Informationsstelle der Bayerischen Wirtschaft mit der Anfrage wegen der Beteiligung an einer Aktiengesellschaft, die dieser aber eher mit Zurückhaltung aufnahm, während er den Vorschlag eines Timesharing mit dem Landesstudio des ZDF durchaus positiv bewertete.[63] Das eigenartige Ansinnen Steins auf einem aus dem Urlaub geschrieben Handzettel, künftig bei Gesprächen der Regierung beteiligt zu werden, lehnte Ministerpräsident Goppel zwar freundlich aber deutlich ab.[64]

Erhebliche Unruhe verursachten zu diesem Zeitpunkt zusätzlich die ARD-Pläne für lokale Sendungen im Hörfunk, die auf einer geheimen Konferenz der ARD-Intendanten im Juli 1971 angeblich beschlossen worden waren.[65] In einer aufschlussreichen Eilvormerkung für Fraktionsarbeitstagung am 13. Oktober 1971 wurden nochmals alle Initiativen, Personen und Probleme aufgeführt, mit denen man in Bayern zu rechnen hatte[66], während der CSU-Landesvorstand schon handelte und in einem Antrag forderte, die Staatsregierung möge „die rechtlichen und technischen Möglichkeiten für die Einführung privaten Fernsehens in Bayern vorbereiten".[67] Als schließlich CSU-Fraktion und CSU-Präsidium diesen Antrag befürworteten, kommentierte Eberle dies lapidar mit den Worten: „Diese Angelegenheit wurde bisher – seit über fünf Jahren – von der Staatskanzlei beobachtet, so daß hier ausreichende Informationen vorliegen"[68], und verwies auf die notwendige Abstimmung mit dem für das Rundfunkrecht zuständigen Kultusministerium. Als schließlich Schosser in der Katholischen Akademie verkündete, die CSU werde noch vor der Sommerpause einen Gesetzentwurf zu privatem Rundfunk im Landtag einbringen und den Anschein erweckte, es bestehe

---

[61] Ebd. Vermerk Eberle v. 01.06.1971.
[62] Ebd. Wallenreiter an Eberle v. 01.06.1971.
[63] BStK 19282 Vormerkung Eberle v. 05.08.1971 wegen Stein und Werner Runge. Dort auch Schreiben Runge an Eberle v. 24.08.1971 mit Gutachten „Gegengewicht zum öffentlich-rechtlichen Bayerischen Rundfunk", das eine Untersuchung der vorhandenen Möglichkeiten für ein privates Institut und eine durchaus differenzierte und abwägende Betrachtung der rechtlichen und wirtschaftlichen Faktoren lieferte.
[64] Ebd. Goppel an Stein v.19.8.71 und handschriftlicher Brief Steins v. 05.08.71.
[65] Ebd. Vormerkung Eberle zu ARD-Plänen für lokale Sendungen v. 24.08.1971 (Information von Starke, Springer AG).
[66] Ebd. Eilvormerkung Eberle für Fraktionsarbeitstagung 13.10.1971 (Stein, Journalist Schnitzler, Merkel, Pläne auch von Springer und Gruner u. Jahr).
[67] Ebd. Vermerk Eberle v. 15.12.1971 wegen Beschluss CSU-Landesvorstand.
[68] Ebd. Vermerk Eberle v. 31.1.1972.

eine Absprache sowohl mit dem Ministerpräsidenten als auch dem Fraktionsvorsitzenden und Kultusminister Ludwig Huber, machte Goppel sofort deutlich, dass keine derartige Absprache bestehe, sondern nur eine Prüfung zugesagt worden sei.[69]

Scheitern des Bayerischen Rundfunkgesetzes und Art. 111a

Das Rundfunkgesetz, das dem Bayerischen Landtag am 22. Januar schließlich vorgelegt worden war, wurde in der „turbulentesten Sitzung der Nachkriegszeit" am 1. März 1972 von der CSU-Mehrheit verabschiedet. Am gleichen Tag unterzeichnete Ministerpräsident Goppel die Gesetzesnovelle, die aus Fristgründen sogar zurückdatiert werden musste.[70]

Strauß, der die kontroverse öffentliche Diskussion und die Vorwürfe einer Machtübernahme im Bayerischen Rundfunk durch die CSU kannte, schlug mit alten Argumenten kräftig zurück. Am 15. März 1972 stellte er in der Sendung „Aus erster Hand" im Bayerischen Rundfunk die Behauptung auf, dass in den „Rundfunk- und Fernsehredaktionen sich linke, und zum Teil linksradikale Kollektivs" und „ein echtes Monopol der Macht herangebildet" (Behmer/Hasselbring 2006: 47f.) habe. Am selben Tag konstituierte sich in München das „Landesbürgerkomitee Rundfunkfreiheit" mit der Zielsetzung, den Rundfunk von parteipolitischen Einflüssen frei zu halten und private Rundfunkstationen unter dem Einfluss wirtschaftlicher Interessengruppen zu verhindern, das in ein mit über einer Million Eintragungen höchst erfolgreiches Volksbegehren einmündete.

Während die CSU im Landtag das Volksbegehren zunächst als „rechtsungültig" deklarierte und einen eigenen Gesetzentwurf nachschob, vertraten die Landesgruppe in Bonn und vor allem die von Strauß dominierte Partei einen anderen Kurs. So schrieb der Vorsitzende der CSU-Landesgruppe Richard Stücklen, nachdem er vom Bayerischen Kultusministerium keine Antwort erhalten hatte, in Abstimmung mit dem Geschäftsführer der Landtagsfraktion unzweideutig, mit privatem Fernsehen sei aufgrund der technischen Möglichkeiten in absehbarer Zeit zu rechnen.[71]

Nach monatelangen Auseinandersetzungen wurde die CSU-Vorstandssitzung am 11. Dezember zur Machtprobe, bei der alle Gegensätze und Konflikte in der Sache, aber auch zwischen den Institutionen ungehemmt ausbrachen.

---

[69] Ebd. Vermerk Eberle v. 28.02.1972.
[70] Materialreiche Untersuchung, allerdings noch ohne Archivalien, liefern Crone (1975) sowie Bausch (1980b), S. 630-636. Auszüge aus der Landtagsdiskussion finden sich bei Kock (1996), S. 222-228. Ein kommentierter Auszug lässt sich bei Gelberg und Latzin (2005) nachschlagen, S. 548-557.
[71] Richard Stücklen an Ernst Hüttinger vom 15.3. 1972 (Entwurf), ACSP, LG. WP: 321.

Strauß, der schon anfangs betonte, er müsse um 13 Uhr nach Bonn zur konstituierenden Sitzung der CDU/CSU- Fraktion fliegen, rechnete schonungslos mit der Landtagsfraktion und der Staatsregierung ab, indem er Fehler und Versäumnisse aufzählte, ihr Uneinigkeit und widersprüchliches Handeln vorwarf und vor allem die mangelnde Abstimmung mit der Partei anprangerte. Er forderte statt der Diskussion von Rechtsstandpunkten die Formulierung von politischen Argumenten und nutzte zugleich die Gelegenheit zu Vorwürfen gegenüber dem Bayerischen Rundfunk wegen „marxistischer Geschichtstheorie" im Studienprogramm und der Tatsache, dass dort „lauter linke schräge Vögel tätig seien". Die Erwiderungen der Getadelten blieben insgesamt schwach und verhalten. Am Schluss stimmte man mit Mehrheit zwar dafür, die Rechtsfähigkeit des Volksbegehrens zu bestreiten. Strauß aber hatte längst eine andere Lösung des Problems im Auge, bei der Rundfunk und Fernsehen grundsätzlich öffentlich-rechtlich sein sollten, die Informationsmöglichkeiten der Bürger aber nicht eingeschränkt werden durften, wenn sich neue technische Möglichkeiten ergeben sollten.[72] Mit wachem Gespür für die öffentliche Meinung und mit Blick auf die Landtagswahlen des Folgejahres hatte Strauß inzwischen den Weg zu einer Übereinkunft gebahnt, den die einen als Kompromiss, die anderen als Kapitulation empfanden. Daher gelang es schließlich in der Vorstandssitzung am 22. Januar 1973 nur mit Mühe, die Zustimmung zu dieser Übereinkunft zu erringen, in der sich CSU, SPD, FDP und Vertreter des Landesbürgerkomitees auf einen ergänzenden Artikel 111a in der Bayerischen Verfassung verständigt hatten, mit dem die öffentlich-rechtliche Trägerschaft des Rundfunks in der Verfassung verankert wurde. Der Bericht von Strauß kreiste um das Wort „grundsätzlich", das Hans-Jochen Vogel strikt abgelehnt hatte, und verband aufschlussreiche Überlegungen zum Wechsel der Begriffe, von der „Anstalt" zur „Trägerschaft". Den Einwand des Vorsitzenden der Landtagsfraktion, den Rechtsanwalt Alfred Meyer, der auf die Problematik einer unklaren Vereinbarung hinwies, konterte er mit der bemerkenswerten Mahnung:

> Vor einem, Alfred, möchte ich dringend warnen: den anderen jetzt schon alle Möglichkeiten zu nennen, die bei extensiver Interpretation mit dem Begriff öffentlich-rechtlicher Trägerschaft verbunden werden können. Das ist die Haltung eines auf Treu und Glauben operierenden Anwalts, aber nicht eines schlitzohrigen Politikers.

Der Bundestagsabgeordnete Johannes Kreile lieferte dazu das juristische Rüstzeug mit dem Hinweis, „öffentlich-rechtliche Trägerschaft" sei als vager Begriff bewusst gewählt und gut geeignet, um als neuer Rechtsbegriff die technischen

---

[72] Protokoll der Vorstandssitzung vom 11.12.1972, ACSP, LGF-V 11.12.1972.

Möglichkeiten zu berücksichtigen. Nach durchaus kontroverser Diskussion erhielt Strauß, der seinen Gegnern das Fehlen politischer Leidenschaft vorhielt, schließlich Zustimmung für seinen Kurs.[73] Zähneknirschend und frustriert stimmten die Mitglieder der Landtagsfraktion am 20. März 1973 dem aufgezwungenen Kompromiss endgültig zu. Bei der Eröffnung der Sitzung war der Ministerpräsident noch im Ministerrat, Strauß war verhindert und von der Fraktion waren insgesamt nur 45 Mitglieder anwesend. So stellte denn der Fraktionsvorsitzende Alfred Meyer schon zu Beginn fest, „daß ganz offenkundig eine Reihe von Fraktionskollegen überhaupt noch nicht erfaßt hat, worum es bei dieser Entscheidung geht. Es handelt sich um eine Entscheidung, deren Bedeutung nicht überschätzt werden kann." Einzelne Abgeordnete übten zwar verhaltene Kritik und kündigten an, sich zu enthalten oder der Abstimmung fernzubleiben, mit Rücksicht auf das Bild in der Öffentlichkeit und die Wahlen fügte man sich schließlich in das Unvermeidliche.[74]

Am 1. Juli 1973 stimmten die Bürger im Freistaat dem Rundfunkkompromiss zu. Bei einer schwachen Wahlbeteiligung von nur 23,4 Prozent votierten immerhin 87,1 Prozent für den neuen Artikel „Rundfunkfreiheit" (Art. 111a) in der Bayerischen Verfassung. „Bayern hat mit der Einfügung des Art. 111a in die Bayerische Verfassung nicht nur als einziges Bundesland Aussagen zur ‚materiellen Rundfunkfreiheit' in seiner Verfassung getroffen, sondern [...] sich damit auch auf eine öffentlich-rechtliche Organisation des Rundfunks festgelegt" (Adelhardt 2000: 5). Damit hat der Freistaat die „Grundzüge der ‚formellen Rundfunkfreiheit' bestimmt" (ebd.) und „einen im bundesdeutschen Medienrecht einmaligen Weg der Rundfunkorganisation" (ebd.) beschritten.

Dem Lob über die fortschrittliche Gesetzgebung in Bayern stand eine durchaus kritische Einschätzung gegenüber. Der CSU-Politiker Reinhold Bocklet warf seiner Partei vor, dass sie „zur Unzeit ohne vorherige Diskussion und inhaltliche Vorbereitung, mit Verdacht erregender Eile, provozierender Machtdemonstration und ohne ein durchdachtes taktisches Konzept" vorgegangen sei und dass ihr daher „bequem der Vorwurf der Parteipolitisierung und ‚Kommerzialisierung' des Rundfunks angehängt [...] werden konnte" (Bocklet 1979: 377).[75] Die

---

[73] Protokoll der Vorstandssitzung vom 22.01.1973, ASCP, LGF-V 22.01.1973; Niederschrift über die rundfunkpolitischen Gespräche zwischen Vertretern der politischen Parteien und des Landesbürgerkomitees Rundfunkfreiheit vom 22.01.1973 (Entwurf) ACSP, LTF-19730820:1.
[74] Kurzprotokoll über die Fraktionssitzung vom 20.03.1973, ACSP LTF-19730820:1.
[75] Bocklet gehörte 1979 noch dem Bundesvorstand der Jungen Union an und zog in diesem Jahr als CSU-Abgeordneter in das Europäische Parlament ein. Auf S. 439, Anm. 143a weist er auf ein Urteil des Bayerischen Verfassungsgerichtshofs v. 30.06.1977 hin, nach dem es durchaus möglich erscheint, „die Gründung sowie den Betrieb nicht-öffentlicher Rundfunkunternehmen zuzulassen."

SPD, die gegen Niveauverflachung und politische Instrumentalisierung angetreten war, aber auch ahnte, dass das Thema mit der Verfassungsergänzung nicht erledigt war, geriet nun in einen Zweifrontenkrieg zwischen vermeintlich CSU-dominiertem „Staatsfunk" und dem abgelehnten Privatfunk, wie Christian Ude, der Sprecher des Bürgerkomitees, feststellte (vgl. Behmer/Hasselbring 2006: 49).

In der Sitzung des Bayerischen Landtags äußerte sich der SPD-Abgeordnete Helmut Rothemund am 14. Dezember 1972 geradezu prophetisch, als er der CSU vorhielt, „daß Sie, wenn nicht heute, so doch wenigstens morgen den Privatfunk in Bayern einführen wollen, was wir, [...], nicht nur für heute, nicht nur für morgen, sondern auch für übermorgen verhindern möchten" (Kock 1996: 222). Die im privaten Mediengeschäft engagierte PRIBAG sah das freilich ganz anders und monierte, das Volksbegehren sei „ mit politischer polemik erzielt worden, die nicht der seriösen demokratischen meinungsbildung dient" und bezeichnete das Verfahren „als besondere variante des politischen dirigismus", mit dem versucht werde, „einer muendigen gesellschaft vorzuschreiben, wo sie sich künftig zu informieren hat".[76] Dennoch hatten auch spätere Anfragen sowohl der PRIBAG, die sogar ein Volksbegehren androhte, als auch von Zeitungsverlegern keinen Erfolg und wurden nun unter Bezug auf Art. 5 GG und Art. 111a BV abgelehnt.[77] Auf der Bundesebene liefen die Bemühungen um private Rundfunksendungen und um eine gemeinsame Definition des Rundfunkbegriffs intensiv weiter, wobei Bayern bei der Frage der Bildschirmzeitungen und der Vereinigten Wirtschaftsdienste (VWD), eines zentralen Pressedienstes für Wirtschaftsnachrichten, durchaus eine aktive Rolle zugunsten privater Anbieter einnahm[78], damit aber am Widerstand Nordrhein-Westfalens scheiterte.[79]

Der Weg zum Bayerischen Kabelpilotprojekt

Am 25. Juni 1975 teilte die Bayerischen Staatsregierung mit, sie ziehe die Kündigung des Abkommens zur ARD vom 17. April 1959 in Betracht und erhob massive Kritik an der angeblich mangelhaften Koordinierung und der herabsetzenden Berichterstattung über Bayern und vor allem über Strauß. Ein Gegenmittel versprach man sich von der Einführung privater Rundfunksender. Fast zeitgleich sprach sich Hans Hugo Klein, der Vorsitzende der Arbeitsgruppe Medienpolitik der CDU/CSU-Fraktion, aus Gründen der Ausgewogenheit für die Aufhebung

---

[76] BStK 19282 Presseerklärung v. 11.07.1972.
[77] MK 73628 BStK an Wirtschaftsministerium v. 23.08.1974.
[78] BStK 19279 Besprechung der Chefs der Senats- und Staatskanzleien der Länder am 22.11.1974 TOP 4: Veranstaltung privater Rundfunksendungen und Rundfunkbegriff (Bayern).
[79] Ebd. Schreiben Ministerialdirektor BStK Keßler an CSU-Parteivorsitzenden Strauß v. 29.10.1974.

des Monopols der öffentlich-rechtlichen Rundfunkanstalten aus, im November 1976 stellte Christian Schwarz-Schilling, der Vorsitzende des CDU/CSU-Koordinierzugsausschusses für Medienpolitik, in der Evangelischen Akademie in Tutzing die Strategie der Union für die künftige Rundfunkpolitik vor. Bei seinem Vortrag mit dem Titel „Ist das öffentlich-rechtliche System zu retten?" war die Zielrichtung klar: Aus der Kritik am angeblich linken Meinungsjournalismus, an den Rundfunkanstalten und den Gremien und den behaupteten Fehlentwicklung in den vergangenen 25 Jahren leitete er nun die Forderung nach Meinungsvielfalt durch neue unabhängige Institutionen und Wettbewerb ab und wollte dies durch private Rundfunk- und Fernsehveranstaltern nach dem Vorbild Großbritanniens umsetzen (vgl. Schwarzkopf 1999a: 32f.)[80].

Technische Innovationen, besonders die neuen Möglichkeiten des Satellitenempfangs beschleunigten den politisch gewollten Trend zur Privatisierung. Besondere Dynamik kam in die Rundfunkpolitik 1976 mit der Frequenzkonferenz in Genf, die bis zu 5 Fernseh- und 16 Hörfunkfrequenzen über den 12 Gigahertz-Bereich verfügbar machte und mit dem neunbändigen Telekommunikationsbericht der Kommission für den Ausbau des technischen Kommunikationssystems (KtK), die zwar keinen dringenden Handlungsbedarf sah, aber doch Pilotprojekte empfahl (vgl. Bausch 1980b: 925-927).

Am 27. Januar 1976 beschloss der Bayerische Ministerrat den Einstieg in ein derartiges Projekt. Da sich die Ministerpräsidenten der Länder zunächst nicht einigen konnten, verstärkte sich in Bayern die Tendenz zu eigenständigem Handeln (vgl. Ring 2019: 18). Die bayerische Wirtschaft meldete im März 1977 ihre Wünsche mit detaillierten Vorschlägen zum Pilotprojekt für Breitbandkommunikation und damit zur Chance für privaten Rundfunk an und schlug in diesem Zusammenhang eine neu zu gründende Körperschaft des öffentlichen Rechts zur Vergabe von Programmlizenzen und eine Bund-Länder- Kommission vor.[81]

Sehr bald wurde auch die Standortfrage diskutiert, bei der sich Nürnberg vehement, aber letztlich vergeblich ins Spiel brachte. Die Federführung für das Projekt sollte zunächst weitgehend beim Bayerischen Rundfunk liegen.[82] Die Staatskanzlei moderierte in der Folge den Prozess der erwünschten Kooperation zwischen Verlegern und Bayerischem Rundfunk, bei dem es eine Reihe von Kontroversen gab.[83] Die weitreichenden Ansprüche des Bayerischen Rundfunks und

---

[80] Text in ACSP, LG-8.WP:811.
[81] MK 73623 Schreiben AG Bayer. IHKs an BStK v. 22.03.1977.
[82] Ebd. Vormerkung Ref. IV/2 v. 5. Mai 1977 zum Pilotprojekt für Breitbandkommunikation in Bayern nach Besprechung in BStK.
[83] MK 73624 Vormerkung KM Ref. IV/2 v. 11.08.77 Ausführungen von Maußer BStK, ebd.: Aufzeichnungen (handschriftl. Dr. Maußer) für ein in Bayern durchzuführendes Pilotprojekt für den Kabelrundfunk (wohl August 1977) mit einem interessanten Überblick über die Fragestellungen und Probleme des Projekts.

das selbstbewusste Auftreten des Justitiars Albert Scharf erleichterten die Vermittlungsarbeit nicht, zumal sich dieser auch noch hochempfindlich gab, wenn er betonte,

> es sei dem BR nicht zuzumuten, einerseits als notwendiger öffentlichrechtlicher Träger zwar die Durchführung des Pilotprojekts übernehmen zu sollen, andererseits aber sich wegen des ihm von verschiedenen Seiten entgegengebrachten Mißtrauens ständig im Hintergrund halten zu sollen.[84]

In einer Pressemitteilung teilte die Bayerische Staatskanzlei schließlich am 13. September 1977 mit, dass die Entscheidung für den Standort München aus Kostengründen erfolgt sei und betonte nochmals nachdrücklich, dass es sich bei dem Projekt nur um einen Versuch für 10.000 Haushalte handle, der auch mit der Absicht gestartet werde, die Arbeitsplätze in der elektronischen Industrie zu erhalten und zu vermehren. Über Monate hinweg blieb die Frage der Trägerschaft umstritten. Falls keine einvernehmliche Regelung zu erreichen war, sollte die Gründung einer neuen Institution öffentlichen Rechts als Lizenzgeber erwogen werden, da eine private Trägerschaft im Hinblick auf Art. 111a BV ausschied.[85]

Die Frage der Trägerschaft beschäftigte auch den Bundesverband Deutscher Zeitungsverleger, der sich um Kontakt mit Strauß bemühte und vor allem die Frage der Werbeerlöse und die Rolle des bayerischen Rundfunks thematisierte.[86] Gleichzeitig erhöhte die Landesgruppe in Bonn den Druck auf den öffentlichrechtlichen Rundfunk mit einer Philippika des Obmanns der CDU/CSU-Fraktion im Innenausschuß, Carl-Dieter Spranger, der die Position der zuständigen Arbeitsgruppe in der CSU-Landesgruppe formulierte und in den CSU-Pressemitteilungen veröffentlichen ließ. Ganz im Sinne von Schwarz-Schilling, nur weniger elegant und deutlich drohender, geißelte er „die Gefährlichkeit dieser propagandistischen Infiltration und Agitation und bezeichnete einzelne Rundfunkanstalten sogar als „Diffamierungs- und Fälschungszentralen".[87] Die politische Konsequenz zog wenige Monate später der *Bayernkurier,* der unter der Schlag-

---

[84] Ebd. Vormerkung BStK v. 12.08.77 mit BR (Scharf) und Vormerkung 27.09.77 BStK mit Zeitungsverlegern und BR.
[85] Ebd. Vormerkung KM v. 09.03.78 (Hentschel).
Der Leiter des Fernsehreferats des Kultusministeriums Prof. Dr. Dr. Kurt Hentschel (1933-2011) vertrat die Bundesrepublik im Medienausschuss der Europäischen Union und war Gründungsgeschäftsführer des Mediencampus Bayern e.V.
[86] Schreiben Johannes Binkowski an Strauß vom 20.12.1977 und Schreiben Detjen an Gerold Tandler vom 20.01.1978, ACSP, LG-8. WP:532.
[87] CSU-Presse-Mitteilungen vom 10.02.1978. Nachrichten aus der CSU-Landesgruppe im Deutschen Bundestag, ACSP, NL Strauß: Büro Bonn 4229.

zeile „Selbstkontrolle der ‚vierten Macht': Private Sender gegen ideologische Unterwanderung" forderte, wiederum ganz dem Konzept von Schwarz-Schilling folgend.[88]

Die Entscheidung über die Umsetzung des Münchner Kabelprojekts fiel schließlich auf der Basis eines Gutachtens von Eberhard Witte und Reinhold Kreile, dessen Grundaussagen sich Franz Josef Strauß anschloss. Wichtigstes Beratungs- und Entscheidungsgremium wurde demnach eine Projektkommission, die mit dem „Konzept einer einvernehmlichen Lösung" zwischen Bayerischer Staatsregierung, Bayerischem Rundfunk und den Anbietern agieren sollte. Zugleich war aber auch Möglichkeit einer neuen Institution öffentlichen Rechts angedacht, falls es zu keiner Einigung kommen sollte, womit die Dominanz des Bayerischen Rundfunks deutlich reduziert und Rolle der privaten Anbieter gestärkt wurde.[89] Ein von Generalsekretär Gerold Tandler veranlasstes eigenes Gutachten eines Berliner Rechtsanwalts bestätigte noch ausdrücklich die Tatsache, dass keine rechtliche Notwendigkeit bestehe, dem Bayerischen Rundfunk die gesamte Programmverantwortung für das Pilotprojekt zu übertragen.[90]

Eine erste Zusammenfassung über den Sachstand liefert am 8. Juni 1978 erstmals ein neuer Mitarbeiter der Staatskanzlei, Wolf-Dieter Ring, der am 1. Juni 1978 das Medienreferat der Staatskanzlei und auch die Federführung für das Projekt übernommen hatte und sich nun mit großer Tatkraft als Leiter einer interministeriellen Arbeitsgruppe seiner neuen Aufgabe annahm.[91]

Am 11. Mai 1978 verständigten sich die Ministerpräsidenten der Länder auf gemeinsame Kabelpilotprojekte und gaben damit den Startschuss für zeitweise heftige Kontroversen zwischen Bund und Ländern, zwischen den parteipolitischen Lagern und nicht zuletzt zwischen öffentlich-rechtlichem Rundfunk und privaten Anbietern.

Bundespolitische Kontroversen um das duale System in den 80er Jahren

Der Machtkampf zwischen Bund und Ländern um die Rundfunkpolitik, der seit 1945 die deutsche Politik kennzeichnete, nahm seit den 80er Jahren an Fahrt auf. Im Interesse einer gezielten Standortpolitik gewann nun auch der private Rund-

---

[88] *Bayernkurier* vom 17.11.1978.
[89] Eberhard Witte an Strauß vom 14. 2.1978 (mit Beilagen: Entwurf vom 13. Februar 1978 und dem Gutachten „Aufgaben für Pilotprojekte. Zur Erprobung neuer Systeme der Breitbandkommunikation); ACSP, NL Strauß: Büro Bonn 4229.
[90] Tandler an Strauß vom 15. 8.1978 „Vertraulich"; Gutachten Dr. Edgar Krull: Zur Zulässigkeit privater Rundfunkprogramme im Pilotprojekt München vom 06.06.1978, ACSP, NL Strauß: PV 12420
[91] Ebd. Goppel an Präsident des Bayerischen Landtags Rudolf Hanauer v. 08.06.1978 zum Beschluss des Landtages v. 01.06.1978 betr. Kabelfernseh-Pilotprojekt.

funk zunehmend politische Unterstützung. Die schon in den 70er Jahren diskutierten kommunikationspolitischen Ziele einer Privatisierung wurden etwa im Wahlprogramm der Unionsparteien von 1980 nun offen vertreten. Dort heißt es:

> Von einer gesunden Konkurrenz zwischen öffentlich-rechtlichen Rundfunkanstalten und privat-rechtlichen Veranstaltern erwartet die Union eine Stärkung des Grundrechts der freien Meinungsäußerung und Information [...]. Wir sind grundsätzlich offen für neue Entwicklungen im Bereich der Medien- und Nachrichtentechnik (zit. nach Hermanni 2008: 74f.).

Zur gleichen Zeit opponierte die SPD im Bund und in den von ihr regierten Ländern mit allen Mitteln gegen die neue Entwicklung, indem sie die Verkabelung stoppte und den Befürwortern unlautere Absichten unterstellte (vgl. ebd.: 65-72). Das Münchner Projekt „signalisiere deutlich die Absicht des CSU-Regierungschefs, dem mit dem Kabelfernsehen zu ‚segnenden' Bürger ein CSU-Staatsfernsehen zu verordnen" (ebd.: 72), heißt es etwa in einer Vorlage für den SPD-Parteivorstand am 9. Februar 1981.

Eine markante Verschiebung der Rechtslage zugunsten privater Rundfunkanbieter brachte das 3. Rundfunk-Urteil des Bundesverfassungsgerichts von 1981 mit sich, das zwar das Landesrundfunkgesetz des Saarlandes als verfassungswidrig erklärte, zugleich aber private Sender als verfassungsgemäß anerkannte, wenn sie nach Regeln zur Sicherung der Meinungsfreiheit zugelassen waren. Damit wandelte sich die von den Westalliierten in den ersten Nachkriegsjahren implementierte Rundfunkordnung in Deutschland endgültig, die bisher einen Privatfunk verhindert hatte (vgl. Frei 1989: 420).

Einen grundlegenden Paradigmenwechsel der Medienpolitik[92] leitete Helmut Kohl mit der Übernahme seiner Kanzlerschaft bereits in seiner Regierungserklärung vom 13. Oktober 1982 ein, sein Bundespostminister Christian Schwarz-Schilling unterstützte ihn dabei mit dem Plan einer großflächigen Verkabelung nachdrücklich. Schon auf der ersten Ministerpräsidentenkonferenz nach dem Wechsel der Bundesregierung vereinbarten die Regierungschefs der Länder in Lübeck-Travemünde am 22. Oktober 1982, den deutschen Rundfunksatelliten TV-Sat, dessen Start für April 1985 geplant war, für die Abstrahlung von Rundfunkprogrammen zum Empfang durch die Allgemeinheit zu nutzen (vgl. Hermanni 2008: 102).

---

[92] So beschreibt es Mai (2005: 45). Schwarzkopf (1999b: 46) erhebt sogar den Vorwurf, dass die Medienwende als sichtbarste und wirkungsvollste politische Aktion nach dem Sturz der sozialliberalen Koalition wesentlich von der nicht zuständigen Bundesregierung durch Verkabelung herbeigeführt worden sei.

Der Handlungsdruck verstärkte sich, als am 8. Dezember 1983 das von Bertelsmann gesteuerte luxemburgische Unternehmen CLT den Privatsender RTLplus gründete, der ab 1984 täglich ein fünfstündiges Programm von Luxemburg aus zunächst ins Saarland, nach Rheinland-Pfalz und nach Nordrhein-Westfalen ausstrahlte. 1984 erklärte Kohl die Privatisierung des Rundfunks als Teil seines Projekts der „geistig-moralischen Wende". Mit flächendeckender Kupferverkabelung sicherte die Deutsche Bundespost die technischen Grundlagen und die Einführung privaten Fernsehens über das Fernmeldegesetz von 1984 schuf erste Fakten. Zugleich verschärfte sich die ideologische Debatte, in der ein unauflösbarer Gegensatz zwischen Kultur und Kommerz suggeriert wurde und dem Privatfunk letztlich die erforderlichen Qualitätsstandards abgesprochen wurden, weil er angeblich „speziellen ökonomischen Gesetzen" unterlag und von Kapitalgebern veranstaltet wurde, „die nach den Marktgesetzen von Kapitaleinsatz und Rendite aus solchen Unternehmen Gewinne" erwarteten (vgl. Buchwald 1999: 617).

Nach einer Phase wilder „Piratensender" wie Radio Brenner oder Radio C, die von Südtiroler Bergen in das südliche Bayern einstrahlten[93], begann in Rheinland-Pfalz mit einem Kabelpilotprojekt und der ersten Sendung in Ludwigshafen am 1. Januar 1984 das Zeitalter des privaten Rundfunks und damit des dualen Systems in Deutschland (siehe auch Bausch 1980b: 895ff.; Hartstein et. al. 1995: 263f.).

Bayerns medienpolitische Entwicklung zwischen 1978 bis 1985

Mit Franz Josef Strauß, der im November 1978 das Amt des Bayerischen Ministerpräsidenten übernahm, kam Bewegung in die bayerische Medienpolitik. Die Kritik am öffentlich-rechtlichen Rundfunk nahm im Vorfeld der Kanzlerkandidatur von Strauß, befeuert von CSU-Generealsekretär Edmund Stoiber, massive Formen an. 1980 beriet der Bayerische Ministerrat sogar wegen „völlig verfehlter Programmgestaltung" (Ring 2019: 29) und „Nachrichtenunterdrückung" (ebd.) über den Austritt aus der ARD, um in der Folge eine Stärkung des Bayerischen Rundfunks als Gegengewicht auf Bundesebene zu erreichen. Strauß war trotz dieser auch aus aktuellem Anlass geborenen Polemik gegen den öffentlich-rechtlichen Rundfunk aber nicht von Anfang an ein engagierter Verfechter des Privatfunks (vgl. Behmer/Hasselbring 2006: 50f.). So wünschte er die Programmverantwortung für das Kabelprojekt beim Bayerischen Rundfunk „trotz massiver

---

93 Der Medienanwalt Maximilian Merten beschreibt das sehr anschaulich: „Von den Südtiroler Eisgipfeln Hühnerspiel und Schwarzenstein sendeten verwegene – überwiegend bayerische – Rundfunkpiraten aus per Hubschrauber versorgten Containerstationen gezielt nach Bayern einstrahlende Musikprogramme" (zit. nach Schreiner 2019: 146).

Einwände einflußreicher Medienpolitiker aus CDU und CSU", wie es in einer internen Vormerkung des Kultusministeriums heißt.[94]

Interessanterweise zeigte sich Strauß trotz grundsätzlicher Zustimmung zu einem Kabelprojekt, das Anfang der 80er Jahre starten und eine Laufzeit von drei bis fünf Jahren haben sollte, zu diesem Zeitpunkt noch skeptisch und betonte ausdrücklich: „Ich bin der Auffassung, daß den menschlichen Gesichtspunkten der Vorrang gebührt. Man kann nicht alles machen, was man will. Man soll nicht alles machen, was man kann".[95] Dennoch erstellte Ring als Medienreferent der Staatskanzlei einen ersten Entwurf für das Kabel-Fernseh-Pilotprojekt[96], der allerdings wenige Monate später vom Kultusministerium äußerst negativ bewertet wurde.[97] Dort war man insgesamt gegen das Projekt, berief sich auf den Art. 111a als unüberwindbare Hürde, kritisierte die allzu eigenständige Rolle der Bundespost und stellte kritische Fragen zur Finanzierung. Erstmals wurde von der CSU-Medien-Kommission der Vorschlag eingebracht, als Träger für den Privatfunk eine öffentlich-rechtliche Kommission durch Landesgesetz zu schaffen und damit den Einfluss des Bayerischen Rundfunks zu begrenzen, ein Vorschlag, der allerdings zunächst noch durch die Staatskanzlei abgelehnt wurde.[98]

Zugleich verschärfte der Kampf um die Oberhoheit über den neuen Bildschirmtext, den die Bundespost ab Juni 1980 in einigen Feldversuchen anbieten wollte, den Konflikt zwischen Verlegern und öffentlich-rechtlichen Rundfunkanstalten, die das neue Medium alleine für sich beanspruchten und kostenlose Angebote dazu zu machen wollten. Mit deutlichen Worten kritisierte daher der Bundesverband Deutscher Zeitungsverleger in einem offenen Brief an den Bayerischen Ministerpräsidenten das Verhalten der Rundfunkanstalten und warf ihnen vor, „daß sie nach dem Prinzip der reinen Machterweiterung alle neuen Medien ihrem Monopolanspruch unterwerfen wollen" und die „Diffamierung privater Massenmedien" betreiben. Unter Berufung auf die Informationsvielfalt, die mehr als 300 Zeitungsverlage mit Hilfe der Videotechnik bieten könnten, appellierte der Verband an die Regierungschefs der Bundesländer, zu verhindern, „daß

---

[94] MK 73625 Vormerkung Hentschel v. 20.03.1979; auch Zeitzeugeninterview Stoiber.
[95] Ebd. In der Vormerkung wird hervorgehoben, dass Strauß diesen Passus sogar noch persönlich in das Redemanuskript eingefügt habe und dass diese Sätze „eine gewisse Reserviertheit und Skepsis gegenüber dem Nutzen der neuen Telekommunikationsformen erkennen" ließen.
[96] Ebd. Schreiben Ring an die Mitglieder der interministeriellen Arbeitsgruppe v. 09.04.79. Beilage „Modellbeschreibung für ein Kabelfernseh-Pilotprojekt München" (Stand 01.04.79).
[97] Ebd. Vormerkung Hentschel v. 13.07.79.
[98] Ebd. Vormerkung Ring v. 20.06.79.

die Rundfunkanstalten auch die Bildschirmzeitung in ihr Monopol eingliedern".[99]

Die Sicht der Rundfunkanstalten war erwartungsgemäß eine gänzlich andere. In einem umfassenden Gutachten „Rundfunkanstalten und Zeitungsverleger"[100], lieferte Hans Bausch, Intendant des Süd-West-Deutschen Rundfunks (SWR) und historischer Kopf der ARD, einen umfassenden und weit ausholenden Gesamtüberblick über die Entwicklung der Jahrzehnte seit 1945, in dem er zwischen 1963 und 1976 drei „Angriffswellen" gegen das öffentlich-rechtliche System ausmachte, bei denen die Zeitungsverleger aus seiner Sicht meist die zentrale Rolle spielten.

Auf eine 15-Punkte-Anfrage der in Medienfragen beschlagenen FDP-Abgeordneten Ursula Redepenning gab Strauß am 11. Oktober 1979 eine umfassende Antwort, die durchaus als Grundsatzerklärung gewertet werden kann. Im Mittelpunkt aller Überlegungen, so Strauß, müsse der Bürger stehen, seine Möglichkeiten der Nutzung, die Auswirkungen auf ihn und auf die Familien, die Vor- und Nachteile, die Chancen und Risiken, besonders auch für junge Bürger, seien abzuwägen. Die neuen Techniken begrüßte er keineswegs mit Enthusiasmus, den Versuchscharakter des Projekts betonte er ausdrücklich und die zu respektierende verfassungsrechtliche Hürde des Art. 111a der Bayerischen Verfassung hob er besonders hervor.

Eine sehr sachbezogene Debatte schloss sich im Landtag an, in der die Grundpositionen der Parteien von ihren jeweiligen Protagonisten vorgetragen wurde, für die FDP die kritisch-hinterfragende, aber grundsätzlich zustimmende durch die Abgeordnete Ursula Redepenning, für die SPD die grundsätzlich ablehnende Haltung durch den Abgeordneten Jürgen Böddrich und für die CSU eine überzeugte Befürwortung durch profilierte Vorkämpfer für die Privatisierung, die Abgeordneten Sieghart Rost und Erich Schosser (vgl. Ring 2019: 34f.).[101] Schon wenige Monate später allerdings verlangte Strauß eine deutliche Beschleunigung des Projekts und setzte nun auf einen bayerischer Alleingang. In einem Gespräch mit Golo Mann zeichnete sich zu Beginn des Jahres 1980 bereits sein Wandel in der medienpolitischen Strategie ab. Die Bürger sollten nicht gegängelt und bevormundet werden und etwa Sendungen von Radio Luxemburg frei empfangen können, argumentierte Strauß. Er wandte sich in einem kühnen Vergleich gegen „ein Stück Reichsrundfunkpolitik, Reichsfernsehpolitik unseligen Angedenkens" und gegen die Einschränkung der Informationsfreiheit

---

[99] BStK 18978 Bundesverband Deutscher Zeitungsverleger (Binkowski/Neven Du Mont) an Strauß in offenem Brief v. 22.08.1979; dazu auch Bausch, Rundfunk Bd. 4, S. 890ff.
[100] BStK 18938 Gutachten „Rundfunkanstalten und Zeitungsverleger" von Prof. Bausch (über Intendant Vöth an Strauß v. 31.08.1979).
[101] Rede Strauß' am 11.10.1979 im Bayerischen Landtag Prot. Bayerischer Landtag Nr. 9/35 (S. 1960 Redepenning, S. 1965ff. Strauß).

der Bürger wie in den Staaten des Ostblocks. Vor allem kritisierte er, „daß uns heute durch gezielte Programme geradezu ein ‚Empfangsgenuß' vorgeschrieben wird, der von wenigen fast diktatorisch und oft manipulatorisch bestimmt werden kann." Insgesamt warf er den öffentlich-rechtlichen Programmmachern vor, dass sie durch ihre negative Weltsicht „der Jugend das Leben vermiesen, die Zukunft vergraulen u. ihr ein Gefühl der Trostlosigkeit, der Hilflosigkeit und des Ausgeliefertseins vermitteln..." Private Programme sah er als ein probates Gegengewicht an, wenn sie im Rahmen der Bayerischen Verfassung und eines entsprechenden Gesetzes agierten und von durch gesellschaftlich relevante Gruppen getragenen Aufsichtsgremien überwacht würden.[102]

Die im Gutachten von Witte vorgeschlagene Projektgruppe sollte nun die Verträge mit Bayerischem Rundfunk, ZDF, Presse, Stadt München und der Bundespost vorbereiten und Verhandlungen mit den Programmanbietern führen.[103] Dabei erhielt sie Unterstützung durch eine Reihe von Landtagsabgeordneten, die ebenfalls eine schnelle Inbetriebnahme des Pilotprojekts forderten, ein Scheitern an finanziellen Hürden ablehnten und keine ländergemeinsame Durchführung mehr erwarteten. Das Kultusministerium musste nun konstatieren, dass der Ministerpräsident seine „Bedenken gegen die neuen Medien aufgegeben und schnellen Vollzug" angeordnet hatte, sah aber auch in den zentralen Fragen des Programminhalts und der Finanzierung erheblichen Zündstoff, die im Ministerrat geklärt werden sollten.[104] In der Vormerkung für den Ministerrat wurden diese Bedenken noch deutlicher formuliert. Mit der Feststellung, dass sich „die Absichten der Staatskanzlei hinsichtlich der Trägerschaft [...] erheblich gewandelt" hatten, wurden vor allem Bedenken gegen eine Schwächung des Bayerischen Rundfunks und die Stärkung der Verleger geäußert. Außerdem erhob der Pressereferent des Kultusministeriums grundsätzliche verfassungsrechtliche Bedenken gegen Planungen der Staatskanzlei und brachte als Alternative nun seinerseits die Errichtung einer öffentlich-rechtlichen Anstalt ins Spiel.[105] Im Vorfeld der Ministerpräsidentenkonferenz vom 12. bis 14. Oktober 1980 standen die Eckpunkte der bayerischen Position weitgehend fest.[106] Obwohl sich am 19. November 1980 die Ministerpräsidenten im „Kronberger Beschluss" auf die Bildung einer Projektkommission geeinigt hatten, berief Strauß schon zwei Wochen später eine eigene Kommission für das geplanten Kabelpilotprojekt München ein, die unter Vorsitz von Eberhard Witte zur Drehscheibe der weiteren Entwicklung

---

[102] Gespräch Strauß – Mann am 08.01.1980, ACSP, NL Strauß: Sgl Kray RU 80-13.
[103] MK 73626 Vormerkung Hentschel v. 27.03.1980.
[104] Ebd. Vormerkung Hentschel v. 02.05.1980.
[105] Ebd. Vormerkung Hentschel v. 16.05.1980 zu Ministerrat v. 20.5.1980.
[106] Ebd. Vormerkung Hentschel v. 27.11.1980.

und zum zentralen Koordinationsgremium wurde.[107] Die bayerische Staatsregierung sah sich in diesen Monaten mit Anfragen der Opposition konfrontiert, die sie eher hinhaltend beantwortete[108], während der Bericht der Projektkommission bereits mit zahlreichen Empfehlungen aufwartete.[109] Das Kultusministerium dagegen machte aus seiner Ablehnung intern keinen Hehl. In einer eher fantasielosen Aufzählung listete der zuständige Beamte eine Reihe von Vorschlägen zu Veranstaltungen an Universitäten, staatlichen Museen und Theater- und Musikeinrichtungen auf. In einer handschriftlichen Anmerkung empörte sich der Amtschef: „Für diesen Unfug [unterstrichen blau, Anm. MT] gibt es Geld, aber das Lehrerkolleg muß eingestellt werden."[110]

Auf dem Parteitag der CSU in München im Juli 1981 wurden die „Thesen zur Medienpolitik für die 80iger Jahre" verabschiedet, in denen sich die CSU sowohl zu den Kabelpilotprojekten als auch zum Erhalt der öffentlich-rechtlichen Rundfunkanstalten bekannte, zugleich aber den Empfang ausländischer Sender sowie die Einführung privater Trägerschaften elektronischer Medien forderte. Strauß beklagte vehement die „ideologischen Scheuklappen" und die medienpolitische Blockadepolitik der SPD, die deutsche Verleger dazu animierten, vom Ausland aus Satellitenrundfunk zu veranstalten und „damit wichtige geistige und technische Innovationsprozesse" (zit. nach Hermanni 2008: 79) in Deutschland verhinderten.[111]

Die Bemühungen der Presseverlage um Beteiligung nahmen zugleich an Intensität zu. Strauß beschwichtigte vor allem den Springer-Verlag, indem er auf sein Angebot hinwies, die Presse bereits bei der Versuchsphase des Satelliten-Rundfunks in Luxemburg einzubinden.[112] Am 8. Mai 1981 hielt er eine Grundsatzrede beim Verband Bayerischer Presseverleger, in der er Ziele und Perspektiven bayerischer Medienpolitik umriss. Deutlich bekannte er sich zu Satellitentechnik und Breitbandkabeltechnik, kritisierte die „offen ausgebrochenen Gegensätze der liberal-sozialistischen Koalition" und griff besonders den Bundesgeschäftsführer der SPD, Peter Glotz, wegen dessen „vordergründiger Polemik" an. Natürlich hob er die Rolle der Presse hervor, der eine angemessene wirtschaftlich tragfähige, aktive Mitwirkung und Mitgestaltung eingeräumt werden sollte,

---

[107] Zur bayerischen Projektkommission im Detail schreibt Ring (2019), insbesondere S. 19f.
[108] Antwort Strauß an Bayerischen Landtag v. 31.08.1980 zu schriftl. Anfrage des MdL Böddrich v. 15.7.1980, in: MK 73626; dort auch Anfrage des MdL Warnecke zu Pilotprojekt im Bayerischen Landtag v. 22.5.81 und Antwort v. 06.07.1980.
[109] MK 73626 Bericht Projektkommission v. 15.07.1981.
[110] Ebd. Vormerkung KM A/2 (Reichenbach) zu Beteiligung der Staatsregierung.
[111] Reichhaltiges Material dazu auch in ACSP, PT 19810709: 7, darunter auch ein Schreiben des Generalsekretärs Edmund Stoiber vom Juli 1981, das konkrete medienpolitische Maßnahmen ankündigte (Tagungen für Nachwuchsjournalisten; Filmgespräche; Beisitzer für Medienfragen auf allen Parteiebenen; Referentenvermittlung; Seminare).
[112] BStK 19211 Strauß an Ernst Cramer (Springer Verlag) am 02.07.1981.

und bat ganz direkt um eine Mitwirkung beim Münchener Kabelprojekt. Unmissverständlich forderte er die eindeutige Zuständigkeit der Länder auch für die neue Satellitentechnik ein. „Weder der Bund noch die bestehenden öffentlich-rechtlichen Rundfunkanstalten haben hierüber zu befinden", heißt es in seiner Rede. Zugleich kritisierte er ARD und ZDF als „anmaßend" und wies unüberhörbar auf die Gebühren hin, die immerhin von den Länderparlamenten genehmigt werden müssten, und auf die Tatsache, dass das ZDF über 40 Prozent Werbeeinnahmen verfüge und damit auch privatwirtschaftlich agiere. Für die neuen Medien, bei denen im Mittelpunkt die Programminhalte stehen sollten, hielt er bewährte Regelungen für nötig, besonders den Jugendschutz und eine Begrenzung der Werbung. Zuletzt befasste er sich mit der besonderen Verfassungslage und der fehlenden Verkabelung in Bayern, setzte aber in beiden Punkten auf die Veränderung durch die Technik, die dann auch rechtliche Konsequenzen haben werde. Seine Entschlossenheit, das Kabelprojekt durchzuführen, notfalls auch im Alleingang mit eigener bayerischer Finanzierung, verband er mit einer Attacke auf die Gegner privater Medien:

> Es wird ja gegen jede Möglichkeit eines privatrechtlichen, privatwirtschaftlichen Rundfunks und Fernsehens ein geradezu ideologische Kreuzzug mit einer Verbissenheit geführt, den man eigentlich [...] gar nicht von vorneherein vermuten möchte.[113]

Neue Dynamik und eine klare Zielrichtung zugunsten der Privatisierung bekam die bayerische Medienpolitik mit der Berufung des bisherigen Generalsekretärs Edmund Stoibers zum Staatssekretär in die Bayerische Staatskanzlei. Als Mitglied des Rundfunkrats kannte er die Pläne des Intendanten des Bayerischen Rundfunks Reinhold Vöth für den Ausbau des Regional- und Lokalfunks ebenso wie die Absichten der Ministerpräsidenten von Schleswig-Holstein und Niedersachsen, Gerhard Stoltenberg und Ernst Albrecht, durch Privatisierung die Macht des öffentlich-rechtlichen Rundfunks zu brechen.

Gegen erheblichen Widerstand in der CSU-Fraktion und einflussreicher CSU-Politiker wie Gerold Tandler, Franz Heubl und Erwin Huber setzte er in den Folgejahren sein Konzept der „Entautorisierung" des öffentlich-rechtlichen Rundfunks durch, das Wettbewerb und Vielfalt schaffen sollte. Von Anfang an hob er die technologischen Möglichkeiten hervor und argumentierte mit den Vorteilen für den Standort Bayern. Sein Erfolg speiste sich nicht zuletzt aus dem Vertrauen, das Strauß in ihn setzte, der ihm die Medienpolitik weitgehend überließ und ihn sogar als seinen Vertreter zu den Ministerpräsidentenkonferenzen

---

[113] Ebd. Rede von Strauß am 08.03.1981 beim Verband Bayerischer Presseverleger in Nürnberg.

schickte, ein durchaus unübliches Verfahren, das man offensichtlich nur Bayern zugestand. So konnte Stoiber, bestens unterstützt von seinem Referenten in der Staatskanzlei, Wolf-Dieter Ring, nicht nur in Bayern, sondern auch auf Bundesebene wirksam Medienpolitik betreiben, etwa in Absprachen mit Wolfgang Clement wegen der Standtorte für RTL (Köln) und SAT1/PRO 7 (München).[114]

In der parallel zum Koordinierungsausschuss für Medienpolitik der CDU/CSU tätigen CSU-Medienkommission waren neben Stoiber nicht nur führende Politiker aktiv wie CSU-Fraktionschef Gerold Tandler und Bundesminister Friedrich Zimmermann, sondern auch einflussreiche Persönlichkeiten des öffentlichen Lebens sowie Beamte aus Bundes- und Landesinstitutionen (vgl. Hermanni 2008: 141).

Zur Durchführung des Kabelpilotprojektes in München/Bayern gründete die Bayerische Staatsregierung am 12. Januar 1982 die „Münchner Pilotgesellschaft für Kabelkommunikation mbH" (MPK). Diese „mit einem ebenso illustren wie vielfältigen Gesellschafterkreis" (Ernstberger 2019: 83) ausgestattete Institution erlangte für die Folgejahre eine dominante Stellung in München (vgl. Müller 2019: 78-81). Da sie diese auch nach der Gründung der BLM 1985 nicht räumen wollte, kam es zu nicht unerheblichen Konflikten, die bis zu einer Rechtsaufsichtsbeschwerde der MPK bei der Bayerischen Staatsregierung führten (vgl. Ring 2019: 53). Anlässlich der Unterzeichnung der Verträge stellte Strauß zwar die rhetorische Frage „Will der Bürger diese neuen Medien, so vor allem neuartige Hörfunk- und Fernsehprogramme?", ließ aber gleichzeitig durchblicken, dass er mit einem Erfolg des Projektes rechnete und „die möglichen Programminhalte, die die Breitbandtechnik zulässt, auch tatsächlich angeboten werden" (zit. nach Hermanni 2008: 82).

Den Startschuss zur Privatisierung und damit zur Einführung einer „dualen Rundfunkordnung" in Bayern gab man am 1. April 1984 mit dem Kabelpilotprojekt in München, das 10.000 Haushalten 16 Fernseh- und 23 Hörfunkprogramme bescherte, darunter in München die City-Welle Radio München, an der auch der Bayerische Rundfunk beteiligt war, dem zusätzlich noch zwei Fernsehkanäle zugewiesen wurden (vgl. Bausch 1980b: 923-925). Während Vöth zwar immerhin schon „die Vorboten einer grundsätzlichen Veränderung der Medienstruktur erkannte", diese aber doch als „Ziel politischer Wunschvorstellungen" (ARD 1983: 15) betrachtete, steckte Stoiber schon die künftigen Rahmenbedingungen auch für den öffentlich-rechtlichen Rundfunk ab, dem er zwar eine „nicht dynamische Bestandsgarantie" einräumen, aber keine Ausweitung der Werbezeiten und keine Lokalisierung oder Subregionalisierung der Programme erlauben wollte (vgl. Schwarzkopf 1999a: 42).

---

[114] Mehr dazu im Zeitzeugengespräch mit Stoiber und BLM (Infositzung: 5) sowie bei Ring (2019), insbesondere S. 70f.

Zunächst aber galt es vor allem, Absprachen mit der Post zu treffen wegen der künftigen Frequenzen für den Lokalfunk[115] und gegen die Expansionsversuche des Bayerischen Rundfunks bei Klassik- und Ausländerprogrammen Widerstand zu leisten.[116] Für ein Satellitennutzungskonzept suchte man außerdem das Gespräch mit Vertretern von Verlegern und anderen Unternehmern, um deren Bereitschaft zur Mitwirkung bei der Finanzierung und Mitwirkung privater Programme in Erfahrung zu bringen. Inzwischen erhielt das private Fernsehen, das in der Öffentlichkeit bereits hohe Zustimmung fand, eine außerordentlich positive Bewertung durch die an Modellprojekten beteiligten Haushalte, die sich zu 75 Prozent mit dem neuen Medienangebot zufrieden erklärten.[117]

Am 29. Juni 1984 legten die Länder schließlich ein entsprechendes Konzept zur Neuordnung des Rundfunkwesens vor[118], gegen das die Interessenvertreter des öffentlich-rechtlichen Rundfunks nun ebenso angingen[119] wie die Opposition im Bayerischen Landtag, die ein Ende der Geheimdiplomatie forderte, die Ausschaltung des Parlaments kritisierte und vor allem die Privilegierung der Verkabelung durch die Deutsche Bundespost geißelte.[120] Zusätzlich wurde nun auch die Problematik der Kanalverteilung beim Rundfunksatelliten zum Kontroversthema, das nicht nur den Bayerischen Rundfunk[121], sondern alle Beteiligten auf bayerischer und Bundesebene in Atem hielt.[122] Gleichzeitig wuchs der Druck auf die Deutsche Bundespost, die nun unter Beschuss von Strauß und Stoiber geriet, beide stets bestens präpariert durch Ring, um die Forderungen Bayerns nach schneller, unbürokratischer Verkabelung auch auf direktem politischen Weg durchzusetzen.[123]

Ein bayerischer Sonderweg schien inzwischen politisch durchaus begründbar, nachdem das von den Regierungschefs der Bundesländer am 19. Oktober 1984 in Bremerhaven einstimmig beschlossene „Konzept der Länder zur Neuordnung des Rundfunkwesens" mit einem künftigen dualen System an der Blo-

---

[115] BStK 19206 Schreiben Ring an MR Erwin Sauermann v. 07.02.1984 Persönlich! Vertraulich!
[116] Ebd. Einladung an Ring v. 18.06.1984 zur Inbetriebnahme eines Senders Bayern 4 Klassik in Coburg.
[117] Ebd. Allensbacher Berichte 1984/30 v. 26.09.1984.
[118] Ebd. Konzept der Länder zur Neuordnung des Rundfunkwesens v. 29.06.1984.
[119] Ebd. Resolution des Hauptvorstands der Rundfunk- Fernseh- und Film-Union (RFFU) v. 24.9.1984 an die Ministerpräsidenten-Konferenz v. 04.10.1984.
[120] Ebd. Sozialdemokratische Presse- Korrespondenz Nr. 45 v. 06.07.1984 MdL Böddrich: „Der Steuerzahler muß somit den Kabel-Wahn des Postministers mitfinanzieren."
[121] Ebd. Schreiben Intendant Scharf an die Rundfunkreferenten der Länder v. 27.07.1984 wegen der Nutzung von Satelliten-Kapazitäten.
[122] Ebd. Vermerke ORR Hartsteins v. 09.08.1984 und v. 23.08.1984.
[123] Ebd. Forderungen an die Deutsche Bundespost (Gespräche. Strauß mit Bundespostminister v. 20.07.84 und Stoiber v. 19.07.84) Vorbemerkung Ring v. 19.07.84.

ckadepolitik der SPD-regierten Länder und der SPD-Fraktion im Bundestag gescheitert war und damit der geplante Rundfunkstaatsvertrag zwischen den Ländern nicht zustande kommen konnte (vgl. Hermanni 2008: 114).

Die Einführung des Bayerischen Medienerprobungs- und Entwicklungsgesetzes (MEG) und seine Folgen

Mit dem MEG[124] vom 1. Dezember 1984 beschritt die Bayerische Staatsregierung nun einen eigenständigen Weg und schuf die gesetzlichen Grundlagen für die duale Zukunft in Bayern, gegen den heftigen Widerstand des Bayerischen Rundfunks, der Opposition im Landtag und eine „Bürgerinitiative gegen Kabelkommerz" (BIKK), in der der Landtagsabgeordnete Klaus Warnecke eine entscheidende Rolle spielte (vgl. Ring 2019: 21f.).[125] Vorangegangen waren „erbitterte Auseinandersetzungen mit Bundespostminister Schwarz-Schilling" (ebd.: 40f.), der das bayerische Modell massiv bekämpfte und seine Übertragung auf andere Bundesländer befürchtete, Beratungen im Ministerrat, die „teilweise von Skepsis geprägt" (ebd.: 41f.) waren, schwierige Diskussionen in der CSU-Fraktion und kontroverse Beratungen im Bayerischen Senat, der zwar eine Reihe von Einwendungen formulierte, letzlich aber dem Entwurf der Staatsregierung zustimmte und dabei die „lokale und regionale Konzeption" besonders begrüßte (vgl. ebd.: 42-45).[126]

Am 15. November 1984 wurde im Bayerischen Landtag sowohl zum MEG als auch zur geplanten neuen Aufsichtsbehörde, der Bayerischen Landeszentrale für neue Medien (BLM), eine ebenso ausführliche wie kontroverse Grundsatzdebatte geführt, deren Höhepunkte die Reden Stoibers und seines Kontrahenten von der SPD-Opposition Böddrich markierten.[127] Mit diesem Gesetz, das mit der CSU-Mehrheit beschlossen wurde und am 1. Dezember in Kraft trat, hatte man zwar den Artikel 111a der Bayerischen Verfassung berücksichtigt, aber historisch betrachtet in einer Weise uminterpretiert, die den Gegnern des dualen Systems

---

[124] Mit dem MEG befasst sich Gelberg (2003: 968f.), Anm. 115 und 116. Lesenswert dazu ist ebenso Buchholtz (2004). Details zum MEG und der weiteren Rechtsprechung finden sich bei Ring (2019), S. 56.
[125] Weitere Ausführungen dazu liefert das Zeitzeugengespräch mit Klaus Warnecke.
[126] Der Kulturpolitische Arbeitskreis der CSU, der zum Thema im April eine eigene Tagung abgehalten hatte, empfahl der Landtagsfraktion zwar die Zustimmung zum MEG, legte aber besonderen Wert auf ein qualifiziertes Programm mit gleichwertiger Berücksichtigung von Kultur, Bildung und Wissenschaft und betonte ausdrücklich die Bedeutung der Medienpädagogik. Schreiben Erich Bauer an Strauß vom 24.04.1984 mit Stellungnahme des Kulturpolitischen Arbeitskreises der CSU vom 07.04. 1984, ACSP, NL Strauß: PV 16371.
[127] Prot. Bayerischer Landtag v. 15.11.1984 Nr.10/64, S. 3526-3590. Dazu mehr auch bei Kock (1996: 262ff.) und Ring (2019: 45-47).

durchaus Munition lieferte.[128] Überzeugungsarbeit zu leisten für das duale System in seiner eigenen Partei, aber auch in der breiten Öffentlichkeit, machte sich Stoiber nun zur Aufgabe. Schon eine Woche später hielt er bei der CSU in Mittelfranken eine Rede[129], in der er der SPD undifferenzierte Urteile vorwarf, vor ausländischen Programmen warnte und die Wirkung des Fernsehen besonders beim Wahlverlust 1976 in Erinnerung rief. Sein eigentliches Credo lautete: „Das geistige und politische Leben einer Gesellschaft wird erst durch Konkurrenz ermöglicht." Deutlich griff er dabei die Position der öffentlich-rechtlichen Rundfunkanstalten an, indem er es als unsinnig, bezeichnete, „von einer Zerstörung der öffentlich-rechtlichen Anstalten durch Kommerz im Medienbereich zu sprechen". Vielmehr warf ihnen sogar Missbrauch ihrer Verpflichtung zur Neutralität durch ausschließlich negative Berichterstattung über die privaten Medien vor und verband Warnungen an den NDR und den WDR unüberhörbar mit der Frage der künftigen Erhaltung der ARD.

Intendant Reinhold Vöth, der den Bayerischen Rundfunk durch das MEG nachhaltig betroffen und gehindert sah, „auf die Herausforderungen neuer Technologien und neuer Wettbewerber angemessen zu reagieren"[130], antwortete mit gezielten Expansionsversuchen bei Klassik- und Ausländerprogrammen und Angeboten an kleineren Verlagen für lokale „Radiofenster".[131] Damit brachte man private Sender zwar in Schwierigkeiten[132], verärgerte aber zugleich einflussreiche bayerische Medienpolitiker nachhaltig. Ein besonderes Meisterstück ist Ring – sehr zum Ärger von Vöth[133] – in dieser Phase mit der Abwerbung des für die Frequenzplanung wichtigsten Mitarbeiters des Bayerischen Rundfunk, Helmut Haunreiter, an die in Gründung befindliche BLM gelungen. Dieser hatte nicht nur an den Genfer Wellenkonferenzen 1981 und 1984 zur Neuorganisation und Planung des UKW-Bereichs von 87,5 bis 108 MHz teilgenommen und eine Methode zur computergestützten Frequenzplanung entwickelt, sondern war aufgrund seiner reichen Erfahrungen und guten Kontakte zur Deutschen Bundespost und zu wichtigen Ansprechpartnern in Österreich, der Tschechoslowakei und der DDR ein absoluter Top-Experte, der entscheidend zur weiteren Entwick-

---

[128] Kritiker Rüdiger Steinmetz formulierte 1986 so: „Das MEG ist ein Meisterwerk juristischer Kunst, weil es Sinn und Absicht des Art. 111a umgeht. Dem Buchstaben werde Rechnung getragen, der Inhalt aber ausgehöhlt" (zit. nach Ring 2019: 47).
[129] BStK 19351 Rede Stoibers am 24.11.1984 vor CSU Mittelfranken.
[130] Ebd. BR v. 15.11.1984 Reinhold Vöth zum Abschluss des MEG im Landtag.
[131] BStK 19160 Donaukurier v. 19.12.1984 Münchner Merkur v. 19.12.1984.
[132] Ebd. SZ v. 12.12.1984.
[133] BStK 19206 Schreiben Vöth an Ring v. 30.04.1985, in dem er seinem Ärger deutlich Ausdruck gibt.

lung beigetragen hat und durchaus als der technische Vater des bayerischen Lokalfunks bezeichnet werden kann.[134]

Aufklärungsarbeit war in dieser kritischen Phase auch noch zu leisten bei der Landesgruppe der CSU im Bundestag. Am 14. Januar 1985 trat Stoiber dort auf und warb für die Position der bayerischen Staatskanzlei. Mit der Kritik am öffentlich-rechtlichen Fernsehen, insbesondere am WDR, den er als „Lobby für die Grünen" bezeichnete, begründete er die Notwendigkeit, das Medienangebot zu erweitern. Dabei hielt er das Einfrieren der Werbezeiten bei den öffentlich-rechtlichen Anstalten für unumgänglich, um die Privaten nicht gänzlich an die Wand zu drücken. Eine Kooperationslösung zwischen Privaten und Öffentlich-Rechtlichen schloss er aus. Dem neuen Medienerprobungs- und Entwicklungsgesetz maß er den größten Anreiz für alle Privaten in der Bundesrepublik Deutschland zu, weswegen Springer von Hamburg nach München gehen werde, wie er hoffnungsvoll ankündigte.[135]

In diesen ohnehin dramatischen Monaten hatte sich die Bayerische Staatskanzlei außerdem noch mit der europäischen Rundfunkpolitik zu befassen, die in einem EU-Grünbuch zum Rundfunk und einer Entschließung des Europäischen Parlaments 1984 versuchte, verstärkt Einfluss auf die „Errichtung eines gemeinsamen Marktes für den Rundfunk, insbesondere über Satellit und Kabel" zu nehmen. Der Medienreferent des Kultusministeriums forderte in seiner Vormerkung dringend seine-Einbeziehung und warnte vor einer Beschlussfassung im Bundesrat. Er schrieb unmissverständlich:

> Es wäre äußerst bedauerlich, wenn auf dem Umweg über die europäischen Institutionen die medienpolitischen Kompetenzen der Länder erneut in Frage gestellt würden. Es läßt sich der Verdacht nicht von der Hand weisen, daß aufgrund einer Alibi-Rechtfertigung die Kommission der Europäischen Gemeinschaften in wesentliche medienpolitische Entscheidungsprozesse einzugreifen sucht.[136]

Die von der Staatskanzlei beigefügte umfassende Stellungnahme der Länder betonte zwar, dass nach den Römischen Verträgen der Europäischen Gemeinschaft „keine ausdrücklichen Kompetenzen im Bereich der Kulturpolitik zugewiesen" sind, zeigte sich aber unter wirtschaftlichen Gesichtspunkten durchaus offen für Absprachen über einen gemeinsamen rechtlichen und organisatorischen Rah-

---

[134] Weitere Ausführungen dazu liefert das Zeitzeugengespräch mit Helmut Haunreiter sowie der Beitrag von Haunreiter (2019).
[135] Protokoll der Landesgruppensitzung vom 14.01.1985, ACSP, LG-1985:2.
[136] MK 73619 Ausschuss für Kulturfragen des Bundesrats v. 17.09.84; dazu Vormerkung Hentschel v. 18.09.84.

men. Eine Gemengelage aus rechtlichen, wirtschaftlichen, technischen und politischen Zielsetzungen und Interessen führte schließlich in dieser Phase der medienpolitischen Entwicklung zu einem Ergebnis, das durch Institutionalisierung, Verrechtlichung und wirtschaftliche Stabilisierung durchaus auf Dauer angelegt war. Die starke Dezentralisierung war dabei durch lokale Interessenten und kommunale Körperschaften bestimmt und führt zunächst dazu, dass Lokalsender an der Grenze zur wirtschaftlichen Tragfähigkeit operierten, wobei vor allem die Honoratiorenstruktur der bayerischen Provinz sowohl für die ideologische Zielrichtung als auch die politischen Entscheidungsprozesse ausschlaggebend war (vgl. Schick 1991: 6).

Ein „medienpolitisches Chaos" (Frei 1989: 449), wie Norbert Frei es konstatierte, ist in Bayern allerdings nicht ausgebrochen. Die Akteure der ersten Stunde betraten daher kein gänzlich ungesichertes Terrain und investierten auch nicht in eine völlig ungewisse Zukunft. Die anfängliche Goldgräberstimmung verflog allerdings bald. Langfristig etablieren konnten sich letztlich nur größere Unternehmen, die alle trotz erheblicher Anfangsschwierigkeiten und unterschiedlicher Erfahrungen die Einführung des Privatfunks positiv bewerten.[137]

Der nach dem MEG vorgesehene Medienrat der Bayerischen Landeszentrale für Neue Medien (BLM) konstituierte sich am 20. März 1985 und wählte am 9. Dezember 1985 Rudolf Mühlfenzl zum ersten Präsidenten und Wolf-Dieter Ring zum Geschäftsführer und Stellvertreter des Präsidenten. Am 1. April nahm die neue Institution[138] in München mit fünf Mitarbeitern ihre Tätigkeit als Aufsichtsbehörde über die privaten Rundfunkangebote in Bayern auf (siehe Kapitel 3.1.). Schon Ende Mai gingen die ersten Lokalradios auf Sendung. Der Bayerische Verfassungsgerichtshof bestätigte am 1. November 1986 dieses besondere bayerische Modell als verfassungskonform. Ring, der schon als Medienreferent in der Staatskanzlei sowohl beim Kabelprojekt als auch bei der Entwicklung des MEG eine zentrale Rolle gespielt hatte, musste nun die entscheidenden Abstimmungsgespräche führen und politische Unterstützung organisieren, wobei sich sein Nachfolger in der Staatskanzlei, Oberregierungsrat Hartstein, zunächst deutlich zugunsten des Bayerischen Rundfunks positionierte und ihm damit das Leben nicht immer leicht machte.[139] Die Härte der Auseinandersetzung verdeutlicht ein Briefwechsel, den Stoiber mit dem Herausgeber des *Nordbayerischen Kurier* im Frühjahr 1985 im Gefolge einer Rede am 13. April 1985 beim Bezirksparteitag

---

[137] Erkenntnisse dazu bieten die Zeitzeugengespräche mit Gunther und Michael Oschmann, Helmut Markwort, Maria-Theresia von Seidlein. Lesenswert ist darüber hinaus das Interview mit Dirk Ippen (vgl. Ring 2019: 118-121).

[138] Mehr dazu findet sich bei Treml (2010) sowie weitere Hinweise auf der Homepage der BLM. Dazu auch relevant ist BStK 19353 Presseartikel und Stellungnahmen zum Start der BLM. Detaillierte Informationen dazu liefert Ring (2019: 48-55).

[139] BStK 19206.

der CSU Oberfranken geführt hat.[140] Auf einen einseitig-polemischen Kommentar mit dem Titel „Medienroulette", der Stoiber bei der Einführung des dualen System ausschließlich parteipolitische Motive unterstellte, reagierte dieser ausgesprochen erzürnt. Schon seine Anmerkungen auf dem Pressetext – „Der hat nichts begriffen. Monopolzeitung" – lassen das erkennen. Wenige Tage später schickte er den Text für einen Leserbrief an die Redaktion, der dort auch abgedruckt wurde. In einem Brief an Stoiber verschärfte allerdings Laurent Fischer, der Herausgeber und Verleger der Zeitung, die Auseinandersetzung, indem er die parteipolitischen Vorwürfe noch mit weiteren Vermutungen anreicherte und damit das Fass zum Überlaufen brachte. In dem fünfseitigen Brief an Fischer kam Stoiber nun zur Sache: Er hielt ihm „Wahrnehmungshemmungen", „Vorurteile und Unterstellungen" und „Klischeevorstellungen" vor, wies vor allem die Behauptungen, aus parteipolitischen Interessen zu handeln, strikt zurück und machte deutlich, dass es ihm medienpolitisch um „mehr Wettbewerb, Vielfalt und Auswahlmöglichkeiten" gehe. Am Schluss gab er dem Verleger noch einen guten Rat:

> Statt der klagenden Konkurrenzfurcht, die aus Ihren Zeilen spricht, sollten Sie als Verleger einmal ernsthaft die publizistischen Möglichkeiten prüfen, die das bayerische Medienerprobungs- und -entwicklungsgesetz Ihnen eröffnet.

Deutliche Worte fand Stoiber, der in dieser Phase zum vehementesten Verfechtern des dualen Systems aufstieg, auch gegenüber den etablierten öffentlich-rechtlichen Rundfunkanstalten. Beim CSU-Parteitag in Unterfranken kritisierte er ARD und ZDF massiv wegen des Ankaufs von amerikanischen Spielfilmserien für eine halbe Milliarde DM und warf dem Bayerischen Rundfunk vor, mit der 25.000 Watt starken Citywelle in München und deren 80-facher Sendeleistung die drei privaten UKW-Frequenzen zu ruinieren. „Ganz offensichtlich dient diese Maßnahme dazu, die Konkurrenz zu behindern. Der Bayerische Rundfunk zielt also geradezu darauf, in diesem Bereich Meinungsvielfalt nicht zu fördern, sondern ihr entgegenzuwirken", so folgerte er. Stattdessen solle der Bayerische Rundfunk auf Bundesebene ein Gegengewicht zum WDR bilden und für mehr Ausgewogenheit in der ARD sorgen und sich nicht im Lokalen verzetteln, so forderte er und appellierte „an die Verantwortlichen des Bayerischen Rundfunks, diese ihm eingeräumten Möglichkeiten in der von mir angedeuteten sinnvollen

---

[140] BStK 19352 *Nordbayerischer Kurier* v. 20.04.1985; Schreiben Stoibers an Chefredaktion mit Leserbrief v. 26.4.85; Schreiben Fischer an Stoiber v. 09.05.85; Schreiben Stoiber an Fischer v. 02.06.85.

Weise zu nutzen und nicht zur Bekämpfung lokaler Meinungsvielfalt."[141] In dasselbe Horn stieß er auch bei seiner Rede am 16. Oktober 1985 vor Post-ingenieuren, wo er erneut die massenhafte Ausstrahlung billigster amerikanischer Spielfilmproduktionen anprangerte und deutlich machte, dass der öffentlich-rechtliche Rundfunk als „Rundfunk für Jedermann" tätig sein müsse und dies auch die Grundlage für eine Gebührenfinanzierung sei. Besonders betonte er den lokalen und regionalen Bereich und den „überschaubaren Rahmen der näheren Heimat" und sah darin eine Marktlücke für private Anbieter, weil die „öffentlich-rechtlichen Anstalten diesen Bereich bisher nicht entsprechend seiner Bedeutung behandelt haben." Den Föderalismus im Mediensystem sah er durchaus bedroht durch die Tendenz, „die Bundeskompetenzen im Bereich des Rundfunkwesens auszuweiten" und lehnte deshalb auch größere Zuständigkeiten für die Deutsche Bundespost ab.[142]

Die offene Gegnerschaft des Bayerischen Rundfunks gegen die neue Konkurrenz führte bald zu einer heftigen Kontroverse zwischen Strauß und Vöth, nachdem dieser in seiner Neujahrsansprache 1985 Bedenken gegen das MEG geäußert hatte. In einem Schreiben konterte Strauß: „Sie haben damit das überzeugendste Plädoyer für Privatfunk und Privatfernsehen geliefert" (zit. nach Ring 2019: 30).[143] Besonderen Anstoß erregte die Tatsache, dass der Rundfunkrat sich als eine Art „Rundfunkparlament" verstand und dem Landtag geradezu die Kompetenz in Rundfunkangelegenheiten bestritt. Zusätzlichen Ärger löste die Forderung von Wilhelm Fritz, dem Vorsitzenden des Rundfunkrats, aus, es sollten zwei Rundfunkräte im Medienrat vertreten sein, um auf diese Weise das neue Gremium durch den Rundfunkrat zu kontrollieren (vgl. Behmer/Hasselbring 2006: 54ff.; BLM 2018; Ring 2019: 41). „Der Konkurrenzkampf ist entbrannt. Medienrat ärgert sich über Meldungen vom BR" – so titelte die *SZ* am 27. April 1985 und nahm dabei vor allem Bezug auf die Pläne zur Ausweitung der Programme für B4 Klassik und für Ausländer.[144] Im internen Diskurs der Staatskanzlei fand dieser Konflikt einen deutlichen Niederschlag[145], wobei darauf hingewiesen wurde, dass die Füllung von Versorgungslücken nur in Abstimmung mit der BLM erfolgen könne.

Dass der Bayerische Rundfunk offensichtlich mit seiner Programmplanung den lokalen Anbietern das Leben schwermachen wollte und dafür sogar einen

---

[141] BStK 19353 Vermerk v. 15.06.1985 mit Einschüben zur Rede von Stoiber am 15.6.1985 beim CSU-Parteitag in Unterfranken.
[142] Ebd. Rede Stoiber v. 16.10.1985 vor Postingenieuren.
[143] Ein Abdruck des Schreibens im Original (!) findet sich bei Ring (2019), insbesondere S. 31.
[144] BStK 19160 *SZ* v. 27.04.1985.
[145] BStK 19206 Vermerk Hartstein v. 22.02.85. Dort heißt es: „Offenbar legt es der BR darauf an, für eine spätere Entscheidung der Staatsregierung Kultur (Programm Bayern 4) gegen Kommerz (Private Hörfunkprogramme) ausspielen zu können."

Machtkampf riskierte, war auch der Staatskanzlei durchaus bewusst. Ein Schreiben Stoibers an Vöth[146] enthielt denn auch den unmissverständlichen Hinweis auf die Plicht zu Abstimmung mit der BLM und zu Kooperation statt Konfrontation sowie unter Bezug auf Art. 15 MEG die klare Aussage, dass die Ausstrahlung des Ausländerprogramms zusätzlich zu vier Programmen nicht durch diesen Artikel gedeckt sei. Davon freilich ließ sich der Intendant nicht beeindrucken, der ganz forsch – auch unter Berufung auf den Rundfunkrat – auf einer fünften landesweiten UKW-Kette beharrte und dazu den Art. 15 MEG einfach uminterpretierte. Zusätzlich teilte er mit, dass der Bayerische Rundfunk drei kleine UKW-Sender mit 200 bis 300 Watt auf dem Hochhaus des BR installiert habe, die dort ab 1. April betriebsbereit seien. Die Frage der privaten Sender dagegen schob er auf die lange Bank mit der Begründung, es sei zwar die Absprache mit der Bundespost getroffen, nicht aber die Koordination mit Österreich.[147]

Wenig später allerdings bestritt er jede Ausdehnungstendenz und betonte seinen Willen zur Zusammenarbeit gegenüber Ring[148], der ihn seinerseits nun in einem exzellenten Schreiben mit seiner Sicht der Dinge und der Position der BLM konfrontierte, die erst einen Monat vorher ihre Arbeit aufgenommen hatte (vgl. Ring 2019: 51).[149] Zunächst zitierte er aus seinem Bericht im Medienrat, dass der Bayerische Rundfunk versuche, „den privaten Anbietern die letzten Betätigungsmöglichkeiten zu verbauen" (Protokoll zur Medienratssitzung vom 25. 04.1985: 7). Die Strategie des BR benannte er klar und schonungslos: Mit außerordentlich hohen Frequenzanforderungen im UKW-Bereich zur Füllung von so genannten Versorgungslücken solle das Feld besetzt, mit der Änderung der Werbestruktur die wirtschaftliche Lage zuungunsten der Privaten verändert werden. Das lokale Hörfunkprogramm in München „mit der erkennbaren Tendenz, „künftig in den lokalen Bereich vorzudringen" solle die Privaten ebenfalls um ihr eigentliches Aktionsfeld bringen.

In die gleiche Richtung zielten Angebote des Bayerischen Rundfunks an private Anbieter, eigene Programme als Rahmenprogramm für lokale Fensterprogramme zur Verfügung zu stellen. Mit der Forderung nach einem Gesamtkonzept für die Versorgungslücken des Bayerischen Rundfunks, die lokalen Hörfunkangebote und – erstmals so deutlich angesprochen – eine landesweite Hörfunkkette privater Anbieter lag er ganz auf der Linie von Stoiber, der das Vorgehen im Medienbereich eng mit ihm abstimmte. Der Medienreferent der Staatskanzlei forderte ebenfalls einen bayernweiten Frequenzplan von der BLM für den

---

[146] Ebd. Stoiber an Vöth v. 21.03.1985.
[147] Ebd. Vöth an Stoiber v. 09.04.1985.
[148] Ebd. Vöth an Ring v. 30.04.1985.
[149] Ebd. Ring an Vöth v. 03.05.1985.

lokalen Rundfunk, sah aber anders als Ring keine Zeitnot, da nach seiner Einschätzung frühesten 1986 erste lokale Frequenzen für die BLM nutzbar sein würden.[150] Und noch Ende des Jahres betonte er in einer Antwort auf ein Schreiben Rings vom 4. November 1985, dass die Senderechte dem Bayerischen Rundfunk zustünden und eine Einigung zwischen BLM und Bayerischem Rundfunk nötig sei, da sonst die Staatsregierung entscheiden müsse. Zugleich erklärte er die Bereitschaft der Staatskanzlei zur Vermittlung, nicht ohne die Tatsache zu problematisieren, dass Ring einen möglichen Konflikt zwischen Bayerischem Rundfunk und BLM zu deutlich angesprochen habe.[151]

Noch Ende des Jahres schaffte Stoiber auch politisch Klarheit, indem er in Reaktion auf einen Beschluss des Hörfunkausschusses des Bayerischen Rundfunk die Mitglieder des CSU-Arbeitskreises Medien und alle Medienräte und Rundfunkräte, die der CSU angehörten, direkt anschrieb und ihnen die Position der Staatsregierung verdeutlichte.[152] Er stellte die Frequenzsituation des BR detailliert dar und kritisierte dessen trickreiche Expansionsbemühungen, die den Privaten Konkurrenz machen und ihre Entwicklungschancen behindern sollten. Er warnte davor, sich von der gemeinsamen medienpolitischen Linie abbringen zu lassen und die Mitglieder des Medienrates und des Rundfunkrates gegeneinander auszuspielen. „Unser gesetzlicher Auftrag lautet nicht, die Wünsche und Interessen der Geschäftsleitung des Bayerischen Rundfunks bzw. der privaten Anbieter zu unterstützen, sondern die Belange der Allgemeinheit zu wahren", formulierte Stoiber, und diese sah er in der Herstellung von mehr Freiheit und Auswahlmöglichkeit für die Bürger gewährleistet.

Sein Schlusssatz enthielt durchaus einen drohenden Unterton: „Nach meiner Überzeugung ist den Interessen des Bayerischen Rundfunks langfristig am besten gedient, wenn er sich auf seinen eigentlichen, öffentlich-rechtlichen Auftrag konzentriert, zu dessen Erfüllung er ja ein gesichertes Gebühreneinkommen hat." Einen ersten Schluss- und Höhepunkt der hektischen Entstehungsphase setze Stoiber mit einer Grundsatzrede im Bayerischem Senat am 30. Januar 1986, in der eine Übersicht zur Medienpolitik Bayerns gab und eine positive Zwischenbilanz zog.[153] Am selben Tag legte die BLM mit der Mitteilung des Medienratsbeschlusses zu den Frequenzanforderungen für lokale Hörfunkfrequenzen ein Planungsergebnis mit der Deutschen Bundespost vor, das „landespolitisch ein

---

[150] Ebd. Vermerk Hartstein v. 18.07.1985.
[151] Ebd. Hartstein an Ring v. 05.12.1985
[152] BStK 19160 Stoiber an Mitglieder CSU-Arbeitskreis Medien alle CSU-Mitglieder in Medienrat und Rundfunkrat v. 20.12.1985.
[153] BStK 19354 Rede Stoibers vor Bayerischem Senat v. 30.01.1986. Interessant dazu ist auch das Zeitzeugengespräch mit Edmund Stoiber, wo dieser bilanziert: „Wenn ich die deutsche Medienlandschaft heute mit der amerikanische oder vielen anderen europäischen vergleiche, fällt mein Ergebnis heute eindeutig aus: Ich glaube, dass wir insgesamt eine gute und demokratiefördernde Medienordnung in diesem dualen System festgehalten haben."

äußerst bedeutsamer Vorgang" war, wie Ring ausdrücklich betonte. Der Präsident der BLM, Rudolf Mühlfenzl, nannte es gar ein „Frequenzwunder" (Haunreiter 2019: 139). Erstmals war die Frequenzplanung direkt mit drei Vertretern des Bundespostministeriums und außerhalb der öffentlich-rechtlichen Rundfunkanstalten gelungen. Damit lag ein von der BLM erarbeitetes Lokalradiokonzept für Bayern vor, nach dem in Zukunft insgesamt 92 Stationen an 78 Standorten und noch 1986 40 bis 50 lokale Sender möglich schienen, wenn alle Beteiligten kooperativ zusammenwirkten.[154] In einem Grundsatzpapier vom 10. Februar 1986 fasste die Staatskanzlei nun alle Aspekte zusammen, insbesondere auch die Sondersituation durch den Art. 111a, gegen den Verfassungsklagen anhängig waren.[155]

Damit war das Lokalfunkkonzept auch politisch gesichert und das landesweite Hörfunkprogramm konnte zunächst in München das Licht der Welt erblicken, nachdem Ring in einem Husarenstück unter Umgehung aller örtlichen Akteure und nicht zuletzt der Staatskanzlei den Start für den 1. Januar 1987 durchgesetzt hatte.[156] Die letzte Hürde nahm das duale System, nachdem die Verfassungsklage der SPD-Fraktion im Bayerischen Landtag gegen das von der CSU-Mehrheit beschlossene Medienerprobungs- und Entwicklungsgesetz abgelehnt worden war und der Bayerische Verfassungsgerichtshof das bayerische Modell der öffentlich-rechtlichen Trägerschaft der Landeszentrale für den privatrechtlich-organisierten Rundfunk als verfassungskonform bestätigt hatte (vgl. BLM 2020).

In einem bemerkenswerten 18-seitigen Schreiben an Strauß vom 15. Juli 1987 analysierte Stoiber neben einer Reihe von grundlegenden Einzelfragen die medienpolitische Lage sachlich-nüchtern und betonte dabei die ausgleichende Position der Staatsregierung. Deutlicher als früher aber hob er die Bedeutung des öffentlich-rechtlichen Rundfunks hervor und wies auf die Möglichkeiten, aber auch Grenzen privater Anbieter hin. Vor allem konstatierte er Schwierigkeiten und eine gewisse Ernüchterung, betonte aber zugleich den Handlungszwang in den 80er Jahren, um zu verhindern, dass Bayern zur medienpolitischen Provinz geworden wäre – „mit Konsequenzen auf die gesamtpolitische Bedeutung Bayerns". „Ziel unserer Medienpolitik war es stets, Meinungsmacht vor allem im Informationsbereich zu relativieren", lautete wiederum sein Ceterum Censo, das er

---

[154] BStK 19206 Ring an Stoiber v. 03.02.1986.
[155] BStK 19354 Grundsatzpapier v. 10.02.1986 der StK (A II 1.4).
[156] Ebd. Hartstein an Ring v. 03.10.1986. Wie verärgert Hartstein war, zeigt der ungewöhnlich scharfe Angriff auf Ring: „Fazit: Erhebliche Verärgerung auf allen Seiten. Die für die Organisation zuständige MGK ist vor den Kopf gestoßen, die Münchner Lokalstationen sind verunsichert. Erwartungen sind geweckt, die ganz offensichtlich nicht eingehalten werden können. Oder wollte man alle Beteiligten jetzt nochmals – entgegen jeder Vernunft – unter Zeitdruck setzen?"

seit über einem Jahrzehnt beharrlich vertreten hatte. Fast entschuldigend fügte er zugleich hinzu, dass er „zu keinem Zeitpunkt euphorische Erwartungen geweckt oder unterstützt habe", sondern sogar stets „auf die zu erwartenden Schwierigkeiten frühzeitig hingewiesen habe". Die Gründe dafür lagen aus seiner Sicht in der schwierigen Aufbauphase, die die Landeszentrale für neue Medien in kürzester Zeit und mit wenigen Mitarbeitern zu bewältigen hatte, in der komplizierten verfassungsrechtlichen Ausgangssituation, in den ungünstigen wirtschaftlichen Bedingungen für die Privaten und den Wettbewerbsvorteilen der öffentlich-rechtlichen Anstalten. Ausdrücklich benannte er das „allgemeine negative politische Umfeld", in dem nicht nur von SPD und DGB, sondern auch von Teilen der CSU die Qualität der privaten Programme mit denen der öffentlich-rechtlichen verglichen werden „ohne die Ausgangsbedingungen zu berücksichtigen". Offen sprach er auch eine systemimmanente Grundproblematik an, die ständige schwierige „Gratwanderung zwischen der Betonung der öffentlich-rechtlichen Trägerschaft und den gestaltenden Befugnissen der Landeszentrale für neue Medien einerseits und der wirtschaftlichen Bewegungsfreiheit privater Anbieter andererseits", und warf mit dem folgenden Satz einen fast prophetischen Blick in die Zukunft der bayerischen Medienpolitik: „Bei allen Bemühungen durch pragmatisches Handeln einen Ausgleich zu suchen, wird die bayerische Medienpolitik unter diesem Widerspruch auch in Zukunft zu leiden haben."[157]

---

[157] Schreiben Stoiber an Strauß vom 15.07.1987, ACSP, NL Strauß: Fam. 1073.

Fazit

Die „eingehegte Aufgabenprivatisierung" (Bösch 2012a: 206), die Frank Bösch als Ergebnis dieses Prozesses konstatiert, war insgesamt mit dem Scheitern der Regulierungsvorschläge der SPD verbunden. Als SPD-Bundesgeschäftsführer Peter Glotz am 4. Februar 1984 feststellte, dass angesichts der konservativen Mehrheiten im Bund und in den Ländern die Medienentwicklung nicht aufzuhalten sei und die SPD versuchen solle, private Rundfunkveranstalter mit liberalen Grundsätzen zu unterstützen, war die „Medienwende" (Schwarzkopf 1999a: 46) in Bayern bereits weit fortgeschritten und mit dem MEG wenige Monate später abgeschlossen. Bundesweit wurden starke Regeln für den privaten Rundfunk durch die Urteile des Bundesverfassungsgerichts von 1981 und 1986 und den Rundfunkstaatsvertrag von 1987 festgelegt. Bayern spielte mit seiner Bindung an den Art. 111a seiner Verfassung von Anfang an eine Sonderrolle, die sogar in einer eigenen „Bayernklausel" verbindlich bestätigt wurde. So konnten sich hier vor allem im Hörfunkbereich ein wirtschaftlich tragfähiges und ungemein vielfältiges Lokalfunkkonzept und mit Antenne Bayern ein erfolgreicher landesweiter Sender entwickeln, während das regionale Fernsehen von Anfang ein Zuschussunternehmen war. Für das überregionale Fernsehen dagegen war mit Leo Kirch ein einflussreicher und tatkräftiger Unternehmer tätig, der auch ein unschätzbares Pfund für die bayerische Standortpolitik darstellte (vgl. Zech-Kleber 2018).[158]

In der Gesamtbewertung wirken aber noch immer die alten kämpferischen Standpunkte nach, die den „Kommerzfunk" abwerten und den öffentlich-rechtlichen Rundfunk idealisieren. Der Historiker Norbert Frei etwa zieht ein erstaunliches historisches Fazit:

> Und schwer verstümmelt ist die bedeutendste politisch-kulturelle Errungenschaft der Nachkriegszeit, wenn nicht der deutschen Mediengeschichte überhaupt: ein staatsfern verfaßter und gesamtgesellschaftlich kontrollierter Rundfunk (Frei 1989: 453).

Eine Podiumsdiskussion aus dem Jahre 2004 belegte dieses Weiterwirken stereotyper Vorurteile und die Fortschreibung eingeschliffener Denkmuster ebenfalls deutlich. Auf die Aussage des BLM-Präsidenten Wolf-Dieter Ring, die BLM habe den Auftrag, privaten Rundfunk zu entwickeln und zu fördern, stellte Hildegard

---

[158] Als Kirch als Inhaber der Firma Taurus-Film 1984 zur Besprechung in die Bayerische Staatskanzlei eingeladen worden war, „um auch Aussagen zur Entwicklung der Software, vor allem des Spielfilmmarktes, in die weiteren Entscheidungen einbeziehen zu können", hatte er sich noch entschuldigt mit der Begründung, „er sei Filmhändler und nicht Programmveranstalter" (so BStK 19223 Vermerk Ring zum Gespräch in der BStK am 01.10.1984).

Hamm-Brücher, die FDP-Politikerin und einstige Bundestagsabgeordnete und Bundesministerin, die provokante Frage: „Was können Sie denn von dem ganzen Dreck korrigieren?", nicht ohne wenig später einzugestehen, dass sie technisch nicht informiert sei und daher auch manches falsch eingeschätzt habe (vgl. Behmer/Hasselbring 2006: 57). Auch das Pauschalurteil des Münchner Oberbürgermeisters Christian Ude, der beim Volksbegehren „Rundfunkfreiheit" 1972 an vorderster Front mit tätig war, hält einer sachlichen Analyse schwerlich stand, wenn er in dieser Diskussion feststellte: „Die prognostizierte Vielfalt der Meinungen, kulturelle Bereicherung oder Arbeitsplatzflut für Journalisten und Publizisten, hat es in Wahrheit auch nicht gegeben. Insofern sind die kulturkritischen Befürchtungen über das Privatfernsehen durchaus bestätigt worden" (ebd.: 56).

Näher an der Wirklichkeit bewegt sich ein durchaus kritischer Journalist wie Klaus Ott, der zwar den Verlegereinfluss auf die lokalen Hörfunksender problematisiert, der Entwicklung des privaten Rundfunks aber auch positive Seiten zugesteht, wenn er im Zeitzeugengespräch sagt:

> Dort arbeiten Journalisten, die vor Ort recherchieren. Die machen natürlich kaum stundenlange Wortsendungen zu einem Thema, das sie in allen Verästelungen verfolgen. Was ja auch beim öffentlich-rechtlichen Rundfunk nicht mehr allzu häufig vorkommt. Andererseits findet bei den privaten Lokalradios Recherche und Berichterstattung über das statt, was vor Ort wirtschaftlich und politisch und auch sonst los ist. Insofern ist es natürlich besser, dass es die Privatradios gibt. Sie tragen im Rahmen ihrer Möglichkeiten zu der Berichterstattung vor Ort und damit zur Vielfalt bei.

Literatur

Adelhardt, Thorsten (2000): Privater Rundfunk in öffentlich-rechtlicher Rechtsform nach Artikel 111a der Bayerischen Verfassung. Seminararbeit, Friedrich-Alexander-Universität Erlangen-Nürnberg.

Arbeitsgemeinschaft der öffentlich-rechtlichen Rundfunkanstalten der Bundesrepublik Deutschland (Hrsg.) (1983): ARD-Jahrbuch. Berlin: Hans-Bredow-Institut.

Bausch, Hans (1980a): Rundfunk in Deutschland, Bd. 3. München: Deutscher Taschenbuch Verlag.

Bausch, Hans (1980b): Rundfunk in Deutschland, Bd. 4. München: Deutscher Taschenbuch Verlag.

Bayerische Landeszentrale für neue Medien (2018): Infositzung der BLM vom 15.11.2018.

Bayerische Landeszentrale für neue Medien (2020): Chronik. Online: www.blm.de/ueber_uns/chronik-/1986.cfm (zuletzt abgerufen am 15.02.2021).

Behmer, Markus (2014a): Biografische Medienforschung. In: Behmer, Markus/Hasselbring, Bettina (Hrsg.): Das Gedächtnis des Rundfunks. Die Archive der öffentlich-rechtlichen Sender und ihre Bedeutung für die Forschung. Wiesbaden: Springer VS, S. 323–331.

Behmer, Markus (2014b): Rundfunkpolitik. In: Behmer, Markus/Hasselbring, Bettina (Hrsg.): Das Gedächtnis des Rundfunks. Die Archive der öffentlich-rechtlichen Sender und ihre Bedeutung für die Forschung. Wiesbaden: Springer VS, S. 221-225.

Behmer, Markus/Hasselbring, Bettina (Hrsg.) (2006): Radiotage, Fernsehjahre. Interdisziplinäre Studien zur Rundfunkgeschichte nach 1945. Münster: LIT Verlag.

Behmer, Markus/Hasselbring, Bettina (Hrsg.) (2014): Das Gedächtnis des Rundfunks. Die Archive der öffentlich-rechtlichen Sender und ihre Bedeutung für die Forschung. Wiesbaden: Springer VS.

Bocklet, Reinhold (1979): Volksbegehren und Volksentscheid in Bayern. In: Bocklet, Reinhold (Hrsg.): Das Regierungssystem des Freistaates Bayern, Bd. 2. München: Ernst Vögel Verlag, S. 295-445.

Bösch, Frank (2012a): Politische Macht und gesellschaftliche Gestaltung. Wege zur Einführung des privaten Rundfunks in den 1970/80er Jahren. In: Archiv für Sozialgeschichte 52, S. 191-210.

Bösch, Frank (2012b): Vorreiter der Privatisierung. Die Einführung des kommerziellen Rundfunks. In: Frei, Norbert/Süß, Dietmar (Hrsg.): Privatisierung. Idee und Praxis seit den 1970er Jahren. Göttingen: Wallstein Verlag, S. 88-107.

Bösch, Frank (2016): Mediengeschichte. Archive und Online-Ressourcen für die Forschung. In: Busse, Laura/Enderle, Wilfried/Hohls, Rüdiger/Meyer, Thomas/Prellwitz, Jens/Schuhmann, Annette (Hrsg.): Clio-Guide. Handbuch zu digitalen Ressourcen für die Geschichtswissenschaften. Berlin: Humboldt-Universität zu Berlin.

Bösch, Frank (2017): Medien und Gesellschaftswandel. In: Zeitschrift für bayerische Landesgeschichte 80, S. 579-591.

Buchholtz, Anne (2004): Wege zur Vielfalt. Die Organisation privater Rundfunkangebote nach dem Bayerischen Mediengesetz. Frankfurt a. M.: Peter Lang Verlag.

Buchwald, Manfred (1999): Fernsehen im Wettbewerb. In: Schwarzkopf, Dietrich (Hrsg.): Rundfunkpolitik, Bd. 2. München: dtv Verlagsgesellschaft, S. 615-642.

Crone, Michael (1975): Freizeit oder Kontrolle. Der Kampf um die Rundfunkfreiheit in Bayern. In: Lerg, Winfried/Steininger, Rolf (Hrsg.): Rundfunk und Politik 1923-1973. Berlin: Verlag Volker Spiess, S. 439-461.

Dussel, Konrad (1999): Rundfunkgeschichte-Mediengeschichte-Zeitgeschichte. Der Rundfunk und die Entwicklung der westdeutschen Gesellschaft. In: Marßolek,

Inge/Saldern, Adelheid von (Hrsg.): Radiozeiten. Herrschaft, Alltag, Gesellschaft (1924-1960). Potsdam: Verlag für Berlin-Brandenburg, S. 39-56.

Dussel, Konrad (2002): Hörfunk in Deutschland. Politik, Programm, Publikum (1923-1960). Potsdam: Verlag für Berlin-Brandenburg.

Dussel, Konrad (2010): Deutsche Rundfunkgeschichte. 3. Aufl. Konstanz: UVK Verlagsgesellschaft.

Ernstberger, Günther (2019): Medienaufbruch. Leuchtturm Unterföhring. In: Ring, Wolf-Dieter: Aufbruch zur Medienvielfalt. Augsburg: Context Verlag, S. 83-90.

Frei, Norbert (1989): Die Presse. Hörfunk und Fernsehen (1945-1988). In: Benz, Wolfgang (Hrsg.): Die Geschichte der Bundesrepublik Deutschland, Bd. 4. (Überarb. und erw. Neuausgabe von 1983). Frankfurt a. M.: Geschichte Fischer Verlag, S. 370-463.

Gaab, Jochen (2017): Der Rundfunk als Forschungsgegenstand der Landesgeschichte. In: Zeitschrift für bayerische Landesgeschichte 80, S. 605-613.

Gelberg, Karl-Ulrich (2003): Vom Kriegsende bis zum Ausgang der Ära Goppel. In: Schmid, Alois (Hrsg.): Handbuch der Bayerischen Geschichte 4/1, S. 857-957.

Gelberg, Karl-Ulrich/Latzin, Ellen (2005): Quellen zur politischen Geschichte Bayern in der Nachkriegszeit (1957-1978), Bd. 2. München: Bayerische Landeszentrale für politische Bildungsarbeit.

Gißibl, Bernhard (2017): Auf der Suche nach dem „südlichen Stil". Der bayerische Rundfunk und die Gründung des ARD-Studios Rom Anfang der 60er Jahre. In: Zeitschrift für bayerische Landesgeschichte 80, S. 615-649.

Götschmann, Dirk (2014): Meinungsfreiheit oder Meinungsmonopol. Die Meinungsfreiheit im parlamentarischen Diskurs der Nachkriegszeit. In: Einsichten und Perspektiven 2, S. 28-38.

Hartstein, Reinhard et al. (1995): Rundfunkstaatsvertrag. Kommentar zum Staatsvertrag der Länder zur Neuordnung des Rundfunkwesens von München. 2. Aufl. S. 211-216.

Haunreiter, Helmut (2019): Kampf um die UKW-Frequenz. Übertragungskapazitäten für die Entwicklung des privaten Rundfunks. In: Ring, Wolf-Dieter: Aufbruch zur Medienvielfalt. Augsburg: Context Verlag, S. 136-139.

Hermanni, Alfred-Joachim (2008): Medienpolitik in der 80er Jahren. Machtpolitische Strategien der Parteien im Zuge der Einführung des dualen Rundfunksystems. Wiesbaden: Springer VS.

Henzler, Christoph (1994): Fritz Schäffer (1945-1967). Eine biographische Studie zum ersten bayerischen Nachkriegs-Ministerpräsidenten und ersten Finanzminister der Bundesrepublik Deutschland. München: Hanns-Seidel-Stiftung, S. 587-590.

Hickethier, Knut (1998): Geschichte des deutschen Fernsehens. München: J.B. Metzler.

Hickethier, Knut (Hrsg.) (1993): Institution, Technik und Programm. Rahmenaspekte der Programmgeschichte des Fernsehens. (Geschichte des Fernsehens in der Bundesrepublik Deutschland in fünf Bänden, Bd. 1). München: Fink.

Jonscher, Norbert (1995): Lokale Publizistik. Theorie und Praxis der örtlichen Berichterstattung. Opladen: Westdeutscher Verlag.

Klingler, Walter/Lesch, Edgar (2001): Regionalisierung im Rundfunk. Konstanz: UVK Verlagsgesellschaft.

Kock, Peter Jakob (1996): Der Bayerische Landtag. Protokolle. Ergänzungsband zur Chronik. Würzburg: Echter, S. 222-228.

Kramp, Leif (2015): Zur Situation der Rundfunkarchivierung in Deutschland. In: Rundfunk und Geschichte 3-4, S.11-24.

Lerg, Winfried/Steininger, Rolf (1975): Rundfunk und Politik 1923-1973. Berlin: Verlag Volker Spiess.

Lindmeyr, Sebastian (2006): Die Novellierung des Bayerischen Rundfunkgesetzes und seine Folgen mit der Debatte. In: Behmer, Markus/Hasselbring, Bettina (Hrsg.): Radiotage, Fernsehjahre. Interdisziplinäre Studien zur Rundfunkgeschichte nach 1945. Münster: LIT Verlag, S. 29-35.

Maaßen, Ludwig (1998): Der Kampf um den Rundfunk in Bayern. Rundfunkpolitik von 1945 bis 1973. Berlin: Verlag Volker Spiess.

Mai, Manfred (2005): Das duale Rundfunksystem in Deutschland – Erwartungen und Enttäuschungen der Medienpolitik. In: Jäckel, Michael/Brosius, Hans-Bernd (Hrsg.): Nach dem Feuerwerk: 20 Jahre duales Fernsehen in Deutschland. Erwartungen, Erfahrungen und Perspektiven. Wiesbaden: Springer VS, S. 41-55.

Medienrat der Bayerischen Landeszentrale für neuen Medien (1985): Protokoll zur Medienratssitzung im Jahr 1985, 25. April.

Mettler, Barbara (1975): Pluralismus oder Staatsrundfunk. In: Lerg, Winfried/Steininger, Rolf (Hrsg.): Rundfunk und Politik. Berlin: Verlag Volker Spiess, S. 243-260.

Müller, Holger (2015): Demenz oder Verdrängung? Zur Archivlage des privaten Hörfunks in Bayern. In: Rundfunk und Geschichte 3-4, S. 32-35.

Müller, Rainer (2019): Dreiklang MPK/MGK und BLM. In: Ring, Wolf-Dieter: Aufbruch zur Medienvielfalt. Augsburg: Context Verlag, S. 78-81.

Müske, Johannes/Föllmer, Golo/Hengartner, Thomas/Leimgruber, Walter (Hrsg.) (2019): Radio und Identitätspolitiken. Kulturwissenschaftliche Perspektiven. Bielefeld: Transcript.

Ring, Wolf-Dieter (2019): Aufbruch zur Medienvielfalt. Augsburg: Context Verlag.

Rittner, Sabine (2018): Rezension. In: Rundfunk und Geschichte 3-4, S. 74-76.

Schick, Paul (1991): Privater Hörfunk in Bayern. Kompetenzregelungen, medienpolitische Konflikte, gesellschaftliche Verflechtungen. München: Reinhard Fischer Verlag.

Schreiner, Willi (2019): Hühnerspiel, Schwarzenstein oder Unterföhring. Wo stand die Wiege des Verbandes Bayerischer Lokalrundfnk? In: Ring, Wolf-Dieter: Aufbruch zur Medienvielfalt. Augsburg: Context Verlag, S. 146-149.

Schulz, Georg (2017): Forschungsansätze zur Organisation des Bayerischen Rundfunks. In: Zeitschrift für bayerische Landesgeschichte 80, S. 593-604.

Schulz, Georg (2018): Die Stimme Bayerns. Der Bayerische Rundfunk zwischen Tradition und Moderne. Regensburg: Verlag Friedrich Pustet.

Schwarzkopf, Dietrich (1999a): Rundfunkpolitik in Deutschland. Wettbewerb und Öffentlichkeit, Bd. 1. München: dtv Verlagsgesellschaft.

Schwarzkopf, Dietrich (1999b): Rundfunkpolitik in Deutschland. Wettbewerb und Öffentlichkeit, Bd. 2. München: dtv Verlagsgesellschaft.

Steininger, Rolf (1975): Rundfunkpolitik im ersten Kabinett Adenauer. In: Lerg, Winfried/Steininger, Rolf (Hrsg.): Rundfunk und Politik. Berlin: Verlag Volker Spiess, S. 341-383.

Stöber, Rudolf (2017): Kein Ende der Whig-Geschichtsschreibung. Stand und Probleme der rundfunkhistorischen Forschung. In: Rundfunk und Geschichte 1-2, S. 17-27.

Stuiber, Hans-Werner (1998): Medien in Deutschland, Bd. 2: Rundfunk. Konstanz: UVK Verlagsgesellschaft.

Süß, Dietmar (2012): Idee und Praxis der Privatisierung. Eine Einführung. In: Frei, Norbert/Süß, Dietmar (Hrsg.): Privatisierung. Idee und Praxis seit den 1970er Jahren. Göttingen: Wallstein Verlag, S. 11-33.

Treml, Manfred (2016): Geschichte und Struktur des Lokalfunks in Bayern. In: Mitteilungen des Verbandes bayerischer Geschichtsvereine 27, S. 271-296.

Treml, Manfred (2020a): Der Herrenchiemseer Verfassungskonvent vom August 1948 – die Wiege des Grundgesetzes: In: Zeitschrift für bayerische Landesgeschichte 81, S. 447-473.

Treml, Manfred (2020b): Geschichte des modernen Bayern. Königreich und Freistaat. München: Bayerische Landeszentrale für politische Bildungsarbeit.

Walendy, Elfriede (2020): „Alle haben mir vertraut." Der Aufbau des privatrechtlichen Rundfunks in Bayern. Rundfunkhistorisches Gespräch mit Wolf-Dieter Ring. In: Rundfunk und Geschichte 3-4, S. 61-81.

Zech-Kleber, Bernhard von (2018): KirchGruppe. In: Historisches Lexikon Bayerns. Online: www.historisches-lexikon-bayerns.de/Lexikon/KirchGruppe (zuletzt abgerufen am 15.02.2021).

2. Rahmenbedingungen der Rundfunkentwicklung

2.1. Rundfunkrecht: Vom Medienerprobungs- und -entwicklungsgesetz zum Bayerischen Mediengesetz

Markus Behmer

„Regulierungsinstanzen wie die BLM sollten aufpassen: Allzu schnell mündet ein Zuviel an Vorschriften und Regulierungen in eine fürsorgliche Erziehungsdiktatur" (Stöber 2019: 46). So schrieb es der Bamberger Kommunikationswissenschaftler Rudolf Stöber der bayerischen Landeszentrale bei einem Symposium zum Medienrecht in historisch-einordnender Perspektive gewissermaßen ins Stammbuch.

„Zuviel an Vorschriften", gar auf dem Weg zu einer „Erziehungsdiktatur": Gibt es Hinweise, dass diese Gefahren aktuell bestehen? Um diese Frage beantworten zu können, ist ein kursorischer Überblick über die Entwicklung des Medienrechts bezüglich des privaten Rundfunks in Bayern geboten.

Der Rahmen der Verfassung

Ausgangspunkt muss hier stets der Artikel 111a der bayerischen Verfassung sein. Der erste Absatz benennt – nach der prinzipiellen Gewährung der Rundfunkfreiheit entsprechend des Artikels 5 des Grundgesetzes – klar wesentliche Aufgaben, Verpflichtungen und Grenzen des Rundfunks in der Demokratie:

> [1]Die Freiheit des Rundfunks wird gewährleistet. [2]Der Rundfunk dient der Information durch wahrheitsgemäße, umfassende und unparteiische Berichterstattung sowie durch die Verbreitung von Meinungen. [3]Er trägt zur Bildung und Unterhaltung bei. [4]Der Rundfunk hat die freiheitliche demokratische Grundordnung, die Menschenwürde, religiöse und weltanschauliche Überzeugungen zu achten. [5]Die Verherrlichung von Gewalt sowie Darbietungen, die das allgemeine Sittlichkeitsgefühl grob verletzen, sind unzulässig. [6]Meinungsfreiheit, Sachlichkeit, gegenseitige Achtung, Schutz vor Verunglimpfung sowie die Ausgewogenheit des Gesamtprogramms sind zu gewährleisten.

Der erste Satz des zweiten Absatzes gibt dann die Organisationsform vor: „Rundfunk wird in öffentlicher Verantwortung und in öffentlich-rechtlicher Trägerschaft betrieben." Den durchaus dramatischen Weg zu diesem 1973 in die Verfassung eingefügten Zusatzartikel zeichnet Manfred Treml im „Prolog" dieses Bandes ausführlich nach (siehe dazu auch Lerche 1984 und Lindmeyr 2006). Wie es trotz dieses „öffentlich-rechtlichen Trägerschaftsmonopol[s]" (Möstl 2019: 61) gelang, ein gutes Jahrzehnt später privatwirtschaftliche Rundfunkveranstaltungen zu ermöglichen, gleicht gemäß dem Bayreuther Wirtschafts- und Medienjuristen Markus Möstl einem „Drahtseilakt" (ebd.). Wie dieser begangen wurde und wie es wiederum gelang, dabei nicht abzustürzen, das wurde ebenfalls bereits oben durch Manfred Treml nachgezeichnet.

Ob dabei der Kerngehalt des Artikels 111a, Absatz 2, überhaupt gewahrt blieb, darüber wird anhaltend debattiert (siehe dazu etwa Rittner 2006) und es ist auch unter Juristen nicht unstrittig. So stelle die verfassungsverbindliche Vorschrift gemäß Stefan Lorenzmeier „bestenfalls noch eine ‚leere Hülse' dar" (Lorenzmeier 2011: 97; siehe auch Huber 2004), während der Kölner Staats- und Verwaltungsrechtsprofessor Christian von Coelln zum Schluss ausführlicher verfassungsrechtlicher Erwägungen zum Schluss kommt, dass der „bayerische Sonderweg [...] nach wie vor innerhalb des Spielraums [liegt], den das Grundgesetz dem Landesverfassungsgeber und dem einfachen Landesgesetzgeber lässt" (Coelln 2019: 118 ; siehe dazu auch Bethge 2011 und Losch 2019). Sein Professorenkollege Markus Möstl sieht zwar die „Entwicklung des öffentlich-rechtlichen Trägerschaftsmonopols in Bayern [...] an einem kritischen Punkt angelangt", ja „seine Zukunft auf Messers Schneide" stehen (Möstl 2019: 87), er plädiert aber gleichwohl „sehr dafür", „das akrobatische Kunststück, das die Balance zwischen landes- und bundesverfassungsrechtlichen Vorgaben zu halten versucht, weiter zu wagen" (ebd.: 89).

„Kommerzfunk" vs. „verantworteter Freiheit": Debatten um das MEG

Nicht um die verfassungsrechtliche Diskussion bezüglich der Rechtstellung der BLM als öffentlich-rechtlicher Veranstalter der durch private Anbieter erstellten Rundfunkangebote soll es aber im Folgenden gehen, sondern um die Ausgestaltung dessen, was der dritte und letzte Absatz des Verfassungsartikels 111a festlegt, der da besagt: „Das Nähere regelt ein Gesetz". Dieses eine Gesetz war damals, 1973, das bereits am 1. Oktober 1948 in Kraft getretene „Gesetz über die Errichtung und die Aufgaben einer Anstalt des öffentlichen Rechts ‚Der Bayerische Rundfunk'", kurz, das Bayerisches Rundfunkgesetz oder, noch kürzer, das BayRG.

Nur eine Anstalt war damit vorgesehen, ein öffentlich-rechtlicher Rundfunk für alle in Bayern, eben der BR. Wollte man also nun, wie seit den späten 70er Jahren immer heftiger diskutiert wurde, den Weg auch für privaten Rundfunk auch in Bayern und freilich auf dem Boden des Artikels 111a ebnen, bedurfte es eines neuen, eines weiteren Gesetzes. Dessen Ausarbeitung hatte der Bayerische Ministerrat schließlich am 12. Juli 1983 beschlossen.

Nach intensiven Diskussionen im Ministerrat, im Senat und schließlich zunächst in den Ausschüssen des Parlaments und am 15. November 1984 im Landtag selbst trat das „Gesetz über die Erprobung und Entwicklung neuer Rundfunkangebote und anderer Mediendienste in Bayern", kurz Medienerprobungs- und -entwicklungsgesetz oder MEG, zwei Wochen später, am 1. Dezember 1984, in Kraft (vgl. Ring 2019: 39; siehe dazu auch Schumann 1993).

„Das Interesse der Öffentlichkeit am Gesetzesentwurf war riesig" (Ring 2019: 43), wie Wolf-Dieter Ring berichtet, der als damaliger Leiter des Referats Medienpolitik in der Bayerischen Staatskanzlei wesentlich an der Ausarbeitung des MEG beteiligt war. Und der Tenor war zunächst vielfach ablehnend; auch im Senat gab es große Skepsis gegenüber dem MEG-Entwurf und der Einführung des „Kommerzfunks", wie es mißächtig oft hieß und wie sich der damalige Vorsitzende des Senatsausschusses für Kulturpolitik (und ab 1985 stellvertretende Vorsitzende des Medienrats der BLM) Ekkehard Schumann im Gespräch mit Ring erinnert (ebd.: 43f.).

In einer der Parlamentsdebatte vorausgegangenen Sitzung des Kulturausschusses hatte etwa die SPD-Abgeordnete Christa Meier gewarnt, „die neuen Medien würden nach einigen Jahren eine total zerstörte Landschaft zurücklassen" (Bayerischer Landtag 1984: 3527), während sich nun, in der Aussprache zum Gesetzesentwurf im Landtag Edmund Stoiber, damals Leiter der Bayerischen Staatskanzlei, als Hauptredner für die Regierung auf das Prinzip „der Entwicklung und Entfaltung in *verantworteter Freiheit*" (ebd.: 3539; Hervorhebung im Original gesperrt gedruckt) berief und der SPD unter anderem „ideologische Verblendung" und „Angst [...] vor dem Verlust von Einflußsphären durch mehr Meinungsvielfalt und mehr Freiheit" (ebd.) vorhielt. Der SPD-Landtagsabgeordnete Jürgen Böddrich hielt dem als Hauptredner der Opposition wiederum entgegen, dass die CSU die technologische Entwicklung nur als Vorwand für die Durchsetzung von „*Machtinteressen*" (ebd.: 3548; Hervorhebung im Original gesperrt gedruckt) gebrauche:

> Sie wollen den Verlegern und ihrem Umfeld die neuen Medien verkaufen. Dabei mogeln Sie ganz geschickt mit den Begriffen ‚neue Vielfalt' und ‚unbegrenzte Auswahlmöglichkeit für den mündigen Bürger', obwohl Sie ganz genau wissen, daß dabei nur mehr Einseitigkeit und Seichtheit herauskommt. Alle Erfahrungen mit dem kommerziellen Fernsehen sprechen die gleiche Sprache: Niveaulosigkeit, hohe Einschaltquoten, Geld (ebd.).

Sein unterfränkischer SPD-Fraktionskollege Heinz Kaiser spitzte später in der Debatte zu: „Das vorliegende Gesetz ist Ausdruck des Bündnisses von Union und Kommerz; die Leidtragenden sind Bürger und Staat" (ebd.: 3569). Der Landshuter CSU-Abgeordnete Herbert Huber betonte hingegen:

> Die neuen Telemedien werden mehr Vielfalt und Pluralität bringen. Sie bergen geradezu die Notwendigkeit in sich, die privaten Anbieter zu beteiligen, und erzwingen vor allem mehr Angebote, mehr Konkurrenz, auch mehr Leistung und bessere Leistung. [...] Unsere Bürger sind mündig genug, um selbst zu entscheiden, was sie aus dem künftigen pluralen Angebot, dem vielfältigen Angebot auswählen. Sie sind nicht mehr dem Zwang ausgesetzt, alles annehmen zu müssen, was ihnen vorgegeben wird (ebd.: 3568).

So machte die mehr als sechsstündige Befassung mit der Gesetzesvorlage die Grundpositionen bezüglich der Einführung des dualen Systems in der bayerischen Sonderform des Nebeneinanders zweier öffentlich-rechtlicher Veranstalter gut deutlich: Hier, bei der Opposition, die Befürchtung einer Kommerzialisierung des Rundfunks und der Trivialisierung des Programms zu Lasten des BR wesentlich auch aus Machtkalkül der Regierenden heraus, dort, bei der CSU und der durch sie gebildeten Regierung, der Appell pro Freiheit, die Betonung der Mündigkeit der Bürgerinnen und Bürger sowie der Vielfalt mit Vorhaltungen auch, die Gegner würden ideologisch argumentieren. Die Abstimmung (zunächst über jeden einzelnen der insgesamt 39 Gesetzesartikel, dann über das Gesetz insgesamt) bestätigte schließlich die schroffe Frontstellung der nur zwei damals im Landtag vertretenen Parteien: Die CSU-Abgeordneten stimmten geschlossen für das MEG, die SPD-Fraktion (die im Parlament nur 71 der 204 Abgeordneten umfasste) einhellig dagegen. Das Gesetz war damit klar angenommen.

„Erprobung" besagte schon der Name des neuen Gesetzes. Die „neuen Rundfunkangebote und anderen Mediendienste", die nun rasch entstanden, waren mithin eine Art Provisorium, wesentliche Teile des Gesetzes auch auf maximal acht Jahre befristet. Artikel 111a war Rechnung getragen, indem gleich im zweiten Artikel des MEG festgelegt war, dass „Rundfunk im Rahmen dieses Gesetzes" ausschließlich „in öffentlicher Verantwortung und in öffentlich-rechtlicher Trägerschaft der Bayerischen Landeszentrale für neue Medien" betrieben werde. Die (im Jahr darauf gegründete – siehe Kapitel 3.1.) BLM wurde damit der Träger und Veranstalter oder Betreiber des Rundfunks unter privater Beteiligung in Bayern, wo es dezidierten Privatrundfunk ja nicht geben durfte. Insgesamt gab es im Freistaat – anders als in allen anderen Bundesländern, wo private Rundfunkveranstalter direkt Lizenzen von den auch dort nach und nach eingeführten Landesmedienanstalten erhielten – gemäß dem MEG zunächst einen dreistufigen Aufbau, den der Rundfunkjurist (und heutige stellvertreter Intendant des BR) Albrecht Hesse knapp so skizziert:

> Aus den Angeboten der Programmgestalter, der – grundsätzlich privaten – Anbieter im Sinne des Gesetzes, stellen die – wiederum privaten – Kabelgesellschaften als Programmorganisatoren die neuen Rundfunkprogramme zusammen. Sie handeln hierbei unter der Verantwortung der öffentlich-rechtlichen Landeszentrale als Rundfunkbetreiber. Das System ist also nicht insgesamt öffentlich-rechtlich durchstrukturiert; andernfalls wäre die gewünschte stärkere private Beteiligung nicht möglich gewesen. Dies setzt aber eine ausreichend starke Stellung der Landeszentrale als des öffentlich-rechtlichen Bestandteils voraus, um hier von öffentlich-rechtlicher Trägerschaft sprechen zu können (Hesse 1990: 201).

Ob dieses Konstrukt nun ein „Geniestreich [...] oder eher [...] ein Feigenblatt" (Stöber 2019: 56) war, wie der baldige und schließlich jahrzehntelange BLM-Geschäftsführer Martin Gebrande Rudolf Stöber beim eingangs zitierten BLM-Medienrechtssymposium 2018 fragte, das blieb dauerhaft umstritten. Der damals Münchner, später Leipziger Medienwissenschaftler Rüdiger Steinmetz soll das MEG jedenfalls 1986 als „ein Meisterwerk juristischer Kunst" beschrieben haben, „weil es Sinn und Absicht des Art. 111a umgeht. Dem Buchstaben werde Rechnung getragen, der Inhalt aber ausgehöhlt" (zit. nach Ring 2019: 47).

Höchstrichterlicher Überprüfung wurde das MEG bald durch den Bayerischen Verfassungsgerichtshof unterzogen. Am 21. November 1986 bestätigte er weitestgehend die Konformität zum Artikel 111a, forderte lediglich eine Änderung der Zusammensetzung des Verwaltungsrats, und kam zum (durch Hesse so zusammengefassten) Schluss, die „der Landeszentrale eingeräumten Steuerungsmöglichkeiten seien ausreichend, um trotz Beteiligung Privater von einer insgesamt öffentlich-rechtlich getragenen und verantworteten Veranstaltung von Rundfunk sprechen zu können" (Hesse 1990: 203f.; siehe dazu auch Stettner 1992). Gleichwohl waren und sind die Befugnisse der BLM im Wesentlichen „weitgehend identisch" (Hesse 1990: 205) mit denen der Medienanstalten anderer Bundesländer. Allerding müssten die privaten Anbieter etwa im Bereich des Hörfunks strengeren Anforderungen hinsichtlich der inhaltlichen Vielfalt genügen als andernorts, wie Wolf-Dieter Ring, inzwischen Geschäftsführer der BLM, in der nächsten Sitzung des Medienrats konstatierte (Protokoll zur Medienratssitzung vom 11.12.1986: 13). Insgesamt sah er die bayerische Linie voll bestätigt und die „bisherige und zukünftige Arbeit der privaten Anbieter, der Kabelgesellschaften und der Bayerischen Landeszentrale für neue Medien [...] somit gewährleistet" (ebd.: 12).

Die besondere Form des dualen (formaljuristisch gleichsam zweifach öffentlich-rechtlichen) Systems in Bayern war damit legislativ konstituiert. Sie fand auch Berücksichtigung im „Staatsvertrag zur Neuordnung des Rundfunkwesens" der Bundesländer vom 3. April 1987 respektive dem am 1. Januar 1992 in Kraft getretenen „Staatsvertrag über den Rundfunk im vereinten Deutschland" (ab 2007: „Staatsvertrag für Rundfunk und Telemedien"). Der darin fomulierte „Bayernparagraph" blieb in allen bis 2020 folgenden 22 Rundfunkänderungsstaatsverträgen erhalten. Im den Rundfunkstaatsvertrag ablösenden, im November 2020 in Kraft getretenen „Staatsvertrag zur Modernisierung der Medienordnung in Deutschland", kurz Medienstaatsvertrag, ist es (weiterhin) der letzte Paragraph mit der Nummer 122. Er lautet:

> Der Freistaat Bayern ist berechtigt, eine Verwendung des Anteils am Rundfunkbeitrag nach § 112 zur Finanzierung der landesgesetzlich bestimmten Aufgaben der Bayerischen Landeszentrale für Neue Medien im Rahmen der öffentlich-rechtlichen Trägerschaft vorzusehen. Im Übrigen finden die für private Veranstalter geltenden Bestimmungen dieses Staatsvertrages auf Anbieter nach bayerischem Recht entsprechende Anwendung.

Genau 1,8989 Prozent des Rundfunkbeitrags-Aufkommens in Bayern stehen der BLM als öffentlich-rechtlichem „Privatfunk"-Veranstalter pauschal zu, während die deutschlandweit anderen 13 Landesmedienanstalten ihren Beitragsanteil nur für bestimmte, eigens im Paragraph 112 des Medienstaatsvertrags definierte, eingeschränktere „besondere Aufgaben" verwenden dürfen.

„Erprobung" bestanden:
Verstetigung des spezifisch bayerischen dualen Systems im BayMG

Da das MEG, wie oben bereits angesprochen, als „Erprobungsgesetz" nur auf acht Jahre befristet war, musste es 1992 in ein neues Gesetz überführt werden. Die Staatsregierung brachte im April einen Entwurf für das „Gesetz über die Entwicklung, Förderung und Veranstaltung privater Rundfunkangebote und anderer Telemedien in Bayern", kurz Bayerisches Mediengesetz oder BayMG, in den Landtag ein, der am 5. und 6. Mai 1992 in erster Lesung behandelt wurde. Schon im Vorfeld waren die Debatten weniger kontrovers verlaufen als noch 1984, waren doch die wesentlichen Weichen längst gestellt, eine Rückholbarkeit des Status Quo ante, also vor der Etablierung der privaten Anbieter, nicht mehr sinnvoll oder gar möglich. Der damalige Leiter der Staatskanzlei Johann Böhm erinnerte eingangs der Parlamentsdebatte an die einstigen Extrempositionen:

> Während die einen mit der Einführung privaten Fernsehens und privaten Hörfunks den kulturellen Niedergang des Abendlandes befürchtet hatten, [...] erhofften sich die anderen von eben diesen neuen Me-

dien Konkurrenz zu den etablierten öffentlich-rechtlichen Rundfunkanstalten, eine völlige Umkrempelung der bisherigen, von manchem als angestaubt empfundenen bundesdeutschen Medienlandschaft (Bayerischer Landtag 1992a: 3221).

Beides sei nicht eingetreten. Das „mit dem MEG gefundene Modell der öffentlich-rechtliche[n] Trägerschaft privater Rundfunkprogramme durch die Landeszentrale" (ebd.: 3222) habe sich vielmehr „grundsätzlich bewährt". Es gelte nun, es auf Dauer zu stellen und in einigen Details, die er ausführte, weiterzuentwickeln.

Der SPD-Abgeordnete Walter Engelhardt kritisierte anschließend, bei einigen Detailanregungen, weniger den Gesetzesentwurf, wohl aber die Inhalte des Privatfunks – mit Blick vor allem (wie meist in den Debatten, damals nicht anders als noch heute) auf die bundesweiten Fernsehangebote:

> Sie [die CSU] haben den Wettbewerb gepriesen und eine damit verbundene Zunahme an Qualität und Pluralität. [...] Uns [...] war von Beginn an klar, daß die Marktlücke heißen wird: Spielfilme und Serien, Sexfilme je primitiver, desto besser, und eine unglaubliche Preistreiberei, z. B. bei attraktiven Sportveranstaltungen. Und genauso ist es gekommen (ebd.: 3224).

Gleichzeitig stehe er aber „nicht an anzuerkennen und zu würdigen, was von Lokalradiosendern für bürgernahe und parteipolitisch unabhängige Information geleistet wird" (ebd.: 3225), doch sei dies nicht das Verdienst der CSU und der Staatsregierung, deren Medienpolitik er insgesamt scharf kritisierte. Vielmehr bedürften die „durchaus vielfältigen Bemühungen engagierter Radioredaktionen und die Bemühungen vieler unabhängig gebliebener Rundfunk- und Radioeinzelkämpfer [...] unsere Unterstützung" (ebd.: 3226).

In der abschließenden 2. Lesung im Landtag am 30. Oktober 1992 löste eine gewisse Irritation aus, dass die Staatsregierung eine Presseerklärung herausgab, als die Debatte gerade erst begonnen, die Abstimmung noch längst nicht durchgeführt war, in der sie bekanntgab, dass das Gesetz verabschiedet worden sei; „ein Büroversehen" (Bayerischer Landtag 1992b: 4480), wie der Leiter der Staatskanzlei Johann Böhm umgehend beteuerte.

Die Debattenbeiträge selbst thematisierten wieder weit mehr als kritisch erachtete Inhalte der Privatprogramme als Details der Gesetzesvorlage. Der SPD-Abgeordnete Heinz Kaiser stellte schließlich für seine Fraktion und Partei fest:

> Wir [...] haben die durch das MEG eingeleitete Entwicklung der Medienlandschaft kritisch beurteilt und begleitet. Wir müssen heute feststel-

> len: Die Entwicklung ist nicht mehr umkehrbar; die Tatsachen sind geschaffen. Wir können allenfalls noch korrigierend eingreifen und mitarbeiten, um die Dinge zu verbessern. [...] wir werden den Gesetzentwurf der Staatsregierung nicht ablehnen, sondern [...] uns der Stimme enthalten (ebd.: 4467).

Auch die FDP-Fraktion enthielt sich geschlossen der Stimme. Lediglich die Grünen im inzwischen vier Fraktionen umfassenden Landtag stimmten gegen die Gesetzesvorlage. Ihr Redner Raimund Kamm hatte grundsätzliche Bedenken gegen die Vereinbarkeit mit Artikel 111a der Verfassung vorgebracht, vor allem aber die „Entwicklung zum Kommerz" (ebd.: 4472), konkret die Orientierung des Privatfernsehens „ausschließlich an den Bedürfnissen der Werbebranche" (ebd.) und die damit einhergehende Verführung insbesondere von Kindern kritisiert: „Zuviel fernsehen macht zu viele Kinder zu sozialen Analphabeten" (ebd.: 4473).

Da alle Abgeordneten der CSU (sie verfügte über 127 der insgesamt 204 Parlamentssitze) für die Annahme des Gesetzes votierten, wurde es mit großer Mehrheit beschlossen. Am 1. Dezember 1992 trat es in Kraft.

Wolf-Dieter Ring, inzwischen Präsident der BLM, zeigte sich in der nächsten Sitzung des Medienrats zufrieden: „Insgesamt bilde das Gesetz eine gute Grundlage für die Arbeit in den kommenden Jahren" (Protokoll zur Medienratssitzung vom 12.11.1992: 8). Und der Medienratsvorsitzende (und zugleich CSU-Landtagsabgeordnete) Klaus Kopka konstatierte:

> Das Bayerische Mediengesetz schaffe klare Kompetenzen für die Landeszentrale, ihre Organe, die Medienbetriebsgesellschaften und die Hörfunk- und Fernsehanbieter. Es unterstreiche die in Artikel 111a der Bayerischen Verfassung festgelegte öffentlich-rechtliche Trägerschaft und Verantwortung der Landeszentrale für die privaten Rundfunkangebote in Bayern (ebd.: 2).

Im Wesentlichen waren die Bestimmungen des MEG in das BayMG übernommen worden. Neben manchen Umstellungen waren in dem nun 43 Artikel umfassenden Gesetz gegenüber dem mit 39 Artikeln etwas schlankeren Vorgängergesetz der vormalige, vier Artikel umfassende zweite Abschnitt zum längst ausgelaufenen Münchner Kabelpilotprojekt weggefallen; hinzugekommen waren unter anderem einzelne Paragraphen zur Kurzberichterstattung, zum Sponsoring, zu Meinungsumfragen, zur möglichen „Beteiligung des Bayerischen Rundfunks und des Zweiten Deutschen Fernsehens mit neuen Rundfunkprogrammen "(Art. 27) und Bestimmungen zur Archivierung. Inhaltlich waren – neben der nun unbefristeten Geltungsdauer – vor allem manche Details geändert worden. So wurde der Bereich Aus- und Fortbildung gestärkt, die Genehmigungsdauer für Programme wurde von vormals vier auf acht Jahre erhöht, die mögliche Höchststrafe für Ordnungswidrigkeiten (grobe Verstöße von Anbietern beispielweise gegen die Sponsoring- und Gewinnspielregelungen, wie sie auch im Rundfunkstaatsvertrag festgelegt sind) von 50.000 auf 500.000 Mark (später Euro) verzehnfacht. Weiter wurden die bisherigen Kabelgesellschaften in Medienbetriebsgesellschaften umbenannt. In einer Novelle des Gesetzes, die am 1. Januar 1998 in Kraft trat, wurden diese insgesamt 19 als GmbHs organisierten Zwischeninstitutionen, die vor allem die Verträge mit den lokalen und regionalen Anbietern vorbereiteten und damit die Rundfunkangebote vor Ort in der Breite des Landes strukturierten, jedoch „aus ihren gesetzlichen Rechten und Pflichten entlassen" (Bayerische Staatsregierung 1997: 5, 17), also de facto (wenn auch nicht sofort) abgeschafft und ihre Funktionen auf die BLM selbst übertragen. Gleichzeitig wurde auch gesetzlich festgelegt, das bislang von allen Haushalten, die Rundfunkangebote via Kabel nutzten, erhobene „Teilnehmerentgelt" – eine bayerische Besonderheit, die durch den Bayerischen Verwaltungsgerichtshof im Januar 1997 beanstandet worden war (vgl. ebd.: 3) – auslaufen zu lassen und mit Wirkung zum 1. Januar 2003 gänzlich abzuschaffen (was schließlich aber erst bis 2007 endgültig umgesetzt wurde).

In den folgenden zwei Jahrzehnten wurde das BayMG diverse weitere Male geändert. Immer wieder handelte es sich um kleinere Anpassungen zum Beispiel an Rundfunkänderungstaatsverträge oder an geänderte Datenschutzbestimmungen, um inhaltliche Straffungen oder um Änderungen der Artikelreihenfolge. Eine wesentliche Änderung wurde zum 1. September 2016 implementiert: Seither werden alle Genehmigungen neuer Programme nicht mehr auf zunächst acht Jahre befristet, sondern unbefristet erteilt.

Die bislang letzte Änderung des in seiner aktuellen Fassung 40 Artikel umfassenden Mediengesetzes erfolgte am 23. Dezember 2020. Die zum Jahresende auslaufende Möglichkeit, lokale und regionale Fernsehanbieter aus staatlichen Mitteln zu unterstützen, wurde um vier Jahre verlängert (siehe Kapitel 3.3.2.). Zudem wurde der im Artikel 11 festgelegte Aufgabenkatalog der BLM um die Punkte „Stärkung der nationalen und internationalen Sichtbarkeit des Medienstandorts Bayern" und „Förderung von Gründern im Medienbereich zur Sicherung und Weiterentwicklung der digitalen Medien in Bayern" erweitert.

Dies ist eines von vielen Beispielen, wie es gelungen ist, das nun seit fast 30 Jahren (nach der achtjährigen „Vorphase" des MEG) bestehende BayMG an die sich rasch wandelnden technischen Gegebenheiten und die Erfordernisse des lebendigen Medienstandorts Bayern anzupassen.

Markus Behmer

Schlussgedanken

„Das Nähere regelt ein Gesetz" – dieser Schlusssatz des Verfassungsartikels 111a wurde und wird also mit Bezug auf die seit 1984/85 bestehenden privat veranstalteten Rundfunkangebote wesentlich durch zunächst das MEG, nun das BayMG umgesetzt. In ihm gelingt es formaljuristisch, eine vielgestaltige private Rundfunklandschaft mit mehr lokalen Privathörfunksendern, mehr großstädtischen und regionalen Fernsehanbietern als in allen anderen Bundesländern und auch vielen landes- und bundesweiten Radio- und TV-Anbietern mit der Verfassungsanforderung, Rundfunk nur in öffentlich-rechtlicher Trägerschaft zu betreiben, in Einklang zu bringen.

Die BLM als öffentlich-rechtlicher Veranstalterin obliegt nach Artikel 11 des Mediengesetzes „die Organisation, Förderung, Verbreitung und Beaufsichtigung von Rundfunkprogrammen entsprechend den gesetzlichen Vorgaben". Sie entwickelt unter anderem, wie es dort weiter festgelegt ist, „Konzepte für Programme privater Anbieter in Bayern und stellt eine ausgewogene landesweite Rundfunkstruktur sicher". Die Detailgestaltung dieser Programme, die Erstellung der konkreten Angebote obliegt eben den privaten Anbietern. Das eingangs zitierte „akrobatische Kunststück" oder gar der „Drahtseilakt", die Rollen von Veranstalter und Anbietern, von gemeinwohlverpflichteter BLM und primär gewinnorientierten privaten Unternehmen in der Balance zu halten, hat sich seit der Etablierung dieses bayerischen Sonderwegs eines dualen Rundfunksystems gut eingespielt, wenngleich es nicht immer konfliktfrei läuft. Zur schärfsten Maßnahme eines Lizenzentzugs (respektive des Entzugs der Genehmigung eines Rundfunkangebots gemäß Artikel 26 des BayMG) kommt es nur höchst selten – so, um ein Beispiel zu nennen, als die BLM am 14. Mai 2009 dem Münchner Unternehmen C.A.M.P. TV die Fortführung des landesweiten Fernsehfensters „Bayern-Journal" versagte (vgl. BLM 2009), was zu einem langjährigen Rechtsstreit führte.

Die Verfassung des Freistaats und das Bayerische Mediengesetz sind freilich nicht die einzigen Rechtsquellen von Belang für unseren Gegenstand. Vielmehr gibt es noch eine Reihe weiterer Gesetze, Verträge, Verordnungen, Satzungen und Bestimmungen, die den Rundfunk unter dem Dach der BLM regeln oder regulieren, Schranken setzen und den Spielraum bestimmen.

Der Rundfunkstaatsvertrag, vielmehr aktuell Medienstaatsvertrag, wurde oben bereits kurz erwähnt. Er steckt wesentlich den Rahmen ab, in Bayern wie auch in allen anderen Ländern und Stadtstaaten der Bundesrepublik, dessen Einhaltung etwa durch die gemeinsamen Kommissionen zur Ermittlung der Konzentration im Medienbereich (KEK) und für Zulassung und Aufsicht (ZAK) der Landesmedienanstalten beobachtet wird; das Kartellrecht gibt weitere Eckpunkte bezüglich der Konzentrationsregelung vor. Das Jugendschutzgesetz und der am

1. April 2003 in Kraft getretene „Staatsvertrag über den Schutz der Menschenwürde und den Jugendschutz in Rundfunk und Telemedien", kurz Jugendmedienschutz-Staatsvertrag, oder auch das Urheberrecht setzen wesentliche inhaltliche Anforderungen und Orientierungsrahmen an beziehungsweise für die Programmanbieter und -gestalter, Personalrecht, Unternehmensrecht, Steuergesetzgebung Datenschutzgrundverordnung u.a. m. regulieren die Unternehmensführung.

Über allem thront das Grundgesetz. Und auch verschiedene Richtlinien der EU müssen Beachtung finden, so die Richtlinie des Europaparlaments und des Rats der Europäischen Union für audiovisuelle Mediendienste.

Mithin ein „Zuviel an Vorschriften", um auf Stöbers Eingangszitat zurückzukommen? Sicher nicht, vielmehr ein Ordnungsrahmen, wie er für einen Rechtstaat mit föderaler Grundordnung notwendig ist. Hier wie immer und überall kommt es darauf an, was man daraus macht. Von einer „Erziehungsdiktatur" sind wir sicher denkbar weit entfernt. Augenmaß und Weitsicht sind aber notwendig, um das Medienrecht und den Spagat zwischen wünschenswerter Medienförderung bei größtmöglicher Freiheit und notwendiger Regulierung weiterhin möglichst schmerzfrei schlagen zu können, gerade in Zeiten der Digitalisierung und eines immer unübersichtlicheren Medienangebots. Wichtig bleibt stets auch, dass die Gewaltenteilung funktioniert mit einer diskursfreudigen Legislative, einer umsichtigen Exekutive – und einer Judikative, die die anderen Gewalten wo nötig in ihre Schranken weist. Und mit einer Öffentlichkeit, die den Wert freier, unabhängiger, vielfältiger und auch kritischer Medien zu schätzen weiß.

Wesentliche aktuelle Rechtsquellen

Gesetz über die Entwicklung, Förderung und Veranstaltung privater Rundfunkangebote und anderer Telemedien in Bayern (Bayerisches Mediengesetz – BayMG) (in der Fassung der Bekanntmachung vom 22. Oktober 2003, zuletzt geändert durch Gesetz vom 23. Dezember 2020. Online: www.gesetze-bayern.de/Content/Document/BayMG (zuletzt abgerufen am 15.02.2021).

Richtlinie 2010/13/EU des Europäischen Parlaments und des Rates vom 10. März 2010 zur Koordinierung bestimmter Rechts- und Verwaltungsvorschriften der Mitgliedstaaten über die Bereitstellung audiovisueller Mediendienste (Richtlinie über audiovisuelle Mediendienste – AVMDU/RL) (in der Fassung vom 28.11.2018). Online: eur-lex.europa.eu/eli/dir/2010/13/oj/deu (zuletzt abgerufen am 15.02.2021).

Staatsvertrag über den Schutz der Menschenwürde und den Jugendschutz in Rundfunk und Telemedien (Jugendmedienschutz-Staatsvertrag – JMStV) (in der Fassung vom

10.-27.09.2002, zuletzt geändert am 07.11.2020). Online: www.gesetze-bayern.de/Content/Document/JMStV (zuletzt abgerufen am 15.02.2021).

Staatsvertrag zur Modernisierung der Medienordnung in Deutschland (Medienstaatsvertrag – MStV) (in der Fassung vom 20.07.2020, in Kraft seit 07.11.2020). Online: www.blm.de/files/pdf2/medienstaatsvertrag.pdf) (zuletzt abgerufen am 15.02.2021).

Verfassung des Freistaates Bayern (in der Fassung der Bekanntmachung vom 15. Dezember 1998). Online: www.gesetze-bayern.de/Content/Document/BayVerf (zuletzt abgerufen am 15.02.2021).

Literatur

Bayerischer Landtag (1984): Plenarprotokoll der 64. Sitzung (10. Wahlperiode) vom 15.11.1984, S. 3524-3603.

Bayerischer Landtag (1992a): Plenarprotokoll der 50. Sitzung (12. Wahlperiode) vom 05.05.1992, S. 3193-3230.

Bayerischer Landtag (1992b): Plenarprotokoll der 68. Sitzung (12. Wahlperiode) vom 30.10.1992, S. 4453-4497.

Bayerische Staatsregierung (1997): Gesetzesentwurf der Staatsregierung eines Zweiten Gesetzes zur Änderung des Bayerischen Mediengesetzes. Drucksache 13/8440 des Bayerischen Landtags vom 20.06.1997.

Bethge, Herbert (2011): Der verfassungsrechtliche Status der Bayerischen Landeszentrale für neue Medien (BLM). Rechtsgutachten erstellt im Auftrag der BLM. 2. Auflage. Baden-Baden: Nomos.

BLM (2009): Medienrat beschließt Neuausschreibung des landesweiten Fernsehfensters am Wochenende. Pressemitteilung vom 14.05.2019. https://www.blm.de/infothek/pressemitteilungen/2009.cfm?object_ID=868 (zuletzt abgerufen am 15.02.2021).

Coelln, Christian von (2019): Zum Spielraum der Länder bei der Rundfunkgesetzgebung: der bayerische Sonderweg und das Grundgesetz. In: BLM (Hrsg.): BLM-Symposium Medienrecht 2018. Baden-Baden: Nomos, S. 93-134.

Hesse, Albrecht (1990): Rundfunkrecht. Die Organisation des Rundfunks in der Bundesrepublik Deutschland. München: Verlag Franz Vahlen.

Huber, Peter M. (2004): Das bayerische Rundfunkmodell im Lichte seiner verfassungs- und unionsrechtlichen Rahmenbedingungen. In: Bayerische Verwaltungsblätter, H. 20, S. 609-615.

Lerche, Peter (1984): Zum Rundfunkartikel der Bayerischen Verfassung – gestern und heute. In: Rüthers, Bernd/Stern, Klaus (Hrsg.): Freiheit und Verantwortung im

Verfassungsstaat. Festgabe zum 10-jährigen Jubiläum der Gesellschaft für Rechtspolitik. München: Beck, S. 245-256.

Lindmeyr, Sebastian (2006): Die Novellierung des Bayerischen Rundfunkgesetzes 1972 und seine Folgen. In: Behmer, Markus/Hasselbring, Bettina (Hrsg.): Radiotage, Fernsehjahre. Interdisziplinäre Studien zur Rundfunkgeschichte nach 1945. Münster: LIT-Verlag, S. 29-35.

Lorenzmeier, Stefan (2011): Die Rechtmäßigkeit der Lokalrundfunkfinanzierung im Freistaat Bayern. Verfassungs- und europarechtliche Aspekte. Gutachten erstattet im Auftrag der Fraktion Bündnis 90/Die Grünen im Bayerischen Landtag. Online: http://www.gruene-fraktion-bayern.de/sites/default/files/downloads/pdf/gutachten_lokalrundfunkfinanzierung_2011.pdf (zuletzt abgerufen am 15.02.2021).

Losch, Carolin (2019): Die Medienaufsicht über private Rundfunkveranstalter unter besonderer Berücksichtigung der Rechtslage in Bayern. In: ZjS – Zeitschrift für das juristische Studium, H. 6, S. 451-458.

Medienrat der Bayerischen Landeszentrale für neuen Medien (1986): Protokoll zur 10. Medienratssitzung vom 11. Dezember 1986.

Medienrat der Bayerischen Landeszentrale für neuen Medien (1992): Protokoll zur 36. Medienratssitzung vom 12. November 1992.

Möstl, Markus (2019): Vom monistischen zum hinkend dualen Rundfunkmodell: das landesverfassungsrechtliche Rechtsformmonopol öffentlich-rechtlicher Trägerschaft. In: BLM (Hrsg.): BLM-Symposium Medienrecht 2018. Eine Veranstaltung der Landeszentrale im Jubiläumsjahr 200 Jahre Verfassungsstaat – 100 Jahre Freistaat Bayern. Baden-Baden: Nomos, S. 61-89.

Ring, Wolf-Dieter (Hrsg.) (2019): Aufbruch zur Medienvielfalt. Augsburg: Context Verlag.

Rittner, Sabine (2006): Ein bayerischer Sonderweg? Die Debatte um den Rundfunk zu Beginn der 70er Jahre – Artikel 111a der Bayerischen Verfassung und die Folgen [Dokumentation einer Podiumsdiskussion]. In: Behmer, Markus/Hasselbring, Bettina (Hrsg.): Radiotage, Fernsehjahre. Interdisziplinäre Studien zur Rundfunkgeschichte nach 1945. Münster: LIT-Verlag, S. 37-61.

Schumann, Michael (1993): Neue Medien und privater Rundfunk in Bayern: Das Bayerische Medienerprobungs- und -entwicklungsgesetz als Paradigma einer medienpolitischen Strategie. Frankfurt a. M.: Peter Lang Verlag.

Stettner, Rupert (1992): Die Rechtsprechung der Verfassungs- und Verwaltungsgerichte zum Bayerischen Medienerprobungs- und -entwicklungsgesetz. In: Zeitschrift für Urheber- und Medienrecht, H. 6, S. 456-482.

Stöber, Rudolf (2019): Von der Preßfreiheit zur Lügenpresse. Zum Stand der Medienfreiheiten in Deutschland in den letzten 200 Jahren. In: BLM (Hrsg.): BLM-Symposium Medienrecht 2018. Baden-Baden: Nomos, S. 17-58.

2.2. Von analog zu digital, von Kabel und Satellit zum Internet: Die Entwicklung der Rundfunktechnik

Christian Henrich-Franke

„Rundfunk" bezeichnet von seiner ursprünglichen Bedeutung her, die der deutsche Rundfunkpionier Hans Bredow ihm in den 1920er Jahren zugesprochen hatte, die Übertragung von Programmen mittels elektromagnetischer Funkfrequenzen an ein möglichst breites und vielfältiges Publikum (vgl. Bredow 1950). In dieser Zeit war der Rundfunk ausschließlich Hörfunk. Das Fernsehen entstand erst zeitversetzt in den 1930er Jahren, wurde dann unter dem Begriff Rundfunk subsumiert und organisatorisch den bestehenden Rundfunkanstalten zugeordnet. Technisch betrachtet machte dies Sinn, basierten doch Hörfunk und Fernsehen beide auf dem Grundprinzip, dass von einer Sendeantenne ausgehend ein vorproduziertes oder live eingespieltes Programm mittels analog modulierter Funkfrequenzen an viele einzelne (Haus-)Antennen übertragen wurde. Auch organisatorisch machte dies Sinn, standen doch nur wenige Funkfrequenzen für Rundfunksendungen zur Verfügung, so dass die einzelnen Rundfunkanstalten innerhalb ihres Sendegebietes ein Monopol innehatten.

Ausgehend von ihrem ursprünglichen Monopol haben sich Hörfunk und Fernsehen technisch betrachtet in dreierlei Hinsicht gewandelt:

Erstens haben sich die Übertragungswege und Übertragungskapazitäten (und damit auch die Programme) deutlich vergrößert, was auf eine Reihe von Ursachen zurückzuführen ist. Zum einen haben die Übertragungswege von Kabelnetzen und Satelliten den ursprünglich rein terrestrischen Empfang ergänzt. Hinzu kam die Ausweitung der Frequenzbereiche für die Rundfunkdienste durch die zuständigen internationalen Organisationen für die Regulierung und die Verteilung von Funkfrequenzen. Zum anderen haben neue Modulationstechniken wie die Einseitenbandtechnik oder die digitale Modulation zu einer effektiveren Ausnutzung der verfügbaren Übertragungswege geführt.

Zweitens hat die Portabilität der Geräte zugenommen. Angefangen mit dem Transistorradio über das Autoradio bis hin zum mobilen Empfang von Rundfunkangeboten via Smartphone hat sich der Konsum von Rundfunkprogrammen zunehmend aus dem häuslichen Umfeld heraus verlagert.

Drittens hat sich die Qualität der Bilder und des Tons markant verbessert, was eng mit neuen Modulationstechniken zusammenhing, wobei die Digitalisierung der Übertragung nicht zwangsläufig für eine bessere Qualität steht.

In diesem Beitrag, der die Entwicklung der Rundfunktechnik seit der Einführung des privaten Rundfunks in den 1980er Jahren betrachtet, wird der Schwerpunkt auf die technische Infrastruktur des Systems Rundfunk gelegt, die sich stark von der Studio- und/oder Produktionstechnik unterscheidet. Zwar lässt sich das technische System Rundfunk nur lückenlos verstehen, wenn von der Programmproduktion bis zum Empfänger alle technischen Geräte als Einheit betrachtet werden. Dennoch ist diese Unterteilung der Rundfunktechnik angebracht, weil die Infrastruktur zur Übertragung von Programmen zum einen das potenzielle Angebot bestimmt. Zum anderen wird die technische Infrastruktur des Rundfunks nicht von den Rundfunkanstalten – egal ob sie öffentlich-rechtlicher oder privater Natur sind – betrieben, sondern von der Regulierungsinstanz für Telekommunikation beziehungsweise vor der Privatisierung von der Deutschen Bundespost. Dabei ist die technische Übertragungsinfrastruktur und insbesondere die Nutzung von Funkfrequenzen ein Bereich, der von der Öffentlichkeit kaum bis gar nicht wahrgenommen wird, gleichzeitig aber für die Rundfunknutzung unabdingbar ist. Eine auf Bayern beschränkte Darstellung wird nur bedingt möglich sein, weil die technische Infrastruktur des Rundfunks je nach Übertragungsvariante nicht selten eine nationale, europaweite oder gar globale Koordination benötigt.

Für das Thema dieses Bands dient, technisch betrachtet, die Knappheit der verfügbaren Rundfunkfrequenzen als Ausgangspunkt der Überlegungen. Solange nur wenige Rundfunkfrequenzen vorhanden waren, die eine Konkurrenz unterschiedlicher Rundfunkanbieter unmöglich machte, war das Monopol leicht zu legitimieren. Indem die Knappheit an Rundfunkfrequenzen wegfiel, fiel auch die Rechtfertigung für das öffentlich-rechtliche Rundfunkmonopol in Bayern, Deutschland und vielen anderen Staaten Europas weg. Wenngleich beide bis in die 1980er Jahre unter dem gemeinsamen Monopol regionaler Landesrundfunkanstalten betrieben wurden, bestanden zwischen Hörfunk und Fernsehen technische Unterschiede, unter anderem was die Verfügbarkeit an Programmen betraf.

Die Entwicklung der Rundfunktechnik wird hier untergliedert in zwei Phasen, die nicht als strikt getrennt zu betrachten sind, sondern sich in vielfältiger Weise überlappen. Als erstes kann eine Pluralisierung des Angebots durch neue Übertragungswege konstatiert werden, die die Grundlage der Privatisierung des Rundfunks bildete. Eine zweite Phase der Pluralisierung brachte neue Praktiken der Nutzung von Medienangeboten, die durch eine effektivere Nutzung der bestehenden Übertragungswege dank digitaler Technologie sowie durch eine Verschmelzung vorher getrennter Medien (Rundfunk, Telekommunikation etc.) gekennzeichnet war.

Erweiterung der Übertragungswege und Pluralisierung des Angebots in bestehenden Nutzungspraktiken (1980er bis 1990er Jahre): Die analoge Ära

In technischer Hinsicht wurden wesentliche Grundlagen der Privatisierung des Rundfunks in den 1970er Jahren gelegt, als vielfältige Planungen für eine Erweiterung der Frequenzbereiche, für neue Übertragungswege und für neue (digitale) Modulationsverfahren aufgenommen wurden. Drei vorrangige Entwicklungen sind dabei zu betrachten, die kontinuierlich Qualität und Portabilität der Übertragung verbesserten, insbesondere aber die technische Grundlage für eine Erweiterung des Programmangebots schufen.

(1) Terrestrischer Rundfunk: Eine kleine, wenig spektakuläre Konferenz in Darmstadt machte 1971 den Auftakt und erweiterte den Hörfunkbereich 88-100 MHz um den Bereich 100-104 MHz (vgl. Binz 1973). Auf den für die weltweite Regulierung von Funkfrequenzen zuständigen Konferenzen der Internationalen Telekommunikationsunion in Genf wurden 1979 und 1984 weitere technische Grundlagen festgelegt, um den UKW-Bereich auf 108 MHz zu erweitern, womit Platz geschaffen wurde für eine Reihe neuer Sender, die dann in den 1980er Jahren für private Lokalradiostationen freigegeben wurden. Hinzu kam eine effektivere Nutzung der Frequenzkanäle etwa durch das von den europäischen Rundfunkanstalten gemeinsam entwickelte Radio Data System (RDS), welches nicht nur die Übermittlung von Textinformationen zum Hörfunkprogramm, sondern durch die Übertragung von Alternativfrequenzen auch einen automatischen Frequenzwechsel ohne Benutzereingriff ermöglichte (vgl. Kopitz/Marks 1999). RDS fand vornehmlich im Autoradio Anwendung, um den Empfang eines Programms beibehalten zu können, selbst wenn der Sendebereich eines Senders während der Fahrt gewechselt wird (vgl. Henrich-Franke 2016). In Bayern wurde diese Technologie bereits 1983 für den UKW-Hörfunk des Bayerischen Rundfunks eingesetzt, bevor sie danach bundesweit zum Einsatz kam.

(2) Rundfunk über Satelliten: Direktübertragungen von Rundfunkprogrammen via Satellit entwickelten sich schon in den 1970er Jahren zu einem rundfunkpolitischen Thema, nachdem erste Planungskonferenzen für Funkfrequenzen seit 1963 einen solchen Bedarf hatten erkennen lassen. Speziell Rundfunksatelliten waren dabei Teil einer übergeordneten Entwicklung von Satelliten zu Fernmeldezwecken, wobei die technische Grenze zwischen Rundfunk- und Nachrichtensatelliten in der Praxis immer fließender wurde. Die Chance des Satellitenrundfunks wurde darin gesehen, ein neues flächendeckendes Programmangebot jenseits der aufwendigen und sehr kostenintensiven Verkabelung oder der begrenzten Frequenzen des terrestrischen Rundfunks schaffen zu können. Tatsächlich relevant wurde das Thema dann auf einer weltweiten Konferenz zur Regulierung von Funkfrequenzen für den Satellitenrundfunk im Jahr 1977. Auf der Konferenz in Genf wurden erstmalig technische Parameter festge-

legt, wie Modulationstechniken und Übertragungsbandbreiten für den Satellitenrundfunk gestaltet sein sollten, um eine rechtliche Grundlage für die weitere technische Entwicklung zu haben (vgl. Binz/Schulte 1977).

Ein großes Problem bei der Planung von Satellitenrundfunk waren die Abdeckungsgebiete, die sich aus dem Weltraum heraus als sehr großflächig erweisen konnten und nur schwer auf Staatsterritorien oder Bundesländer begrenzt werden konnte. Für Bayern, das in den 1970er und 1980er Jahren an die DDR und die Tschechoslowakei grenzte, bestanden besonders große Koordinationsschwierigkeiten, drängten die Staaten des Ostblocks doch darauf, so wenige Programme wie eben möglich den Eisernen Vorhang überschreiten zu lassen (vgl. Henrich-Franke 2006).

Ab Mitte der 1980er Jahre wurden dann für den Rundfunk in Deutschland unterschiedliche Satellitentypen wie TV-Sat getestet, die mit jeweils unterschiedlicher Sende- und Empfangstechnologie ausgestattet waren. Da es aber zu Verzögerungen bei der Realisierung des TV-Sat-Systems kam, hielt sich auch die Geräteindustrie mit der Serienproduktion von Empfangstechnologie vorerst zurück. Alternativen Satellitensystemen eröffnete die Zeitverzögerung die Chance, sich auf dem Markt zu etablieren. Insbesondere Nachrichtensatelliten mit hohen Übertragungskapazitäten boten sich immer stärker als kostengünstige Alternative zu den spezialisierten Rundfunksatelliten an. Letztlich setzte sich 1989 das Astra-System mit dem Satelliten Astra 1 durch, das genau dem Typus Nachrichtensatelliten entsprach. Es konnte in anderen Frequenzbereichen und mit niedrigeren Sendeleistungen als ein spezialisierter Rundfunksatellit den Betrieb aufnehmen, wodurch Platz für viele Rundfunkprogramme bestand. Dementsprechend konnte Astra noch im ersten Betriebsjahr ein sehr breites Angebot aus nationalen und internationalen, privaten wie öffentlich-rechtlichen Programmen aufbauen. Bayerisches Fernsehen wurde erstmals im November 1985 über den Nachrichtensatellit Intelsat V gesendet und konnte seit Januar 1986 bundesweit empfangen werden.

Die Satellitenübertragung sollte sich zunächst als ein Übertragungsweg erweisen, der vornehmlich für das Fernsehen und weniger für den Hörfunk interessant war, was auch am Erfolg privater lokaler Sendestationen im erweiterten terrestrischen UKW-Bereich lag, die ein lokales Publikum mit lokalem Programm versorgte. Generell verblieb der Radioempfang über Satellit lange Zeit ein Nebenprodukt des Satellitenfernsehens, das sich wiederum immer nur dann in der Masse durchsetzte, wenn es eine klare Vermehrung des Programmangebots durch private Fernsehsender bot.

(3) Rundfunk über Kabelnetze: Bereits in den 1930er Jahren hatte die damalige Reichspost mit Drahtfunk, also Hörfunkprogrammen über das Telefonnetz, experimentiert, um die damals schwierige Empfangssituation (Interferenzen störten den Empfang) in urbanen Räumen zu verbessern. Flächendeckend setzte

sich die Technologie aber weder in Deutschland noch in Bayern durch. Mit der Verbesserung der Übertragungseigenschaften von Kabelnetzen, vor allem durch Koaxialkabel und neue Verstärkertechnologien, wurden in den darauffolgenden Jahrzehnten allmählich die Grundlagen für die Errichtung von Kabelfernsehnetzen geschaffen, die seit den 1970er Jahren in Angriff genommen wurden, um die Qualität und Quantität von Fernsehprogrammen zu erhöhen. Die Planung von Rundfunknetzen über Koaxialkabel begannen allerdings in Deutschland später als im europäischen Ausland. 1979 fällte die Bundespost dann den Beschluss, nur Kabelnetze mit funktionaler Einheitstechnik auf dem Gebiet der Bundesrepublik zu genehmigen, damit die einzelnen technischen Komponenten zwischen allen denkbaren Netzvarianten austauschbar bleiben würden. Der Testbetrieb mit Kabelnetzen setzte tatsächlich aber erst in den 1980er Jahren ein, da der damalige Bundeskanzler, Helmut Schmidt, die Pläne der Bundespost stoppte. Erst die Regierung Kohl setzte die Pluralisierung und Privatisierung des Telekommunikations- und Mediensektors auf die politische Agenda (vgl. Beck 1998). 1984 wurde der Testbetrieb in einer Reihe von Städten aufgenommen, unter anderem in München (vgl. Schumann 1993).

Kabelfernsehen sollte aber ein urbanes Phänomen bleiben, da Kabelnetze in erster Linie in städtischen Ballungsräumen etabliert wurden, wo viele Haushalte angeschlossen werden konnten, gleichzeitig aber der terrestrische Empfang sich als schwierig erwies. Als problematisch stellten sich die Kosten der Verlegung von Kabelnetzen heraus, weshalb die Bundespost in der zweiten Hälfte der 1980er Jahre auch davon ausging, dass die Vollversorgung des Bundesgebiets und insbesondere ländlicher Randgebiete, wie in Bayern etwa Nordfranken, mit vielfältigen Hörfunk- und Fernsehangeboten von der Satellitentechnologie abhängig sein würde. Gleichzeitig hatte das Kabelfernsehen im Juni 1988 – auch aufgrund der massiven Unterstützung seit dem Regierungswechsel 1982 – in Deutschland immerhin einen Versorgungsgrad von 38 Prozent erreicht, der in Bayern mit 37 Prozent im Bundesdurchschnitt lag. Als Katalysator für das Angebot im Kabelnetz erwiesen sich die Satellitenprogramme. Zum einen wurden die für die Satellitenübertragung konzipierten privaten Fernsehsender wie Sat.1 oder RTL ab dem 1. Januar 1984 in die Versuchsnetze für Kabelfernsehen eingespeist. Zum anderen unterlagen diese Programme nicht der nationalen Lizenzierung und Beaufsichtigung. Kabelnetze konnten mit analoger Technologie immerhin im Durchschnitt 100 Rundfunkprogramme anbieten (vgl. Dyson 1985).

In der Summe betrachtet brachten die neuen beziehungsweise erweiterten Übertragungswege zwar ein plurales Angebot an lokalen, nationalen und internationalen Hörfunk- und Fernsehprogrammen. Dies resultierte aber nur bedingt in einer Veränderung der Nutzungspraktiken der Hörerinnen und Hörer in den 1980er und 1990er Jahren. Die Art und Weise, wie Rundfunk konsumiert wurde, blieb im Groben unverändert. Nachdem in den 1960er und 1970er Jahren das

Radio zum (mobilen) Begleitmedium und das Fernsehen zum Leitmedium geworden waren, blieben die Nutzungspraktiken relativ konstant. Die technischen Neuerungen führten aber nicht dazu, dass die terrestrische Verbreitung von Hörfunk und Fernsehen, die seit den 1920er Jahren die technische Basis des Systems Rundfunk dargestellt hatte, abgeschaltet wurde. Im Gegenteil, der terrestrische Empfang wurde noch in den 1980er und 1990er Jahren ausgebaut und ermöglichte so den Empfang von lokalem Privatradio.

Pluralisierung des Angebots, Verschmelzung der Übertragungswege und neue Medienpraktiken: Die digitale Ära

Die Digitalisierung der Übertragung und die mit ihr einhergehende kontinuierliche Verbesserung der Datenkompression sollte eine der grundlegendsten Veränderungen der Rundfunktechnologie bringen. Dabei liegt der Digitalisierung zunächst nur eine neue Art der Übertragung (beziehungsweise Modulation) der Signale zu Grunde, ohne dass dazu neue Übertragungswege erschlossen werden mussten. Werden bei analoger Technologie die Signale konstant gesendet und dann die Signalpegel in ihrer Frequenz oder Amplitude moduliert, so werden bei der digitalen Übertragung die Signale eher indirekt durch die Ein- und Ausschaltung des Signals übertragen. Die Vorteile der digitalen Übertragung gegenüber der analogen liegen in der geringeren Störanfälligkeit, vor allem bei längeren Übertragungswegen wie dem Satellitenrundfunk, und den deutlich höheren Kapazitäten bei der Übertragung und Speicherung von Programmen. Ein Nachteil der digitalen Übertragung besteht in der reduzierten Erfassung der natürlich vorkommenden Töne. Da die digitale Übertragung nicht alle Frequenzen erfasst, die in der analog funktionierenden Welt vorkommen, klingen anspruchsvolle Töne nicht selten analog besser (vgl. Fischer 2016).

Die Digitalisierung der Übertragungswege brachte grundsätzlich eine weitere Zunahme der Programme, vor allem des internationalen Angebots. Dabei wurden alle drei bereits analog genutzten Übertragungswege (terrestrisch, Kabel und Satellit) allmählich digitalisiert, so dass die analoge Technik sukzessive ergänzt und schließlich gänzlich abgeschaltet wurde. Gemein ist allen auch, dass sie zusätzliche Angebote wie elektronische Programmführer, digitalen Teletext und weitere interaktive Elemente einführten (vgl. Karsten 2006).

(1) Terrestrischer Rundfunk: Mit der Digitalisierung des terrestrischen Rundfunks, der den technischen Ursprung von Hörfunk und Fernsehen in der ersten Hälfte des 20. Jahrhunderts darstellte, wurde bereits in den 1980er Jahren experimentiert, unter anderem unter der Ägide der Europäischen Rundfunkunion, die nach gemeinsamen europäischen Standards suchte. Allerdings verzögerte sich die Implementation digitaler Standards, weil erste Tests mit digitaler Übertragung ergaben, dass analoge und digitale Übertragung sich nicht im glei-

chen Frequenzbereich realisieren ließen. Beide Übertragungsvarianten waren einfach inkompatibel und störten sich gegenseitig. Hinzu kamen qualitative Schwierigkeiten. So scheiterten erste Versuche ein digitales Radio zu etablieren. Zwar wurde 1997 mit Digital Radio erstmals ein komplettes Programmangebot in Deutschland auf den Markt gebracht, doch scheiterte dieses am Interesse der Hörerinnen und Hörer. Die Klangqualität insbesondere in urbanen Räumen war recht schwach und brachte keinen signifikanten Mehrwert gegenüber dem analogen UKW-Hörfunk. Erst mit der Überarbeitung des Übertragungsstandards von DAB (Digital Audio Broadcasting) zu DAB+, der 2011 in einigen Empfangsgebieten freigeschaltet wurde, verschwanden die Schwierigkeiten der ersten Generation (vgl. Koschmieder 2011).

Eine Zäsur in der Digitalisierung der terrestrischen Rundfunkübertragung war die Regional Radio Conference 2006 (RRC06) der Internationalen Telekommunikationsunion. Dort wurde eine europaweite Grundlage für die Transformation des analogen terrestrischen Rundfunks in die digitale Variante vorgenommen, indem das fast fünf Jahrzehnte gültige Stockholmer Frequenzabkommen von 1961 revidiert wurde. Vorherige Modifikationen wie die Erweiterung des UKW-Bereichs auf 108 MHz hatten zwar eine Vermehrung der Programme gebracht, aber keine grundsätzlichen Veränderungen der technischen Übertragungsparameter wie der Modulation oder Sendeleistung. Die RRC06 nahm in technischer Hinsicht einige sehr fundamentale Veränderungen vor, die durch Digitaltechnik möglich geworden waren. Erstens konnte das Prinzip der grundsätzlichen Trennung der Frequenzbänder für Hörfunk und Fernsehen aufgegeben werden. Während bei der Anwendung analoger Technik Interferenzen eine gemeinsame Nutzung der Frequenzbänder unmöglich machen, können durch das Prinzip der indirekten Übertragung im Digitalen, also der An- und Abschaltung des Signals, beide Varianten der Modulation von Rundfunkfrequenzen nebeneinander genutzt werden. Damit der Hörfunk dabei nicht vom wirtschaftlich attraktiveren Fernsehen verdrängt wird, reservierte das Frequenzabkommen von 2006 in den nun gemeinsam nutzbaren Frequenzbändern Mindestkapazitäten für den Hörfunk, die nur bei längerer Nichtnutzung an andere Dienste wie das Fernsehen vergeben werden dürfen. Die RRC06 ermöglichte die komplette Digitalisierung der für analoges terrestrisches Fernsehen genutzten Frequenzbereiche 174-230 MHz sowie 470-862 MHz, was zur Folge hatte, dass seit 2009 der analoge Fernsehempfang über die Hausantennen nicht mehr möglich ist und der Übertragungsstandard DVB-T (Digital Video Broadcasting – Terrestrial) das vorherige PAL-System gänzlich ersetzte. Zweitens wurden die Modulationsstandards grundsätzlich offener gestaltet, als dies bei den analogen Varianten der Frequenz- und Amplitudenmodulation der Fall war. Digitale Signale sind einerseits wesentlich störungsunanfälliger, andererseits entwickelten sich die digitalen Kompressionsstandards so rasant, dass eine zu starke Verengung der technischen Entwicklungspotentiale als kontraproduktiv für die weitere Entwicklung des digitalen Rundfunks eingestuft wurde (vgl. O'Leary 2006).

Eine bemerkenswerte Ausnahme stellte der analoge UKW-Rundfunk dar, wo sich die analoge Übertragung bisher erfolgreich gegen eine komplette Digitalisierung erwehren konnte. Insbesondere der UKW-Bereich 87,5-108 MHz, der noch in den 1980er Jahren erweitert worden war, sendet noch im Jahr 2021 analogen Rundfunk, wenngleich schon mehrfach Anläufe unternommen wurden, auch die Übertragungen in diesem Bereich zu digitalisieren. Diese blieben jedoch erfolglos, weil zum einen beim UKW-Rundfunk schon früh ein breites Angebot unterschiedlicher Radiosender bestand, so dass ein durch die Digitalisierung zu ermöglichendes noch breiteres Programmangebot nur einen geringen Mehrwert erzielen kann. Auch war – wie bereits erwähnt – beim ersten digitalen Übertragungsstandard DAB die Klangqualität noch so schlecht, dass analoger UKW interessant blieb. Zum anderen war im UKW-Bereich der Empfang mittels Autoradio langfristig gewachsen und ließ sich nicht einfach auf neue Empfangsgeräte umstellen, ohne Hunderttausende von Autoradios unbrauchbar zu machen (vgl. Henrich-Franke 2016).

(2) Rundfunk über Satellit: Der Rundfunk über Satelliten zählte zu den Pionieren der Digitalisierung der Übertragungstechnik. Ein erstes digitales Satellitenradio scheiterte nach seinem Start im August 1989 recht schnell, unter anderem weil teure Spezialempfänger gekauft werden mussten und dafür „nur" 16 Programme empfangen werden konnten.

Mitte der 1990er Jahre setzte dann die Erarbeitung digitaler Standards auf breiter Basis ein, wobei das European Telecommunications Standards Institut (ETSI) eine zentrale Rolle einnahm, vor allem für die Entwicklung des DVB-S. Besonders bei den großen, die nationalen Territorien überschreitenden Abdeckungsgebiete der Satelliten, waren einheitliche europäische Planungen eine Notwendigkeit. Die Digitalisierung der Satellitenübertragung wurde dadurch unterstützt, dass die digitalen Signale mittels eines Digitalempfängers, der digitale Signale in analoge transformierte, auch für analoge Fernsehgeräte nutzbar wurden. Den Anfang machte 1994 das digitale Satellitenbezahlfernsehen, welches sich allerdings nur bedingt als kommerzieller Erfolg erwies. Im August 1997 begannen dann die öffentlich-rechtlichen Sender digital über die Satelliten Astra und Eutelsat Programme zu übertragen. Mit diesen Satelliten stieg die Zahl der potentiell empfangbaren Rundfunkprogramme auf etwa 1.000 an.

Eine spürbare qualitative Verbesserung, vor allem die Ausbreitung des High Definition Television (HDTV), wurde Mitte der 2000er Jahre mit der Weiterentwicklung des DVB-S- zum DVB-S2-Standard möglich (vgl. Riegler 2009). Nachdem sich die digitale Übertragungstechnologie recht schnell ausbreitete, erfolgte in der Bundesrepublik die komplette Abschaltung des analogen Satellitenrundfunks im Jahr 2012.

(3) Rundfunk über Kabelnetze: Die Digitalisierung des Rundfunks über breitbandige Kabelnetze muss als Nachzügler betrachtet werden und setzte eigentlich in der Fläche erst ein, als die analoge Übertragung mittels Satellit und terrestrisch abgeschaltet war. Dabei spielte sicherlich eine Rolle, dass die Digitalisierung der Kabelnetze vergleichsweise hohe Investitionen sowohl der Netzbetreiber als auch der Rundfunkempfänger erforderte. Insbesondere Hausverteilungsanlagen, die auf interaktive Dienste umgestellt werden sollten, wiesen einen hohen Investitionsbedarf auf. Die privaten Betreiber wollten ihre erst in den 1980er und 1990er Jahren getätigten Investitionen in Koaxialkabelnetze amortisiert sehen und verzögerten deshalb die Umstellung auf digitale Technologie, um mit der analogen weiterhin Gewinne zu machen.

Als Katalysator der Digitalisierung erwies sich dann die Digitalisierung der Satellitenübertragung, da viele Kabelnetze hierüber gespeist wurden. Insofern wirkte sich die Abschaltung der analogen Satellitenübertragung unmittelbar auf die Digitalisierung der Kabelnetze aus (vgl. Freyer 2009).

Eine tatsächliche Zäsur in der Entwicklung der Kabelnetze stellte die Digitalisierung der vormals schmalbandigen Kabelnetze wie des Telefonnetzes dar. Sie überwand die in den 1980er Jahren durch ISDN eingeführte Trennung schmalbandiger und breitbandiger Kabelnetze. Die Digitalisierung des Telefonnetzes im ISDN und die sich anschließenden Techniken der Verbesserung der Übertragungskapazitäten wie DSL ließen das Telefonnetz so zu einem potentiellen „Konkurrenten" der privaten Kabelnetze werden, da sich im Internet Audio- und Videoübertragungen realisieren ließen (vgl. Henrich-Franke 2014). „Neue" Kabelnetze wurden so für die Übertragung breitbandiger Angebote wie Hörfunk und Fernsehen erschlossen. Rundfunksender gingen dazu über, ihre Programme live im Internet anzubieten. Der Bayerische Rundfunk gehörte einmal mehr mit dem Programm von Bayern 5, das bereits seit 1995 im Internet vertreten war, zu den Vorreitern.

Eine ganz spezifische Kombination aus Kabelnetzen und terrestrischem Funk kam mit den Mobiltelefonnetzen hinzu, die den mobilen Empfang von Rundfunkprogrammen im Internet ermöglichten. Konnten noch in den D- und E-Netzen der 1990er Jahre Daten in erster Linie im Format des Short Massage System (SMS) übertragen werden, so eröffneten die Übermittlungskapazitäten in den UMTS-, LTE- und LTE+ Netzen sowie der enorme Ausbau des Sendenetzes für Mobilfunk völlig neue Möglichkeiten. Hörfunk und Fernsehen wurden so überall dort nutzbar, wo die mobilen Netze, vor allem mit der Einführung des LTE Advanced Standards (auch 4G genannt) seit 2010, die notwendigen Übertragungsraten besitzen. Letztlich basiert aber auch der Mobilfunk, also der Empfang von Rundfunkprogramm via Smartphone, auf dem Kabelnetz, da die Datenübertragung größtenteils über die Kabelnetze erfolgt und nur auf dem letzten Stück mobil übertragen wird.

(4) Neue Medienpraktiken: Die Digitalisierung der Übertragungswege brachte ganz grundsätzlich die Auflösung klassischer Funktionsprinzipien des Rundfunks. Erstens verschwand die Einseitigkeit der Kommunikation, weil etwa im Internet jeder Nutzer Wort- und Bildbeiträge übertragen kann. Die Plattform YouTube wirbt sogar mit dem Slogan „Broadcast yourself". Zweitens verschwand die Direktheit der Übertragung, weil durch die digitale Speicherung Programme leichter komprimier- und übertragbar werden, wodurch „Video on demand"-Systeme wie etwa die Mediatheken der öffentlich-rechtlichen Rundfunkanstalten entstanden. Programmübertragungen wurden immer weniger abhängig von Sendeschemata. Der Nutzer konnte Rundfunkprogramme immer unabhängiger von den festen Vorgaben der Sendeschemata und gleichzeitig mobiler konsumieren. Technisch können Programme in Mediatheken unbefristet zur Verfügung stehen (vgl. Groebel 2013). Letztlich ist das Smart-TV sogar ein Rundfunkgerät, das das Programm aus Rundfunknetzen und dem Internet zieht.

Fazit

Im Jahr 2018 konnte die Digitalisierung der Übertragungswege insbesondere für Fernsehprogramme mit 96,8 Prozent als fast abgeschlossen betrachtet werden, nachdem der Digitalisierungsgrad noch 2001 bei gerade einmal 2,3 Prozent lag. Lediglich der analoge UKW-Hörfunk im Frequenzbereich 87,5-108 MHz erweist sich nach wie vor als Bastion analoger Technik. Dabei war der Rundfunk im Jahr 2018 noch zu mehr als 50 Prozent – ganz im Sinne Hans Bredows – die Übertragung von Programmen mittels elektromagnetischer Funkfrequenzen (terrestrisch und über Satellit) an ein möglichst breites Publikum.

Dennoch hat sich die Rundfunktechnik so stark verändert und ihre Eigenständigkeit verloren, dass technisch wenig von dem Rundfunksystem übriggeblieben ist, welches Zeitgenossen wie Hans Bredow als Rundfunk bezeichneten. In einem ersten Schritt, der noch auf analoger Signalübertragung fußte, erweiterten sich in den 1980er Jahren – auch im Kontext der Einführung privater Rundfunkanstalten in Deutschland und Bayern – die Übertragungswege um Kabelnetze und Satellitenverbindungen. In einem zweiten Schritt bewirkte die Digitalisierung der Übertragungswege des Rundfunks und der Telekommunikation insgesamt seit der Jahrtausendwende eine grundlegende Transformation der technischen Funktionsbedingungen des Rundfunks. Rundfunkprogramme wurden Teil eines integrierten Medienensembles, dass permanent verfügbar und überall empfangbar ist.

Die Digitalisierung der Übertragungswege veränderte nicht nur die Funktionsbedingungen des Rundfunks und ließ alle technisch bedingten Übertragungsrestriktionen obsolet werden, die lange Zeit das Monopol öffentlich-rechtlicher Rundfunkanstalten legitimiert hatten. Sie warf auch die Frage auf, wo und inweit separate Übertragungswege für den Rundfunk überhaupt noch notwendig und sinnvoll sind. Technisch verschwindet die Notwendigkeit spezifischer Übertragungswege für Rundfunkprogramme immer mehr. Insbesondere der terrestrische Rundfunk ist von dieser Entwicklung betroffen, da sowohl Kabelnetze in Verbindung mit dem Mobilfunk als auch die Satellitenübertragung prinzipiell flächendeckende Abdeckungsgebiete garantieren.

Literatur

Beck, Martin (1998): Wettbewerb und Deregulierung im europäischen Telekommunikationsmarkt. Sindelfingen: Libertas.

Binz, Rudolf (1973): Internationale Tagung über Frequenzplanung zur Einführung des Rundfunkdiensts im UKW-Bereich 100-104 MHz. In: Archiv für das Post- und Fernmeldewesen, H. 3, S. 137-157.

Binz, Rudolf/Schult, Horst (1977): Weltweite Verwaltungskonferenz für die Planung des Rundfunkdienstes über Satelliten. In: Archiv für das Post- und Fernmeldewesen, H. 6, S. 503-537.

Bredow, Hans (1950): Aus meinem Archiv. Heidelberg: Vowinckel.

Dyson, Kenneth (1985): The politics of cable and satellite broadcasting. In: West European Politics, H. 2, S. 152-171.

Fischer, Walter (2016): Digitale Fernseh- und Hörfunktechnik in der Praxis, Berlin: Springer VS.

Freyer, Ulrich (2009): Der lange Weg zum digitalen Kabel. In: RFE: Technik & Markt der CE-Branche, H. 2, S. 37-39.

Grobel, Jo (2013): Das neue Fernsehen. Berlin: Springer VS.

Henrich-Franke, Christian (2006): Globale Regulierungsproblematiken in historischer Perspektive: Der Fall des Funkfrequenzspektrums 1945-1988. Baden-Baden: Nomos Verlag.

Henrich-Franke, Christian (2014): „Alter Draht" – „neue Kommunikation". Die Umnutzung des doppeldrahtigen Kupferkabels in der Entwicklung der digitalen Telekommunikation. In: Diagonal, H. 1, S. 97-112.

Henrich-Franke, Christian (2016): Broadcasts for Motorists. Traffic Radio and the Transnationalisation of European Media Cultures. In: SPIEL, H. 2, S. 91-106.

Karsten, Eric (2006): Fernsehen digital. Berlin: Springer VS.

Koschmieder, Norman (2011): Die Verbreitung öffentlich-rechtlicher Fernsehangebote im digitalen Zeitalter. Köln: Institut für Rundfunkökonomie.

Kopitz, Dietmar/Marks, Bev (1999): RDS. The Radio Data System. London: Artech House.

O'Leary, Terry (2006): GE06 - overview of the second session (RRC06) and the main features for broadcasters. In: EBU technical review, H. 5, S. 1-20.

Riegler, Thomas (2009): Die neue digitale Rundfunk- und Fernsehwelt. Baden-Baden: Nomos Verlag.

Schumann, Michael (1993): Neue Medien und privater Rundfunk in Bayern. Sindelfingen: Peter Lang Verlag.

2.3. Medienstandort Bayern: Die Ökonomie des lokalen Rundfunks

Vera Katzenberger und Markus Behmer

„Gemeinsam haben wir eine Erfolgsgeschichte kreiert: Nach der neusten bundesweiten Studie der Landesmedienanstalten zur Wirtschaftlichkeit und Beschäftigtensituation des Rundfunks in Deutschland werden in Bayern fast 52 Prozent des Gesamtumsatzes des privaten Rundfunks in Deutschland erwirtschaftet und in Bayern sind im Hörfunk und Fernsehen 9.483 Mitarbeiter beschäftigt, das sind 38,5 Prozent aller Beschäftigten im privaten Rundfunk in Deutschland" (BLM 2011), so beschrieb der damalige Präsident der Bayerischen Landeszentrale für neue Medien (BLM) Wolf-Dieter Ring anlässlich seiner Verabschiedung aus dem Amt am 29. September 2011 die wirtschaftliche Situation in Radio und TV.

Allein die schiere Zahl von Anbietern und Angeboten, die seit 2011 noch weiter gewachsen ist, scheint dem ehemaligen obersten Medienwächter recht zu geben: 2018 verbreiteten die in Bayern ansässigen privaten Rundfunkanbieter insgesamt 124 private Fernsehprogramme, darunter – neben zahlreichen Teleshopping- und Pay-TV-Programmen – 22 bundesweite, zwei landesweite und 16 lokale Programme (vgl. Goldmedia 2019a: 117). Mit ProSiebenSat.1 sowie Sky Deutschland waren damit nationale Fernsehsender mit großen TV-Zuschauermarktanteilen in Bayern ansässig (vgl. Arbeitsgemeinschaft Fernsehforschung 2020). Im privaten Hörfunk waren es im selben Zeitraum drei bundesweite, sieben landesweite und 81 lokale Programme (vgl. Goldmedia 2019a: 117). Darunter war mit Antenne Bayern einer der reichweitenstärksten, landesweiten Privatradiosender in Deutschland vertreten (vgl. Media Analyse 2020). Der Freistaat ist damit das Bundesland mit den meisten privaten Rundfunkangeboten. Doch wie ist es um die wirtschaftliche Lage des hiesigen Rundfunks bestellt?

Zur Beantwortung dieser Frage können verschiedene Studien und Analysen herangezogen werden. So bot zuletzt das im Frühjahr 2019 veröffentlichte Gutachten „Medienstandort Bayern 2019", im Auftrag des MedienNetzwerk Bayern von der Beratungs- und Forschungsgruppe Goldmedia GmbH erstellt, eine umfassende Bestandsaufnahme zur wirtschaftlichen Bedeutung der verschiedenen Medienbranchen (siehe Goldmedia 2019b). Berücksichtigt wurde dabei auch die bayerische Rundfunkwirtschaft und deren Entwicklung in den vergangenen Jahren. Das Gutachten basierte auf einer Analyse aggregierter Sekundärdaten sowie zusätzlicher Datenabfragen beim Landesamt für Statistik oder der Bundesagentur für Arbeit. Für Bayerns Medienminister Florian Herrmann war die Publikation Anlass genug, vom Freistaat als „absolutem Top-Standort für die Medienbranche" zu sprechen und auch Siegfried Schneider, Rings Nachfolger als Präsident der BLM, betonte in diesem Kontext, „wie wichtig und vielfältig die Unternehmen im Freistaat sind, wie positiv sich Umsätze und Beschäftigtenzahlen in den verschiedenen Medienteilmärkten entwickelt haben" (zit. nach Pregel 2019).

Die wichtigste Grundlage, um empirisch gestützte Einblicke in die Entwicklung der ökonomischen Situation zu erhalten, liefern allerdings die „Berichte zur Wirtschaftlichen Lage des Rundfunks in Deutschland" (WiLa). Die Berichte werden regelmäßig von verschiedenen Landesmedienanstalten erstellt: Von 1996 bis 2004 sowie bei der Erhebung im Jahr 2011 handelte es sich um ein Gemeinschaftsprojekt aller deutscher Landesmedienanstalten, zwischen 2005 und 2008 waren lediglich acht, 2013 zehn und 2015 neun der insgesamt vierzehn Landesmedienanstalten beteiligt. Daher variiert der Umfang der Kapitel zu den verschiedenen Bundesländern mitunter stark. Zu jedem Erhebungszeitpunkt wurde für die Berichte jeweils eine Vollerhebung unter den privaten Rundfunkunternehmen in Deutschland durchgeführt, dazu zählen alle Anbieter beziehungsweise Veranstalter eines privaten lokalen, landes- oder bundesweiten Radio- beziehungsweise TV-Programmes (oder mehrerer Programme). Ansprechpartner der Berichte waren in der Regel Geschäftsführer oder Verantwortliche aus den Bereichen Buchhaltung, Kommunikation oder Medienpolitik. Befragt wurden diese Personengruppen mithilfe eines standardisierten Fragebogens. Erstellt wurden die Berichte zuletzt durch die Gruppe Goldmedia GmbH. Der jüngste Bericht erschien 2019 (siehe Goldmedia 2019a).

Basierend auf dem Gutachten „Medienstandort Bayern 2019" sowie den „Berichten zur Wirtschaftlichen Lage des Rundfunks in Deutschland" skizziert das folgende Kapitel die heutige Situation, quasi den ökonomischen Status Quo, des bayerischen Rundfunkmarkts. Der Schwerpunkt der Darstellungen liegt auf lokalem und regionalen Fernsehen sowie Radio. Immer wieder werden dabei Entwicklungstendenzen der vergangenen Jahrzehnte thematisiert.

Bayerischer Rundfunkmarkt im Überblick

Alle privaten Rundfunkunternehmen mit Hauptsitz in Bayern erwirtschafteten 2018 einen Gesamtertrag von 6,952 Mrd. Euro (vgl. Goldmedia 2019a: 135). Dem gegenüber stand ein Gesamtaufwand in Höhe von 6,521 Mrd. Euro (vgl. ebd.). Trägt man alle Daten zu Erträgen und Aufwänden der privaten Rundfunkunternehmen seit Erscheinen des ersten „Berichts zur Wirtschaftlichen Lage des Rundfunks in Deutschland" im Jahr 1996 zusammen, wird deutlich, wie positiv sich die Kosten- und Ertragsstruktur im privaten Rundfunk im Zeitverlauf entwickelt hat. Übersichtlich dargestellt ist dies für die Jahre von 1996 bis 2018 in der Abb. 1.

Eine solche Gesamtbetrachtung des privaten Rundfunkmarkts ist allerdings wenig aussagekräftig und irreführend, da sie strukturelle Unterschiede zwischen bundesweiten, landesweiten und lokalen Angeboten sowie zwischen Fernsehen und Hörfunk unberücksichtigt lässt.

2.3. Die Ökonomie des lokalen Rundfunks

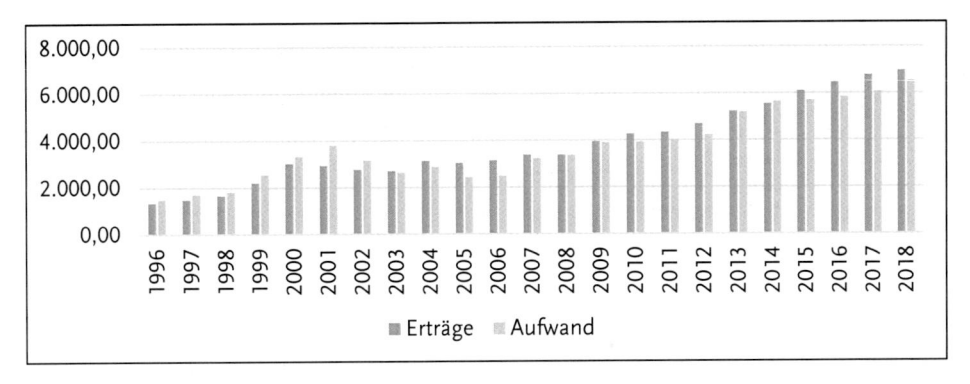

Abb. 1: Kosten- und Ertragsstruktur im privaten Rundfunk in Bayern im Zeitverlauf (in Mio. Euro).

Die privaten Fernsehanbieter im Freistaat konnten 2018 einen Gesamtertrag von 6,787 Mrd. Euro erwirtschaften (vgl. Goldmedia 2019a: 136). Davon entfielen 6,734 Mrd. Euro auf das bundesweite Fernsehen, 13,1 Mio. Euro auf das regionale Fernsehen und 39,7 Mio. Euro auf Lokal-TV (ohne Spartenangebote) (vgl. ebd.). Den mit Abstand größten Anteil erzielten damit erwartungsgemäß die privaten, bundesweiten TV-Anbieter. Das Lokal-TV – das freilich in ganz anderen Rahmenbedingungen als die bundesweiten Anbieter agiert und aufgrund des lokalen Charakters in vielerlei Hinsicht mit spezifischen, wirtschaftlichen Herausforderungen konfrontiert ist, wie an späterer Stelle noch deutlich werden wird – generierte nur einen geringen Anteil des Gesamtertrags. Im zeitlichen Verlauf betrachtet nahmen die Gesamterträge zu (vgl. ebd.: 118).

Einen Gesamtertrag von 164,9 Mio. Euro erzielten im selben Jahr die privaten Hörfunkanbieter in Bayern (vgl. ebd.: 137). Der bundesweite Hörfunk erzielte davon 13,4 Mio. Euro, der landesweite Hörfunk 45,2 Mio. Euro und der lokale Hörfunk 106,3 Mio. Euro. Auch hier nahmen die Gesamterträge im Längsschnitt betrachtet zu (vgl. ebd.: 118).

Die enormen Unterschiede zwischen bundesweiten, landesweiten und lokalen Angeboten sowie zwischen Fernsehen und Hörfunk werden vor allem bei einer Betrachtung des Kostendeckungsgrads – einer klassischen betriebswirtschaftlichen Kennzahl, die das Verhältnis der Gesamtkosten zu den -erlösen beschreibt – deutlich. Während bundesweite TV-Anbieter 2018 einen Kostendeckungsgrad von 106 Prozent erwirtschaften konnten, verfehlten die lokalen und regionalen TV-Anbieter mit 99 Prozent die Kostendeckung knapp (vgl. ebd.: 136). Und auch zwischen den verschiedenen lokalen und regionalen TV-Anbietern bestehen teilweise beträchtliche Unterschiede im Hinblick auf die ökonomische Situation. Im privaten Hörfunk lag der Kostendeckungsgrad durchschnittlich bei 117 Prozent. Während bundesweite Anbieter einen Grad von 111 Prozent und landesweite Anbieter sogar 123 Prozent erreichen konnten, fiel die Bilanz der lokalen Anbieter mit 115 Prozent geringfügig schwächer aus (vgl. ebd.: 137).

Wirtschaftliche Situation im lokalen und regionalen Fernsehen

Gerade im lokalen und regionalen Fernsehbereich ist die wirtschaftliche Lage damit, zumindest im Durchschnitt betrachtet, angespannt. Der Gesamtertrag im lokalen und regionalen Fernsehen in Höhe der erwähnten 52,8 Mio. Euro wurde 2018 dabei zu 37 Prozent durch verschiedenste Förderzahlungen sichergestellt, zu 23 Prozent durch lokale oder regionale Werbung und immerhin zu 19 Prozent durch Programm- und Rechteverkäufe, siehe Abb. 2 (vgl. ebd.: 122). Dem gegenüber stand 2018 ein Gesamtaufwand in Höhe von 53,4 Mio. Euro, der zu rund 35 Prozent aus Personalkosten, zu 24 Prozent aus Programmverbreitungskosten sowie zu 15 Prozent aus Materialaufwand bestand. Die Aufwendungen übertrafen die Erträge, sodass die Kostendeckung wieder unter die wichtige 100-Prozent-Marke sank.

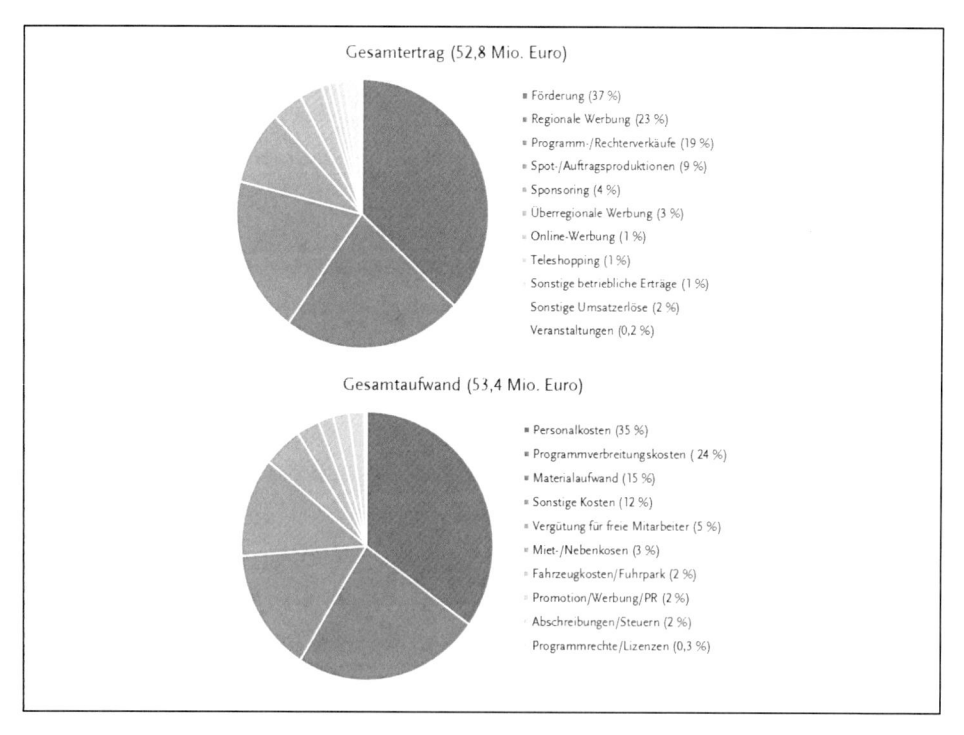

Abb. 2: Ertrags- und Aufwandsstruktur im lokalen und regionalen Fernsehen in Bayern 2018 (vgl. Goldmedia 2019a: 122).

Auffällig in der Erlösstruktur ist dabei vor allem der hohe Anteil verschiedener Förderzahlungen. Dazu zählt die Förderung nach Art. 23 BayMG. Dabei stehen jeweils staatliche Mittel für die Förderung der technischen Verbreitung von lokalen und regionalen Fernsehangeboten zur Verfügung sowie Mittel aus dem

Haushalt der Landeszentrale für die Förderung der Programmherstellung (vgl. ebd.: 117). Die Förderung nach Art. 23 BayMG folgte auf das Teilnehmerentgelt, das bis zum 31. Januar 2007 das zentrale Instrument der Förderung darstellte (siehe Kapitel 3.3.3.).

Hinzu kommt der so genannte „Finanzierungsbeitrag", den die bundesweiten Fernsehanbieter zur Sicherstellung der Finanzierung der lokalen und regionalen sowie landesweiten Fensterprogramme leisten (vgl. BLM 2019: 116). Festgeschrieben ist er im Rundfunkstaatsvertrag der Länder in Verbindung mit dem BayMG und § 23 der Fernsehsatzung. In den „Berichten zur Wirtschaftlichen Lage" wird er nicht jährlich ausgewiesen. In den letzten Jahren machte er allerdings jeweils rund 10 Prozent der Gesamterträge der Lokal- und Regionalsender aus (vgl. Goldmedia 2016: 14; Goldmedia 2018: 15).

Die Förderzahlungen sind dabei nicht unumstritten. Die Forscher der Goldmedia GmbH kamen 2006 – und damit noch vor der Abschaffung des Teilnehmerentgelts – zu der Schlussfolgerung, dass professionelles Lokal- und Regionalfernsehen in Bayern „im Durschnitt ohne zusätzliche Förderung [...] in keiner [...] Variante wirtschaftlich zu betreiben" (Goldmedia 2006: 173) sei. Um das Fernsehen vor Ort „auf professionellem Niveau" (ebd.: 180) zu erhalten, sei eine zusätzliche Förderung „unabdingbar" (ebd.). Dieses ökonomische Dilemma konnte auch seither nicht aufgelöst werden: Erich Jooß, damaliger Vorsitzender des BLM-Medienrats, wies am 27. April 2017 in einer Gremiensitzung darauf hin, „dass die lokalen und regionalen Fernsehprogramme nicht allein aus dem Markt finanziert werden können" (vgl. BLM 2017). Um in der Zukunft konkurrenzfähig zu bleiben, würden sie auch weiterhin auf staatliche Fördermaßnahmen angewiesen sein. Die Debatte um die Wirtschaftlichkeit des lokalen und regionalen Fernsehens hält also bis heute an.

Wirtschaftliche Entwicklung im lokalen Hörfunk

Ganz anders sieht die Bilanz im lokalen Hörfunkbereich aus. Im Jahr 2018 lagen die Erträge der lokalen Hörfunkanbieter um 17 Prozent über den Aufwendungen, der Kostendeckungsgrad entsprach also 117 Prozent. Der Gesamtertrag der lokalen, privaten Hörfunkangebote belief sich dabei auf 106,3 Mio. Euro (vgl. Goldmedia 2019a: 130). Davon stammten 59 Prozent aus regionaler Werbung, 19 Prozent aus überregionaler Werbung und 6 Prozent aus Sponsoring. Die Erträge aus der regionalen Werbespotvermarktung sind dabei in den vergangenen Jahren gestiegen. Die Abhängigkeit vom Werbemarkt und seiner Entwicklung bleibt damit im lokalen Hörfunk insgesamt hoch (vgl. ebd.: 129). Der Gesamtaufwand wurde mit 92,4 Mio. Euro beziffert, wobei 42 Prozent aus Personalkosten stammten, 9 Prozent aus Kosten für Promotion/Werbung/PR und 7 Prozent aus Kosten für Programmrechte/Lizenzen (vgl. ebd.: 131). Die wirtschaftliche Entwicklung im lokalen Hörfunk fällt, betrachtet man die zentralen Kennzahlen im Durchschnitt, insgesamt positiv aus (siehe Kapitel 3.3.1.). Angesichts dieser Ergebnisse aus der Studie zur wirtschaftlichen Lage des Rundfunks 2018/2019 zeigte sich zuletzt auch der BLM-Präsident zufrieden: So sei es für ihn „erfreulich zu sehen, wie sich die Hörfunkunternehmen in Bayern bisher in dieser Phase der digitalen Transformation und dem ständig zunehmenden Wettbewerb gut behaupten können" (BLM 2020a). Der Medienratsvorsitzender Walter Keilbart mahnte im Frühjahr 2020 an, den Blick auf bestehende und künftige Herausforderungen zu richten: „Auch wenn der lokale Hörfunk im Freistaat profitabel bleibt, stehen die Verantwortlichen bei den Werbeerträgen im harten Wettbewerb, bei deutlich gestiegenen Kosten" (BLM 2020b).

Fazit

Die wirtschaftliche „Erfolgsgeschichte", von der Wolf-Dieter Ring 2011 bei seinem Abschied aus dem Amt sprach, ist im Gesamten betrachtet für den bayerischen Rundfunk sicherlich zutreffend. Gerade im lokalen und regionalen Rundfunk, insbesondere im Fernsehen, erfordert eine Bilanz allerdings einen differenzierteren Blick. So sind die lokalen und regionalen TV-Anbieter stark abhängig von den Förderzahlungen. Würde im bestehenden Lokalrundfunksystem die Zahlung der Gelder eingestellt, müssten einige der Lokal- und Regionalsender ihren Betrieb sicherlich einstellen. Wie schwierig die Situation im TV-Bereich ist, machen in Bayern Insolvenzen wie die von Franken Funk und Fernsehen 2002 oder von TV München 2010 deutlich. Zuletzt stellte im oberbayerische Ingolstadt im Juni 2019 der Sender INTV den Betrieb ein, weil die Gesellschafter „keine wirtschaftlichen Perspektiven mehr im linearen, regionalen Fernsehen" (Niemeier 2019) sahen.

Jüngst erschütterte vor allem die Corona-Pandemie die lokalen und regionalen TV-Anbieter, die ohnehin mit sensiblen Ertrags- und Aufwandsstrukturen agierten, besonders stark. Viele Anbieter vermeldeten neben stark einbrechenden Werbeerlösen, dass viele Unternehmen vor Ort die für die Anbieter so wichtigen Auftragsproduktionen von Image- und Industriefilmen stornierten. Gleichzeitig berichteten die Fernsehjournalistinnen und -journalisten ausführlich über die Entwicklungen rund um Corona in den Gemeinden und Städten und stillten damit das enorme Informationsbedürfnis ihres Publikums. Der bayerische Ministerpräsident Markus Söder wertschätzte diesen Einsatz und machte während der erstmals digital abgehaltenen Lokalrundfunktage im Juli 2020 deutlich: „Lokaler Rundfunk ist systemrelevant".

Diese Wertschätzung hatte kurz zuvor finanziellen Ausdruck gefunden: Bereits Ende Juni war die Entscheidung des Freistaats gefallen, die bis Ende 2020 befristete staatliche Unterstützung der lokalen und regionalen TV-Anbieter (siehe Kapitel 3.3.2.) um vier weitere Jahre zu verlängern (vgl. BLM 2020c). Darüber hinaus schnürten der Freistaat und die BLM ein „Corona-Hilfspaket", um in Not geratene, bayerische Lokalradio- und TV-Sender zu unterstützen (vgl. BLM 2020d). Verbreitungs- und Herstellungskosten sollen demnach mit einer Million Euro zusätzlich vom Freistaat gefördert werden. Gleichzeitig sollten lokale Hörfunkanbieter mehr Förderung für die terrestrische Verbreitung erhalten und lokale TV-Anbieter bei der Herstellung finanzielle Hilfe erhalten. Insgesamt dürfte es also spannend werden, ob und wie die wirtschaftliche „Erfolgsgeschichte" des lokalen Rundfunks künftig fortgeschrieben wird.

Literatur

Arbeitsgemeinschaft Fernsehforschung (2020): Marktanteile der Top 15 Sender. Online: www.agf.de/daten/tvdaten/marktanteile/ (zuletzt abgerufen am 30.09.2020).

Bayerische Landeszentrale für neue Medien (2011): Rede von Prof. Dr. Wolf-Dieter Ring anläßlich seiner Verabschiedung aus dem Amt des BLM-Präsidenten am 29.09.2011. Online: www.blm.de/infothek/positionen_und_reden/2011.cfm?object_ID=547&sCriteria=verabschiedung (zuletzt abgerufen am 15.02.2021).

Bayerische Landeszentrale für neue Medien (2017): Rückblick und Ausblick von Dr. Erich Jooß, Vorsitzender des BLM-Medienrats am 27.04.2017. Online: www.blm.de/infothek/positionen_und_reden/2017-04-27-rueckblick-und-ausblick-von-dr-erich-jooss-vorsitzender-des-blm-medienrats-am-27042017-7587 (zuletzt abgerufen am 15.02.2021).

Bayerische Landeszentrale für neue Medien (2019): Geschäftsbericht. Online: www.blm.de/infothek/publikationen/geschaeftsberichte.cfm (zuletzt abgerufen am 15.02.2021).

Bayerische Landeszentrale für neue Medien (2020a): Privater Rundfunk in Bayern wirtschaftlich weiterhin stabil - Studie zur wirtschaftlichen Lage des Rundfunks 2018/2019 erschienen. Pressemitteilung vom 29. Januar. Online: www.blm.de/infothek/pressemitteilungen/2020.cfm?object_ID=13244&s (zuletzt abgerufen am 15.02.2021).

Bayerische Landeszentrale für neue Medien (2020b): Bericht des Vorsitzenden zur 21. Sitzung des Medienrats am 13.02.2020. Online: www.blm.de/infothek/aktuell/aktuell.cfm?object_ID=13385 (zuletzt abgerufen am 15.02.2021).

Bayerische Landeszentrale für neue Medien (2020c): BLM-Präsident Siegfried Schneider begrüßt Fortsetzung der Förderung von Lokal-TV. Online: www.blm.de/infothek/pressemitteilungen/2020-06-30-blm-praesident-siegfried-schneider-begruesst-fortsetzung-der-foerderung-von-lokal-tv-14165 (zuletzt abgerufen am 15.02.2021).

Bayerische Landeszentrale für neue Medien (2020d): Corona-Hilfspaket für lokalen Rundfunk in Bayern im Wert von 1,25 Millionen Euro. Online: www.blm.de/infothek/pressemitteilungen/2020-06-05-corona-hilfspaket-fuer-lokalen-rundfunk-in-bayern-im-wert-von-125-millionen-euro-14066 (zuletzt abgerufen am 15.02.2021).

Goldmedia GmbH (2006): Wirtschaftliche Situation des lokalen und regionalen Fernsehens in Bayern. München: Reinhard Fischer Verlag.

Goldmedia GmbH (2016): Wirtschaftliche Lage des Rundfunks in Deutschland 2015/2016. Studie im Auftrag der Landesmedienanstalten. Online: wila-rundfunk.de/archiv/ (zuletzt abgerufen am 15.02.2021).

Goldmedia GmbH (2018): Wirtschaftliche Lage des Rundfunks in Deutschland 2017/2018. Studie im Auftrag der Landesmedienanstalten. Online: wila-rundfunk.de/archiv/ (zuletzt abgerufen am 15.02.2021).

Goldmedia GmbH (2019a): Wirtschaftliche Lage des Rundfunks in Deutschland 2018/2019. Studie im Auftrag der Landesmedienanstalten. Leipzig: Vistas Verlag.

Goldmedia GmbH (2019b): Medienstandort Bayern 2019. Gutachten im Auftrag des MedienNetzwek Bayern.

Niemeier, Timo (2019): Regionalsender INTV stellt Sendebetrieb im Sommer ein. Pressemitteilung auf der Website des Medienmagazins DWDL. Online: www.dwdl.de/nachrichten/70856/regionalsender_intv_stellt_sendebetrieb_mitte_des_jahres_ein/?utm_source=&utm_medium=&utm_campaign=&utm_term= (zuletzt abgerufen am 15.02.2021).

Media Analyse (2020): Sendereichweiten und TKPs im MA Trend. Online: ma-trend.rms.de/ (zuletzt abgerufen am 15.02.2021).

Pregel, Bettina (2019): Medienstandort Bayern: 300.000 Beschäftigte und mehr als 68 Milliarden Umsatz. Online: blmplus.de/medienstandort-bayern-300-000-beschaeftigte-und-mehr-als-68-milliarden-umsatz/ (zuletzt abgerufen am 15.02.2021).

2.4. Forschung zur Rundfunkentwicklung

Melina Bosbach und Vera Katzenberger

Rundfunkforschung, also die Untersuchung von Radio und Fernsehen, nimmt viele Perspektiven ein und betrachtet verschiedenste Facetten des Gegenstandes – manche mehr, manche weniger. Während das Fernsehen im Mittelpunkt vieler Analysen steht, wird das Radio immer wieder als „unterforscht" (Schramm et al. 2002: 227) bezeichnet. Gerade im Vergleich zu anderen Medien werde dem Radio „in der akademischen Forschung [...] wenig Bedeutung zugemessen" (Vowe/Wolling 2004: 41). Viele Fragen zum Hörfunk, insbesondere zu den Programmen, sind bis heute unbeantwortet geblieben (vgl. Rössler 2017: 67). Einige Autorinnen und Autoren gehen gar von einer „Vernachlässigung" dieses Mediums aus (vgl. Primavesi 2007: 3). Das liege, so die Vermutung, an der Dominanz des Fernsehens als „Leitmedium" (mindestens seit den 1960er Jahren) und der enormen Vielfalt an Radiosendern in Deutschland (vgl. ebd.). Es sind vor allem der lokale Rundfunk sowie seine Entwicklung, die bislang in den verschiedensten wissenschaftlichen Disziplinen – relevant sind dabei insbesondere die Kommunikations- sowie die Geschichtswissenschaft – eher vernachlässigt wurden (vgl. Treml 2016: 271).

Der Stand der Radioforschung kann in verschiedenen Überblicksbeiträgen nachgeschlagen werden. So stellte Uli Gleich (1995) Methoden, Defizite und Perspektiven der Hörfunkforschung dar. Hans-Jürgen Bucher, Walter Klingler und Christian Schröter (1995) bearbeiteten in ihrem Sammelband Forschungsfragen mit besonderer Bedeutung für den Hörfunk der 90er Jahre und legten so eine umfassende Standortbestimmung vor. Eine ausgesprochen sorgfältige Bestandsaufnahme der Radioforschung ist der Studie zu Qualitätsbewertungen von Radioprogrammen von Gerhard Vowe und Jens Wolling (2004) vorangestellt. Wie sich die Radioforschung historisch entwickelt hat, zeichnete Livia Lindner (2007) kenntnisreich nach.

Auch der Stand der Fernsehforschung ist an unterschiedlichsten Stellen thematisiert. Walter Klingler (1998) fasste Themen, Akteure und Methoden der Fernsehforschung in Deutschland zusammen. Dieter Müller (2000) stellte die Fernsehforschung ab 2000 vor. Und Klaus Plake (2004) legte ein umfassendes „Handbuch Fernsehforschung" vor. Überlegungen zur Zukunft der Fernsehforschung stellte Bernhard Engel (2008) an. Und nicht zuletzt boten auch Markus Behmer, Birgit Bernard und Bettina Hasselbring (2014) Einblicke in die Forschungssituation, fokussierten sich in dem Sammelband allerdings vor allem auf die Archivsituation und den öffentlich-rechtlichen Rundfunk.

Das folgende Kapitel fokussiert auf die Forschung zur privaten Rundfunkentwicklung und zeigt zunächst überblicksartig drei Schwerpunkte auf: Forschung zur ökonomischen Situation des Rundfunks, zur Rundfunkrezeption sowie zur Programmgestaltung. Dabei werden jeweils die zentralen Studien, die die Situation in Bayern thematisieren, kurz skizziert. Anschließend wird einer dieser Schwerpunkte, die Programmforschung im privaten Rundfunk, ausführlicher behandelt. Dazu werden verschiedene Programmanalysen zum lokalen und regionalen Fernsehen sowie zum lokalen Radio in Bayern exemplarisch vorgestellt und diskutiert. Den Abschluss des Kapitels bildet die Zusammenfassung einer Programmanalyse, die im März und April 2020 durchgeführt wurde. Dabei wurden die Regionalnachrichten des privaten Hörfunkanbieters Radio Gong sowie des öffentlich-rechtlichen BR-Studios Mainfranken am Standort Würzburg inhaltsanalytisch untersucht, um Unterschiede sowie Ähnlichkeiten in der Berichterstattung offenzulegen.

Schwerpunkte der Rundfunkforschung

Innerhalb dieser drei Schwerpunkte – Forschung zur ökonomischen Situation des Rundfunks, zur Rundfunkrezeption sowie zur Programmgestaltung – wurden trotz der eingangs konstatierten insgesamt desideraten Forschungssituation im Laufe der Jahre freilich unterschiedlichste Fragestellungen bearbeitet, die im Folgenden vorgestellt werden.

Vorangestellt sei noch ein kurzer Hinweis: Auch über diese Schwerpunkte hinaus wurden natürlich zahlreiche Studien durchgeführt, zum Beispiel zur Rundfunkpolitik (siehe Behmer 2014a), zu biographischer, rundfunkbezogener Medienforschung (siehe Behmer 2014b), zur Rundfunktechnik (siehe Henrich-Franke 2014) oder zur Baugeschichte des Rundfunks (siehe Hasselbring 2014). Gerade Untersuchungen, die eine historische Perspektive einnehmen und gleichzeitig den privaten Rundfunk fokussieren, sind dabei allerdings mit einer ausgesprochen „unbefriedigend[en] [...] Archivsituation" (Behmer 2014c: 201) und einem „größtenteils ungeklärt[en]" (Müller 2015: 35) Zustand der Archivbestände bei den privaten Rundfunkanbietern konfrontiert.

Zentrale Anlaufstelle für empirische Befunde zum ökonomischen „Status Quo" des Rundfunks und dessen Entwicklung sind die „Berichte zur Wirtschaftlichen Lage des Rundfunks in Deutschland" (WiLa), die in regelmäßigen Abständen von verschiedenen Landesmedienanstalten erstellt werden (siehe Kapitel 2.3.). Bei den Erhebungen von 1996 bis 2004 sowie 2011 handelte es sich um ein Gemeinschaftsprojekt aller deutscher Landesmedienanstalten. In den anderen Jahren gab es „wechselnde Konstellationen" von Landesmedienanstalten, die beteiligt waren. Die Grundgesamtheit der Erhebung setzt sich aktuell aus allen Anbietern oder Veranstaltern eines oder mehrerer privater lokaler, landes- und bundesweiter Radio- oder TV-Programme zusammen; zusätzlich werden alle bei den Landesmedienanstalten registrierten Webradios und Web-TV-Sender erfasst.

2.4. Forschung zur Rundfunkentwicklung

Der letzte Bericht, in dem auch die ökonomischen Kennzahlen zum privaten Rundfunk in Bayern umfassend dokmentiert sind, erschien 2019 (siehe Goldmedia 2019). Zu diesen Zahlen gehören unter anderem Angaben zu Umfang und Struktur der Unternehmensbeschäftigung, Erträgen und Aufwendungen sowie deren Zusammensetzung.

Es liegen auch noch weitere Analysen vor, die sich mit der Wirtschaftlichkeit des lokalen Hörfunks (siehe Rinke 1988; Rinke 1989; Rinke 1993) oder des lokalen und regionalen Fernsehens in Bayern (siehe Wiegand 2004; Wiegand/Goldhammer/Zerdick 2004; Goldhammer/Wiegand/Polley 2007) beschäftigen. Die Forschung zur Ökonomie im Rundfunk und deren Befunde im Allgemeinen werden an anderer Stelle im vorliegenden Sammelband ausführlich diskutiert (siehe Kapitel 2.3.). Die wirtschaftliche Situation im lokalen Radio beziehungsweise im lokalen und regionalen Fernsehen im Speziellen wird ebenso in anderen Kapiteln des Bandes umfassend thematisiert und eingeordnet (siehe Kapitel 3.3.1. und 3.3.2.).

Die Rundfunkrezeption, also die Nutzung von Fernsehen und Radio sowie ihren digitalen Ablegern, liegt im Forschungsinteresse von akademischer Mediennutzungsforschung wie auch kommerzieller Mediaforschung (vgl. Burkart 2002: 236; Schweiger 2007: 36; Schulz 2009: 226). Gerade die kommerzielle Mediaforschung wird „einerseits als Leistungsnachweis für die werbungtreibende Wirtschaft, andererseits als Planungsinstrument für Anbieter von Hörfunkprogrammen" (Lindner 2007: 139) herangezogen. Insgesamt liegen hier relativ genaue Daten vor. Dazu zählen vor allem die Befunde der Studien der Arbeitsgemeinschaft Media-Analyse (agma; zuvor AG.MA) sowie der Arbeitsgemeinschaft Videoforschung (AGF; zuvor Arbeitsgemeinschaft Fernsehforschung). Gestützt wird die Mediaplanung durch ergänzende Daten weiterer Studien, die beispielsweise von den jeweiligen Rundfunksendern oder Landesmedienanstalten in Auftrag gegeben werden. In Bayern handelt es sich dabei um die Funkanalyse Bayern (FAB) der Bayerischen Landeszentrale für neue Medien (BLM), welche sowohl Nutzungsdaten als auch Image- und Akzeptanzwerte (zum Beispiel Bewertungen von Programmen und Inhalten) für den bayerischen Hörfunk und das Fernsehen ermittelt (siehe Kapitel 6.1.).

Im Folgenden steht die Programmforschung zum privaten Rundfunk im Mittelpunkt. Dabei werden zunächst jeweils zentrale Studien und Befunde vorgestellt und diskutiert. Anschließend Befunde zur Situation in Bayern zusammengefasst.

Programmforschung zum lokalen und regionalen Fernsehen

Gut erhoben ist die Situation der Regionalfenster in Deutschland: Weil es zu den Aufgaben der Kommission für Zulassung und Aufsicht (ZAK) zählt, regelmäßig zu überprüfen, ob die Regionalfenster im Programm von RTL und Sat.1 bestimmte konzentrationsrechtliche Voraussetzungen erfüllen, wird eine kontinuierliche Programmbeobachtung der Regionalfenster durchgeführt.[159] Seit 2005 werden diese Analysen sämtlicher Regionalfenster im Auftrag mehrerer Landesmedienanstalten durchgeführt und die Ergebnisse im „Programmbericht" beziehungsweise seit 2016 im „Content-Bericht" der Landesmedienanstalten publiziert (siehe Die Medienanstalten 2016; Die Medienanstalten 2017; Die Medienanstalten 2018). Zuletzt wurden die Regionalfenster in diesem Rahmen 2018 untersucht (siehe Bernhard und Volpers 2018). Für Bayern wurde dabei das Regionalfenster Sat.1 Bayern der Privatfernsehen in Bayern GmbH & Co. KG berücksichtigt (siehe Kapitel 3.3.2.).[160] Die mittels einer standardisierten Inhaltsanalyse untersuchte Stichprobe umfasste insgesamt 150 Einzelsendungen und mehr als 75 Stunden Programm. Die Ergebnisse zeigten, dass die Regionalfensterprogramme der Anforderung, redaktionell gestaltete Inhalte mit Regionalbezug im Umfang von mindestens 20 Minuten in jeder einzelnen Sendung auszustrahlen, größtenteils nachkamen. Im Durchschnitt wurde der Sollwert von 20 Minuten eingehalten. Eine sporadisch um eine Minute kürzere Sendezeit wurde als Schwankungsbreite toleriert. Dies war bei Sat.1 Bayern beispielsweise an drei Untersuchungstagen der Fall (vgl. Bernhard und Volpers 2018: 132). Ansonsten fielen die Befunde zu Sat.1 Bayern ganz unterschiedlich aus (vgl. ebd.: 136ff.): Bei der Politikberichterstattung wich das Fenster kaum vom Mittelwert aller Regionalfenster ab (28,5 Prozent an der publizistischen Kernsendezeit für „Politik"). Bei der Berichterstattung über „Human Touch"-Themen lag es mehr als fünf Prozentpunkte über dem Mittelwert aller Regionalfenster (18,8 Prozent für „Human-Touch"). Bei der Berichterstattung über Wirtschaftsthemen hingegen fiel es knapp vier Prozentpunkte hinter dem Mittelwert aller Regionalfenster zurück (6,0 Prozent für „Wirtschaft") und bei der Berichterstattung über Kulturthemen sogar um etwas mehr als sieben Prozentpunkte (8,1 Prozent für „Kultur").

Nicht unerwähnt bleiben darf eine weitere, etwas ältere vergleichende Inhaltsanalyse der Programmangebote, die Helmut Volpers, Christian Salwiczek und Detlef Schnier (2000) durchführten. In der von sieben Landesmedienanstalten beauftragten Studie wurde das Angebot der landesweit ausgestrahlten Regionalfenster von Sat.1 und RTL untersucht. Für Bayern wurde „17:30 Live für Bayern" auf Sat.1 herangezogen. Die Forscher fragten danach, „inwieweit die Programmveranstalter das Gebot einer vielfältigen und aktuellen Berichterstattung

---

[159] Das Ergebnis wird der Kommission zur Ermittlung der Konzentration im Medienbereich (KEK) gemeldet.
[160] Die Inhaltsanalyse von 2018 orientierte sich methodisch an den bis zum Jahr 2017 durchgeführten Studien. Anders als bislang wurden 2018 allerdings nur drei Strichprobenwochen zugrunde gelegt. Für 2018 wurden somit für jedes Regionalfenster jeweils 15 Sendetage einbezogen.

[...] tatsächlich angemessen umsetzen und ob sich hierbei länderspezifische Unterschiede festmachen lassen" (ebd.: 12). Zur Beantwortung dieser Frage wurde eine quantitative Inhaltsanalyse, basierend auf einer Programmstichprobe aus dem Jahr 1999 mit einem Umfang von mehr als 120 Stunden, durchgeführt. Relevante Aspekte waren dabei der Regionalbezug, die Themenvarianz oder die Aktualität der Berichterstattung. Andere Dimensionen wie Präsentationsstil, Sprachverwendung oder Bauformen der einzelnen Beiträge wurden in einer qualitativen Inhaltsanalyse ergänzend betrachtet. Die Ergebnisse der Studie zeigten (vgl. ebd.: 250ff.): 34 Prozent der Sendezeit wurden für die Darstellungsform der Nachricht verwendet. Der Anteil von Moderationen fiel mit sieben Prozent recht gering aus. Beinahe die gesamte redaktionelle Programmfläche wurde für Beiträge mit klarem Bezug zum Sendegebiet genutzt (98 Prozent); auch auf die Gesamtsendezeit berechnet, fiel der Anteil hoch aus (60 Prozent). Die meisten Beiträge bezogen sich auf den Freistaat in seiner Gesamtheit (12 Prozent), auf Subregionen (2 Prozent) oder auf spezifische Orte (86 Prozent). Was die Themenauswahl betrifft, dominierten „Human Touch"-Themen die Agenda deutlich (37 Prozent), gefolgt von Politik-Themen (23 Prozent). Mehr als die Hälfte aller Meldungen und Berichte wies tagesaktuelle Bezüge auf (56 Prozent). Besonders häufig kamen Funktions- und Entscheidungsträger wie Polizisten oder Rettungskräfte zu Wort (35 Prozent), mit deutlichem Abstand folgten Akteure aus Politik oder Verwaltung (13 Prozent). Insgesamt zeigte sich das Forscherteam mit diesen Ergebnissen zufrieden. So folgerten sie, dass „17:30 Live für Bayern" durchaus vielfältig über das politische, wirtschaftliche und gesellschaftliche Leben im Freistaat berichten würde. In ihrem Fazit mahnten sie jedoch an, dass es sich dabei eher um eine thematische als eine regionale Vielfalt handele:

> Das Magazin hat keinen Boulevardcharakter, sondern vermittelt durch Themenwahl und journalistische Aufbereitung den Eindruck eines sachlichen Informationsmagazins. Die thematische Vielfalt korrespondiert allerdings nicht mit einer Vielfalt in der regionalen Streuung der Berichterstattung. Hier zeigt sich vielmehr ein deutliches Übergewicht der städtischen Zentren, insbesondere München (ebd.: 254).

Neben den umfassenden und regelmäßigen Programm- und Inhaltsanalysen zu den Magazinen in den Regionalfenstern beobachtet die BLM alle von ihr genehmigten lokalen und regionalen Fernsehprogramme, um die Einhaltung von Zulassungsvoraussetzungen und Programmgrundsätzen sowie von Vorgaben des Artikels 23 des Bayerischen Mediengesetzes (BayMG) oder von Jugendschutz-, Werbe und Gewinnspielbestimmungen zu kontrollieren. Die Standardbeobachtung blickt auf alle „betrauten" Programme, aber auch die landesweiten Fenster; die qualitative Beobachtung befasst sich mit neuen Formaten oder problematischen Inhalten; die Sonderbeobachtung widmet sich der Berichterstattung zu bestimmten Anlässen wie beispielsweise der Landtagswahl. Ausgewählte Ergebnisse werden immer wieder in den Geschäftsberichten veröffentlicht (siehe BLM 2016; BLM 2017; BLM 2018).

Sieht man von den Programmbeobachtungen der BLM zu den lokalen und regionalen Fernsehprogrammen im Freistaat ab, liegen allerdings nur wenige Studien vor. Eine Ausnahme stellt die medienvergleichend ausgelegte Pilotstudie zu lokalpublizistischen Leistungen von Hörfunk, Fernsehen und Zeitung in Augsburg von Joachim Trebbe (1996) dar. Im Hörfunkbereich wurden die privaten Programme von Radio KÖ, Radio RT.1, Radio Fantasy/Skyline/Melcer sowie das öffentlich-rechtliche Fenster BR-Schwabenspiegel herangezogen; im Fernsehbereich „TV Augsburg Aktuell"; im Zeitungsbereich zwei Ausgaben der *Augsburger Allgemeinen* und eine Ausgabe des *Donaukuriers*. Mithilfe einer Inhaltsanalyse wurden mehr als 4.700 lokalpublizistische Beiträge dieser Medien aus dem Mai 1995 ausgewertet. Die Ergebnisse machten verschiedene Unterschiede deutlich: „Radiounterhaltung in Form von Moderationen, Plaudereien und Spielen" (ebd.: 249) sei kennzeichnend für die Programmgestaltung im Augsburger Hörfunk. Während bei den lokalen Informationsbeiträgen in der Lokalpresse gesellschaftliche Berichterstattung im Vordergrund stünde, würden im Hörfunk eher persönliche Themen aus der Freizeit der Hörerinnen und Hörer (Urlaub, Hobbys etc.) thematisiert (vgl. ebd.: 251). Zu „TV Augsburg Aktuell" hieß es in der Studie abschließend:

> Das lokale Fernsehfenster wird stark durch den Magazincharakter geprägt. Die Nachrichten im Programm von TV Augsburg Aktuell sind besonders kurz und faktenorientiert. Unter der begrenzten Sendezeit leidet vor allem die Informationsbreite der behandelten Themen (ebd.: 253).

In einer Folgestudie untersuchte Joachim Trebbe (1998) mithilfe einer Inhaltsanalyse die publizistische Vielfalt der lokalen Medien in den Regionen Landshut sowie Schweinfurt. In Landshut zog er dazu mehr als 1.400 lokalpublizistische Beiträge aus den jeweiligen lokalen Angeboten aus Hörfunk (Radio Trausnitz), Fernsehen (Drehscheibe Niederbayern) sowie der Presse (*Landshuter Zeitung*) aus dem November 1996 heran. In Landshut ergaben die Untersuchungen, dass sich das Hörfunkprogramm vor allem durch Servicebeiträge und Unterhaltung auszeichnete. Der „Berichterstattung über lokale Politik und öffentliche Kontroversen" (ebd.: 93) werde kein besonderer Stellenwert zugeschrieben. Für das Lokalradio vor Ort wurde darüber hinaus festgestellt, dass 50 Prozent der politischen Themenbeiträge auch in einem anderem lokalen Medium diskutiert worden waren. Während sich Lokalfernsehen und -zeitung allerdings vor allem auf Stadt-

und Landkreis bezogen, wurde im Lokalradio ein wesentlich größeres Gebiet aus insgesamt vier Landkreisen thematisiert. Für den Standort Schweinfurt wurden ebenso mehr als 1.400 lokalpublizistische Beiträge aus Hörfunk (Radio Primaton), Fernsehen (Schweinfurt TV I, TV Touring) sowie der Presse (*Schweinfurter Tagblatt*) aus dem November 1996 erhoben und inhaltsanalytisch untersucht. Während die lokalpublizistische Sendezeit von Radio Primaton etwa zur Hälfte aus journalistischen Informationsbeiträgen bestand, wurde die andere Hälfte durch Service- und Unterhaltungsbeiträge bestritten. Im *Schweinfurter Tagblatt* handelte es sich zu zwei Dritteln um Informationsbeiträge und zu einem Drittel um Servicebeiträge. Zu TV I und TV Touring wurde Folgendes resümiert:

> Die beiden Fernsehprogramme sind, was das Ausmaß der lokalpublizistischen Berichterstattung angeht, sehr ähnlich. Jeweils etwa 80 Prozent der Sendezeit ist [sic] Informationsbeiträgen gewidmet. Allerdings werden die restlichen 20 Prozent im Programm der beiden Konkurrenten sehr unterschiedlich gestaltet. TV I setzt fast ausschließlich auf Unterhaltungsbeiträge mit lokalem Bezug, während TV Touring seine Zuschauer auch mit Veranstaltungs- und Servicehinweisen versorgt (ebd.: 154).

Umfassende aktuelle Studien dieser Art bestehen leider nicht, wären allerdings vor allem zu den Hauptsendungen der lokalen und regionalen TV-Programme in Bayern – zumeist 30-minütige Nachrichtenmagazine, die auch im RTL-Fenster zu sehen sind – sicherlich überaus interessant. Wie viele Beiträge mit welcher Länge enthalten diese Magazine der Anbieter? Welche lokalen Schwerpunkte werden gesetzt? Inwiefern werden die Themenfelder Politik, Wirtschaft, Gesellschaft oder Kultur behandelt? Welche Expertinnen und Experten aus dem loalen Nahraum kommen zu Wort? Welche Rolle nehmen Service und „Human Touch"-Themen ein? Inwiefern kann Sponsoring in redaktionellen Beiträgen identifiziert werden? Weil entsprechende Studien fehlen, müssen zum jetzigen Zeitpunkt Antworten auf diese Fragen leider ausbleiben.

Programmforschung zum lokalen Radio

Trotz der weiterhin hohen Audionutzung und der Bedeutung des Radios aus Sicht des Publikums (vgl. Engel/Mai/Müller 2018: 341), nimmt die Programmforschung zum Radio einen vergleichsweise geringen Stellenwert ein (vgl. Rössler 2017: 67).

Die ersten Studien zur Radio-Programmforschung waren vor allem medienvergleichend angelegt: Sie untersuchten, inwiefern sich Medien wie Zeitung, Fernsehen und Radio hinsichtlich ihrer Inhalte voneinander unterschieden. Studien dieser Art für Bayern wurden bereits angesprochen; sie liegen auch für andere Standorte in ähnlicher Form vor (siehe Rager 1982; Hasebrink/Waldmann 1988; Weiss 1993). Weitere Studien der Programmforschung analysierten die Unterschiede in den Programmen der privaten und öffentlich-rechtlichen Radiosender (siehe Merten/Gansen/Götz 1995; Trebbe/Maurer 1999).

Bei der Programmforschung zum lokalen Radio handelt es sich um ein Forschungsfeld, das insbesondere bis Mitte der 1990er Jahre intensiv bearbeitet worden ist. Die meisten Studien decken entsprechend vor allem den Zeitraum von 1980 bis 1990 ab (vgl. Klingler/Schröter 1995: 53ff.). Dabei wurden kaum einheitliche Befunde festgestellt (vgl. ebd.: 66f.; Primavesi 2007: 3). Das lag vor allem an zum Teil beträchtlichen Unterschieden im methodischen Vorgehen: So wurden zum Beispiel verschiedenste Kategoriensysteme und Coding-Verfahren verwendet. Zudem fanden die Studien zu unterschiedlichen Zeitpunkten statt, sodass die Ergebnisse jeweils situative Momentaufnahmen darstellten. Daneben wurden die Programme von Sendern aus ganz unterschiedlichen Regionen berücksichtigt.

Im Folgenden werden einige dieser Studien zum lokalen Radio in Bayern dargestellt. Ihre Auswahl erfolgte auf der Grundlage von bestehender Überblicksliteratur (siehe Klingler/Schröter 1995; Trebbe 1996) und eigenen, weiteren Recherchen.

Die ersten Programmanalysen der bayerischen Lokalradios fanden im Frühjahr 1989 in München statt (siehe Wagner/Schröter/Nawratil 1989) sowie im Großraum um Nürnberg, Fürth und Erlangen (siehe Schulz/Scherer 1989). Vor dem Hintergrund des Medienerprobungs- und Entwicklungsgesetzes von 1984 dienten diese Analysen in erster Linie als Bestandsaufnahme der damaligen Hörfunklandschaft. Zentrale Fragen waren zum Beispiel: Welche Programmstrukturen existieren fünf Jahre nach Einführung des lokalen Hörfunks? Wie vielfältig ist das Programm der Lokalradios tatsächlich? Inwieweit erfüllen sie die Forderung, entsprechend ihres Sendegebiets lokal zu berichten?

Während die Forschungsgruppe in Nürnberg das Programm einer teilweise „künstlichen Woche" zwischen dem 19. April und 9. Mai 1989 untersuchte, befasste sich die Münchner Projektgruppe mit dem Programm einer „natürlichen Woche" vom 24. bis 30. April 1989. In beiden Fällen wurde das Programm der jeweiligen Lokalradios von 05:00 Uhr morgens bis 01:00 Uhr nachts vollständig aufgezeichnet. Die Forscher in Nürnberg unterschieden einerseits zwischen drei Vollanbietern (Radio Charivari, Radio F, Radio Gong), die ihr Programm selbstständig auf einer Frequenz verbreiteten; andererseits gab es fünf Teilanbieter (Radio N1, Downtown, Starlet, Radio Z, Musikband), die sich eine Frequenz teilten und dadurch insgesamt eine geringere Sendezeit aufwiesen. In München gab es ebenfalls drei Hauptanbieter (Gong 2000, Charivari, Xanadu) und sechs Teilanbieter (Jazz-Welle plus, M 1, Starsat, 2Day, Airplay, Neues Europa). Am Standort Nürnberg wurden insgesamt 693 Stunden Programm aufgezeichnet; in München waren es 701 Stunden. In beiden Studien wurden anschließend Inhaltsanalysen durchgeführt. Dabei wurde der Anteil von Musik- und Wortbeiträgen ermittelt. Die redaktionellen Wortbeiträge wurden detailliert kategorisiert, zum Beispiel im Hinblick auf die Themen der Nachrichten oder lokale Bezüge.

Die Ergebnisse zum Nürnberger Lokalradio zeigten, dass der Anteil von Moderationen am Wortprogramm bei den meisten Anbietern jeweils knapp unter 50 Prozent ausmachte (vgl. Schulz/Scherer 1989: 34). Bei den Vollprogrammanbietern dominierten Themen aus der Gruppe „Vermischtes" (darunter Service und Beratung) das Wortprogramm, bei den kleinen Anbietern herrschten Themen aus der Gruppe „Kultur" vor (vgl. ebd.: 46). Rund 25 Prozent aller Beiträge im Wortprogramm befasste sich im weitesten Sinne mit „Politik" (vgl. ebd.: 54). Bei allen Vollprogrammanbietern machten darüber hinaus Nachrichten einen großen Anteil am Wortprogramm aus. Radio F, Radio Charivari, Radio Gong sowie Radio N1 sendeten sogar spezifische Lokal- und Regionalnachrichten (vgl. ebd.: 65). Insgesamt hinterließen die Nachrichten allerdings einen gemischten Eindruck bei den Autoren:

> Insgesamt bestehen die Nachrichten bei allen Anbietern ganz überwiegend aus „Hard News" der Themenbereiche Wirtschaft, Soziales und Ökologie sowie sonstiger Innenpolitik und internationaler Politik. Alle haben den Anspruch der umfassenden Berichterstattung und wollen es darin dem öffentlich-rechtlichen Rundfunk gleichtun. Aber nicht alle können ein einigermaßen vollständiges Nachrichtenbild bieten. Am ehesten gelingt das noch den drei Anbietern mit Vollprogramm sowie – mit einigen Abstrichen – Radio N1 (ebd.: 68).

Die Befunde der Studie zum Münchner Lokalradio machten deutlich, dass die meisten privaten Radiostationen in der Landeshauptstadt als „ein Begleitprogramm durch den Tag" (Wagner/Schröter/Nawratil 1989: 224) konzipiert seien. Im Wesentlichen seien sie durch ein Verhältnis der Musik- zu den Wort-Anteilen von 8:2 gekennzeichnet (vgl. ebd.). Eine „Minimalversorgung mit aktueller Information" (ebd.: 227) sei sichergestellt. Dienstleistungen im Wortprogramm beschränkten sich auf den „alltäglichen Standard-Service" (ebd.), also die Durchsage von Zeit, Wetter sowie Verkehr. Bei der aktuellen Information im Wortprogramm sahen die Autoren „erhebliche Defizite" (ebd.: 228), wie sie in ihrem Fazit deutlich machten:

> Mangelnde Quellen-Deklarationen, häufig fehlende Angaben über Anlässe der Berichterstattung, nicht erkennbare Zeitbezüge; dazu kommen noch erhebliche Quoten fehlender Ortsbezüge. Dieses Bündel von

> Defiziten ist gleichbedeutend mit dem Entzug sachlicher Begründung
> für die Informationsauswahl, die damit zumindest punktuell in den
> Verdacht der Beliebigkeit oder der Zufallsabhängigkeit gerät. (Die Defizitbefunde betreffen ohne größerer Unterschiede alle untersuchten
> Radioprogramme.) (ebd.).

Einige Jahre später fassten Wolfgang Eichhorn, Martin Rieß und Helmut Scherer (1996) die Daten aus diversen Programmanalysen bayerischer Lokalradios zusammen, sodass abschließend Aussagen zu den Programmstrukturen formuliert werden konnten. Die zusammengefassten Ergebnisse betrafen 58 Sender an 27 Standorten. Die Sender unterschieden sich einerseits darin, dass sich je 29 Sender an Ein- beziehungsweise an Mehrfrequenzstandorten befanden. Andererseits waren es, wie bereits in den vorangegangenen Analysen, Teil- und Vollanbieter. Die Befunde zeigten klar, dass die Musik erneut die Gestaltung der meisten Programme dominierte: Die Musikanteile lagen zwischen 60 und 80 Prozent, während die Wortanteile zwischen zehn bis 70 Prozent ausmachten, jedoch meistens die 30-Prozent-Marke nicht überstiegen (vgl. ebd.: 211). Unterhaltende Beiträge machten bei allen untersuchten Sendern, gemessen am gesamten Programm, durchschnittlich bis zu 5 Prozent aus (vgl. ebd.: 214). Die einzelnen Sender wiesen hier jedoch Unterschiede auf: Es gab Sender, die kaum unterhaltende Beiträge in ihrem Programm anboten, sowie Sender, die ihr Programm bis zu einem Viertel mit Unterhaltung füllten (vgl. ebd.: 215). Der Anteil von Service-Beiträgen, gemessen am Wortprogramm, lag bei den untersuchten Sendern im Durchschnitt bei 17 Prozent (vgl. ebd.: 219). Im Durchschnitt machten Informations-Beiträge, gemessen am Gesamtprogramm, etwas mehr als 10 Prozent aus (vgl. ebd.: 215).

Hier zeigten sich allerdings große Unterschiede je nach Standort und Anbietertyp: Der Anteil von Informations-Beiträgen lag bei Sendern an Einfrequenzstandorten bei 13 Prozent, an Mehrfrequenzstandorten lag dieser Anteil bei 7 Prozent (ebd.). Nachrichten machten im Durchschnitt bei den untersuchten Sendern einen Anteil von etwa 7 Prozent aus, gemessen am Gesamtprogramm (vgl. ebd.: 216). Auch hier zeigten sich wieder Unterschiede: Die Sender an Einfrequenzstandorten sendeten anteilig fast doppelt so viele Nachrichten wie die Sender an Mehrfrequenzstandorten. Der lokale Bezug der Berichterstattung wurde ebenfalls untersucht. Grundsätzlich zeigte sich, dass 13 von 29 Sendern an Mehrfrequenzstandorten gar keine Lokalnachrichten sendeten. An Einfrequenzstandorten traf das auf fünf der 29 Sender zu (vgl. ebd.: 218). Wurden alle Wortbeiträge mit lokalem Bezug zusammengefasst, kamen alle untersuchten Lokalradios im Durchschnitt auf einen Anteil von 6 Prozent, gemessen am Gesamtprogramm (vgl. ebd.: 218f.). Dieser Anteil war bei Vollanbietern an Einfrequenzstandorten mit neun Prozent erneut mehr als doppelt so hoch, wie bei den Vollanbietern an

Mehrfrequenzstandorten (3,8 Prozent) (vgl. ebd.). Die Autoren kamen abschließend zu dem Ergebnis, dass zwei Faktoren einen Einfluss auf das Programm der Lokalradios hatten: Der Standort (Ein- oder Mehrfrequenz) sowie der Anbietertyp (Voll- oder Teilanbieter) (vgl. ebd.: 224).

Inwieweit sich das Programm, insbesondere der Anteil lokaler Informationen, am Standort Nürnberg zwischen 1989 und 1992 verändert hat, untersuchten schließlich Helmut Scherer und Martin Rieß (1997). Ihre Befunde zeigten, dass der Anteil der lokalen Berichterstattung, gemessen am Gesamtprogramm, zurückgegangen war: Lag der Anteil bei allen drei Vollanbietern 1989 noch zwischen vier und fünf Prozent, sank er bis 1992 bei allen drei Sendern um ein bis zwei Prozentpunkte (vgl. ebd.: 241). Der Rückgang konnte an der Sendedauer in Minuten beobachtet werden: Radio F sendete beispielsweise 1989 371 Minuten Wortbeiträge mit lokalem Bezug, 1992 waren es nur noch 311 Minuten. Radio Charivari wies 1989 327 Minuten auf, im Jahr 1992 waren es 238 Minuten. Radio Gong befasste sich 1989 302 Minuten lang mit lokalen Themen, 1992 waren es nurmehr 195 Minuten (vgl. ebd.: 242). Der Anteil lokaler Beiträge ist, gemessen am Wortprogramm, zwischen 1989 und 1992 bei den Sendern Radio F und Radio Gong um wenige Prozentpunkte zurückgegangen, bei Charivari um 6 Prozentpunkte angestiegen (vgl. ebd.). Der Grund für den Rückgang der lokalen Berichterstattung war, dass der Wortanteil im Gesamtprogramm über die Jahre hinweg bei allen untersuchten Sendern sank: Während er 1989 bei allen drei Sendern bei etwa 20 Prozent lag, ist er etwa bei Radio Gong von 21 Prozent auf 14 Prozent zurückgegangen. Zum Wortanteil wurden alle Wortbeiträge inner- und außerhalb der Nachrichten gezählt sowie die Moderation. Im Hinblick auf den Großraum Nürnberg ist ein weiterer Rückgang bei den informierenden Beiträgen mit lokalem Bezug erkennbar. Beispielsweise sendete Radio Charivari 1989 253 Minuten lokale Informationsbeiträge, im Jahr 1992 waren es 107 Minuten. Gleichzeitig zeigte sich ein geringerer Anteil politischer Themen in der lokalen Berichterstattung. Bei Radio Gong entfielen 1989 90 Minuten auf politische Themen, 1992 waren es nur noch 30 Minuten (vgl. ebd.: 245). Insgesamt machten die beiden Autoren zwei Tendenzen für den untersuchten Zeitraum von 1989 bis 1992 in Nürnberg aus: Die lokale, informierende Berichterstattung nahm insgesamt ab; gleichzeitig rückten vermehrt Themen mit Service- und Unterhaltungsfunktion in den Vordergrund der lokalen Berichterstattung (vgl. ebd.: 247). Ursächlich hierfür sei die kostenintensive Produktion von Wortbeiträgen. Vor allem lokale Beiträge seien aufwendig zu produzieren und könnten selten zugekauft werden. Die Hoffnungen, die mit der Einführung des lokalen Hörfunks in Bayern verbunden waren, sahen die Autoren damit als nicht ausreichend umgesetzt an (vgl. ebd.: 248).

Trotz der hier gewählten Fokussierung auf Programmforschung zum lokalen Radio soll eine Studie zum landesweiten Radio in Bayern, die an der Ludwig-

Maximilians-Universität München unter der Leitung von Heinz-Werner Stuiber durchgeführt wurde, nicht unerwähnt bleiben (siehe Ecke/Stuiber 1995: 164; Stuiber et al. 1990). Sie ist eine der wenigen Studien, die die Nachrichten des privaten und öffentlich-rechtlichen Hörfunks in Bayern inhaltsanalytisch miteinander verglich.

Im Oktober 1989 wurde dazu eine Woche aus dem Programm des privaten, landesweiten Senders Antenne Bayern mit dem der öffentlich-rechtlichen Sender Bayern 1 und Bayern 3 verglichen (vgl. Ecke/Stuiber 1995: 164). Da sich vor allem Antenne Bayern und Bayern 3 in ihrer anvisierten Zielgruppe ähneln, standen sie im Vordergrund des Vergleichs.

Im Hinblick auf den Anteil der Nachrichten am Gesamtprogramm konnten die Autoren Folgendes feststellen: Bayern 3 sendete innerhalb des Untersuchungszeitraums mit 701 Minuten deutlich mehr Nachrichten als Antenne Bayern, das auf 657 Minuten Nachrichten kam (vgl. ebd.: 166f.). In Bezug auf den geografischen Schauplatz der Beiträge zeigte sich: Bei Antenne Bayern lag der Fokus zu 21 Prozent auf dem Freistaat, während der entsprechende Anteil bei Bayern 3 bei 14 Prozent lag (vgl. ebd.: 168).

Darüber hinaus wurde auch untersucht, inwiefern die einzelnen Regierungsbezirke in den Meldungen berücksichtigt wurden: Im Programm von Antenne Bayern wurden sie gleichmäßiger thematisiert als bei Bayern 3. Die Nachrichten bei Bayern 3 waren häufiger in Form einer Meldung vorzufinden (87 Prozent) als bei Antenne Bayern (71 Prozent) (vgl. ebd.: 170f.). Hingegen machten Berichte bei Antenne Bayern einen höheren Anteil aus (13 Prozent) als bei Bayern 3 (5 Prozent). Außerdem war neben dem Sprecher der Meldungen bei Antenne Bayern häufiger ein weiterer Journalist beteiligt (22 Prozent). Bei Bayern 3 traf das nur in 4 Prozent der Beiträge zu. Auch O-Töne kamen in den Nachrichten von Antenne Bayern etwas häufiger vor, nämlich in 3 Prozent, bei Bayern 3 hingegen im Schnitt nur in jeder hundertsten Nachricht.

Neue Befunde zum lokalen Hörfunkprogramm in Bayern

In den folgenden Abschnitten soll die Programmforschung zum lokalen Radio in Bayern um weitere, aktuelle Befunde ergänzt werden. Aufgrund der Tatsache, dass öffentlich-rechtliche und private Programmangebote unterschiedlich bewertet werden (siehe Breunig/Holtmannspötter 2019), wurden im Rahmen einer Studie die Regionalnachrichten des öffentlich-rechtlichen und privaten Hörfunks in Würzburg auf Unterschiede und Gemeinsamkeiten untersucht.

Die untersuchungsrelevanten Sender waren der private Anbieter Radio Gong sowie das öffentlich-rechtliche BR-Studio Mainfranken. Als traditionelle Methode für Programmvergleiche wurde eine Inhaltsanalyse durchgeführt. Für die Analyse wurden jeweils die 8:30-Uhr-Nachrichten vom 30. März bis zum 21. April

2.4. Forschung zur Rundfunkentwicklung

2020 herangezogen.[161] Die Wahl fiel auf die 8:30-Uhr-Nachrichten, da die Hörfunk-Nutzung im Durchschnitt in den Morgenstunden zwischen 7:00 und 9:00 Uhr am höchsten ist (vgl. BLM 2019: 16) und die Gestaltung des Programms in dieser Zeit damit besondere Aufmerksamkeit der Radiomacherinnen und Radiomacher erhält. Mit Blick auf den ausgewählten Zeitraum muss natürlich berücksichtigt werden, dass die vorliegenden Daten von der Berichterstattung um die Corona-Pandemie geprägt waren.

Das finale Sample umfasste pro Sender 15 Nachrichtensendungen.[162] Die 15 Sendungen von Radio Gong summierten sich zu einer Gesamtlänge von 29:52 Minuten, was einen Mittelwert von 01:59 Minuten pro Sendung ergab. Die Sendungen bestanden aus insgesamt 59 Meldungen bei einer Durchschnittlänge von 00:28 Minuten.[163] Die 15 Sendungen des BR-Studio Mainfranken umfassten insgesamt 26:06 Minuten, was in einem Mittelwert von 01:44 Minuten pro Sendung resultierte. In den BR-Sendungen waren 44 Meldungen mit einer Durchschnittlänge von 00:33 Minuten enthalten. Insgesamt wurden damit 103 Meldungen mit einer Länge von mehr als 55 Minuten in die Analyse miteinbezogen.

Zum Einsatz kam bei der Codierung ein Kategoriensystem, das sich größtenteils an verschiedenen, bisherigen Programmstudien zum lokalen Radio (in Bayern) orientierte. Meldungen wurden nur dann vollständig codiert, wenn sie mindestens einen Bezug zu Unterfranken im Allgemeinen aufwiesen. Bei Radio Gong traf das auf 44 von 59 Meldungen in der Stichprobe zu, beim BR-Studio auf alle 44 Meldungen.

Was die exakten geografischen Verweise der Meldungen mit Unterfranken-Bezug in den Regionalnachrichten betrifft, thematisierte Radio Gong in seinen Meldungen mit mehr als 43 Prozent meistens die Stadt Würzburg (19). Das BR-Studio Mainfranken stellte in rund 36 Prozent (16) ausschließlich einen Bezug zu Unterfranken im Allgemeinen her. Während Radio Gong die meisten Städte und Landkreise außerhalb von Würzburg kaum ansprach, spielten sie beim BR-Studio eine immerhin marginale Rolle. Vier von neun unterfränkischen Landkreisen wurden von beiden Sendern überhaupt nicht berücksichtigt, siehe Tab. 1. Auch andere Studien legten diese Fokussierung auf die jeweiligen Großstädte im Sendegebiet offen (vgl. Ecke/Stuiber 1995: 168f.).

---

[161] Feiertage und die Wochenenden wurden in der Analyse nicht berücksichtigt, da das Regionalstudio des BR an diesen Tagen keine Regionalnachrichten sendete.

[162] Eine Sendung beginnt, sobald die jeweilige Nachrichten-Ansage eines Senders erfolgt ist. Sie endet mit dem Verlesen der letzten Meldung, einschließlich möglicher O-Töne. Entsprechend waren Wetter- und Verkehrsinformationen – wie in anderen Programmanalysen (vgl. Primavesi 2007: 44) – ausgenommen.

[163] Eine Meldung wurde im Rahmen dieser Analyse verstanden als „zusammenhängender Sinnkomplex" (Friedrichsen 1992: 104), der dadurch geprägt ist, dass ein Thema oder ein Ereignis durchgehend im Mittelpunkt steht.

Geografischer Bezug[164]	Radio Gong Würzburg	BR-Studio Mainfranken
Ausschließlicher Bezug zu Unterfranken	31,8 % (14)	36,4 % (16)
Bezug zum Landkreis Würzburg	13,6 % (6)	9,1 % (4)
Bezug zur Stadt Würzburg	43,2 % (19)	29,5 % (13)
Bezug zum Landkreis Main-Spessart	9,1 % (4)	6,8 % (3)
Bezug zum Landkreis Aschaffenburg	-	-
Bezug zur Stadt Aschaffenburg	-	9,1 % (4)
Bezug zum Landkreis Schweinfurt	-	6,8 % (3)
Bezug zur Stadt Schweinfurt	13,6 % (6)	4,5 % (2)
Bezug zum Landkreis Miltenberg	-	2,3 % (1)
Bezug zur Stadt Miltenberg	-	2,3 % (1)
Bezug zum Landkreis Kitzingen	-	-
Bezug zum Landkreis Hassberge	-	-
Bezug zum Landkreis Rhön-Grabfeld	-	2,3 % (1)
Bezug zum Landkreis Bad Kissingen	-	-
Bezug zur Stadt Bad Kissingen	-	2,3 % (1)
n=Basis (alle Meldungen mit Unterfranken-Bezug)	100 % (44)	100 % (44)

Tab. 1: Anteil der thematisierten Städte und Landkreise (relative Häufigkeiten in Prozent und absolute Zahl der Meldungen).

Darüber hinaus konnte die Annahme, dass sich die Regionalnachrichten von Radio Gong und dem BR-Studio in der Breite und Tiefe der Themen unterscheiden würden, in Teilen bestätigt werden. Im Hinblick auf die thematische Breite konnte festgestellt werden, dass das häufigste Thema aller Meldungen mit Unterfranken-Bezug in den Regionalnachrichten der beiden Sender das Sachgebiet „Schaden/Störungen" war, siehe Tab. 2.[165] Bei Radio Gong wurde es in rund 77 Prozent (34) aller Meldungen thematisiert, beim BR waren es knapp 64 Prozent (28). Die hohe Bedeutung des Sachgebiets „Gesundheit" – bei Radio Gong lag der Anteil bei knapp 32 Prozent (14) und beim BR-Studio bei 34 Prozent (15) – war freilich durch die Corona-Pandemie bedingt.

---

[164] Es konnten bis zu drei geografische Bezüge codiert werden (Mehrfachcodierung), entsprechend ergeben die Werte in der Spalte mehr als 100 Prozent; durch Rundungen können geringe Abweichungen in der Summe auftreten.

[165] Bei vielen Meldungen wurden mehrere Sachgebiete gleichzeitig codiert (Mehrfachcodierung), daher ergeben die Werte in den beiden rechten Spalte mehr als 100 Prozent. Durch Rundungen können geringe Abweichungen in der Summe auftreten.

2.4. Forschung zur Rundfunkentwicklung

Sachgebiete	Radio Gong Würzburg	BR-Studio Mainfranken
Schaden/Störungen	77,3 % (34)	63,6 % (28)
Gesundheit	31,8 % (14)	34,1 % (15)
Service	25,0 % (11)	25,0 % (11)
Unglück/Katastrophen	25,0 % (11)	13,6 % (6)
Human Interest	18,2 % (8)	25,0 % (11)
n=Basis (alle Meldungen mit Unterfranken-Bezug)	100 % (44)	100 % (44)

Tab. 2: Die häufigsten Sachgebiete der Regionalnachrichten von Radio Gong Würzburg und BR-Studio Mainfranken (relative Häufigkeiten in Prozent und absolute Zahl der Meldungen).

Sowohl bei Radio Gong als auch beim BR-Studio konnten 25 Prozent (11) der Meldungen dem Sachgebiet „Service" zugeordnet werden. Auch andere Studien hatten eine ähnlich hohe Bedeutung dieses Sachgebiets belegt (vgl. Scherer/Rieß 1997: 247). Bei Radio Gong befassten sich etwa 18 Prozent (8) und beim BR 25 Prozent (11) aller Meldungen mit dem Sachgebiet „Human Interest".[166] Insgesamt behandelten die beiden Sender in ihren Regionalnachrichten die 22 untersuchten Sachgebiete ähnlich häufig. Kaum eine Rolle spielte dabei das Sachgebiet „Kultur": So wurden kulturelle Themen, gemessen an der jeweiligen Summe der Meldungen, bei Radio Gong in zwei Meldungen, beim BR-Studio in nur einer Meldung thematisiert. Die Ergebnisse zur thematischen Tiefe offenbarten, dass die BR-Meldungen einen prozentual höheren Anteil an Hintergrundinformationen beinhalteten: Meldungen, die keine weiteren Hintergrundinformationen enthielten, machten bei Radio Gong mit 65,9 Prozent (29) einen höheren Anteil aus als beim BR-Studio mit 45,5 Prozent (20).

Einigermaßen überraschend fielen die Ergebnisse zum Anteil der politischen Meldungen aus: Im Untersuchungszeitraum lag der Anteil in den Regionalnachrichten bei Radio Gong bei 47,5 Prozent (28) und damit höher als beim BR-Studio mit 25 Prozent (11) – und zwar unabhängig davon, ob alle Meldungen berücksichtigt wurden oder nur die Meldungen mit einem Unterfranken-Bezug. Dieser Befund steht im Widerspruch zu vergangenen Studien: Hier wurde bislang stets ein höherer Anteil politischer Meldungen bei den öffentlich-rechtlichen Sendern festgestellt (vgl. Ecke/Stuiber 1995: 167; Primavesi 2007: 53f.). Doch ist der Befund insofern zu relativieren, als dass er sich nur auf ein recht kleines Sample in besonderer Zeit bezieht und dadurch mithin schwerlich zu verallgemeinern ist.

---

[166] Zum Sachgebieten „Human Interest" wurden bei der Codierung – wie auch in anderen Studien – Meldungen über Verbrechen, (Verkehrs-)Unfälle, private Schicksale, Prominenz und Alltagsgeschichten gezählt (vgl. Ahrens/Schwotzer/Weiß 2012: 246; Krüger 1996: 363; Trebbe/ Maurer 1999: 257).

Insgesamt waren die Unterschiede in den Regionalnachrichten von Radio Gong und BR-Studio in formaler sowie inhaltlicher Hinsicht also eher gering. Marginale Differenzen gab es in der jeweiligen Dauer der Nachrichtensendung und bei der Anzahl der Meldungen, etwas deutlicher waren sie beim Anteil der politischen Meldungen sowie den geografischen Schwerpunktsetzungen. Während bei der thematischen Breite große Ähnlichkeiten zwischen Radio Gong und BR-Studio auffielen, punktete das BR-Studio mit einem höheren Anteil an Hintergrundinformationen. Zusammenfassend kann also festgehalten werden, dass bei den Regionalnachrichten große Schnittmengen bestanden – ein Ergebnis, das dem privaten Hörfunk, dem häufig eine Überbetonung von Unterhaltung und Musik vorgehalten wird, durchaus schmeicheln dürfte.

Fazit

Die Darstellung der Forschung zur privaten Rundfunkentwicklung – im Hinblick auf die ökonomische Situation, Rezeption sowie Programmgestaltung – machte deutlich, dass die meisten Studien vor allem von den Landesmedienanstalten, Rundfunkanbietern, Verbänden, kommerziellen Einrichtungen oder anderen Interessensvertretungen durchgeführt oder zumindest beauftragt wurden und werden (vgl. Breunig 1996: 120; Primavesi 2007: 37). Nur ein geringer Anteil der Studien wird unabhängig davon an Hochschulen oder Universitäten initiiert (vgl. Breunig 1996: 120f.). Während die Programmforschung stark von den Kontrollaufgaben der Landesmedienanstalten geprägt ist, ist die Rezeptionsforschung vor allem von den Interessen der privaten Anbieter bestimmt (vgl. Vowe/Wolling 2004: 64).

Umso wichtiger sind Studien wie die im Vorangegangenen vorgestellte: Sie können die Programmforschung zum lokalen Radio in Bayern um neue, aktuelle Befunde ergänzen. Eine zentrale Einschränkung der Aussagekraft der präsentierten Studie liegt freilich in der Tatsache, dass es sich lediglich um eine Momentaufnahme im Rahmen einer Fallstudie handelte. Fallstudien bilden stets nur einen Teilausschnitt ab und können keinen Anspruch auf Repräsentativität erheben (vgl. Eichhorn 2013: 79). Zudem entstand die Studie in einer außergewöhnlichen Zeit; inwieweit die Corona-Pandemie einen Einfluss auf die Themenstruktur, den Politik- beziehungsweise Service-Anteil oder auf die gewählten lokalen Bezüge der Nachrichten hatte, könnten Folgestudien zeigen.

Das vorliegende Kapitel im Allgemeinen, aber auch die hier vorgestellte Studie im Speziellen konnten eingedenk dieser Einschränkungen zeigen, wie groß das Potenzial von Programmforschung zum privaten Rundfunk ist. Es lädt darüber hinaus hoffentlich dazu ein, skizzierte Forschungslücken in Zukunft zu schließen. Aufgrund des derzeitigen Forschungsstandes lassen sich allenfalls Hinweise darauf gewinnen, ob beziehungsweise inwieweit der privatwirtschaftlich organisierte Rundfunk unter dem Dach der BLM die publizistische Vielfalt in den bayerischen Städten, Landkreisen und Bezirken erweitert und bereichert hat. Nicht nur quantitative Programmanalysen (wie sie in den Anfangsjahren der dualen Rundfunkordnung noch mehrfach durchgeführt wurden, seitdem aber kaum mehr) wären dafür sinnvoll, sondern auch qualitative, themenbezogene Untersuchung hinsichtlich der Thematisierung und Kommentierung beispielsweise von Kommunalwahlen, der regionalen Wirtschaftsentwicklung, ökologischen Themen oder dem regionalen Kulturgeschehen. Berücksichtigt werden müssten dabei selbstverständlich auch die in den 35 Jahren seit der Etablierung des Privatfunks veränderten medialen Rahmenbedingungen, etwa regionale und lokale Konzentrationsprozesse im Printbereich oder auch die wachsende Rolle der digitalen Kommunikation via Internet und später auch Social Media.

Literatur

Ahrens, Annabelle/Schwotzer, Bertil/Weiß, Hans-Jürgen (2012): Die ALM-Studie. Konzeption, Methode und Basisdaten der ALM-Studie 2010/2011. In: Arbeitsgemeinschaft der Landesmedienanstalten (Hrsg.): Programmbericht 2011. Fernsehen in Deutschland. Programmforschung und Programmdiskurs. Berlin: Vistas Verlag, S. 241-291.

Bayerische Landeszentrale für neue Medien (2016): Geschäftsbericht 2016. Online: www.blm.de/files/pdf2/blm-gb_finalweb.pdf (zuletzt abgerufen am 15.02.2021).

Bayerische Landeszentrale für neue Medien (2017): Geschäftsbericht 2017. Online: https://www.blm.de/geschaeftsberichte/2017/ (zuletzt abgerufen am 15.02.2021).

Bayerische Landeszentrale für neue Medien (2018): Geschäftsbericht 2018. Online: https://www.blm.de/files/pdf2/blm_geschaeftsbericht_2018_master.pdf (zuletzt abgerufen am 30.09.2020).

Bayerische Landeszentrale für neue Medien (2019): Funkanalyse Bayern. Gesamtbericht/Handout. Hörfunk. Reichweiten in Bayern. Online: www.funkanalyse.tns-infratest.com/2019/Gesamtbericht-Handout/1_Reichweiten-in-Bayern.pdf (zuletzt abgerufen am 30.09.2020).

Behmer, Markus/Bernard, Birgit/Hasselbring, Bettina (Hrsg.) (2014): Das Gedächtnis des Rundfunks. Die Archive der öffentlich-rechtlichen Sender und ihre Bedeutung für die Forschung. Wiesbaden: Springer VS.

Behmer, Markus (2014a): Rundfunkpolitik. In: Behmer, Markus/Bernard, Birgit/Hasselbring, Bettina (Hrsg.): Das Gedächtnis des Rundfunks. Die Archive der öffentlich-rechtlichen Sender und ihre Bedeutung für die Forschung. Wiesbaden: Springer VS, S. 221-225.

Behmer, Markus (2014b): Biografische Medienforschung. In: Behmer, Markus/Bernard, Birgit/Hasselbring, Bettina (Hrsg.): Das Gedächtnis des Rundfunks. Die Archive der öffentlich-rechtlichen Sender und ihre Bedeutung für die Forschung. Wiesbaden: Springer VS, S. 323-331.

Behmer, Markus (2014c): Organisationsgeschichte. In: Behmer, Markus/Bernard, Birgit/Hasselbring, Bettina (Hrsg.): Das Gedächtnis des Rundfunks. Die Archive der öffentlich-rechtlichen Sender und ihre Bedeutung für die Forschung. Wiesbaden: Springer VS, S. 199-203.

Bernhard, Uli/Volpers, Helmut (2018): Die Regionalfenster im Programm von RTL und SAT.1 im Jahr 2018: Ergebnisse der Programmanalyse. In: Die Medienanstalten (Hrsg.): Content-Bericht 2018. Forschung, Fakten, Trends. Leipzig: Vistas Verlag, S. 128-148.

Burkart, Roland (2002): Kommunikationswissenschaft. Grundlagen und Problemfelder einer interdisziplinären Sozialwissenschaft. Wien/Köln/Weimar: Böhlau Verlag.

Breunig, Christian (1996): Die Landesmedienanstalten als Forschungsfeld. In: Hömberg, Walter/Pürer, Heinz (Hrsg.): Medientransformation. Zehn Jahre dualer Rundfunk in Deutschland. Konstanz: UVK Verlagsgesellschaft, S. 119-125.

Breunig, Christian/Holtmannspötter, Eva (2019): ARD/ZDF-Massenkommunikation Trends 2019: Fernseh- und Radioprogramme im Systemvergleich. Repräsentativbefragung zur Bewertung öffentlich-rechtlicher und privater Angebote. In: Media Perspektiven, H. 7-8, S. 334-349.

Bucher, Hans-Jürgen/Klingler, Walter/Schröter, Christian (Hrsg.) (1995): Radiotrends. Formate, Konzepte und Analysen. Baden-Baden: Nomos Verlag.

Die Medienanstalten (Hrsg.) (2016): Content-Bericht 2016. Forschung, Fakten, Trends. Leipzig: Vistas Verlag.

Die Medienanstalten (Hrsg.) (2017): Content-Bericht 2017. Forschung, Fakten, Trends. Leipzig: Vistas Verlag.

Die Medienanstalten (Hrsg.) (2018): Content-Bericht 2018. Forschung, Fakten, Trends. Leipzig: Vistas Verlag.

Friedrichsen, Mike (1992): Wirtschaft im Fernsehen. München: Reinhard Fischer Verlag.

Ecke, Jörg-Oliver/Stuiber, Heinz-Werner (1995): Nachrichten im Hörfunk. Hinweise auf ihre Bedeutung und Bewertung. In: Bucher, Hans-Jürgen/Klingler, Walter/Schröter, Christian (Hrsg.): Radiotrends. Formate, Konzepte und Analysen. Baden-Baden: Nomos Verlag, S. 163-178.

Eichhorn, Wolfgang/Rieß, Martin/Scherer, Helmut (1996): Die publizistischen Leistungen der Lokalradios in Bayern. Ergebnisse einer vergleichenden Inhaltsanalyse. In: Hömberg, Walter/Pürer, Heinz (Hrsg.): Medientransformation. Zehn Jahre dualer Rundfunk in Deutschland. Konstanz: UVK Verlagsgesellschaft, S. 210-226.

Eichhorn, Wolfgang (2013): Fallstudie. In: Bentele, Günter/Brosius, Hans-Bernd/Jarren, Otfried (Hrsg.): Lexikon Kommunikations- und Medienwissenschaft. Wiesbaden: Springer VS, S. 79.

Engel, Bernhard (2008): Überlegungen zur Zukunft der Fernsehforschung. Von der Messung des Zuschauerverhaltens zum Investitionscontrolling für das Medium Fernsehen. In: Media Perspektiven, H. 2, S. 84-90.

Engel, Bernhard/Mai, Lothar/Müller, Thorsten (2018): Massenkommunikation. Trends 2018: Intermediale Nutzungsportfolios. Ergebnisse aus der Studienreihe „Medien und ihr Publikum". In: Media Perspektiven, H. 7-8, S. 330-347.

Gleich, Uli (1995): Hörfunkforschung in der Bundesrepublik. Methodischer Überblick, Defizite und Perspektiven. In: Media Perspektiven, H. 11, S. 554-561.

Goldhammer, Klaus/Wiegand, André/Polley, Cay-Norbert (2007): Wirtschaftliche Situation des lokalen und regionalen Fernsehens in Bayern. München: Reinhard Fischer Verlag, BLM-Schriftenreihe 87.

Goldmedia (2019): Wirtschaftliche Lage des Rundfunks in Deutschland 2018/2019. Studie im Auftrag der Landesmedienanstalten. Leipzig: Vistas Verlag.

Hasebrink, Uwe/Waldmann, Norbert (1988): Inhalte lokaler Medien. Begleitforschung des Landes Nordrhein-Westfalen zum Kabelpilotprojekt Dortmund. Düsseldorf: Presse und Informationsamt der Landesregierung Nordrhein-Westfalen.

Hasselbring, Bettina (2014): Baugeschichte. In: Behmer, Markus/Bernard, Birgit/Hasselbring, Bettina (Hrsg.): Das Gedächtnis des Rundfunks. Die Archive der öffentlich-rechtlichen Sender und ihre Bedeutung für die Forschung. Wiesbaden: Springer VS, S. 349-355.

Henrich-Franke, Christian (2014): Technikgeschichte. In: Behmer, Markus/Bernard, Birgit/Hasselbring, Bettina (Hrsg.): Das Gedächtnis des Rundfunks. Die Archive der öffentlich-rechtlichen Sender und ihre Bedeutung für die Forschung. Wiesbaden: Springer VS, S. 363-370.

Klingler, Walter/Schröter, Christian (1995): Strukturanalysen von Radioprogrammen 1985 bis 1990. Eine Zwischenbilanz der Hörfunkforschung im dualen System. In: Bucher, Hans-Jürgen/Klingler, Walter/Schröter, Christian (Hrsg.): Radiotrends. Formate, Konzepte und Analysen. Baden-Baden: Nomos Verlag, S. 53-72.

Klingler, Walter (1998): Fernsehforschung in Deutschland. Themen, Akteure, Methoden. Bd. 1 & 2. Baden-Baden: Nomos Verlag.

Krüger, Udo-Michael (1996): Boulevardisierung der Information im Privatfernsehen. In: Media Perspektiven, H. 7, S. 362-374.

Lindner, Livia (2007): Radiotheorie und Hörfunkforschung. Zur Entwicklung des trialen Rundfunksystems in Deutschland, Österreich und der Schweiz. Hamburg: Verlag Dr. Kovac.

Merten, Klaus/Gansen, Petra/Götz, Markus (1995): Veränderungen im dualen Hörfunksystem. Vergleichende Inhaltsanalyse öffentlich-rechtlicher und privater Hörfunkprogramme in Norddeutschland. Münster/Hamburg: LIT Verlag.

Müller, Dieter K. (2000): Fernsehforschung ab 2000 - Methodische Kontinuität. Organisatorische Modifikationen und inhaltliche Erweiterungen beim System der AGF-GfK Fernsehforschung. In: Media Perspektiven, H. 1, S. 2-7.

Müller, Holger (2015): Demenz oder Verdrängung? Zur Archivlage des privaten Hörfunks in Bayern. In: Rundfunk und Geschichte, H. 3-4, S. 32-35.

Plake, Klaus (2004): Handbuch Fernsehforschung. Befunde und Perspektiven. Wiesbaden: Springer VS.

Primavesi, Axel (2007): Hörfunknachrichten im Wandel. Ein Vergleich der Nachrichtensendungen von WDR 2 und Radio NRW. Wiesbaden: Springer VS.

Rager, Günther (1982): Publizistische Vielfalt im Lokalen. Eine empirische Analyse. Tübingen: Tübinger Vereinigung für Volkskunde.

Rinke Treuhand GmbH (1988): Studie zur wirtschaftlichen Tragfähigkeit von Lokalradios in Bayern. München: Reinhard Fischer Verlag, BLM-Schriftenreihe 4.

Rinke Treuhand GmbH (1989): Bestandsaufnahme der Wirtschaftlichkeit bayerischer Lokalradios. Auswertung eines von der Arbeitsgruppe „Wirtschaftlichkeitsfragen" erstellten Fragebogens. München: Reinhard Fischer Verlag, BLM-Schriftenreihe 5.

Rinke Treuhand GmbH (1993): Wirtschaftlichkeit Bayerischer Lokalradios 1988-1992. Empirische Untersuchung. München: Reinhard Fischer Verlag, BLM-Schriftenreihe 23.

Rössler, Patrick (2017): Inhaltsanalyse. Konstanz: UVK Verlagsgesellschaft.

Scherer, Helmut/Rieß, Martin (1997): Das Lokale im Lokalradio. Entwicklung der Berichterstattung von 1989 bis 1992 am Beispiel Nürnberg. In: Barth, Christof/Schröter, Christian (Hrsg.): Radioperspektiven. Strukturen und Programme. Baden-Baden: Nomos Verlag, S. 239-250.

Schramm, Holger/Petersen, Sven/Rütter, Karoline/Vorderer, Peter (2002): Wie kommt die Musik ins Radio? Stand und Stellenwert der Musikforschung bei deutschen Radiosendern. In: Medien & Kommunikationswissenschaft, Jg. 50, H. 2, S. 227-246.

Schulz, Winfried/Scherer, Helmut (1989): Die Programme der Lokalradios im Raum Nürnberg. München: Reinhard Fischer Verlag, BLM-Schriftenreihe 5.

Schulz, Rüdiger (2009): Mediaforschung. In: Noelle-Neumann, Elisabeth/Schulz, Winfried/Wilke, Jürgen (Hrsg.): Das Fischer Lexikon Publizistik. Massenkommunikation. Frankfurt am Main: Fischer-Taschenbuch-Verlag, S. 201-234.

Schweiger, Wolfgang (2007): Theorien der Mediennutzung. Eine Einführung. Wiesbaden: Springer VS.

Stuiber, Heinz-Werner/Ecke, Jörg-Oliver/Eichhorn, Wolfgang/Keller, Michael (1990): Landesweiter Hörfunk in Bayern. Programm, Publikumswünsche und Bewertungen. München: Reinhard Fischer Verlag, BLM-Schriftenreihe 9.

Trebbe, Joachim (1996): Der Beitrag privater Lokalradio- und Lokalfernsehprogramme zur publizistischen Vielfalt. München: Reinhard Fischer Verlag, BLM-Schriftenreihe 39.

Trebbe, Joachim (1998): Lokale Medienleistungen im Vergleich. Untersuchungen zur publizistischen Vielfalt an den bayerischen Sendestandorten Augsburg, Landshut und Schweinfurt. München: Reinhard Fischer Verlag, BLM-Schriftenreihe 47.

Trebbe, Joachim/Maurer, Torsten (1999): Hörfunklandschaft Niedersachsen 1998. Eine vergleichende Analyse. Berlin: Vistas Verlag, NLM-Schriftenreihe 6.

Treml, Manfred (2016): Geschichte und Struktur des Lokalfunks in Bayern. In: Mitteilungen des Verbands bayerischer Geschichtsvereine, H. 27, S. 271-296.

Volpers, Helmut/Salwiczek, Christian/Schnier, Detlef (2000): Regionalfenster im Programm von RTL und SAT.1. Eine vergleichende Inhaltsanalyse von Programmangeboten und journalistischer Qualität. Opladen: Leske und Budrich Verlag.

Vowe, Gerhard/Wolling, Jens (2004): Radioqualität – was die Hörer wollen und was die Sender bieten. Vergleichende Untersuchung zu Qualitätsmerkmalen und Qualitätsbewertungen von Radioprogrammen in Thüringen, Sachsen-Anhalt und Hessen. München: Kopäd Verlag.

Wagner, Hans/Schröter, Detlef/Nawratil, Ute (1989): Die Programme der Lokalradios in München. Inhaltsanalyse. München: Reinhard Fischer Verlag, BLM-Schriftenreihe 6.

Weiss, Klaus (1993): Publizistischer Zugewinn durch Lokalfunk? Vergleichende Analyse von Lokalmedien einer Großstadt. Bochum: Universitätsverlag Brockmeyer.

Wiegand, André (2004): Optimierung der Wirtschaftlichkeit regionaler und lokaler Fernsehsender. Dissertation, Humboldt Universität Berlin.

Wiegand, André/Goldhammer, Klaus/Zerdick, Axel (2004): Optimierung der Wirtschaftlichkeit regionaler und lokaler Fernsehsender. Baden-Baden: Nomos Verlag.

3. Die Struktur des „Privatfunks" in Bayern

3.1. Die Bayerische Landeszentrale für neue Medien (BLM): Entwicklung, Strukturen und Funktionen

Vera Katzenberger

Von der Medienanstalt Hamburg und Schleswig-Holstein (MA HSH) im Norden bis zur Landesanstalt für Kommunikation Baden-Württemberg (LFK) sowie der Bayerischen Landeszentrale für neue Medien (BLM) im Süden, von der Landesanstalt für Medien NRW im Westen bis hin zur Sächsischen Landesanstalt für privaten Rundfunk und neue Medien (SLM) im Osten: Insgesamt 14 Landesmedienzentralen agieren als öffentlich-rechtlich organisierte Kontrollinstanzen des privaten Rundfunks in Deutschland. Zu ihren zentralen Aufgaben zählen dabei unter anderem die Erteilung von Genehmigungen für die Verbreitung von Rundfunkprogrammen, aber auch die Aufsicht über die Einhaltung verschiedener gesetzlicher Bestimmungen innerhalb des Angebots. Hinzu kommen weitere, nicht weniger wichtige Aufgaben wie beispielsweise die Förderung der Medienvielfalt oder neuer, digitaler Übertragungswege. Die Landesmedienanstalten nehmen damit eine bedeutende „Mittlerfunktion zwischen Staat, Veranstalter und letztlich den Rezipienten" (Martin 1993: 515) wahr und erfüllen so eine zentrale Rolle in der deutschen Medienlandschaft.

Diese „exponierte Stellung der LMA [Landesmedienanstalten, V.K.] rechtfertigt und fordert die wissenschaftliche Analyse ihrer Strukturen, ihrer Organisation, ihrer Zuständigkeiten und Arbeitsweisen" (Breunig 1996: 119). Gleichzeitig ist zu konstatieren, dass wenige solcher geforderten Bestandsaufnahmen über deren Struktur und Organisation vorliegen.

Dies gilt auch für die bayerische Landeszentrale. Bislang bestehen vor allem (medien-)rechtliche Beiträge, die meistens durch die Landeszentrale selbst beauftragt wurden oder von Akteuren verfasst wurden, die selbst in ihren Strukturen eingebunden waren und teilweise noch heute sind. So befasste sich Rupert Stettner (2011) beispielsweise mit der Entwicklung des privaten Rundfunks und der Rolle der Landeszentrale aus verfassungsrechtlicher Perspektive. Herbert Bethge (2011) hingegen untersuchte den Aufgabenkatalog der bayerischen Landeszentrale. Eine umfassende historische Einordnung lieferte Manfred Treml (2016), Historiker und selbst langjähriges Mitglied des Medienrats, in der er Struktur und Aufgaben der Bayerischen Landeszentrale im Kontext der Entwicklung des Lokalfunks erläuterte. Einen weitgehend sachlichen Überblick, angereichert mit verschiedenen, persönlichen Anekdoten, über die Landeszentrale und ihre Gremien – Verwaltungs-, Medienrat und Präsident – verfasste der ehemalige Geschäftsführer Martin Gebrande (2019) in dem Sammelband mit dem Titel „Aufbruch zur Medienvielfalt. Entwicklung des privaten Rundfunks in Bayern" des ehemaligen BLM-Präsidenten Wolf-Dieter Ring. Die bestehende Literatur zur

Landeszentrale in Bayern um einen grundständigen Beitrag zu erweitern, ist das Ziel des folgenden Kapitels, in dem Entwicklung, Strukturen sowie Funktionen der Landeszentrale umfassend dargestellt werden sollen. Dazu wird die Entstehung der Landeszentrale ab 1985 inmitten der Anfänge des privaten Rundfunks im Münchner Kabelpilotprojekt nachgezeichnet. Anschließend wird ihre Organisation erläutert: Dabei erhalten die drei bereits erwähnten zentralen Gremien besondere Beachtung. Abschließend werden verschiedene Aufgaben der Landeszentrale – von der Zulassung, Programmverantwortung und -aufsicht bis hin zur Durchführung verschiedener Fördermaßnahmen – aufgezeigt.

Die Darstellungen basieren einerseits auf den akkumulierten Erkenntnissen des Literaturkorpus, andererseits systematisieren sie die Aussagen aus verschiedenen qualitativen Interviews. So gelang es, zwischen Februar 2018 und Februar 2020 ein Drittel der Medienräte aus dem Jahr 1985 in umfassenden Zeitzeugeninterviews zu ihren Erfahrungen und Erinnerungen mit dem Gremium und der Landeszentrale zu befragen, darunter unter anderem Wilfried Anton (Musikerorganisation), Hans-Peter Buschheuer (Bayerischer Landtag), Wilhelm Gegenfurtner (Katholische Kirche), Alfred Wagner (Familienverbände) und Klaus Warnecke (Bayerischer Landtag). Mit Martin Gebrande (Geschäftsführung) oder Helmut Haunreiter (Leitung des Bereichs Frequenztechnik) konnten darüber hinaus Verantwortliche der Landeszentrale, die die Anfangsjahre maßgeblich begleiteten und mitgestalteten, befragt werden.

Weichenstellungen und Wegbereiter: Entwicklung der Landeszentrale

Um den Verfassungsbestimmungen des Artikels 111a, der seit 1973 in der Bayerischen Verfassung festgeschrieben ist (siehe Kapitel 2.1.), zu genügen, ist der private Rundfunk im Freistaat unter öffentlich-rechtliche Trägerschaft gestellt. Ebenso festgeschrieben ist eine angemessene Beteiligung aller relevanten politischen, weltanschaulichen und gesellschaftlichen Gruppen an der Kontrolle des Rundfunks. Der Verfassungsartikel 111a setzt damit fundamentale Eckpunkte für die Organisation des privaten Rundfunks im Freistaat. Ein duales Rundfunksystem, wie es in anderen Bundesländern besteht, ist damit, zumindest de jure, ausgeschlossen. In der Literatur wird aufgrund dieser verfassungsrechtlichen Lage von einem „bayerischen Sondermodell" (Chuang 1999: 34), einer „Sondersituation" (Bumke 1995: 11) oder einer „Sonderrolle" (Reuters 2009: 11) ausgegangen.

Um die Situation zunächst auszuloten und letztlich den Spagat zwischen dem Wunsch nach Alternativen zum öffentlich-rechtlichen Bayerischen Rundfunk und dem durch den Verfassungsartikel 111a eng gesteckten rechtlichen Rahmen zu meistern, wurde im November 1980 die bayerische Kabelpilot-Projektkommission ins Leben gerufen (vgl. Schumann 1993: 87). Ihr Auftrag war es,

3.1. Die Bayerische Landeszentrale für neue Medien

Konzepte zur Einführung des privaten Rundfunks in Bayern, die die besondere verfassungsrechtliche Lage im Freistaat berücksichtigten, zu erarbeiten. Geplant war es, privaten Rundfunk im Rahmen eines Pilotprojekts umzusetzen und zunächst zu erproben. Basierend auf Überlegungen und entsprechenden Empfehlungen dieser Projektkommission wurde daraufhin im Juli 1982 der Gesellschafts- und Grundvertrag für das Kabelpilotprojekt München geschlossen (vgl. Schmidbauer/Löhr 1983: 61). Mit diesem Grundvertrag wurde auch die Münchner Pilot-Gesellschaft für Kabelkommunikation mbH (MPK) aus der Taufe gehoben (vgl. ebd.). Sie sollte den Rundfunk in einem solchem Pilotprojekt koordinieren. Unter Federführung der MPK fiel schließlich am 1. April 1984 der Startschuss für das Kabelpilotprojekt in München[167], in dessen Rahmen erstmals privatwirtschaftlich agierende, werbebasiert finanzierte Programmangebote geschaffen werden konnten.[168] An der MPK als Gesellschafter beteiligt waren unter anderem der Freistaat Bayern mit 20 Prozent, der Bayerische Rundfunk mit zehn Prozent, das ZDF mit zehn Prozent, die Landeshauptstadt München mit ebenfalls zehn Prozent oder die Mediengesellschaft der Bayerischen Tageszeitungen GmbH mit zehn Prozent (vgl. Hiegemann 1992: 59; Schmidbauer/Löhr 1983: 63). Geschäftsführer der MPK wurde Rudolf Mühlfenzl, der seit 1948 beim Bayerischen Rundfunk gearbeitet hatte und von 1969 bis zur Übernahme des neuen Amtes Fernseh-Chefredakteur des damaligen öffentlich-rechtlichen Monopolisten gewesen war.

Grundlage für die weiteren Entwicklungen war schließlich der Erlass des Bayerischen Medienerprobungs- und Entwicklungsgesetzes (MEG) im November 1984, das zunächst als „Gesetzgebungsexperiment" (Stettner 2011: 60) für einen rechtlichen Rahmen sorgen sollte (siehe Kapitel 2.1.). Im MEG war die Rolle der zu diesem Zeitpunkt noch zu gründenden Landeszentrale sowie ihres zentralen Gremiums, des Medienrats, zum ersten Mal umfassend beschrieben:

> Die Aufgaben der Landeszentrale werden durch den Medienrat wahrgenommen, soweit nicht der Verwaltungsrat oder der Präsident selbst-

---

[167] Zudem gab es drei weitere Pilotprojekte in Deutschland: eines in Ludwigshafen (Projektstart 01.01.1984), eines in Dortmund (01.06.1985) und eines in Berlin (28.08.1985).
[168] Bereits zuvor waren in Bayern „Piratensender" aus Österreich und Südtirol zu hören, die ihr Radioprogramm mit Funkmasten in den Alpen gen Norden ausstrahlten (siehe Roth 2004). Als einer der ersten solcher Sender ging im Mai 1979 Radio Bavaria International (RBI), im August 1983 umbenannt in Radio M1, unter Federführung von Johannes Lüders vom Standort Zirog aus auf Sendung. Im Mai 1981 folgte Radio Brenner, das sein Programm von der Flatschspitze aus übertrug und auch in Südbayern sowie dem Münchner Raum empfangbar war. Ab Sommer 1984 sendete Radio C mit seiner Rockwelle, benannt nach Werner Conrad, dem Sohn des Betreibers eines zum damaligen Zeitpunkt bekannten Elektronik-Versandgeschäfts.

ständig entscheiden. Der Medienrat wahrt die Interessen der Allgemeinheit, sorgt für Ausgewogenheit und Meinungsvielfalt und überwacht die Einhaltung der Programmgrundsätze (siehe Art. 11, Abs. 1 und 2, MEG 1984).

Am 20. März 1985 konstituierte sich daraufhin, wie im MEG vorgesehen, der Medienrat als erstes Organ der BLM. In der ersten Sitzung kam es zur Wahl des Vorstands, der zunächst aus Klaus Kopka (Bayerischer Landtag) und Ekkehard Schumann (Bayerischer Senat) sowie Frauke Ancker (Bayerischer Journalistenverband e. V.) als Schriftführerin bestand (vgl. Protokoll zur Medienratssitzung vom 20.03.1985: 9, 10, 11). Zudem wurde Wolf-Dieter Ring zum Beauftragten berufen, um die Geschäfte der BLM bis zur Wahl eines Präsidenten zu übernehmen (vgl. ebd.: 13). Ring kam von der Bayerischen Staatskanzlei: Von 1978 bis zur Übernahme des neuen Amtes hatte er dort das Referat Medienpolitik in der Staatskanzlei geführt und in dieser Rolle auf Beamtenebene maßgeblich am MEG mitgearbeitet (siehe Walendy 2020). Geprägt wurden seine ersten Wochen als Beauftragter, so Ring in der Rückschau, von einer „Fülle von Aufgaben, viele[n] Diskussionen und eine[r] Vielzahl von Sitzungen des Medienrats" (Ring 2019: 50).

Zum 1. April 1985 nahm die BLM mit, neben Ring, zunächst vier weiteren Mitarbeitern – Helmut Haunreiter, Heinz Heim, Reiner Müller und Helmuth Neupert – ihre Arbeit auf. Haunreiter kam direkt vom Bayerischen Rundfunk, wo er zuvor die Abteilung Sendernetzplanung geleitet hatte. In dieser Position hatte er bereits an den Genfer Wellenkonferenzen 1981 und 1984 zur Neuorganisation und Planung des UKW-Bereichs von 87,5 bis 108 MHz teilgenommen und eine Methode zur computergestützten Frequenzplanung entwickelt. In der Landeszentrale führte er den Bereich Rundfunktechnik und verantwortete damit in den frühen Anfangsjahren des privaten Rundfunks die Planungsverfahren und Frequenzabstimmung im Freistaat. Heim hingegen wechselte von der Projektkommission des Münchner Kabelpilotprojekts zur Landeszentrale und wurde dort kommissarischer Leiter der Bereiche Programm und Presse- sowie Öffentlichkeitsarbeit. Reiner Müller kam als Diplom-Ingenieur von der Deutschen Bundespost in die Landeszentrale und war als Technischer Leiter für die Distribution von privaten Hörfunk- und Fernsehprogrammen zuständig. Helmut Neupert unterstützte das noch kleine Team der BLM als Jurist und wurde zum stellvertretenden Geschäftsführer und Leiter des Bereichs Recht berufen. Hervorzuheben ist dabei freilich, dass damit unter den ersten fünf Mitarbeitern der BLM zwei technische Sachverständige vertreten waren: ein Experte für Verkabelung und einer für Frequenzen. Das unterstreicht den Stellenwert technischer Expertise in den Anfangsjahren des privaten Rundfunks. Ihre Arbeit nahm die kleine Gruppe zunächst in angemieteten Räumen der Bayerischen Beamtenversicherung (BBV) in der Thomas-Dehler-Straße in München-Neuperlach auf, später folgte ein erster Umzug in die nahegelegene Fritz-Erler-Straße.

Die Befugnisse der BLM waren klar im MEG beschrieben und reichten weit über jene der MPK hinaus, da sie fortan allein für die Genehmigung des privaten Rundfunks im Freistaat verantwortlich war (vgl. Müller 2019: 80). Weil die MPK ihre bisherige Position nicht aufgeben wollte, kam es immer wieder zu Spannungen und Konflikten, letztlich sogar zu einer Rechtsaufsichtsbeschwerde der MPK bei der Bayerischen Staatsregierung (vgl. Ring 2019: 53). Zum 1. Januar 1986 wurde die MPK zur Münchner Gesellschaft für Kabelkommunikation (MGK) umgebaut und bestand damit als überregionale Kabelgesellschaft fort (vgl. Ernstberger 2019: 85). Auftrag der MGK war es gemäß MEG, „Programm, Technik und Verbreitungswege mit den Anbietern und technischen Dienstleistern" (ebd.) zu koordinieren und anschließend von der BLM genehmigen zu lassen.

Am 3. Oktober 1985 genehmigte der Medienrat insgesamt neun regionale Kabelgesellschaften, denen in den Anfangsjahren des privaten Rundfunks eine wichtige Rolle zugedacht war: Im Freistaat war damals ein „dreischichtige[s] Modell" (Himmelsbach 2009: 274) vorgesehen gewesen. Als drittes Glied zwischen den einzelnen Programmanbietern und der BLM sollten die Kabelgesellschaften etabliert werden. Ihre Aufgabe sollte sein, festzulegen, wie viele Programme mit welchen Schwerpunktsetzungen im jeweiligen Zuständigkeitsbereich veranstaltet werden sollten (vgl. Schick 1991: 52).

Durch die dezentrale Organisation der Kabelgesellschaften sollten die lokalen Interessen in den jeweiligen Organisationsverfahren Berücksichtigung finden. Tatsächlich standen hinter den Kabelgesellschaften häufig vor allem Zeitungs- und Zeitschriftenverleger oder Vertreterinnen und Vertreter kommunaler Politik, aber auch gemeinnützige Organisationen aus dem kulturellen oder sozialen Bereich. Die Kabelgesellschaften übernahmen damit vorbereitende Tätigkeiten für die endgültige Entscheidung durch den Medienrat und die Landeszentrale (vgl. Walendy 2020: 68). Insgesamt hatten die Kabelgesellschaften so eine wichtige Rolle bei der Organisation der lokalen Rundfunkprogramme inne (vgl. Jonscher 1995: 168).

Als zweites Organ der Landeszentrale konstituierte sich am 27. November 1985 der Verwaltungsrat. Im MEG war auch die Rolle dieses Gremiums klar beschrieben worden: „Der Verwaltungsrat ist für die wirtschaftlichen Angelegenheiten der Anstalt zuständig" (Art. 13, Abs. 1, MEG 1984).

Nur wenig später wurde dann auch die Spitze der Landeszentrale besetzt: Am 19. Dezember 1985 wurde Rudolf Mühlfenzl zum ersten Präsidenten und Ring zum Geschäftsführer und Stellvertreter des Präsidenten der Landeszentrale gewählt. Die institutionelle Struktur der Landeszentrale war damit etabliert. Als erster Präsident war Mühlfenzl vor allem mit dem Aufbau des lokalen Hörfunks und lokalen Fernsehens im Freistaat befasst.

Was folgte, kann als Phase der rechtlichen Konsolidierung beschrieben werden: In einem Grundsatzurteil vom November 1986 erklärte der Bayerische Verfassungsgerichtshof das bayerische Modell der öffentlich-rechtlichen Trägerschaft der Landeszentrale für den privatwirtschaftlich organisierten Rundfunk für zulässig. Damit war bestätigt, dass das bayerische Modell verfassungskonform war und alle Strukturen rund um die Landeszentrale den verfassungsrechtlichen Ansprüchen, die aus den Verfassungsbestimmungen abgeleitet werden können, genügten. Die Zusammensetzung des Verwaltungsrats hingegen war nicht bestätigt worden, woraufhin sich der Verwaltungsrat auflöste und es erst nach einer Novellierung des Medienentwicklungs- und Erprobungsgesetzes am 9. Dezember 1987 zur Neukonstituierung kam.

Im März 1988 erfolgte dann auch eine Umorganisation des bisherigen Programm- und Planungsausschusses des Medienrats: Die Ausschüsse wurden in die beiden Bereiche Hörfunk und Fernsehen aufgegliedert. Bald folgte ein erster Wechsel an der Spitze der BLM: Nachdem der zu diesem Zeitpunkt bereits 70-jährige Rudolf Mühlfenzl aus Altersgründen aus dem Amt ausschied, wurde Ring am 20. Juli 1989 zum zweiten Präsidenten der Landeszentrale gewählt und trat das Amt zum Januar 1990 an. Mühlfenzl wurde im Oktober 1990 vom Bundesinnenminister zum Rundfunkbeauftragten der neuen Bundesländer bestellt und war in dieser Position für die Abwicklung des Deutschen Fernsehfunks sowie der Hörfunksender der DDR zuständig.

Das Bayerische Mediengesetz (BayMG) – es sei an dieser Stelle wenigstens einmal vollständig benannt als Gesetz über die Entwicklung, Förderung und Veranstaltung privater Rundfunkangebote und anderer Telemedien in Bayern – löste schließlich das MEG ab, das in wesentlichen Teilen bis zum 1. Dezember 1992 befristet war, da es vor allem die Kabelpilotprojekte und damit die „Experimentalphase" (Müller 2004: 28) des privaten Rundfunks begleiten sollte. Das BayMG trat am 1. Dezember 1992 in Kraft (siehe Kapitel 2.1.).

Im BayMG wurde der BLM im Einklang mit den Verfassungsbestimmungen und in Kontinuität zu den bisherigen Bestimmungen des MEG unmittelbare Gestaltungs- sowie Weisungsmöglichkeiten zugestanden (siehe Art. 16, BayMG). Das zeigt sich vor allem darin, dass den Münchner Medienwächtern dort unter Berücksichtigung der Verfassungsbestimmungen die Rolle zugedacht wurde, das Rundfunkprogramm mit von den Rundfunkanbietern gestalteten Beiträgen zu organisieren (siehe Art. 2, BayMG). Formell betrachtet, bedeutete dies, dass „[d]ie Programm-‚Anbieter' [...] ihre Programm-‚Angebote' der BLM an[bieten] und diese [...] aus diesen Angeboten dann die verschiedenen Rundfunk-‚Programme' [organisiert]" (Schick 1991: 18). De facto sind natürlich die privaten Anbieter die alleinigen Produzenten des Programms. De jure allerdings tritt die BLM als Veranstalterin auf. Damit ergibt sich für den Freistaat, zumindest theoretisch, die mitunter als absurd bewertete Situation, dass „das öffentlich-rechtlich organisierte Aufsichtsorgan [...] gleichzeitig Träger des Programms" (Hohlfeld/Gehrke 1995: 319) ist.

Mit den Änderungen im Bayerischen Mediengesetz vom 27. Dezember 1997 wurde schließlich der Aufgabenbereich der BLM deutlich erweitert: Dort wurde unter anderem festgehalten, dass die BLM einen Beitrag zur „Vermittlung eines verantwortungsbewussten Gebrauchs der Medien, insbesondere zur Medienerziehung und Medienpädagogik" zu leisten habe (siehe Art. 11, BayMG). Mit der Festsetzung der zusätzlichen Aufgabenbereiche Medienerziehung und Medienpädagogik im BayMG waren die bisherigen Beiträge der Landesmedienanstalt zum Jugendschutz und zur Förderung von Medienkompetenz institutionalisiert und weitere Tätigkeiten in diesen Bereichen forciert worden. Bereits zuvor, im Jahr 1994, war das Forum Medienpädagogik ins Leben gerufen worden. 1999 tagte dann auch die Gemeinsame Stelle Jugendschutz und Programm der Landesmedienanstalten (GSJP) unter dem Vorsitz Rings zum ersten Mal. Angetrieben durch die von ihm geforderte „Offensive der Landesmedienanstalten im Jugendschutz" (Treml 2016: 275) konnte am 2. April 2003 auch die Kommission für Jugendmedienschutz (KJM) die Arbeit aufnehmen. Im Juli 2008 wurde die Stiftung Medienpädagogik Bayern aus der Taufe gehoben. Mit der Novellierung des Mediengesetzes im Jahr 2012 wurde die Förderung von Medienpädagogik noch einmal bestätigt. Im Rahmen ihrer internen Strukturreform führte die Landeszentrale 2013 den neuen Bereich Medienkompetenz und Jugendschutz ein. 2014 wurde im Medienrat ein Ausschuss für Fragen der Medienkompetenz und des Jugendschutzes („Medienkompetenz-Ausschuss") geschaffen, der als Querschnitts-Ausschuss konzeptioniert wurde. Zu seinen Aufgaben zählen beispielsweise die Beratung bei Fragen der Vermittlung von Medienkompetenz und zur Förderung von Medienkompetenzprojekten sowie die Begleitung medienpädagogischer Veranstaltungen. Neben den skizzierten Initiativen um Jugendschutz und Medienkompetenz sind die Beiträge der BLM zur Ausbildungsförderung anzuführen: So fand 1990 erstmals ein BLM-Ausbildungskongress statt, der sich mit dem Journalismus für den Hörfunk der Zukunft befasste; mit der Gründung der Aus- und Fortbildungs GmbH am 24. April 1995 gab es bald weitere Initiativen in diesem Themenfeld. Die BLM war an der Gesellschaft, deren Aufgabe es zunächst einmal sein sollte, Aus- und Fortbildungskanäle (AFK) für Hörfunk und Fernsehen in Nürnberg und München zu koordinieren, mit 68 Prozent der Anteile mehrheitlich beteiligt (vgl. Kertscher 2008: 112). Hinter diesem Engagement steckte die Idee, jungen Medienmachern in den Hörfunkkanälen AFK M94.5 in München und AFK Max in Nürnberg sowie ab 1996 im Fernsehkanal AFK TV in München journalistisches Können zu vermitteln und sie zu schulen und auszubilden (siehe Kapitel 4.4.1.).

Zum 1. Januar 1998 wurde das BayMG novelliert. Zu den beiden zentralen Änderungen in der Novelle zählten zwei für die bayerische Rundfunklandschaft weitreichende Weichenstellungen: zum einen die Auflösung der Medienbetriebsgesellschaften und zum anderen die stufenweise Abschaffung des Teilnehmerentgelts zur Förderung des lokalen und regionalen Fernsehens, umgangssprachlich häufig als „Kabelgroschen" bezeichnet. Nachdem die Strukturen des lokalen und regionalen Rundfunks etabliert waren, hatten die Medienbetriebsgesellschaften als Nachfolger der Kabelgesellschaften ihre Aufgabe erfüllt und wurden zunächst durch regionale Medienvereine ersetzt, die sich ebenso bald auflösten (vgl. Treml 2016: 274). Ab 2004 übernahm die Landeszentrale bei wichtigen Organisationsverfahren die Anhörungen vor Ort selbst. Mit der Abschaffung der Medienbetriebsgesellschaften kam es zu einer „deutlichen Zentralisierung und zugleich eine[r] Stärkung der BLM" (ebd.). Die Abschaffung des Teilnehmerentgelts in der Novelle wurde in der Satzung vom 25. Juli 2002 durch den Medienrat mit einer schrittweisen Reduzierung des Entgeltes konkretisiert. 2005 legte das Bundesverfassungsgericht eine Abschaffung bis zum Jahresende 2008 fest (siehe Kapitel 3.3.2.).

Im Dezember 2004 wurde Erich Jooß, langjähriger Vertreter der Organisationen der Erwachsenenbildung, zum neuen Vorsitzenden des Medienrats gewählt. In den Folgejahren beschäftigte allerdings sein Vorgänger die Landeszentrale intensiv: Journalisten der *Süddeutschen Zeitung* hatten 2009 aufgedeckt, dass Klaus Kopka während seiner Amtszeit im Medienrat von verschiedenen Medienunternehmern Darlehen erhalten hatte, darunter auch von dem Medienunternehmer Ralph Burkei, der mit der Betreibergesellschaft C.A.M.P. TV gemeinsam mit Ralph Piller hinter dem „Bayern Journals" bei Sat.1 und RTL stand (vgl. Ott 2009a). Später wurden auch Darlehen einer Firma des Nürnberger Telefonbuchverlegers Gunther Oschmann sowie von Georg Kofler, ehemaliger Vorstandschef von ProSieben und dem Bezahlsender Premiere (heute Sky), die Kopka nach seiner Amtszeit in Anspruch genommen haben soll, öffentlich (vgl. Ott 2009b). Das Bekanntwerden der so genannten „Kredit-Affäre" wurde im Mai 2009 schließlich zum Anlass genommen, einen Verhaltenskodex für Gremienangehörige und Mitarbeiterinnen sowie Mitarbeiter der BLM zu erarbeiten.

2011 folgte ein Wechsel an der Spitze der Landeszentrale und Ring beendete seine 21-jährige Amtszeit als Präsident, in der er wichtige Weichenstellungen zum Aufbau des privaten Rundfunks in Bayern vorgenommen und sich dabei besonders auch für den Jugendschutz, die Ausbildung junger Medienmacher und nichtkommerzielle Initiativen stark gemacht hatte. Bei den Medienräten genoss der langjährige Präsident große Anerkennung, wie viele der qualitativen Interviews mit Medienräten aus der Anfangszeit des privaten Rundfunks sehr deutlich zeigten. Wilhelm Gegenfurtner betonte im Interview beispielsweise: „Herr Ring ist der eigentliche Erfinder, Schöpfer und Themengeber des gesamten privaten Hörfunks und Fernsehens in Bayern". Zu seinem Nachfolger wurde der ehemalige Staatsminister für Unterricht und Kultus und Leiter der Bayerischen

Staatskanzlei Siegfried Schneider gewählt. Als Vertreter der Landesregierung hatte er bereits zuvor im Medienrat gesessen. Schneider war zunächst mit Vorhaltungen konfrontiert, er könne die erforderliche Staatsferne nicht erfüllen. So wurde in der Presse, vor allem aus der Opposition im Landtag heraus, kritisiert, „dass hier ein Politiker auf den Leitungsposten einer Aufsichtsbehörde wechseln solle, deren Aufgabe es sei, als staatsferne Behörde insbesondere die kommerziellen Radio- und Fernsehanbieter in Bayern zu kontrollieren" (Nünning 2011).

Als Präsident der Landeszentrale konzentrierte sich Schneider ab Beginn seiner Amtszeit auf die neuen, digitalen Herausforderungen im Rundfunk. In einer Rede zur 30-Jahrfeier der BLM am 24. Juni 2015 benannte er selbst die „Auseinandersetzung mit Zukunftsthemen, die über den klassischen Rundfunk hinausgingen" als zentrale Punkte seines Einsatzes. So verfolgte er unter anderem das Ziel, die verschiedenen Anbieter dabei zu unterstützen, aktuelle Technologien wie den digitalen Übertragungsstandard für terrestrischen Empfang von Digitalradio (DAB) zu nutzen. Mit dieser Schwerpunktsetzung gelang es ihm, „so deutliche und überzeugende Akzente" (Treml 2016: 273) zu setzen, dass er 2016 mit klarer Mehrheit wiedergewählt wurde. Zuletzt musste sich der oberste Medienwächter in Bayern immer wieder mit Fragestellungen rund um die Beziehung zum öffentlich-rechtlichen Rundfunk befassen: So strich der Radiosender Bayern 1 2016 die Volksmusik aus seinem Programm und verschob diese in seinen DAB-Sender BR-Heimat. Pläne, den Jugendkanal BR Puls auf eine werbeträchtige und quotenstarke UKW-Frequenz zu setzen und das Programm BR Klassik in das DAB-Programm zu verweisen, hatten 2018 für Debatten gesorgt.

Medienrat, Verwaltungsrat, Präsidium

Sowohl die Verfassungsbestimmungen als auch die kritischen Debatten rund um die Einführung des privaten Rundfunks in Bayern bedingen, dass der Landeszentrale, vor allem aber ihren Organen und deren Vertreterinnen und Vertretern, von Beginn an eine starke Position gegenüber den Rundfunkanbietern eingeräumt wurde. Die Organe der Landeszentrale – wie eingangs bereits genannt Medien- und Verwaltungsrat sowie das Präsidium – übernehmen unterschiedlichste Funktionen.

Die wichtigste Aufgabe des Medienrats ist es, die Interessen der Allgemeinheit zu repräsentieren und zu wahren. Der Medienrat ist ein pluralistisch zusammengesetztes Gremium, in dem aktuell insgesamt 50 Vertreterinnen und Vertreter verschiedener gesellschaftlich relevanter Gruppen in Bayern versammelt sind. Die einzelnen Gruppen sind gesetzlich festgelegt. Darunter sind zurzeit zwölf Vertreterinnen und Vertreter des Landtags, die durch den Landtag selbst unter Berücksichtigung des politischen Stärkeverhältnisses bestimmt werden. Parteien und sonstige organisierte Wählergruppe stellen dabei mindestens eine Vertreterin oder einen Vertreter, die beziehungsweise der für jeweils fünf Jahre entsandt wird. Darüber hinaus wird eine Vertreterin oder ein Vertreter der Staatsregierung in den Medienrat gesendet. Der Anteil der allein von staatlichen Stellen bestimmten Vertreterinnen und Vertreter im Rundfunkrat darf, so die Bestimmungen, allerdings nicht mehr als ein Drittel betragen. So soll der staatliche Einfluss begrenzt werden. Des Weiteren sind Vertreterinnen und Vertreter gesellschaftlich relevanter Gruppen wie beispielsweise der katholischen und evangelischen Kirchen, der Industrie- und Handelskammern, der Gewerkschaften oder des Bayerischen Städtetags, Landkreistags und Gemeindetags vertreten. In den qualitativen Interviews berichtete der damalige Medienrat Alfred Wagner, dass er „die Gesellschaft mit ihren verschiedenen Perspektiven" gut abgebildet sah; Klaus Warnecke beschrieb gerade für die Anfangsjahre ein „sehr engagiertes, diskussionsfreudiges Gremium". Zu den jüngsten Zugängen im Medienrat zählen seit Beginn der 8. Sitzungsperiode im Mai 2017 Vertreterinnen und Vertreter der Arbeitsgemeinschaft der Ausländer-, Migranten- und Integrationsbeiräte Bayerns (AGABY) und der Landesarbeitsgemeinschaft Selbsthilfe von Menschen mit Behinderung (LAG). Die Zusammensetzung des Gremiums spiegelt dabei einerseits die rechtlich geforderte und festgeschriebene Pluralität und aktuelle, gesellschaftliche Debatten wider, andererseits soll sie die landsmannschaftliche und letztlich sogar geografische Vielfalt des Freistaats, von Franken bis Altbayern, abbilden.

Mit der Zulassung von Sendern, der Programmkontrolle, der Technikförderung und der Vielfaltsicherung treffen die Vertreterinnen und Vertreter im Medienrat viele der wesentlichen Entscheidungen der Landeszentrale. Neben Angelegenheiten, die grundsätzliche medienrechtliche oder -politische Bedeutung haben, wählt der Medienrat den Präsidenten der Landeszentrale oder auch die Mitglieder des Verwaltungsrats. Darüber hinaus zählt es zu den Aufgaben des Medienrats, dem Haushalts- und Finanzplan sowie dem Jahresabschluss der Landeszentrale zuzustimmen. Zur Vorbereitung der Sitzungen bildet der Medienrat Ausschüsse, von denen aktuell folgende sieben existieren: Beschließender Ausschuss, Grundsatzausschuss, Hörfunkausschuss, Fernsehausschuss, Medienkompetenz-Ausschuss, Digital-Ausschuss, Programmausschuss.

Neben dem Medienrat verantwortet der Verwaltungsrat vor allem die wirtschaftlichen Angelegenheiten der Landeszentrale. Dazu zählen sowohl Beschlüsse über den Haushalts- und Finanzplan als auch über den Jahresabschluss. Der Haushalts- und Finanzplan bedarf jeweils der Zustimmung des Medienrats, weshalb bei seiner Erstellung viel Fingerspitzengefühl der Verwaltungsratsmitglieder und des Geschäftsführers gefordert ist. Ebenso fällt der Abschluss der Dienstverträge des Präsidenten sowie die Aufstellung von Geschäftsanweisungen nach Anhörung des Medienrats in den Aufgabenbereich des Verwaltungsrats. Der Verwaltungsrat setzt sich aus zwei Vertreterinnen beziehungsweise Vertretern der Gemeinden und Gemeindeverbände, zwei Mitgliedern, die als Anbieter tätig sind, einem Organ eines Anbieters angehören oder in einem Beschäftigungsverhältnis zu einem Anbieter stehen sowie fünf weiteren Mitgliedern zusammen. Sie werden für fünf Jahre gewählt.

Der Präsident der Landeszentrale trägt schließlich die Verantwortung für die Geschäftsführung und die gerichtliche als auch außergerichtliche Vertretung der Landeszentrale. Gemeinsam mit dem Geschäftsführer als ständigem Stellvertreter ist es seine Aufgabe, die laufenden Angelegenheiten zu übernehmen sowie die Beschlüsse des Medienrats und des Verwaltungsrats zu vollziehen. Er wird durch den Medienrat für fünf Jahre gewählt.

Die drei Organe sind auf ihre gegenseitige Zusammenarbeit angewiesen. Finanziert wird die Arbeit der Landeszentrale mit ihren drei Organen vor allem über einen 1,89-prozentigen Anteil der in Bayern anfallenden Rundfunkbeiträge. Im Jahr 2018 umfasste der Haushalt laut Geschäftsbericht rund 36 Millionen Euro (vgl. BLM 2020: 131ff.).

Nicht unerwähnt bleiben soll an dieser Stelle die Geschäftsführung, wenngleich sie keines der zentralen Organe der Landeszentrale darstellt. Erster Geschäftsführer wurde Ring, gefolgt von Gebrande, der das Amt von 1990 bis 2019, also beinahe 30 Jahre, innehatte. Zuletzt übernahm Thorsten Schmiege die Geschäftsführung. Der Jurist wechselte als Leiter des Referats Medienpolitik und Rundfunkrecht sowie als stellvertretender Leiter der Abteilung Europa und Medien der Bayerischen Staatskanzlei in die Landeszentrale. Damit sind alle bisherigen drei Geschäftsführer erfahrene Juristen. Die Rolle des Geschäftsführers beschrieb der langjährige Amtsinhaber Gebrande im qualitativen Interview nach seinem Ausscheiden als die eines klassischen Amtschefs:

> Der Amtschef ist unter der unmittelbaren politischen Führung tätig und sorgt dafür, dass alles läuft, und versucht, die Dinge zusammenzuhalten. Gleichzeitig ist er aber auch nach außen hin tätig. Er arbeitet dafür auch zu. [...] Das Zusammenspiel von Geschäftsführer und Präsident ist wichtig, um zu einem guten Ergebnis zu kommen. Das hat sich im Grundsatz bis heute nicht geändert.

Hinzu kommen verschiedene Bereiche wie Verwaltung, Recht, Technik, Programm, Medienkompetenz und Jugendschutz oder Kommunikation und Medienwirtschaft, siehe Abb. 3.

Die Zahl der Mitarbeiterinnen und Mitarbeiter der BLM ist im Laufe der Jahre von zunächst fünf auf mittlerweile 100 Bedienstete angestiegen (vgl. BLM 2020: 148). Seit 1998 treten sie ihren Arbeitsweg in das neue Dienstgebäude in der Heinrich-Lübke-Straße in München-Neuperlach an.

MEDIENRAT	PRÄSIDENT	VERWALTUNGSRAT
VORSITZENDER Walter Keilbart	Siegfried Schneider (Seit 2011)	VORSITZENDER Roland Richter

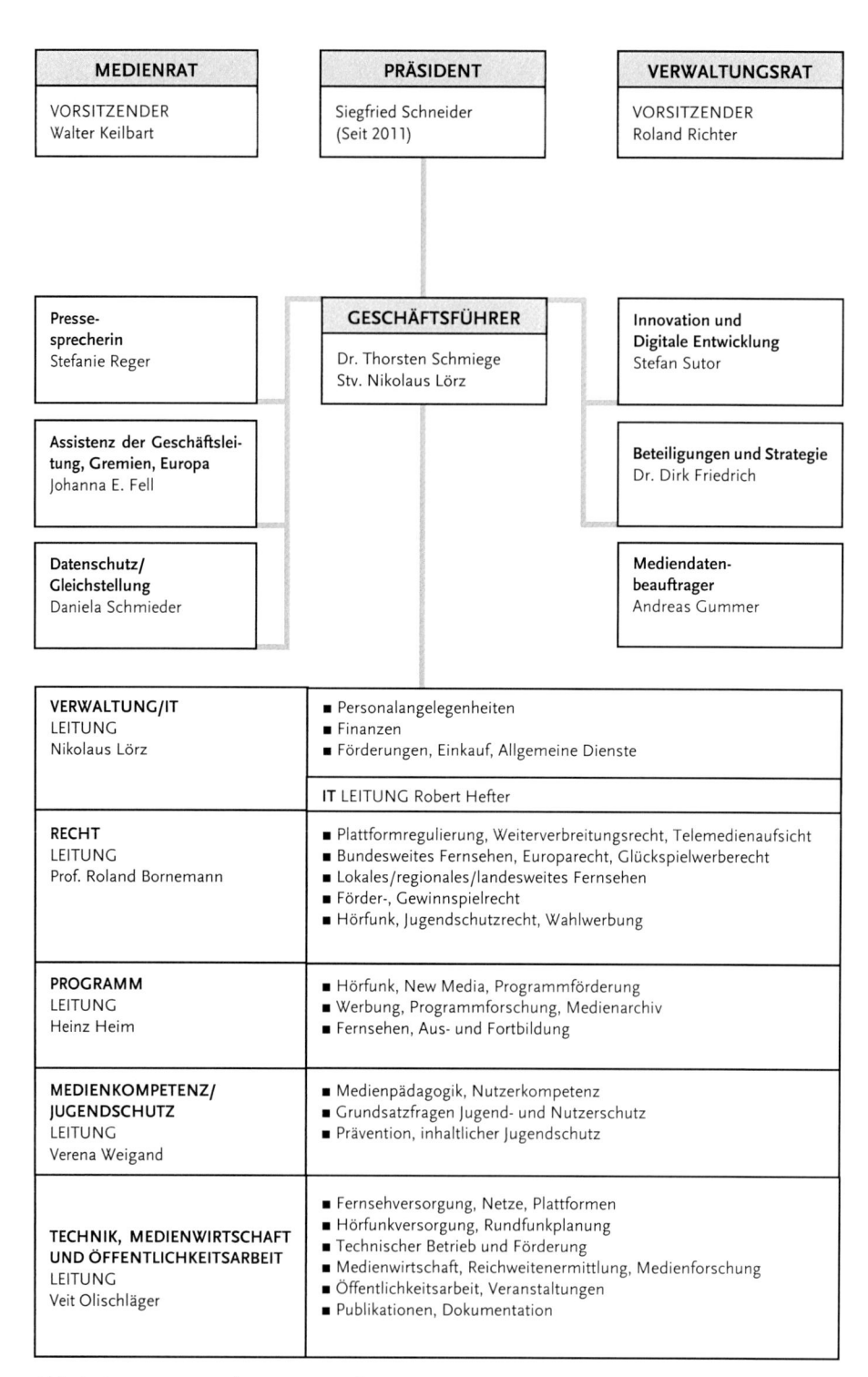

	GESCHÄFTSFÜHRER	
Pressesprecherin Stefanie Reger	Dr. Thorsten Schmiege Stv. Nikolaus Lörz	Innovation und Digitale Entwicklung Stefan Sutor
Assistenz der Geschäftsleitung, Gremien, Europa Johanna E. Fell		Beteiligungen und Strategie Dr. Dirk Friedrich
Datenschutz/ Gleichstellung Daniela Schmieder		Mediendatenbeauftrager Andreas Gummer

VERWALTUNG/IT LEITUNG Nikolaus Lörz	■ Personalangelegenheiten ■ Finanzen ■ Förderungen, Einkauf, Allgemeine Dienste
	IT LEITUNG Robert Hefter
RECHT LEITUNG Prof. Roland Bornemann	■ Plattformregulierung, Weiterverbreitungsrecht, Telemedienaufsicht ■ Bundesweites Fernsehen, Europarecht, Glückspielwerberecht ■ Lokales/regionales/landesweites Fernsehen ■ Förder-, Gewinnspielrecht ■ Hörfunk, Jugendschutzrecht, Wahlwerbung
PROGRAMM LEITUNG Heinz Heim	■ Hörfunk, New Media, Programmförderung ■ Werbung, Programmforschung, Medienarchiv ■ Fernsehen, Aus- und Fortbildung
MEDIENKOMPETENZ/ JUGENDSCHUTZ LEITUNG Verena Weigand	■ Medienpädagogik, Nutzerkompetenz ■ Grundsatzfragen Jugend- und Nutzerschutz ■ Prävention, inhaltlicher Jugendschutz
TECHNIK, MEDIENWIRTSCHAFT UND ÖFFENTLICHKEITSARBEIT LEITUNG Veit Olischläger	■ Fernsehversorgung, Netze, Plattformen ■ Hörfunkversorgung, Rundfunkplanung ■ Technischer Betrieb und Förderung ■ Medienwirtschaft, Reichweitenermittlung, Medienforschung ■ Öffentlichkeitsarbeit, Veranstaltungen ■ Publikationen, Dokumentation

Abb. 3: Organigramm der BLM (Stand: 01.04.2021).

Mehr als Medienwächter: Aufgaben und Funktionen

Seit ihrer Gründung beaufsichtigt die Landeszentrale sozusagen als „Wächter des Privatfunks" (Niebler 2009: 110) die privaten Hörfunk- und Fernsehangebote in Bayern. Zu ihren zentralen Aufgaben zählt die Zulassung: Die BLM genehmigt und beaufsichtigt die privaten Rundfunkangebote – also Fernseh- und Radioprogramme – in Bayern und teilweise auch bundesweit.

Die Programmverantwortung und -aufsicht der BLM umfasst alle von ihr genehmigten lokalen, regionalen, landesweiten und bundesweiten Radio- und Fernsehprogramme. Im Rahmen der Aufsicht wird jeweils überprüft, ob die vielfältigen Vorgaben und Vorschriften im Programm umgesetzt werden. Dazu zählen die im BayMG formulierten Forderungen nach qualitätsvoller Programmgestaltung (siehe Art. 2, BayMG), Ausgewogenheit und Meinungsvielfalt (siehe Art. 4, BayMG), Einhaltung der journalistischen Programmgrundsätze (siehe Art. 5, BayMG), Einhaltung von Jugendschutzbestimmungen (siehe Art. 6, BayMG) als auch die Einhaltung von Werbe-, Teleshopping- und Sponsoring-Bestimmungen (siehe Art. 8 und 9, BayMG). Um die Einhaltung dieser Grundsätze zu überprüfen, führt die BLM Hörfunk- sowie Fernsehbeobachtungen aller genehmigten Programme durch. Dabei handelt es sich um qualitative sowie quantitative Inhaltsanalysen, die beispielsweise Einblicke in die Gewichtung zwischen Unterhaltung und Information oder den Stellenwert lokaler und regionaler Berichterstattung in den jeweiligen Programmen liefern.

Die Aufgaben der Landeszentrale sind nicht nur darauf beschränkt, Hörfunk- und Fernsehprogramme im Freistaat zu genehmigen und mittels Programmbeobachtungen zu beaufsichtigen. Die Landeszentrale hat auch die Aufgabe, Vielfalt und Qualität der privaten Radio- sowie Fernsehangebote in Bayern zu fördern. Die BLM wird diesem Auftrag durch verschiedenste Fördermaßnahmen gerecht, von denen an dieser Stelle einige kurz angesprochen werden sollen: So stellt die Landeszentrale beispielsweise eine Programmförderung für Sendungen, Sendereihen, Beiträge oder auch Rubriken mit kulturellen, kirchlichen, sozialen oder wirtschaftlichen Inhalten zur Verfügung (siehe Art. 11, Satz 1, Nr. 3, BayMG). Der Hörfunkausschuss beziehungsweise der Fernsehausschuss des Medienrats entscheidet, basierend auf dem jeweiligen Programmkonzept, der wirtschaftlichen Situation des Anbieters sowie Erkenntnissen aus der Programmbeobachtung, über eine Unterstützung.

Gefördert werden beispielsweise Spartenanbieter oder nicht-kommerzielle Anbieter wie Radio Lora und Radio Feierwerk in München, Radio Z in Nürnberg oder Anbieter aus dem Bereich des Hochschulrundfunks wie Radio C in Augsburg oder Radio Schalltwerk in Bayreuth. Über die vergangenen rund 30 Jahre ist ein deutlicher Rückgang der Programmförderung zu beobachten (siehe Kapitel 5.9.).

Daneben steht eine Förderung der technischen Infrastruktur und Innovation beziehungsweise des technischen Betriebs (siehe Art. 11, Abs. 1, Satz 2, Nr. 6 und 7, BayMG). In den Bereich der technischen Infrastruktur und Innovation fallen beispielsweise die Förderung der Verbreitungskosten für Aus- und Fortbildungsradios in Nürnberg und München oder die Verbreitungskosten für gemeinnützige Radioanbieter. Dem Bereich des technischen Betriebs kann eine Vielzahl von Einzelmaßnahmen der Landeszentrale zugerechnet werden. Viele der Fördergelder werden für das DAB+-Sendernetz aufgewendet.

Nicht unerwähnt bleiben soll an dieser Stelle die Förderung der lokalen und regionalen TV-Anbieter (siehe Art. 23, BayMG). Hierbei stehen einerseits staatliche Mittel (aus dem bayerischen Staatshaushalt) für die Förderung der technischen Verbreitung und anderseits Mittel aus dem Haushalt der Landeszentrale für die Förderung der Programmherstellung zur Verfügung. 2019 waren das zuletzt staatliche Mittel in Höhe von 10,33 Mio. Euro und Mittel aus dem Haushalt der Landeszentrale in Höhe von 1,65 Mio. Euro (vgl. BLM 2020: 113). Weitere Fördermaßnahmen und die dafür zuletzt aufgewendeten Summen sind Tab. 3 zu entnehmen.

Finanzierung TV-Fensterprogramme	5.032,0
Förderung technische Infrastruktur und technischer Betrieb	2.238,1
BLM-Anteil Förderung nach Art. 23 BayMG (Programmherstellung)	1.648,6
Fernsehproduktionsförderung	1.500,0
Öffentlichkeitsarbeit/Veranstaltungen	1.087,2
Ausbildungsförderung	1.048,3
Medienforschung	758,8
Medienpädagogik	660,3
Programmförderung	597,4
Mediennetzwerk	285,5
Innovationsförderung	207,9
Mitgliedsbeiträge	77,2
Summe	15.141,3

Tab. 3: Fördermaßnahmen 2019 der BLM (in tsd. Euro, vgl. BLM 2020: 79).

Um grundsätzliche Fragen und länderübergreifende Aufgaben sowie Angelegenheiten zu bearbeiten, beispielsweise wenn es um überregional tätige Rundfunkanbieter geht, arbeitet die Landeszentrale seit 1985 innerhalb der Direktorenkonferenz der Landesmedienanstalten (DLM) mit den anderen Landesmedienanstalten zusammen. Mit der Gründung der Arbeitsgemeinschaft der Landesmedienanstalten (ALM, mittlerweile Die Medienanstalten) am 27. November 1993 wurde eine weitere Plattform zur Regelung von gemeinschaftlichen Aufgaben sowie zur wechselseitigen Abstimmung auf Bundesebene etabliert. Die bayerischen Medienwächter bearbeiten seitdem in verschiedenen Kommissionen mit anderen deutschen Landesmedienanstalten vielfältigste Fragestellungen. In der Kommission für Zulassung und Aufsicht (ZAK) beispielsweise arbeiten die Direktoren und Präsidenten der 14 Landesmedienanstalten zusammen. Die ZAK bildet damit das zentrale Organ der Landesmedienanstalten, das sich mit den Fragestellungen rund um die Zulassung und Kontrolle für bundesweite private Rundfunkveranstalter, der Regulierung von Plattformen sowie der Entwicklung des digitalen Rundfunks befasst.

Die KJM ist die Aufsichtsstelle für den Jugendschutz im Bereich des privaten Rundfunks und der Telemedien. Die Aufgabe der KJM liegt darin, dafür zu sorgen, dass die Jugendschutzbestimmungen, die im Jugendmedienschutz-Staatsvertrag (JMStV) festgeschrieben sind, eingehalten werden (siehe Kapitel 6.3.).

Zu überprüfen, ob Bestimmungen zur Sicherung der Meinungsvielfalt eingehalten werden, ist Aufgabe der Kommission zur Ermittlung der Konzentration im Medienbereich (KEK). Als „Wanderorgan" (Hofmann 2010: 211) wird die KEK bei Bedarf in die jeweilige Medienanstalt eingegliedert: Dabei wird die KEK in die jeweilige Medienanstalt (administrativ) inkorporiert, agiert dennoch unabhängig und nicht weisungsgebunden.

Insgesamt haben sich die Aufgaben der BLM seit ihrer Gründung stetig erweitert: Galten Zulassung, Programmaufsicht und -förderung über lange Zeit hinweg als vordringliche Tätigkeitsfelder der Landeszentrale, hat sie ihre Aktivitäten in Themenfeldern wie Jugendschutz und Medienkompetenz, Aus- und Fortbildung von Medienschaffenden ausgeweitet (siehe Walendy 2020). So können Jugendschutz und Medienkompetenz längst als „zentrale[] Aufgabenbereiche" (Treml 2016: 275) der Landeszentrale bewertet werden. Zu den bereits vorgestellten Initiativen wie dem Forum Medienpädagogik oder der Stiftung Medienpädagogik hat sich mittlerweile eine Vielzahl einzelner Projekte wie die Programmberatung „Flimmo" oder der „Medienführerschein Bayern" gesellt (siehe Kapitel 6.3.). Hinzu kamen zuletzt Angebote wie die 2014 geschaffene Internet-Plattform „Mach Dein Radio", mit der die Landeszentrale verstärkt auch nichtkommerzielle Radioprojekte von Schulen, Jugendarbeitsprojekten, Studierenden oder privaten Radiofans unterstützt.

Diversifiziert hat sich auch die von der BLM beauftragte Rundfunkforschung. Hervorzuheben ist an dieser Stelle zunächst freilich die Funkanalyse Bayern (FAB), bei der im Auftrag der Landeszentrale zusätzlich zur Media-Analyse Erhebungen zur Nutzung des Rundfunks durchgeführt werden (siehe Kapitel 6.1.). Im Ergebnis liefert die Funkanalyse Daten zur Reichweite der bayerischen Lokalrundfunkprogramme. Eingeschlossen sind dabei die Nutzung von Internetradios, DAB-Radios sowie neuerdings digitalen Streaming-Plattformen (vgl. Bilandzic et al. 2016: 30). Auch landesweite Programme werden berücksichtigt. Neben den Reichweitendaten wird in der Funkanalyse auch das Image der lokalen und regionalen Programme erhoben. Abgefragt werden auch die Bewertungen der Programme und deren verschiedene Inhalte (zum Beispiel die lokale Relevanz von Inhalten oder die Zufriedenheit mit Nachrichten). Die Funkanalyse dient damit zunächst dazu, Rückmeldungen zur Verbreitung der Programmangebote zu erhalten. Sie liefert durch die Erhebung von qualitativen Daten (Image- und Akzeptanzwerte) aber auch Ansatzpunkte zur inhaltlichen Optimierung der Programme. Die Funkanalyse bietet damit die Möglichkeit, die Angebote und deren Vermarktung weiterzuentwickeln und zu verbessern. Hinzu kommen weitere Studien mit Fragestellungen rund um Programminhalte sowie deren Qualität, Wirtschaftlichkeit oder Akzeptanz. Viele der Studien wie auch verschiedene Symposienberichte wurden und werden in der umfangreichen Schriftenreihe der Landeszentrale veröffentlicht.

Weitere Forschungsaktivitäten gibt die Landeszentrale gemeinsam mit anderen Landesmedienanstalten in Auftrag. Seit 2010 liefert beispielsweise der „Web-TV-Monitor" regelmäßig Daten zum Onlinevideo-Markt in Deutschland. Ziel des Web-TV-Monitors ist es, die Angebote im deutschen Markt systematisch zu erfassen und zu analysieren, um Entwicklungen, Trends und Markttreiber zu identifizieren. Miteinbezogen werden dabei unter anderem auch deutsche YouTube-Kanäle (mit mindestens 500 Abonnentinnen und Abonnenten) und die Top 5.000 Facebook- und Instagram-Profile. Bei dem durch die Landesmedienanstalten geförderten Forschungsprojekt „#Datenspende: Google und die Bundestagswahl 2017" untersuchten Tobias Krafft, Michael Gamer und Katharina Zweig (2018) mit Hilfe eines Browser-Plugins, das die Studienteilnehmenden auf ihren Rechnern installierten, Suchanfragen an Google. Simon Hegelich sowie Juan Carlos Medina Serrano (2019) hatten zur Analyse von Microtargeting in Deutschland bei der Europawahl 2019 Zugang zu den Werbearchiven von Facebook und Google und werteten aus, wieviel bezahlte politische Werbung von Parteien gebucht wurde und nach welchem Prinzip diese ausgespielt wurde.

Fazit: Alte Medien, neue Herausforderungen

Viel ist geschehen seit den ersten Weichenstellungen auf dem Weg zum privaten Rundfunk in Bayern. Mittlerweile zählt der Freistaat und insbesondere der Großraum München „zu den wichtigsten Medienstandorten Deutschlands" (Goldmedia 2019: 16), so heißt es im Bericht zur wirtschaftlichen Lage des Rundfunks in Deutschland der Landesmedienanstalten. Anlässlich seiner Verabschiedung aus dem Amt des BLM-Präsidenten im Jahr 2011 hob Wolf-Dieter Ring die Rolle der Landeszentrale bei dieser Entwicklung hervor:

> Neulich bin ich [...] mit folgender Aussage und anschließender Frage konfrontiert worden: Die privaten Anbieter seien ja ein fester Bestandteil der Medienordnung in diesem Land, aber was hätten eigentlich die Landesmedienanstalten dazu beigetragen? Ich bin überzeugt, wir haben einen wesentlichen Beitrag dafür geleistet, dass das duale System grundsätzlich auf einem soliden Fundament steht. Nicht nur und nicht in erster Linie als Lizenzgeber, sondern als kompetente Gesprächspartner, Impulsgeber, Förderer, Korrektiv und natürlich auch als Kontrolleur. Dazu kommt unser vielfältiges Engagement u.a. in den Bereichen Medientechnik, Aus- und Fortbildung, Forschung, Medienpädagogik und Verbraucherberatung. Es ist zwar nicht immer einfach beide Rollen auszufüllen, die des Förderers und des Kontrolleurs, aber ich habe darin auch nie einen Widerspruch gesehen.

Gerade die vielen begleitenden Aktivitäten, die die Landeszentrale in Bayern – nicht zuletzt wegen des in der Verfassung festgehaltenen Trägerschaftsmodells – einnehmen konnte und die doch deutlich über die reine Aufsicht hinausgehen, scheinen dabei ein bedeutender Entwicklungsfaktor gewesen zu sein. In einem Interview gab Wolf-Dieter Ring jüngst auch zu Protokoll: „Wir haben uns immer als Teil dieses Systems gesehen, nicht nur als Aufsicht" (Walendy 2020: 71).

Doch die Entwicklung ist längst nicht abgeschlossen. Die jüngsten Forschungsaktivitäten der Landesmedienanstalten, die YouTube-Kanäle, Facebook- und Instagram-Profile sowie Suchanfragen an Google berücksichtigen, machen deutlich, wie stark sich die Medienlandschaft seit der Gründung der BLM vor mehr als 35 Jahren verändert hat.

Private Hörfunk- und Fernsehangebote, die 1985 noch als „neue Medien" bezeichnet wurden, werden mittlerweile, genau wie die Tages- und Wochenpresse, häufig als „legacy media", also „alte Medien", beschrieben. Wie sich diese „alten Medien" in den digitalen Kommunikationsräumen nun neu erfinden und ausrichten, dürfte nicht zuletzt vom Engagement der Landeszentrale abhängen. Zur 30-Jahrfeier der BLM am 24. Juni 2015 betonte Siegfried Schneider, dass die Landeszentrale dazu zweierlei beitragen könne:

> Einerseits die dringend erforderliche Mitarbeit an einer neu zu justierenden Regulierung, die weitestgehend gleiche Bedingungen schafft für alle Akteure im Markt, gleichzeitig aber an bestimmten Grundsätzen festhält wie dem Jugendmedienschutz, dem Gebot der Menschenwürde, der Vielfalt der Angebote und der Anbieter. Zum anderen geht es um eine zielgerichtete Unterstützung der lokalen Anbieter, damit sie in der Lage sind, die digitalen Herausforderungen zu bestehen.

Unter programmatischen Titeln wie „Hörfunk 2020" oder „Lokalfernsehen 3.0" diskutierten die Landeszentrale und ihre Gremien zuletzt intensiv die Zukunft des privaten Rundfunks im Freistaat. Mit dem vom Medienrat im Jahr 2016 beschlossenen Konzept „Hörfunk 2020" will die BLM dazu beitragen, das lokale Radio in Bayern für die Zukunft aufzustellen und auf die digitale Transformation vorzubereiten. So soll die bislang dominante Übertragungstechnik UKW mehr und mehr durch DAB+, mobiles und stationäres Internet ergänzt und schließlich möglicherweise vollständig ersetzt werden. Im Konzept „Lokalfernsehen 3.0" verschreibt sich die Landeszentrale weiteren Anstrengungen, um die Menschen für das Lokalfernsehen zu gewinnen und technische Verbreitung, inhaltliche Qualität, Ausbau sendereigener Onlineaktivitäten und die Vermarktung voranzutreiben.

Literatur

Bayerische Landesanstalt für neue Medien (2020): Geschäftsbericht 2019. Online: www.blm.de/infothek/publikationen/geschaeftsberichte.cfm (zuletzt abgerufen am 15.02.2021).

Bethge, Herbert (2011): Der verfassungsrechtliche Status der Bayerischen Landeszentrale für neue Medien (BLM): Rechtsgutachten; erstellt im Auftrag der Bayerischen Landeszentrale für neue Medien. Baden-Baden: Nomos Verlag.

Bilandzic, Helena/Koschel, Friederike/Springer, Nina/Pürer, Heinz (2016): Rezipientenforschung: Mediennutzung – Medienrezeption – Medienwirkung. Konstanz: UVK Verlagsgesellschaft.

Breunig, Christian (1996): Die Landesmedienanstalten als Forschungsfeld. In: Hömberg, Walter (Hrsg.): Medien-Transformation: Zehn Jahre dualer Rundfunk in Deutschland. Konstanz: UVK Verlagsgesellschaft, S. 107-124.

Bumke, Ulrike (1995): Die öffentliche Aufgabe der Landesmedienanstalten. Verfassungs- und organisationsrechtliche Überlegungen zur Rechtsstellung einer verselbstständigten Verwaltungseinheit. München: Verlag C. H. Beck.

Chuang, Kuo-Jong (1999): Zur Frage der Organisation und Legitimation der rundfunkrechtlichen Kontrollorgane. München: Herbert Utz Verlag.

Ernstberger, Günther (2019): Medienaufbruch. Leuchtturm Unterföhring. In: Ring, Wolf-Dieter (Hrsg.): Aufbruch zur Medienvielfalt. Augsburg: Context Verlag, S. 82-90.

Gebrande, Martin (2019): Die Landeszentrale und ihre Gremien: Verwaltungs-, Medienrat, Präsident. In: Ring, Wolf-Dieter (Hrsg.): Aufbruch zur Medienvielfalt. Entwicklung des privaten Rundfunks in Bayern. Augsburg: Context Verlag, S. 91-97.

Goldmedia GmbH (Hrsg.) (2019): Medienstandort Bayern 2019. Gutachten im Auftrag des MedienNetzwek Bayern.

Hegelich, Simon/Serrano, Juan Carlos Medina (2019): Microtargeting in Deutschland bei der Europawahl 2019. Online: www.blm.de/files/pdf2/studie_microtargeting-_deutschlandeuropawahl2019_hegelich-1.pdf (zuletzt abgerufen am 15.02.2021).

Hiegemann, Susanne (1992): Die Entwicklung des Mediensystems in der Bundesrepublik. In: Bundeszentrale für Politische Bildung (Hrsg.): Privat-kommerzieller Rundfunk in Deutschland. Froitzheim, Bonn: o. V., S. 31-88.

Himmelsbach, Gero (2009): Presse- und Rundfunkrecht. In: Altendorfer, Otto/Hilmer, Ludwig (Hrsg.): Medienmanagement. Band 1: Methodik – Journalistik und Publizistik – Medienrecht. Wiesbaden: VS Verlag, S. 245-282.

Hohlfeld, Ralf/Gehrke, Gernot (1999): Wege zur Analyse des Rundfunkwandels: Leistungsindikatoren und Funktionslogiken im „dualen Fernsehsystem". Opladen: Westdeutscher Verlag.

Jonscher, Norbert (1995): Lokale Publizistik. Theorie und Praxis der örtlichen Berichterstattung. Ein Lehrbuch. Opladen: Westdeutscher Verlag.

Kertscher, Brigitte (2008): Lernort Bürgerrundfunk – Offene Hörfunk- und Fernsehkanäle und Nichtkommerzielle Lokalradios in der Bundesrepublik Deutschland. München: Grin-Verlag.

Krafft, Tobias/Gamer, Michael/Zweig, Katharina (2018): Wer sieht was? Personalisierung, Regionalisierung und die Frage nach der Filterblase in Googles Suchmaschine. Online: www.blm.de/files/pdf2/bericht-datenspende---wer-sieht-was-auf-google.pdf (zuletzt abgerufen am 15.02.2021).

Martin, Guido (1993): Staatsaufsicht über die Landesmedienanstalten. Ausgestaltung Grenzen. In: Zeitschrift für Urheber und Medienrecht, 37. Jg., Nr. 11, S. 515-521.

Medienrat der Bayerischen Landeszentrale für neuen Medien (1985): Protokoll zur Medienratssitzung vom 20. März 1985.

Müller, Dieter (2004): Werbung und Fernsehforschung. Anforderungen, Leistungen und zukünftige Aufgaben. In: Media Perspektiven, H. 1, S. 28-37.

Müller, Reiner (2019): Dreiklang MPK/MGK und BLM. Anfängliche Konflikte um Zuständigkeiten. In: Ring, Wolf-Dieter (Hrsg.): Aufbruch zur Medienvielfalt. Augsburg: Context Verlag, S. 78-81.

Niebler, Julia (2009): Die Stärkung der Regionalfensterprogramme im Privaten Rundfunk als Mittel zur Sicherung der Meinungsvielfalt durch den Achten Rundfunkänderungsstaatsvertrag. Frankfurt: Peter Lang Verlag.

Nünning, Volker (2011): CSU-Politiker Schneider wird neuer Präsident der bayerischen Landesmedienanstalt BLM. In: Medienkorrespondenz, Nr. 9.

Ott, Klaus (2009a): Eine Gefälligkeit unter Freunden. In: Süddeutsche Zeitung, 6. Mai 2009, S. 33.

Ott, Klaus (2009b): Der Mann vom Radio und das Geld. In: Süddeutsche Zeitung, 15. Juli 2009, S. 26.

Reuters, Annette W. (2009): Die Rundfunkgebühr auf dem Prüfstand der Finanzverfassung. Frankfurt: Peter Lang Verlag.

Roth, Wolf-Dieter (2004): Piratensender. Geschichte und Praxis: die Story der Seesender, Alpensender und der illegalen Rundfunkpiraten. Meckenheim: Siebel Verlag.

Schick, Paul (1991): Privater Hörfunk in Bayern. Kompetenzregelungen, medienpolitische Konflikte, gesellschaftsrechtliche Verflechtungen; die Entwicklung bis Ende 1990 unter besonderer Berücksichtigung der wirtschaftlichen Rahmenbedingungen. München: Reinhard Fischer Verlag.

Schmidbauer, Michaela/Löhr, Paul (1983): Die Kabelpilotprojekte in der Bundesrepublik Deutschland. Ein Handbuch. München, New York, London, Paris: K. G. Sauer.

Schumann, Michael (1993): Neue Medien und privater Rundfunk in Bayern: das Bayerische Medienerprobungs- und -entwicklungsgesetz als Paradigma einer medienpolitischen Strategie. Frankfurt a. M.: Peter Lang Verlag.

Stettner, Paul (2011): Die Bayerische Landeszentrale im Wandel des Rechts. In: Bayerische Landeszentrale für neue Medien (Hrsg.): BLM-Symposium Medienrecht 2010. Rundfunkstrukturen im Wandel, S. 55-84.

Treml, Manfred (2016): Geschichte und Struktur des Lokalfunks in Bayern. In: Mitteilungen des Verbandes Bayerischer Geschichtsvereine, H. 27, S. 271-296.

Walendy, Elfriede (2020): „Alle haben mir vertraut." Der Aufbau des privatrechtlichen Rundfunks in Bayern. Rundfunkhistorisches Gespräch mit Wolf-Dieter Ring. In: Rundfunk und Geschichte, H. 3-4, S. 61-81.

3.2. Entwicklung und gegenwärtige Struktur der Anbieter

Markus Behmer

„Vielfalt vor Ort" ist dieser Band überschrieben, „Aufbruch zur Medienvielfalt" (Ring 2019a) hat Wolf-Dieter Ring sein 2019 erschienenes Buch zur Entwicklung des privaten Rundfunks in Bayern betitelt, und Meinungsvielfalt war auch eines der zentralen Schlagworte in den Debatten vor und bei der Einführung des dualen Systems (die Manfred Treml oben prägnant nachgezeichnet hat, siehe Kapitel 1). Werden mehr Sender den Pluralismus befördern – oder das Niveau des Meinungsbildungsprozesses vielmehr verflachen, den Einfluss der Regierenden und großer Konzerne gar stärken? Dies war ein Streitthema zwischen Bayerischem Rundfunk, bayerischen Zeitungsverlagen und skeptischen Stimmen aus vielen Initiativen auf der einen, Befürworterinnen und Befürwortern der Einführung privaten Rundfunks insbesondere aus den Reihen der Staatsregierung, der CSU und manchen Wirtschaftskreisen auf der anderen Seite. Längst ist Bayern nun, wie hier bereits mehrfach konstatiert, das Bundesland mit der buntesten Landschaft privater Rundfunkangebote und insbesondere einer Vielzahl lokaler Radiosender sowie auch diverser Regional- und Ballungsraumfernsehprogramme. Diversität also allenthalben?

Medien- und Sendervielfalt, Meinungsvielfalt, Anbietervielfalt, Programmvielfalt, lokale Vielfalt – der Vielfaltsbegriff ist, ja, vielfältig besetzt (zur Programmvielfalt siehe Kapitel 2.4, zur Sendervielfalt siehe Kapitel 3.3.1. und 3.3.2.). Ein zentrales Kriterium bei der Beschäftigung mit der Diversität von Mediensystemen und der Untersuchung der Unabhängigkeit von Medienangeboten ist die Struktur der Eigentümer. Eine hohe Medienkonzentration kann ein Indikator dafür sein, dass es Defizite hinsichtlich der Medienfreiheit gibt – oder mindestens hinsichtlich der Potentiale des Publikums, sich aus vielen unabhängigen Quellen möglichst umfänglich und ausgewogen zu informieren. Dies gilt zumindest für die Segmente des Mediensystems, in denen es keine klaren Regelungsmechanismen für eine weitgehende Binnenpluralität gibt (wie sie für den öffentlich-rechtlichen Rundfunk qua Ländergesetzen, Staatsverträgen und Vertretung der Öffentlichkeit in den Gremien juristisch und strukturell gegeben ist – und damit auch für das Dach über den Privatfunk in Bayern, die BLM). Wobei hier nicht der Zuspitzung des *FAZ*-Gründungsmitherausgebers und konservativen Publizisten Paul Sethe das Wort geredet werden soll, der da einst, in einem Leserbrief an den *Spiegel* im Mai 1965, meinte: „Pressefreiheit ist die Freiheit von zweihundert reichen Leuten, ihre Meinung zu verbreiten. Journalisten, die diese Meinung teilen, finden sie immer. [...]. Frei ist, wer reich ist" (Sethe 1965). Damals, vor mehr als einem halben Jahrhundert, war das Mediensystem noch ein ganz anderes und waren etwa Regelungen zur inneren Pressefreiheit (noch) defizitärer als sie jetzt sind. Wichtig bleibt es aber, genau im Blick zu behalten, wem sie gehören, die Medien – und welchen Einfluss diese (nach Sethe) „reichen Leute", bald vielmehr großen Unternehmen haben.

Wie also sichert man Vielfalt im privaten Rundfunk? Gefordert ist zunächst die Legislative, die den Rechtsrahmen setzt, in dem dann die Aufsichtsinstanzen handeln können – in Bayern die BLM (siehe Kapitel 3.1.) und bundesweit die Landesmedienanstalten mit ihren Gremien und Kommissionen, allen voran die Kommission für Zulassung und Aufsicht (ZAK) und die Kommission zur Kontrolle der Konzentration im Medienbereich (KEK). Die einschlägigen Gesetze und Staatsverträge (zur Rechtslage siehe Kapitel 2.1.) setzen dafür verbindliche Regelungen, die insbesondere im Bereich des bundesweiten Fernsehens und bezogen auf die Programme manche konkreten Bestimmungen beinhalten. So heißt es in Paragraph 59 des Medienstaatsvertrags (in der Fassung vom 7. November 2020): „Im privaten Rundfunk ist inhaltlich die Vielfalt der Meinungen im Wesentlichen zum Ausdruck zu bringen. [...] Ein einzelnes Programm darf die Bildung der öffentlichen Meinung nicht in hohem Maße ungleichgewichtig beeinflussen". Im Paragraph 60 ist dann detailliert geregelt, dass ein Unternehmen zwar „eine unbegrenzte Anzahl von Programmen veranstalten" darf, „es sei denn, es erlangt dadurch vorherrschende Meinungsmacht". Wann eine „marktbeherrschende Stellung" gegeben sei und wie dann gegenagiert werden könnte, wird anschließend genau ausgeführt. In einer „Protokollerklärung aller Länder" zum Staatsvertrag ist ferner festgehalten: „Die Länder setzen sich für ein zukunftsfähiges Medienkonzentrationsrecht ein."

Entsprechendes ist im Bayerischen Mediengesetz (BayMG) festgelegt – hier auch für den lokalen und regionalen Rundfunk. So besagt Artikel 25, Absatz 1, dass jeder Antragsteller für die Genehmigung eines Rundfunkangebots „die Inhaber- und Beteiligungsverhältnisse" offenlegen muss, und Absatz 2 fixiert als Aufgabe der Landeszentrale, „auf Programmvielfalt und auf tragfähige wirtschaftliche Rahmenbedingungen" zu achten. Absatz 5 besagt:

> Niemand darf durch seine Beteiligung an Rundfunkprogrammen einen in hohem Maße ungleichgewichtigen Einfluss auf die Bildung der öffentlichen Meinung im Versorgungsgebiet (vorherrschende Meinungsmacht) erhalten. Die vorherrschende Meinungsmacht wird vermutet, wenn neben den Rundfunkprogrammen, an denen ein Anbieter beteiligt ist, nicht mindestens ein weiteres, vergleichbar meinungsrelevantes Rundfunkprogramm eines anderen Anbieters im überwiegenden Teil des Versorgungsgebiets zu empfangen ist (ebd.).

Dem folgen Ausführungsbestimmungen und ein Katalog von (allerdings nicht sehr konkreten) „Vorkehrungen", durch die „vorherrschender Meinungsmacht" vorgebeugt werden kann oder mindestens können sollte. Eine Voraussetzung dafür, dass dies gelingen kann, ist – neben politischem Willen und administrativer Entschlossenheit, von denen ausgegangen können werden sollte – Transparenz: verlässliche Daten also über Anbieter und Beteiligungen.

Verschiedene Datenzusammenstellungen geben auch der Öffentlichkeit Einblicke in die teils sehr komplexen Besitzstrukturen und Verflechtungen.

Die (abgesehen vom Handelsregister) detaillierteste Gesamterfassung liefert die „Mediendatenbank" der KEK. Für ganz Deutschland sind hier (Stand: Februar 2021) genau 7.106 Gesellschaften, 533 Radiosender und 469 Fernsehprogramme (dazu noch jeweils rund 1.850 Presseorgane und Onlineportale) erfasst (vgl. KEK 2021). Ein Beispiel möge illustrieren, wie komplex die Verflechtungen sind. Abgebildet ist unten, siehe Abb. 4, nur ein Ausschnitt aus dem Inhaber-Netzwerk von Antenne Bayern. Jeder Punkt steht für eine Gesellschaft, die Anteile an dem bayernweiten Radiosender besitzt oder mit dessen Anteilseignern in Verbindung steht, jedes Kästchen für ein Medium das wiederum den Gesellschaften zugeordnet werden kann. Insgesamt sind in der vollständigen Grafik, von der hier nur ein kleiner Teil gezeigt ist, mehrere hundert Punkte und verschiedenfarbige Kästchen enthalten; alle können sie angeklickt werden, um den Namen zu erfahren, über den dann wieder weitere Informationen gefunden werden können.

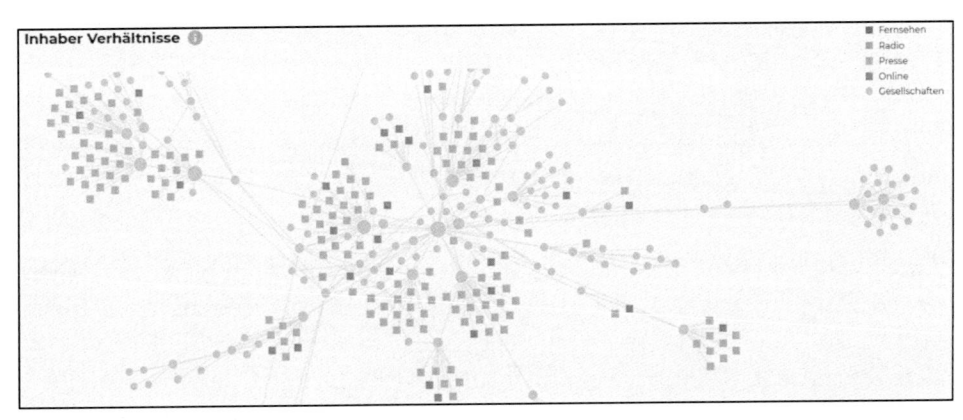

Abb. 4: Grafische Darstellung der mit Antenne Bayern über die Inhaber in Verbindung stehenden Gesellschaften und Medien – Ausschnitt aus einer weit größeren Grafik (Quelle: KEK 2021, i. O. farbig).

Unter der Grafik sind dann alle Gesellschafter der Antenne Bayern GmbH mit ihren jeweiligen Anteilen aufgelistet. Zehn sind es insgesamt – von der Mediengesellschaft der Bayerischen Tageszeitungen für Kabelkommunikation (kurz m.b.t), dem Hauptanteilseigner mit 24,9 Prozent, über die Mediengroßkonzerne Axel Springer und Burda mit je 16 Prozent sowie den Gesellschaften Studio Gong und Medienpool zu je sieben Prozent bis zum Antenne Bayern-Geschäftsführer Felix Kovac, dessen Kleinstanteil mit null Prozent ausgewiesen ist. Die „großen

Fische" im bayerischen Privatrundfunkpool werden wir weiter unten noch kennenlernen.

Ebenfalls eine genaue Aufschlüsselung der Gesellschafter und ihrer jeweiligen Anteile bietet die „Sendersuche" auf der Homepage der BLM. Daten zu 138 Radio- und 215 Fernsehsendern sind hier abzurufen (Stand: Februar 2021) – neben den Inhabern auch Informationen zum Verbreitungsgebiet, zum Sendestart, zum Programmformat und anderes mehr. Am Beispiel von dem Ballungsraum-Fernsehsender münchen.tv (genauer der München Live TV Fernsehen GmbH) sei in Abb. 5 demonstriert, wie die Anteilseigner – hier mittels Tortendiagrammen – aufgeschlüsselt sind.

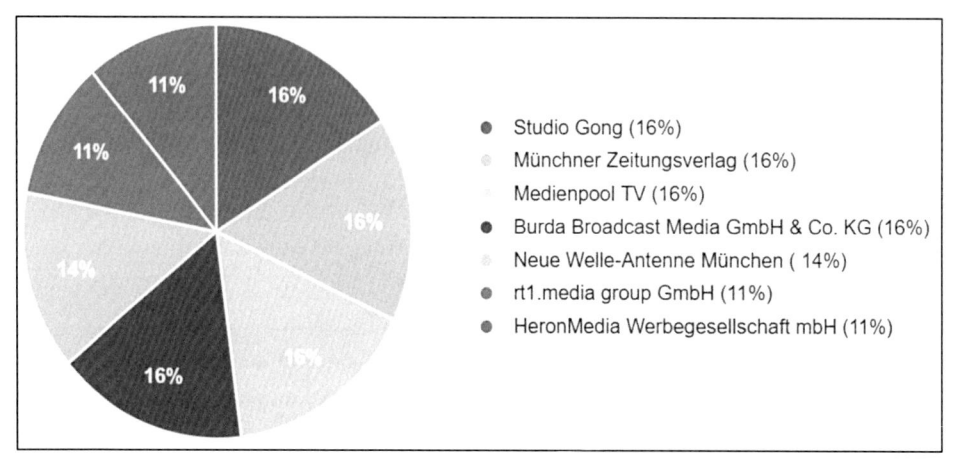

Abb. 5: Gesellschaftsstruktur der München Live TV Fernsehen GmbH (Quelle: BLM 2021, i. O. farbig).

Eine ganz andere Art der Erfassung von Medienkonzentration bietet der „Medienvielfaltsmonitor" der Arbeitsgemeinschaft der Landesmedienanstalten (siehe ALM 2020a) und der damit verbundene Vielfaltsbericht (siehe ALM 2020b). In dem durch die BLM entwickelten Instrument wird halbjährlich erhoben, welchen Anteil die größten Medienangebote und Medienkonzerne am „Meinungsmarkt" in Deutschland besitzen oder, mit anderen Worten, welches „Gewicht", welche Macht sie hinsichtlich der Meinungsbildung der Bevölkerung haben. Kombiniert werden dazu Reichweitendaten und Strukturdaten sowie Ergebnisse von Meinungsumfragen. ARD, Bertelsmann und ZDF liegen hier bei den „Konzernen" (im weiteren Sinne verstanden) vorne. Unter den Medienangeboten wird dem „Ersten" der ARD vor dem ZDF-Fernsehprogramm die größte Meinungsbildungsmacht konzediert, gefolgt von *Bild* und RTL. Unter den deutschlandweit Top-30 scheint als einziges nur landesweit verbreitetes privatwirtschaftliches Radioprogramm Antenne Bayern auf Platz 26 auf (vgl. Die Medienanstalten 2020: 5). Im Segment Radio (dessen anteiliges „Gewicht für die Meinungsbildung" mit

18,2 Prozent angegeben ist, klar hinter Fernsehen und Internet mit jeweils mehr als 31 Prozent – vlg. ebd.: 14) wird das Nürnberger Unternehmen Müller Medien deutschlandweit an fünfter Stelle geführt. Der „Meinungsmachtanteil" des bayerischen vor allem Lokalradiobetreibers im Besitz der Familie Oschmann in der gesamten Bundesrepublik wird mit 3,1 Prozent beziffert, weit hinter den zusammengefassten Radioangeboten aller ARD-Anstalten (die mit 51 Prozent geführt werden), doch deutlich höher als etwa der von Burda und Springer.

Oschmann, Burda, m.b.t – einige Namen wurden bereits genannt. Wer steht nun also hinter den vielen lokalen und regionalen Sendern im Freistaat, wie ist die Struktur der Eigentümer und Anbieter? Wer sind beispielsweise auch die einer breiteren Öffentlichkeit wohl kaum bekannten Unternehmen Medienpool und Neue Welle, die in Abb. 5 als Mitgesellschafter von münchen.tv aufscheinen? Darauf soll im Weiteren in diesem Kapitel ein Blick geworfen werden.

Aufbruch in die Vielfalt: Quereinsteiger und Neustarter Mitte der 1980er Jahre

Zu Beginn des privaten Rundfunks herrschte Frequenzknappheit und es gab auch nur eine begrenzte Anzahl Belegungsplätze im Kabelnetz. Im nur ein eng überschaubares Publikum erreichenden Kabelpilotprojekt München waren beim Start am 1. April 1984 vier private Radiosender dabei, ab Januar 1985 bereits elf. In der Liste dieser Anbieter der ersten Stunde, noch vor der Gründung der BLM, scheinen bereits viele auf, die später die private Rundfunklandschaft im Freistaat wesentlich mitgestalteten und heute noch Marktführer sind, auch wenn manche der Sender längst nicht mehr existieren beziehungsweise in anderen Sendern aufgegangen sind. So trat bei Radio M1 erstmals Gunther Oschmann im Rundfunkbereich in Erscheinung, der Geschäftsführer und Alleingesellschafter des eben erwähnten Unternehmens Müller Medien, einem von seinem Großvater 1950 gegründeten Telefonbuchverlag mit Sitz in Nürnberg.

M1 hatte bei Oschmanns Einstieg schon eine bewegte, wenngleich kurze Geschichte. Hervorgegangen war er aus einem „Piratensender", der bereits vor 1984 von Südtirol aus nach Bayern eingestrahlt hatte. Der Sender verlor die italienische Zulassung, der Besitzer, ein Schweizer Geschäftsmann (schon damals waren Beteiligungsverhältnisse mitunter schwer durchschaubar), verkaufte an eine unternehmungslustige Münchnerin, die damals 24-jährige Maria-Theresia von Seidlein, Enkelin eines der Gründungsherausgeber der *Süddeutschen Zeitung*, Franz-Josef Schöningh. Wie Maria-Theresia von Seidlein im Interview mit Vera Katzenberger für dieses Projekt berichtete, habe sie sich das Geld für den Senderkauf von ihrem Vater geliehen, doch habe es nicht für den Betrieb eines Programms gereicht. So sei sie „irgendwie" auf Oschmann gekommen: „Den habe ich angerufen und gesagt, dass ich einen Sender habe, aber noch einen Partner suche, weil ich das alleine nicht finanzieren kann. Er war [...] gleich Feuer und Flamme.

Und dann habe ich den ersten großen Fehler gemacht und habe ihm 75 Prozent gegeben." 1989, lange nach dem Ende des Pilotprojekts, als M1 eine reguläre terrestrische Frequenz hatte, aber noch keinen Gewinn erwirtschaftete, trat von Seidlein ihren Restanteil nach eigenen Angaben zu einem symbolischen Preis an Oschmann ab. Er wandelte das bis dahin vor allem durch Rockmusik gekennzeichnete Programm in einen Sender mit konsequentem Schlagerformat um. Aus M1 wurde Radio Arabella (vgl. Katzenberger 2018: 76f.; Kircher o.J. a). Und Oschmann war auch Gründer der Neue Welle Bayern, die ebenfalls im Kabelpilotprojekt präsent war.

War Gunther Oschmann zuvor vor allem Telefonbuchverleger, so kam ein anderer Quereinsteiger zur Zeit des Pilotprojekts aus dem Zeitschriftenwesen zum Rundfunk: Der spätere *Focus*-Gründer Helmut Markwort. Er war Journalist und „Blattmacher" beim Gong-Verlag, hatte Hefte wie *die aktuelle*, *Ein Herz für Tiere* und die TV-Programmillustrierte *Gong* entwickelt und geleitet. Im Kabelpilotprojekt stieg Markwort ein als Geschäftsführer von Radio Gong 2000 (heute Gong 96,3 – benannt nach der Frequenz, auf der der Sender seit dem Ende des Kabelpilotprojekts zu empfangen ist). Der Sender war übrigens ein früher Zusammenschluss zweier Programme noch im Pilotprojekt: Radio Gong und Radio 2000, an dem die vier Münchner Tageszeitungen *Süddeutsche Zeitung*, *Münchner Merkur*, *tz* und *Abendzeitung* beteiligt waren. *Merkur* und *tz* respektive der sie herausgebende Münchner Zeitungsverlag gründeten dann 1986 gemeinsam mit Oschmanns Neuer Welle Bayern Radio Charivari (heute 95.5 charivari). Noch 1985 gründete wiederum Markwort zudem die Medienpool GmbH, deren geschäftsführender Gesellschafter er bis heute ist und die unter anderem an Antenne Bayern mit sieben Prozent beteiligt ist, und seit 1994 ist er zudem alleinvertretungsberechtigter Gesellschafter der Burda Broadcast Media GmbH. Hubert Burda selbst war wiederum gemeinsam mit dem Filmhändler und baldigen Privatfernsehmogul Leo Kirch im Kabelpilotprojekt mit der Musikwelle Süd beteiligt, einem Kleinsender, der bereits Mitte 1985 mit den Sendern Radio 89 (an dem unter anderem die Großverleger Axel Springer und Hubert Burda beteiligt waren) und UFA Radio zu Radio 1 vereinigt wurde, der nur bis 1987 auf der UKW-Frequenz 89,0 zu empfangen war.

Illustre Gesellschafter aus ganz unterschiedlichen Bereichen gab es auch bei den anderen Startup-Sendern im Kabelpilotprojekt. Aus der Filmszene kamen gleich mehrere: Bei Radio Xanadu waren neben anderen der Filmhändler Herbert Kloiber und der Filmproduzent Josef von Ferenczy beteiligt, bei Radio 44 Bernd Eichingers Produktionsgesellschaft Neue Constantin GmbH. Helmut Markwort erinnert sich im Interview: „Es waren unzählige professionelle Anbieter unterwegs, quasi alle Zeitungs- und Zeitschriftenverlage, aber auch viele Einzelkämpfer, Narren und kuriose Glücksritter aller Art." Tatsächlich gab es manche „bunte Vögel". So wurde der Pilotprojekt-Sender Neue Welle Bayern von dem vormaligen BR-Journalisten Enrique Antonio „Tony" Schwaegerl Navarra aufgebaut (vgl. Kircher o.J. b), Radio Aktiv von Peter Pelunka (vgl. Kircher o.J. c), einem noch ganz jungen „Selfmade-Journalisten", die beide als Medienunternehmer später kaum mehr eine Rolle spielten. Aus Xanadu wurde übrigens 1993 Radio Energy München – der Einstieg der französischen, bald europaweit aktiven Gruppe Nouvelle Radio Jeunesse, kurz NRJ, im bayerischen Radiomarkt. Radio Aktiv stellte 1988 seinen Betrieb ein.

Schon im Kabelpilotprojekt dabei war auch als ein Mann der ersten Stunde im Fernsehbereich: Franz Georg Strauß, der Sohn des Ministerpräsidenten Franz Josef Strauß. Er war, wie von Seidlein, erst 24 Jahre alt bei seinem Einstieg ins Mediengeschäft als Mitgründer von TV Weiß-Blau (dem späteren tv.münchen), dem ersten Ballungsraumfernsehen, das anfangs nur im Kabel zu empfangen war.

Viele Sender, viele Namen, schwer durchschaubare Beteiligungsverhältnisse schon damals; Wildwuchs gab es vor allem im frühen Privatradiomarkt. Wie Pelunka, von Seidlein und Schwaegerl erging es auch manchen anderen der Pionierinnen und Pioniere der ersten Stunde, die bald wieder ausschieden. Es herrschte anfangs eine Art Goldgräberstimmung. Die Sendelizenzen entsprachen Schürfrechten im Kalifornien oder Alaska zur Zeit des Goldrausches. Aber Geld gab es – wie einst Gold – zunächst kaum zu „schürfen". Vielmehr musste investiert werden und das große Geschäft machten – wie einst die großen Funde – letztlich nur relativ wenige. Sie brauchten langen Atem, Kapital, unternehmerischen Mut und auch die Weitsicht, für Zusammenschlüsse bereit zu sein.

Den Wildwuchs zu bändigen oder auf feste Spaliere zu lenken, einen guten Aufwuchs zu ermöglichen und insbesondere die knappen Frequenzen im UKW-Netz zu vergeben und sinnvoll zu belegen, das waren die ersten Großaufgaben der BLM. In der konstituierenden Sitzung des Medienrats, die bereits am 20. März 1985 stattfand (knapp zwei Wochen, bevor die BLM am 1. April offiziell ihre Arbeit aufnahm) beauftragte das Gremium einstimmig die soeben gewählte Geschäftsführung

> einen Vorschlag für einen Netzplan zur Verteilung der neuen Frequenzen im UKW-Bereich von 100 bis 108 MHz auf den Ergebnissen der Genfer Wellenkonferenz zu erarbeiten. Dabei sollen die Voraussetzungen dafür, daß künftig auch eine möglichst große Zahl lokaler Sender betrieben werden kann, untersucht und dargelegt werden (Protokoll zur Medienratssitzung vom 20.03.1985:14).

Neben den elf zu dem Zeitpunkt im Pilotprojekt vertretenen Sendern, hatten neun weitere Anbieter einen Antrag auf Frequenzzuteilung für einen Vollkanal gestellt, zudem bildeten sich landesweit „regionale und lokale Anbietergemeinschaften, die Hörfunk machen wollen" (ebd.). Um insbesondere in den begehrtesten und umkämpftesten großstädtischen Empfangsgebieten München und Nürnberg möglichst alle zu berücksichtigen, war die Lösung: Frequenzsplitting (siehe Kapitel 3.3.1.). Wilde Kombinationen wurden hier von der Landeszentrale vorgegeben – oder vielmehr von den Medienbetriebsgesellschaften, die die Details vorregelten, für die Landeshauptstadt die Münchner Gesellschaft für Kabelkommunikation, kurz MGK (die zugleich überregional für den landesweiten Privatfunk zuständig war). Hier, in München, wurde insbesondere die Frequenz 92,4 eine Art Sammelbecken, über die verschiedene kleinere Anbieter bedient wurden respektive sich die Sendezeit teilen mussten, eingeteilt von der Aufsichtsinstanz, eben dem öffentlich-rechtlichen Veranstalter-Dach, der BLM. Im August 1985 waren auf dieser einen UKW-Frequenz gleich acht Sender zu hören – mit völlig unterschiedlichen, teils konträren Ausrichtungen und Musikfarben: Radio M1, Radio Aktiv, Radio Xanadu, Radio 44, Neue Welle, Radio Holtzbrinck, Radio Soundtrack und Radio M.U.T. (vgl. Katzenberger 2018: 54), die dann oft auch wechselten.

Noch heute geht es bunt zu auf dieser Frequenz. Fünf Sender teilen sich seit 2017 die Frequenz und die Sendezeiten: Das konservativ-katholische, zum internationalen Radio-Maria-Netzwerk gehörende Radio Horeb (mit Zulieferungen des vom St. Michaelsbund der Erzdiözese betriebenen Münchner Kirchenradios), das evangelische Christliche Radio München, das linksalternative, nichtkommerzielle Radio Lora, das ebenfalls nichtkommerzielle, mit einem bunten Alternativmusikprogramm insbesondere auf eine jugendliche Zuhörerschaft ausgerichtete Radio Feierwerk (mit dem Kinderprogramm Radio Maroni) und der Kultursender Radio München, der insbesondere ortsansässigen Künstlerinnen und Künstlern sowie Autorinnen und Autoren Radiopräsenz verschaffen will (siehe BLM 2017; Fischer 2017). Hier, auf dieser Frequenz (und auch auf den DAB+-Angeboten der Sender) gibt es bis heute unabhängige Radiomacher und alternative Hörangebote jenseits großer, kommerziell orientierter Anbieter (siehe Kapitel 6.2.2.) – Vielfalt, wie sie anfangs verheißen war. Durchhörbar ist das Programm auf dieser „Gemischt-Welle" allerdings nicht, die Hörerschaft aller fünf Programme ist gering und die Sendezeitbelegung führt immer wieder zu Auseinandersetzungen.

Die Münchner UKW-Frequenz 92,4 ist ein Relikt des Frequenzsplittings, das sonst bald zurückgefahren wurde, auch da sich mehr und mehr Veranstalter zu Anbietergemeinschaften zusammenfanden. Dies war auch an kleineren Standorten so, wo sich verschiedene Anbieter und Sender anfangs eine Frequenz teilen mussten und nur zu durch die BLM festgelegten Stunden ihr Programm via UKW ausstrahlen konnten. So sendete beispielsweise in Bamberg auf der Frequenz 88,5 vormittags bis 13.20 Uhr und abends von 18 bis 20 Uhr Radio Regnitzwelle ein Schlagerprogramm, dazwischen und danach bis 23 Uhr suchte

Fun Boy Radio ein junges Publikum zu erreichen. Marcus Appel, heute Redakteur bei Radio Bamberg, erinnert sich im Interview:

> Auf der einen Seite wurden locker-flockige Pop-Songs gespielt. Auf der anderen Seite liefen volkstümliche Lieder und Schlager. Auf der einen Seite war der Moderator per Du und auf der anderen Seite war er per Sie. Für die Hörer war das schwierig.

Und für die Sender selbst auch. 1991 fusionierten sie schließlich zu Radio Antenne Franken, das wiederum 1996 in Radio Bamberg umbenannt wurde. Dessen Inhaber sind zu je 50 Prozent das größte örtliche Medienunternehmen, heute die Mediengruppe Oberfranken, kurz MGO, (Verleger auch der einzigen Bamberger Tageszeitung, dem *Fränkischen Tag*), und die Neue Welle Rundfunk-Verwaltungsgesellschaft, die wiederum zu 100 Prozent zum Müller-Verlag gehört, mithin zum Oschmannschen Familienimperium. MGO und Neue Welle veranstalten zudem in Bamberg noch gemeinsam ein weiteres Radioprogramm: das auf ein jüngeres Publikum zielende Radio Galaxy Bamberg (seit 2016, als vormals eigenständige Lokalstationen in Bamberg, Bayreuth, Coburg und Kulmbach zusammengelegt wurden, Radio Galaxy Oberfranken).

Kleine kooperieren, werden größer – oder geschluckt

Die zuvor kurz angerissene Kombination und Kooperation der für die Hörerinnen und Hörer unabhängig erscheinenden Sender Radio Bamberg und Radio Galaxy Oberfranken kann exemplarisch dazu dienen, zwei weitere Aspekte der bayerischen privaten Lokalradiolandschaft zu thematisieren: die enge Zusammenarbeit verschiedener Sender in gemeinsamen Funkhäusern – und die Kooperation großer Unternehmergruppen in Senderketten.

Die Zusammenarbeit von Radio Bamberg und Radio Galaxy Oberfranken wird schon personell deutlich. So ist der Geschäftsführer und Programmleiter bei beiden Bamberger Sendern Mischa Salzmann, der bereits 1989 bei Fun Boy Radio als Moderator angefangen hat (siehe Leuker 2010). Und beide Sender haben ihren Sitz in der Bamberger Gutenbergstraße, dem Verlagssitz der MGO – eben in einem gemeinsamen Funkhaus.

Was diese Kooperation, die zum Beispiel auch in Augsburg, Aschaffenburg, Hof, Landshut, Nürnberg, Passau, Regensburg, Rosenheim und Würzburg umgesetzt wurde, genau bedeutet und wie sie in der Rückschau durch den ehemaligen BLM-Präsidenten Wolf-Dieter Ring beurteilt wird, ist in Kapitel 3.3.1. näher dargestellt.

Wirtschaftlich und technisch ist es in jedem Fall sinnvoll, schafft es doch Synergien. Publizistisch kann es aber die Vielfalt einschränken, wenn die programmliche Zusammenarbeit recht weit geht und über Werbeverbunde der Einfluss von Anzeigekunden wachsen könnte. Hier wie in manchen anderen Bereichen des privaten Rundfunks wäre noch mehr Detailforschung wünschenswert.

Mindestens potentiell eingeschränkte Vielfalt – das gilt stärker noch durch das Zusammenwirken in Sendeketten. Galaxy Oberfranken ist Teil einer solchen Kette. So gibt es Radio Galaxys auch in allen anderen Regierungsbezirken, konkret an neun Standorten, nämlich in Amberg/Weiden, Ansbach, Aschaffenburg, Bamberg, Ingolstadt, Kempten, Landshut, Passau/Deggendorf und Rosenheim mit einem gemeinsamen Mantelprogramm. Die Gesellschafter der einzelnen Galaxy-Stationen variieren, am Mantelprogramm sind aber manche derjenigen beteiligt, die wir auch oben schon als Mitinhaber des 1988 gegründeten einzigen landesweiten Privatradios im Freistaat, der Antenne Bayern, kennengelernt haben – nämlich unter anderem die m.b.t., Oschmanns Neue Welle, Burda Broadcast Media, Studio Gong und die Antenne Bayern GmbH selbst.

Dröselt man die Beteiligungen dann weiter auf, wird die Größe des Geflechts mindestens schemenhaft erkennbar. Dazu wiederum ein Beispiel: Am Galaxy- und Antenne-Bayern-Miteigner Studio Gong – eigentlich der Studio Gong GmbH & Co. Studiobetriebs-KG – sind ihrerseits wiederum unter anderem viele bayerische Zeitungsverlage (über die RBTZ Rundfunk Beteiligungsgesellschaft Bayerischer Tageszeitungen mbH Co. KG, die ihrerseits durch das Augsburger Medienunternehmen Presse-Druck und Verlags-GmbH, Verlegerin unter anderem der *Augsburger Allgemeinen Zeitung*, und den bereits erwähnten Münchener Zeitungs-Verlag dominiert wird), Oschmanns Neue Welle und Markworts Medienpool beteiligt. Und Studio Gong wiederum ist längst nicht nur an Radio Gong 96,3 München und Radio Gong 97,1 Nürnberg hauptbeteiligt, sondern Anteilseigner auch noch (in wechselnden Gesellschafterverbindungen) an mehreren weiteren Sendern im bayerischen Lokalradiobereich und auch weit darüber hinaus von Baden-Württemberg bis Berlin und Mecklenburg-Vorpommern, am Ballungsraum-Fernseheder münchen.tv, am Lokalfernsehen in Augsburg und an manchem anderen mehr (vgl. KEK 2021).

Klarer sind die Beteiligungsverhältnisse an der 1991 gestarteten Programmzuliefergesellschaft BLR (siehe Kapitel 5.2.) – wo es genau drei uns inzwischen gut bekannte Gesellschafter sind, die in der Mediendatenbank der KEK verzeichnet sind, nämlich die m.b.t, also die Gesellschaft vieler bayerischer Tageszeitungsverlage, mit 36 Prozent der Anteile, wieder Studio Gong mit 32 Prozent und Oschmann (hier über die RSG-Rundfunkservice GmbH, ihrerseits eine hundertprozentige Tochter der Neue Welle Rundfunk-Verwaltungsgessellschaft mbH & Co. KG, die wiederum zu hundert Prozent zum Müller Verlag gehört, dem Familienunternehmen der Oschmanns). Über die BLR kommen schließlich eingeschränkte Anbietervielfalt und limitierte Programmvielfalt zusammen, übernehmen doch fast alle bayerischen Lokalradiosender große Teile des Mantels und, wichtiger noch, Nachrichten und weitere Teile des Wortangebots von dem Zulieferer. Eine große Aufgabe also für die programmbeobachtenden und konzentrationskontrollierenden Gremien, Einrichtungen und Institutionen vom Medienrat der BLM bis zu KEK, ZAK und letztlich dem Gesetzgeber, dies alles kritisch im Blick zu behalten.

Kritik an der mangelhaften Einlösung des anfänglichen Vielfaltsversprechens gibt es immer wieder. So beispielsweise im Landtag, als am 5. Mai 1992 in erster Lesung der Gesetzesentwurf zum neuen bayerischen Mediengesetz, dem BayMG, verhandelt wurde (siehe Kapitel 2.1.). Das Wort hat der SPD-Abgeordnete Walter Engelhardt – und er nutzt es zu einer Generalabrechnung auch mit der Rundfunkpolitik der Staatsregierung unter Ministerpräsident Max Streibl:

> Meine Damen und Herren, wir stehen nicht an anzuerkennen und zu würdigen, was von Lokalradiosendern für bürgernahe und parteipolitisch unabhängige Information geleistet wird. [...] Ich habe vorhin schon darauf hingewiesen, daß trotz der geschürten Euphorie keine schlaraffenlandähnlichen Verhältnisse eingetreten sind. Die Verluste, insbesondere die der kleinen Sender und Anbieter, addieren sich zu Millionen. Im vergangenen Jahr arbeiteten immer noch 70 Prozent der Anbieter in den roten Zahlen. Das ursprüngliche Lokalradiokonzept [...] hat sich vor allem als wirtschaftlich nicht umsetzbar erwiesen. [...] Inzwischen wurde das lokale Hörfunkkonzept abgespeckt. Zusammenschlüsse und Konzentrationsbestrebungen beherrschen die Szene. Die BLM greift nicht nur mit einem hochsubventionierten Rahmenprogramm den Anbietern und Lokalsendern unter die Arme. [...] Unzulässige Verflechtungen, einhergehend mit gleichbleibend eintönigen Musikprogrammen, bleiben für uns ein Ärgernis. Das von Bayerns Hörfunk-Multi Gunther Oschmann geschaffene Imperium ist in der Öffentlichkeit in all seinen Verästelungen kaum bekannt. Hans Ruhland [gemeint ist wohl der Journalist Hans Ruland, Gründer des Spartensenders Jazz Welle Plus München; M.B.] hat recht, wenn er sagt: In jeder Stadt bekommt der immer gleiche Mantel einen eigenen Namen, damit sich die Hörer vor Ort so richtig mit ihrem Sender identifizieren können.
>
> [...] Mit Vielfalt, lokalem Bezug oder mit Bürgernähe hat dies alles nichts zu tun. Viele suchen auch nach Jahren der Entwicklung und Erprobung das Mehr an Neuem und Kreativem. Fast nichts ist davon aber zu sehen; Mehrung des immer nur Gleichen, eine zunehmende Anpassungstendenz auch der öffentlich-rechtlichen Anstalten, eine Verflachung der Programmangebote – das sind die Ergebnisse einer Entwicklung, die wir leider in den vergangenen Jahren nicht verhindern

konnten. Wir erkennen um so mehr – das möchte ich ausdrücklich noch einmal feststellen – die durchaus vielfältigen Bemühungen engagierter Radioredaktionen und die Bemühungen vieler unabhängig gebliebener Rundfunk- und Radioeinzelkämpfer an. Sie verdienen, so meine ich, unsere Unterstützung. Sie sind nämlich die Engagierten, die Sie in ein Konzept hineingejagt, dann aber spätestens bei der Lizenzvergabe und der technischen und programmlichen Unterstützung hängengelassen haben (Bayerischer Landtag 1992: 3225f.).

Gunther Oschmann diente hier Engelhardt als Beispiel – oder Schreckgespenst. Bis heute hat die von ihm aufgebaute Mediengruppe eine sehr gewichtige Stellung vor allem im bayerischen Lokalradiomarkt. Sie sei daher etwas eingehender beschrieben. Gebündelt sind die Unternehmen, wie bereits erwähnt, im alten Nürnberger Familien-Stammhaus Müller Medien respektive in dessen 100-Prozent-Tochter Die Neue Welle Beteiligungs- und Verwaltungsgesellschaft mbH, die wiederum 100-Prozent-Inhaberin der Die Neue Welle Rundfunk-Verwaltungsgesellschaft mbH Co. KG ist. Deren Beteiligungen und Aktivitäten sind so vielfältig, dass sie hier nur allein auf Bayern und den Rundfunk (ohne Online) bezogen tabellarisch dargestellt seien.

Unternehmensbeteiligungen	Anteil Neue Welle (in %)	Unterbeteiligungen (nur Hörfunk- und TV-Sender)	Anteil (in %)
RSG Rundfunk Service GmbH	100	BLR	32
Neue Welle „Antenne Hof" Hörfunk- und Fernsehprogrammanbieter-Gesellschaft mbH	100	Galaxy Hof	100
		Radio Euroherz	100
		TV Oberfranken	10
Neue Welle – Antenne München Rundfunk-Programmanbieter- Gesellschaft mbH	100	95,5 Charivari München	50
		intv	14
		münchen.tv	14
		münchen.2	14
Neue Welle Franken – Antenne Nürnberg Beteiligungs- und Verwaltungsgesellschaft mbH	100	Radio Charivari Nürnberg 98,6	100
		Franken Fernsehen	50
		Mein Lieblingsradio	30
		N90,4...Beat	30
		Pirate Gong	30
Neue Welle – Antenne Regensburg Hörunk- und Fernsehprogramm GmbH	100	Radio Charivari Regensburg	100
		TVA Ostbayern	32

3.2. Entwicklung und Struktur der Anbieter

Neue Welle Oberfranken Mediengesellschaft mbH	100	Radio Bamberg	50
		Radio Galaxy Bamberg	50
		Radio Galaxy Kulmbach	50
		Radio Plassenburg	50
		Radio Galaxy Bayreuth	50
		Radio Mainwelle	50
		TV Oberfranken	40
		Radio Galaxy Coburg	25
		Radio Eins	25
Neue Welle Radio Ingolstadt Hörfunk- u. Fernsehprogrammanbieter GmbH	100	Radio Galaxy Ingolstadt	22
		Radio IN	22
TV Mainfranken GmbH & Co. KG	100	tvm – Fernsehen für Mainfranken	100
Radio PrimaTon GmbH	99	Radio Hashtag+	48
		Radio Primaton	48
Neue Welle – Antenne Straubing, Hörfunk- und Fernsehprogrammanbieter GmbH	98,8	Radio AWN	45
Neue Welle Würzburg Rundfunk-programmgesellschaft mbH	98	Radio Charivari Würzburg	50
		Radio Gong Würzburg	50
Neue Welle "Antenne Aschaffenburg" Hörfunk- und Fernsehanbieterges. mbH	96	main tv	100
		Radio Galaxy Aschaffenburg	65
		Radio Primavera	65
Oberpfälzer Regional Tele GmbH	90	Oberpfalz TV	67
Tele Regional Antenne Passau Hörfunkanbieter GmbH	90	Radio Galaxy Passau/Deggendorf	32
		Unser Radio Passau/Deggendorf	32
Neue Welle Antenne Amberg + Weiden Rundfunk-Programmanbieter GmbH	19,6	Radio Galaxy Amberg/Weiden	20
		Radio Ramasuri	20
Studio Gong GmbH & Co. Studiobetriebs KG	10,4	Gong FM Regensburg	100
(Ohne klare Zuordnung)		Absolut hot	100
		Absolut Bella	100
		Absolut classic	100
		Absolut relax	100
		Absolut top	100
		OldieWelle Ingolstadt	22
		Pirate Radio	30
Sowie diverse weitere indirekte Beteiligungen			

Tab. 4: Neue Welle Rundfunk-Verwaltungsgesellschaft (Oschmann) – Beteiligungen nur in Bayern. Eigene Zusammenstellung (ohne Anspruch auf Vollständigkeit, gerundete Prozentwerte) nach Daten der KEK-Mediendatenbank (KEK 2021; ergänzt durch BLM 2021).

Ist Gunther Oschmann damit der heimliche (da von einer breiten Öffentlichkeit kaum wahrgenommene) bayerische Medienmogul und eine Art „Leo Kirch des Lokalfunks" (in Anspielung an den einstigen Privatfernseh-Imperiumsaufbauer) – oder sind es vielmehr heute seine Kinder Constanze und Michael Oschmann, an die Müller Medien und alle Subunternehmen mittlerweile übergeben sind? Gunther Oschmann hat uns darauf im Interview geantwortet:

> Ich habe diese Bemerkung gelegentlich gehört, früher häufiger als heute. Jetzt hat es sich eigentlich im Sand verlaufen. Die einzige Gemeinsamkeit, die ich mit Leo Kirch habe, ist, dass ich sonntags in die Kirche gehe. [...] Diese Kritik ist an den Haaren herbeigezogen, aus zwei Gründen: Erstens, gibt es da ja große Unterschiede vom wirtschaftlichen Hintergrund her. Wir sind und bleiben den KMU [kleine und mittlere Unternehmen; M.B.] verbunden. Zweitens, unterscheiden sich die Möglichkeiten, die sich Herr Kirch aufgrund seines Riesenengagements erarbeitet hat. [...] Bei uns ist es ein Unding, das Wort Gruppe zu verwenden. Wir sind eine Unternehmensfamilie. Denn da schwingt so viel Anderes mit. Da schwingt Bodenhaftung, Nähe zum Mitbürger, zum Kollegen mit. Und das sind für uns die herausragenden Eigenschaften in unserer Unternehmensfamilie.

So wirkt das Großunternehmen Müller Medien tatsächlich bis heute bodenständig: weit mehr ein mittelständisches Unternehmen denn ein Medien-Großkonzern. Weitreichende publizistische Ambitionen werden kaum deutlich; vielmehr kümmert sich die Unternehmensleitung primär um das geschäftliche, sucht (und findet), wie viele Medienunternehmen, neue Betätigungsfelder im Digitalbereich – und mischt sich nicht in das Tagesgeschehen und die Programmgestaltung der Redaktionen ein.

Keine Konzernbildung, keine publizistischen Machtansprüche oder Konzentrationsinteressen – auch Helmut Markwort betont im Interview, dass sein Motiv, als Unternehmer in das Rundfunkgeschäft einzusteigen, einst genau gegen mögliche „Meinungsmonopole" gerichtet gewesen sei:

> Ich habe große Teile meines journalistischen Lebens gegen Monopole angekämpft. Ich wollte nicht, dass *Spiegel* und Co. Alleinherrscher sind. Und als die Politik dann erlaubte, dass private Unternehmen auch Radio und Fernsehen machen durften, hielt ich das für eine tolle Chance.

Gleichwohl ist es heute so, dass wenige Gruppen, Unternehmensfamilien, Verbünde oder Konzerne viele Sender in ihren Portfolios vereinen. Eine weitere Tabelle möge dies verdeutlichen. Anhand der Angaben in der „Sendersuche" der

BLM wurde bei allen dort gelisteten 129 Radiosendern (von insgesamt 138), die von der BLM lizensiert sind, geprüft, welche Unternehmen als Gesellschafter angegeben sind. Die größten Gesellschafter und die Zahl der ihnen zuordnungsbaren Sender (Beteiligungen über fünf Prozent) sind in Tab. 5 gelistet (Stand: Februar 2021). Ausgenommen wurden 17 reine Spartenanbieter (darunter zum Beispiel sieben kirchliche oder christliche Programmangebote, spezielle Kultursender wie Jazztime Nürnberg und Radio Opera und der Kulturkanal Ingolstadt sowie etwa das Radio Klangbrett des Aschaffenburger Jugendrings, die in der Regel nur wenige Stunden pro Woche senden) und zwölf Campusradios, so dass die Datengrundlage genau 100 Programme umfasst.

Unternehmen	Radioprogramme
Neue Welle (Oschmann)	31*
Studio Gong	10
rt1.media group (Mediengruppe Pressedruck – Augsburg)	8
St. Ulrich Verlag (Diözese Augsburg)	8
Passauer Neue Medien (Verlagsgruppe Passau)	6
rta.media (Allgäuer Zeitungsverlag)	6
Hubert Burda Media	5

Tab. 5: Anzahl der Radiosender/-programme pro Unternehmen (bei einer Beteiligung über 5 Prozent) n = 100. Eigene Auszählung (ohne Anspruch auf Vollständigkeit) (Quelle: BLM 2021), * Abweichung von den Daten in Tab. 4 aufgrund unterschiedlicher Datengrundlage.

Wieder fällt die Dominanz von Oschmanns Neuer Welle auf. Gleichzeitig wird aber auch deutlich, dass nur sieben Unternehmen als Gesellschafter von fünf oder mehr Radioprogrammen aufscheinen. Bei einem Drittel der 100 Programme sind die Gesellschafter gar nur bei genau je einem Programm beteiligt. Auch wenn diese Programme meist nur eine relativ geringe Reichweite erzielen, ist dies doch ein Indikator dafür, dass es nicht nur eine Vielzahl von Angeboten gibt, sondern auch eine große Anbietervielfalt.

Es gibt sie, die kleinen unabhängigen Anbieterinnen und Anbieter – wie etwa Irmgard und Gerhard Prokscha, die Extra-Radio in Hof betreiben, Peter Valentino mit Mega-Radio in Augsburg, der auch an Radio Fantasy beteiligt ist, das Team der Bayernwelle Südost im Berchtesgadener Land, Markus „Schwany" Schwannberger, der aus seinem Wohnhaus in Aiterhofen bei Ingolstadt den Volksmusiksender „Hoamatwelle" betreibt, und viele andere mehr.

Auch im weit kostenaufwendigeren und schwierigen Lokal- und Regionalfernsehgeschäft sind es vielfach kleinere Anbieterinnen und Anbieter, Teilhaberinnen und Teilhaber, die sich im Markt behaupten, wenngleich auch hier – etwa beim Franken Fernsehen und bei TV Oberfranken – Oschmanns Müller Medien mancherorts mit an Bord ist. Unternehmerpersönlichkeiten wie Norbert Haimerl, der in Rosenheim seit Jahrzehnten das 1987 gegründete Regionalfernsehen Oberbayern betreibt, sorgen so für mehr Vielfalt vor Ort.

Es gibt sie, die „großen Fische", wie sie einst eine Karikatur in der Zeitschrift *Info-Dienst Neue Medien* aufzuspießen suchte, siehe Abb. 6. Doch bietet die Zeichnung ein Zerrbild. Überwiegend ist die Lokal- und Regionalfunkszene in Bayern immer noch mittelständisch strukturiert und es gibt eben auch weiterhin die „kleinen Fische" – neben den eben Genannten und vielen Nichtgenannten auch nichtkommerzielle Radiosender, Aus- und Fortbildungskanäle, Campusradios etc. pp.

Abb. 6: Karikatur (Quelle: Info-Dienst Neue Medien, Jg. 1, Juni/Juli 1986, S. 17).

So ist insgesamt – trotz aller Konzentrationstendenzen – die Freude zu verstehen, die Wolf-Dieter Ring ausdrückte, als er sich am 30. September 2011 nach 20 Jahren im Amt des BLM-Präsidenten vor dem Medienrat verabschiedete: „Freude über eine sehr bunte, lebendige lokale Rundfunklandschaft, die eben nicht von mächtigen Gesellschaftern zentral gesteuert, sondern die von engagierten Mitarbeitern in den Sendern oft sehr unterschiedlich gestaltet wird" (BLM 2011).

Wenn Alexandra Holland, Geschäftsführerin und Inhaberin des Augsburger Großverlags Mediengruppe Pressedruck (und damit auch eine wichtige Mitspielerin im bayerischen Lokalrundfunkwesen) 2019 im Interview mit Ring konstatierte, der „einstige Generalverdacht, dass insbesondere inhabergeführte Medienhäuser Meinungsmonopole bilden", sei „seitens der Landeszentrale aufgegeben worden" (Ring 2019b: 125f.), ist dem allerdings entgegenzuhalten: Aufmerksam beobachtet werden muss der Markt weiterhin. Umsichtige Förderung tut ebenso Not wie kritische Kontrolle möglicher Konzentrationsprozesse. So betont auch Rings Nachfolger im BLM-Präsidentenamt Siegfried Schneider im aktuellen Vielfaltsbericht der Landesmedienanstalten: „Meinungsvielfalt ist keine Selbstverständlichkeit – weniger denn je!" (Schneider 2020: 9).

Literatur

ALM (2020a): Medienvielfaltsmonitor. Online: https://medienvielfaltsmonitor.de/ (zuletzt abgerufen am 15.02.2021).

ALM (Hrsg.) (2020b): Vielfaltsbericht 2020 der Medienanstalten. Online: https://www.die-medienanstalten.de/fileadmin/user_upload/die_medienanstalten/Themen/Forschung/Medienvielfaltsmonitor/Vielfaltsbericht_MVM.pdf (zuletzt abgerufen am 15.02.2021).

Bayerischer Landtag (1992): Plenarprotokoll der 50. Sitzung (12. Wahlperiode) vom 05.05.1992, S. 3193-3230.

BLM (2011): Rede von Prof. Dr. Wolf-Dieter Ring anläßlich seiner Verabschiedung aus dem Amt des BLM-Präsidenten am 29.09.2011. Online: https://www.blm.de/infothek/positionen_und_reden/2011.cfm?object_ID=547 (zuletzt abgerufen am 15.02.2021).

BLM (2017): UKW-Frequenz 92,4 MHz in München neu geordnet – Blockbildung für christliche Programme und Community-Sender erhöht Durchhörbarkeit. Pressemitteilung vom 30.03. Online: https://www.blm.de/infothek/pressemitteilungen/2017.cfm?object_ID=7353 (zuletzt abgerufen am 15.02.2021.

BLM (2021): Sendersuche. Online: https://www.blm.de/radiotv/sendersuche.cfm (zuletzt abgerufen am 15.02.2021).

Die Medienanstalten (2020): Medienvielfaltsmonitor 2020-1. Anteile der Medienangebote und Medienkonzerne am Meinungsmarkt der Medien in Deutschland. Online: www.die-medienanstalten.de/fileadmin/user_upload/die_medienanstalten/Themen/Forschung/Medienvielfaltsmonitor/Medienvielfaltsmonitor_2020-I.pdf (zuletzt abgerufen am 15.02.2021).

Fischer, Stefan (2017): Die Stadt hat einen neuen Radio-Streit. In: Süddeutsche Zeitung vom 13.03. Online: https://www.sueddeutsche.de/muenchen/hoerfunk-muenchen-hat-einen-neuen-radio-streit-1.3416125 (zuletzt abgerufen am 15.02.2021).

Katzenberger, Vera (2018): Bayerisches Medienlabor? Entstehung und Entwicklung des Münchner Lokalfunks aus der Perspektive von Zeitzeuginnen und Zeitzeugen. Unveröffentlichte Masterarbeit, Universität Bamberg.

KEK (2021): Mediendatenbank. Online: www.kek-online.de/medienkonzentration/mediendatenbank/#/ (zuletzt abgerufen am 15.02.2021).

Kircher, Thomas (o.J. a): Maria Theresia von Seidlein. Interview. Online: http://fmkompakt.de/index.php/maria-theresia-von-seidlein (zuletzt abgerufen am 15.02.2021).

Kircher, Thomas (o.J. b): Dr. Tony Schwaegerl. Online unter www.fmkompakt.de/index.php/dr-tony-schwaegerl (zuletzt abgerufen am 15.02.2021).

Kircher, Thomas (o.J. c): Peter Pelunka. Online: www.fmkompakt.de/index.php/peter-pelunka (zuletzt abgerufen am 15.02.2021).

Leuker, Hendrik (2010): Lokalfunk-Porträt: Radio Bamberg. In: Radioszene. Das Insidermagazin für Radiomacher. Online: www.radioszene.de/16381/lokalfunk-portrat-radio-bamberg-der-name-ist-programm.html (zuletzt abgerufen am 15.02.2021).

Medienrat der Bayerischen Landeszentrale für neuen Medien (1985): Protokoll zur Medienratssitzung vom 20. März 1985.

Protokollerklärung aller Länder zum Staatsvertrag zur Modernisierung der Medienordnung in Deutschland (2020). Abgedruckt in: Media Perspektiven. Dokumentation I/2021, S. 80.

Ring, Wolf-Dieter (Hrsg.) (2019a): Aufbruch zur Medienvielfalt. Entwicklung des privaten Rundfunks in Bayern. Augsburg: context verlag.

Ring, Wolf-Dieter (2019b): Fragen an Alexandra Holland. In: ders. (Hrsg.): Aufbruch zur Medienvielfalt. Entwicklung des privaten Rundfunks in Bayern. Augsburg: context verlag, S. 124-126.

Schneider, Siegfried (2020): Meinungsvielfalt ist keine Selbstverständlichkeit – weniger denn je! Ergebnisse der aktuellen Mediengewichtungsstudie. In: ALM (Hrsg.): Vielfaltsbericht 2020 der Medienanstalten. Online: https://www.die-medienanstalten.de/fileadmin/user_upload/die_medienanstalten/Themen/Forschung/Medienvielfaltsmonitor/Vielfaltsbericht_MVM.pdf (zuletzt abgerufen am 15.02.2021), S. 9-19.

Sethe, Paul (1965): Bestandsaufnahme (Leserbrief). In: Der Spiegel, H. 19 vom 04.05.1965. Online: https://www.spiegel.de/politik/bestandsaufnahme-a-5920dfa5-0002-0001-0000-000046272474?context=issue (zuletzt abgerufen am 15.02.2021).

3.3. Von Abenberg bis Zwiesel: Die Vielfalt der lokalen Sender und Programme in Bayern

Vera Katzenberger

Seit 1985 besteht in Bayern ein duales Rundfunksystem, das seit seiner Einführung von ausgesprochen kontroversen Diskussionen begleitet wurde und wird (siehe Kapitel 1.1.). Neben dem öffentlich-rechtlichen Bayerischen Rundfunk ist seitdem eine Vielzahl an privaten Radio- und Fernsehanbietern entstanden. Nie war die bayerische Medienlandschaft „so bunt und vielfältig, aber auch so unübersichtlich" (Treml 2016: 271): So verbreiteten die im Freistaat ansässigen privaten Radioanbieter zuletzt insgesamt 91 Hörfunkprogramme – so das Ergebnis einer von verschiedenen Landesmedienanstalten, darunter die BLM, beauftragten Erhebung (vgl. Goldmedia 2019: 137). Die Mehrheit machten dabei 81 lokale Programme aus – von Hitradio RT1 im schwäbischen Augsburg bis Unser Radio im niederbayerischen Zwiesel. Lokalradios im Freistaat erreichten ihre Hörerinnen und Hörer dabei vor allem mit ihren „Morningshows", lokalen Informationen und Dienstleistungen: Von Montag bis Freitag schalteten laut jüngster Funkanalyse täglich im Schnitt mehr als 2,9 Millionen Menschen ab 14 Jahren ein (vgl. BLM 2020a). „Lokalradio im Freistaat ist und bleibt Vertrauensmedium", resümierte der BLM-Präsident Siegfried Schneider in einer Pressemitteilung nach der Publikation der Funkanalyse 2020 (vgl. ebd.).

Nicht minder beeindruckend fällt die Bilanz im lokalen und regionalen Fernsehen aus: 14 lokale und regionale TV-Programme waren Ende 2019 in Bayern auf Sendung (vgl. BLM 2020b: 50). Das waren weit mehr als in den meisten anderen Bundesländern (vgl. Beutel 2009: 26; Wiegand 2004: 16). Bayerisches Lokal- und Regionalfernsehen kam dabei bei seinen Zuschauerinnen und Zuschauern gut an: Insgesamt 762.000 Menschen schalteten durchschnittlich von Montag bis Freitag ein lokales oder regionales TV-Programm privater Anbieter ein, so die Ergebnisse der letzten Funkanalyse (vgl. BLM 2019b). Zuwächse gab es gerade auch bei den Jüngeren: Knapp die Hälfte des Publikums gehörte zur Zielgruppe der 14- bis 49-Jährigen (vgl. ebd.). Mit Blick auf das lokale und regionale TV zeigte sich der BLM-Präsident ausgesprochen zufrieden: Lokales Fernsehen sei „ein wichtiger Anker" (BLM 2020c), es erzeuge Nähe und schaffe Vertrauen.

Gerade der lokale und regionale Rundfunk hat trotz seiner mittlerweile 35-jährigen Geschichte, seiner eingangs skizzierten publizistischen Bedeutung sowie seiner Beliebtheit bei den Hörerinnen und Hörern sowie Zuschauerinnen und Zuschauern dennoch bislang „weder bei den Zeit- und Landeshistorikern noch bei den Kommunikationswissenschaften das verdiente Interesse gefunden und ist daher noch weitgehend unerforscht" (Treml 2016: 271). Wie ist die skizzierte Fülle an lokalen und regionalen Rundfunkangeboten entstanden? Welche medienrechtlichen und -politischen Debatten haben diese Entwicklung begleitet? Welche Personen und Institutionen haben in diesem Prozess eine prägende Rolle eingenommen? Welche technischen und wirtschaftlichen Herausforderungen – ja, sogar Stolpersteine – gab es auf diesem Weg? Diese Fragen beantworten zu wollen, bedeutet mit einer „unbefriedigend[en] [...] Archivsituation zum privaten Rundfunk" (Behmer 2014: 201) und einem „größtenteils ungeklärt[en]" (Müller 2015: 35) Zustand der Archivbestände bei den privaten Rundfunkanbietern selbst umgehen zu müssen. In den folgenden beiden Kapiteln wird eingedenk dieser Schwierigkeiten versucht, all diese Fragen – basierend auf verfügbaren Primärquellen wie Protokollen der Medienratssitzungen, Geschäftsberichten der Landeszentrale oder verschiedener Anbieter sowie vor allem kommunikations- und geschichtswissenschaftlicher Literatur – dennoch vollumfänglich zu beantworten und so die Genese des lokalen und regionalen Rundfunks möglichst systematisch nachzuzeichnen.

Literatur

Bayerische Landeszentrale für neue Medien (2019a): Geschäftsbericht 2019. Online: www.blm.de/infothek/publikationen/geschaeftsberichte.cfm (zuletzt abgerufen am 15.02.2021).

Bayerische Landeszentrale für neue Medien (2019b): Funkanalyse Bayern. Bayerische Lokal-TV-Programme gesamt: Reichweite. Online: www.funkanalyse.tns-infratest.com/2019-2/TV/Gesamtbericht-Handout/index.html (zuletzt abgerufen am 30.09.2020).

Bayerische Landeszentrale für neue Medien (2020a): Mehr Hördauer und Marktanteil – Lokalradio behauptet sich im Audio-Wettbewerb. Online: www.blm.de/infothek/pressemitteilungen/2020.cfm?object_ID=14178 (zuletzt abgerufen am 15.02.2021).

Bayerische Landeszentrale für neue Medien (2020b): Geschäftsbericht 2019. Online: www.blm.de/infothek/publikationen/geschaeftsberichte.cfm (zuletzt abgerufen am 15.02.2021).

Bayerische Landeszentrale für neue Medien (2020c): Wieder mehr Zuschauer für Lokal-TV. Online: www.blm.de/infothek/aktuell/aktuell.cfm?object_ID=13669 (zuletzt abgerufen am 15.02.2021).

Behmer, Markus (2014): Organisationsgeschichte. In: Behmer, Markus/Bernard, Birgit/Hasselbring, Bettina (Hrsg.): Das Gedächtnis des Rundfunks. Die Archive der öffentlich-rechtlichen Sender und ihre Bedeutung für die Forschung. Wiesbaden: Springer VS, S. 199-203.

Beutel, Florian (2009): Regionalfernsehen in Deutschland – Marktlücke oder Auslaufmodell? Diplomarbeit an der Technischen Universität Berlin, Institut für Sprache und Kommunikation. Online: www.videoredakteur-berlin.de/diplom/ (zuletzt abgerufen am 15.02.2021).

Goldmedia GmbH (2019): Wirtschaftliche Lage des Rundfunks in Deutschland 2018/2019. Studie im Auftrag der Landesmedienanstalten. Leipzig: Vistas Verlag.

Müller, Holger (2015): Demenz oder Verdrängung? Zur Archivlage des privaten Hörfunks in Bayern. In: Rundfunk und Geschichte, Jg. 41, H. 3-4, S. 32-35.

Treml, Manfred (2016): Geschichte und Struktur des Lokalfunks in Bayern. In: Mitteilungen des Verbandes Bayerischer Geschichtsvereine, H. 27, S. 271-296.

Wiegand, André (2004): Optimierung der Wirtschaftlichkeit regionaler und lokaler Fernsehsender. Dissertation, Humboldt Universität Berlin, Institut für Kultur- und Kunstwissenschaften. Online: www.refubium.fu-berlin.de/handle/fub188/3347 (zuletzt abgerufen am 30.09.2020).

3.3.1. Lokaler Hörfunk in Bayern

Vera Katzenberger

„[I]n unserer globalen Welt [ist] die lokale Berichterstattung als Alleinstellungsmerkmal des Lokalfunks ein wesentlicher Wettbewerbsfaktor. [...] Heimat gewinnt! – das war, ist und bleibt der unverwechselbare Unique Selling Point des lokalen und regionalen Privatfunks in Bayern," so Siegfried Schneider, Präsident der Bayerischen Landeszentrale für neue Medien (BLM), am 15. November 2018 in seiner Begrüßungsrede zur Veranstaltung „Die Entwicklung des lokalen Rundfunks in Bayern" über die Bedeutung des Hörfunks vor Ort (siehe BLM 2018a).

Tatsächlich ist bundesweit, rein zahlenmäßig betrachtet, das Lokalradio die stärkste Angebotskategorie im Hörfunk. Vor allem in Bayern und Nordrhein-Westfalen, gefolgt von Baden-Württemberg, Rheinland-Pfalz und Sachsen, ist die Vielfalt an lokalen Radioangeboten, sowohl in städtischen als auch ländlichen Regionen, besonders groß (vgl. Die Medienanstalten 2017: 137). Die meisten der zuletzt insgesamt 91 Hörfunkprogramme, darunter 81 lokale, werden über UKW und/oder DAB+ verbreitet (vgl. Goldmedia 2019: 137). Hinzu kommen Angebote von zahlreichen Zulieferern und Spartenanbietern (siehe Kapitel 6.2.). Damit gilt der lokale Hörfunk über UKW zurecht als „Herzstück der privaten Rundfunklandschaft" (BLM 2019a: 14) im Freistaat. Auch beim Publikum kommt das Angebot an: Laut aktuellem „MedienVielfaltsMonitor" der Gemeinschaft aller Landesmedienanstalten in Deutschland ist das Radio das meistgenutzte Lokalmedium – noch vor dem Internet (28 Prozent) und den Tageszeitungen (26 Prozent). Knapp jeder Dritte informiert sich demnach täglich im Radio zum lokalen Zeitgeschehen (vgl. Die Medienanstalten 2020). Dennoch gilt Radio im Vergleich zu anderen Massenmedien als „unterforscht" (Schramm et al. 2002: 227). Das trifft insbesondere für den lokalen Hörfunk und seine Entwicklung zu (vgl. Treml 2016: 271). Die Anfänge des lokalen Hörfunks in Bayern im Rahmen des Münchner Kabelpilotprojekts fanden noch recht umfangreiche Beachtung in verschiedenen Übersichtspublikationen (siehe Engel et al. 1986; Hiegemann 1992). Die weitere Entwicklung wurde in einzelnen Studien, meistens beauftragt von der BLM, untersucht. So liegen beispielsweise Analysen im Hinblick auf die Wirtschaftlichkeit des lokalen Hörfunks vor (siehe Rinke 1988; Rinke 1989; Rinke 1993). Studien zum Programm, insbesondere zu Lokalbezügen in der Berichterstattung oder dem jeweiligen Beitrag zur publizistischen Vielfalt vor Ort, wurden ebenso durchgeführt (siehe Eichhorn/Rieß/Scherer 1996; Trebbe 1996; Trebbe 1998). Vereinzelt bestehen zudem Darstellungen zu Medienkonzentration und Meinungsvielfalt, bei denen auch der lokale Hörfunk in Bayern Berücksichtigung fand (siehe Böckelmann/Hesse 1996).

Das folgende Kapitel versucht, die skizzierten „Lücken" in der Forschung zu schließen. Dazu werden die bestehenden Beiträge ebenso wie verschiedene Primärquellen aus den Anfangsjahren des lokalen Hörfunks wie Protokolle von Medienratssitzungen, Geschäftsberichte der Landeszentrale oder verschiedener Anbieter zusammengetragen und systematisiert. Hinzugezogen wurden aus diesem Grund auch „forschungsproduzierte" (Vorländer 1990: 20) beziehungsweise „selbst erstellte" (Behmer 2008: 343) Quellen in Form von kontextualisierten und überprüften Aussagen aus Interviews mit Zeitzeuginnen und Zeitzeugen. Darauf basierend werden im Folgenden die medienrechtlichen und technischen Ausgangsbedingungen zur Entwicklung des lokalen Hörfunks in Bayern dargestellt. Dabei steht das so genannte Lokalradiokonzept der Landeszentrale im Zentrum der Ausführungen. Anschließend wird die wirtschaftliche Situation des Lokalradios beleuchtet und verschiedene Kooperationsmodelle wie die Dienstleistungsgesellschaft für Bayerische Lokal-Radioprogramme (BLR) oder das Funkhauskonzept werden vorgestellt. Auch die Reichweiten der lokalen Programme und deren Entwicklungen finden in diesem Rahmen Beachtung. Abschließend werden jüngste Veränderungen aufgezeigt und Weichenstellungen für die Zukunft wie das Konzept „Hörfunk 2020" erläutert, mit dem das Lokalradio fit für den digitalen Wandel gemacht werden soll.

Das „Lokalradiokonzept": Medienrechtliche und technische Ausgangslage

Obwohl der lokale Hörfunk in Bayern – wie eingangs bereits kurz skizziert – mittlerweile vor allem über UKW verbreitet wird, liegen seine Anfänge im kabelgebundenen Münchner Pilotprojekt. Unter Federführung der Münchner Pilot-Gesellschaft für Kabelkommunikation mbH (MPK) konnten ab dem 1. April 1984 erstmals private, lokale Hörfunkangebote verbreitet werden. Anbieter wie Radio M1, Radio Xanadu, Radio Neue Welle, Radio Aktiv oder Radio Heimatfunk speisten ihre Programme ins Münchner Kabelnetz ein. Da nur wenige Haushalte in München überhaupt an das Kabelnetz angeschlossen waren (vgl. Stuiber 1998: 553), blieben die Reichweiten allerdings überschaubar, der Verkauf von Werbezeiten schwierig und die finanzielle Situation der einzelnen Anbieter damit teilweise prekär. Die gesellschaftliche Debatte wurde in Teilen ausgesprochen kritisch geführt (siehe Kapitel 1). Widerstand formierte sich in einzelnen Gruppierungen; zu nennen ist hier insbesondere die Bürgerinitiative gegen Kabelkommerz (BIKK), die sich mit Sprüchen wie „Kein Kabelkommerz für die Weltstadt mit Herz!" gegen das Projekt wehrte (siehe Kapitel 1).

Mit dem Gesetz über die Erprobung und Entwicklung neuer Rundfunkangebote und anderer Mediendienste, kurzum dem Medienerprobungs- und Entwicklungsgesetz (MEG), wurden zum 1. Dezember 1984 die zentralen Aufgaben der zu diesem Zeitpunkt noch zu gründenden Landeszentrale festgeschrieben – darunter das Ziel, baldmöglichst ein Konzept für eine landesweite, regionale und lokale Rundfunkstruktur im Freistaat zu entwickeln. Dabei war bereits in der Phase der Erprobung, also während der Pilotprojekte, angedacht, „drahtlos übertragene Hörfunksendungen im UKW-Bereich mit dem Ziel [einzubeziehen], ein landesweites Rahmenprogramm neuer Anbieter und lokale Hörfunksendungen für München zu entwickeln" (siehe Art. 5, Abs. 3, MEG 1984). Insgesamt war das MEG nicht sehr detailliert oder konkret formuliert, sodass recht viele Möglichkeiten der Auslegung und der praktischen Anwendung bestanden, wie Wolf-Dieter Ring, der damals in der Staatskanzlei als Referent für Medienpolitik federführend am MEG mitarbeitete, in der Rückschau berichtet (siehe Walendy 2020).

In technischer Hinsicht war die grundlegende Voraussetzung für einen Übergang vom kabelgebundenen Pilotprojekt zu einem analogen UKW-Hörfunk zunächst ein Ausloten der verfügbaren terrestrischen Übertragungskapazitäten. Bereits von 1981 bis 1984 waren in Genf auf der Konferenz der Internationalen Fernmeldeunion Gespräche zur Neuorganisation des UKW-Frequenzbereichs geführt worden (vgl. Prosch 2002: 1939). Mit dem Genfer Wellenplan und den Baltic-Abkommen I und II konnte der Frequenzbereich für UKW-Radio schließlich erweitert werden (vgl. BLM 2019a: 32).

Mit der Formulierung im MEG, Hörfunk über UKW organisieren zu wollen, sowie dem Abschluss der entsprechenden Abkommen zur Frequenzorganisation waren die Grundsteine des lokalen Hörfunks gelegt und die Diskussionen in Bayern nahmen Fahrt auf. Mit der technischen Umsetzung in der zum 1. April 1985 gegründeten Landeszentrale wurde Helmut Haunreiter, ab 1985 dortiger Bereichsleiter für Rundfunktechnik, beauftragt. Er hielt die ursprünglich im MEG vorgesehene landesweite Kette für die Veranstaltung von lokalen Fenstern ungeeignet:

> Ich machte darauf aufmerksam, dass die landesweite Kette sehr ungeeignet für die Veranstaltung lokaler Fenster sei, weil die einzelnen Sender sehr unterschiedlich große geografische Flächen abdecken. Damit wäre ein durchgehendes Landesprogramm nicht möglich, weil das Programm, je nach Versorgungsgebiet, für eine unterschiedliche Anzahl von Lokalradios unterbrochen werden müsste. Als Ausweg schlug ich vor, für Lokalradio eine entsprechende Zahl von Sendefrequenzen zu planen und in ein sogenanntes Koordinierungsverfahren zu geben und sie damit für die Zwecke der BLM nutzbar zu machen (Haunreiter 2019: 138f.).

Damit war die Idee des bayerischen Lokalradiokonzepts entstanden. Konkret ausgearbeitet wurde es zwischen 1985 und 1986, aufgrund der Fernmeldehoheit unter Federführung der BLM gemeinsam mit Vertreterinnen und Vertretern des Post- und Fernmeldeministeriums (vgl. Protokoll zur Medienratssitzung vom

30.01.1986: 13f.; BLM 2019a: 38). Letztlich waren in dem Konzept 92 lokale (UKW-)Hörfunkfrequenzen im Freistaat vorgesehen (vgl. Stuiber 1992: 578; Schumann 1993: 238). 87 dieser 92 Frequenzen sollten dabei im Frequenzbereich zwischen 87,6 MHz und 99,9 MHz liegen. Von diesen 92 lokalen Hörfunkfrequenzen waren für München und Nürnberg beispielsweise jeweils fünf vorgesehen; für Augsburg, Regensburg und Würzburg je drei. Diese Pläne mussten dabei einerseits sowohl innerhalb der Bundesrepublik als auch mit der DDR sowie anderen europäischen Nachbarn abgestimmt werden. Anderseits mussten sie ebenso mit dem öffentlich-rechtlichen BR koordiniert werden.

Am 30. Januar 1986 wurde das Konzept schließlich im Medienrat diskutiert. Die Landeszentrale verfolgte mit dem Konzept das Ziel, so der damalige BLM-Geschäftsführer Wolf-Dieter Ring, eine „möglichst gleichmäßige Versorgung der Landesteile in Bayern" (Protokoll zur Medienratssitzung vom 30.01.1986: 16) zu erreichen. Die geplanten Hörfunkfrequenzen sollten daher an lokale Anbieter an insgesamt 78 Standorten vergeben werden, die dort jeweils terrestrischen Hörfunk verbreiten sollten. Die damit verbundene Hoffnung war, die publizistische Vielfalt im lokalen Raum zu erweitern (vgl. Scherer/Rieß 1997: 239). Lokaler Hörfunk, so die Annahme, könnte eine „sinnvolle Ergänzung" (Weiss 1993: 37) zur Presse sein und den „publizistischen Wettbewerb" (ebd.) voranbringen. In der Diskussion im Medienrat erkundigten sich einzelne Mitglieder euphorisch, ob nicht noch mehr Frequenzen möglich seien, während andere Mitglieder bereits erste ökonomische Bedenken anmeldeten. So rechnete Medienrat Klaus Warnecke (Bayerischer Landtag, SPD) in der Gremiensitzung vor, dass für 92 Lokalstationen Kosten in Höhe von etwa 100 Millionen Mark durch Werbeeinnahmen zu decken wären, was nur mit einer Verdopplung des damaligen Werbeaufkommens in Bayern zu erreichen wäre. BLM-Präsident Rudolf Mühlfenzl hingegen argumentierte, dass sich Werbebudgets „um einiges ausweiten [würden], wenn Werbemöglichkeiten via elektronische[n] Medien" (ebd.) bestünden. Letztlich konnten sich die Befürworter des Konzepts durchsetzen, sodass es einstimmig beschlossen wurde. Vom damaligen Medienrats-Vorsitzenden Klaus Kopka (Bayerischer Landtag, CSU) wurde es als „Meilenstein für die bayerische Medienpolitik" (ebd.) gelobt.

Mit Erreichen dieses „Meilensteins" kam es bald zu den ersten Ausschreibungen sowie Vergaben der UKW-Frequenzen an Anbieter in verschiedenen bayerischen Städten, unter anderem in München, Nürnberg und Augsburg. Zu den ersten Stationen, die in diesen frühen Anfangsjahren des lokalen UKW-Hörfunks ihren Sendebetrieb aufnahmen und bis heute Bestand haben, zählen in München beispielsweise Radio Gong 96,3 (29.05.1985 – damals noch unter dem Namen Radio Gong 2000) oder Radio 95.5 Charivari (01.04.1986) sowie in Nürnberg Radio Charivari 98,6 (03.12.1986) oder Hitradio N1 (03.12.1986). Auch in bayerischen Klein- und Mittelstädten folgten bald erste Inbetriebnahmen wie die von Radio Charivari in Regensburg (09.05.1987), Extra Radio in Hof (03.10.1987), Hitradio RT1 in Augsburg (21.03.1987) oder Radio IN in Ingolstadt (10.09.1988).

Aufgrund der begrenzten Verfügbarkeit terrestrischer Frequenzen bei gleichzeitig hohem Interesse am Hörfunk („Frequenzknappheit") wurden an vielen Standorten die UKW-Frequenzen zunächst fragmentiert genutzt. Im so genannten Frequenzsplitting strahlten dann jeweils mehrere, voneinander unabhängige Rundfunkanbieter mit vollwertiger Genehmigung seitens der Landesmedienanstalt ihr selbst produziertes, eigenständiges Programm zu unterschiedlichen, durch die BLM festgesetzten Zeiten auf derselben Frequenz aus (vgl. Niebler 2009: 58). Exemplarisch sei an dieser Stelle die Münchner Hörfunkfrequenz 92,4 MHz genannt, auf der in diesen Anfangsjahren verschiedenste Anbieter rangierten. Zeitzeuginnen und Zeitzeugen beschrieben diese Phase als „gleichberechtigen Hahnenkampf", „heilloses Durcheinander", „Chaos" und „ewiges Hin und Her".

Zulieferungen, Funkhäuser und Co.: Debatte um die wirtschaftliche Situation

Die ökonomische Realisierung des bayerischen Lokalradiokonzepts gestaltete sich vor allem in den Anfangsjahren des privaten Rundfunks schwierig (vgl. Stuiber 1998: 579). Insbesondere die hohen Produktionskosten und die geringen Werbeeinnahmen verursachten bei vielen Sendern Verluste. So war das Werbeaufkommen – insbesondere in den bayerischen Klein- und Mittelstädten, aber auch in Ballungsgebieten – begrenzt und die potenziellen Werbekunden vor Ort engagierten sich, wie von einigen Medienratsmitgliedern befürchtet, zu Beginn tatsächlich nur zögerlich in dem neuen Medium. Mit dem Sendebeginn von Antenne Bayern im September 1988 verschärfte sich diese Situation weiter. Von da an flossen die Werbegelder von nationalen Werbeträgern – also von größeren, in ganz Deutschland tätigen Unternehmen – vermehrt zu dem landesweiten Anbieter. Zuvor stammte, gerade in den Ballungsgebieten, „jede zweite Werbemark" (Kors 2019: 142), die lokale Anbieter erhielten, von nationalen Werbeträgern.

Um die lokalen Sender in Bayern bei der Gestaltung eines Vollprogramms wirtschaftlich zu entlasten, müssten unterstützende Strukturen etabliert werden, wie sich bald zeigte (vgl. Treml 2016: 274). Für hitzige Debatten sorgte 1988 ein erster Vorstoß, zentrale Programmzulieferungen durchzusetzen: Die Hörfunkagentur Radio Sat 2000 wollte Lokalradios mit Nachrichtensendungen, später sogar mit einem Mantelprogramm, versorgen (vgl. Ott 1989: 32). Dabei war es den lokalen Programmanbietern in Bayern zu diesem Zeitpunkt nach der Hörfunksatzung nicht gestattet, Programmzulieferungen zentraler Stellen zu beziehen; nur nachts zwischen 22 und 6 Uhr waren solche Zulieferungen zugelassen (vgl. Schick 1991: 57). Diese Agentur hatten vor allem die Mediengesellschaft der Bayerischen Tageszeitungen für Kabelkommunikation mbH (m.b.t.) sowie der

Nürnberger Telefonbuchverleger Gunther Oschmann, die beide als Gesellschafter an zahlreichen Anbietern im lokalen Hörfunk Beteiligungen hielten, vorangetrieben. Im Medienrat formierte sich alsbald breiter Widerstand gegen eine solche zuliefernde Agentur: Ratsmitglied Hans-Peter Buschheuer (Bayerischer Landtag, Grüne) sah in Radio Sat 2000 den „Beginn eines Konzentrationsprozesses in der Lokalradio-Szene" (Protokoll zur Medienratssitzung vom 29.09.1988: 35), Ratsmitglied Dieter Schäfer (Industrie- und Handelskammern) forderte auf, gegen diese „Vereinheitlichung und Monopolisierung" (ebd.) Stellung zu beziehen, und der Medienrats-Vorsitzende Klaus Kopka (Bayerischer Landtag, CSU) befürchtete, dass es dadurch zu „Einheitsbrei" (ebd.) und „Gleichmacherei" (ebd.) im Lokalradio käme. Auch Geschäftsführer Ring zeigte sich sehr skeptisch: Die Radiosender sollten nicht zu „ferngesteuerten Vermarktungsstationen" (zit. nach Ott 1989: 32) mit einer „zentralistischen Geschmacksordnung" (ebd.) werden.

Bald wurden erste Untersuchungen zur Wirtschaftlichkeit im bayerischen Lokalradio im Auftrag der Landeszentrale durchgeführt, um den „Status Quo" auf wissenschaftlicher Basis bewerten zu können. So wies die bereits eingangs erwähnte, im Auftrag der Landeszentrale erstellte Studie der Rinke Treuhand GmbH (1989) beispielsweise daraufhin, dass lediglich fünf bis sechs von damals 50 befragten Lokalradios wirtschaftlich erfolgreich agieren würden (vgl. ebd.: 13). Durchschnittlich würden die Lokalradios nur Kostendeckungen zwischen 65 bis 68 Prozent erreichen (vgl. ebd.). In der Untersuchung kamen die Wissenschaftler zu „der Einschätzung, daß viele Lokalradios ohne Verbesserung wesentlicher Rahmenbedingungen kaum die Rentabilitätsschwelle erreichen bzw. überschreiten dürften" (ebd.: 69). Als Ursachen führten sie neben dem bereits diskutierten, intensiven Wettbewerb im Werbemarkt durch die landesweite Konkurrenz im Hörfunk vor allem geringe Kooperationen zwischen Konkurrenten am Mehrfrequenzstandort oder zwischen Anbietern im Frequenzsplitting an. Auch teilweise geringe (technische) Reichweiten durch schwache Senderleistungen seien für die Anbieter problematisch. Darüber hinaus seien sie teilweise durch zu hohe Gebühren der Kabelgesellschaften belastet. Als Lösungen wurden verschiedene Kooperationsmöglichkeiten empfohlen (vgl. ebd.: 74). So könnte mit programmbezogenen Kooperationen eine Senkung der Programmkosten erreicht werden: Durch „Koproduktionen und den Austausch von redaktionellen Beiträgen" (ebd.: 71) könnten Synergien erzielt werden und Produktionskosten auf mehrere Anbieter verteilt werden. Noch weitreichendere Kostensenkungen seien zu erwarten, wenn mehrere Anbieter auf Zulieferungen oder gar ein Mantelprogramm zurückgreifen könnten (vgl. ebd.: 72).

Der Druck auf den Medienrat nahm noch weiter zu, als im Bayerischen Landtag auch Staatssekretär Wilhelm Vorndran im Februar 1989 darauf hinwies, dass sich „die Wirtschaftlichkeit durch die Zulassung eines Rahmenprogramms"

(Vorndran zit. nach Schick 1991: 59) verbessern könne. In der Sitzung des Medienrats am 26. Oktober 1989 forderte schließlich auch der damalige CSU-Generalsekretär Erwin Huber das Gremium auf, die „Zuführung eines Rahmen- oder Ergänzungsprogramms" (Protokoll zur Medienratssitzung vom 26.10.1989: 7) zuzulassen. Die konkrete Art einer Zulieferung sollten die Anbieter jedoch selbst regeln.

In der zum 3. März 1990 geänderten Hörfunksatzung gab der Medienrat seinen Widerstand schließlich auf und ermöglichte die geforderten zentralen Zulieferungen. Als Zulieferungsmodell konnte sich letztlich die Bayerische Lokalradio-Programm-Gesellschaft (BLR) durchsetzen (siehe Kapitel 5.2.). An der BLR hielt die m.b.t. 36 Prozent der Anteile, der Medienunternehmer Gunther Oschmann sowie die Gong-Gruppe jeweils 32 Prozent (vgl. Posewang 2005: 8). Zum 2. April 1991 nahm die BLR den Sendebetrieb als Zulieferer für die bayerischen Lokalradios auf. Die Finanzierung der BLR sollte durch die von Vertreterinnen und Vertretern lokaler bayerischer Hörfunkanbieter geschaffene Radiovermarktung, die Bayerische Lokalradio-Werbung GmbH (BLW), sichergestellt werden. Die BLW sollte im lokalen Kontext, aber auch landesweit, den Werbezeitenverkauf für die Lokalsender übernehmen.

Neben Programmzulieferungen sollten Funkhäuser die finanzielle Situation der Anbieter weiter entlasten. Die Idee hinter Funkhäusern war, dass sich verschiedene Anbieter als Gesellschafter in ein gemeinsames Sendeunternehmen einbringen könnten (vgl. Penninger 2019: 151). Die bisherigen Anbieter sollten dabei weiterhin Lizenznehmer der jeweiligen Radiosender bleiben (vgl. ebd.). Über die Zusammenarbeit sollten Synergien in den Bereichen Redaktion, Musik, Technik, Marketing, Verwaltung oder Buchhaltung entstehen, von denen die einzelnen Sender – nicht nur, aber eben vor allem wirtschaftlich – profitieren könnten (vgl. Haas/Frigge/Zimmer 1991: 653). Gleichzeitig sollte über programmliche Abstimmungen „ein größeres Hörerpotenzial" (Penninger 2019: 151) erreicht werden.

Bereits im Januar 1991 begann die Landeszentrale die Prüfung eines Funkhauses für die Würzburger Hörfunkanbieter. Zu diesem Zeitpunkt hatten die lokalen Anbieter Radio Gong Mainland sowie Radio Charivari bereits eine Zusammenarbeit aufgenommen (vgl. Ott 1991). Während in Unterfranken die Debatten um ein Funkhaus anhielten, konnte im Juni 1991 das Funkhaus Regensburg als „erste[s] deutsche[s] private[s] Funkhaus" (Penninger 2019: 152) genehmigt werden. Dort hatten sich ursprünglich Radio Charivari und Radio Donauspatz (später Radio Gong-Donauspatz) zusammengeschlossen. Bereits ein Jahr nach der Gründung konnten laut eigenen Angaben des Funkhauses erstmals schwarze Zahlen geschrieben werden (vgl. ebd.). Mittlerweile sind neben den zwei ursprünglichen Sendern auch Radio Galaxy, Absolut Relax sowie Absolut Hot ins Funkhaus eingezogen. In Nürnberg konnte das Funkhaus im November 1994 nach langwierigen Debatten genehmigt werden. Dort kooperierten Radio Gong, Radio F, Radio Charivari und Hit Radio N1 in Verwaltung, Vermarktung und Technik. 1999 kam ein fünfter Anbieter hinzu: Pirate Radio (später Pirate Gong). In München hingegen konnte sich keine Zusammenarbeit in Form eines Funkhauses durchsetzen. 1993 hatten Radio Arabella, Radio Gong und Radio Charivari zwar bei der Landeszentrale die Genehmigung einer „frequenzübergreifende[n] Zusammenarbeit" (Ott 1993) beantragt, die Landes- und Bundeskartellbehörden hatten allerdings ihr Veto eingelegt. Befürchtet worden waren „Wettbewerbsverschiebungen" (ebd.) durch die gegenseitige Abstimmung bei Werbeaufträgen. Diese wären vor allem zu Lasten kleinerer Anbieter in der Landeshauptstadt wie beispielsweise Radio Lora gegangen. Schon früh hatten die kleineren Anbieter die Sorge geäußert, dass das Funkhausmodell nur dazu diene, sie „zu verdrängen beziehungsweise zu schlucken oder gleichzuschalten" (Efinger 1991). Erst kürzlich betonte Wolf-Dieter Ring in einem Interview noch einmal die Bedeutung der Zulassung der Funkhäuser als wichtigen Faktor für die wirtschaftliche Stabilisierung im lokalen Hörfunk:

> Dann die Zusammenarbeit von Anbietern an bestimmten Stationen, das sogenannte Funkhaus-Modell [...]. Das Modell zeichnet sich aus durch wirtschaftliche, und bis zu einem gewissen Grad auch programmliche Zusammenarbeit, aber mit unterschiedlichen inhaltlichen Angeboten. [...] Das waren also Maßnahmen, um die wirtschaftliche Stabilisierung herzustellen. Die haben sich grundsätzlich bewährt (Walendy 2020: 74).

Betrachtet man die Gesamtheit der lokalen Programmanbieter in ganz Bayern, so ist in den Jahren nach Beginn der zentralen Programmzulieferung sowie der Genehmigung der Funkhäuser tatsächlich eine Zunahme der Kostendeckung zu beobachten (siehe Kapitel 2.3.). 1991 stieg die durchschnittliche Kostendeckung bayerischer Lokalradios auf 84 Prozent, 1992 bereits auf 98 Prozent. 1993 überstiegen die Erlöse erstmals die Aufwendungen, sodass die Lokalradios schwarze Zahlen schrieben, siehe Abb. 7.

In einer Folgestudie zur wirtschaftlichen Situation im Lokalradio stellte die Rinke Treuhand GmbH (1993) fest, dass mittlerweile 22 der befragten 44 Anbieter die Gewinnzone bereits erreicht hätten und elf Anbieter sich immerhin an der Schwelle zur Kostendeckung befänden (vgl. ebd.: 48). Diese Zahlen belegen, dass die verschiedenen Kooperationsmodelle durchaus einen Beitrag dazu leisteten, die wirtschaftliche Situation im lokalen Hörfunk in Bayern zu stabilisieren. Gleichzeitig wurden die verschiedenen Kooperationsmodelle kritisch beobachtet: Zentrale Zulieferungen seien gerade „unter dem Gesichtspunkt der Meinungsvielfalt" (Böckelmann/Hesse 1996: 51) ambivalent zu bewerten. Zudem könnten sie dazu führen, so Kritikerinnen und Kritiker, dass die Programmvielfalt zurückginge (Wöste 1995: 212f.). Ebenso umstritten wurden die Funkhäuser diskutiert: So zeige der Zusammenschluss verschiedener Anbieter innerhalb eines Funkhauses, „welche Dynamik Medienkonzentrationsprozesse in kurzer Zeit entwickeln" (Böckelmann/Hesse 1996: 51) könnten.

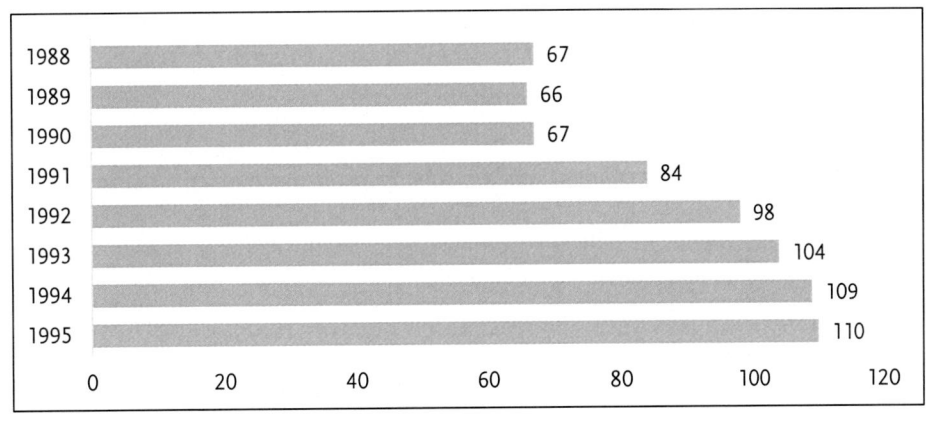

Jahr	Kostendeckung (%)
1988	67
1989	66
1990	67
1991	84
1992	98
1993	104
1994	109
1995	110

Abb. 7: Durchschnittliche Kostendeckung der Lokalradios in Bayern (in %) von 1988 bis 1995 (eigene Darstellung, für die Daten siehe Posewang 2005: 9).

Programm, Publikum und Popularität

Wie die Anbieter in diesen Anfangsjahren ihr Hörfunkprogramm gestalteten, kann anhand einzelner Programmanalysen nachvollzogen werden. Die ersten Programmanalysen der bayerischen Lokalradios fanden im Frühjahr 1989 in München statt (siehe hierzu Wagner/Schröter/Nawratil 1989) sowie im Großraum um Nürnberg, Fürth und Erlangen (siehe hierzu Schulz/Scherer 1989). Vor dem Hintergrund des Medienerprobungs- und Entwicklungsgesetzes von 1984 dienten sie in erster Linie als Bestandsaufnahme der damaligen Hörfunklandschaft (vgl. Schulz/Scherer 1989: 7f.).

Andere Analysen folgten bald. So untersuchte beispielsweise Joachim Trebbe (1996) am Standort Augsburg im Auftrag der BLM die publizistische Vielfalt mit einer Inhaltsanalyse. Herangezogen wurden dazu jeweils die publizistischen Beiträge der insgesamt fünf Lokalfunkanbieter auf den drei Augsburger UKW-Frequenzen. Verglichen wurden sie mit Angeboten der lokalen Presse und des lokalen Fernsehens. „Radiounterhaltung in Form von Moderationen, Plaudereien und Spielen" (ebd.: 249) sei kennzeichnend für die Programmgestaltung im Augsburger Hörfunk, so Trebbe (siehe Kapitel 2.4.). Im Hörfunk stünden bei den lokalen Informationsbeiträgen eher persönliche Themen aus der Freizeit der Hörerinnen und Hörer (Urlaub, Hobbys etc.) im Mittelpunkt (vgl. ebd.: 251).

Viele Beiträge im Hörfunk seien als „Beteiligungspublizistik" (ebd.: 253) einzustufen: Dabei handelt es sich vor allem um Anrufe von Hörerinnen und Hörern in verschiedenen Sendungen. Insgesamt fiel die Bilanz zum Hörfunk dennoch positiv aus und so hielt Trebbe letztlich fest,

> daß die privaten Funkmedien erstens vermehrt die übergreifende Thematisierung des gesamten Kommunikationsraumes Augsburg übernehmen und zu einer verstärkten lokalpublizistischen Konkurrenz im Zentrum des Kommunikationsraumes beitragen (ebd.: 255).

Im Rahmen einer Folgestudie untersuchte Trebbe (1998), erneut von der BLM beauftragt, wenig später mithilfe einer Inhaltsanalyse der lokalen Medien sowie Sekundärauswertungen der Funkanalyse Bayern die publizistische Vielfalt in den Regionen Landshut sowie Schweinfurt. In Landshut ergaben die Untersuchungen, dass sich das Hörfunkprogramm vor allem durch Servicebeiträge und Unterhaltung auszeichne. Der „Berichterstattung über lokale Politik und öffentliche Kontroversen" (ebd.: 93) werde kein besonderer Stellenwert zugeschrieben. Für das Lokalradio vor Ort stellte der Forscher darüber hinaus fest, dass 50 Prozent der politischen Themenbeiträge auch in einem anderem lokalen Medium diskutiert worden waren. Während sich Lokalfernsehen und -zeitung allerdings vor allem auf Stadt- und Landkreis bezogen, wurde im Lokalradio ein wesentlich größeres Gebiet aus insgesamt vier Landkreisen thematisiert (vgl. ebd.). Für den Standort Schweinfurt stellte Trebbe heraus, dass die lokalpublizistische Sendezeit rund zur Hälfte aus journalistischen Informationsbeiträgen bestünde (vgl. ebd.: 154). 80 Prozent dieser Beiträge wiesen dabei einen Bezug auf Stadt- und Landkreis auf. Die andere Hälfte des Programms werde mit Service- und Unterhaltungsbeiträgen gestaltet.

Eine weitere Studie zur publizistischen Vielfalt im Lokalradio legten Wolfgang Eichhorn, Martin Rieß und Helmut Scherer (1996) vor. Sie untersuchten im Auftrag der BLM die programmlichen Leistungen von 58 bayerischen Lokalradios an 27 Standorten. Im Mittelpunkt standen die publizistischen Grundfunktionen Unterhaltung, Information, Service und Beratung (vgl. ebd.: 211). Durchschnittlich lag der Anteil an Wortbeiträgen im Programm aller untersuchter Lokalradios zwischen 20 und 40 Prozent. Der Anteil an Nachrichten am Gesamtprogramm betrug durchschnittlich rund sieben Prozent (vgl. ebd.: 216). Lokale Informationen waren eher schwach vertreten. Dienstleistungen wie Verkehrsmeldungen, Wetterberichte oder Zeitansagen machten etwa vier Prozent des gesamten Programms aus (vgl. ebd.). Erwartungsgemäß war ein hoher Anteil der Servicebeiträge lokal ausgerichtet. Insgesamt bestanden allerdings große Unterschiede zwischen den einzelnen Programmen: Gerade nicht-kommerzielle Sender wie das Münchner Radio Neues Europa oder das Nürnberger Radio Z wiesen deutlich höhere Wortanteile auf (vgl. ebd.: 212). Mit ihrer Programmgestaltung gelang es den verschiedenen Anbietern in ganz Bayern, bereits in den Anfangsjahren des lokalen Hörfunks gute Reichweiten aufzubauen und im Laufe der folgenden Jahre sogar immer weiter zu erhöhen. Während die bayerischen Lokalradioprogramme im Jahr der ersten Reichweitenerhebung im Rahmen der Funkanalyse 1989 insgesamt 1,24 Millionen Hörerinnen und Hörer erreichten, stieg dieser Anteil bis 1999 bereits auf 2,45 Millionen und 2009 auf 2,85 Millionen an, siehe Abb. 8. Zuletzt fanden die Programme 2,94 Millionen Hörerinnen und Hörer. Freilich ist dabei zu berücksichtigen, dass in diesen 30 Jahren die Anzahl der Programme kontinuierlich gestiegen ist und sich auch die technische Reichweite verbesserte, beziehungsweise sich die Anzahl der Verbreitungskanäle deutlich erhöhte.

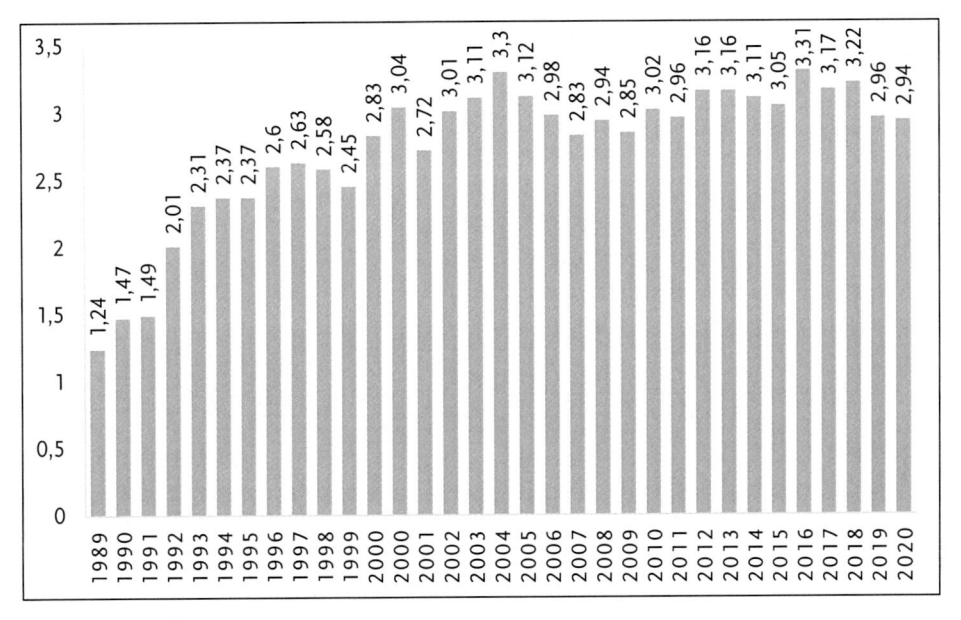

Abb. 8: Entwicklung der Tagesreichweiten der Lokalradioprogramme in Bayern (in Mio., Bevölkerung ab 10 bzw. 14 Jahre in Bayern, Montag bis Freitag; eigene Darstellung; vgl. BLM 2010: 1; BLM 2019b: 6; BLM 2020a: 4).

Mittlerweile haben die bayerischen Lokalradioprogramme bei ihren Zielgruppen eine breite Akzeptanz erreicht. Aktuelle Untersuchungen zu den Programmkompetenzen innerhalb der Funkanalyse belegen, dass neben der Musik vor allem die Morgensendung und ihre Moderatorinnen und Moderatoren wichtige Gründe seien, die Lokalradioprogramme einzuschalten. Neben Services wie Verkehr, Veranstaltungshinweisen oder Wetter und lokalen Informationen wurden zudem die Themenauswahl und die Qualität der Inhalte als zentrale Motive für die Programmwahl angegeben. Über alle Standorte hinweg wiesen die Stammhörerinnen und -hörer ihren Sendern in diesen Aspekten laut Funkanalyse überdurchschnittlich hohe Kompetenzen zu (vgl. BLM 2019c: 70). Vor allem im Hinblick auf die lokalen Informationen wurden die Lokalradioprogramme deutlich besser als Antenne Bayern, Bayern 1 oder Bayern 3 bewertet; bei den überregionalen Informationen verkehrte sich das Verhältnis allerdings ins Gegenteil (vgl. ebd.: 71).

Seitens des öffentlich-rechtlichen Rundfunks haben die privaten Lokalradioprogramme in den letzten Jahren neue Konkurrenz erhalten: Seit Februar 2015 sendet BR Heimat über das digitale Antennenradio DAB+, über Kabel, Satellit sowie über das Internet Volksmusik rund um die Uhr. Zuletzt sorgten Überlegungen, den bislang nur digital empfangbaren Jugendsender Puls von 2018 an auf der UKW-Frequenz von BR Klassik laufen zu lassen, für heftige Diskussionen. 60 bayerische Lokalradios sowie der landesweite Sender Antenne Bayern klagten gegen diese Pläne. Der BR entschied sich letztlich gegen diesen Frequenztausch. Die „Expansionsbestrebungen des BR", so BLM-Präsident Siegfried Schneider auf der eingangs erwähnten Veranstaltung, blieben für die privaten Anbieter weiterhin ein sensibles Thema beim Wettbewerb um die Reichweiten.

Fazit: Zukunft mit Spotify, Streaming und Sprachassistenten

Allerdings dürften es weniger die „Expansionsbestrebungen des BR" sein als vielmehr die aktuellsten technologischen Entwicklungen, die den lokalen Hörfunk in Zukunft herausfordern. Im Zuge der Digitalisierung gilt es, den lokalen Hörfunk neu aufzustellen. Die Anbieter müssen auf neue non-lineare Angebote wie Podcasts und digitale Ausspielwege wie Streamingplattformen oder Sprachassistenten („Smart Speaker") reagieren. Gerade Podcasts wird bereits heute, auch bei den lokalen Anbietern, enorme Bedeutung zugeschrieben (siehe Kapitel 5.8.).

Um den lokalen Hörfunk im Freistaat auf diese digitale Transformation vorzubereiten, legte der Medienrat der BLM im Jahr 2016 das Grundsatzkonzept „Hörfunk 2020" auf. Bereits 2013 hatte die einberufene Arbeitsgruppe „Hörfunk 2020" die Arbeit daran begonnen. Konkret sieht das Konzept ein Bündel von insgesamt 13 Maßnahmen vor, die bis 2020 umgesetzt werden sollen (BLM 2018b: 14). So ist für das Lokalradio künftig ein „Technologie-Mix" (BLM 2019a: 38) vorgesehen: Die bislang dominante Übertragungstechnik UKW soll mehr und mehr durch DAB+, mobiles und stationäres Internet ergänzt und schließlich möglicherweise vollständig ersetzt werden. Für den Freistaat sind insgesamt bis zu elf regionale DAB+-Verbreitungsgebiete vorgesehen, um eine flächendeckende regionale DAB+-Versorgung zu erreichen. Die digitale Verbreitung ist dabei vor allem aus Gründen der Wirtschaftlichkeit geboten: Für die Radioanbieter ist DAB+ in der Verbreitung deutlich kostengünstiger als UKW. Die Ausschreibung neuer

Kapazitäten in DAB+ war zuletzt in vollem Gange: So wurden beispielsweise zwei neue, digitale terrestrische Übertragungskapazitäten im DAB-Versorgungsgebiet Allgäu im März 2020 ausgeschrieben (vgl. BLM 2020b). Darüber hinaus, so die Überlegungen in dem Grundsatzkonzept, sollen neben dem DAB+-Ausbau auch die bisherigen Nutzungsmuster mobiler Ausspielwege, vor allem seitens kleinerer Radioanbieter, überdacht und gemäß den technischen Rahmenbedingungen neu konzeptioniert und gestärkt werden.

Spotify, Streaming und Sprachassistenten: Der lokale Hörfunk wird sich, so viel steht fest, wandeln müssen, will er seine Relevanz in digitalen Kommunikationsräumen nicht verlieren. Die analogen Pionierjahre im lokalen Hörfunk sind vorüber, aber die digitalen Pionierjahre stehen noch bevor.

Literatur

Bayerische Landeszentrale für neue Medien (2010): Funkanalyse Bayern. Reichweiten in Bayern. Online: www.funkanalyse.tns-infratest.com/2010/1_hf/1nutzung/index_1nutzung.asp (zuletzt abgerufen am 30.09.2020).

Bayerische Landeszentrale für neue Medien (2018a): Grußwort von BLM-Präsident Siegfried Schneider zur Veranstaltung „Die Entwicklung des lokalen Rundfunks in Bayern" am 15. November 2018. Online: www.blm.de/infothek/positionen_und_reden/2018.cfm?object_ID=10858 (zuletzt abgerufen am 15.02.2021).

Bayerische Landeszentrale für neue Medien (2018b): Wellenspiegel 2018. Online: www.blm.de/files/pdf2/wellenspiegel.2018_neu_korr.pdf (zuletzt abgerufen am 15.02.2021).

Bayerische Landeszentrale für neue Medien (2019a): Wellenspiegel 2019. Online: www.blm.de/files/pdf2/wellenspiegel_2019.pdf (zuletzt abgerufen am 15.02.2021).

Bayerische Landeszentrale für neue Medien (2019b): Funkanalyse Bayern. Reichweiten in Bayern. Online: funkanalyse.tns-infratest.com/2019/Gesamtbericht-Handout/-1_Reichweiten-in-Bayern.pdf (zuletzt abgerufen am 30.09.2020).

Bayerische Landeszentrale für neue Medien (2019c): Funkanalyse Bayern. Programmkompetenzen. Online: funkanalyse.tns-infratest.com/2019/Gesamtbericht-Handout/4_Programmkompetenzen.pdf (zuletzt abgerufen am 30.09. 2020).

Bayerische Landeszentrale für neue Medien (2020a): Funkanalyse Bayern. Reichweiten in Bayern. Online: www.funkanalyse-bayern.info/2020/HF/Gesamtbericht-Handout/index.html (zuletzt abgerufen am 15.02.2021).

Bayerische Landeszentrale für neue Medien (2020b): Ausschreibung der Nutzung zweier digitaler terrestrischer Übertragungskapazitäten im DAB-Versorgungsgebiet Allgäu. Bekanntmachung der BLM. Online: www.blm.de/files/pdf2/ausschreibung-dab-versorgungsgebiet-allgaeu.pdf (zuletzt abgerufen am 15.02.2021).

Behmer, Markus (2008): Quellen selbst erstellen. Grundzüge, Anwendungsfelder und Probleme von Oral History in der medien- und kommunikationsgeschichtlichen Forschung. In: Arnold, Klaus/Behmer, Markus/Semrad, Bernd (Hrsg.): Kommunikationsgeschichte. Positionen und Werkzeuge. Ein diskursives Lehr- und Handbuch. Münster: LIT-Verlag, S. 343-361.

Böckelmann, Frank/Hesse, Kurt (1996): Wem gehört der private Rundfunk? Umfang und Auswirkungen der Beteiligungen am privaten Rundfunk in Deutschland. Konstanz: UVK Verlagsgesellschaft.

Die Medienanstalten (2017): Jahrbuch 2016/2017. Leipzig: Vistas Verlag.

Die Medienanstalten (2020): MedienVielfaltsMonitor 2019. Leipzig: Vistas Verlag.

Efinger, Eberhard (1991): In der Medienpolitik auf Anpassungskurs? In: Süddeutsche Zeitung vom 29./30.06.1991.

Eichhorn, Wolfgang/Rieß, Martin/Scherer, Helmut (1996): Die publizistischen Leistungen der Lokalradios in Bayern. Ergebnisse einer vergleichenden Inhaltsanalyse. In: Hömberg, Walter/Pürer, Heinz (Hrsg.): Medien-Transformation. Zehn Jahre dualer Rundfunk in Deutschland. Konstanz: UVK Verlagsgesellschaft, S. 210-226.

Engel, Markus/Gottinger, Ina/Grosse, Ina/Riefler, Stefan (1986): Die Kabelpilotprojekte in der Bundesrepublik Deutschland. Eine Synopse. München: Arbeitskreis Kommunikation und Information.

Goldmedia GmbH (2019): Wirtschaftliche Lage des Rundfunks in Deutschland 2018/2019. Studie im Auftrag der Landesmedienanstalten. Leipzig: Vistas Verlag.

Haas, Michael H./Frigge, Uwe/Zimmer, Gert (1991): Radio-Management. Ein Handbuch für Radio-Journalisten. München: Ölschläger Verlag GmbH.

Haunreiter, Helmut (2019): Kampf um die UKW-Frequenz. In: Ring, Wolf-Dieter (Hrsg.): Aufbruch zur Medienvielfalt. Augsburg: Context Verlag, S. 136-139.

Hiegemann, Susanne (1992): Die Entwicklung des Mediensystems in der Bundesrepublik. In: Bundeszentrale für Politische Bildung (Hrsg.): Privat-kommerzieller Rundfunk in Deutschland. Froitzheim, Bonn: o. V., S. 31-88.

Kors, Johannes (2019): Gemeinsamkeit macht stark. Erfolgsfaktor für den bayerischen Lokalfunk bei der nationalen Werbevermarktung. In: Ring, Wolf-Dieter (Hrsg.): Aufbruch zur Medienvielfalt. Entwicklung des privaten Rundfunks in Bayern. Augsburg: Context Verlag, S. 142-145.

Medienrat der Bayerischen Landeszentrale für neuen Medien (1986): Protokoll zur Medienratssitzung vom 30. Januar 1986.

Medienrat der Bayerischen Landeszentrale für neuen Medien (1988): Protokoll zur Medienratssitzung vom 29. September 1988.

Medienrat der Bayerischen Landeszentrale für neuen Medien (1989): Protokoll zur Medienratssitzung vom 26. Oktober 1989.

Niebler, Julia (2009): Die Stärkung der Regionalfensterprogramme im Privaten Rundfunk als Mittel zur Sicherung der Meinungsvielfalt durch den Achten Rundfunkänderungsstaatsvertrag. Frankfurt: Peter Lang Verlag.

Ott, Klaus (1989): Konkurrenz hausgemacht. In: Journalist, Jg. 39, H. 1, S. 32-33.

Ott, Klaus (1991): In der Semmelstraße größere Brötchen backen. In: Süddeutsche Zeitung vom 13.06.1991.

Ott, Klaus (1993): Kartellbehörden stoppen „Funkhaus München". In: Süddeutsche Zeitung vom 11.12.1993.

Penninger, Gerd (2019): Funkhaus Regensburg. In: Ring, Wolf-Dieter (Hrsg.): Aufbruch zur Medienvielfalt. Augsburg: Context Verlag, S. 150-155.

Posewang, Wolfang (2005): Kampf um die UKW-Frequenzen. In: Tendenz – Das Magazin der Bayerischen Landeszentrale für Neue Medien, H. 2, S. 4-9.

Prosch, Theodor (2002): Die Netze des Planes Genf 1984 für UKW am Beispiel Baden-Württemberg (Bundesrepublik Deutschland). In: Ungeheuer, Gerold/Wiegand, Herbert Ernst (Hrsg.): Handbücher zur Sprach- und Kommunikationswissenschaft. Band 3: Medienwissenschaft. o. O.: Walter de Gruyter, S. 1932-1941.

Rinke Treuhand GmbH (1988): Studie zur wirtschaftlichen Tragfähigkeit von Lokalradios in Bayern. Erstellt im Auftrag der BLM. München: Reinhard Fischer Verlag, BLM-Schriftenreihe 4.

Rinke Treuhand GmbH (1989): Bestandsaufnahme der Wirtschaftlichkeit bayerischer Lokalradios. Auswertung eines von der Arbeitsgruppe „Wirtschaftlichkeitsfragen" erstellten Fragebogens. München: Reinhard Fischer Verlag, BLM-Schriftenreihe 5.

Rinke Treuhand GmbH (1993): Wirtschaftlichkeit Bayerischer Lokalradios 1988-1992. Empirische Untersuchung. München: Reinhard Fischer Verlag, BLM-Schriftenreihe 23.

Scherer, Helmut/Rieß, Martin (1997): Das Lokale im Lokalradio. Entwicklung der Berichterstattung von 1989 bis 1992 am Beispiel Nürnberg. In: Barth, Christof/Schröter, Christian (Hrsg.): Radioperspektiven. Strukturen und Programme. Baden-Baden: Nomos Verlag, S. 239-250.

Schick, Paul (1991): Privater Hörfunk in Bayern. Kompetenzregelungen, medienpolitische Konflikte, gesellschaftsrechtliche Verflechtungen; die Entwicklung bis Ende 1990 unter besonderer Berücksichtigung der wirtschaftlichen Rahmenbedingungen. München: Reinhard Fischer Verlag.

Schramm, Holger/Petersen, Sven/Rütter, Karoline/Vorderer, Peter (2002): Wie kommt die Musik ins Radio? Stand und Stellenwert der Musikforschung bei deutschen Radiosendern. In: Medien & Kommunikationswissenschaft, Jg. 50, H. 2, S. 227-246.

Schulz, Winfried/Scherer, Helmut (1989): Die Programme der Lokalradios im Raum Nürnberg. München: Reinhard Fischer Verlag, BLM-Schriftenreihe 5.

Schumann, Michael (1993): Neue Medien und privater Rundfunk in Bayern: das Bayerische Medienerprobungs- und -entwicklungsgesetz als Paradigma einer medienpolitischen Strategie. Frankfurt a. M.: Peter Lang Verlag.

Stuiber, Heinz-Werner (1998): Medien in Deutschland. Band 2: Rundfunk. 2. Teil. Konstanz: UVK Verlagsgesellschaft.

Trebbe, Joachim (1996): Der Beitrag privater Lokalradio- und Lokalfernsehprogramme zur publizistischen Vielfalt. München: Reinhard Fischer Verlag, BLM-Schriftenreihe 39.

Trebbe, Joachim (1998): Lokale Medienleistungen im Vergleich. Untersuchungen zur publizistischen Vielfalt an den bayerischen Sendestandorten Augsburg, Landshut und Schweinfurt. München: Reinhard Fischer Verlag, BLM-Schriftenreihe 47.

Vorländer, Herwart (1990): Mündliches Erfragen von Geschichte. In: Vorländer, Herwart (Hrsg.): Oral History. Mündlich erfragte Geschichte. Göttingen: Vandenhoeck & Ruprecht, S. 7-28.

Wagner, Hans/Schröter, Detlef/Nawratil, Ute (1989): Die Programme der Lokalradios in München. Inhaltsanalyse. München: Reinhard Fischer Verlag, BLM-Schriftenreihe 6.

Walendy, Elfriede (2020): „Alle haben mir vertraut." Der Aufbau des privatrechtlichen Rundfunks in Bayern. Rundfunkhistorisches Gespräch mit Wolf-Dieter Ring. In: Rundfunk und Geschichte, H. 3-4, S. 61-81.

Weiss, Klaus (1993): Publizistischer Zugewinn durch Lokalfunk? Vergleichende Analyse von Lokalmedien einer Großstadt. Bochum: Universitätsverlag Brockmeyer.

Wöste, Marlene (1995): Programmquellen privater Radios in Deutschland. Rahmenprogramme, Beitragsanbieter und PR-Audioagenturen. In: Bucher, Hans-Jürgen/Klingler, Walter/Schröter, Christian (Hrsg.): Radiotrends. Formate, Konzepte und Analysen. Baden-Baden: Nomos Verlag, S. 211-220.

3.3.2. Lokales und regionales Fernsehen in Bayern

Vera Katzenberger

„Politisch gewünscht, ökonomisch machbar?" prangte 2009 (Heft 2) als Frage auf dem Titelcover des *Tendenz*-Magazins für Funk und Fernsehen der Bayerischen Landeszentrale für neue Medien (BLM). Damit wiesen die Macherinnen und Macher der Zeitschrift in ihrer Sonderausgabe zu Lokal- und Regionalfernsehprogrammen im Freistaat auf die zentralen Debatten hin, die die Entstehung der ersten Initiativen begleiteten und die teilweise bis heute anhalten.

Zweifelsfrei feststehen dürfte, dass lokales und regionales Fernsehen medienpolitisches, publizistisches und ökonomisches Potenzial birgt. Mit seiner Fokussierung auf Informationen aus dem lokalen Raum verstärkt es (mindestens potenziell) lokale Identifikationen, bereichert das publizistische Angebot und erhöht die Meinungsvielfalt vor Ort (vgl. Jonscher 1991: 32f.; Spiegelhagen 1996: 13). Hervorzuheben ist dabei eine dem Medium zugeschriebene „Forumsfunktion" (Trebbe 1996: 17): Gerade durch die Berücksichtigung von politischen Nachrichten aus dem Nahraum kommt lokalem und regionalem Fernsehen eine hohe Bedeutung für die Partizipation an Meinungs- und Willensbildungsprozessen vor Ort zu. Insbesondere in so genannten „Ein-Zeitungs-Kreisen" stellen die Lokal- und Regionalprogramme eine wichtige Ergänzung des publizistischen Angebots dar. Daneben steht eine „Service- und Beratungsfunktion" (ebd.): Lokales und regionales Fernsehen versorgt seine Zuschauerinnen und Zuschauer mit Informationen zum alltäglichen Leben. Darüber hinaus bietet es dem lokalen und regionalen Gewerbe Werbeflächen für ihre Produkte und Dienstleistungen (vgl. Karstens/Schütte 2013: 245). Medienangebote in Nahräumen müssen jedoch auch immer mit der wirtschaftlichen Herausforderung umgehen, dass, erstens, das Werbepotenzial begrenzt ist und, zweitens, sie nicht im großen Umfang von einer Fixkostendegression profitieren können: Kostspielige Programmproduktion sowie aufwendige Verbreitung stehen eher geringen Reichweiten gegenüber (vgl. Pintzke 1996: 16).

Das lokale und regionale Fernsehen bewegt sich damit in einem mitunter schwierigen Spannungsfeld, das bislang vor allem aus historischer, ökonomischer oder publizistischer Perspektive bearbeitet wurde.

So sind die Pionierjahre des lokalen und regionalen Fernsehens in Deutschland mehr oder weniger ausführlich in verschiedenen Übersichtspublikationen dokumentiert (siehe Jonscher 1991; Jonscher 1995). Eine umfassende Darstellung der Entwicklung im Freistaat liegt bislang leider nicht vor, wenngleich sie in verschiedenen Beiträgen immer wieder eingefordert wurde (siehe Treml 2016). Die Studie zur „Wirtschaftlichen Lage des Rundfunks in Deutschland" (WiLa), die im Auftrag einiger Landesmedienanstalten durchgeführt wird, bietet darüber hinaus regelmäßig ein Gesamtbild der deutschen Rundfunkwirtschaft. Dabei wird freilich auch das Lokal- und Regional-TV in Bayern berücksichtigt (siehe Goldmedia 2019). Im Hinblick auf die Wirtschaftlichkeit des lokalen und regionalen Fernsehens in Bayern wurden weitere Analysen erstellt (siehe Goldmedia 2007). Daneben wurden recht spezifische Fragestellungen bearbeitet: So wurde beispielsweise der Einsatz von Call Media und dessen Bedeutung als Erlösquelle bei bayerischen Anbietern erforscht (siehe Goldmedia 2005). Untersucht wurden auch Image und Akzeptanz des lokalen und regionalen Fernsehens als Werbeträger in Bayern (siehe Wimmer/Weßner 1993). Vereinzelt bestehen zudem Untersuchungen zur Medienkonzentration, bei denen auch das lokale und regionale Fernsehen in Bayern Berücksichtigung fand (siehe Böckelmann/Hesse 1996). Hinzu kommen Akzeptanz-, Reichweiten- und Rezeptionsanalysen im Rahmen der Funkanalyse Bayern (siehe unter anderem BLM 2019a; BLM 2019b). Verschiedene Beiträge befassen sich mit der publizistischen Bedeutung des Lokal- und Regionalfernsehens in Deutschland. Für Bayern bestehen beispielsweise Studien zu den Lokalbezügen in der Berichterstattung oder dem jeweiligen Beitrag zur publizistischen Vielfalt vor Ort. In Inhaltsanalysen wurden lokale Presse, Fernsehen und Hörfunk, zumindest exemplarisch an einzelnen bayerischen Standorten, miteinander verglichen (siehe Trebbe 1996; Trebbe 1998). Auch Analysen zu den Regionalfenstern im Programm von RTL sowie Sat.1 wurden durchgeführt (siehe Volpers/Salwiczek/Schnier 2000; Bernhard/Volpers 2018). Eine lesenswerte Bestandsaufnahme zur Bedeutung des Fernsehens als Quelle für die bayerische Landesgeschichte erstellt zurzeit die Historikerin Claudia Schemmer (2021 i. E.) im Rahmen eines Medienprojekts unter Leitung von Prof. Dr. Ferdinand Kramer am Institut für Bayerische Geschichte der Ludwig-Maximilians-Universität München. Insgesamt bleibt jedoch festzuhalten, dass das lokale und regionale Fernsehen als Untersuchungsgegenstand – trotz sich vielfältig aufdrängender Forschungsfragen – bislang eher wenig Beachtung erfuhr.

Um terminologische Unklarheiten von Beginn an zu vermeiden, werden im folgenden Kapitel zunächst verschiedene begriffliche Definitionen von Lokal-, Regional- und Ballungsraumfernsehen vorgestellt und voneinander abgegrenzt. Danach wird die Entwicklung der Angebotsstruktur im Lokal- und Regionalfernsehen in Bayern skizziert. Dabei erhebt die Darstellung keineswegs den Anspruch auf Vollständigkeit, sondern ist vielmehr darum bemüht, einen ersten Überblick zu leisten. Damit soll sie aufzeigen, wie vielversprechend eine umfassende Aufarbeitung der Entstehungsgeschichte aus kommunikations- und landesgeschichtlicher Perspektive sein dürfte. Anschließend wird die wirtschaftliche Situation im lokalen und regionalen Fernsehen umrissen, wobei insbesondere das ehemalige Teilnehmerentgelt sowie aktuelle Förderstrukturen in diesem Rahmen besondere Aufmerksamkeit erfahren. Erläuterungen zur programmlichen Gestaltung, technischen Verbreitung sowie Akzeptanz und Reichweiten bei den Zuschauerinnen und Zuschauern vor Ort schließen das Kapitel ab.

Begriffliche Annäherung: Lokal-, Regional- und Ballungsraumfernsehen

Fernsehen im Nahraum wird in der wissenschaftlichen Literatur in der Regel mit den drei Begriffen *Lokal-, Regional-* sowie *Ballungsraumfernsehen* umschrieben. Nicht immer werden die Begriffe allerdings konsistent verwendet, nicht immer lassen sie sich trennscharf voneinander abgrenzen. Einigen Autorinnen und Autoren ist der Frust angesichts dieses terminologischen Wildwuchses deutlich anzumerken: „Warum schmückt sich das vergleichsweise kleine Regionalfernsehen mit einer solchen Begriffsvielfalt, wo das ‚große Fernsehen' mit zweien auskommt, dem Vollprogramm und dem Spartenprogramm" (Beutel 2009: 7)?

So existieren zum *Lokalfernsehen* weder in der Fachliteratur noch in den Landesmediengesetzen allgemein konsentierte Definitionen. Edith Spiegelhagen (1996) sprach in einer Studie von Lokalfernsehen, wenn im Programm Informationen und Berichte aus dem örtlichen Umfeld enthalten sind, also Menschen aus der eigenen Umgebung zu Wort kommen oder Einkaufstipps und Veranstaltungshinweise aus dem unmittelbaren Nahraum vermittelt werden. Rolf Nafziger (1997) legte eine breitere Definition vor, die alle Formen der regionalen und subregionalen Berichterstattung via TV unter Lokalfernsehen zusammenfasst. In Bayern werden alle TV-Anbieter, die nicht landesweit senden, in der Regel und gerade seitens der BLM als „Lokal-TV" bezeichnet (vgl. Wiegand 2004: 22). Eine rechtliche Definition ist im Bayerischen Mediengesetz (BayMG) allerdings nicht festgeschrieben.

Nicht wesentlich eindeutiger oder klarer fallen die Definitionen zum *Regionalfernsehen* aus. Regionalfernsehen stelle, so eine recht weit gefasste Definition von Karl Müller-Sachse (2001), „Information aus der Region über die Region für die Region" (ebd.: 24) zur Verfügung. Etwas konkreter ist die Begriffsbestimmung von Will Teichert (1982): In Anlehnung an die Definition des Deutschen Landkreistages und Gemeindetages definierte er die Region als traditionelle gewachsene, kulturell zusammenhängende Raumeinheit „[...], die Gebiete unterschiedlicher Wirtschafts- und Sozialstruktur so zusammenfaßt, daß den wesentlichen menschlichen Bedürfnissen Rechnung getragen werden kann" (ebd.: 88). Zu diesen Bedürfnissen zählte er dabei Wohnen, Arbeiten, Mobilität, Bildung oder Erholung. Regionalfernsehen kann damit als Fernsehangebot begriffen werden, das innerhalb dieser Raumeinheit besteht und ausgerichtet an diesen Bedürfnissen Inhalte verbreitet.

Als *Ballungsraumfernsehen* hingegen werden in der Regel alle Angebote in dicht besiedelten, urbanen Metropolzentren, in denen Reichweiten von mehr als einer Million Zuschauerinnen und Zuschauern erzielt werden können, beschrieben (vgl. Jonscher 1995: 164). Andere Autorinnen und Autoren setzen wesentlich geringere Reichweiten an (vgl. Wiegand 2004: 33). Unabhängig von der jeweiligen Größe des Verbreitungsgebietes wird zumeist der wirtschaftliche und soziokulturelle Zusammenhalt dieser Zentren betont (vgl. Pintzke 1996: 22). Anders als die weniger dicht besiedelten lokalen oder regionalen Kommunikationsräume zeichnen sich solche Zentren durch eine hohe Bevölkerungsdichte und Wirtschaftskraft aus und versprechen damit ein großes Ertragspotenzial, das den wirtschaftlichen Betrieb solcher Sender zumeist gewährleistet (vgl. Beutel 2009: 11).

Mittlerweile haben sich vor allem Systematisierungen durchgesetzt, die sowohl die technische Reichweite als auch redaktionelle und programmliche Leistungen berücksichtigen. Eine solche Typologie subnationaler Fernsehangebote schlug André Wiegand (2004) in seiner Dissertation vor: Er differenzierte zwischen Ballungsraumfernsehen, mittelgroßen Regional- und Lokal-TV-Sendern, kleineren Regional- und Lokal-TV-Sendern sowie kleinen Lokal-TV-Sendern („Kleinstsendern"), siehe Tab. 6. *Ballungsraumsender* verbreiten demnach ihr Programm innerhalb der Metropolzentren sowie angrenzenden Einzugsgebieten; Programme, deren Verbreitungsgebiet eine Gemeinde sowie deren Umland überschreitet, bezeichnete er als *mittelgroße oder kleinere Lokal- und Regionalfernsehsender*; als *Lokalfernsehsender* können alle Programme beschrieben werden, deren Verbreitungsgebiet und damit deren Berichterstattung sich auf einzelne Gemeinden sowie deren Umland begrenzt (vgl. ebd.: 33ff.). Die Inhalte der Berichterstattung hängen dabei jeweils von dem Verbreitungsgebiet sowie dem Selbstverständnis der Sender ab. Je nach medienrechtlichen Rahmenbedingungen, Programm- und Vermarktungskooperationen, technischer Infrastruktur und Wirtschaftskraft sind diese Angebotskategorien in den Bundesländern unterschiedlich stark ausgeprägt. In den folgenden Ausführungen wird basierend auf den vorangegangenen Darstellungen von lokalen und regionalen beziehungsweise landesweiten Angeboten gesprochen.

Angebots-Kategorien	Technische Reichweite	Tendenzielle Programmleistung
Landesweite Sender/ Große Regional-TV-Sender/ Ballungsraumsender	> 200 tsd. Haushalte	> 1 Std. originäres, tagesaktuelles Programm
Mittelgroße Lokal- und Regional-TV-Sender	50-200 tsd. Haushalte	30-60 Min. originäres, tagesaktuelles Programm
Kleinere Lokal- und Regional-TV-Sender	10-50 tsd. Haushalte	< 30-60 Min. originäres, tagesaktuelles Programm
Kleine Lokal-TV-Sender („Kleinstsender")	< 10 tsd. Haushalte	Kein originäres, tagesaktuelles Programm

Tab. 6: Typologie von Ballungsraum-, Regional- und Lokalfernsehen (eigene Darstellung nach Wiegand 2004: 36).

Dieser Typologie folgend, bestanden in Bayern Ende 2019 zwei landesweite Angebote: das tagesaktuelle Magazin „17:30 Sat.1 Bayern", das Sat.1 montags bis freitags von 17:30 bis 18:00 Uhr über Kabel, IPTV und Satellit sendet; und „TV Bayern live", ein landesweites Informationsprogramm zum Geschehen in Politik, Wirtschaft, News, Kultur, Brauchtum, Sport und Kirche, das immer samstags zwischen 17:45 Uhr und 18:45 Uhr im Programm von RTL ausgestrahlt wird.

Hinzu kamen Ende 2019 insgesamt 14 Lokal- und Regional-TV-Sender, die analog und digital im Kabel und über digitalen Satelliten sowie über diverse IPTV-Angebote empfangen werden konnten (vgl. BLM 2020e: 47).[169] Die Programme sind montags bis freitags von 18:00 bis 18:30 Uhr im RTL-Fenster zu sehen. In kleinen Kabelnetzen, so genannten „kleinen Breitbandkabelnetzen" mit weniger als 10.000 angeschlossenen Haushalten, wurden weitere Angebote („Infokanäle") verbreitet. Dabei handelt es sich um insgesamt sieben Angebote, wie zum Beispiel Frankenwald TV aus Bad Steben, Herzo TV aus Herzogenaurach oder Airport TV Neustadt b. Coburg/Rödental, die der vorgestellten Typologie folgend als „Kleinstsender" eingeordnet werden können. Hinzu kam lokales Internet-TV. Das waren zuletzt insgesamt sieben Angebote: Allround TV, Altötting.tv, iTV Coburg, Mühldorf.tv, Rhoen-Grabfeld.TV, SW-N.TV und TV School 21.

Nicht unerwähnt bleiben dürfen die vielen verschiedenen bayerischen TV-Spartenangebote, von denen zumindest einige an dieser Stelle kurz genannt werden sollen. So sind aktuell die Spartenangebote Kirche in Bayern der Arbeitsgemeinschaft Kirchenmagazin im bayerischen Privatfernsehen GbR sowie Plenum.TV der TV Bayern Programmgesellschaft mbH genehmigt und in den Programmen der Lokal- und Regional-TV-Sender zu sehen (vgl. BLM 2012; BLM 2013). Während Kirche in Bayern das Leben in den katholischen und evangelischen Gemeinden in Bayern in den Mittelpunkt rückt, berichtet Plenum.TV regelmäßig über den Bayerischen Landtag, insbesondere über Debatten, Anträge, Petitionen, Beratungen und Entscheidungen. Im Programm von TV Oberfranken sind die KidsNews, ein medienpädagogisches Projekt der Arbeitsgemeinschaft Neustadter Fernsehen NEC-TV e.V., zu sehen. Bei Regional Fernsehen Oberbayern (rfo) in Rosenheim bietet das ISW Fernsehen der Inn-Salzach-Welle GmbH Berichterstattung über die Landkreise Altötting und Mühldorf. ABM der ABM Arbeitsgemeinschaft Behinderung und Medien e.V. wird (unter anderem) auf münchen.tv verbreitet und bietet Ratgebersendungen und Magazine für und über Menschen mit Behinderung.

---

[169] Das Programm münchen2 (eine 100-prozentige Tochter von münchen.tv) wurde nur im lokalen Kabelnetz im Großraum München ausgestrahlt und stellte zum 1. Juli 2019 den Sendebetrieb ein.

Angesichts dieser Vielzahl an Angeboten kommen einige Autorinnen und Autoren zum Ergebnis, Bayern sei das „Bundesland mit der am weitesten gediehenen lokalen TV-Landschaft" (Beutel 2009: 26) oder weise, gerade im deutschlandweiten Vergleich, besonders „ausgeprägte[] Regional- und Lokal-TV-Strukturen" (Wiegand 2004: 16) auf. Die wichtigsten Entwicklungsetappen werden im Folgenden skizziert.

Entwicklung der heutigen Angebotsstruktur

In Bayern gilt die Tele-Zeitung als Pionier des Lokal- und Regionalfernsehens: Zunächst im Rahmen des Münchner Pilotprojekts ab April 1984 als Kabeltextangebot verbreitet, war der Empfang auf die damals wenigen ans Kabel angeschlossenen Haushalte beschränkt (vgl. Jonscher 1995: 163; Wiegand/Goldhammer/Zerdick 2004: 223). Als Träger trat die Mediengesellschaft der Bayerischen Tageszeitungen (m.b.t.) auf, in der zum damaligen Zeitpunkt 48 bayerische Zeitungsverlage versammelt waren. Mit dem Auslaufen des Pilotprojekts zum 31. Dezember 1985 wurde auch die Tele-Zeitung eingestellt:

> Ende 1985 werden nicht, wie erwartet, 100.000 Münchner Haushalte verkabelt sein, sondern allenfalls 10.000. Die 11,5 Millionen Mark, die Bayerns Verleger bereitgestellt haben, sind bald verbraucht; Werbeeinnahmen – eben wegen der geringen Anschlußzahlen – kaum zu verzeichnen (Frenkel 1985).

Begrenzte technische Verbreitungsmöglichkeiten und damit geringe Reichweiten sowie schwache Erlöse aus dem Werbemarkt bei gleichzeitig hohen Kosten für den Aufbau redaktioneller und technischer Infrastruktur in den Stationen zwangen die Verantwortlichen also zur Aufgabe. Dennoch werden das Münchner Kabelpilotprojekt und die Tele-Zeitung häufig als Wegbereiter des privaten Lokal- und Regional-TV in Bayern bewertet, so beispielsweise auch von Willi Schreiner, Vorsitzender des Verbandes Bayerischer Lokalfunk (VBL):

> Das Kabelpilotprojekt München war sicher der Startschuss sowohl für das private Lokalfernsehen als auch für den Privatfunk. Es wurde ein klares Zeichen gesetzt für den schwierigen Aufbau eines dualen Systems (Schreiner zit. nach Seemann 2009: 30).

Im Zeitraum zwischen 1985 und 1989 konnten schließlich weitere Fernsehsender in Bayern ihren Betrieb aufnehmen, häufig noch im Rahmen so genannter Programmversuche (im Kabelnetz). Tele Regional Passau 1 (TRP 1, heute Niederbayern TV Passau) ging erstmals am 14. März 1985 auf Sendung und gehört damit nicht nur zu den ältesten Regionalsendern im Freistaat, sondern in ganz Deutschland. Am 31. Oktober 1985 genehmigte der Medienrat den Programmanbietervertrag zwischen der Münchner Pilot-Gesellschaft für Kabelkommunikation mbH (MPK) und TV Weiß-Blau, dem ersten großen Ballungsraumfernsehsender in Bayern, bis zum 31. Dezember desselben Jahres. Auch INTV nahm am 1. Juli 1986 den Sendebetrieb auf. Das Regional Fernsehen Oberbayern (RFO) ging aus dem 1987 gegründeten Regionalfernsehen Rosenheim (RFR) hervor, das am 15. September 1987 die erste Sendung ausstrahlen konnte. TV Touring wurde 1987 gegründet und ging am 17. Februar 1988 erstmals in Würzburg auf Sendung.

Nach den ersten Betriebsaufnahmen gab die Landeszentrale bei der Prognos AG 1988 ein Gutachten in Auftrag, um herauszufinden, inwiefern Lokal- und Regionalfernsehen im Freistaat langfristig umgesetzt werden könnte (siehe Prognos AG 1991). Vor allem Fragen der wirtschaftlichen Tragfähigkeit der Fernsehanbieter standen damals im Mittelpunkt. Basierend auf Kriterien wie der Reichweite und der Homogenität der Verbreitungsräume konnten im Rahmen dieser Studie 18 regionale Planungsregionen als Versorgungsgebiete für lokales und regionales Fernsehen festgelegt werden (vgl. Wiegand 2004: 187).

Ab 1989 wurde in Bayern das so genannte TV-Fensterkonzept umgesetzt (vgl. Wiegand 2004: 187; Seufert/Schulz/Brunn 2008: 79; Ring 2019a: 208).[170] Das Konzept sah vor, dass Sat.1 wochentäglich einen Sendeplatz für ein landesweites Angebot zur Verfügung stellen musste; RTL (damals RTL Plus) hingegen musste Sendezeit für lokale und regionale Programmangebote gewährleisten. Als landesweites Angebot konnte „Bayern Aktuell – Sat.1 Regionalreport" den Sendebetrieb in Sat.1 im Jahr 1990 aufnehmen. Dahinter stand die Privatfernsehen in Bayern GmbH & Co. KG, an der über die m.b.t. Tageszeitungsverleger beteiligt waren (vgl. KEK 2017: 11). Daneben waren über die Bayern Tele GmbH vor allem bayerische Zeitschriftenverlage vertreten (vgl. ebd.). Alexander Stöckl von der Privatfernsehen in Bayern GmbH & Co. KG berichtet rückblickend:

> In den Anfangsjahren war es bei den betroffenen Hauptprogrammveranstaltern [...] keineswegs beliebt. Musste man doch durch gesetzgeberische Verpflichtung unabhängige Anbieter in den eigenen Programmen dulden, ohne inhaltlichen Einfluss auf die Berichterstattung zu haben (Stöckl 2019: 211).

---

[170] Fensterprogramme werden als zeitlich und räumlich begrenzte Rundfunkprogramme mit im Wesentlichen lokalen und regionalen Inhalten im Rahmen des Hauptprogramms definiert (vgl. Niebler 2005: 86f.).

Mittlerweile wird das landesweite Fensterprogramm, wie bereits kurz angeschnitten, in Sat.1 wochentäglich von 17:30 bis 18:00 Uhr über Kabel, IPTV und Satellit als „17:30 Sat.1 Bayern" verbreitet. Samstags wird um 17 Uhr ein einstündiges Wochenendmagazin gesendet.

RTL hingegen wurde dazu verpflichtet, Sendezeit für lokale und regionale Fensterprogramme zur Verfügung zu stellen. Um die Hauptprogrammveranstalter zur Aufnahme der Fensterprogramme zu bewegen, wurde die Zuweisung terrestrischer Frequenzen im Fernsehbereich mit der Aufnahme der Fensterprogramme verbunden (vgl. Ring 2019a: 208). Das Kalkül dahinter: Für die Hauptprogrammveranstalter versprachen solche zusätzlichen terrestrischen Frequenzen freilich höhere Reichweiten und damit positive Auswirkungen auf den eigenen, wirtschaftlichen Betrieb (vgl. ebd.). Wie groß auch beim nationalen Fernsehveranstalter RTL teilweise das Widerstreben war, lokale und regionale Fensterprogramme zu integrieren, berichtet Bianca Bauer-Stadler, ehemalige Programmleiterin des ersten fränkischen Fernsehsenders Franken Funk und Fernsehen:

> Die [...] Besprechungen bei der BLM in München machten schnell klar, dass man uns als ‚kleine Lokale' nicht auf der Frequenz haben wollte – durchaus verständlich, wenn man bedenkt, dass man uns ‚als Kröte' schlucken musste, um die Sendeerlaubnis in Bayern zu erhalten. Sehr viel später sollte sich herausstellen, dass RTL keineswegs Zuschauer durch die lokale Unterbrechung verlor, sondern vielmehr einen erheblichen Seherzuwachs nach Beendigung des lokalen Programms nachweisen konnte (Bauer-Stadler 2019b: 202).

Waren von 1985 bis 1989 nur zunächst wenige Lokal- und Regionalsender gegründet und zugelassen worden, nahm deren Anzahl mit der Lizenzierung der Fensterprogramme nun deutlich zu (vgl. Wiegand 2004: 187). Meistens erhielten die lokalen und regionalen (Kabel-)TV-Sender auch die Zulassung für das RTL-Fensterprogramm. Wurden unterschiedliche Anbieter(-gruppen) berücksichtigt, sprach man von so genannten „Doppellizenzen" (ebd.: 188). Da eine Refinanzierung von zwei TV-Programmen innerhalb eines eng begrenzten, lokalen beziehungsweise regionalen Werbemarktes nicht umzusetzen war, wurde diese Praxis bald eingestellt (vgl. ebd.).

Aktuell wird im RTL-Programm des Freistaats montags bis freitags von 18:00 bis 18:30 Uhr von den verschiedenen lokalen und regionalen TV-Anbietern ein Fernsehmagazin mit lokalen Informationen angeboten. So strahlt Oberpfalz TV zum Beispiel „Das OTV-Magazin" aus, TVO verbreitet „Oberfranken Aktuell" und A.TV sendet „a.tv aktuell". Am Samstag wird außerdem für die Sendezeit zwischen 17:45 und 18:45 Uhr die bayernweite Sendung „TV Bayern live" mit

Informationen aus den einzelnen Regionen zusammengestellt. „TV Bayern live" wird zurzeit in Augsburg produziert und von der München Live TV Fernsehen GmbH, der RT1 Media Group GmbH sowie TV Bayern GmbH getragen (vgl. KEK 2017b). Dieses landesweite Fenster wurde Anfang 2015 vom jahrelangen Sendeplatz am Sonntag auf den Samstag zur gleichen Sendezeit verlegt. Bis November 2009 war auf dem Sonntags-Sendeplatz das „Bayern-Journal" der Betreibergesellschaft CAMP TV zu empfangen, das samstags auch ein Fensterprogramm bei Sat.1 ausstrahlte.[171]

Die Struktur der Fensterprogramme wurde bald auch in den staatsvertraglichen Regelungen festgeschrieben. Im 6. Rundfunkänderungsstaatsvertrag wurde 2001 die Rolle der „ungeliebten Regionalfensterprogramme[]" (Niebler 2009: 94) deutlich gestärkt, indem die so genannte „Bonusregelung" in die Medienkonzentrationsvorschriften im Rundfunkstaatsvertrag eingefügt wurde (siehe § 26, Abs. 2, Satz 3, RStV): Sie besagt, dass Regionalfensterprogramme (ebenso wie Sendezeit für unabhängige Dritte) bei der Berechnung der medienkonzentrationsrechtlich relevanten Schwellenwerte berücksichtigt werden (vgl. ebd.: 93). Damit sollten die nationalen Fernsehveranstalter zur Unterstützung der Regionalfensterprogramme bewegt werden.

Zudem wurde 2003 im 7. Rundfunkänderungsstaatsvertrag festgeschrieben, dass der Umfang der Fernsehfenster, die zum Stichtag des 1. Juli 2002 ausgestrahlt wurden, nicht reduziert werden dürfe. War die Aufnahme von Regionalfenstern bislang als „Soll"-Vorschrift formuliert, wurde sie 2003 in eine unbedingte Verpflichtung umgewandelt (vgl. ebd.: 94ff.).

Im 8. Rundfunkänderungsstaatsvertrag wurde 2004 die Rolle der Regionalfenster weiter verbessert, indem herausgestellt wurde, dass sie ein Instrument der Vielfaltssicherung und Regionalberichterstattung darstellen. Gebunden wurde dieser Status an verschiedene Vorgaben: So wurden inhaltliche Ansprüche – vor allem an die Berichterstattung in den Bereichen Politik, Wirtschaft, Soziales und Kultur – formuliert. Auch eine redaktionelle sowie gesellschaftsrechtliche Unabhängigkeit der Regionalfensteranbieter von den Hauptprogrammveranstaltern wurde festgeschrieben (vgl. ebd.: 100f.). Hinzu kam die finanzielle Verpflich-

---

[171] Die Betreibergesellschaft C.A.M.P. TV von Ralph Piller und Ralph Burkei stand im Mittelpunkt zahlreicher Debatten. Weil Piller nach Burkeis Tod im November 2008 bei einem Terroranschlag in Mumbai dessen Firmenanteile übernahm, entzog ihm der Medienrat im Mai 2009 wegen der Veränderung der Gesellschafterstruktur die Lizenz. Bei der Neuausschreibung der Sendelizenzen 2009 wurde C.A.M.P. TV nicht mehr berücksichtigt. Zuvor waren Berichte bekannt geworden, wonach Burkei dem ehemaligen Vorsitzenden des Medienrats Klaus Kopka ein Darlehen in Höhe von 215.000 Euro gewährt haben soll („Kredit-Affäre"). In einem Bundesverwaltungsurteil wurde 2012 festgehalten, dass der Lizenzentzug durch die BLM rechtswidrig war und ein Schadenersatzanspruch der C.A.M.P. TV besteht (siehe BVerwG 6 C 39.11 vom 11.07.2012).

tung der nationalen Fernsehveranstalter, zur Finanzierung der Fensterprogramme beizutragen (siehe § 25, Abs. 4, Satz 5, RStV).

Daher besteht heute große Klarheit und Sicherheit bezüglich der Stellung der lokalen und regionalen Fernsehfenster. Die Fenster werden häufig als „konzeptionelle[r] Meilenstein" (Ring zit. nach Seemann 2009: 32) in der Entwicklung des bayerischen Lokalfernsehens sowie als „Ausdruck einer föderalen Medienstruktur in Deutschland" (Ring 2019a: 210) bewertet.

Wirtschaftliche Lage und Bedeutung des ehemaligen Teilnehmerentgelts

So groß allerdings gerade im Freistaat die Vielfalt an lokalen und regionalen Fernsehprogrammen ist, so herausfordernd ist auch die ökonomische Situation der einzelnen Stationen (siehe Kapitel 2.3.). Bereits in den Anfangsjahren der dargestellten Entwicklung in Bayern zeigte sich, dass die Produktion von Inhalten für lokales und regionales Programm recht kostspielig war: Für eine Sendeminute wurden zu Beginn der 1990er Jahre Kosten in Höhe von 450 bis 1.300 Mark kalkuliert (vgl. Jonscher 1995: 164). Für die allwerktägliche Ausstrahlung einer 30-minütigen Regionalsendung innerhalb eines Programmfensters schlugen damit beispielsweise mehr als sieben Millionen Mark im Jahr zu Buche (vgl. ebd.). Damit stand schnell nach dem Sendestart der ersten privaten Fernsehinitiativen fest, dass eine ausschließliche Finanzierung über den jeweiligen lokalen beziehungsweise regionalen Werbemarkt kaum hinreichend für eine Deckung der Kosten sein dürfte und neue Wege zur Sicherstellung eines wirtschaftlichen Betriebs beschritten werden müssten. Da im Freistaat die landesweite Versorgung mit lokalen und regionalen Fernsehprogrammen politisch ausdrücklich gewünscht war (vgl. Wiegand 2004: 193; Beutel 2009: 26), wurden umfassende Fördermaßnahmen etabliert, um die Entwicklung dieser Programme voranzutreiben: In Bayern nahm dabei über mehr als zwei Jahrzehnte hinweg das Teilnehmerentgelt eine zentrale Rolle bei der Finanzierung des lokalen und regionalen Fernsehens ein.

Die rechtliche Grundlage für das Entgelt war bereits 1984 mit dem MEG gelegt worden: Dort wurde festgeschrieben, dass das Entgelt eine Finanzierungsform der lokalen und regionalen TV-Programme darstellen könne (siehe Art. 28, MEG, 1984). Am 11. Dezember 1986 verabschiedete der Medienrat die erste Teilnehmerentgeltsatzung (vgl. BLM 2019d). Das Teilnehmerentgelt war als monatlicher Betrag konzeptioniert, den die Kabelnetzbetreiber auf die monatliche Kabelgebühr jedes Haushaltes aufschlugen. Daher wurde das Entgelt häufig als „Kabelgroschen" bezeichnet. Letztlich wurde dieser Beitrag für die Finanzierung des lokalen und regionalen Fernsehprogramms in den jeweiligen Empfangsregionen eingesetzt (vgl. Goldhammer/Wiegand/Polley 2007: 49). Die Höhe des Teilnehmerentgeltes errechnete sich aus einem festgelegten Sockelbetrag und der Anzahl der zu Beginn des jeweiligen Kalendermonats versorgten Wohneinheiten (vgl. BLM 1991: 91). 1986 lag der Betrag bei 1,69 Mark pro Monat und pro Kabelhaushalt, 1989 bei 2,30 Mark (vgl. Wiegand 2004: 195; Seemann 2009: 32). Die Aufteilung der erhobenen Gelder wurde zwischen den Programmanbietern, der jeweiligen Kabelgesellschaft und der BLM vorgenommen, wobei die BLM die Gelder zur Erfüllung ihrer Aufgaben gemäß dem Haushaltsplan, unter anderem für die Verbesserung der technischen Voraussetzungen für die Verbreitung von bayerischen Kabelprogrammen, einsetzen musste. Sowohl die Kabelgesellschaften als auch die Programmanbieter sicherten mit den Teilnehmerentgelten einen wesentlichen Teil ihres Finanzbedarfs (vgl. ebd.: 87f.).

Das Entgelt war von Beginn an umstritten. Auch im Medienrat der BLM wurde immer wieder Kritik geäußert. Eine der zentralen Frage der Kritikerinnen und Kritiker in dem Gremium lautete dabei: „Warum sollen die Kirch-Gruppe oder wirtschaftlich starke regionale Zeitungsverlage für ihr Rundfunk-Engagement subventioniert werden?" (Korosides 2001: 86). Auch Anbieter vor Ort kritisierten teilweise über ihre Interessensvertreter im Verband Bayerischer Lokalrundfunk (VBL) die Förderpolitik. Der Vorwurf: Die BLM treibe „den Pluralitätsgedanken auf Kosten der Wirtschaftlichkeit voran" (ebd.). In der wissenschaftlichen Debatte wurde das Entgelt von Beginn an kritisch begleitet und von einigen Autorinnen und Autoren als „ergänzende[s] Finanzierungsinstrument [] mit Subventionscharakter" (Pintzke 1996: 27) oder „Versuch, im Privatrundfunk marktferne Inhalte zu erzeugen" (Ritlewski 2009: 176), bewertet. Das Urteil in der Presse fiel vielerorts ähnlich aus: Die lokalen und regionalen Fernsehsender würden „am Tropf des Staates" (Stroh 2009) hängen, wie der kranke Patient an der Infusion, so beispielsweise die *Süddeutsche Zeitung* in ihrer Berichterstattung.

Mit dem Änderungsgesetz zum BayMG von 1997 wurde schließlich die stufenweise Rückführung des Teilnehmerentgelts auf den Weg gebracht. Ab Januar 1998 war das Entgelt dadurch auf höchstens zwei Mark gedeckelt und darüber hinaus bis Jahresende 2002 befristet worden (siehe § 2, Abs. 2, BayMG, 1997). Zum damaligen Zeitpunkt war erwartet worden, dass die Lokal- und Regional-TV-Sender bis dahin in der Lage seien, sich vollständig selbst zu finanzieren (vgl. Wiegand 2004: 196). Das Entgelt war vielerorts als „Anschubfinanzierung" (Auer 2006; Stroh 2009) für das Lokal- und Regional-TV verstanden worden, die nun mit einem Ablaufdatum versehen worden war. In der Rückschau bewertete der damalige Präsident der Landeszentrale, Wolf-Dieter Ring, diese neue, medienpolitische Einordnung des Entgelts seitens der Bayerischen Staatsregierung als „Paradigmenwechsel" (Ring 2019b: 195, 196). Zwischen der Staatsregierung sowie der BLM war man sich damit, zumindest bei der Einordnung des Entgelts, uneinig:

> Die Staatsregierung sah im Teilnehmerentgelt eine Subvention, die BLM hingegen eine Teilfinanzierung, mit der die Struktur des Lokalfernsehens auch inhaltlich unterstützt werden müsse (ebd.: 196).

Mit dem Änderungsgesetz vom 24. Dezember 2001, das zum 1. Januar 2002 in Kraft trat, wurde die Abschaffung allerdings hinausgezögert und die Erhebung eines nun stufenweise sinkenden Teilnehmerentgelts bis zum 31. Dezember 2008 festgeschrieben. Zuvor hatten verschiedene Berichte über die wirtschaftliche Lage des lokalen und regionalen Fernsehens deutlich gemacht, dass viele Anbieter ohne das Entgelt kaum Bestand haben würden. So bewegten sich die Kostendeckungsgrade einiger Anbieter damals zwischen 44 und 96 Prozent (vgl. Korosides 2001: 86). Von 60 Cent bis zum 31. Dezember 2004, auf 45 Cent bis zum 31. Dezember 2006 beziehungsweise 30 Cent bis zum 31. Dezember 2008 sollte das Entgelt nun sinken und fortan auch allein den Anbietern zustehen (siehe Art. 33, Abs. 5, BayMG, 2003). Der Anteil des Teilnehmerentgelts lag 2005 bei etwas mehr als einem Fünftel aller Einnahmen im bayerischen Lokal- und Regional-TV (vgl. Goldhammer/Wiegand/Polley 2007: 37).

2005 schaltete sich schließlich auch das Bundesverfassungsgericht in Karlsruhe in die Debatte um das Teilnehmerentgelt in Bayern ein. Geklagt hatte ein Mann aus dem schwäbischen Klosterlechfeld, der 1998 vom Augsburger Amtsgericht verurteilt worden war, das Teilnehmerentgelt entgegen seiner ursprünglichen Weigerung nun doch zu zahlen; insgesamt ging es dabei um einen Betrag von 157,20 Mark (vgl. Stroh 2005). Im Zuge der Verhandlungen in Karlsruhe führten die Bayerische Staatskanzlei und der Bayerische Landtag in ihrer Stellungnahme aus, dass das Entgelt ein Finanzierungsinstrument der bayerischen Rundfunkordnung darstelle und notwendig sei, um eine möglichst gleichwertige Versorgung mit wirtschaftlich tragfähigen lokalen und regionalen Fernsehangeboten in Bayern sicherzustellen (siehe BVerfG, Beschl. v. 26.10.2005). Die Landeszentrale berief sich auf die gesetzliche Grundlage, auf der das Entgelt erhoben wurde. Sie zeigte sich darüber hinaus stets davon überzeugt, dass der Gesetzgeber sein weites Gestaltungsermessen mit den Regelungen zum Entgelt nicht überschritten habe: Denn die Besonderheit der lokalen und regionalen TV-Programme liege darin, dass sie einen wichtigen Beitrag zur Angebots- und Meinungsvielfalt leisteten, sich hinreichende Mittel zur Finanzierung aber aus dem Markt nicht erwirtschaften ließen. In seinem Urteil hielt das Bundesverfassungsgericht schließlich fest, dass das Entgelt nicht mit den gesetzlichen Grundlagen zu vereinbaren und bis zum Jahresende 2008 abzuschaffen sei. Die Verfassungswidrigkeit wurde damit begründet, dass „die inhaltlichen Verpflichtungen nicht hinreichend über die allgemeinen Programmverpflichtungen hinausgingen und zum anderen die Zusatzverpflichtungen nicht ausreichend durch die üblichen Mittel der Vielfaltssicherung gewährleistet" (Ritlewski 2009: 176) worden seien.

Die Widrigkeit war also damit begründet worden, dass es der Gesetzgeber versäumt habe, entsprechende Vorkehrungen im Gesetz festzuschreiben. Die Idee, die Anbieter mit finanziellen Anreizen zur Produktion und Verbreitung von Inhalten anzuregen, die sonst nicht refinanzierbar wären, wurde dabei nicht zurückgewiesen (vgl. ebd.). „[G]rundsätzliche verfassungsrechtliche Bedenken hinsichtlich des bayerischen Teilnehmerentgelt-Systems" (Stroh 2005) waren damit also nicht geäußert worden.

In der Überzeugung, dass gerade die lokalen und regionalen Fernsehanbieter einen wichtigen Beitrag zur Vielfalt der bayerischen Medienlandschaft leisten, und aus einer Befürchtung heraus, dass eine völlige Finanzierungsabhängigkeit von Werbeeinnahmen mit hoher Wahrscheinlichkeit zu erheblichen Vielfalts- und Qualitätseinbußen führen würde, stimmte das Bayerische Kabinett im Nachgang dieses Urteils für eine weitere Änderung des Bayerischen Mediengesetzes. In dieser wurde eine direkte Finanzierungshilfe aus staatlichen Mitteln und aus Haushaltsmitteln der BLM für eine Übergangsphase festgeschrieben. So sollte bereits von 2008 bis einschließlich 2009 eine Förderung in Höhe von rund neun Millionen Euro aus diesen beiden Töpfen fließen (vgl. Pfeiffer 2010).

Es folgten Versuche, eine Förderung im Kontext der Rundfunkgebühr, quasi als „GEZ-plus-Modell" (Neumaier 2012), durchzusetzen. Eine Erhöhung der damaligen Rundfunkgebühr um 15 oder 20 Cent im Freistaat wäre dabei ausreichend, um die lokalen und regionalen TV-Programme zu finanzieren, so damals die Befürworter. „Lokalfernsehen gehört zur Grundversorgung", argumentierte der damalige BLM-Präsident Wolf-Dieter Ring (zit. nach Pitzer 2011). Es handele sich um ein „Angebot, das der Markt nicht hergibt" (Walendy 2020: 74) und das daher „aus den Gebührenmitteln geschöpft werden [muss]" (ebd.). Inspiriert sein dürften diese Überlegungen vom Schweizer Nachbarn: Seit 1994 ist dort im Radio- und Fernsehgesetz eine begrenzte Subventionierung von privaten lokalen Radio- und Fernsehstationen erlaubt (vgl. Mensch 2009: 20). Die Idee scheiterte allerdings an der dafür notwendigen Änderung des Rundfunkstaatsvertrages (RStV).

Letztlich fiel die endgültige Entscheidung, „das Teilnehmerentgelt durch eine ergänzende Förderung aus staatlichen Haushaltsmitteln abzulösen" (Lewinski 2019: 97). Festgeschrieben wurde sie mit der Änderung des BayMG vom 10. Dezember 2007. Seit dem 1. Januar 2008 erfolgt die Förderung lokaler und regionaler Fernsehsender nun nach Artikel 23 (BayMG). Darin ist festgehalten, „dass die lokalen und regionalen Fernsehangebote eine öffentliche Aufgabe erfüllen müssen, wenn sie gefördert werden wollen" (Seufert/Schulz/Brunn 2008: 83). Diese so genannte „Betrauung" der Anbieter mit einer öffentlichen Aufgabe sieht vor, dass die lokalen und regionalen Anbieter ein aktuelles und authentisches Nachrichten- und Informationsprogramm mit Lokalbezug herstellen und verbreiten; gerade die Bereiche Politik, Kultur, Kirche, Wirtschaft und Soziales sind dabei besonders zu beachten (vgl. BLM 2019c: 117). Nach Artikel 23 standen 2018 staatliche Mittel in Höhe von knapp 11,9 Millionen Euro für die Förderung der technischen Verbreitung zur Verfügung (vgl. BLM 2019c: 75; Goldmedia GmbH 2019: 121). Eine Förderung der Programmherstellung ebenfalls gemäß Artikel 23 in Höhe von rund 1,6 Millionen Euro erfolgte aus dem Haushalt der Landeszentrale; davon wurden 819.000 Euro für die lokalen und regionalen Hauptanbieter und 830.000 Euro für lokale Spartenanbieter aufgewendet (vgl. ebd.). Wie wichtig diese Förderungen für die Anbieter sind, betonte Erich Jooß, damals Vorsitzender des BLM-Medienrats, 2017 in einer Gremiensitzung, in der er daraufhin wies, „dass die lokalen und regionalen Fernsehprogramme nicht allein aus dem Markt finanziert werden können" (vgl. BLM 2017). Neben Artikel 23 bestehen weitere Förderungen, die an anderer Stelle ausführlich vor- und dargestellt sind (siehe BLM 2019c). Kurz sei zumindest der Finanzierungsbeitrag erwähnt: Nach dem Rundfunkstaatsvertrag der Länder in Verbindung mit dem BayMG und § 23 der Fernsehsatzung sind die bundesweiten Fernsehanbieter dazu verpflichtet, einen finanziellen Beitrag zur Sicherstellung der Finanzierung der lokalen und regionalen beziehungsweise landesweiten Fensterprogramme zu leisten. 2018 flossen so 4,9 Millionen Euro als Finanzierungsbeitrag an lokale und regionale beziehungsweise landesweite Anbieter (vgl. Goldmedia 2019: 121).

Die Rechtslage nach Artikel 23 war bis Ende 2020 befristet worden. Am 30. Juni 2020 und damit inmitten der Corona-Krise, die die wirtschaftliche Not vieler Anbieter durch wegbrechende Einnahmen verstärkte, beschloss der Bayerische Ministerrat, die Unterstützung der lokalen und regionalen TV-Anbieter im Freistaat fortzusetzen und verlängerte die staatliche Förderung um weitere vier Jahre, also bis 2024 (vgl. BLM 2020c). Hinzu kam ein Corona-Hilfspaket für lokalen Rundfunk in Bayern im Umfang von 1,25 Millionen Euro: darunter eine zusätzliche Förderung von Verbreitungs- und Herstellungskosten durch den Freistaat und die Erhöhung des BLM-Förderanteils an der Funkanalyse Bayern Hörfunk (vgl. BLM 2020d).

Trotz dieser etablierten und auch künftig vorerst gesicherten Förderung bleibt die wirtschaftliche Situation im lokalen und regionalen Fernsehmarkt in Bayern bis heute angespannt. Das macht auch noch einmal die Betrachtung im Längsschnitt deutlich, siehe Abb. 9. Trägt man Erträge und Aufwände der privaten, lokalen und regionalen Fernsehunternehmen in Bayern aus den „Berichten zur Wirtschaftlichen Lage des Rundfunks in Deutschland" zusammen, zeigt sich zwar, dass die Anbieter – zumindest im Durchschnitt betrachtet – den Kostendeckungsgrad in den vergangenen Jahren deutlich verbessern konnten. Es gelang ihnen jedoch nicht, diesen langfristig zu stabilisieren. 2019 war die Kostendeckung wieder unter die wichtige 100-Prozent-Marke gesunken. Die zuletzt geäußerten, vorsichtig optimistischen Prognosen für 2020 dürfen durch die Corona-Krise hinfällig geworden sein.

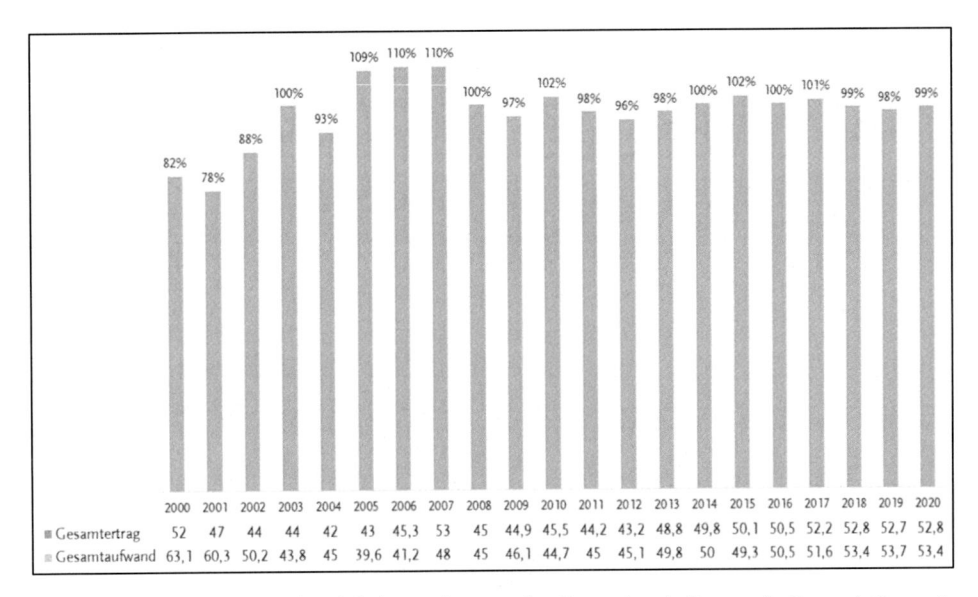

3.3.2. Lokales und regionales Fernsehen in Bayern

	2000	2001	2002	2003	2004	2005	2006	2007	2008	2009	2010	2011	2012	2013	2014	2015	2016	2017	2018	2019	2020
Kostendeckungsgrad	82%	78%	88%	100%	93%	109%	110%	110%	100%	97%	102%	98%	96%	98%	100%	102%	100%	101%	99%	98%	99%
Gesamtertrag	52	47	44	44	42	43	45,3	53	45	44,9	45,5	44,2	43,2	48,8	49,8	50,1	50,5	52,2	52,8	52,7	52,8
Gesamtaufwand	63,1	60,3	50,2	43,8	45	39,6	41,2	48	45	46,1	44,7	45	45,1	49,8	50	49,3	50,5	51,6	53,4	53,7	53,4

Abb. 9: Kostendeckungsgrad im lokalen und regionalen Fernsehen in Bayern (in Prozent, Gesamtertrag und -aufwand in Mio. Euro, eigene Darstellung mit Daten aus den „Berichten zur Wirtschaftlichen Lage" von 2000 bis 2020; 2019/2020: Prognosen der Anbieter).

Programm, Verbreitung und Akzeptanz beim Publikum

Insgesamt können bei den lokalen und regionalen Fernsehprogrammen große Unterschiede im Hinblick auf Inhalte, Umfang und Sendestruktur festgestellt werden. Die Hauptsendung der lokalen und regionalen TV-Programme ist in der Regel ein 30-minütiges Nachrichtenmagazin, das sowohl im RTL-Fenster zwischen 18:00 und 18:30 Uhr, als auch zeitgleich über den eigenen Kabelkanal, digital über vier Astra-Satellitenkanäle und über Livestream im Internet ausgestrahlt wird. Das Magazin wird dabei meist live produziert und besteht jeweils aus mehreren Beiträgen und so genannten „Nachrichten im Film" (NiF) (vgl. Goldhammer/Wiegand/Polley 2007: 19ff.). Der inhaltliche Fokus liegt dabei auf den Bereichen Politik, Wirtschaft, Gesellschaft oder Kultur sowie Unterhaltung (vgl. ebd.). Ansonsten besteht das Programm aus vorproduzierten Sendungen wie Special-Interest-Magazinen oder Talksendungen; zu den verbreiteten Themen zählen dabei Gastronomie, Immobilien oder Gesundheit (vgl. ebd.: 24).

Die privaten Fernsehprogramme in Bayern werden grundsätzlich kabelgebunden, via Satellit und IPTV (Magenta) verbreitet. Zuletzt kam das Gros der Tagesreichweite mit einem Anteil von knapp 60 Prozent (448.000 Zuschauerinnen und Zuschauer) vor allem über das Kabel, dessen Anteil aber insgesamt betrachtet rückläufig ist (vgl. BLM 2020a). Mit anteilig knapp 37 Prozent Tagesreichweite (281.000 Zuschauerinnen und Zuschauer) stieg die Nutzung in Satelliten-

TV-Haushalten (vgl. ebd.). Eine große Schwierigkeit stellt für die lokalen und regionalen TV-Programme die Tatsache dar, dass vielen potenziellen Zuschauerinnen und Zuschauern Kenntnisse über die Möglichkeit des Empfangs fehlen: 70 Prozent der Personen in Satelliten-Haushalten, die in der Funkanalyse sagten, dass sie kein Lokal- oder Regionalfernsehen empfangen könnten, wussten nicht, dass sie eigentlich über die technischen Voraussetzungen verfügten (vgl. BLM 2020b: 13). Längst sind die Programme auch im World Wide Web, entweder via Direktübertragungen oder über Mediatheken, zu empfangen: 2019 gaben im Freistaat zuletzt 687.000 Menschen an, in den vergangenen vier Wochen über das Internet Lokal-TV-Programme gesehen zu haben (vgl. ebd.: 41). Um die Auffindbarkeit und die spätere Verfügbarkeit der lokalen Programme weiter zu verbessern, gibt es seit 2012 auch die digitale Plattform „Lokal-TV-Portal", die als HbbTV-Applikation auf Initiative der Landeszentrale sowie der Bayerischen Medien Technik GmbH (BMT) entwickelt wurde. Zu sehen sind dort Lokalprogramme aus Bayern sowie aus sieben weiteren Bundesländern.

Die lokalen und regionalen TV-Programme im Freistaat verfügen darüber hinaus über ganz unterschiedliche Reichweiten, die sich aus den verschieden großen Sendegebieten beziehungsweise aus der Anzahl der Empfangshaushalte ergeben. Daten zur Akzeptanz und Reichweiten bei den Zuschauerinnen und Zuschauern werden seit 1992 im Auftrag der BLM im Rahmen der Funkanalyse Bayern (FAB) erhoben (siehe Kapitel 6.1.). Dabei liefert die FAB dem Auftraggeber, also der BLM, aber auch den Sendern, wichtige Informationen zur Popularität ihrer Programme. Diese Erkenntnisse werden als Grundlage genutzt, um potenzielle Werbekunden von der Senderattraktivität und der Lukrativität der Werbung zu überzeugen, die dann auf der jeweiligen Sendeplattform eingebucht werden kann. Darüber hinaus dienen sie der Programmentwicklung und Sendungsausrichtung.

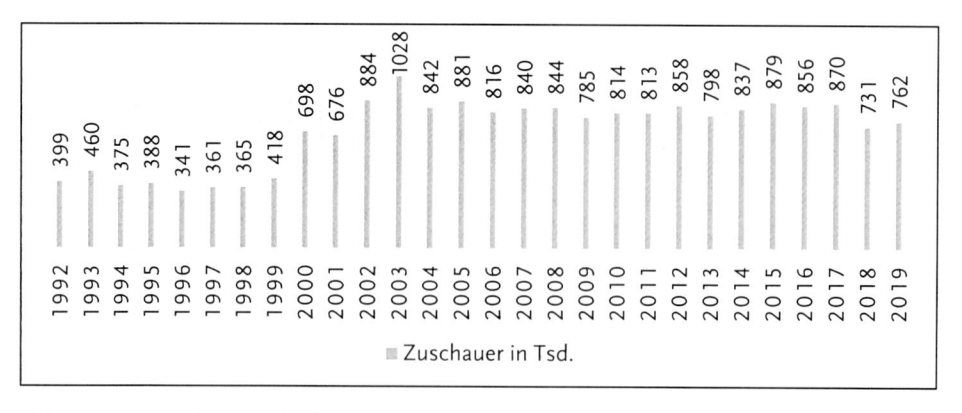

Abb. 10: Tagesreichweiten der bayerischen Lokal-TV-Programme (bis einschl. 2006 „Seher gestern", danach „Tagesreichweite Mo bis Fr"; eigene Darstellung nach Goldhammer, Wiegand und Polley 2007: 28, BLM 2019b: 21).

Betrachtet man die Reichweiten der lokalen und regionalen TV-Programme, muss einerseits zwischen den Tagesreichweiten der bayerischen Lokal- und Regional-TV-Programme und den Marktanteilen der Programme in der RTL-Fensterzeit unterschieden werden. Im Hinblick auf die Tagesreichweite der Programme zeigten die Daten der Funkanalyse zuletzt einen Anstieg der Reichweiten im zeitlichen Längsschnitt: Schalteten 1992 noch 399.000 Personen ab 14 Jahren ein, stieg dieser Anteil bis 2019 auf 762.000 Personen (vgl. BLM 2020b: 21). Im Längsschnitt betrachtet, stabilisierten sich die Reichweiten zuletzt, siehe Abb. 10. Bei Betrachtung der Altersstruktur ist erkennbar, dass sich das Interesse der Zuschauerinnen und Zuschauer zwischen 14 und 49 Jahren und der über 50-jährigen langsam angleicht und sich das Publikum damit etwas verjüngt (vgl. BLM 2020a). Zu den bayerischen Lokal- und Regional-TV-Programmen mit besonders weiten Seherkreisen zählten laut Funkanalyse in den vergangenen Jahren vor allem Franken Fernsehen, münchen.tv sowie TV Oberfranken (vgl. ebd.). Insgesamt kann festgehalten werden, dass die Programme in vielen Regionen in Deutschland direkt hinter der beliebtesten regionalen Informationsquelle, der Tageszeitung, rangieren (vgl. Seufert/Schulz/Brunn 2008: 11).

Betrachtet man den Marktanteil der RTL-Lokalfensterprogramme im Zeitverlauf, fällt auf, dass dieser mit dem Nachrichtenstart um 18 Uhr rasant zunahm; 2017 war ein Anstieg von 9,6 Prozent auf 18,8 Prozent zu beobachten (vgl. BLM 2018: 33). Daraus sei, so die Argumentation der verschiedenen Fernsehstationen, ein gezieltes Abrufen der regionalen Fensterprogramme durch die RTL-Zuschauerinnen und Zuschauer ablesbar. Dieser Trend scheint sich jedoch abgeschwächt zu haben: 2019 war lediglich ein Anstieg von 9,6 auf 10 Prozent zu sehen (vgl. BLM 2020b: 36). Ähnlich fällt übrigens die Betrachtung des landesweiten Angebots „17:30 SAT.1 BAYERN" der Privatfernsehen in Bayern GmbH & Co. KG aus: Es erreichte 2019 durchschnittlich 348.000 Zuschauerinnen und Zuschauer (vgl. ebd.: 48). Mit Beginn der Sendung schnellte der Marktanteil von 6,8 auf 11 Prozent nach oben (vgl. ebd.: 51).

In der Funkanalyse wird neben den Reichweiten auch die Programmkompetenz der bayerischen Lokal-TV-Programme abgefragt. So erhielten 2019 die Aussagen, dass die Programme „sympathisch", „glaubwürdig" und „aktuell" seien, jeweils unter den Zuschauerinnen und Zuschauern der letzten zwei Wochen hohe Zustimmungsraten von jeweils mehr als 80 Prozent (vgl. ebd.: 44). 81 Prozent der Befragten waren darüber hinaus der Meinung, dass die TV-Programme kompetente Reporterinnen und Reporter sowie Moderatorinnen und Moderatoren haben (vgl. ebd.: 45). Eher ambivalent beurteilt wurden Aussagen zu Merkmalen, die traditionell kritischem und investigativen Journalismus zugeschrieben werden: Nur 65 Prozent waren der Meinung, dass die Programme alle Meinungen zu Wort kommen lassen; lediglich 53 Prozent zeigten sich überzeugt, dass die Programme politische und soziale Missstände aufdecken (vgl. ebd.).

Eher kritisch wurde auch die technische Machart beurteilt: 2019 gaben nur 73 Prozent an, dass die Programme technisch gut gemacht seien.

Aktuelle Einblicke in die Nutzungsmotive für Heimatsendungen im Fernsehen gab zuletzt eine Studie der Universität Würzburg (siehe Schramm/Liebers/Lauber 2020), in deren Rahmen von April bis Juli 2019 700 Personen im Alter von 18 bis 80 Jahren befragt wurden. Fast die Hälfte aller Befragten gab dabei an, regionale Nachrichtensendungen zu nutzen. Regionale Nachrichtensendungen landeten damit auf Platz 3 der Lieblings-Heimatsendungen. Als Nutzungsmotive führten sie vor allem Information (85,1 Prozent) und Inspiration (61,2 Prozent), also zum Beispiel Impulse für zukünftige Unternehmungen, an (vgl. ebd.: 176).

Fazit

Trotz zuletzt guter Reichweiten und durchaus hoher Imagewerte ist die finanzielle Situation in vielen Stationen bis heute prekär. Zuletzt verdeutlichte das die Entwicklung in Ingolstadt: Dort stellte im Juni 2019 INTV den Sendebetrieb ein, weil die Gesellschafter „keine wirtschaftlichen Perspektiven mehr im linearen, regionalen Fernsehen" (Niemeier 2019) sahen. Nach der Einstellung des Sendebetriebs schrieb die BLM daraufhin nicht nur die klassische Regionalfrequenz neu aus, sondern auch das Regionalfenster bei RTL im Versorgungsgebiet Ingolstadt. Die Genehmigung zur Verbreitung des lokalen und regionalen Fernsehens in Ingolstadt erteilte der Medienrat schließlich der München Live TV GmbH & Co. KG und wies ihr für die kommenden zehn Jahre Übertragungskapazitäten zu (vgl. BLM 2019e). Die Antwort auf die eingangs zitierte Frage der Macherinnen und Macher des *Tendenz*-Magazins der Bayerischen Landeszentrale für neue Medien muss daher lauten: Politisch und gesellschaftlich gewünscht, ja. Aber ökonomisch machbar, auch ohne unterstützende Zahlungen und Förderungen, eher nein.

Literatur

Auer, Katja (2006): Die bayerische Eitelkeitsabgabe. In: Süddeutsche Zeitung vom 09.11.2006.

Bauer-Stadler, Bianca (2019): Vom RTL-Fenster zum Ballungsraumfernsehen. Die Anfänge des lokalen Fernsehens im Großraum Nürnberg, Fürth, Erlangen. In: Ring, Wolf-Dieter (Hrsg.): Aufbruch zur Medienvielfalt. Entwicklung des privaten Rundfunks in Bayern. Augsburg: Context Verlag, S. 198-207.

Bayerische Landeszentrale für neue Medien (Hrsg.) (1991): Privater Rundfunk in Bayern. Rechtsgrundlagen. München: o. V.

Bayerische Landeszentrale für neue Medien (2012): Medienrat genehmigt Spartenangebot „Plenum.TV". Online: www.blm.de/infothek/pressemitteilungen/2012.cfm?object_ID=341 (zuletzt abgerufen am 15.02.2021).

Bayerische Landeszentrale für neue Medien (2013): Kirchenmagazin „Kirche in Bayern" als Spartenangebot genehmigt. Online: www.blm.de/infothek/pressemitteilungen/2013.cfm?object_ID=351 (zuletzt abgerufen am 15.02.2021).

Bayerische Landeszentrale für neue Medien (2017): Rückblick und Ausblick von Dr. Erich Jooß, Vorsitzender des BLM-Medienrats am 27.04.2017. Online: www.blm.de/infothek/positionen_und_reden/2017-04-27-rueckblick-und-ausblick-von-dr-erich-jooss-vorsitzender-des-blm-medienrats-am-27042017-7587 (zuletzt abgerufen am 15.02.2021).

Bayerische Landeszentrale für neue Medien (2018): Funkanalyse Bayern. Online: www.funkanalyse.tns-infratest.com/ (zuletzt abgerufen am 30.09.2020).

Bayerische Landeszentrale für neue Medien (2019a): Funkanalyse Bayern. Programmkompetenzen. Online: www.funkanalyse.tns-infratest.com/2019/Gesamtbericht-Handout/4_Programmkompetenzen.pdf (zuletzt abgerufen am 30.09.2020).

Bayerische Landeszentrale für neue Medien (2019b): Funkanalyse Bayern. Bayerische Lokal-TV-Programme gesamt: Reichweite. Online: www.funkanalyse.tns-infratest.com/2019-2/TV/Gesamtbericht-Handout/index.html (zuletzt abgerufen am 30.09.2020).

Bayerische Landeszentrale für neue Medien (2019c): Geschäftsbericht 2018. Online: www.blm.de/infothek/publikationen/geschaeftsberichte.cfm (zuletzt abgerufen am 15. 02.2021).

Bayerische Landeszentrale für neue Medien (2019d): Chronik. Online: www.blm.de/ueber_uns/chronik-/2009.cfm (zuletzt abgerufen am 15.02.2021).

Bayerische Landeszentrale für neue Medien (2019e): Ingolstadt und Unterfranken: Medienrat trifft Entscheidungen zu lokalem Fernsehen. Online: www.blm.de/infothek/aktuell/aktuell.cfm?object_ID=11574 (zuletzt abgerufen am 15.02.2021).

Bayerische Landeszentrale für neue Medien (2020a): Wieder mehr Zuschauer für Lokal-TV: Jeder zweite Sender legt laut Funkanalyse zu. Online: www.blm.de/infothek/pressemitteilungen/2020-04-01-wieder-mehr-zuschauer-fuer-lokal-tv-jederzweite-sender-legt-laut-funkanalyse-zu-sympathisch-glaubwuerdig-aktuell-lokales-fernsehen-kommt-an-und-gewinnt-reichweite-13669 (zuletzt abgerufen am 15.02. 2021).

Bayerische Landeszentrale für neue Medien (2020b): Funkanalyse Bayern. Fernsehen 2019. Online: funkanalyse.tns-infratest.com/2019-2/TV/Funkplanungsdaten/index.html (zuletzt abgerufen am 15.02.2021).

Bayerische Landeszentrale für neue Medien (2020c): BLM-Präsident Siegfried Schneider begrüßt Fortsetzung der Förderung von Lokal-TV. Online: www.blm.de/infothek/pressemitteilungen/2020-06-30-blm-praesident-siegfried-schneider-begruesst-fortsetzung-der-foerderung-von-lokal-tv-14165 (zuletzt abgerufen am 15.02. 2021).

Bayerische Landeszentrale für neue Medien (2020d): Corona-Hilfspaket für lokalen Rundfunk in Bayern im Wert von 1,25 Millionen Euro. Online: www.blm.de/infothek/pressemitteilungen/2020-06-05-corona-hilfspaket-fuer-lokalen-rundfunk-in-bayern-im-wert-von-125-millionen-euro-14066 (zuletzt abgerufen am 15.02.2021).

Bayerische Landeszentrale für neue Medien (2020e): Geschäftsbericht 2019. Online: www.blm.de/infothek/publikationen/geschaeftsberichte.cfm (zuletzt abgerufen am 15.02.2021).

Bernhard, Uli/Volpers, Helmut (2018): Die Regionalfenster im Programm von RTL und Sat.1 im Jahr 2018: Ergebnisse der Programmanalyse. In: Die Medienanstalten (Hrsg.): Content-Bericht 2018. Forschung, Fakten, Trends. Leipzig: Vistas Verlag, S. 128-148.

Beutel, Florian (2009): Regionalfernsehen in Deutschland – Marktlücke oder Auslaufmodell? Diplomarbeit an der Technischen Universität Berlin, Institut für Sprache und Kommunikation. Online: www.videoredakteur-berlin.de/diplom/ (zuletzt abgerufen am 15.02.2021).

Böckelmann, Frank/Hesse, Kurt (1996): Wem gehört der private Rundfunk? Umfang und Auswirkungen der Beteiligungen am privaten Rundfunk in Deutschland. Konstanz: UVK Verlagsgesellschaft.

Goldhammer, Klaus/Wiegand, André/Polley, Cay-Norbert (2007): Wirtschaftliche Situation des lokalen und regionalen Fernsehens in Bayern. München: Reinhard Fischer Verlag.

Goldmedia GmbH (2005): Call Media – Mehrwertdienste in TV und Hörfunk. München: Reinhard Fischer Verlag, BLM-Schriftenreihe 79.

Goldmedia GmbH (2007): Wirtschaftliche Situation des lokalen und regionalen Fernsehens. München: Reinhard Fischer Verlag, BLM-Schriftenreihe 87.

Goldmedia GmbH (2019): Wirtschaftliche Lage des Rundfunks in Deutschland 2018/2019. Studie im Auftrag der Landesmedienanstalten. Leipzig: Vistas Verlag.

Frenkel, Rainer (1985): Aus für Telezeitung? In: Die Zeit vom 28.06.1985.

Jonscher, Norbert (1991): Einführung in die lokale Publizistik. Opladen: Westdeutscher Verlag.

Jonscher, Norbert (1995): Lokale Publizistik. Theorie und Praxis der örtlichen Berichterstattung. Ein Lehrbuch. Opladen: Westdeutscher Verlag.

Karstens, Eric/Schütte, Jörg (2013): Praxishandbuch Fernsehen. Wie TV-Sender arbeiten. Wiesbaden: Springer VS.

KEK (2017a): Sendungen, Veranstalter und Beteiligungsverhältnisse bei den SAT.1-Regionalfenstern. Online: www.kek-online.de/fileadmin/user_upload/KEK/Medienkonzentration/TV-Sender/Fensterprogramme/Tab._7_Sendungen__Veranstalter_und_Beteiligungsverhaeltnisse_bei_den_SAT.1-Regionalfenstern.jpg (zuletzt abgerufen am 30.09.2020).

KEK (2017b): Sendungen, Veranstalter und Beteiligungsverhältnisse bei den lokalen RTL-Fenstern in Bayern. Online: www.kek-online.de/medienkonzentration/tv-sender/fensterprogramme (zuletzt abgerufen am 30.09.2020).

Korosides, Konstantin (2001): Regional-TV in der Dauerkrise. In: werben & verkaufen, H. 17, S. 86-91.

Von Lewinski, Kai (2017): Wer bezahlt, bestellt: (Un-)Abhängigkeiten der Medieninhalte von der Medienfinanzierung. Baden-Baden: Nomos Verlag.

Mensch, Christian (2009): Lokalfernsehen in der Schweiz: Privatrechtlich senden im öffentlichen Auftrag. In: Tendenz – Das Magazin der Bayerischen Landeszentrale für neue Medien, H. 2, S. 20-21.

Müller-Sachse, Karl H. (2001): Mediale Konstruktionen des Regionalen und Regionalisierung als medienpolitisches Konzept. In: Klingler, Walter/Lersch, Edgar (Hrsg.): Regionalisierung im Rundfunk. Eine Bilanz der Entwicklung seit 1975. Konstanz: UVK Verlagsgesellschaft, S. 15-29.

Nafziger, Rolf (1997): Wirtschaftlichkeitsanalyse für Ballungsraumfernsehen. Modelltheoretische Untersuchungen aus Sicht potentieller Investoren. Wiesbaden: Deutscher Universitätsverlag.

Niebler, Julia (2009): Die Stärkung der Regionalfensterprogramme im Privaten Rundfunk als Mittel zur Sicherung der Meinungsvielfalt durch den Achten Rundfunkänderungsstaatsvertrag. Frankfurt: Peter Lang Verlag.

Niemeier, Timo (2019): Regionalsender INTV stellt Sendebetrieb im Sommer ein. Pressemitteilung auf der Website des Medienmagazins DWDL. Online: www.dwdl.de/nachrichten/70856/regionalsender_intv_stellt_sendebetrieb_mitte_des_jahres_ein/ (zuletzt abgerufen am 30.09.2020).

Neumaier, Katja (2012): Die Zukunft des lokalen Fernsehens in Bayern – zwischen Existenzminimum und Grundversorgungsauftrag. Zur Debatte um die finanzielle Förderung. Bachelorarbeit, Hochschule Mittweida.

Pfeiffer, Gabi (2010): „Lokales TV bangt um Finanzen". In: Fürther Nachrichten vom 04.01.2010.

Pintzke, Thomas (1996): Chancen und Risiken lokalen Fernsehens in Nordrhein-Westfalen. Opladen: Leske und Budrich.

Pitzer, Sissi (2011): Sendeschluss für den Privatfunker. In: Süddeutsche Zeitung vom 29.09.2011.

Prognos AG (1991): Entwicklung des Werbemarktes für Fernsehen und Hörfunk in Deutschland unter alternativen Rahmenbedingungen. München: Reinhard Fischer Verlag, BLM-Schriftenreihe 17A, 17B.

Ring, Wolf-Dieter (2019): Die „Kleinen" im Programm der „Großen": Landesweite und lokale/regionale Fensterprogramme. In: Ring, Wolf-Dieter (Hrsg.): Aufbruch zur Medienvielfalt. Entwicklung des privaten Rundfunks in Bayern. Augsburg: Context Verlag, S. 208-210.

Ring, Wolf-Dieter (2019b): Kabelgroschen und Teilnehmerentgelt. Teilfinanzierung für die lokalen TV-Sender. In: Ring, Wolf-Dieter (Hrsg.): Aufbruch zur Medienvielfalt. Entwicklung des privaten Rundfunks in Bayern. Augsburg: Context Verlag, S. 194-197.

Ritlewski, Kristoff M. (2009): Pluralismus als Strukturprinzip im Rundfunk. Frankfurt am Main: Peter Lang Verlag.

Schemmer, Claudia (2021 i. E.): Fernsehen als Quelle für die bayerische Landesgeschichte. Noch unveröffentlichtes Manuskript. Erscheinungstermin 2021.

Schramm, Holger/Liebers, Nicole/Lauber, Ninon (2020): Ergebnisse einer Onlinebefragung Nutzungsmotive für Heimatsendungen im Fernsehen. In: Media Perspektiven, H. 4, S. 170-180.

Seemann, Wolfgang M. (2009): Kabelpilotprojekt München als Wegbereiter des privaten Lokal-TV in Bayern. In: Tendenz – Das Magazin der Bayerischen Landeszentrale für neue Medien, H. 1, S. 30-32.

Seufert, Wolfgang/Schulz, Wolfgang/Brunn, Inka (2008): Gegenwart und Zukunft des lokalen und regionalen Fernsehens in Ostdeutschland. Berlin: Vistas Verlag.

Spiegelhagen, Edith (1996): Statt Fernsehen – Stadtfernsehen – Lokale TV-Kanäle in Brandenburg – eine Untersuchung von 15 in Brandenburger Kabelnetzen veranstalteten Stadtkanalprogrammen. Berlin: o. V., MABB-Schriftenreihe 4.

Stöckl, Alexander (2019): Sat.1 Bayern. Das bayerische Fernsehfenster in Sat.1. In: Ring, Wolf-Dieter (Hrsg.): Aufbruch zur Medienvielfalt. Entwicklung des privaten Rundfunks in Bayern. Augsburg: Context Verlag, S. 211-212.

Stroh, Kassian (2005): Karlsruhe kippt den Kabelgroschen. In: Süddeutsche Zeitung vom 03.12.2005.

Stroh, Kassian (2009): Am Tropf des Staates. In: Süddeutsche Zeitung vom 04.08.2009.

Teichert, Will (1982): Die Region als publizistische Aufgabe. Ursachen, Fallstudien, Befunde. Hamburg: Hans-Bredow-Institut.

Trebbe, Joachim (1996): Der Beitrag privater Lokalradio- und Lokalfernsehprogramme zur publizistischen Vielfalt. München: Reinhard Fischer Verlag, BLM-Schriftenreihe 39.

Trebbe, Joachim (1998): Lokale Medienleistungen im Vergleich. Untersuchungen zur publizistischen Vielfalt an den bayerischen Sendestandorten Augsburg, Landshut und Schweinfurt. München: Reinhard Fischer Verlag, BLM-Schriftenreihe 47.

Treml, Manfred (2016): Geschichte und Struktur des Lokalfunks in Bayern. In: Mitteilungen des Verbandes Bayerischer Geschichtsvereine, H. 27, S. 271-296.

Volpers, Helmut/Salwiczek, Christian/Schnier, Detlef (2000): Regionalfenster im Programm von RTL und SAT.1. Eine vergleichende Inhaltsanalyse von Programmangeboten und journalistischer Qualität. Opladen: Leske und Budrich Verlag.

Walendy, Elfriede (2020): „Alle haben mir vertraut." Der Aufbau des privatrechtlichen Rundfunks in Bayern. Rundfunkhistorisches Gespräch mit Wolf-Dieter Ring. In: Rundfunk und Geschichte, H. 3-4, S. 61-81.

Wiegand, André (2004): Optimierung der Wirtschaftlichkeit regionaler und lokaler Fernsehsender. Dissertation, Humboldt Universität Berlin, Institut für Kultur- und Kunstwissenschaften. Online: refubium.fu-berlin.de/handle/fub188/3347 (zuletzt abgerufen am 15.02.2021).

Wiegand, André/Goldhammer, Klaus/Zerdick, Axel (2004): Optimierung der Wirtschaftlichkeit regionaler und lokaler Fernsehsender. Baden-Baden: Nomos Verlag.

Wimmer, Frank/Weßner, Konrad (1993): Image und Akzeptanz des lokalen Hörfunks und Fernsehens als Werbeträger. Studie zum Marketing der bayerischen lokalen Hörfunk- und Fernsehsender im lokalen Werbemarkt. München: Reinhard Fischer Verlag, BLM-Schriftenreihe 24.

3.4. Interessenvertretung im privaten Rundfunk in Bayern

Julia Gürster

Die privaten Anbieter in Bayern bewegen sich in einer zunehmend „unübersichtlich[en]" (Treml 2016: 271) Medienlandschaft, in der sie sich vielen Herausforderungen stellen müssen. So müssen sie sich, erstens, im Wettbewerb gegen den gebührenfinanzierten, öffentlich-rechtlichen Bayerischen Rundfunk (BR) durchsetzen. Diese Konkurrenz besteht mit Blick auf Reichweiten, Werbeeinnahmen sowie Inhalte der Berichterstattung. Zudem gestaltet sich, zweitens, die wirtschaftliche Situation vieler privater Anbieter teils schwierig. Während die meisten privaten Hörfunkanbieter mittlerweile zwar kostendeckend arbeiten (vgl. Goldmedia 2019: 128), konnte im lokalen und regionalen privaten Fernsehen seit 2018 keine vollständige Kostendeckung erreicht werden (vgl. ebd.: 120). Nicht zuletzt kommen, drittens, technische Herausforderungen auf die privaten Anbieter zu. Insgesamt müssen sie sich im digitalen Kommunikationsraum mit neuen Angeboten positionieren und stehen dabei immer gleichzeitig in Konkurrenz mit Global Playern wie Google, Amazon oder Facebook.

In diesem Spannungsfeld werden die Interessen der privaten Anbieter durch verschiedene Verbände oder Arbeitsgemeinschaften gebündelt vertreten. Sie stehen dabei nicht im Wettbewerb miteinander, sondern treten als organisierte Vertreter kollektiver, langfristiger Interessen auf, vermitteln Wissen und geben konkrete Gestaltungsvorschläge, zum Beispiel zu rundfunkpolitischen Entscheidungen und Maßnahmen. Auf nationaler Ebene vertreten die Arbeitsgemeinschaft Privater Rundfunk (APR) sowie der Verband Privater Medien e.V. (VAUNET), ehemals Verband Privater Rundfunk und Telemedien (VPRT), die Anliegen. In Bayern bestehen drei Initiativen: die Vereinigung Bayerischer Rundfunkanbieter (VBRA), der Verband Bayerischer Lokalrundfunk (VBL) und der Verband unabhängiger Lokalradios in Bayern (VuLB). Im Folgenden wird die Relevanz der verschiedenen Verbände kurz anhand einer Studie dargelegt, bevor die hier erwähnten Verbände in der soeben aufgeführten Reihenfolge näher beschrieben werden.

Relevanz der verschiedenen Verbände

Welche Bedeutung die verschiedenen Verbände in Bayern einnehmen, wurde im Rahmen einer 2009 durchgeführten Studie deutlich, bei der die bayerischen Rundfunkanbieter unter anderem zu ihren Verbandsmitgliedschaften befragt wurden: Die Ergebnisse in Abb. 11 zeigen, dass – bezogen auf die privaten, lokalen und landesweiten Rundfunkanbieter – von den insgesamt 72 Einzelmitgliedschaften 43 (59 Prozent) auf den VBL entfielen, jeweils zehn (14 Prozent) auf die APR und den VPRT sowie sieben (zehn Prozent) auf die Vereinigung Bayerischer

Rundfunkanbieter und zwei (drei Prozent) auf den VuLB (vgl. Goldmedia 2009: 9). Die 43 Einzelmitgliedschaften im VBL stehen dabei für 72 Prozent aller Rundfunkanbieter in Bayern. Der VBL hat damit „als größte Privatorganisation der Rundfunkteilnehmer in Bayern" (ebd.) seit 2002 seine Position in Bayern nicht nur verteidigen, sondern sogar weiter ausbauen können. Noch 1997 hatte der VBL nicht einmal die Hälfte aller bayerischen Anbieter des landesweiten und lokalen Rundfunks auf sich vereinen können. 2002 waren es bereits 63 Prozent. Bis 2009 konnte er weitere neun Prozent hinzugewinnen und kann damit als „wichtigster Interessenvertreter des lokalen Rundfunks in Bayern" (ebd.) gelten.

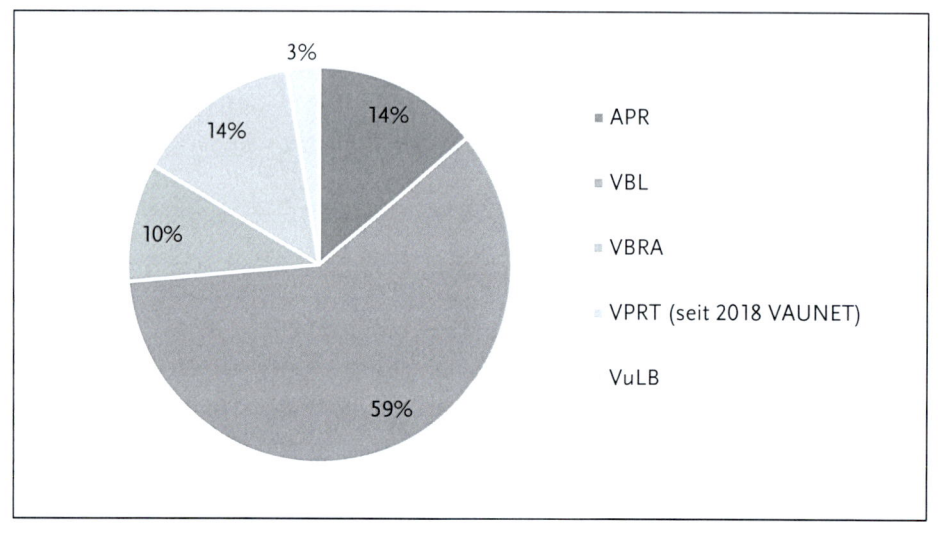

Abb. 11: (Einzel-)Mitgliedschaften von lokalen und landesweiten Rundfunkanbietern in Bayern nach Branchenverbänden in Prozent (vgl. Goldmedia 2009: 9).

Die Arbeitsgemeinschaft Privater Rundfunk (APR)

1990 in München als reiner Zusammenschluss lokaler und regionaler Privatradiosender gegründet, erweiterten Lokal- und Regionalfernsehanbieter in den darauffolgenden Jahren schnell die Arbeitsgemeinschaft Privater Rundfunk (APR). Die APR nimmt sich als deutschlandweiter Verband den wirtschaftlichen, medienpolitischen, technischen und rechtlichen Anliegen ihrer heute rund 290 Mitglieder an (vgl. APR 2020a). Dabei ist die APR in Landesverbände, darunter auch der VBL und die VBRA, und so genannte unmittelbare Mitgliedsunternehmen untergliedert, wobei letztere in einer eigenen Sektion zusammengefasst und einem Landesverband gleichgestellt sind. Je eine Vertreterin beziehungsweise ein Vertreter der Landesverbände und der Einzelmitglieder-Sektion ist Teil der Mitgliederversammlung, die den Vorsitzenden und die Vorstandsmitglieder wählt. Der Vorstand setzt Fachgruppen ein, an der alle Mitgliedsunternehmen der APR unabhängig von ihrer Zugehörigkeit teilnehmen können (vgl. ebd.). 2019 löste Olaf Hopp, Geschäftsführer von ENERGY Deutschland, den Antenne Bayern-Geschäftsführer Felix Kovac als ersten Vorsitzenden der APR ab. Sein Stellvertreter Carsten Dicks ist Geschäftsführer des Verbandes der Betriebsgesellschaften in Nordrhein-Westfalen.

Zu ihren wichtigsten Aufgaben zählt die APR die Vertragsverhandlungen mit der Gesellschaft für musikalische Aufführungs- und mechanische Vervielfältigungsrechte (GEMA), der Gesellschaft zur Verwertung von Leistungsschutzrechen mbH (GVL) und der Verwertungsgesellschaft WORT (VG WORT). Gemeinsam mit den urhebergesetzlichen Verwertungsgesellschaften schafft sie die Grundlagen für den Rechteerwerb durch die privaten Sendeunternehmen und ist somit maßgeblich an der Schaffung ihrer Rahmenbedingungen beteiligt.

Beim Ausscheiden aus seinem Amt zählte Felix Kovac „den besseren Schutz des Urheberrechts [und] die Förderung der Netzneutralität" (APR 2019) zu den medienpolitischen Errungenschaften der APR. Es gelte auch in Zukunft, „gemeinsame Anliegen im Schulterschluss gegenüber der Politik geltend zu machen" (ebd.). Gerade in den von Kovac genannten Bereichen tritt die APR durch häufige Stellungnahmen auf. Zuletzt sprach sie sich im Oktober 2020 gegen eine Verschärfung der urheberrechtlichen Rahmenbedingungen bei Eigenproduktionen aus. Insbesondere für kleine Mitgliedsunternehmen sei das Urhebervertragsrecht für die alltägliche Berichterstattung essenziell, weshalb Regelungen, die für größere Nutzungen gedacht sind, nicht auf kleine Sender übertragbar seien (vgl. APR 2020b). Während der Corona-Krise im April 2020 legte die APR zudem den Medienanstalten, den Ländern und dem Bund ein Positionspapier mit Forderungen nach staatlichen Beihilfen für private Hörfunk- und lokale beziehungsweise regionale Fernsehanbieter vor und bezeichnete diese als „kritische Infrastruktur" (APR 2020c) für die Bevölkerung.

Im Bereich des journalistischen Nachwuchses sprach sich die APR in der Vergangenheit beispielsweise für eine angemessene Vergütung, eine vertragliche Regelung und einen Ausbildungsplan sowie eine Ansprechperson für Volontärinnen und Volontäre im Hörfunk aus (vgl. APR 2015).

Der Verband Privater Medien e.V. (VAUNET)

Der Verband Privater Medien e.V. (VAUNET), bis Mai 2018 unter dem Namen Verband Privater Rundfunk und Telemedien e.V. (VPRT) bekannt, ist seit seiner Gründung im Oktober 1990 die deutschlandweite Interessenvertretung privatrechtlich organisierter Rundfunk- und Telemedienunternehmen. Bei seiner Gründung hatten sich der Bundesverband Privater Rundfunk und Telekommunikation (BPRT) sowie der Bundesverband Kabel und Satellit (BKS) zum damaligen VPRT zusammengeschlossen. Gründungspräsident war der Fernsehjournalist Peter Scholl-Latour.

Heute kann der VAUNET nach eigenen Angaben rund 150 Mitglieder aus Hörfunk, Fernsehen und der digitalen Medienwirtschaft verzeichnen, darunter rund 50 private landesweite sowie regionale Hörfunkanbieter, unter ihnen auch Antenne Bayern (vgl. VAUNET 2020a). Der Verband ist in die Fachbereiche Radio- und Audiodienste sowie Fernsehen und Multimedia untergliedert und wird durch ein Technik- und Innovationsforum ergänzt. Die beiden Fachbereiche stellen eigene Vorstände, die den Verbandsvorstand ergänzen. Zu seinen Kernaufgaben zählt der VAUNET die Interessenvertretung seiner Mitglieder auf EU-, Bundes- und Länderebene, deren Beratung durch interne Arbeitskreise, beispielsweise zu GEMA oder technischen Innovationen sowie die Organisation von diversen Audio-, Video- und Multimedia-Workshops (vgl. ebd.). Ebenso gehört die Beobachtung der Marktentwicklung zur Verantwortung des Verbands, der dieser mit Marktprognosen, Informationen zu Mediennutzung, Beschäftigung und Umsätzen in den privaten Medien nachkommt. Auch im Bereich der Medien- und Werberegulierung informiert der VAUNET zu rechtlichen Themen, beispielsweise zu Urheberrecht, Jugendmedienschutz und den Werbekennzeichnungspflichten.

Trotz seiner bundesweiten Ausrichtung setzt sich der Verband auf der Landesebene für die bayerischen Rundfunk- und Medienunternehmen ein. 2019 veranstaltete er beispielsweise auf den Medientagen München ein eigenes Panel zur gesellschaftlichen Verantwortung privater Medien. Dabei sprach sich Anette Kümmel, damals Fachbereichsvorstand Fernsehen und Multimedia im VAUNET und seit 2020 Vorstandsvorsitzende, gegen die „kleinteilige Regulierung der Finanzierungsmöglichkeiten" (VAUNET 2019) privater Mediengebote aus. Verantwortungsvolle Medien gebe es „nicht zum Nulltarif" (ebd.), so Kümmel, die Ministerpräsident Markus Söders Vorschlag einer Förderung von mehr „Public Value" in privaten Medien begrüßte.

Zuletzt appellierte der Verband an die Politik und die Landesmedienanstalten, private Hörfunkanbieter während der Corona-Krise zu unterstützen und legte ein Maßnahmenpapier für eine entsprechende Umsetzung vor (vgl. VAUNET 2020b). Vorsitzender des Fachbereichs Radio und Audiodienste Klaus Schunk betonte in dem Schreiben, es brauche kurz- und mittelfristige „existenzsichernde Maßnahmen" (ebd.), insbesondere für kleine beziehungsweise lokale private Rundfunkveranstalter.

Bei den vorgeschlagenen Maßnahmen handelt es sich unter anderem um steuerliche Erleichterungen bezüglich der Verbreitungskosten sowie einen vorübergehenden Verzicht der Bundesnetzagentur auf die Frequenzabgabe (vgl. ebd.).

Die Vereinigung Bayerischer Rundfunkanbieter (VBRA)

Eine Organisation, die bei Belangen des lokalen Rundfunks eng mit dem VBL und der BLM verknüpft ist, ist die Vereinigung Bayerischer Rundfunkanbieter (VBRA). Sie wurde 1988 gegründet und ist ebenfalls Mitglied der APR. Mit ihren 41 Mitgliedern stellt die VBRA, anders als VBL und VuLB, keine reine Gemeinschaft einzelner Radio- und Fernsehsender dar, sondern beinhaltet Programmgesellschaften, Mediengruppen und Verlagsgesellschaften. So sind beispielsweise auch der Verband Bayerischer Zeitungsverleger (VBZV), die Mediengruppe Oberfranken, die rt.1 media group und die Medienpool GmbH von Helmut Markwort Teil der Vereinigung (vgl. VBRA 2020). Dementsprechend gliedert sie sich in die Fachressorts Hörfunk, Fernsehen und Anbieter. Als Vorstand fungieren aktuell Thomas Eckl, Geschäftsführer von Donau TV, und Felix Kovac, Geschäftsführer von Antenne Bayern. Kovac war, wie zuvor erwähnt, von 2005 bis 2019 außerdem Vorsitzender der APR. Geschäftsführer der VBRA ist zurzeit Dr. Markus Rick, VBZV-Verantwortlicher für Rundfunkbeteiligungen der bayerischen Zeitungsverleger im Rundfunk und Medienratsmitglied der BLM.

Die VBRA war bereits in der Vergangenheit in rechtliche Belange des bayerischen Privatrundfunks involviert. Insbesondere das stets aktuelle Thema der im Art. 23 des BayMG gesetzlich verankerten, finanziellen Förderung lokaler und regionaler Fernsehangebote aus Staatsmitteln war dabei häufiger Anlass für Aktivitäten der Vereinigung.

Zuletzt machte sich die VBRA insbesondere für eine sichere Stellung privater Medienanbieter im Rundfunkrat stark; im September 2019 war ein Schreiben des BR-Rundfunkratsvorsitzenden Lorenz Wolf bekannt geworden, in dem er neue gesetzlichen Regeln für die Zusammensetzung des Rundfunkrats gefordert hatte. Dabei ging es vor allem um eine Karenzfrist für Abgeordnete, die selbst im Medienbereich aktiv sind (vgl. dpa 2019). Auslöser war die Entsendung des FDP-Politikers Helmut Markwort, der maßgeblich an privaten Radiosendern beteiligt ist, darunter auch am Münchner Radio Gong und an Antenne Bayern. Die VBRA sah in Wolfs Schreiben die Absicht, private Mediananbieter aus dem Rundfunkrat auszuschließen, da der Rundfunkrat laut Wolfs Schreiben auch die Vertreter des VBZV nicht mehr zulassen wolle. Vorsitzender Felix Kovac mahnte:

> Der Rundfunkrat vertritt die Interessen der Allgemeinheit. Insofern ist es nicht nachvollziehbar, wenn der Bayerische Rundfunk über die Zusammensetzung seines eigenen Kontrollgremiums bestimmen möchte. [...] Vielmehr sollten sich der Vorsitzende und die Mitglieder des Rundfunkrates ihrer gesetzlichen Kontrollfunktion widmen. Dazu gehört auch die Kontrolle des Bayerischen Rundfunks in wirtschaftlichen Fragen (VBRA 2019).

Nach einem „juristischen Tauziehen" (dpa 2019) hatte sich das Aufsichtsgremium des Bayerischen Rundfunks im Juli der Entscheidung des Landtags gebeugt, Markwort als einen von zwölf Politikerinnen und Politikern in den Rundfunkrat zu senden.

Der Verband Bayerischer Lokalrundfunk (VBL)

Am 1. Dezember 1984 von dem VPRT-Mitbegründer und Allgäuer Lokalradiopionier Helmut Simon, dem Vorsitzenden des Arbeitskreises Bayerischer Lokalradios Heinz-Jürgen Bien und weiteren Radiomacherinnen und -machern ins Leben gerufen, entwickelte sich der VBL über die kommenden Jahrzehnte hinweg zur nunmehr ältesten und mitgliederstärksten Interessenvertretung lokaler und regionaler Rundfunkanbieter und Studiobetriebsgesellschaften des Freistaats.

Bereits die wenigen Gründungsmitglieder reichten „von Lindau bis Hof" (VBL 1984: 1), weshalb es „unumgänglich" (ebd.) gewesen sei, den bis dato bestehenden Arbeitskreis durch einen Verband aller Lokalen zu ersetzen, um auch den zunehmenden Anfragen um Mitgliedschaft gerecht werden zu können. Der Gründungsvorstand setzte sich zusammen aus dem Vorstand Heinz-Jürgen Bien, stellvertreten durch Helmut Simon und Jo Lüders, unter anderem Gründer des Münchner Pioniersenders Radio Xanadu.

Eine erste Mitgliedervollversammlung mit 24 anwesenden Vertreterinnen und Vertretern fand im Februar 1985 in München statt (vgl. VBL 1985: 5ff.). 1999, 15 Jahre nach Gründung des Verbandes, resümierte Maximilian Merten, seinerzeit Medienanwalt und VBL-Justiziar:

> [W]er konnte ahnen, dass aus der kleinen Gruppe von über zwanzig Kabelhörfunkern, die sich damals im Münchner Kabelpilotprojekt (MPK) mit gerade einmal 1000 insgesamt erreichbaren Haushalten zusammendrängten, ein einflussreicher Zusammenschluss selbstbewusster Hörfunkprogrammanbieter in ganz Bayern werden sollte (Merten zit. nach Schreiner 2019b: 146).

Heute sind insgesamt 54 Mitglieder Teil des Verbands Bayerischer Lokalrundfunk (Stand: September 2020), unter denen sich 38 lokale und regionale Radiosowie elf Fernsehanbieter befinden. Ausgenommen sind zurzeit die meisten Anbieter der Gong-Gruppe sowie münchen.tv. Mitglieder der ursprünglichen Gemeinschaft aus Radio- und Fernsehanbietern sind mittlerweile auch der Netzbetreiber „Bayern Digital Radio" (BDR) oder die Dienstleistungs- und Beratungsagentur „Broadcast Future". Damit kann der VBL, wie eingangs bereits erwähnt, als „größte Privatorganisation der Rundfunkteilnehmer in Bayern" (Goldmedia 2009: 9) gelten und fungiert als Landesverband Bayerns innerhalb der APR. Das

Verhältnis von lokalen Radio- und Fernsehanbietern innerhalb der bayerischen Privatrundfunklandschaft spiegelt sich auch in der Zusammensetzung des VBL wider: Unter den Mitgliedern machen die Radioanbieter rund 70 Prozent aus. Sie haben sich, ebenso wie die Fernsehanbieter, in einer eigenen Fachgruppe zusammengeschlossen – ein Konzept, das vom früheren VPRT übernommen wurde. Die Fachgruppen sind zudem ein Teil der verbandsinternen Politik: Beide bestellen jeweils ein Mitglied in den Vorstand. Der „paritätisch" besetzte Vorstand besteht somit aus jeweils einem Fachgruppensprecher und dessen Stellvertreter, dem ersten Vorsitzenden und zwei stellvertretenden Vorsitzenden, dem Schatzmeister und dem Schriftführer. Die Fachgruppe Hörfunk im VBL repräsentiert aktuell Mischa Salzmann, Geschäftsführer von unter anderem Radio Bamberg, die Fachgruppe Fernsehen wird von Christoph Rolf, Geschäftsführer von Oberpfalz TV in Amberg, vertreten.

Die Aktivitäten des Verbands werden bereits seit 1988 von seinem Vorsitzenden Willi Schreiner, seit 1994 Geschäftsführer der Neuen Welle GmbH & Co. KG aus Nürnberg, geleitet. Neben seinem Engagement im VBL war Schreiner 1991 zudem Mitbegründer der bereits vorgestellten, deutschlandweiten Arbeitsgemeinschaft Privater Rundfunk (APR). Mit der Gründung der APR sind einige Aufgabenfelder des VBL teilweise oder ganz an die APR gefallen, so zum Beispiel die Urheberrechtsverhandlungen, die man im VBL allein nicht mehr leisten könne, so Schreiner in einem Interview für den vorliegenden Sammelband: „Die GEMA-Verhandlungen führen aber nach wie vor wir für alle gemeinsam mit der APR."

Seither setzt sich der VBL vorrangig für „die Förderung des privaten Rundfunks in Bayern in seiner vielfältigen, mittelständisch geprägten Anbieterstruktur" (VBL 2019) ein. Dies geschieht primär durch die Bündelung der Mitgliederinteressen, insbesondere in Hinblick auf Verhandlungen mit Urheberrechtsgesellschaften wie der GEMA und Öffentlichkeitsarbeit auf Landes-, Bundes- und auf internationaler Ebene. Aufgrund ihrer Entscheidungsgewalt über Zulassung, Programmaufsicht oder -förderung sowie über den Erlass von Regelungen und Satzungen nahm die bayerische Landeszentrale von Beginn an eine zentrale Position für die Anbieter und damit für die Verbandsarbeit ein. So leistet der VBL seit jeher einen Beitrag zur Mitorganisation der jährlichen BLM-Lokalrundfunktage in Nürnberg. Bei der Neufassung von Gesetzestexten oder Satzungsentwürfen, die den privaten lokalen Rundfunk in Bayern betreffen, beteiligt sich der Verband mit Stellungnahmen an der Gestaltung der Rahmenbedingungen für die bayerischen Anbieter, zuletzt zum Beispiel zum Gesetzentwurf zur Änderung des Bayerischen Mediengesetzes (BayMG) vom 15. Mai 2018, bei der die neu geltende Datenschutz-Grundverordnung (DSGVO) in Bayern medienrechtlich verankert wurde (siehe Art. 20, BayMG). „Zu jedem Gesetz und zu jeder Satzung der BLM haben wir uns geäußert", erinnert sich Willi Schreiner im Interview.

Nicht immer war dabei das Verhältnis zur Landeszentrale spannungsfrei. Im Rahmen einer „Demonstration der schwarzen Männer" protestierten Vertreter der lokalen Hörfunkanbieter in schwarzen Anzügen mit einem Button am Revers am 21. März 2002, dem Tag einer Medienratssitzung, vor der BLM. Anlass dieser Demonstration waren Pläne der BLM-Verwaltung, der Rock Antenne, einer Tochter der landesweiten Antenne Bayern, eine lokale UKW-Frequenz in Augsburg zur Verfügung zu stellen. Für den VBL war es schwer hinnehmbar, dass die Landeszentrale eine lokale Frequenz nicht den lokalen Rundfunkanbietern, sondern der landesweiten Konkurrenz zur Verfügung stellen wollte. Dieser Protest vor den Augen der Medienräte habe dabei auch zu Spannungen zum „Nebenverband", der VBRA, geführt, erinnert sich Willi Schreiner; einige VBRA-Mitglieder vertraten die Ansicht, medienpolitische Themen sollten ausschließlich von den Gesellschaftern behandelt werden. Der Medienrat unter dem damaligen Vorsitzenden Klaus Kopka und seinem Stellvertreter Erich Jooß gab im Zuge der Demonstration noch am selben Tag bekannt, dass es sich bei der lokalen Frequenzvergabe an die Antenne-Tochter um eine „einmalige Sache" handle – eine Reaktion, die beim VBL „[k]eine Zufriedenheit, eher Enttäuschung und große Skepsis" (Schreiner 2019b: 149) auslöste. Schreiner und der VBL blieben skeptisch – mit Recht, denn 2017 wanderte erneut eine lokale Frequenz (und zwar die von M94.5) an die Rock Antenne (vgl. BLM 2017).

Darüber hinaus hob der VBL den Bayerischen Lokalrundfunkpreis aus der Taufe, mit dem er im Fünfjahresrhythmus bis heute vier Persönlichkeiten für ihre besonderen Verdienste um die private Hörfunk- und Fernsehlandschaft des Freistaates ausgezeichnet hat. Im Jahr 1999 erhielt der damalige Ministerpräsident Edmund Stoiber als erster Preisträger die Würdigung für seine wegbereitende Tätigkeit bei der Schaffung des dualen Rundfunksystems als Staatssekretär in den 80er Jahren. Aufgrund seiner Beiträge zur Ermöglichung des Privatrundfunks in Bayern gebe es für die erste Verleihung dieser Auszeichnung „keinen würdigeren Preisträger" (Schreiner 2019a: 168), so das Resümee von Wolf-Dieter Ring bei der Preisverleihung 1999. Seither wird der Preis traditionell im Rahmen eines Festakts zum 15-, 20-, 25-jährigen usw. Bestehens des VBL vergeben. 2004 folgte Staatsminister Erwin Huber in der Reihe der Ausgezeichneten. Insbesondere sein engagiertes Wirken im Medienrat und sein Einsatz für die Chancengleichheit innerhalb des dualen Rundfunksystems boten dem VBL Anlass, dem CSU-Politiker die Bronzeskulptur „Der Wächter" zu verleihen, die von da an Teil aller darauffolgenden Ehrungen sein sollte. Preisträger des Jahres 2009 war ebenfalls ein maßgeblicher Wegbegleiter und -bereiter des bayerischen Privatrundfunks: Wolf-Dieter Ring wurde zur 25-jährigen Jubiläumsfeier des VBL mit der Ehrung ausgezeichnet. Als „Wächter des lokalen Rundfunks" (BLM 2009) habe Ring erheblich zur bayerischen Privatrundfunkvielfalt beigetragen und somit sein „Lebenswerk" (ebd.) geschaffen, so Helmut Markwort bei der Verleihung.

Im Jahr 2014 konnte der VBL sein 30-jähriges Jubiläum feiern und verlieh Gerd Penninger, dem langjährigen Geschäftsführer des Funkhauses Regensburg, den Bayerischen Lokalrundfunkpreis für sein Wirken als bedeutsamer Programmmacher in Bayern (vgl. Kähler 2014). Sein Engagement in Verhandlungen mit der GEMA und der GVL sowie seine Mitarbeit bei der BLM und in der VBL-Vorstandschaft habe Penningers Namen untrennbar mit der Radiogeschichte Bayerns verbunden, so der Laudator, BLM-Präsident Siegfried Schneider (vgl. Schreiner 2019a: 169).

Nicht zuletzt ist der VBL auch in der Nachwuchsförderung des bayerischen Lokalrundfunks aktiv. Dabei arbeitete der Verband bei den ehemaligen Aus- sowie Fortbildungskanälen im Rahmen der AFK-Vereine in München und Nürnberg (jetzt Mediaschool Bayern) mit. Mit dem Ausbildungskonzept „Radiopraxis" kann der VBL als Initiator der heutigen Ausbildung von Volontärinnen und Volontären im privaten Rundfunk in Bayern gelten, an der die BLM mit Kursen maßgeblich beteiligt ist.

Der Verband unabhängiger Lokalradios in Bayern (VuLB)

Innerhalb des Freistaats agiert nicht nur der VBL als Interessensvertretung lokaler Rundfunkanbieter. Eine weitere, wenngleich wenig mitgliederstarke[172] Organisation ist der Verband unabhängiger Lokalradios in Bayern e. V., der bayerische Radiosender ohne Fremdbeteiligungen von großen Tageszeitungsverlagen oder Medienkonzernen repräsentiert (vgl. VuLB 2019).

Genau wie der VBL tritt auch der VuLB für mittelständische, unabhängige Lokalanbieter ein, der VuLB spricht sich dabei allerdings besonders deutlich gegen den Zusammenschluss von Radiosendern zu Betriebsgesellschaften oder der gemeinsamen Vermarktung im Rahmen von Funkhäusern aus. In Pressemitteilungen richtet sich der Verband gegen den „Lokalradiomogul in Bayern" (VuLB 2012) Gunther Oschmann und sein „Medienkonglomerat" (ebd.) der Neuen Welle GmbH & Co. KG, über die er in ganz Bayern Beteiligungen hält (siehe Kapitel 3.2.). Ferner kritisiert der Verband das „dichte[] Radionetz" (VuLB 2019), das durch wenige Großverleger gesponnen werde, während diesem „echte Lokalradios [gegenüberstehen], die sich voller Überzeugung für ihr Sendegebiet und ihre Hörer engagieren, aber kaum Sendeanteile an reichweitenstarken Frequenzen erhalten" (ebd.).

Wie der VBL gibt auch der VuLB regelmäßige Stellungnahmen zur Neufassung von Gesetzestexten und Satzungsentwürfen der Landeszentrale, zuletzt – wie auch der VBL – zum Gesetzesentwurf zur Änderung des BayMG. Sabine Knieling (vormalig Prokscha), Moderatorin und Redakteurin bei extra-radio in

---

[172] Genaue Angaben waren auf Rückfrage nicht zu bekommen.

Hof, ist zurzeit Vorstandsvorsitzende des VuLB. Sie löste Peter Bertelshofer, Geschäftsführer des Münchner Senders Radio 2DAY, im Vorstand ab. „Vernetzung ist das wichtigste", fasst sie das Wirken des Verbands in einem Interview für den Sammelband zusammen. Insbesondere der Austausch von Kontakten und Erfahrungen in medienrechtlichen Belangen sei für die Mitglieder essenziell.

Fazit: Vereine und Verbände als Stimmen für die Vielfalt

Die Vielfalt der Privatrundfunklandschaft in Bayern wird durch die zahlreichen Verbände abgebildet, die mit jeweils unterschiedlichem Fokus wichtige Foren des Austausches für die lokalen und regionalen Akteure untereinander, aber auch mit der BLM darstellen. Als starke Stimme der privaten Rundfunkanbieter widmen sich die Vereine und Verbände den Problemen, die auch nach mehr als 35 Jahren dualem Rundfunk in Bayern bestehen bleiben, mit unterschiedlichen Schwerpunkten. Dabei treten sie in verschiedensten Rollen auf, beispielsweise als Tarifpartner bei der Aushandlung von Tarifverträgen oder Ausbildungsbestimmungen; sie agieren immer wieder auch als politische Akteure, die sich bei Gesetzgebungsverfahren mit Stellungnahmen einbringen. Gemeinsam haben die hier vorgestellten Vereinigungen ihr starkes Engagement für einen möglichst vielfältigen Privatfunk in Bayern und alle setzen sie sich für dessen nachhaltige finanzielle, ideelle und rechtliche Förderung ein.

Literatur

Arbeitsgemeinschaft Privater Rundfunk (2015): Stellungnahme zum Volontariat Programmgestaltung im Hörfunk. Online: www.privatfunk.de/thm/TextThemen-150508.html (zuletzt abgerufen am 15.02.2021).

Arbeitsgemeinschaft Privater Rundfunk (2019): Pressemitteilung. Olaf Hopp und Carsten Dicks neue Vorsitzende der APR. Online: www.privatfunk.de/prm/TextPRM-190905.html (zuletzt abgerufen am 15.02.2021).

Arbeitsgemeinschaft Privater Rundfunk (2020a): Übersicht. Online: www.privatfunk.de/mit/TextMit00.html (zuletzt abgerufen am 15.02.2021).

Arbeitsgemeinschaft Privater Rundfunk (2020b): Stellungnahme zur Novelle des Urheberrechts vom 1. Oktober 2020. Online: www.privatfunk.de/thm/TextThemen201-001.html (zuletzt abgerufen am 15.02.2021).

Bayerische Landeszentrale für neue Medien (2009): Wolf-Dieter Ring mit Lokalrundfunkpreis ausgezeichnet. Online: www.blm.de/infothek/pressemitteilungen/2009-11-18-bayerischer-lokalrundfunkpreis-an-blm-praesident-ring-verliehen-laudator-markwort-sie-sind-der-waechter-des-lokalen-rundfunks-726 (zuletzt abgerufen am 15.02.2021).

Bayerische Landeszentrale für neue Medien (2017): UKW-Frequenz 94,5 MHz in München wird zur Stützfrequenz für Rock Antenne. Online: www.blm.de/infothek/pressemitteilungen/2017.cfm?object_ID=7257&sCriteria=M94.5 (zuletzt abgerufen am 15.02.2021).

Bayerische Landeszentrale für neue Medien (2020): Sendersuche. Online: www.blm.de/radiotv/sendersuche.cfm?instance_ID=823&=&cmfAction=sendermap.showLogowall&locid=12345678&showAll=true#Radio (zuletzt abgerufen am 15.02.2021).

Digitalfernsehen (2010): Bayern: Lokal-TV-Anbieter präsentieren Grundlagenpapier. Online: www.digitalfernsehen.de/news/inhalte/fernsehen/bayern-lokal-tv-anbieter-praesentieren-grundlagenpapier-390727/ (zuletzt abgerufen am 15.02.2021).

dpa (2019): Streitfrage. Online: www.sueddeutsche.de/medien/br-rundfunkrat-streitfrage-1.4596777 (zuletzt abgerufen am 15.02.2021).

Goldmedia GmbH (2009): Vergütung der Beschäftigten der privaten landesweiten und lokalen Rundfunkanbieter in Bayern 2009. Online: www.blm.de/files/pdf1/Verguetungsstudie_Goldmedia_2009.pdf (zuletzt abgerufen am 15.02.2021).

Goldmedia GmbH (2019): Wirtschaftliche Lage des Rundfunks in Deutschland 2018/2019. Studie im Auftrag der Landesmedienanstalten. Leipzig: Vistas Verlag.

Kähler, Daniel (2014): VBL feiert 30 Jahre Lokalrundfunk. Online: www.radioszene.de/-74442/vbl-feiert-30-jahre-lokalrundfunk.html?cn-reloaded=1 (zuletzt abgerufen am 15.02.2021).

Kunow, Kristian (2018): Anteile der Medienangebote und Medienkonzerne am Meinungsmarkt der Medien. In: Die Medienanstalten (Hrsg.): Vielfaltsbericht der Medienanstalten. Berlin: Die Medienanstalten, S. 27-41.

Minssen, Heiner (2019): Arbeit in der modernen Gesellschaft. Eine Einführung. Wiesbaden: Springer VS.

Netzwirtschaft (2019): Interview mit Dr. Markus Rick – Verband Bayerischer Zeitungsverleger. Online: www.netzwirtschaft.net/interview/interview-mit-dr-markus-rick-vbzv/ (zuletzt abgerufen am 30.09.2020).

Neumaier, Katja (2012): Die Zukunft des lokalen Fernsehens in Bayern – zwischen Existenzminimum und Grundversorgung. Unveröffentlichte Bachelorarbeit, Hochschule Mittweida.

Niemeier, Timo (2019): Regionalsender INTV stellt Sendebetrieb im Sommer ein. Online: www.dwdl.de/nachrichten/70856/regionalsender_intv_stellt_sendebetrieb_mitte_des_jahres_ein/?utm_source=&utm_medium=&utm_campaign=&utm_term= (zuletzt abgerufen am 15.02.2021).

Posewang, Wolfang (2005): Kampf um die UKW-Frequenzen. In: Tendenz – Das Magazin der Bayerischen Landeszentrale für neue Medien, H. 2, S. 4-9.

Schreiner, Willi (2019a): Der Bayerische Lokalrundfunkpreis. In: Ring, Wolf-Dieter (Hrsg.): Aufbruch zur Medienvielfalt. Entwicklung des privaten Rundfunks in Bayern. Augsburg: Context Verlag. S. 168-169.

Schreiner, Willi (2019b): Hühnerspiel, Schwarzenstein oder Unterföhring. Wo stand die Wiege des Verbands Bayerischer Lokalfunk? In: Ring, Wolf-Dieter (Hrsg.): Aufbruch zur Medienvielfalt. Entwicklung des privaten Rundfunks in Bayern. Augsburg: Context Verlag. S. 146-149.

Teuber, Jörg (2009): Interessenverbände und Internationalisierung. Wiesbaden: VS Verlag für Sozialwissenschaften.

Treml, Manfred (2016): Geschichte und Struktur des Lokalfunks in Bayern. In: Mitteilungen des Verbandes Bayerischer Geschichtsvereine, H. 27, S. 271-296.

VAUNET (2019): VAUNET-Panel zu Public Value und der Verantwortung privater Medien auf den Medientagen München. Online: www.vau.net/pressemitteilungen/content/vaunet-panel-public-value-verantwortung-privater-medien-medientagen (zuletzt abgerufen am 15.02.2021).

VAUNET (2020a): Verband. Online: www.vau.net/themen/verband (zuletzt abgerufen am 15.02.2021).

VAUNET (2020b): Corona: VAUNET legt Maßnahmenpapier für kurz- und mittelfristige Unterstützung des privaten Rundfunks vor. Online: www.vau.net/positionen/content/corona-vaunet-legt-massnahmenpapier-kurz-mittelfristige-unterstuetzung-privaten (zuletzt abgerufen am 15.02.2021).

VBL (1984): Protokoll zur Gründungsversammlung des Verbands Bayerischer Lokalrundfunk am 01.12.1984 in Augsburg. Unveröffentlichtes Archivmaterial.

VBL (1985): Protokoll der Vollversammlung des Verbandes Bayerischer Lokalrundfunk am 07.02.1985 in München. Unveröffentlichtes Archivmaterial.

VBL (2019): Die Interessenvertretung für lokales Radio und Fernsehen. Verband Bayerischer Lokalrundfunk (VBL). Online: www.v-b-l.de/de/home/ (zuletzt abgerufen am 15.02.2021).

3.5. Medientage und viel mehr: Die Veranstaltungen der Bayerischen Landeszentrale für neue Medien

Markus Kaiser

Die größte Medienveranstaltung in Bayern geht auf den ehemaligen bayerischen Ministerpräsidenten Edmund Stoiber (CSU) zurück. Stoiber war damals Leiter der Bayerischen Staatskanzlei, als er gemeinsam mit seinem Leiter des Referats Medienpolitik, Wolf-Dieter Ring, den Plan geschmiedet hat, die Medientage München zu gründen. Als die Medientage im Jahr 1987 erstmals stattfanden, war Ring bereits als Geschäftsführer zur neu gegründeten Bayerischen Landeszentrale für neue Medien (BLM) gewechselt, die er ab Januar 1990 bis September 2011 als Präsident geleitet hat, und Stoiber kehrte der Medienpolitik kurz nach den ersten Medientagen im Jahr 1988 als Bayerischer Innenminister für einige Jahre den Rücken zu.

Die Medientage München, die sich selbst mit rund 6.500 Besucherinnen und Besuchern lange Zeit als Europas größter Medienkongress bezeichnet hatten, würde es ohne das Engagement von Stoiber und Ring nicht geben. Sie wurden vor über 30 Jahren aus einer politischen Initiative heraus gegründet und zu einer Zeit etabliert, als der private Rundfunk in Bayern gerade erst durchgesetzt worden war. Somit waren die Kernzielgruppe der Medientage, die bis 2019 jährlich im Oktober mit einem Kongress und einer angeschlossenen Messe im ICM im Messezentrum in München-Riem stattfanden und aufgrund von Corona 2020 und 2021 digital beziehungsweise hybrid stattfanden, die Managerinnen und Manager der privaten Rundfunkanstalten im deutschsprachigen Raum. Sie sollten hier gemeinsam mit Repräsentantinnen und Repräsentanten der Medienpolitik, der Wirtschaft und der Wissenschaft sowie insbesondere Vertreterinnen und Vertretern des öffentlich-rechtlichen Rundfunks, mit dem sie das so genannte duale System bilden, und der Zeitungs- und Zeitschriftenverlagen über die aktuelle Medienentwicklung diskutieren.

Die Medientage München waren jahrelang das Flaggschiff der Medienveranstaltungen in Bayern. Im Jahr 1993 kam der Lokalrundfunktag hinzu, der zu den jährlich stattfindenden Lokalrundfunktagen jeweils im Juli im Nürnberger Messezentrum erweitert wurde. Daneben haben sich zahlreiche Spezialveranstaltungen in Bayern etabliert, die teilweise von der BLM und deren Tochterfirmen für Veranstaltungsmanagement und teilweise von anderen Organisationen veranstaltet werden. Die inzwischen wieder eingestellte Local Web Conference, der Mobile Media Day in Würzburg oder die vom MedienCampus Bayern, dem Dachverband für Medienaus- und -fortbildung, initiierte Tagung Transforming Media über neue Geschäftsmodelle in der digitalen Welt in Nürnberg sind die weiteren größten Veranstaltungen, die von der im Jahr 2017 mit der Medientage München

GmbH inhaltlich verschmolzenen BLM-Veranstaltungstochter Bayerische Medien-Servicegesellschaft mbH (BayMS) durchgeführt worden sind. Die für die Gamesbranche ausgerichtete Munich Gaming hatte der damalige Medientage-Prokurist Christopher Tusch angestoßen, wurde aber 2008 bis 2011 von der Unternehmensberatung Chillingsten GmbH ausgerichtet (vgl. Chillingsten GmbH 2019).

Heute firmiert die frühere Medientage München GmbH, deren alleiniger Gesellschafter die BLM ist, unter dem Namen Medien.Bayern GmbH. Neben der Organisation von Veranstaltungen werden aus dieser Gesellschaft die Medienstandortagentur MedienNetzwerk Bayern, die ursprünglich beim MedienCampus Bayern angesiedelt und dort bis 2016 aufgebaut worden war, der XR Hub Bavaria München und das Vorgründerzentrum MediaLab Bayern mit seinen beiden Räumlichkeiten am Münchner Ostbahnhof und im westmittelfränkischen Ansbach betrieben. Darin sollten Gründerinnen und Gründer erste Ideen entwickeln, die später in einem Gründerzentrum wie zum Beispiel dem WERK1 in München weiterverfolgt werden.

Die Medientage München stehen vor großen Herausforderungen

Seit einigen Jahren setzt der Veranstalter der Medientage München auf ein englischsprachiges Motto: „Engage! Shaping Media Tech Society" lautete der Titel 2018, „Next Digital Level: Let's build the Media we want!" 2019, „This is Media NOW" 2020. Der Schwerpunkt der Medientage München liegt nach Ansicht von Medientage-Geschäftsführer Stefan Sutor aber nicht auf digitalen Medien: „Der wichtigste Punkt sind Fragen der Medienregulierung." Siegfried Schneider, Präsident der Bayerischen Landeszentrale für neue Medien, die Gesellschafter der Medien.Bayern GmbH ist, sieht weitere Ziele der Medientage: „Es ist ein wichtiger Teil unserer Öffentlichkeitsarbeit, diese Veranstaltung zu machen." Außerdem böten die Medientage Fortbildungen für Medienschaffende in Bayern. „Wir sorgen für eine Sichtbarkeit der Medienunternehmen und zeigen neue Trends auf, die in anderen Ländern bereits am Horizont sind."

Weil der Medienstandort Bayern präsentiert wird, erhält die veranstaltende Medien.Bayern GmbH Zuschüsse vom Freistaat Bayern. In den vergangenen Jahren wurde diese Förderung massiv erhöht. Summiert über verschiedene Titel im Haushalt des Freistaats Bayern sind dies inzwischen über fünf Millionen Euro. Des Weiteren finanzieren sich die Medientage über Einnahmen durch den Ticketverkauf (auch durch Eintrittskarten für die „Nacht der Medien", dem gesellschaftlichen feierlichen Höhepunkt für die Teilnehmerinnen und Teilnehmer der Medientage, der zunächst im Justizpalast, später im Haus der Kunst stattfand), durch den Verkauf von Podiumsdiskussionen an Mitveranstalter und durch die Vermietung von Standflächen. Durch ihren Zuschuss übt die Politik weiterhin Einfluss auf das Programm aus, spricht insbesondere bei der Auftaktveranstaltung mit und platziert Sprecherinnen und Sprecher auf den Medientagen. Zum 30-jährigen Jubiläum im Jahr 2016 wurden die Medientage beispielsweise von Bundeskanzlerin Angela Merkel (CDU) und dem damaligen bayerischen Ministerpräsidenten Horst Seehofer (CSU) eröffnet. Zu seiner Zeit als Ministerpräsident war Edmund Stoiber regelmäßiger Redner bei der Medientage-Auftaktveranstaltung, die vom Veranstalter „Gipfel" genannt wird.

Die traditionellen Medienveranstaltungen, die in den 1980er Jahren entstanden sind, stehen derzeit vor der großen Herausforderung, sich neu erfinden zu müssen, aber ihre bisherige relativ homogene Zielgruppe aus Medien wie Rundfunk und Verlagen nicht zu verlieren. Das Medienforum.NRW, eine Art Pendant zu den Medientagen München aus Nordrhein-Westfalen, wurde 2018 sogar eingestellt: NRW-Ministerpräsident Armin Laschet (CDU) hatte erkennen müssen, dass für ein Medienforum „alter Prägung" in der Medienbranche „kein Interesse" bestehe (vgl. Nünning 2018). Die Medientage Mitteldeutschland in Leipzig haben sich 2019 einen neuen Anstrich verpasst und setzen seitdem stärker auf neue Formate und digitale Themen. Auch die Medientage München als Flaggschiff der bayerischen Medienveranstaltungen scheinen ihren Zenit überschritten zu haben, wenngleich die Veranstalter 2018 noch von über 7.000 Besucherinnen und Besuchern gesprochen haben, wobei es sich dabei nicht ausschließlich um zahlende Gäste gehandelt hat (vgl. Medientage München 2018; Mak/MK 2018).

Die Probleme der Großveranstaltungen haben verschiedene Ursachen: Neue Events – wie seit 2005 die Digital Life Design (DLD) von Burda in München, seit 2007 die re:publica in Berlin oder seit 2014 Bits & Pretzels in München – richten sich an die Digital- und Start-up-Szene, die sich bei den traditionellen Veranstaltungen nicht aufgehoben fühlen. In einer globalisierten Welt haben die größtenteils deutschsprachigen Veranstaltungen international keine Relevanz erlangen können, während zum Beispiel die South by Southwest (SXSW) in Austin (Texas/USA), eine Mischung aus Festival, Konferenz und Fachausstellung insbesondere in den Bereichen Musik, Film und interaktive Medien, jährlich im März auch immer mehr Aufmerksamkeit aus dem deutschsprachigen Raum auf sich zieht. Neben Delegationsreisen und einem „German House" richten Vertreterinnen und Vertreter auch aus Bayern dort eigene Unterveranstaltungen aus. Versuche, Länderschwerpunkte wie zu China oder einen Europa-Tag zu installieren und dadurch etwas internationaler zu werden, gibt es aber auch bei den Medientagen. „Wir haben den Europa-Tag begonnen, weil es bisher keine andere Plattform gibt, die sich mit Medienpolitik auf europäischer Ebene befasst", erklärt BLM-Präsident Siegfried Schneider.

Zu den Herausforderungen kommt, dass die bisherige Zielgruppe aus traditionellen Medien wie Rundfunk und Verlage nicht mehr das gesamte heutige

Medienspektrum abbildet. Die Gamesbranche bei den Medientagen München einzubauen, ist nach einem Versuch wieder aufgegeben worden. Die „Immersive Media Area", in der es um Virtual, Mixed und Augmented Reality geht, richtet sich laut Medientage-Geschäftsführer Stefan Sutor genauso wie der Bereich für Künstliche Intelligenz nicht an Mitarbeiterinnen und Mitarbeiter aus deren jeweiliger Branche, sondern an die anderen Gäste: „Wir wollen unserem Stammpublikum zeigen, wie sich die Medienwelt wandelt." Für Unternehmen, die sich mit neuen Medientechnologien beschäftigen, gibt es statt der Medientage neue, losgelöste Veranstaltungen wie zum Beispiel „Virtual Worlds" beziehungsweise „i4c" für Mixed Reality, Transmedia und Animation/VFX, das vom MedienCampus Bayern und Bayerischen Filmzentrum entwickelt worden ist, die GamifyCon für die Gamesbranche oder die „1e9"-Technikkonferenz für Blockchain, Künstliche Intelligenz und weitere neue Technologien in München. Außerhalb Bayerns haben sich für die Gamesbranche insbesondere die Gamescom sowie für immersive Medien die Digility jeweils in Köln etabliert.

Ein weiterer Punkt ist die fehlende Emotionalisierung der traditionellen Medienveranstaltungen. Nicht nur die SXSW in Texas versteht sich als Festival, auch zum Beispiel die seit 2011 veranstalteten Online Marketing Rockstars (OMR) in Hamburg sind inzwischen mehr zu einem Festival als zu einer reinen Expo und Konferenz geworden. Im Jahr 2018 hat die OMR-Expo damit über 40.000 Fachbesucherinnen und -besucher gezählt. „Wir stehen hier vor einer schwierigen Gratwanderung", meint Medientage-Geschäftsführer Sutor. „Bei unseren Besuchern aus den klassischen Medien geht es weiterhin um Sachthemen wie Medienregulierung. Hier ist eine Eventisierung nicht gewünscht." Zum lockeren Austausch gebe es zudem die jährlich während der Medientage stattfindende „Nacht der Medien". BLM-Präsident Schneider sieht dies ähnlich: „Wir müssen noch attraktiver werden, aber wir sind kein Festival."

Anders als in Nordrhein-Westfalen mit dem Medienforum.NRW hat der Freistaat Bayern allerdings ein klares Bekenntnis für die dreitägigen Medientage München abgegeben, indem die inzwischen auflaufenden finanziellen Defizite durch eine deutlich erhöhte Förderung im bayerischen Doppelhaushalt 2019/2020 ausgeglichen werden (vgl. Freistaat Bayern 2019). Insbesondere bei den Ausstellern für die Messe hatten die Medientage in den vergangenen Jahren Schwierigkeiten, die Flächen zu vermieten. Diese Flächen konnten allerdings durch die verstärkte Beteiligung des MedienNetzwerk Bayern und des MediaLab Bayern ausgeglichen werden, die im gratis zugänglichen Messebereich zusätzliche Bühnen betrieben hatten.

Selbst im Corona-Pandemie-Jahr 2020 fanden die Medientage statt, wenn auch nur virtuell – und die Betreiber sahen es gar als Chance, neue Formate auszuprobieren. Aus dem üblichen dreitägigen Konferenz- und Ausstellungsformat wurde vom 24. bis zum 30. Oktober eine digitale Großveranstaltung mit Vorträgen, Online-Events und einem bewusst internationaleren Programm. Ob dieser zunächst aus der Not des „Lockdowns" geborene „Lückenbüßer" gar ein Impulsgeber war oder sein kann hin zu einem echten Neukonzept der Medientage, wird sich erst zeigen.

Unter den über 7.000 Besucherinnen und Besuchern der Medientage München der Vorjahre waren auch rund 3.000 Studierende und Schülerinnen sowie Schüler, für die der MedienCampus Bayern ein spezifisches Angebot in einer extra Halle organisiert. Im MedienCampus sind seit 1998 Akademien, Hochschulen, Universitäten, Verbände und Medienunternehmen zusammengeschlossen, um die Medienaus-, -fort- und -weiterbildung in Bayern zu koordinieren nach dem Grundsatz: Dort, wo es gute Medienaus- und -fortbildung und somit Fachkräfte gibt, siedeln sich Medienunternehmen an beziehungsweise wandern nicht ab. In der MedienCampus-Halle gibt es jedes Jahr Stände der Mitglieder sowie ein Bühnen- und ein Workshop-Programm.

Auch die MedienCampus-Halle hatte eine Krise zu bewältigen und sah sich einer grundlegenden Veränderung ausgesetzt: Nachdem im Jahr 2010 Podiumsdiskussionen aufgrund fehlender Besucherinnen und Besucher abgesagt werden mussten (obwohl zeitgleich die deutschen Jugendmedientage in der Halle stattfanden), wurde das Programm neu ausgerichtet und verstärkt an den Interessen von Bachelorstudierenden ausgerichtet. Seit 2011 werden Exkursionen von allen Hochschul- und Universitäts-Standorten aus Bayern finanziert, damit der MedienCampus zu einem Treffpunkt der verschiedensten Medienstudiengänge wird. Durch diese Maßnahmen war die Besucherzahl 2019 wieder deutlich auf rund 3.000 angestiegen.

Seit 2017, als der Medientage-Auftritt erstmals nicht mehr über eine Projektfinanzierung durch den Freistaat erfolgte, wurde die MedienCampus-Halle unter der damaligen MedienCampus-Geschäftsstellenleiterin Nicole Schwertner noch stärker als Event inszeniert: Mitglieder bauten ihre bis dato kleinen Stände, an denen Flyer verteilt wurden, zu Aktionsständen aus und ließen die Besucher nach Vorbild der re:publica zum Beispiel Virtual-Reality-Brillen oder eine „Sounddusche" ausprobieren. Im Jahr 2017 wurde unter dem Motto „Box Dich in die Medien" ein originaler Boxring, im Jahr 2018 unter dem Motto „Wilder Westen" ein Saloon zur zentralen Bühne.

Den Versuch, junges Publikum wie Schülerinnen und Schüler mit etablierten Veranstaltungen zu kombinieren, hat im Jahr 2019 auch die re:publica in Berlin aufgegriffen, indem sie die Tincon für Kinder und Jugendliche von 13 bis 21 Jahren in einem benachbarten Gebäude angegliedert hat. Die Tincon, eine Veranstaltung rund um Themen wie YouTube, Social Media, Games und Gesellschaft, Bildung und Wissenschaft, Lifestyle sowie Coding und Technik findet neben Berlin auch in Hamburg statt.

Markus Kaiser

Lokalrundfunktage in Nürnberg: Vom kleinen Ableger zum großen Event

Entstanden sind die Lokalrundfunktage in Nürnberg als kleiner Ableger der Medientage München. „Wir hatten ab 1991 einen Rundfunkkongress im Rahmen der Medientage organisiert", erklärt Heinz Heim, Bereichsleiter Programm bei der Bayerischen Landeszentrale für neue Medien. Um das Fortbildungsangebot für den lokalen Hörfunk auszuweiten und Preisverleihungen für den Lokalrundfunk einzubauen, wurde im Jahr 1993 erstmals ein Lokalrundfunktag in Nürnberg organisiert. „Ziel der Ausgründung war außerdem, dass die Gattung Lokalrundfunk stärker wahrgenommen wird", sagt der langjährige Hauptorganisator Stefan Sutor.

Heinz Heim erinnert sich: „Ursprünglich war geplant, dass man mit dem Lokalrundfunktag quer durch Bayern reist." Die erste Preisverleihung fand auf der Nürnberger Kaiserburg statt. „Das lief bereits so professionell, dass es in dieser Form nicht für jede Stadt organisierbar gewesen wäre." Aus diesem Grund hatten sich die Veranstalter entschieden, die Veranstaltung, die beim Auftakt in einem Hotel in Nürnberg stattfand und dann aus Kapazitätsgründen ins Messezentrum Nürnberg umgezogen ist, in Mittelfranken zu belassen. Ursprünglich sind die Lokalrundfunktage noch direkt von der BLM organisiert worden, erst später von der Tochtergesellschaft BayMS, für die ein neues Betätigungsfeld gesucht worden war, und schließlich von der Medien.Bayern GmbH, die auch für die Organisation der Medientage München verantwortlich zeichnet.

Die Lokalrundfunktage in Nürnberg, zu deren 27. Auflage im Jahr 2019 nach Veranstalterangaben über 1.000 Besucherinnen und Besucher kamen (vgl. Sichling-Scharrer 2019), dienen nicht nur der Fortbildung und Vernetzung der Mitarbeiterinnen und Mitarbeiter im privaten Rundfunk und der Preisverleihung der BLM-Hörfunk- und Lokalfernsehpreise. Im Rahmen der Auftaktveranstaltung wird auch die jeweilige Funkanalyse, also das Ergebnis der „Einschaltquotenmessung" und der „Akzeptanzbefragung" für den Rundfunk in Bayern (siehe Kapitel 6.1.), vorgestellt. Vernetzung findet bei den Lokalrundfunktagen sowohl bei der dazugehörigen Messe als auch bei einer Abendveranstaltung im Innenhof des Nürnberger Rathauses (vormals Kaiserburg beziehungsweise Germanisches Nationalmuseum) statt. Vernetzung ganz anders musste auch hier 2020 das Motto sein, als Großveranstaltungen durch die Pandemie-Bedrohung unmöglich waren: Auch die Lokalrundfunktage konnten nur digital stattfinden – als „Online Special" am 7. Juli, nur einen Nachmittag lang, mit live gestreamten Vorträgen, Diskussionsrunden und Präsentationen der Preisträgerinnen und Preisträger.

In die Lokalrundfunktage, dem bedeutendsten Kongress dieser Art im deutschsprachigen Raum, wurden auch immer wieder verschiedene Fachkonferenzen eingebettet, zum Beispiel die „Fachtagung Crossmedia" des MedienCampus Bayern und MedienNetzwerk Bayern oder bis zum Jahr 2018 die Local Web

Conference. Schon bei der ersten Auflage im Jahr 1993 versuchte die BLM einen Blick über den Tellerrand und reicherte ihre damals noch nur vier Workshops mit „Berichten" aus England, Frankreich, Italien und der Schweiz an. „Auch heute setzen wir stark auf internationale Perspektiven und Best-Practice-Beispiele", erklärt Sutor.

Von Augsburg bis Regensburg: Die BLM geht in die Fläche

Neben den Medientagen München und den Lokalrundfunktagen in Nürnberg ist die BLM bemüht, auch die weiteren Regionen Bayerns abzudecken. Tradition haben inzwischen die Augsburger Mediengespräche in Zusammenarbeit mit den Augsburger Hörfunk- und Fernsehsendern sowie der Stadt Augsburg. Dabei handelt es sich um eine Abendveranstaltung, die aus einem Einführungsvortrag und einer anschließenden Podiumsdiskussion sowie einem Empfang besteht. Zielgruppe ist hier die breite Bevölkerung. Im Jahr 2019 fanden diese bereits zum 17. Mal statt mit der Diskussionsfrage „Mensch und Maschine – Wie Künstliche Intelligenz unser Leben beeinflusst".

Das Mediengespräch Regensburg, der Medieninnovationstag in München, die Fachtagung Jugendschutz und Nutzerkompetenz in München, der Social TV Summit in München, die Fachtagung des Forums Medienpädagogik in München oder das Bayreuther Mediengespräch: Die BLM hat auch ihre selbst organisierten Veranstaltungen in den vergangenen Jahren deutlich ausgebaut, seit Siegfried Schneider im Oktober 2011 die Präsidentschaft von Wolf-Dieter Ring übernommen hat. In diesen Veranstaltungen geht es genauso um Medientechnik wie um Medienpädagogik. „Medienkompetenzvermittlung ist mir ein wichtiges Anliegen", erklärt der frühere bayerische Staatsminister für Unterricht und Kultus Schneider.

Hinzu kommen die zahlreichen weiteren Medienveranstaltungen, die vormals von der BayMS und Medientage München GmbH und inzwischen von der Medien.Bayern GmbH organisiert werden. Auch damit versuchen die Organisatoren, möglichst weite Teile Bayerns abzudecken, aber auch auf neue Themenfelder schnell reagieren zu können. Ein Beispiel ist die Tagung „Transforming Media" in Nürnberg, die vom MedienCampus Bayern initiiert und lange Zeit gemeinsam mit der BayMS organisiert wurde, um neue Geschäftsmodelle in der digitalen Welt aufzuspüren. Die Local Web Conference hat sich in Nürnberg mit Themen rund ums Internet und Bezug auf räumliche Umgebung befasst, zum Beispiel Location-based Services vorgestellt. Besonders erfolgreich sind die Veranstaltungen in Städten, in denen ansonsten nur sehr wenig Medienevents zu finden sind, wie zum Beispiel der jährliche Mobile Media Day bei der Vogel Communication Group im November in Würzburg. Auch wird jedes Jahr ein „Medientage Special" organisiert. „Wir haben einen bunten Strauß an B2B- und B2C-

Veranstaltungen entwickelt und sind damit in Bayern und teilweise bundesweit in eine Lücke gestoßen", sagt BLM-Präsident Schneider. Um den Traditionsveranstaltungen – wie den Medientagen München oder Lokalrundfunktagen – nicht eigene Konkurrenz zu machen, sind die BLM-Events über das gesamte Kalenderjahr verteilt.

Die BLM dominiert die Medien-Veranstaltungen in Bayern

Neben der BLM gibt es in Bayern zwar weitere Organisatoren von Medienveranstaltungen. In den vergangenen Jahren hat die Konzentration auf die BLM allerdings stark zugenommen. Dies liegt zum einen daran, dass das MedienNetzwerk Bayern vom MedienCampus Bayern e. V. im Jahr 2016 in die BLM und später in die Medien.Bayern GmbH eingegliedert worden ist. Zum anderen hat sich beispielsweise der Bayerische Rundfunk in diesem Feld aus Kostengründen zum großen Teil zurückgezogen. So fand beispielsweise die FilmTonArt, eine der bedeutendsten Plattformen für Filmmusik, im Jahr 2016 zum letzten Mal in München statt.

Ein neuer Mitspieler bei Medienveranstaltungen ist inzwischen die Vereinigung der Bayerischen Wirtschaft (vbw), die einen jährlichen Medienkongress ausrichtet und Partner der Spieleentwickler-Konferenz GamifyCon ist.

Der MedienCampus Bayern, dessen Geschäftsstelle im Jahr 2016 ausgedünnt worden ist, fokussiert sich seitdem vor allem auf Vernetzungsveranstaltungen im Bereich Aus- und Fortbildung wie die Jahrestagungen der bayerischen Medien-, Games- beziehungsweise Design-Professoren sowie in Kooperation mit der Akademie der Bayerischen Presse der Volontärsbeauftragten bayerischer Tageszeitungen und Zeitschriften.

Im Bereich Film, der im Gegensatz zum Rundfunk nicht von der Bayerischen Staatskanzlei, sondern vom neu gegründeten Digitalisierungsministerium gefördert wird, sind die größten Veranstalter in Bayern das Münchner Filmfest, das Filmzentrum München mit Events vor allem über immersive Medien und der animago für den Bereich Animation und Visuell Effects (VFX), der von der Münchner Fachzeitschrift *Digital Production* aus dem Detail-Verlag veranstaltet wird. „Durch die Vielzahl an verschiedenen Medienveranstaltungen in den vergangenen Jahrzehnten, egal ob von der BLM oder von anderen organisiert, konnten wir erreichen, dass die Medien ein besonders wichtiges Thema für den Freistaat sind", resümiert Schneider. „Die Standortpflege hat bei all unseren Events eine besondere Bedeutung."

Literatur

Chillingsten GmbH (2019): Home. Online: www.chillingsten.de/ (zuletzt abgerufen am 15.02.2021).

Freistaat Bayern (2019): Haushaltsplan 2019/2020. Online: www.bayern.landtag.de/fileadmin/Internet_Dokumente/Haushalt_Einzelplaene/Epl02.pdf (zuletzt abgerufen am 15.02.2021).

Mak/MK (2018): Medientage München 2018: Unsicherheit im Zeitalter digitaler Disruption. In: Medienkorrespondenz vom 02.11.2018. Online: www.medienkorrespondenz.de/politik/artikel/medientage-muenchen-2018-unsicherheit-im-zeitalter-digitaler-disruption.html (zuletzt abgerufen am 15.02.2021).

Medientage München (2018): Pressemitteilung zu den Besucherzahlen der Medientage München 2018. Online: www.medientage.de/wp-content/uploads/sites/9/2018/10/0_Abschlusspressemitteilung_2018.pdf (zuletzt abgerufen am 15.02. 2021).

Nünning, Volker (2018): Aus für Medienforum NRW besiegelt – kein neues Konzept. In: Medienkorrespondenz vom 18.11.2018. Online: www.medienkorrespondenz.de/politik/artikel/aus-fuer-medienforum-nrw-besiegelt-kein-neuesnbspkonzept.html (zuletzt abgerufen am 15.02.2021).

Sichling-Scharrer, Dominik (2019): Rückblick auf die Lokalrundfunktage Nürnberg 2019. Online: www.radioszene.de/134449/lokalrundfunktage-2019-rueckblick.html (zuletzt abgerufen am 15.02.2021).

4. Die Programmmacher

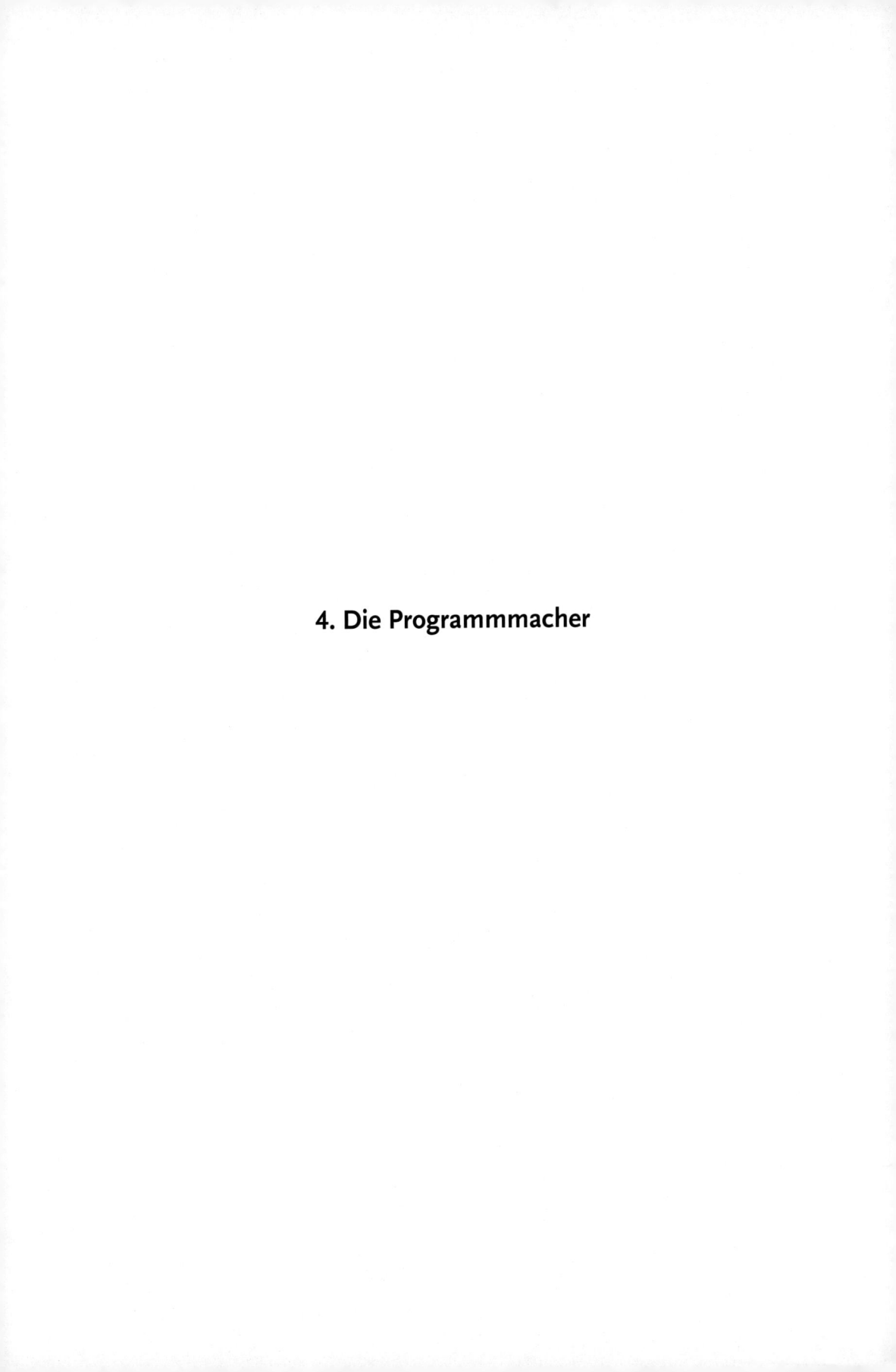

4.1. Der lokale und regionale Rundfunk als Arbeitgeber

Markus Behmer

Viele Menschen in Bayern werden jeden Morgen von einer ihnen vertrauten Stimme geweckt, der aus dem Radiowecker einer Morgensendung. Andere Stimmen begleiten sie durch den Tag, tönen ihnen aus dem Autoradio entgegen, vermitteln ihnen die wichtigsten Meldungen. Wer aber die Menschen sind, die die Sendungen gestalten, wie viele überhaupt im lokalen Radio und dem regionalen Fernsehen arbeiten, ist wohl den wenigsten bekannt. Prominent sind nur wenige der Radiomacherinnen und Fernsehgestalter.

Elke Schneiderbanger, Valerie Weber, Wolfgang Leikermoser oder Mike „Morningman" Thiel kennen immerhin viele. „Privatradio-Urgesteine" in Bayern sind die ersten drei, wiewohl sie (1959 geboren die erste, Jahrgang 1965 die nächsten beiden) noch längst nicht im Rentenalter sind, vertraute Stimmen noch hinter dem Mikrophon, auch wenn Schneiderbanger und Weber nur anfangs Moderatorinnen waren – und beide schließlich in die öffentlich-rechtliche Säule des dualen Rundfunksystems wechselten.

Elke Schneiderbanger ist seit 2010 Geschäftsführerin der ARD-Werbetochter Sales & Services GmbH. Journalistisch angefangen hat sie im Printbereich – als Volontärin beim kleinen *Obermain-Tagblatt* im oberfränkischen Lichtenfels. 1985 gehörte sie zum ersten Redaktions- und Moderationsteam der Neuen Welle in Bamberg, 1987 wurde sie Redaktionsleiterin bei Neue Welle Franken, Charivari Nürnberg (heute Radio Charivari 98,6). Im Jahr darauf ging's weiter zum landesweiten Sender Antenne Bayern, wo sie 1992 Chefredakteurin und stellvertretende Programmdirektorin wurde. Zudem moderierte sie im Fernsehen bei Sat.1, gleichzeitig – eine seltene Koinzidenz – im TV-Nachrichtenformat „Rundschaumagazin" des BR und 1995/96 auch in Unterhaltungsformaten des ZDF. Ihr Beispiel illustriert: Das erste Jahrzehnt des privaten Rundfunks war Gründerzeit. Schnelle Wechsel, rascher Aufstieg war möglich.

Valerie Weber wurde 2013 Hörfunkdirektorin des WDR. Einst, in den Errichtungsjahren der privaten Säule des dualen Systems, war sie, die Münchnerin, eine der ersten Volontärinnen. Bei Radio Downtown in Erlangen war das. Moderatorin wurde sie dann beim Rock-Radio N1 und bei Radio Franken. Nach manchen Stationen im schwäbischen und mecklenburgischen „Radio-Ausland" kam sie schließlich zurück nach Bayern, wurde Programmchefin, dann 2006 Geschäftsführerin bei Antenne Bayern und der Rock Antenne.

Der gebürtige Salzburger Wolfgang Leikermoser war einst, mit 14, österreichischer „Disco-Tanzmeister", mit 21 fing er bei Radio Gong 2000 (heute Radio Gong 96.3) als Moderator an. 1988 wechselte er zu Antenne Bayern. Dort moderiert er seit Beginn der Sendung in den frühen 90er Jahren bis heute, 2017 als

"Bester Moderator" mit dem Deutschen Radiopreis ausgezeichnet, "Guten Morgen Bayern".

Mike Thiel ist hingegen Quereinsteiger. 1992 ging der Düsseldorfer als Hotelkaufmann vom Rhein an die Isar; bald kam der Hobby-DJ bei Radio Gong 2000 vorbei: Die Morgen-Sendung wolle er moderieren – so soll er sich vorgestellt haben (siehe Steinbach 2012). 1996 war es dann soweit: Mike wurde zum "Morningman" – und das blieb auch er bis heute. So wurde er (gemäß *BILD*) "Münchens bekannteste Radio-Stimme" (ebd.); seine "Mike Thiel Show" war bereits mehrfach ebenfalls für den Deutschen Radio-Preis nominiert.

"Systemwechslerinnen" wie Weber und Schneiderbanger, Leute mit Konstanz in einem Sender und auf einem Sendeplatz wie Thiel und Leikermoser, Einheimische und "Zuagroaste", ausgebildete Journalistinnen, DJs, Musikfans; mehr Entertainer als Investigativjournalisten die einen, heute Managerinnen statt Moderatorinnen die anderen, alle ohne Studium ... sind es Einzelfälle, die da jung Karriere in dem einst neuen Medium machten? Oder sind die vier Genannten in irgendeiner Art typisch für Werdegänge im privaten Rundfunk?

Über die "Frontfrauen und -männer", die Gestalterinnen und Gestalter gerade der Anfangsjahre wie Schneiderbanger, Weber und Leikermoser sowie Prominenz wie Michael "Bully" Herbig und Rick Kavanian, die 1991 ihre große Karriere als Comedians auch bei der Morning-Show von Radio Gong 2000 starteten oder deren damaliger, kurzzeitiger Chef Helmut Markwort, Gründungsgeschäftsführer eben von Radio Gong 2000, finden sich viele Informationen. Über die vielen anderen daneben oder dahinter aber kaum etwas.

Desiderate Forschungslage zu Medienberufen

Systematische Studien, die die Berufssoziologie der Männer und Frauen in den bayerischen Redaktionen und Sendern erhoben hätten, gibt es nicht – und es ist auch nicht Anspruch dieses Überblickstextes, dies nun zu liefern (wiewohl in den zahlreichen Interviews, die für dieses Projekt geführt wurden, mindestens manche Hinweise dazu enthalten sind).

"Statisten" waren und sind die vielen Volontärinnen und Volontäre, Sekretariatskräfte, Moderatorinnen und Moderatoren, Redaktionsleute, Technikerinnen und (viel mehr) Techniker, Werbeplanenden etc. keineswegs, doch finden sich Informationen über sie (außer in Angaben auf den Websites der jeweiligen Sender) fast nur in Statistiken, die im Weiteren herangezogen werden, um einen ersten Einblick in die Beschäftigungsentwicklung der bayerischen lokalen und regionalen Privatrundfunkszene zu vermitteln.

Insgesamt gilt zum Forschungsstand noch heute das, was der Eichstätter Journalismusforscher Walter Hömberg bereits 1987 ironisch zuspitzend konstatierte:

> Angesichts der Fülle einschlägiger Studien zur aktuellen Situation der journalistischen Berufe fällt der Mangel an historisch ausgerichteten Arbeiten zu diesem Themenkreis besonders ins Auge. Es gibt eine Geschichte des Tabaks und der elektrischen Beleuchtung, eine Geschichte der deutschen Treppe und der Technischen Überwachungs-Vereine, eine Geschichte der Armenfürsorge und eine Geschichte der Bienenzucht, eine Geschichte der Chirurgie und eine Geschichte der Elegie, eine Geschichte der Kavallerie und eine Geschichte der Gasindustrie, [...] eine Geschichte des Staatsvertrags und eine Geschichte des Stadtgrüns, eine Geschichte des Stalinismus und eine Geschichte des Streichtrios, eine Geschichte der Eisenbahnreise und eine Geschichte des Todes. Es gibt die Geschichte vieler Berufe: der Richter und Rechtsgelehrten, der Kaufleute und Handelsherren, der Ärzte und Lehrer, der Prostituierten und Privatdozenten. Es gibt keine Berufsgeschichte der Journalisten (Hömberg 1987: 621).

Zwar sind seither zwei gewichtige Überblickswerke zur Geschichte des Journalismus als Beruf erschienen (siehe Requate 1995 oder Birkner 2012). Beide beziehen sich aber fast nur auf die Zeit vor 1900 oder bis zum Ersten Weltkrieg, mithin auf die „Frühphase" der Berufsentwicklung vor der Etablierung des privaten Rundfunks.

Weiter wurden zahlreiche Spezialstudien zu verschiedensten Tätigkeitsfeldern im Journalismus, zu Redaktionsentwicklungen, zu Frauen im Journalismus (siehe Kapitel 4.2.), zur Biographie auch prominenter Radio- und TV-Gestalter (mindestens früher meist Männer) und vieles andere mehr publiziert, aber selbst unter den derzeit 109 Bänden der BLM-Schriftenreihe findet sich keiner, der sich dezidiert mit den Journalistinnen und Journalisten sowie anderen Mitarbeitenden im bayerischen Lokal- und Regionalrundfunk befasst.

Zahlen zur Beschäftigungsentwicklung im bayerischen Privatfunk

Immerhin verlässliches Zahlenmaterial, das einen Überblick (auch) über die Beschäftigungssituation im Rundfunk bietet, wird seit rund 25 Jahren alle zwei Jahre in der Studie „Wirtschaftliche Lage des Rundfunks in Deutschland" veröffentlicht.[173]

---

[173] Alle bislang 13 Ausgaben der im Auftrag der Landesmedienanstalten unter Federführung der BLM zunächst (ab 1995) vor allem vom Deutschen Institut für Wirtschaftsforschung (DIW), dann ab 2001 maßgeblich vom Hans-Bredow-Institut für Medienforschung (HBI) und seit 2008 von dem Beratungs- und Forschungsunternehmen Goldmedia GmbH durchgeführten Studie sind abzurufen unter https://wila-rundfunk.de.

Die Datenerhebung für die erste Ausgabe der Studie war im Herbst 1996 durchgeführt worden. Die „Pionierzeit" des privaten Rundfunks war abgeschlossen, das duale System wohl etabliert. Abgefragt worden war deutschlandweit bei allen Anstalten des öffentlich-rechtlichen Rundfunks, 70 privaten Fernseh- und 189 Hörfunkveranstaltern neben vielen anderen Daten (meist zum Stichtag Ende 1995) die Zahl der festen wie auch der freien Mitarbeiterinnen und Mitarbeiter (vgl. DLM 1997: 15f.). Rund 163.000 Personen wurden damals gemeldet – darunter allerdings nur 39.290 Festangestellte, von denen wiederum rund 80 Prozent in Vollzeit beschäftigt waren (vgl. ebd.: 36); die große Mehrheit waren mithin freie Mitarbeiterinnen und Mitarbeiter (darunter vor allem beim öffentlich-rechtlichen Rundfunk auch im Bereich des Hörfunks rund ein Viertel, beim Fernsehen gar ein gutes Drittel so genannter fester Freier) und etwa ein Zehntel Praktikantinnen und Praktikanten (vgl. ebd.: 24).

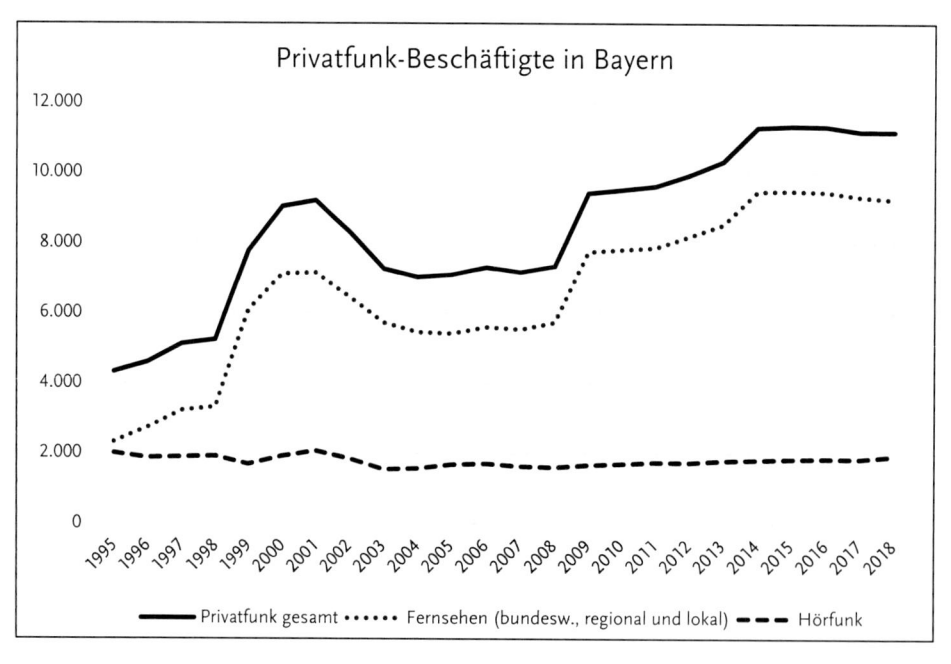

Abb. 12: Beschäftigte im privaten Rundfunk in Bayern in den Jahren 1995 bis 2018 in allen Bereichen (feste und freie Mitarbeiterinnen und Mitarbeiter inklusive Teilzeitbeschäftigte, Praktikantinnen und Praktikanten und Auszubildende) (eigene Darstellung nach DLM 1997, ALM 2002, Goldmedia 2013 und Goldmedia 2019a).

Überhaupt war der öffentlich-rechtliche Rundfunk als Arbeitgeber geradezu übermächtig: Rund 90 Prozent aller erfassten Personen waren dort tätig.

Im für diesen Band maßgeblichen privatwirtschaftlichen Rundfunksektor wirkten Ende 1995 nur (vielmehr schon) 16.633 Menschen, davon rund 9.000 fest angestellt und 7.600 frei beschäftigt (also insofern in einer weit besseren Relation

4.1. Der lokale und regionale Rundfunk als Arbeitgeber

als im öffentlich-rechtlichen System, wenngleich bei in der Regel weit geringerer Arbeitsplatzsicherheit und deutlich geringeren Bezügen, wiewohl hierzu keine belastbaren Daten vorliegen). Rund 8.800 Beschäftigte waren beim Hörfunk tätig, 7.800 beim Privatfernsehen. 63 Prozent oder genau 5.666 Leute wirkten im Bereich Programm, je 13 Prozent in den Feldern Verkauf/Marketing und Produktion/Technik und elf Prozent bei Organisation sowie Verwaltung (für diese Daten vgl. ebd.: 65).

	1995	2000	2005	2010	2015	2018
Privater Rundfunk gesamt	4.417	9.039	7.099	9.518	11.335	11.172
Davon Fernsehen	2.363	7.123	5.418	7.816	9.493	9.247
Nur regionales und Ballungsraumfernsehen	k.A.	373	774	796	785	773
Nur Lokalfernsehen	k.A.	714	k.A.	643	596	577
Davon Hörfunk	2.081	1.916	1.681	1.702	1.842	1.930
Nur Lokalradios	1.783	1.5.15	1.409	1.375	1.514	1.585

Tab. 7: Beschäftigte im privaten Rundfunk in Bayern in den Jahren 1995 bis 2018 in allen Bereichen (feste und freie Mitarbeiterinnen und Mitarbeiter inklusive Teilzeitbeschäftigte, Praktikantinnen und Praktikanten und Auszubildende) (eigene Darstellung nach DLM 1997, ALM 2002, Goldmedia 2013 und Goldmedia 2019a).

Soviel zur deutschlandweiten Situation vor einem Vierteljahrhundert. Und wie sah es in Bayern aus? Der Freistaat, dessen Verfassung gemäß Artikel 111a nur Rundfunk „in öffentlich-rechtlicher Trägerschaft" zulässt, war damals schon – und er ist es auch heute noch – der führende Privatfunk-Standort in der Bundesrepublik auch im Hinblick auf die Beschäftigtenzahlen. 27 Prozent aller deutschlandweit Tätigen waren 1995 hier beschäftigt, genau 4.417 Personen. Knapp 2.500 waren fest angestellt, knapp 2.000 davon in Vollzeit; es gab 231 Auszubildende sowie 298 Praktikantinnen und Praktikantinnen (vgl. ebd.: 68). Rund 2.100 Beschäftigte arbeiteten für den privaten Hörfunk, 1.800 davon bei den Lokalradiostationen (vgl. ebd.: 76f.); im Privat-TV waren rund 2.300 Personen beschäftigt, die allermeisten allerdings bei bundesweiten Programmen (der Anteil der bei regionalen oder lokalen TV-Anbietern Beschäftigten ist für Bayern nicht genau aufgeschlüsselt – deutschlandweit lag er bei 17 Prozent) (vgl. ebd.: 70ff.). In den folgenden fünf Jahren, insbesondere in der Jahrhundertwendezeit 1999 und 2000, erlebten die Privatfunk-Beschäftigtenzahlen in Bayern eine Verdoppelung: Von rund 4.400 auf mehr als 9.000. Insbesondere die Zahl der Festangestellten nahm immens zu auf nun fast 6.500 (vgl. ALM 2002: 149).

Goldene Jahre der Expansion? Nicht überall. Zurückzuführen ist dieser riesige Zuwachs nämlich ausschließlich auf den Bereich des Privatfernsehens. Hier hat sich die Beschäftigtenzahl von 1995 bis Ende 2000 mehr als verdreifacht – auf nun 7.123. Jeder und jede zweite Beschäftigte des Privat-TVs in der Bundesrepublik war in Bayern angestellt, exakt 49,7 Prozent. Dies war wesentlich zurückzuführen auf die Ansiedlung großer bundesweiter Programmveranstalter. Beim Regional-, Ballungsraum- und Lokalfernsehen in Bayern waren Ende des Jahres 2000 etwas mehr als tausend Leute beschäftigt, genau 1.087 (vgl. ebd.: 147).

Beim Privatradio stagnierten die Zahlen hingegen respektive gingen (bei manchen Schwankungen) sogar leicht zurück auf zum Jahresende 2000 1.916 Beschäftigte, von denen 1.515 bei lokalen Radiostationen beschäftigt waren (vgl. ebd.: 145).

In den „Nullerjahren" fand die generelle Aufwärtsentwicklung zunächst bald ein Ende. So fiel die Zahl der im Privatfernsehen in Bayern Beschäftigten bis 2005 um fast ein Viertel auf nur mehr 5.418. Erst ab 2008 stieg die Zahl wieder deutlich an und Ende 2010 erreichte sie 7.816 Mitarbeitende (vgl. Goldmedia 2013: 164). Für das regionale bayerische Privatfernsehen beziffert die Studie der Goldmedia GmbH die Beschäftigungszahl nach manchen Rückgängen seit der Jahrtausendwende im Jahr 2010 auf 796 (vgl. ebd.: 168), für die lokalen TV-Anbieter auf 643 (vgl. ebd.: 170).

Im Hörfunkbereich war der Tiefpunkt bereits 2003 erreicht mit 1.544 Mitarbeiterinnen und Mitarbeitern. Hier blieb der Anstieg mählich – auf 1.702 Personen Ende 2010. Die Zahl der Festangestellten war bei den bayerischen Privatradios insgesamt aber mit rund 1.100 über das ganze erste Jahrzehnt im 21. Jahrhundert hinweg stabil geblieben (vgl. ebd.: 164). Ebenfalls recht stabil blieb die Anzahl der Mitarbeiterinnen und Mitarbeiter bei den Lokalradios im Freistaat: 2005 waren es 1.409, fünf Jahre später 1.375 Personen (vgl. ebd.: 187).

Konstanz mindestens bei den Beschäftigtenzahlen charakterisierte auch weithin das nächste Jahrzehnt bis an die Gegenwart heran. Zwar übersprang die Gesamtbeschäftigtenzahl 2013 erstmals die Zehntausender-Marke und erreichte 2015 die Zahl von 11.335 (fiel dann aber bis Ende 2018 wieder leicht auf 11.172) (vgl. Goldmedia 2019a: 120). Deutlich gestiegen war jedoch allein die Anzahl der Mitarbeitenden im bayerischen Privatfernsehen, wenigstens bis 2015, nämlich auf 9.493. Bis Ende 2018, den aktuellsten Daten im bislang jüngsten Goldmedia-Bericht zur wirtschaftlichen Lage des Rundfunks in Deutschland, sank sie dann etwas auf 9.247 (vgl. ebd.). Weiterhin war die große Mehrzahl für bundesweite Programme tätig; beim bayerischen regionalen Fernsehen waren es weiterhin stets knapp unter 800 Beschäftigte, konkret 785 Ende 2015 und drei Jahre später 773 (vgl. ebd.: 123). Und die Betreiber von lokalen TV-Angeboten bezifferten ihre Mitarbeiterzahlen Ende 2015 auf 596 und drei Jahre später auf 577 (vgl. ebd.: 126).

Kontinuität – oder anders gesehen: nahezu Stillstand, vielmehr sehr zaghaften Anstieg – kennzeichnete die Personalentwicklung im Bereich des privaten Hörfunks in den „Zehnerjahren" unseres Jahrhunderts, obwohl die zu erbringenden Tätigkeiten in den Zeiten zunehmender Digitalisierung mit umfangreicheren Webangeboten und eigenständigen Social-Media-Kanälen ständig stiegen: 1.842 Beschäftigte verzeichnet die Goldmedia-Studie Ende 2015, 1.930 Ende 2018 (vgl. ebd.: 133) – mithin dauerhaft weniger als die knapp 2.100 Mitarbeiterinnen und Mitarbeiter, die beim ersten Bericht zur Lage des Rundfunks in Deutschland für Ende 1995 angegeben worden waren. Die allermeisten von ihnen, konkret 82 Prozent, arbeiteten anhaltend beim lokalen Hörfunk, nämlich 2015 1.514 und Ende 2018 1.585 Personen (vgl. ebd.).

Deutlich stärker zugenommen als die eher flache Anstiegskurve bei den Beschäftigten insgesamt hatte allerdings weiterhin die Zahl der Festangestellten. Lag die Festanstellungsquote im Bereich des privaten Rundfunks 1995 bei 57 Prozent, so betrug sie 2010 75 Prozent und stieg bis Ende 2018 gar auf über 80 Prozent: 9.207 der insgesamt 11.172 Beschäftigten hatten nun also eine feste vertragliche Anstellungsbindung (vgl. ebd.: 120). Bei den Mitarbeiterinnen und Mitarbeitern des Fernsehens lag die Quote insgesamt gar bei knapp 86 Prozent; beim Lokalfernsehen waren hingegen nur drei Viertel der Beschäftigten festangestellt (eigene Berechnung nach ebd.: 126) und beim bayerischen Privatradio lediglich zwei Drittel (eigene Berechnung nach ebd.: 120).

Elf Prozent der bei den Lokalradios und zehn Prozent der beim Lokal-TV Ende 2018 Beschäftigten absolvierten nur ein Praktikum, jeweils sechs von hundert machten ein Volontariat (vgl. ebd.: 134 und 134) – eine insgesamt hohe Quote. Dennoch machten die Personalkosten 42 Prozent des finanziellen Gesamtaufwands des lokalen Hörfunks respektive 38 Prozent beim Lokalfernsehen aus, weitere sechs bzw. fünf Prozent für Vergütungen freier Mitarbeiter noch nicht eingerechnet (vgl. ebd.: 125 und 131).

Wie schon 1995, so arbeiteten auch 2018 weiterhin über 60 Prozent aller Beschäftigten für die Erstellung des Programms, beispielsweise beim regionalen Fernsehen 62 Prozent, nun aber auch noch weitere fünf Prozent im Online-Bereich (vgl. ebd. 123). Für die anderen Tätigkeitsfelder Verkauf/Marketing, Produktion/Technik und Organisation/Verwaltung liegen keine genauen Zahlen vor, doch dürften deren Anteil weiterhin jeweils bei zehn bis zwölf Prozent der Gesamtmitarbeiterschaft liegen. Auch die Relation der in Vollzeit respektive Teilzeit Beschäftigten unter den Festangestellten blieb über den gesamten Zeitraum hinweg recht konstant. So waren im lokalen Hörfunk 2018 rund drei Viertel von ihnen Vollzeitkräfte (Volontärinnen sowie Volontäre und Auszubildende eingeschlossen) und ein Viertel in Teilzeit tätig (vgl. ebd.: 134).

Fazit

Alles gut also nach mehr als dreieinhalb Jahrzehnten dualem Rundfunks in Bayern? Ja: Das Privatfernsehen wie auch der privatwirtschaftliche Hörfunk haben sich als Arbeitgeber längst etabliert, die vielen tausend Mitarbeiterinnen und Mitarbeiter haben dazu beigetragen, Bayern zum führenden Privatrundfunkstandort in Deutschland zu machen und auf der Spitzenposition zu halten sowie die umfangreichste und vielfältigste Lokalrundfunklandschaft aufzubauen. Die Arbeitsplätze waren über lange Zeit recht sicher, auch wenn dies angesichts allgemein zurückgehender Werbeeinnahmen und jüngst der allgemein belasteten Wirtschaftssituation aufgrund der Pandemiesituation und ihrer vielfältigen Einschränkungen problematischer geworden ist. Es wird weithin gute Ausbildung geleistet und viele heute sehr renommierte „Köpfe" des deutschen Medienwesens haben ihre große Karriere bei einst kleinen, im Aufbau befindlichen Stationen in München, Nürnberg oder anderen Standorten begonnen – die eingangs vorgestellten Elke Schneiderbanger und Valerie Weber mögen dies wie auch die Möglichkeit, vom Privatfunk zur öffentlich-rechtlichen Seite des dualen System zu wechseln, illustrieren, wiewohl sie freilich Ausnahmepersönlichkeiten sind – ebenso wie Mike Thiel, Wolfgang Leikermoser und viele andere, die innerhalb der privaten Systemsäule Karriere machten und Prominenz erlangten.

Und nein, es ist längst nicht alles gut: Insbesondere im Bereich des Lokalfernsehens, aber auch an vielen kleinen Radiostandorten, sind die Arbeitsbedingungen für viele anhaltend eher prekär, wiewohl die Zahl der freien Mitarbeiterinnen und Mitarbeiter insgesamt beständig zurückgegangen, die der Festangestellten eher gestiegen ist. Tarifverträge haben keinen Bestand mehr; oftmals müssen auch Auszubildende, insbesondere die Volontärinnen und Volontäre oder auch schlecht entlohnte Praktikantinnen und Praktikanten Arbeiten leisten, für die sie eigentlich erst ausgebildet werden sollten, fungieren also als unterbezahlte volle Kräfte. Dies ergaben auch diverse Interviews, die im Rahmen von universitären Abschlussarbeiten im Rahmen des Projekts, in dem nun dieser hier vorliegende Band erscheint, geführt wurden (siehe Paulsen 2020; Steffenhagen 2020).

Gleichwohl: Was einst klein und mit wenigen engagierten Privatradio- und Lokalfernsehpionieren beiderlei Geschlechts anfing, ist heute eine echte Größe in der deutschen Medienlandschaft. Kontinuität wurde erreicht, auch ein neuer, bunter Arbeitsmarkt geschaffen – nicht nur für Journalistinnen und Journalisten, sondern ebenso für Verwaltungskräfte, Beschäftigte in Marketing und Unternehmenskommunikation, in der Rundfunktechnik und der Mediengestaltung, Technikerinnen und Techniker, DJs, Künstlerinnen und Künstler sowie viele andere mehr. Es ist ein Arbeitsmarkt im Wandel: Digitalisierung und Medienkonvergenz, sich ändernde Publikumserwartungen und Werbemärkte, neue Konkurrenzbedingungen durch das Auftreten etwa von Intermediären etc. stellen ständig neue Herausforderungen. So ist es durchaus bemerkenswert, dass mindestens quantitativ, bezogen auf die Zahlen der Mitarbeiterinnen und Mitarbeiter über Jahrzehnte weithin eine hohe Kontinuität festzustellen ist.

Den größten personellen Ausbau hat übrigens eine Institution zu verzeichnen, die den meisten Hörerinnen und Hörern, Zuschauerinnen und Zuschauern, Userinnen und Usern der bayerischen Privatfunkanbieter wenig bewusst sein wird, nämlich das öffentlich-rechtliche Dach darüber: Die Bayerische Landeszentrale für neue Medien. Exakt verzwanzigfacht hat sich die Zahl der BLM-Beschäftigten binnen 35 Jahren, während sich freilich auch ihre Aufgaben vervielfältigt haben. Am 1. April 1985 war sie mit gerade einmal fünf Mitarbeitern, allesamt Männer, gestartet. Zum 31. Dezember 2019 zählte die BLM-Belegschaft genau 100 Beschäftigte (auf 85,5 vollen Stellen), 59 Frauen und 41 Männer (vgl. BLM 2020: 148) – mit zwei Männern an der Spitze des Veranstalters von privatem Rundfunks auch noch im Februar 2021: dem Präsidenten Siegfried Schneider und dem BLM-Geschäftsführer Thorsten Schmiege; er war am 1. September 2019 auf Martin Gebrande gefolgt. Dieser, Gebrande, war – sehr große Kontinuität auch hier – fast 30 Jahre lang Geschäftsführer gewesen.

Bezogen auf die Gesamtbeschäftigtenzahl in der bayerischen Medienbranche spielt der private Rundfunk allerdings nur eine kleine Rolle: Lediglich knapp 3,8 Prozent aller im (weit definierten) Medienbereich Tätigen waren 2016 für die Privatradios und Fernsehsender im Freistaat tätig, rund 11.000 von knapp 300.000 „Medienleuten" insgesamt (vgl. Goldmedia 2019b: 25). Führend sind da vielmehr der Bereich Software und Games mit fast 80.000 und die „alten Medien" Pressemarkt mit gut 71.000 und Buchmarkt mit 45.000 sowie die Designbranche mit 47.000 Mitarbeiterinnen und Mitarbeitern (vgl. ebd.: 11). Vielfältig und laut zu hören sind sie gleichwohl, die vielen, vielen Stimmen des bayerischen Privatfunks.

Literatur

ALM (2002) (Hrsg.): Beschäftigte und wirtschaftliche Lage des Rundfunks in Deutschland. Studie des Deutschen Instituts für Wirtschaftsforschung (DIW) in Kooperation mit dem Hans-Bredow-Institut und der Arbeitsgruppe Kommunikations-forschung München (AKM), Berlin: Vistas Verlag.

Birkner, Thomas (2012): Das Selbstgespräch der Zeit. Die Geschichte des Journalismus in Deutschland 1605-1914. Köln: Herbert von Halem.

BLM (2020): Lokal. Global. Digital. Geschäftsbericht 2019. München: BLM. Online: www.blm.de/files/pdf2/blm-geschaeftsbericht_2019.pdf (zuletzt abgerufen am 15.02.2021).

DLM (1997) (Hrsg.): Beschäftigte und wirtschaftliche Lage des Rundfunks in Deutschland. Studie des Deutschen Instituts für Wirtschaftsforschung (DIW) in Kooperation mit dem Hans-Bredow-Institut und der Arbeitsgruppe Kommunikations-forschung München (AKM), Berlin: Vistas Verlag.

Goldmedia GmbH (2013): Wirtschaftliche Lage des Rundfunks in Deutschland 2012/13. Studie im Auftrag der Landesmedienanstalten. Leipzig: Vistas Verlag.

Goldmedia GmbH (2019a): Wirtschaftliche Lage des Rundfunks in Deutschland 2018/2019. Studie im Auftrag der Landesmedienanstalten. Leipzig: Vistas Verlag.

Goldmedia GmbH (2019b): Medienstandort Bayern 2019. Gutachten im Auftrag des MedienNetzwerk Bayern. München: o.V. http://www.mediennetzwerk-bayern.de/medienstandort-bayern/ (zuletzt abgerufen am 15.02.2020).

Hömberg, Walter (1987): Von Kärrnern und Königen. Zur Geschichte journalistischer Berufe. In: Manfred Bobrowsky/Wolfgang R. Langenbucher (Hrsg.): Wege zur Kommunikationsgeschichte. München: Ölschläger, S. 619-629.

Paulsen, Kristin (2020): „Ich glaube, ich hab gar keinen Plan". Das Volontariat im privaten Hörfunk in Franken. Unveröffentlichte Masterarbeit, Universität Bamberg.

Requate, Jörg (1995): Journalismus als Beruf. Entstehung und Entwicklung des Journalistenberufs im 19. Jahrhundert. Deutschland im internationalen Vergleich. Göttingen: Vandenhoeck & Ruprecht.

Steffenhagen, Marie-Claire (2020): Ausbildungsstrukturen des Volontariats im privaten Rundfunk in Bayern. Eine empirische Studie. Unveröffentlichte Bachelorarbeit, Universität Bamberg.

Steinbach, Dirk (2012): Morning Man. Mike schenkt uns einen Blick auf sein Leben. In: Bild München vom 10.02.2012. Online: https://www.bild.de/regional/muenchen/muenchen/morning-man-mike-22551602.bild.html (zuletzt abgerufen am 15.02.2021).

4.2. Journalistinnen im privaten Rundfunk in Bayern: Status Quo und Diagnose zur Entwicklung

Romy Fröhlich

Was die Repräsentation von Frauen im Journalismus betrifft, so nimmt Deutschland im EU-Vergleich aktuell nicht gerade einen Spitzenplatz ein. Vor allem bei den Leitungs- und Führungspositionen steht man nicht gut da:

> In terms of females in leadership positions among large media organizations, Germany performs slightly below the EU average, with only 22 percent of operational managers, compared to the EU average of 33 percent (Hertie School of Governance 2017: 12).

Die Erwartungen können also nicht hoch sein, wenn man Zahlen zu Journalistinnen im privaten Rundfunk in Bayern recherchiert. Die Datenlage ist allerdings problematisch. Nicht einmal die regelmäßigen Studien zur „wirtschaftlichen Lage des Rundfunks in Deutschland" (WiLa) liefern brauchbare Zahlen.[174] Die hier (selten!) ausgewiesenen Frauenanteile basieren nämlich auf den Mitarbeiterzahlen insgesamt. Detaillierte Angaben zu Beschäftigten speziell im redaktionellen Bereich der Programmproduktion fehlen. Das ist erstaunlich, denn die Frage nach dem Anteil und der beruflichen Situation von Journalistinnen speziell im Rundfunk ist hoch relevant. Gerade erst (wieder) wurde festgestellt, dass Journalistinnen vergleichsweise häufig im Rundfunk arbeiten (siehe Dietrich-Gsenger/Seethaler 2019). Der Rundfunk belegt schon seit Anfang der 90er Jahre Spitzenplätze beim Frauenanteil im deutschen Journalismus (vgl. Weischenberg/Malik/Scholl 2006b: 260). Kein Wunder, dass so bei Fernsehzuschauerinnen und -zuschauern und/oder Hörfunknutzerinnen und -nutzern der (falsche) Eindruck entsteht, der Journalismus in Deutschland sei mittlerweile ein Frauenberuf. Auch die neuesten Befunde von Dietrich-Gsenger und Seethaler (2019) zeigen, dass dem (immer noch) nicht so ist, siehe Tab. 8.

Dass der Journalismus in Deutschland kein Frauenberuf ist, zeigt sich auch daran, dass aktuell 70 Prozent der Führungs- und Leitungspositionen im deutschen Journalismus mit Männern besetzt sind (vgl. Steindl/Lauerer/Hanitzsch 2017: 416). 2005 waren es 72 Prozent (vgl. Weischenberg/Malik/Scholl 2006a: 351). Die zwei-Prozent-Entwicklung in zwölf Jahren zugunsten von Frauen bildet nicht einmal ansatzweise die seit langem bestehenden Geschlechterverhältnisse

---

[174] Der Bericht von 2012/13 enthält einige Zahlen zu Frauenanteilen, spätere Berichte bis hin zur aktuellen Ausgabe gar keine (Landesanstalt für Kommunikation Baden-Württemberg et al. 2013; Goldmedia GmbH et al. 2020).

im Journalismus ab. Eine quasi natürliche Entwicklung auf Basis der Entwicklungen innerhalb der einzelnen Alterskohorten müsste für Führungspositionen deshalb längst anders aussehen.

Medientyp	Anteil Journalistinnen
Zeitung	33,0
Zeitschrift	48,4
TV	45,1
Hörfunk	40,0
Agentur & Dienst	27,5
Online	37,4
N = 773	

Tab. 8: Anteil Journalistinnen nach Medientyp (Hauptmedium, inkl. Mehrfachnennungen) in Prozent (nach Dietrich-Gsenger/ Seethaler 2019).

Im Rundfunk stehen dem Arbeitsmarkt auf der Berufseinstiegsebene schon seit über 30 (!) Jahren deutlich (!) mehr Frauen „zur Verfügung" als Männer. Das macht dieses Mediensegment zu einem interessanten Berufsfeld für gender-sensitive Untersuchungen. Auch die Bayerische Landeszentrale für neue Medien (BLM) hat wahrgenommen, dass der Rundfunkbereich wohl ein besonders interessanter Mediensektor ist, um sich mit den Bedingungen einer gleichberechtigten Repräsentation von Frauen und Männern im Journalismus zu beschäftigen. So widmete das Magazin *Tendenz*, herausgegeben von der BLM, 2015 dem Thema „Frauen in den Medien" einen Sondertitel. BLM-Präsident Siegfried Schneider stellte damals in seinem Editorial fest:

> Gerade auch in der Medien- und Werbebranche schaffen es Frauen seltener als Männer in Führungspositionen – obwohl heute die Mehrheit der Studierenden an Journalistenschulen und in Volontärsjahrgängen weiblich ist.

Schon damals war man geneigt, ihm zuzurufen: „Es ist noch viel schlimmer!" Denn in Deutschland werden nicht erst seit „heute" mehr Frauen als Männer zu Journalistinnen beziehungsweise Journalisten ausgebildet, sondern bereits seit Mitte der 80er Jahre. 1986 überstieg erstmals die Zahl weiblicher VolontärInnen bei ARD und ZDF die der männlichen („gender switch"). Seitdem geht die Schere zwischen Volontärinnen und Volontären kontinuierlich auseinander (siehe Fröhlich 1995; Fröhlich 2002; Fröhlich 2007). Bis heute haben sich die Verhältnisse hier nicht mehr umgekehrt. Bei der ARD zum Beispiel liegt der Frauenanteil unter Programmvolontären aktuell bei 62 Prozent (siehe eigene Erhebung). Bei einzelnen ARD-Anstalten liegen die Zahlen sogar deutlich höher. Es ist möglich, dass zum Beispiel der Bayerische Rundfunk (BR) deshalb in seinem Infoflyer zur Volontariatsausbildung keine einzige junge Frau abbildet – auf dem Titel wie auch im Innern nur Fotos von Männern (siehe BR 2016). Ist das eine Reaktion auf den Mangel an Bewerbungen junger Männer? Für den privaten Rundfunk fällt es schwerer, Ausbildungszahlen zu erheben. Exemplarisch mögen zwei Zahlen verdeutlichen, dass die Situation dort aber gleich ist: Auf Basis der Studie von ProQuote (2018: 60, 63) beträgt der Anteil an Volontärinnen bei der Mediengruppe RTL aktuell 57 Prozent, bei ProSiebenSat.1 sogar 82 Prozent. Und auch in der akademischen Ausbildung sprechen die Zahlen eine klare Sprache: 2018 waren im Fach Medienwirtschaft/Medienmanagement 63 Prozent der Studierenden Frauen, im Fach Medienwissenschaft 68 Prozent und in Kommunikationswissenschaft/Publizistik sogar 69 Prozent. Bei den akademischen Ausbildungsgängen hat der „gender switch" Ende der 90er Jahre stattgefunden, also vor etwa 20 Jahren. Die Frauenanteile steigen in dieser Fächergruppe seitdem kontinuierlich (vgl. Statistisches Bundesamt 2019: 90, 95, 98).[175]

Hält man sich dieses krasse und sich schon seit vielen Jahrzehnten abzeichnende Szenario auf Ausbildungsebene vor Augen, dann ist die Entwicklung des Anteils von Frauen im deutschen Journalismus geradezu ein Witz. Innerhalb des letzten Vierteljahrhunderts ist der Journalistinnenanteil von 31 Prozent (vgl. Weischenberg/Löffelholz/Scholl 1993: 27) über 37 Prozent (vgl. Weischenberg/Malik/Scholl 2006a: 350) auf aktuell 40 Prozent (vgl. Steindl/Lauerer/Hanitzsch 2017: 413) gestiegen. Das sind gerade einmal neun Prozent in gut 25 Jahren – trotz Gleichstellungspolitik und Gendermainstreaming. Das ist Schneckentempo nach dem Motto „Der Berg kreißte und gebar ein Mäuslein".

Wie stellt sich nun aber die Entwicklung speziell im Rundfunkbereich dar, der, wie eingangs bereits erwähnt und ganz anders als andere Mediensegmente, schon seit vielen Jahrzehnten einen besonders hohen Frauenanteil aufweist? Befunde hierzu sind relevant, weil damit die Entwicklung und der Status quo von Journalistinnen im privaten Rundfunk in Bayern besser eingeschätzt werden können.

Journalistinnen im Rundfunk in Deutschland

Der private Rundfunk verzeichnete 1993 nach dem Zeitschriftenmarkt (42 Prozent) den zweithöchsten Frauenanteil im deutschen Medienmarkt überhaupt (38 Prozent im privaten Hörfunk (HF), 41 Prozent im privaten Fernsehen (TV)) (vgl.

---

[175] Die Situation ist nicht spezifisch für Deutschland, sondern zeigt sich auch an den akademischen Ausbildungsinstituten in Europa. Schon 2010 machten in den Ländern der EU Frauen 68 Prozent der Absolventinnen und Absolventen in Journalismus-Studiengängen aus (vgl. European Institute for Gender Equality 2013: 17).

Weischenberg/Löffelholz/Scholl 1993: 27; Weischenberg 1994: 19). 2005 hatte der private HF die Zeitschriften von Platz 1 verdrängt und war mit einem Journalistinnenanteil von 44 Prozent Spitzenreiter. Nach den neuesten Zahlen für 2017 liegen aktuell die Zeitschriften mit einem Journalistinnenanteil von gut 48 Prozent wieder vor dem Rundfunk (siehe Dietrich-Gsenger und Seethaler 2019). stellt die Befunde einzelner Studien im Zeitverlauf einander gegenüber.

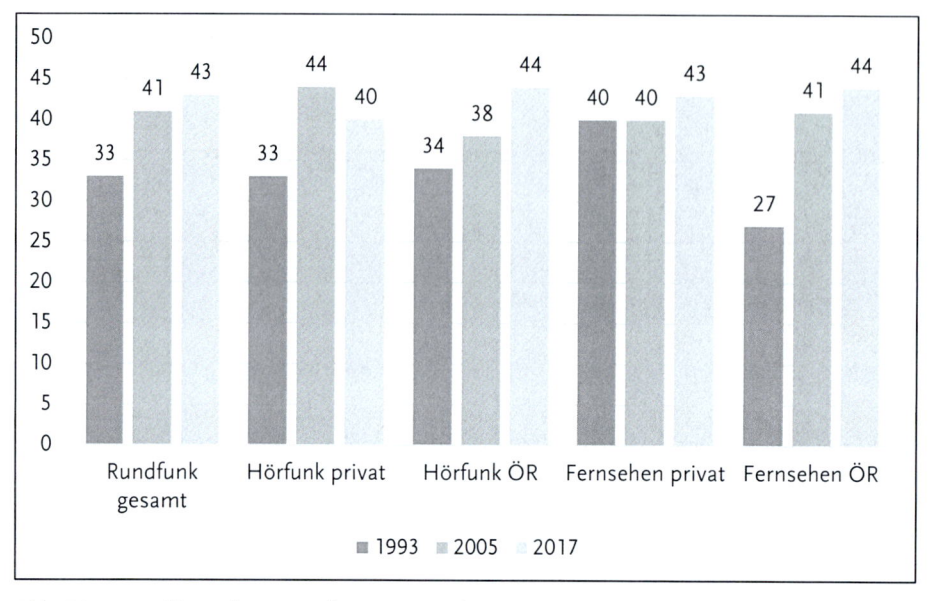

	Rundfunk gesamt	Hörfunk privat	Hörfunk ÖR	Fernsehen privat	Fernsehen ÖR
1993	33	33	34	40	27
2005	41	44	38	40	41
2017	43	40	44	43	44

Abb. 13: Entwicklung des Journalistinnenanteils im Rundfunk in Deutschland (1993-2017) in Prozent (vgl. Weischenberg et al. 2006b: 260; Dietrich-Gsenger et al. 2019).

Ausgehend von einer ohnehin guten Startsituation stagnieren beim privaten TV die Zuwachsraten beim Frauenanteil auf hohem Niveau. Demgegenüber entwickelt er sich beim privaten HF rückläufig. Der Zuwachs beim öffentlich-rechtlichen Rundfunk von 28 Prozent 1993/94 auf aktuell 44 Prozent muss relativiert betrachtet werden. Mitte der 90er Jahre war der „gender switch" in der Ausbildung von ARD und ZDF schon fast zehn Jahre alt und der Volontärinnenanteil stieg seitdem kontinuierlich an. 28 Prozent waren also 1993/94 unverhältnismäßig niedrig. Dass der öffentlich-rechtliche Rundfunk im Vergleich zu damals anteilsmäßig mittlerweile den größten Zuwachs an Journalistinnen verzeichnet, war also hoch erwartbar; alles andere wäre geradezu skandalös. Der enorme Anstieg dürfte außerdem auch den dort geltenden und anzuwendenden Gleichstellungsgesetzen geschuldet sein, die für den Privatrundfunk so nicht galten.

Bei der Frage nach geschlechtergerechter Teilhabe im Berufsfeld Journalismus ist unbedingt auch die Frage der Frauenanteile auf Führungsebene relevant. Für den Rundfunkbereich liegen hierzu aktuell keine verlässlichen Zahlen vor – weder für den privaten Rundfunk noch für den öffentlich-rechtlichen. Die aktuellen Daten für den privaten Rundfunk stammen aus dem Jahr 2012. Danach waren Führungspositionen im privaten TV zu 31 Prozent und im HF zu 38 Prozent mit Frauen besetzt (vgl. Schneider 2015: 3). Diese Zahlen sind allerdings mit allergrößter Vorsicht zu betrachten, denn sie bilden die Frauenanteile in der gesamten (!) Belegschaft des privaten Rundfunks ab und eben nicht speziell jene im journalistisch-redaktionellen Programmbereich. Ein Vergleich dieser Zahlen mit den Zahlen aus der Journalistinnen- und Journalistenbefragung von Weischenberg, Löffelholz und Scholl (1993) von Anfang/Mitte der 90er Jahre hinkt also erheblich. Ich wage ihn in Ermangelung von Alternativen trotzdem. Für das private TV ergäbe sich demnach eine erfreuliche Entwicklung nach oben, denn Anfang der 90er Jahre hatten hier nur 24 Prozent der Journalistinnen die Ressortleitung inne, nur knapp 20 Prozent waren Chefredakteurinnen. Im privaten HF dagegen erbringt der Vergleich bestenfalls eine Stagnation, denn schon 1993 waren knapp 31 Prozent der Ressortleitungen und gut 37 Prozent der Chefredaktionen mit Frauen besetzt. Es scheint also – passend zum Medium Hörfunk – eine Art „Schallmauer" erreicht zu sein.

Insgesamt ist in Deutschland die Datenlage zum Frauenanteil im privaten Rundfunk wie gesagt unbefriedigend[176], und so kann auch die Initiative ProQuote in ihrer aktuellen Erhebung für das Berichtsjahr 2017 nur mit unsicheren Daten und auch nur für ProSiebenSat.1 und die Mediengruppe RTL arbeiten. Beide Unternehmen stell(t)en überprüfbare Daten oder aussagefähige Organigramme (für Sekundärauswertungen) nicht zur Verfügung. Laut ProQuote (2018: 61ff.) sind bei ProSiebenSat.1 (börsennotiert und damit gelten die 2016 eingeführten gesetzlichen Regulierungen zur gleichberechtigten Teilhabe von Frauen und Männern an Führungspositionen) nach Eigendarstellung des Unternehmens aktuell 31 Prozent der Führungspositionen insgesamt (also nicht nur der programmlichen!) mit Frauen besetzt. In der Holding sind auf den obersten drei Führungsebenen Frauen zu knapp 20 Prozent vertreten, bei der ProSiebenSat.1 TV Deutschland GmbH zu 30 Prozent. Die Mediengruppe RTL teilte ProQuote auf Anfrage einen Frauenanteil auf Führungspositionen von insgesamt 40 Prozent mit. Eine Berechnung der Initiative ProQuote auf Basis von Sekundärdaten für die Mediengruppe RTL ergab allerdings nur einen Frauenanteil von 20 Prozent.

Zur Einordnung solcher Zahlen sind vergleichende Betrachtungen hilfreich – in diesem Falle mit der Situation im öffentlich-rechtlichen Rundfunk, wo die Verhältnisse aktuell ähnlich sind: In allen Führungs- und Leitungsebenen bei ARD und ZDF sind Frauen aktuell im Schnitt zu 35 Prozent vertreten und speziell auf journalistischen Führungspositionen mit Programmverantwortung zu

---

[176] Für einzelne (zum Teil hoch spezifische) Fallstudien siehe zum Beispiel Werner/Rinsdorf (1998), Cornelißen/Gebel (1999) oder Werner (2000).

39 Prozent (vgl. ProQuote 2018: 51ff.).[177] Verglichen wiederum mit den Verhältnissen Anfang der 90er Jahre kann man bei den Öffentlich-Rechtlichen (ausgehend von einem sehr niedrigen Niveau) eine deutliche Entwicklung nach oben feststellen, denn 20 Jahre zuvor waren hier nur 25 Prozent der Ressortleiter und nur 10 Prozent der Chefredakteure Frauen. Insgesamt muss man allerdings feststellen, dass auch in diesem Bereich der leicht überdurchschnittliche Frauenanteil in Führungspositionen des Rundfunks streng genommen keine Überraschung sein kann (und darf). Schließlich ist, daran sei an dieser Stelle nochmal erinnert, der Frauenanteil im Vergleich aller Mediensegmente hier insgesamt sehr hoch. Wie stellt sich die Situation speziell beim privaten Rundfunk in Bayern dar?

Journalistinnen im privaten Rundfunk in Bayern

Aufgrund der schwierigen Datenlage kommt man daher um eine eigene Erhebung nicht herum. Ich habe eine solche Ende 2018 bis Anfang 2019 durchgeführt. Weil ich mich dabei nicht auf die Eigenaussagen der betreffenden Sender verlassen wollte, habe ich personalrelevante Informationen ausgewertet, die die einzelnen Sender über ihre Teams auf ihren Websites zur Verfügung stellen. Um die Gültigkeit und Reichweite der präsentierten Befunde nachvollziehbar zu machen, informiere ich zunächst über die Methode der Vorgehensweise.

Zur Bestimmung der Grundgesamtheit der landesweiten und lokalen Fernseh- und Hörfunkanbieter in Bayern dienten die Anbieterlisten in der aktuellsten Studie zur wirtschaftlichen Lage der privaten Rundfunkanbieter in Bayern 2017/18 (vgl. Goldmedia 2018: 3ff.).[178] Die Grundgesamtheit (erstes Quartal 2018) umfasste demnach für das private TV in Bayern 25 landesweite und lokale TV-Anbieter mit insgesamt 29 Sendern beziehungsweise Fenster- und Spartenprogrammen, für den privaten HF 61 private HF-Anbieter mit insgesamt 93 Programmen. Im TV-Bereich wurden allzu enge Spartenprogramme ausgeschlossen (zum Beispiel Astro-TV, reine Musik-Sender oder Home-Shopping). Des Weiteren wurden nur solche TV- und HF-Anbieter/-Sender/-Programme für die Erhebung berücksichtigt, die über eine eigenständige Redaktion verfügen. Dabei muss allerdings für die Datenerhebung mit einer gewissen Unschärfe gerechnet werden, weil im Rundfunkbereich die Feststellung der redaktionellen Eigenständigkeit im Vergleich zum Printsektor nicht ganz einfach ist. Wie Steindl, Lauerer

---

[177] In den öffentlich-rechtlichen Rundfunkräten beträgt der Frauenanteil übrigens aktuell 42 Prozent, in den Verwaltungsräten 39 Prozent (siehe ProQuote 2018).
[178] Diese Anbieterlisten wurden zur Sicherheit mit den aktuellen Angaben der BLM abgeglichen.

und Hanitzsch (2017) richtigerweise feststellen, „[sind in diesem Bereich] Produktionsweisen, Redaktionsstrukturen und Distribution bzw. Zulieferung [...] aufgrund mangelnder Angaben oft schwer zu durchschauen" (ebd.: 409). Deshalb kann es dabei unter Umständen hie und da durchaus zu Fehleinschätzungen kommen.

Das relevante redaktionelle Personal wurde durch eine Online-Recherche über (männliche und weibliche) Namensangaben auf den Websites der Anbieter/Sender/Programme inklusive Tätigkeits- und Positionsangaben (zum Beispiel „RedakteurIn/Redaktion", „ModeratorIn/Moderation", „CVDs", „ProgrammleiterIn", „ReporterIn", „KommentatorIn" usw.)[179] sowie personalisierte Angaben zu Leitungs- und Führungspositionen (inkl. „stellvertretende") erfasst. Aufgrund dieser Erhebungsart verkleinerte sich das ursprünglich gebildete Sample weiter um solche Anbieter, die auf ihren Websites keine im Sinne der Fragestellung auswertbaren Angaben zur Zusammensetzung ihrer redaktionellen Teams machen. Weitere Unschärfen der Erhebung entstehen dadurch, dass Personen zuweilen mit mehreren Verantwortlichkeiten/Tätigkeiten und/oder Positionen geführt werden – dies insbesondere im Hörfunkbereich (zum Beispiel sowohl „Redaktion"/„RedakteurIn" wie auch „Ressortleitung"/„RessortleiterIn") – und die Detailtiefe der Angaben auf den Websites zum Teil recht unterschiedlich ist. So machen zum Beispiel nicht alle Anbieter eindeutige Angaben zu den hierarchischen Positionen der Mitarbeiterinnen und Mitarbeiter. Letztlich gilt einschränkend auch zu bedenken, dass ich nicht überprüfen konnte, wie aktuell die Angaben auf den betreffenden Websites tatsächlich sind. Bis zum Zeitpunkt der Veröffentlichung dieses Beitrags haben sie sich möglicherweise wieder verändert. Die im Folgenden präsentierten Befunde zu den Anteilen von Frauen im privaten Rundfunk in Bayern allgemein sowie nach Tätigkeitsbereich beziehungsweise Führungs-/Leitungsverantwortung müssen vor dem Hintergrund dieser Unschärfen betrachtet werden.

Die finale Erhebung fand im November/Dezember 2018 für den HF und im April 2019 für TV statt. Sie umfasste ein Sample von 20 landesweiten und/oder lokalen TV- sowie 63 HF-Anbieter/Sender/(Fenster-)Programmen. Dass mein Untersuchungssample aufgrund der beschriebenen Besonderheiten der Erhebung nicht gänzlich „aus den Fugen" geraten ist, zeigt ein Vergleich der relevanten redaktionellen Personalraten meiner Erhebung mit denen von Goldmedia (2018): Letztere berichten über 684 Festangestellte im „Programmbereich" des privaten HFs in Bayern (vgl. ebd.: 31), mein Sample enthielt 597; beim privaten TV in Bayern berichtet Goldmedia über 307 Festangestellte im „Programmbereich" (ebd.: 18), mein Sample enthielt 271.

---

[179] Nicht berücksichtigt: „Techniker", „Radioberater", „Marketingleitung", „Assistenzen der Geschäftsführung", „Service-Team", „JustiziarIn", „Vorstand HR" und ähnliches.

Nach den Daten meiner Erhebung kann man davon ausgehen, dass der Frauenanteil im privaten HF in Bayern aktuell bei 37 Prozent (n = 253) und beim privaten TV bei 43 Prozent (n = 132) liegt. Dieser Durchschnittswert verbirgt interessante segmentale Unterschiede, siehe Abb. 14.

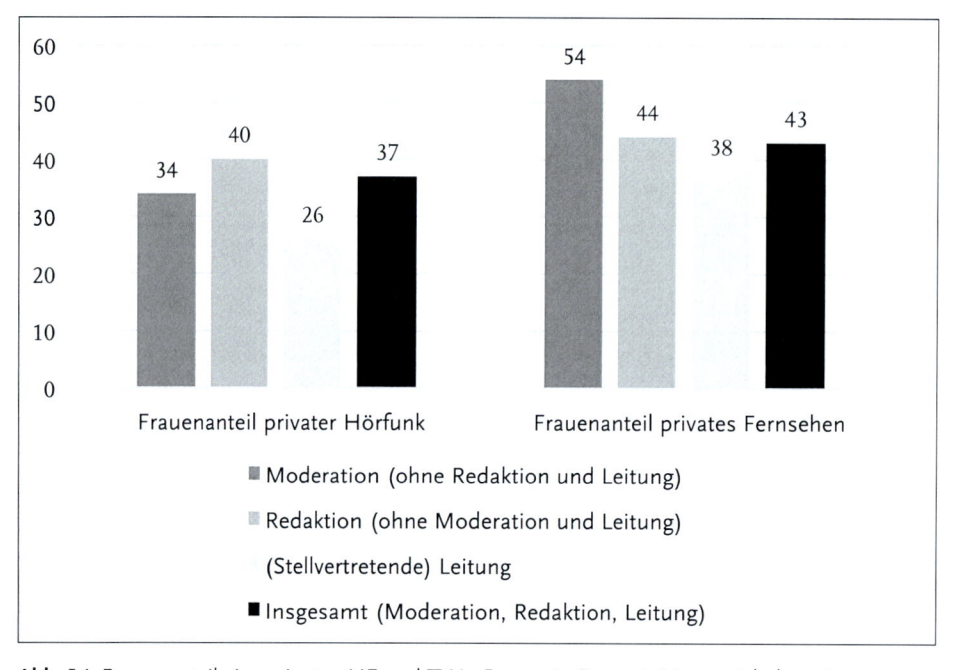

Abb. 14: Frauenanteile im privaten HF und TV in Bayern in Prozent (eigene Erhebung).

Ich habe mich für eine gesplittete Erhebung zwischen den journalistischen Tätigkeitsbereichen „Moderation" und „Redaktion" entschieden, weil der Tätigkeitbereich „Moderation" im Rundfunk ein spezifisches Beschäftigungssegment mit hoher Außenwirkung darstellt, das so in anderen Medientypen nicht vorkommt. Die Befunde zeigen: Moderation ist beim privaten TV in Bayern mit 54 Prozent (klar überdurchschnittlich) das Beschäftigungssegment schlechthin für Frauen. Ganz anders ist das beim privaten HF in Bayern, der mit 34 Prozent (klar unterdurchschnittlich) einen deutlich niedrigeren Frauenanteil aufweist. Die Frage nach der Ursache ist schwierig. Am Frauenanteil im privaten HF insgesamt kann es nicht liegen und auch nicht am Frauenanteil speziell im Bereich „Redaktion", aus dem sich ja unter Umständen Moderatorinnen und Moderatoren rekrutieren. Außerdem erscheint es unplausibel, dass sich HF-Frauen seltener als TV-Frauen trauen, eine Moderation zu übernehmen. An dieser Stelle kommt mir ein Erfahrungsbericht der BR-Hörfunkredakteurin Angelika Nörr (2016) in den Sinn: „Mit so einer Frauenstimme wird das nichts beim Radio", hatte ihr zu Beginn ihrer Radio-Laufbahn der Leiter eines kleinen privaten Radio-Senders gesagt. Tatsächlich weist Spang (2006: 141ff.) darauf hin, dass Einsatzentscheidungen beim HF zugunsten männlicher Sprecher nicht selten (noch immer) auf der Annahme basieren, dass Frauenstimmen vor allem in informationsspezifischen Programmumfeldern weniger seriös und eher emotional-affektiv wirken. Laut Spang gibt es durchaus wissenschaftliche Belege dafür, dass ein durch Sozialisation gelerntes Muster des Hörens bei uns für solche geschlechtsspezifischen Wahrnehmungen verantwortlich ist (vgl. ebd.). In unserem Kulturkreis sind sie stark an Stimmhöhenunterschiede gebunden. Inwiefern solche überwiegend aus den 80er und 90er Jahren stammenden Erkenntnisse heute in unserer zunehmend androgyner werdenden Gesellschaft noch Bestand haben, ist aber fraglich. Außerdem stellt sich die Frage, warum solche Zusammenhänge den Einsatz von „Sprecherinnen" im TV offensichtlich nicht determinieren. Werden sie hier möglicherweise durch die Überzeugung von Entscheidern überlagert, dass visuelle Personen-Wahrnehmungen eine bedeutendere Rolle für Rezipierende spielen als akustische? Eine solche Diskussion ist müßig. Es bräuchte Befragungen von Journalistinnen und Journalisten sowie Entscheidern.

Interessant ist ein weiterer Befund aus meiner Erhebung: Im privaten Radio in Bayern liegt der Frauenanteil an Leitungspositionen (26 Prozent) deutlich unter dem des privaten TVs (38 Prozent). Ich halte es für unwahrscheinlich, dass sich das über den im Vergleich etwas niedrigeren Frauenanteil im privaten Radio insgesamt erklärt. Die Entwicklung in den kommenden Jahren sollte durch Studien genauer beobachtet werden – unbedingt auch mit Vergleichszahlen zu anderen Bundesländern. Und vor allem sollten baldmöglichst Ursachenstudien erfolgen, auf deren Befundbasis dann idealerweise auch Empfehlungen entwickelt werden können, um mittelfristig Veränderungen anzustoßen.

Diagnose und Lösungen

Diverse Studien lassen den Schluss zu: In den fast 35 Jahren, in denen dem Rundfunk kontinuierlich und in steigendem Maße mehr ausgebildete Journalistinnen als Journalisten zur Verfügung stehen, geht die Entwicklung nur schleppend voran. Insbesondere die Zahlen für Führungspositionen zeigen, dass gerade dem Rundfunk zwischen Berufseinstieg und dem Aufstieg auf der Karriereleiter nach oben Frauen immer noch in erheblichem Maße „verloren" gehen. Dass der öffentlich-rechtliche Rundfunk nicht deutlich besser abschneidet als der private, ist unter anderem auch wegen der seit Anfang der 80er (!) Jahre geltenden und anzuwendenden Gleichstellungsgesetze verwunderlich. Und so kommt man nicht umhin zu fragen, wie sinnvoll und zielführend Gleichstellungsgesetze speziell mit Blick auf Führungsetagen sind. Während solche Gesetze für gender-relevante Veränderungen allgemein wohl durchaus gewünschte Effekte bringen, gehen sie bei der Besetzung von Führungs- und Leitungspositionen wohl eher ins Leere. Gerade hier, das zeigen die vorgestellten Zahlen, existiert für Frauen nach wie vor die so genannte gläserne Decke, die „glass ceiling". Denn in Relation zum Journalistinnenanteil im Rundfunk insgesamt und vor allem auf Einstiegsebene fällt die Teilhabe von Frauen an Führungspositionen überdeutlich zurück. Wie meine aktuelle Erhebung zeigt, macht hiervor auch der private Rundfunk in Bayern keine Ausnahme.

Die Gründe für den beschriebenen „Aderlass" sind komplex und sie liegen nur zu einem sehr geringen Teil an der Tatsache, dass Frauen – eher als Männer – durch Erziehungszeiten zeitweise pausieren oder Teilzeit arbeiten. Die unterschiedlichen Erhebungen in Deutschland zeigen, dass Journalistinnen überdurchschnittlich oft kinderlos sind (vgl. Weischenberg et al. 1994: 15; Keuneke et al. 1997: 33; Weischenberg/Malik/Scholl 2006b: 47; Weischenberg 2007). Die klassische Erklärung verfängt in diesem Berufsfeld also nicht wirklich. An (prominenten) Rollenvorbildern im Rundfunk fehlt es mittlerweile auch nicht mehr. Liegt es vielleicht daran, dass Frauen allgemein seltener als ihre männlichen Kollegen an Aufstieg „interessiert" sind (siehe zum Beispiel LeanIn.Org/McKinsey 2018)? Meiner Erfahrung nach ist es eher so, dass Frauen im Laufe ihrer Berufstätigkeit geschlechtsspezifische Chancenungleichheit wahrnehmen, und es ist dann genau diese Erfahrung, die sie in ihren weiteren persönlichen Karrierebestrebungen (aus-)bremst. In einigen Befragungen führt das zu dem simplifizierenden Befund, dass Frauen „kein Interesse" an Aufstieg haben.

Es gibt empirische Belege dafür, dass das so nicht stimmt (siehe zum Beispiel Catalyst/Families and Work Institute 2008; Elprana et al. 2012) und dass es vor allem nicht auf junge Frauen auf der Ausbildungs- und/oder Berufseinstiegsebene zutrifft. Sie unterscheiden sich in ihren Wünschen und zukünftigen Plänen was Leitungsbefugnis, Führungsverantwortung, Macht und Einkommenserwartungen angeht, nur marginal von ihren männlichen Kollegen, vermuten allerdings schon früh, dass ihnen ihre Karriere weniger gut/schnell gelingen wird als den Männern (siehe Farmer/Waugh 1999; Sha/Toth 2005). Etliche Untersuchungen zeigen außerdem, dass Frauen von gängigen Führungskulturen und kompetitiven Szenarien in der Berufswelt abgeschreckt sind und sie sich vor allem deshalb dann auch ganz aus einem Berufsbereich zurückziehen.

Die dafür immer wieder ins Feld geführten familiären Gründe sind dagegen ein schwer auszurottender Mythos. Vor allem stimmt es nicht für Frauen in männerdominierten Berufen, wie es auch der Journalismus noch ist. Gerade hier geschehen diese Total-Ausstiege von Frauen ganz überwiegend aufgrund von Motivlagen, die als „cooling out" (Edding 2012: 23ff.) bezeichnet werden: eine von Männern geprägte Unternehmenskultur, mangelnde Unterstützung und Förderung durch Vorgesetzte, fehlende Anerkennung und Wertschätzung im Kollegenkreis. Es ist davon auszugehen, dass diese Umstände auch Journalistinnen die Lust auf Aufstieg nehmen und ihr „Verschwinden" (zum Beispiel durch Abwanderung in die PR-Branche) erklären. Möglicherweise ist der private HF mit seinen nur 25 Prozent Frauen in Führungspositionen ein Mediensegment, dessen vorherrschende Führungskultur zu besonders starken „cooling out"-Effekten führt. Dazu wird weitere Forschung benötigt.

Die Liste der Empfehlungen, Resolutionen, Gender-Mainstreaming-Papiere, Direktiven und Gesetze, die in Deutschland und auf EU-Ebene der Medienindustrie nun schon seit Jahren mit auf den Weg gegeben werden, um Geschlechterparität in ihren Belegschaften auf allen Hierarchiestufen herzustellen, ist lang (vgl. European Institute for Gender Equality 2013: 20ff.). Vor dem gerade beschriebenen Hintergrund wird klar, warum solche Dinge nicht zünden. Auch deshalb kommen in letzter Zeit verstärkt alternative oder flankierende Ansätze ins Spiel, wie zum Beispiel die Forderung nach Mentoring-Programmen für kompetente aufstiegsinteressierte Frauen. Eine andere vergleichsweise prominente und zugleich umstrittene Forderung ist die nach Quotenregelungen. Angesichts der zahlreichen Förderinitiativen und -maßnahmen der vergangenen Jahrzehnte, die allesamt nicht zu adäquaten Verbesserungen geführt haben, kann es kaum wundern, dass vor allem mit Blick auf Führungspositionen Quotenregelungen gefordert werden (siehe zum Beispiel FidAR e.V. – Frauen in die Aufsichtsräte, das „Gesetz zur gleichberechtigten Teilhabe von Frauen und Männern in Führungspositionen" [Quoten-Regelung] aus dem Jahr 2015 oder Pro-Quote Medien e.V.). Wie zielführend gut gemachte Quotenregelungen tatsächlich sein können und wozu demgegenüber unverbindliche „Soll"-Regelungen in einschlägigen und geduldigen „Verpflichtungspapieren" führen (nämlich zu sehr wenig bis gar nichts), zeigt unsere eigene Studie zu Frauenanteilen in den Kontrollgremien des öffentlich-rechtlichen Rundfunks (siehe Fröhlich/Baudisch 2016).

Unabhängig von Quotenforderungen versuchen mittlerweile auch berufsständige Organisationen und Initiativen, durch politische Aktionen, Coaching- und Weiterbildungsangebote den Stillstand im Journalismus (insbesondere auf Führungsebene) aufzubrechen. Solche Initiativen sind von der Erkenntnis getragen, dass ohne steigende Frauenanteile auf der unteren und mittleren Leitungsebene sich auch langfristig in den höheren und höchsten Hierarchiestufen nichts bewegen kann. So hat zum Beispiel der Bayerische Journalisten-Verband (BJV) eine Fachgruppe „Chancengleichheit" gegründet (siehe BJV 2019). Die Fachgruppe fokussiert sich nach eigener Darstellung insbesondere auf die Situation der weiblichen Mitglieder im BJV. Mit einschlägigen Coaching-Angeboten speziell für Journalistinnen reagiert die BJV-Fachgruppe auf Diagnosen, die in jüngster Zeit auch die betroffenen Frauen selbst und ihre karriererelevanten Verhaltensweisen in den Fokus nehmen. Nach meiner Wahrnehmung lässt sich in den letzten Jahren durchaus ein Trend hierzu feststellen. Ich komme in diesem Zusammenhang zurück auf das *Tendenz*-Sonderheft der BLM von 2015. Dort schreibt BLM-Präsident Siegfried Schneider:

> Doch Vorgaben, sei es in Form von Quoten oder freiwilliger Unternehmensregeln, reichen nicht aus. Auch die Frauen selbst sind (genauso wie ihre männlichen Kollegen) gefordert, die richtigen Signale zu setzen und gesellschaftliche Rollenmuster aufzubrechen (Schneider 2015: 3).

Auch Christiane Krinner in ihrer Rolle als Vorsitzende der Fachgruppe Chancengleichheit im BJV sagt, dass sich Frauen in Sachen Karriere gelegentlich selbst im Weg stünden, weil sie zu Zurückhaltung erzogen seien, sich beim Verhandeln mit Vorgesetzten und Arbeitgebern deshalb schwertun, der Job bei Journalistinnen auch gerne als Selbstverwirklichung gelte und Geld und Karriere deshalb als zweitrangig betrachtet würden (vgl. Schneider 2017: 9). Die US-amerikanische Forschung bezeichnet solche Argumente als „Blaming the victim"-Strategie.

Um es abschießend noch einmal zu betonen: Was den Journalismus bei der Frage nach den Bedingungen geschlechtergerechter Teilhabe aus diagnostischer Sicht so interessant macht, ist erstens die Tatsache, dass in diesem Bereich – wie auch in der PR – die Zahl der Berufseinsteigerinnen seit drei Jahrzehnten schon extrem hoch ist und zweitens der Fakt, dass die Zahl der Kinderlosen unter den Frauen hier (und in der PR) überdurchschnittlich groß ist (vgl. Fröhlich et al. 2005: 85). Damit entfällt anders als in anderen Berufen die üblicherweise ins Feld geführte Erklärung zum erschwerten Karriereaufstieg von Frauen durch Doppelbelastung in Familie und Beruf. Auch deshalb brauchen wir mehr Forschung zu den Detailbedingungen der gleichberechtigten Teilhabe von Frauen am Journalismus. Die Befunde können wichtige Hinweise für die Ursachen und Bedingungen eines erschwerten Karriereaufstiegs von Frauen in anderen Berufen liefern.

Literatur

Bayerische Landeszentrale für neue Medien (2013): Der Rundfunk in Bayern. Online: www.blm.de/files/pdf1/Der_Rundfunk_in_Bayern_2012_13.pdf (zuletzt abgerufen am 15.02.2021).

Bayerische Landeszentrale für neue Medien (2018): Wirtschaftliche Lage der privaten Rundfunkanbieter in Bayern 2017/18. Online: www.blm.de/files/pdf2/wila-bayern_17_18.pdf (zuletzt abgerufen am 15.02.2021).

Bayerischer Journalistenverband (2019): Fachgruppe Chancengleichheit. Online: www.bjv.de/bjfrau (zuletzt abgerufen am 15.02.2021).

Bayerischer Rundfunk (2016): Volontariat. Online: www.br.de/extra/karriere/inhalt/studenten/flyer-volontariat-100.html (zuletzt abgerufen am 15.02.2021).

Catalyst/Families and Work Institute (Hrsg.) (2008): Leaders in a global economy: Finding the fit for top talent. Online: www.catalyst.org/wp-content/uploads/2019/01/Leaders_in_a_Global_Economy_Talent_Management_in_European_Cultures.pdf (zuletzt abgerufen am 30.09.2020).

Cornelißen, Waltraud/Gebel, Christa (1999): Gleichberechtigung on air? Zur Präsentation von Männern und Frauen im niedersächsischen Hörfunk. Eine empirische Untersuchung. Berlin: Vistas Verlag.

Dietrich-Gsenger, Marlene/Seethaler, Josef (2019): Soziodemografische Merkmale. In: Hanitzsch, Thomas/Seethaler, Josef/Wyss, Vinzenz (Hrsg): Journalisten in Deutschland, Österreich und der Schweiz. Wiesbaden: Springer VS.

Edding, Cornelia (2012): Was wünschen sich Frauen von ihrer Arbeit? Literaturrecherche im Auftrag der Bertelsmann Stiftung. Gütersloh: Bertelsmann Stiftung. Online: www.bertelsmann-stiftung.de/fileadmin/files/BSt/Publikationen/GrauePublikationen/GP_Was_wuenschen_sich_Frauen_von_ihrer_Arbeit.pdf (zuletzt abgerufen am 30.09.2020).

Elprana, Gwen/Stiehl, Sibylle/Gatzka, Magdalena/Felfe, Jörg (2012): Gender differences in motivation to lead in Germany. In: Quaiser-Pohl, Claudia/Endepohls-Ulpe, Martina (Hrsg.): Women's choices in Europe. Influence of gender on education, occupational career and family development. Münster, New York, München, Berlin: Waxmann Verlag, S. 135-150.

European Institute for Gender Equality (2013): Review of the implementation of the Beijing Platform for Action in the EU member states: Women and the media – Advancing gender equality in decision-making in media organisations. Luxemburg: Publications Office of the European Union.

Farmer, Betty/Waugh, Lisa (1999): Gender differences in public relations student's career attitudes: A benchmark study. In: Public Relations Review, 25, S. 235-249.

Fröhlich, Romy (2007): Three Steps forward and two Steps back? Women journalists in the West-ern world between progress, standstill, and retreat. In: Creedon, Pamela

J./Cramer, Judith (Hrsg.): Women in Mass Communication [dritte, völlig überarbeitete Auflage]. Thousand Oaks, London, New Delhi: Sage, S. 161-176.

Fröhlich, Romy (2002): Die Freundlichkeitsfalle. Über die These der kommunikativen Begabung als Ursache für die „Feminisierung" des Journalismus und der PR. In: Starkulla Jr., Heinz/Nawratil, Ute/Schönhagen, Philomen (Hrsg.): Medien und Mittler sozialer Kommunikation. Beiträge zu Theorie, Geschichte und Kritik von Journalismus und Publizistik. Leipzig: Leipziger Universitätsverlag, S. 225-243.

Fröhlich, Romy (1995): Ausbildung für Kommunikationsberufe. In: Fröhlich, Romy/Holtz-Bacha, Christina (Hrsg.): Frauen und Medien. Eine Synopse der deutschen Forschung. Opladen: Westdeutscher Verlag, S. 92-135.

Fröhlich, Romy/Baudisch, Sabine (2016): Far from fifty-fifty: Legal measures and the relative lack of women in powerful decision-making positions in Germany's broadcasting sector. In: Journal of Broadcasting & Electronic Media, Jg. 60, H. 2, S. 1-26.

Fröhlich, Romy/Peters, Sonja B./Simmelbauer, Eva-Maria (2005): Public Relations. Daten und Fakten der geschlechtsspezifischen Berufsfeldforschung. München, Wien: Oldenbourg.

Goldmedia GmbH Strategy Consulting (2018): Wirtschaftliche Lage der privaten Rundfunkanbieter in Bayern 2017/18. Online: www.blm.de/files/pdf2/wila-bayern_17_18.pdf (zuletzt abgerufen am 15.02.2021).

Goldmedia GmbH/Schneider, Guido (2020). Wirtschaftliche Lage des Rundfunks in Deutschland 2018/19: Leipzig: Vistag Verlag.

Hertie School of Governance (2017): Gender Equality Policy in the Arts, Culture and Media. Comparative Perspectives. Online: www.hertie-school.org/fileadmin/2_Research/2_Research_directory/Research_projects/Women_in_media_culture/FINAL_Report_Women_in_arts_and_culture.pdf (zuletzt abgerufen am 15.02.2021).

Keuneke, Susanne/Kriener, Markus/Meckel, Miriam (1997): Von Gleichem und Ungleichem. Frauen im Journalismus. In: Rundfunk und Fernsehen, H. 45, S. 30-45.

Landesanstalt für Kommunikation Baden-Württemberg (LfK)/Bayerische Landeszentrale für neue Medien (BLM)/Medianstalt Berlin-Brandenburg (mabb) (2013): Wirtschaftliche Lage des Rundfunks in Deutschland 2012/13. Leipzig: Vistas Verlag.

LeanIn.Org/McKinsey & Company (2018): Women in the Workplace 2018. Online: www.womenintheworkplace.com/ (zuletzt abgerufen am 15.02.2021).

Nörr, Angelika (2016): Bayern heißt nicht München. Online: www.br.de/radio/bayern-2/moderation-angelika-noerr100.html (zuletzt abgerufen am 15.02.2021

ProQuote Medien e.V. (Hrsg.) (2018): Welchen Anteil haben Frauen an der publizistischen Macht in Deutschland? Eine Studie zur Geschlechterverteilung in journalistischen Führungspositionen. Teil I: Rundfunk. Hamburg: ProQuote Medien e.V.

Schneider, Michaela (2017): Strukturen sind gegen uns. In: BJVreport 5, S. 8-10. Online: www.bjv.de/sites/default/files/bjv_report-5-17.pdf (zuletzt abgerufen am 15.02.2021).

Schneider, Siegfried (2015): Signale setzen, Rollenmuster aufbrechen. In: Tendenz –

Das Magazin der Bayerischen Landeszentrale für neue Medien, H. 3, S. 3.

Sha, Bey-Ling/Toth, Elisabeth (2005): Future professionals' perceptions of work, life, and gender issues in public relations. In: Public Relations Review, 31, S. 93-99.

Spang, Wolfgang (2006): Qualität im Radio. Determinanten der Qualitätsdiskussion im öffentlich-rechtlichen Hörfunk in Deutschland (Reihe Sprechen und Verstehen). St. Ingbert: Röhrig Universitätsverlag.

Statistisches Bundesamt (Destatis) (2019): Bildung und Kultur – Studierende an Hochschulen (Fachserie 11, Reihe 4.1). Wiesbaden: Statistisches Bundesamt.

Steindl, Nina/Lauerer, Corinna/Hanitzsch, Thomas (2017): Journalismus in Deutschland. Aktuelle Befunde zu Kontinuität und Wandel im deutschen Journalismus. In: Publizistik, Jg. 62, H. 4, S. 401-423.

Weischenberg, Siegfried (2007): Journalismus in Deutschland. Eine Bestandsaufnahme. Die Zukunft des Journalismus und der Journalistenausbildung. Vortrag für das Symposium zu Ehren von Heinz Pürer am Institut für Kommunikationswissenschaft und Medienforschung der Universität München, 19.10.2007. Online: www.ifkw.uni-muenchen.de/lehrbereiche/meyen/symp_puerer/weischenberg.pdf (zuletzt abgerufen am 15.02.2021).

Weischenberg, Siegfried/Malik, Maja/Scholl, Armin (2006a): Journalismus in Deutschland 2005. Zentrale Befunde der aktuellen Repräsentativbefragung deutscher Journalisten. In: Media Perspektiven, H. 7, S. 346-361.

Weischenberg, Siegfried/Scholl, Armin/Malik, Maja (2006b): Die Souffleure der Mediengesellschaft: Report über die Journalisten in Deutschland. Konstanz: UVK Verlagsgesellschaft.

Weischenberg, Siegfried/Keuneke, Susanne/Löffelholz, Martin/Scholl, Armin (1994): Frauen im Journalismus: Gutachten über die Geschlechterverhältnisse bei den Medien in Deutschland/IG Medien, Fachgruppe Journalismus (dju/SWJV). Im Auftrag der Industriegewerkschaft Medien. Stuttgart: IG Medien/Fachgruppe Journalismus (dju/SWJV).

Weischenberg, Siegfried/Löffelholz, Martin/Scholl, Armin (1993): Journalismus in Deutschland. Design und erste Befunde der Kommunikatorstudie. In: Media Perspektiven, H. 1, S. 2-33.

Werner, Petra (2000): Gleichstellung „on air". Ein Leistungsvergleich des privaten und des öffentlich-rechtlichen Hörfunksystems in Nordrhein-Westfalen im Hinblick auf §12 Abs. 2 LRG bzw. §5 Abs. 3 WDR-Gesetz. Dortmund: Dissertation an der Universität Dortmund.

Werner, Petra/Rinsdorf, Lars (1998): Ausgeblendet? Frauenbild und Frauenthemen im nordrhein-westfälischen Lokalfunk. Opladen: Westdeutscher Verlag.

4.3. Die Entwicklung der Redaktionsorganisation bei lokalen Radio- und Fernsehsendern

Klaus Meier, Maria Lisa Schiavone und Jonas Schützeneder

Wer sich mit den Redaktionsstrukturen der lokalen Radio- und Fernsehsender von den Anfängen in den 1980er Jahren bis heute beschäftigt, findet eine große Vielfalt vor. Es gibt nicht das eine Redaktionsmodell, das für die meisten Sender gilt oder das zumindest ein Vorbild ist, nach dem sich viele ausrichten – wie bei Zeitungsredaktionen zum Beispiel die klassische Organisation in Ressorts und mit einem Newsdesk (vgl. Meier 2002). Ja, es scheint sogar so zu sein, dass es in der lokalen Rundfunklandschaft so viele Redaktionsmodelle wie Sender gibt. Gleichwohl lassen sich einige Gemeinsamkeiten und vor allem Trends feststellen.

Der Haupttrend, der auf die meisten Sender zutrifft, ist die Entwicklung vom Improvisieren und Ausprobieren zu zumindest grob festgelegten Strukturen in den ersten zehn Jahren. Dazu haben die elektronischen Redaktionssysteme beigetragen, die im Laufe der Zeit nicht nur Programmabläufe, sondern auch redaktionelle Abläufe strukturierten und damit Moderatorinnen und Moderatoren sowie Journalistinnen und Journalisten in ein gewisses Korsett drängten.

Für ein noch viel strengeres Korsett sorgte bei Radiosendern die so genannte „Formatierung" in den 1990er Jahren: Die Sender legten sich auf eine Zielgruppe – und damit eine einheitliche Musikfarbe – fest und schränkten so die Freiheit der Musikredakteurinnen und -redakteure ein, die anfangs ihre Lieblingsplatten gespielt hatten und sich nun einer strikten Zielgruppenorientierung unterwerfen und sich dabei selbst professionalisieren mussten. Und später sind für die allermeisten Sender die Herausforderungen der digitalen Transformation hinzugekommen: Neue digitale Ausspielwege, soziale Netzwerke und Apps müssen in redaktionelle Abläufe integriert und redaktionelle Ressourcen dafür bereitgestellt werden, wenn man die Zielgruppen nicht nur über Radio oder Fernsehen erreichen will.

Dieser Beitrag gibt zunächst einen Überblick über die Redaktionsorganisation im Allgemeinen und die Spezifika bei lokalen Radio- und Fernsehsendern im Speziellen. Ein Aspekt verdient dabei besondere Beachtung: Wesentlicher Treiber des Wandels der Redaktionsorganisation war die digitale Transformation der Medien in den vergangenen 25 Jahren: von der Digitalisierung der Redaktions- und Sendetechnik bis zur Vervielfachung möglicher Kanäle und Ausspielwege durch Internet und mobile Endgeräte.

Der zweite Teil des Beitrags widmet sich drei Fallstudien, die beispielhaft und sich gegenseitig ergänzend aufzeigen, wie sich die redaktionellen Strukturen einzelner Sender in Bayern konkret entwickelt haben. Dafür haben wir mit dem

Funkhaus Nürnberg ein so genanntes „Funkhaus-Modell" ausgewählt, das mehrere Radiosender mit ganz unterschiedlichem Profil, aber gemeinsamer lokaler Orientierung, unter einem redaktionellen Dach vereint. Der Blick auf die Entwicklung des Radios am Standort Ingolstadt zeigt, wie sich anfangs mehrere sehr kleinteilig organisierte Sender, die sich eine Frequenz teilen mussten, auf die Marke Radio IN einigten, die es nun schon seit mehr als 30 Jahren gibt. Deren Analyse zeigt, wie sich redaktionelle Strukturen eines einzelnen Senders verändert haben. Für den Fernsehbereich werfen wir einen Blick auf die Entwicklung des ersten – und damit ältesten – bayerischen Fernsehsenders in privater Hand: des im Jahr 1985 gegründeten Senders Teleregional Passau, der aus dem zuvor hobbymäßig betriebenen Passauer Stadtfernsehen hervorging. Hier zeigt sich erneut, wie sich das Rundfunkmachen vom anfänglichen Hobby zur Profession entwickelte.

Die Strukturen von Redaktionen

Lokale Rundfunkorganisationen gliedern sich – wie alle Medienunternehmen – in Abteilungen, die unterschiedliche Aufgaben wahrnehmen: Unter dem Dach der ökonomisch verantwortlichen Geschäftsführung gibt es neben der Redaktion mit inhaltlicher Programmverantwortung in der Regel eine Abteilung, die die Werbung verkauft (und zum Beispiel als „Marketing" bezeichnet wird), und eine (kleine) Technikabteilung. In der Anfangszeit – oder bei sehr kleinen Sendern – können diese Aufgaben verschmelzen, wobei die redaktionelle Gestaltung und die Verantwortung für die Werbung eigentlich immer in getrennten Händen liegen sollten: Journalistinnen und Journalisten können ihre öffentliche Aufgabe nur erfüllen, wenn sie unabhängig von privaten oder geschäftlichen Interessen Dritter arbeiten können, also wenn redaktionelle Inhalte nicht gekauft werden können. Davon hängen letztlich die Glaubwürdigkeit einer Information und das Vertrauen der Hörerinnen und Hörer sowie der Zuschauerinnen und Zuschauer in einen Sender ab. Im Großen und Ganzen halten sich die bayerischen Sender zwar daran, aber Studien zeigten, dass das Trennungsgebot im Rundfunk auch verletzt wird (siehe zum Beispiel Volpers 2007); Sender landen wegen Schleichwerbung vor Gericht oder erhalten Bußgeldbescheide der Bayerische Landeszentrale für neue Medien (BLM).

Das Themenspektrum, das eine Redaktion bearbeitet, wird in der horizontalen Gliederung der Redaktion fachlich verankert (vgl. Meier 2018: 168-181). Lokale Radiosender teilen ihre redaktionellen Mitarbeiterinnen und Mitarbeiter in der Regel in die Aufgabengebiete Musik, Moderation und Nachrichten, wobei sich auch eine duale Einteilung findet: Wort/Musik. Darüber hinaus finden sich kaum mehr Gemeinsamkeiten. Die Organisation der Redaktionen in den Sendern ist „höchst unterschiedlich" (Altmeppen/Donges/Engels 1999: 145), wie eine Studie Ende der 1990er Jahre konstatierte: Häufig existieren individuelle Zuständigkeiten und Spezialisierungen, die sich – je nach Interessenslage der Mitarbeiterinnen und Mitarbeiter – über die Jahre wie von selbst entwickelt haben, ohne dass eine Strategie der Redaktionsleitung dies intendiert hätte.

Abb. 15: Pionierstimmung in den 1980er Jahren: Die „Kellerfunker" um Moderatorin Andi Janssen und Mathias Thomaschek in der Motorradsendung „Easy Rider", die insgesamt 125 Mal bei Radio Downtown (Erlangen) lief. Zu sehen ist die Technik im Selbstfahrerstudio mit Mischpult, Plattenspieler, Kassettendeck und Bandmaschine (Quelle: Thomaschek).

Bei der Bildung von Spezialisierungen stehen in der Regel weniger gesellschaftlich relevante Themengebiete wie Politik oder Wirtschaft, sondern eher die (Freizeit-)Interessen der anvisierten Zielgruppen im Vordergrund (vgl. ebd.; Donges/Jarren 1997): Lifestyle, Promi-News, Kino, Sport, Veranstaltungshinweise. Private Rundfunksender haben in den 1990er Jahren den allgemeinen Trend bestärkt, dass Redaktionen aller Medien neben Information und Unterhaltung auch stärker einen Service- und Nutzwert für das Publikum entdecken, diesen in neuen Ressorts redaktionell verankern und inhaltlich bedienen (vgl. Meier 2002: 153-187).

Das Themenfeld Kirche und Religion ist in den lokalen Rundfunksendern vergleichsweise prominent vertreten. Die dafür zuständigen Redakteurinnen und Redakteure sind aber nicht von den Sendern angestellt, sondern von Kirchen und kirchennahen Organisationen: Aufgrund der gesetzlichen Grundlagen für den privaten Rundfunk müssen bedeutsame weltanschauliche Gruppen im Programm angemessen zu Wort kommen. So wird zum Beispiel seit 2001 ein sonntägliches, 30-minütiges Kirchenmagazin bei 14 Lokal-TV-Sendern in Bayern ausgestrahlt, das von der „Arbeitsgemeinschaft Kirchenmagazin im bayerischen Privatfernsehen" produziert wird – einem Zusammenschluss von katholischen Diözesen sowie katholischen und evangelischen Verbänden.

Die Hierarchien sind in kleinen Sendern naturgemäß sehr flach und es gibt kaum einheitliche Bezeichnungen für Leitungsrollen: Redaktionsleitende heißen häufig Programmchefin beziehungsweise -chef oder Programmleiterin beziehungsweise -leiter; die Verantwortlichen für Wortbeiträge Chefin beziehungsweise Chef vom Dienst – wobei diese Rolle auch regelmäßig wechselnd besetzt werden kann.

Das „Gesicht" jeder Magazinsendung sind die Moderatorinnen und Moderatoren: Sie bereiten im Radiosender in der Regel ihre Wortbeiträge selbst vor, bekommen in größeren Redaktionen aber Unterstützung durch Redakteurinnen und Redakteure, die Themen entwickeln und recherchieren und Beiträge mit O-Tönen bauen. Ein bekannter Moderator erinnert sich in einem Gespräch zu diesem Buchprojekt an die ersten Jahre eines Münchner Radiosenders:

> Wir hatten einen Redakteur, glaube ich. Ansonsten ist jeder Moderator reingegangen und hat sich vorher immer kurz bei dpa die Sachen runtergeholt, die er brauchte, Wetter und Verkehr. [...] Oder du hast dir am Morgen so zwei, drei Sachen aus der Zeitung rausgeholt und gesagt, okay, dazu sage ich dann was.

Ein anderer Moderator hatte dagegen Unterstützung:

> Da habe ich irgendeinen Politiker aus Bayern in der Frühsendung mit dem entsprechenden Fragenkatalog des Redakteurs, der immer da war, gegrillt. Der Redakteur kam danach zu mir und hat mir auf die Schulter geklopft und gesagt: „Genau so wollte ich das."

In einem anderen Sender wurde die frühere Arbeitsteilung aufgegeben:

> Einige haben nur die Beiträge gemacht und den Moderatoren zur Verfügung gestellt. [...] Heute ist jeder, der moderiert, auch Redakteur. Und jeder Redakteur wählt seine Beiträge aus, bereitet sie vor und trägt sie in der Sendung dann vor. Also keine Arbeitsteilung heute mehr.

Die Musikredakteurinnen und -redakteure waren anfangs DJs, die häufig sogar ihre eigenen Platten in den Sender mitbrachten. Inzwischen sind sie bei weitem nicht mehr nur für die Musikauswahl zuständig, die durch das Formatradio erheblich eingeschränkt ist und im Wesentlichen durch Software gesteuert wird. Dafür produzieren sie Beiträge zu Musikthemen, moderieren Musiksendungen und organisieren Studiogäste oder Events, wie zum Beispiel Live-Konzerte oder Studiosessions. Vorbei sind die Zeiten, an die sich ein Moderator erinnert: Der Musikredakteur beziehungsweise die -redakteurin „machte mir jeden Morgen eine Kiste und da waren die Platten in der Reihenfolge drin, wie ich sie zu spielen hatte".

Digitale Transformationen der Redaktionen

Technische Innovationen haben die Abläufe in den Redaktionen im Detail grundlegend verändert (vgl. Meier 2018: 173ff.). Früher lagen die Töne, die nicht live im Radiostudio gesprochen wurden, auf analogen Tonträgern vor: der Schallplatte oder dem Tonband. O-Töne für journalistische Beiträge wurden auf der Bandmaschine geschnitten und geklebt. Es wurde immer mit dem Original oder einer ersten Kopie gearbeitet, denn mit jeder weiteren Kopie hätten die Töne an Qualität verloren. Das Tonband musste materiell immer vorhanden sein, wenn ein Beitrag gesendet wurde; danach wanderte das Band ins Archiv. In den ersten so genannten „Selbstfahrerstudios", in denen die Moderatorinnen und Moderatoren die Technik komplett selbst steuern, mussten also mehrere Zuspielgeräte vorhanden sein und unter erheblichem Arbeitsdruck bedient werden.

Nach der Digitalisierung der Radiotechnik liegen O-Töne, Beiträge und Musik auf Servern, die für jede Redakteurin und jeden Redakteur permanent über das Netzwerk erreichbar sind. Töne können beliebig oft kopiert werden, in Sekunden um die Welt gehen und hundertfach gesendet werden. In kurzer Zeit können mehrere Versionen eines Beitrags für verschiedene Sendungen produziert werden. Das Wort „Selbstfahrerstudio" ist obsolet geworden, weil die Sendung aus einer Software an einem Computerarbeitsplatz heraus ganz einfach von der Moderatorin oder vom Moderator selbst „gefahren" werden kann. Auch das digitale Archiv ist schnell und einfach durchsuchbar. Sendernetzwerke, die Sendungen und Beiträge an verschiedenen Standorten in Bayern verbinden und ausstrahlen wie zum Beispiel Radio Galaxy mit inzwischen 14 Sendestandorten, wurden technisch wesentlich vereinfacht und zum Teil erst ermöglicht.

Die Digitalisierung der Fernsehsender ist im Prinzip ähnlich und mit den gleichen Konsequenzen verlaufen wie für die Radiostudios geschildert – nur mit zeitlicher Verzögerung, weil für Videobeiträge deutlich mehr Server-, Leitungs- und Computerkapazitäten nötig sind als für Töne. Was die Organisation des lokalen Fernsehjournalismus allerdings erheblich veränderte, war der so genannte

Videojournalismus in den Jahren nach der Jahrtausendwende: Die Videojournalistinnen und -journalisten (VJs) übernahmen mit kleinen, leichten Kameras selbstständig den kompletten Produktionsprozess und ermöglichten so mit deutlich geringerer Manpower fertige Beiträge, anstatt wie zuvor mit Dreierteams auf Dreh zu gehen. Zug um Zug wurde auch der Schnitt von den VJs am Computer übernommen und die Fernsehsender benötigen kaum mehr Cutter und große Schnitträume. Die Arbeit der VJs wurde in den Nullerjahren des neuen Jahrtausends in zahlreichen Studien und Analysen untersucht, Vor- und Nachteile wurden herausgearbeitet (siehe zum Beispiel Zalbertus/Rosenblum 2003). Wie so häufig in den ersten Jahrzehnten der Technisierung journalistischer Arbeit wurden mehr Flexibilität vor Ort und eine kostengünstigere Produktion mit mehr Arbeitsdruck für die Journalistinnen und Journalisten erkauft. Den neuen Kompetenzanforderungen (siehe zum Beispiel Petek-Dinges 2012) und Weiterbildungsbedürfnissen kamen etliche Lehrbücher entgegen (siehe zum Beispiel Streich 2008).

Die digitale Transformation der Medienwelt ging in den vergangen zehn bis 15 Jahren aber noch erheblich weiter, als „nur" die Abläufe in der Redaktion zu technisieren, de-linearisieren und vernetzen. Die Produktion von Inhalten über Mediengrenzen hinweg wurde möglich: Crossmediale Redaktionen bedienen aus einer großen organisatorischen Einheit heraus Radio, Fernsehen, Zeitung und digitale Kanäle. Dabei sind wiederum sehr unterschiedliche Modelle in der Praxis vorzufinden (vgl. Meier 2016: 204ff.). Von Anfang an waren die Zeitungsverlage in Bayern an den lokalen Radio- und Fernsehsendern beteiligt, was eine frühzeitige redaktionelle Vernetzung zwischen Zeitung, Lokalradio und Lokalfernsehen ermöglicht hätte – zumindest im Nachrichtenbereich, wie in den USA oder in Skandinavien schon nach der Jahrtausendwende vielfach ausprobiert (siehe Singer 2004; Meier 2006). Allerdings war in Bayern die Beteiligung aus Vielfaltsgründen und um lokale Monopole zu verhindern beschränkt. Das Spektrum der Crossmedialität reicht von „nicht vorhanden" – wie zum Beispiel in Ingolstadt, wo der *Donaukurier* am Funkhaus Ingolstadt beteiligt ist und Anteile am früheren Lokalfernsehen hatte, aber keine redaktionelle Verbindung gewünscht war – bis zur Vernetzung wie beispielsweise schon vor mehr als zehn Jahren und bis heute bei der Mediengruppe Pressedruck in Augsburg, wo es redaktionelle Verknüpfungen zwischen der Augsburger Allgemeinen und rt1 mit Radio und Fernsehen gibt, vor allem in einem crossmedialen Volontariat (siehe zu den Anfängen zum Beispiel Hoffmann 2006).

Die redaktionelle Vernetzung einzelner Radiosender zum Funkhaus-Modell an einem Standort oder bayernweit kann man letztlich auch als crossmediale Entwicklung sehen – schließlich werden mehrere Einzelmedien redaktionell „gekreuzt", Redakteurinnen und Redakteure sind für mehr als einen Sender zuständig, Inhalte werden mehrfach verwendet. Das Stichwort „Crossmedia" meint inzwischen aber weniger die Verbindung der traditionellen Medien, sondern vielmehr der neuen digitalen Ausspielwege mit einem traditionellen Medium und untereinander. So nutzen die meisten lokalen Radio- und Fernsehsender schon seit mehr als fünf Jahren soziale Netzwerke wie Facebook, Instagram, Twitter, WhatsApp oder Snapchat – zum Teil sogar intensiver als die eigene Website oder App (vgl. Kretzschmar/Waßink 2014). Insbesondere die Interaktion mit den Hörerinnen und Hörern und Zuschauerinnen und Zuschauern wurde dadurch intensiviert. Die Sender tun sich aber schwer, dafür redaktionelle Strategien zu entwickeln und personelle redaktionelle Ressourcen zur Verfügung zu stellen: Die Arbeit wird meist nebenbei unter erheblichem Zeitdruck erledigt. Eine Moderatorin erzählt: „Früher war es so: Radio first. Jetzt ist es: ‚Oh, du musst aber noch an Facebook denken. Oh, du musst es aber auf die Homepage stellen. Und mach doch noch ein Foto für Insta.'"

Fallstudien zur Entwicklung der Redaktionsorganisation

Wie haben sich die Strukturen in ausgewählten Redaktionen seit der Gründung bis heute verändert? Dieser Forschungsfrage folgten drei qualitative Fallstudien, mit denen wir beispielhaft, aber vertiefend, möglichst unterschiedlich organisierte Modelle untersucht haben. Wir führten Leitfadengespräche mit ehemaligen und heutigen Redaktionsleiterinnen und -leitern, Redakteurinnen und Redakteuren sowie Moderatorinnen und Moderatoren. Ergänzend analysierten wir Dokumente wie Zeitungsartikel, die über die entsprechenden Redaktionen berichten und interne Papiere. Daraus ergibt sich Untersuchungsmaterial aus fünf Leitfadeninterviews (Länge je circa eine Stunde), die transkribiert und anhand der Auswertungsstrategie nach Meuser und Nagel (1991: 443) analysiert wurden. Im Sinne qualitativer Forschung werden die Ergebnisse im Folgenden anhand von drei Fallbeispielen gruppiert und detaillierter ausgeführt.

Das Funkhaus-Modell in Nürnberg

Viele der eingangs geschilderten Facetten und Hintergründe über die Organisation von Redaktionen lassen sich am Beispiel des Funkhaus Nürnberg nachzeichnen. Im Jahr 1994/95 zogen die bis dahin eigenständigen Sender Hitradio N1, Radio Gong, Radio Charivari und Radio F unter das gemeinsame Dach des Funkhauses und hatten durch diesen Verschmelzungsprozess vor allem unter dem Gesichtspunkt der Organisation von Redaktionen eine große Herausforderung zu bewältigen. Sigi Hoga, damaliger Programmchef, erinnert sich:

> Wir hatten ein Konstrukt aus vier konkurrierenden Sendern geschaffen, die unter einen Hut gebracht werden mussten. Außerdem gab es

einen Bestandsschutz für die vier Sender, trotzdem musste man ja synergetischer werden. Das war eine Aufgabe, die zehn Jahre dauerte.

Bis zur Neugliederung im Funkhaus hatten die Sender jahrelang gegeneinander gearbeitet und sich auf dem Werbemarkt regelmäßig selbst in Preiskämpfen geschadet. Durch die gemeinsame Vermarktung sollte diese Schwäche zur Stärke werden und gleichzeitig alle Programme ihre individuelle Handschrift behalten. Deshalb setzten Geschäftsführung und Programmverantwortliche die Integration schrittweise um. Zunächst war das Funkhaus eher eine Art „unsichtbarer Mantel" und die Sender traten weiter eigenständig nach außen hin auf. Der angesprochene Bestandsschutz, eine Auflage seitens der BLM, sicherte zu, „dass alle Positionen, die in den Sendern vorhanden waren, so auch erstmal weiterbestehen mussten." Als zweite Forderung hatte die BLM verfügt, dass der Zusammenschluss der Sender zu mehr lokalen Inhalten in den Programmen führen müsse. Hier setzten die Verantwortlichen in der Redaktions- und Ablaufstruktur zuerst an. Bereits nach einigen Monaten bildeten sie überredaktionelle Einheiten für Lokales, Politik und Sport. Diese Einheiten belieferten in der Folge alle vier Sender mit Inhalten aus Nürnberg, überregionaler Politik oder Berichten über die Sportmannschaften der Region (Nürnberg IceTigers, 1. FC Nürnberg, Greuther Fürth). Dazu Sigi Hoga im Interview:

> Die Musikredaktionen sind allerdings bis heute getrennt geblieben. Hier haben wir einfach das Alleinstellungsmerkmal des jeweiligen Senders im Blick gehabt und das hat sich letztlich auch so bewährt. Dazu haben wir eine Art Agentur im Haus gebildet, die dann auf Werbepartner zuging oder bei Veranstaltungen Werbung für unsere Sender gemacht hat.

Hierarchisch gliederte sich die Anfangszeit des Funkhaus Nürnberg relativ übersichtlich: Es gab drei Bereichsleiter mit individuellen Schwerpunkten (Marketing, Personalwesen und Programm). Eine Stufe darunter koordinierten die Programmkoordinatoren jeweils senderspezifisch die konkrete Ausprägung der allgemeinen Ziele. Der damalige Bereichsleiter Programm, Sigi Hoga, leitete zudem die tägliche Redaktionssitzung im Haus:

> Diese Sitzung war ungemein wichtig. Da saßen die Verantwortlichen der einzelnen Sender zusammen und haben Themen verteilt. Alle weiteren Aufgaben und Ideen wurden hier eingeworfen und vor allem die Organisation intensiv besprochen. Und natürlich haben wir all die Abläufe im Funkhaus in dieser Runde immer wieder thematisiert, verändert und wieder von vorne diskutiert.

Dieser lebhafte Austausch hat das Funkhaus bis heute geprägt. Die Verantwortlichen beschreiben eine lebendige Atmosphäre im Haus mit flachen Hierarchien und gerade für Neuzugänge verschiedene Chancen zur Weiterentwicklung. Mit Blick auf die Abläufe im Programm haben sich seit dieser Zeit viele Dinge verändert. Waren die Anfangsjahre noch vom Ausprobieren geprägt („bis zum Freestyling waren viele Dinge einfach spontaner, auch mit Überlänge"), wird „heute […] kritischer und häufiger diskutiert, was manchmal Vor- und manchmal Nachteil ist. Heute stehen die Abläufe auf Minute, meist sogar auf Sekunde genau fest." Diese Entwicklung hängt auch mit den technischen Innovationen zusammen. Die modernen Redaktionssysteme verknüpfen das Personal mit Inhalten und Abläufen und nehmen so viel Arbeit ab.

Durch den Umzug des Funkhauses im Jahr 2012 haben sich weitere Anpassungen ergeben. Heute stehen hinter den Sendern Radio F, Charivari, Hit Radio N1 und Radio Gong nach wie vor eigene Redaktionen, für den zusätzlichen digitalen Musiksender Pirate Gong ist die Redaktion von Radio Gong mit zuständig. An der Spitze jeder Redaktion steht der Programmkoordinator (PK). Radio F und Charivari haben einen gemeinsamen PK. Unter dem PK steht der Chef vom Dienst (CvD) der jeweiligen Redaktion, der wiederum über allen anderen Redaktionsmitgliedern angesiedelt ist. Weiter haben die vier Redaktionen einen gemeinsamen Newsdesk, an dem die regionalen und lokalen Nachrichten sowie dazugehörige Termine koordiniert und bearbeitet werden.

Im Sinne der crossmedialen Organisation entstand so auch eine eigene Online-Abteilung für das Funkhaus und dessen Online-Auftritt. Die Social-Media-Accounts pflegt bislang aber jeder Sender in Eigenverantwortung. Hier wird auch in Zukunft weiter an Abläufen gefeilt werden, so Sigi Hoga:

> Die Aufgaben im Online-Bereich wachsen und wachsen gleichzeitig im Haus stärker zusammen. Hier hat sich viel getan und die Redakteure fahren zweigleisig. Da hilft es enorm, wenn junge Leute kommen, die Radio und Online bespielen können und frische Ideen einbringen, während bei einigen Älteren oftmals schon bei WhatsApp Schluss mit den Kenntnissen ist. Das ist gleichzeitig das Spannende am Projekt Funkhaus: Wir werden nie fertig sein mit der Organisation, sondern immer wieder neu anpassen und ausprobieren.

Das Einzelsender-Modell von Radio IN (Ingolstadt)

Der Start des Privatradios in der Region Ingolstadt verlief alles andere als reibungslos. Bereits die Gründung der Kabelgesellschaft Region Ingolstadt GmbH glich einem Verhandlungsmarathon, der geprägt war von politischen Interessen und zähen Diskussionen. Diskussionspunkt Nummer eins war Artikel 22 des

Bayerische Medienerprobungs- und Entwicklungsgesetzes, der die Beteiligungen von kommunalen Gebietskörperschaften, gemeinnützigen kulturellen Organisationen, örtlichen Rundfunksendungen sowie Zeitungs- und Zeitschriftenverleger vorsah. Doch wer sich in welcher Höhe beteiligen sollte, zog in den Stadträten und den Gemeinde- und Kreistagen heftige Debatten nach sich. In politischen Kreisen befürchtete man die Meinungsmacht des *Donaukuriers*, der mit seinem 30 Prozent-Anteil eine Sperrminorität im Verwaltungsrat haben könne. Am 14. Oktober 1985 erteilte der Medienrat der BLM schließlich grünes Licht, doch es wurde Widerspruch eingelegt. Erst zwei Tage vor Sendestart kam vom neuen Verwaltungsrat der Kabelgesellschaft die Zustimmung zur neuen Rundfunk-Ära.

Am 1. Februar 1987 war es dann soweit: Die vier Hörfunkanbieter Radio 10, Radio Aktuell, Mittelbayerischer Lokalfunk und Radio IN gehen auf Sendung, wenn vorerst auch nur über das Kabelnetz. Gesendet wurde aus dem alten Gebäude des *Donaukuriers*. Alte Satzmaschinen und Schreibmaschinen weichen der Sendestation von Radio IN, bestehend aus einem Sende- und Produktionsstudio sowie einer Sprecherkabine. Bereits in den Anfangsjahren wurde in Ingolstadt aus „Selbstfahrerstudios" gesendet. Die Moderatorinnen und Moderatoren sitzen zwischen Mischpult, Plattenspielern, Kassettendecks, Bandmaschinen und Telefonen und müssen neben dem Moderieren auch die Technik bedienen.

Der private Hörfunk war in den ersten Monaten allerdings nur einer überschaubaren Zahl an Kabelkunden zugänglich. Auf die neue ausgeschriebene terrestrische Frequenz bewerben sich nunmehr 18 Anbieter, nur sechs von ihnen wurden von der BLM zugelassen. Doch der Start des terrestrischen Empfangs verzögerte sich, musste die Sendezeit doch nun unter sechs Anbietern neu verteilt werden. Der Kampf um die Frequenz hatte damit begonnen. Anbieter formierten sich zu Gruppen, um gemeinsam die besten Sendezeiten für sich rauszuschlagen. Dementsprechend zäh liefen auch die Verhandlungen zwischen dem Ingolstädter Sendestandort und der BLM.

Bei den Radiomacherinnen und -machern war hingegen kein Konkurrenzdenken zu spüren. Der Pioniergeist verbindet, wie Matthias Bäumler erzählt. Er war Radiomoderator bei Radio Aktuell, das täglich nur von 13 bis 18 Uhr und von 20 bis 23 Uhr zu hören war:

> Es war eine lockere Zeit zum Experimentieren. Wir waren natürlich auch jung und bei Radio Aktuell hatten wir die Freiheit zu machen, was wir wollen und das haben wir auch getan, was uns die Hörer auch gedankt haben. Es war irgendwie Spaß und das hat man gemerkt.

Im Juni 1988 folgte dann die Wende. Eine von der BLM in Auftrag gegebene Studie brachte die Verhandlungen wieder ins Rollen. Statt des angedachten Frequenz-Splittings unter den Anbietern sollten Frequenz und Sendezeit fortan in einer gemeinsamen Programm- und Werbegesellschaft genutzt werden, um den Ein-Frequenz-Standort wirtschaftlich tragbar zu machen. Die verschiedenen Radioanbieter gab es nur noch in Form der verschiedenen Gesellschafter. Stattdessen gab es von morgens bis abends nur noch ein Programm: Radio IN.

Abb. 16: Die ersten Radio-IN-Macherinnen und -macher (Quelle: Donaukurier Archiv 2008).

Unter dem gemeinsamen Namen wurde am 10. September 1988 der terrestrische Sendebetrieb in Ingolstadt aufgenommen. Während der Mittelbayerische Lokalfunk mit seinem Sendefenster bereits aus dem Radio IN Studio sendete, zog die Redaktion von Radio Aktuell aus ihren Räumlichkeiten über dem alten Ingolstädter Cinema-Kino in das Sendestudio des ehemaligen Konkurrenten.
Aus redaktioneller Sicht verlief der Übergang zum gemeinsamen Radiosender nahtlos. Doch um das neue 24-Stunden-Programm zu füllen, brauchte es Menschen und Musik. Redakteurinnen und Redakteure des *Donaukuriers* wurden abgeworben, um fortan für den Tochtersender zu arbeiten. Doch Musik war Mangelware, weshalb die ersten Moderatorinnen und Moderatoren vor allem Diskjockeys waren, erinnert sich der heutige Programmleiter Stefan Drollmann:

> Zwei Ex-Kollegen wurden Radiomoderatoren, weil sie vorher nachts in einer Diskothek aufgelegt haben und zufällig 500 LPs daheim hatten. Das hat dann einer mitbekommen, der hat gesagt, wenn du die 500 LPs mitbringst, darfst du dafür moderieren. Du stellst deine Platten zur Verfügung, dafür darfst du hier auf Sendung gehen. Dementsprechend klang es auch manchmal.

Geprägt von mechanischen, handwerklichen Tätigkeiten glich das Berufsbild des Moderierenden damals noch eher der Tätigkeit eines DJs, denn der eines Journalisten beziehungsweise einer Journalistin. Platten raussuchen, auflegen, die Nadel an der richtigen Stelle einsetzen, Songs anmoderieren, Radiobeiträge vom Band abspielen und immer wieder einzelne Werbespots über das so genannte „Cartridge" einspielen, beherrschen den Alltag eines Radiomoderators, sagt Stefan Drollmann:

> Ich kann es selber noch bestätigen, was das für ein Zeitaufwand war, wenn man eine LP hatte und man den vierten von sieben Songs spielen sollte. Dann musste man mit dem Finger an die Stelle gehen. Also musste ich mir Zeit nehmen, um dieses vierte Lied mit genau dem richtigen Abstand zu erwischen und dann hat die Platte auch noch ein bisschen gebraucht, bis sie anläuft, damit sie nicht leiert. Zudem haben wir jede Werbung einzeln abspielen müssen, man hat den obersten reingeschoben und wenn der fertig war, den nächsten rein und den nächsten rein – man war ununterbrochen beschäftigt.

Ebenso aufwendig war auch das journalistische Arbeiten in der Ära der Prä-Digitalisierung, wenngleich die Arbeitsabläufe vom Einholen eines O-Tons bis hin zur Produktion eines Beitrags bis heute gleichgeblieben sind:

> Kontakte und Infos zu bekommen, das hat lange gedauert. Der Rest war vom Ablauf her eigentlich genau wie jetzt. Das Aufnahmegerät ist nicht mehr so groß, aber letztendlich hat man jemanden interviewen müssen, ist wiedergekommen und hat es eingespielt. Heute nehmen die Leute ihr Smartphone in Hamburg, sprechen die Antworten ein, schicken das per WhatsApp zu und ich habe das dann innerhalb von fünf Minuten in Top-Qualität. Das ist der Riesenunterschied zu früher, da war ja ein Fax schon der Wahnsinn.

Im Gegensatz zu anderen Funkhäusern organisierte sich Radio IN bereits von Beginn an in funktionale Aufgabenbereiche. In den Anfangsjahren stand an der Spitze der Redaktion ein/e Programmchef/in, ihr/ihm unterstanden ein/e Studioleiter/in, die/der für Personalentscheidungen zuständig war, sowie ein/e Programmleiter/in, die/der die Nachrichten verantwortete. In den Jahren 1996/1997 wurden die Organisation zu Gunsten der Programminhalte abgeflacht und neue Rollen eingeführt. An der Spitze der Redaktion stand nun ein/e Programmchef/in, der/dem ein/e Magazin/in vom Dienst (MvD) und ein/e Chef/in vom Dienst unterstanden. Während der/die Magazin/in vom Dienst für Buntes und die Unterhaltungsformate zuständig war, verantwortete der/die Chef/in vom

Dienst die Nachrichten. Die restlichen Redakteurinnen und Redakteure arbeiteten, abhängig von ihren thematischen Schwerpunkten, der/dem MvD oder der/dem CvD entsprechend zu.

In den 1990er Jahren hielt auch die Professionalisierung des Privatradios Einzug bei Radio IN. Volontärinnen und Volontäre werden ausgebildet, Moderatorinnen und Moderatoren besuchen Moderationsseminare, eigene Verpackungselemente werden produziert und die Musikrotation wird dem Radioformat angepasst. Um auch jüngere Zielgruppen zu erschließen, wurde Anfang der Jahrtausendwende (2001) das Programm mit Radio Galaxy um ein Young Contemporary Hit Radio (CHR) Format ergänzt (siehe Kapitel 5.3.). Das war aus medienwirtschaftlicher Sicht ein logischer Schritt, denn „um überleben zu wollen, mussten wir auch die jüngeren Hörer erreichen", wie Programmleiter Stefan Drollmann erklärt. Obwohl sich dadurch die Redaktion zum Funkhaus formiert, bleibt die Redaktionsorganisation bei gleichem Personalstamm weitestgehend unverändert. Die Redakteurinnen und Redakteure arbeiten nun nicht mehr nur für Radio IN, sondern auch für das neue Format Radio Galaxy. Inhalte werden somit mehrfachverwertet und auf das jeweilige Radioformat angepasst. Lediglich das Musikformat und die Rotation unterscheiden sich.

Im Laufe der vergangenen Jahrzehnte haben sich vor allem das Berufsbild der Moderatorinnen und Moderatoren und die damit verbundenen Anforderungen gewandelt. Musste eine Radiomoderatorin beziehungsweise ein Radiomoderator in den Anfangsjahren die Studiotechnik in den Selbstfahrerstudios noch manuell bedienen, wird dies in den digitalen Sendestudios von der Technik übernommen, so Stefan Drollmann:

> Es wurden Millionen in die Studios investiert und die Moderatoren hätten dann Journalisten werden sollen, also keine Platte mehr auflegen, sondern Knöpfchen drücken. In der Stunde hochgerechnet, hat der Moderator dann viel Zeit. In dieser Zeit hätte man recherchieren, selbst Interviews führen sollen. Das hat sich, glaube ich, nicht so erfüllt, wie man es sich gewünscht hat. [...] Die frei gewordene Zeit wurde nicht so investiert, wie man sich das vorgestellt hat. Moderatoren bleiben Moderatoren.

Für die Moderatorinnen und Moderatoren fiel damit ein Großteil ihrer eigentlichen Tätigkeiten weg, was sich maßgeblich auf deren Berufsbild auswirkte. Mit der Umstellung auf die digitalisierte Studiotechnik und dem Aufkommen des Internets haben sich Berufsrollen und Tätigkeitsprofile immer wieder verändert. Gab es in den Anfangsjahren noch Moderatorinnen und Moderatoren sowie Nachrichtenredakteurinnen und -redakteure, verschwimmen die Tätigkeiten mittlerweile zunehmend. Heute vereinen die Moderatorinnen und Moderatoren bei Radio IN und Radio Galaxy beide Rollen: Sie moderieren ihre Sendungen, recherchieren und sprechen zudem auch Nachrichten.

Mit der Veränderung der technischen Ausstattung habe sich zwar die Belegschaft des Funkhauses im Vergleich zu den 1990er Jahren um rund 60 Prozent reduziert, doch dafür habe die Fülle der zu bewältigenden Aufgaben zugenommen, so Stefan Drollmann im Interview:

> Früher hieß es: „Du machst heute das Thema XY" und das war es auch. Der Oliver macht [heute] an einem Redaktionstag teilweise vier bis sechs Themen und drei bis vier Themen noch fertig. Also das hat sich inzwischen veracht-, verneunt-, verzehnfacht. Natürlich durch Unterstützung der Technik und durch kürzere Wege aufgrund der Digitalisierung.

Vor allem mit dem Aufkommen von Social Media haben sich die Aufgabenbereiche der Redakteurinnen und Redakteure vermehrt. Überhaupt sind die Redakteurinnen und Redakteure keinen organisatorischen Einheiten mehr zuzurechnen, stattdessen richtet sich ihre Tätigkeit am Schichtplan aus. Neben drei Sendeschichten gibt es eine Nachrichten-Schicht am Nachmittag. Die restlichen Redakteurinnen und Redakteure arbeiten in der so genannten Redaktionsschicht, in der sie nicht mehr nur Themen für das Radioprogramm recherchieren und bearbeiten, sondern auch programmfremde journalistische Aufgaben für die Sozialen Netzwerke übernehmen: Videos drehen, Postings schreiben und die Social Media Communities pflegen. Um es mit den Worten von Programmleiter Stefan Drollmann zu sagen: „DEN Radiomitarbeiter gibt es sowieso nicht mehr."

Der lokale Fernsehsender am Beispiel von Teleregional Passau (TRP 1)

Wie aus purer Neugier ein Pionierprojekt des Lokalrundfunks wurde, zeigt der Blick nach Passau. In der niederbayerischen Donaustadt hatten Andreas Werner und Christian Repa schon Anfang der 1980er Jahre auf Hobby-Basis eigene Videobeiträge gedreht und diese über Monitore in der Fußgängerzone gezeigt. Den kleinen Vorsprung nutzten die beiden, um in der Folge eine rasante Entwicklung hinzulegen. Der im Jahr 1985 gegründete Sender Teleregional Passau, der aus dem zuvor hobbymäßig betriebenen Passauer Stadtfernsehen hervorging, war in dieser Form der erste bayerische Lokalsender in privater Hand. Eine Erfolgsgeschichte mit einem kuriosen Beginn, wie Werner im Rückblick erzählt:

> Den Sendestart haben wir uns in gewisser Weise schon vorher erschlichen. Wir hatten unsere Monitore in der Stadt und zusätzlich gab es in Passau die ersten Kabelnetze für etwa 600 Haushalte. Wir haben dann

4.3. Die Entwicklung der Redaktionsorganisation

> den Antrag gestellt, dass unser Wochenprogramm da eingespeist wird. Die BLM war dann total unkompliziert und hat es ermöglicht. Ab da an gab es in Passau dann ARD, ZDF, die Dritten und unser Programm. Das war noch keine offizielle Genehmigung, sondern eher ein Pilotprojekt.

Bei der späteren Ausschreibung im Jahr 1988 für die Sendelizenzen sicherten sich Werner und Repa dann den Zuschlag für das Gebiet Passau und einen Anteil (zusammen mit Volkshochschule und *Straubinger Tagblatt*) am Sendegebiet Deggendorf. Die Anfangsjahre Mitte der 1980er waren geprägt von der stetigen Organisationsentwicklung des jungen Anbieters. Zu Beginn standen fünf Mitarbeiterinnen und Mitarbeiter auf der Gehaltsliste. In einer Konferenz am Montagmorgen wurden die Themen und Termine der Woche verteilt. Diesen Termin gibt es bis heute. Getrieben von der technischen Entwicklung und den beschränkten wirtschaftlichen Möglichkeiten suchten die Geschäftsführer immer wieder ungewöhnliche Lösungen zur Sicherung der Zukunft, so Werner weiter:

> Wir haben dann nach einiger Zeit begonnen, nur noch einen Mitarbeiter alleine rauszuschicken, statt drei oder vier zusammen. Ein weiterer Redakteur konnte aus dem Büro bereits Infos oder Statements einholen und so helfen. Das war eigentlich der Beginn der VJs, wie sie später genannt wurden. Das war bei uns aus der Not geschuldet, hat aber funktioniert. Andere Medienhäuser haben das spätere als große Workflow-Anpassung gefeiert, bei uns gab es das aber schon längst.

Ohnehin spielte die Qualifizierung der Mitarbeiterinnen und Mitarbeiter von Beginn an eine große Rolle. Externe Trainerinnen und Trainer aus anderen Medienhäusern übernahmen Schulungen und etablierten so zusätzlich auch ein wichtiges Netzwerk. TRP1 sendete in den 90er Jahren nicht nur das eigene Programm, sondern lieferte immer wieder auch Beiträge für größere Sender – eine überlebenswichtige Einnahmequelle, denn „viele haben damals über uns geredet und gewartet, dass wir irgendwann pleite sind. Aber Totgesagte leben länger." Die Volontariatsausbildung vor Ort verlief zu dieser Zeit zweispurig. Neben den internen Aufgaben boten TRP und BLM externe Wochenblöcke an, was heute längst Standard ist, zu dieser Zeit aber neu war.

Den nächsten größeren organisatorischen Umbruch erlebte TRP dann kurz nach der Jahrtausendwende. Auch hier (siehe Fallbeispiel Funkhaus) wurde die crossmediale Verzahnung im Haus schrittweise vollzogen, so Werner:

> Wir haben da auf eine Art Organic-Media-Prinzip gesetzt. Von Beginn der Planung an wissen wir, dass wir einen fertigen TV-Beitrag, Social Media und die jeweiligen Online-Plattformen bespielen müssen. Hier haben wir neue Positionen und Abläufe geschaffen, gleichzeitig hat sich das Redaktionssystem hier deutlich verbessert und ermöglicht es, dass alle Bestandteile in nur einer Maske zusammenlaufen.

All diese Strukturen fördern die Eigeninitiative der Angestellten, vor allem der Volontärinnen und Volontäre und der Praktikantinnen und Praktikanten. Die beiden Gründer und Geschäftsführer kümmern sich seit einigen Jahren vermehrt um strategische Entwicklungen und Langzeit-Planungen. Im Zeitalter von omnipräsenten Video-Angeboten auf allen Kanälen sind gute Ideen gefragt, wie ein Lokalsender nach wie vor sein Publikum erreichen kann. Streamingdienste sind zur großen Konkurrenz geworden und bieten eine kostengünstige mediale Unterhaltung unabhängig von Sendezeiten. Die Zukunft werde daher, so Werner weiter, weitere Anpassungen auf organisatorischer und strategischer Ebene fordern:

> Wir sind ja keine Neuen, sondern fast schon Oldschool-Medien. Wir versuchen wirklich überall dabei zu sein, von SmartTV über Alexa, trotzdem haben wir im linearen Programm einfach weniger Zuschauer. Wir kriegen über Social Media und Online natürlich Teile der verlorenen Zuschauer, aber über die Wertschöpfungskette können wir diese Verluste so kaum zurückholen. Das wird zwangsläufig zu Zentralisierungen führen, zum Beispiel auch bei den Angeboten in Niederbayern. Die Einheiten müssen einfach größer werden, um da mithalten zu können. Da sehe ich die größte Herausforderung.

Wie diese Zentralisierungen aussehen können, zeigt sich am Beispiel TRP seit April 2019: Zusammen mit den Sendern aus Landshut (Isar TV) und Deggendorf (Donau TV) gliedert sich der Passauer Sender seitdem unter dem gemeinsamen Dach Niederbayern TV ein. Die Verantwortlichen wollen so stärker und attraktiver auf Werbepartner zugehen und weitere Synergien nutzen. „Die Schere zwischen kleinen und großen Anbietern auf dem Markt wird trotzdem weiter voranschreiten", fürchtet Werner beim Blick in die Zukunft.

Fazit

Die Entwicklung der Redaktionsorganisation lokaler Radio- und Fernsehsender in den 35 Jahren seit Gründung bis heute kann bei aller Heterogenität mit drei Schlagworten umschrieben werden: Technisierung, Professionalisierung und

Formatierung. Die Kreativität und mitunter auch Naivität der Anfangszeit ist schnell gewichen; anfängliche Freiheiten wurden in Raster gedrängt. Digitale Redaktionstechnik, aber auch ökonomische Strategien und Konzepte geben unter ständigem wirtschaftlichem Druck den Rahmen für redaktionelles Handeln vor. Die Herausbildung und Veränderung von Berufs- und Rollenbildern lässt sich mit dem Radiomoderator beziehungsweise der -moderatorin ganz gut veranschaulichen: Der stadtbekannte DJ, der immer die besten Platten in Kisten dabeihatte, egal ob er in der Disko oder im Studio auflegte, wurde zum launigen Tagesbegleiter im durchhörbar formatierten Programm, von dem man nur noch die Stimme und kein Gesicht mehr kannte. Die Faszination und Attraktivität, die in den 1980er und 1990er Jahren von der DJ-Moderatorin oder dem DJ-Moderator ausging, üben heute Influencerinnen und Influencer auf YouTube und Instagram aus. Und hier schließt sich vielleicht in Zukunft verstärkt der Kreis: Erfolgreiche Moderatorinnen und Moderatoren werden zur Persönlichkeit mit Gesicht und Haltung auf allen Kanälen. Sie zu finden, auszubilden und langfristig bei der eigenen Marke zu halten, ist neben der zunehmenden Konkurrenz durch Video- und Audio-Streaming die wohl größte Herausforderung für den lokalen Rundfunk der Zukunft.

Literatur

Altmeppen, Klaus-Dieter/Donges, Patrick/Engels, Kerstin (1999): Transformation im Journalismus. Journalistische Qualifikationen im privaten Rundfunk am Beispiel norddeutscher Sender. Berlin: Vistas Verlag.

Donaukurier (2008): Radio damals. Die Radio-IN-Macher der ersten Stunde zeigen vor 20 Jahren ihr Studio an der Donaustraße 11. In: Donaukurier vom 02.08.2008.

Donges, Patrick/Jarren, Otfried (1997): Redaktionelle Strukturen und publizistische Qualität. Ergebnisse einer Fallstudie zum Entstehungsprozess landespolitischer Berichterstattung im Rundfunk. In: Media Perspektiven, H. 4, S. 198-205.

Hoffmann, Thomas (2006): Neue Standbeine für die digitale Zukunft. Bayerische Zeitungsverlage wollen eine Lockerung der Beteiligungsbeschränkung in der Mediengesetzgebung durchsetzen, um über crossmediale Strategien ihre Zukunft als selbständige Unternehmen zu sichern. In: Horizont vom 25.05.2006, S. 48.

Kretzschmar, Sonja/Waßink, Verena (2014): Neue Chancen für den Rundfunk. Crossmediale Strukturen und Angebote. Präsentation bei der Bayerischen Landeszentrale für neue Medien (BLM) am 5. Dezember. Online: www.blm.de/files/pdf1/Studie_-_Implementierung_crossmedialer_Produktions-_und_Angebotsstrukturen_im_lokalen_Rundfunk.pdf (zuletzt abgerufen am 15.02.2021).

Meier, Klaus (2002): Ressort, Sparte, Team. Wahrnehmungsstrukturen und Redaktionsorganisation im Zeitungsjournalismus. Konstanz: UVK Verlagsgesellschaft.

Meier, Klaus (2006): Newsroom, Newsdesk, crossmediales Arbeiten. Neue Modelle der Redaktionsorganisation und ihre Auswirkung auf die journalistische Qualität. In: Weischenberg, Siegfried/Loosen, Wiebke/Beuthner, Michael (Hrsg.): Medien-Qualitäten. Öffentliche Kommunikation zwischen ökonomischem Kalkül und Sozialverantwortung. Konstanz: UVK Verlagsgesellschaft, S. 203-222.

Meier, Klaus (2016): Crossmedialität. In: Meier, Klaus/Neuberger, Christoph (Hrsg.): Journalismusforschung. Stand und Perspektiven. Baden-Baden: Nomos Verlag, S. 203-226.

Meier, Klaus (2018): Journalistik. Konstanz: UVK Verlagsgesellschaft.

Meuser, Michael/Nagel, Ulrike (1991): ExpertInneninterviews – vielfach erprobt, wenig bedacht. Ein Beitrag zur qualitativen Methodendiskussion. In: Garz, Detlef/Krainer, Klaus (Hrsg.): Qualitativ-empirische Sozialforschung. Konzepte, Methoden, Analysen. Opladen: Westdeutscher Verlag, S. 441-471.

Petek-Dinges, Michaela (2012): Aus der Videojournalisten-Ausbildung: Technik wird selbstverständlich vorausgesetzt. In: Dernbach, Beatrice/Loosen, Wiebke (Hrsg.): Didaktik der Journalistik. Konzepte, Methoden und Beispiele aus der Journalistenausbildung. Wiesbaden: Springer VS, S. 245-255.

Singer, Jane (2004): Strange bedfellows? The diffusion of convergence in four news organizations. In: Journalism Studies, Jg. 5, H. 1, S. 3-18.

Streich, Sabine (2008): Videojournalismus. Ein Trainingshandbuch. Konstanz: UVK Verlagsgesellschaft.

Volpers, Helmut (2007): Public Relations und werbliche Erscheinungsformen im Radio. Eine Typologisierung persuasiver Kommunikationsangebote des Radios. Berlin: Vistas Verlag.

Zalbertus, Andre/Rosenblum, Michael (2003): Videojournalismus: Die digitale Revolution. Berlin: uni-edition.

4.4. Journalistischer Nachwuchs für den privaten Rundfunk in Bayern

Vera Katzenberger

Verschiedenste Wege führen in den Journalismus: Insgesamt wird von einer zunehmend „unübersichtliche[n] Ausbildungslandschaft" (Prummer 2012: 30) ausgegangen, die allen Interessierten die Möglichkeit bietet, eine Ausbildung für „irgendwas mit Medien" (Kaiser 2012: 431ff.) zu absolvieren. Diese hohe Anzahl an Ausbildungsoptionen wird häufig als „Abbild des offenen Berufsbilds" (Müller 1999: 15) bewertet: Einerseits erklärt sie sich durch die Vielfalt journalistischer Berufsrollen und Tätigkeitsfelder; anderseits ist sie das Ergebnis der Tatsache, dass der freie Zugang zum Journalismus in Deutschland grundgesetzlich verbrieft ist.

Im Freistaat können junge Medienmacherinnen und Medienmacher, die ihre berufliche Zukunft im privaten Radio- oder Fernsehjournalismus sehen, zwischen vielfältigen Studienangeboten an Universitäten, Fachhochschulen und Journalistenschulen wählen. Exemplarisch sei an dieser Stelle die Katholische Universität Eichstätt-Ingolstadt genannt, an der es seit 2008 den Bachelor-Studiengang Journalistik, der den traditionellen 25-jährigen Diplomstudiengang abgelöst hat, gibt. Jährlich werden dort etwa 50 Studierende ausgebildet. Seit 2010 wird zum Beispiel auch an der Georg-Simon-Ohm-Hochschule in Nürnberg im Bachelor-Studiengang Technikjournalismus gelehrt und gelernt. In München etwa hat der Master-Studiengang Journalismus den traditionellen Diplomstudiengang Journalistik abgelöst. Der neue Studiengang führt in Zusammenarbeit mit der Deutschen Journalistenschule (DJS) jährlich 30 Studierende innerhalb von vier Semestern zum Abschluss. Die DJS selbst bildet jährlich 45 Redakteurinnen und Redakteure aus. Seit 1987 besteht mit der Akademie für Neue Medien (Bildungswerk) e.V. auch eine Journalistenschule in Nordbayern.[180]

Neben einer außerbetrieblichen Ausbildung im Rahmen eines journalistischen Studiums oder dem Besuch einer Journalistenschule bieten freilich auch private Radio- und Fernsehunternehmen selbst Einstiegsmöglichkeiten an. Redaktionelle Praktika gelten als Möglichkeit, erste praktische Erfahrungen – häufig neben dem Studium oder während des Besuchs einer Journalistenschule – zu sammeln; Volontariate hingegen ermöglichen den direkten Berufseinstieg in Radio und Fernsehen im Sinne eines „trainings on the job". In Bayern bildeten die privaten Fernsehunternehmen 2018 insgesamt 292 Praktikantinnen und Praktikanten sowie 196 Volontärinnen und Volontäre aus (vgl. Goldmedia 2019: 136).

---

[180] Die verschiedenen Ausbildungsangebote sind an anderer Stelle ausführlich beschrieben (siehe Hooffacker/Meier 2017).

Bei den privaten Radiounternehmen waren es im selben Zeitraum 303 Praktikantinnen und Praktikanten sowie 112 Volontärinnen und Volontäre (vgl. ebd.: 137). Aber es sind längst nicht nur Universitäten, Fachhochschulen und Journalistenschulen sowie die privaten Radio- und Fernsehunternehmen, die sich in diesem Bereich einbringen. Auch die Bayerische Landeszentrale für neue Medien (BLM) engagiert sich als Trägerin des privaten Rundfunks für die journalistische Ausbildung des Nachwuchses. Ihr Einsatz findet seine rechtliche Basis im Bayerischen Mediengesetz (BayMG). Dort ist festgehalten, dass die BLM

> einen Beitrag zur Aus- und Fortbildung von Fachkräften für den Medienbereich, Vermittlung eines verantwortungsbewussten Gebrauchs der Medien, insbesondere zur Medienerziehung und Medienpädagogik und Vernetzung von Medienunternehmen zur Sicherung und Weiterentwicklung der digitalen Medien in Bayern (siehe Art. 11, Satz 2, Nr. 4, BayMG)

zu leisten habe. In der Praxis zeigt sich das Engagement der BLM für journalistische Aus- und Fortbildung in unterschiedlichsten Initiativen: So unterstützt die BLM die privaten Fernseh- und Radiounternehmen bei der Umsetzung ihrer Volontariate. In den Workshops der BLM werden den Nachwuchsjournalistinnen und -journalisten Basisfertigkeiten zu täglichen Redaktionsabläufen vermittelt. Gerade „Probleme aus der Redaktionsarbeit, die auf Grund des Zeitdrucks im Berufsalltag nicht gründlich besprochen werden können" (BLM 2020), sollen in den Workshops aufgearbeitet werden. Während TV-Volontärinnen und Volontäre in die Ton- und Kameraarbeit eingeführt werden, werden den Radio-Volontärinnen und Volontären die Radiobasics von A wie Aircheck bis Z wie Zielgruppe vermittelt (vgl. ebd.).

Daneben ist die Landeszentrale Mitglied in verschiedenen Akademien und Vereinen, die sich der Förderung des journalistischen Nachwuchses gewidmet haben. Dazu zählen beispielsweise die Akademie für neue Medien e.V. in Kulmbach, die Bayerische Akademie für Fernsehen und Digitale Medien e.V. (BAF) in München oder die Deutsche Journalistenschule e.V. in München. Verschiedenste Aus- und Fortbildungsinstitutionen werden damit über Mitgliedsbeiträge unterstützt. Als Teil des Vorstandes des MedienCampus Bayern e. V. in München, der seit 1998 die Aus- und Fortbildungsaktivitäten in Medienberufen im Freistaat überblickt, setzt sich die Landeszentrale zudem für eine bessere Koordinierung und Vernetzung der vorhandenen Bildungsangebote ein. Träger des MedienCampus war bis Oktober 2013 die Bayerische Staatskanzlei, danach das Bayerische Staatsministerium für Wirtschaft und Medien, Energie und Technologie. 2018 hat sich der Freistaat aus der Trägerschaft des Vereins zurückgezogen. Waren bei der Gründung 1998 im MedienCampus Bayern noch 14 Institutionen zusammengeschlossen, darunter der Bayerische Rundfunk, die Ludwig-Maximilians-Universität München, die Landesmedienzentrale und die Bavaria Film GmbH, ist die Zahl bis 2019 auf 121 angestiegen (vgl. Mediencampus 2019). Nicht unerwähnt bleiben sollte an dieser Stelle die Ausschreibung von Nachwuchsförderpreisen, die im Rahmen des Lokalrundfunkpreises auf den eingangs erwähnten Lokalrundfunktagen verliehen werden (siehe Kapitel 5.9.).

Darüber hinaus setzt sich die BLM insbesondere dafür ein, dass alle Interessierten möglichst unverbindlich sowie unter praxis- und realitätsnahen Rahmenbedingungen in den Rundfunk „hineinschnuppern" können. Zentrale Bausteine des Engagements in diesem Bereich sind einerseits ehemaligen Aus- und Fortbildungskanäle (AFK) in München und Nürnberg beziehungsweise den heutigen Angeboten der Mediaschool Bayern und andererseits die lokalen Angebote des Hochschulrundfunks. Sie bieten die Möglichkeit zur flexiblen Mitarbeit sowie Praktika- sowie Volontariatsstellen. Das folgende Kapitel skizziert zunächst die ehemaligen AFK in München und Nürnberg beziehungsweise die heutigen Angebote der Mediaschool Bayern (siehe Kapitel 4.4.1.). Anschließend werden die verschiedenen Angebote des Hochschulrundfunks dargestellt (siehe Kapitel 4.4.2.). Zuletzt werden Praktika im bayerischen Lokal- und Regionalrundfunk anhand einer empirischen Studie diskutiert (siehe Kapitel 4.4.3.).

Literatur

Bayerische Landeszentrale für neue Medien (2020): BLM-Workshops. Online: www.-blm.de/aktivitaeten/aus_und_fortbildung/blm-workshops.cfm (zuletzt abgerufen am 15.02.2021).

Goldmedia GmbH (2019): Wirtschaftliche Lage des Rundfunks in Deutschland 2018/2019. Studie im Auftrag der Landesmedienanstalten. Leipzig: Vistas Verlag.

Hooffacker, Gabriele/Meier, Klaus (Hrsg.) (2017): La Roches Einführung in den praktischen Journalismus. Wiesbaden: Springer VS.

Kaiser, Ulrike (2012): Die normative Kraft des Praktischen: Ein weiterer Zwischenruf zur Ausbildungsdebatte. Dernbach, Beatrice/Loosen, Wiebke (Hrsg.): Didaktik der Journalistik. Wiesbaden: VS Verlag für Sozialwissenschaften, S. 431-437.

Müller, Wiebke (1999): Journalistenausbildung in Europa: Bestandsaufnahme, neue Modelle, Entwicklungsperspektiven. Leipzig: Vistas Verlag.

Prummer, Karin (2012): Woher kommen die Journalisten der Zukunft? In: Altmeppen, Klaus-Dieter/Greck, Regina (Hrsg.): Facetten des Journalismus: Theoretische Analysen und empirische Studien. Wiesbaden: Springer VS, S. 29-46.

4.4.1. Journalistische Ausbildung für lokale Radio- und Fernsehsender: Aus- und Fortbildungskanäle in Bayern

Vera Katzenberger

Die Arbeit in Redaktionen erfordert unterschiedlichste Kompetenzen. Traditionell werden fachliche und sachliche Kompetenzen von Journalistinnen und Journalisten unterschieden: Dazu zählt sowohl theoretisches Wissen rund um Medienrecht oder Medienpolitik als auch praktisches Können wie die journalistische Recherche (vgl. Donsbach 1978). Unumstritten ist auch, dass Journalistinnen und Journalisten über sprachliche Kompetenzen verfügen sollten, um ihre Inhalte an die Rezipierenden zu vermitteln. Voraussetzung dafür ist freilich das Beherrschen der traditionellen Darstellungsformen wie Bericht, Kommentar oder Reportage, wobei stets die Spezifika des Mediums sowie der Zielgruppe zu berücksichtigen sind (vgl. Weischenberg 1990; Dörmann/Pätzold 2006; Steinbrecher 2013). Anforderungen, das eigene berufliche Handeln reflektiert zu betrachten, das Selbstverständnis kritisch zu hinterfragen und sich an Leitkodizes zu orientieren, machen deutlich, dass Journalistinnen und Journalisten auch ethische Kompetenzen besitzen sollten (vgl. Thomaß 1998; Eschenauer 2002). Neuere Befassungen mit den Fähigkeiten von Journalistinnen und Journalisten benennen darüber hinaus auch Organisations- und Konzeptionskompetenzen wie Projektmanagement oder Redaktionsorganisation (vgl. Meier 2007). Im Zuge der Digitalisierung haben zudem technische Fähigkeiten mehr Relevanz denn je erhalten. Journalistinnen und Journalisten müssen mittlerweile aufgrund zunehmender Medienkonvergenz nicht nur verschiedene Mediengattungen gleichzeitig bedienen, sondern der ständig wachsende Stellenwert von Algorithmen verlangt ihnen ganz neue, digitale Kompetenzen wie das Programmieren oder Auswerten komplexer, umfassender Datensätze ab (vgl. Sadrozinski 2013). Durch den Wandel der Beschäftigungsstrukturen und die Tatsache, dass sich Medienschaffende immer seltener auf feste Anstellungsverhältnisse verlassen können, müssen sie sich selbst als „Marke" etablieren und das unternehmerische Potenzial in ihrem professionellen Handeln ausschöpfen. Wie die Debatte um „Entrepreneurial Journalism" zeigt, sind Kenntnisse über Finanz- und Budgetplanung oder Marketing nicht nur für freie Journalistinnen und Journalisten längst unverzichtbar geworden (vgl. Gossel/Kalka 2015a; Gossel/Kalka 2015b; Gossel 2019).

Auf diese immer komplexer werdenden beruflichen Anforderungen wird der journalistische Nachwuchs im Rahmen seiner Ausbildung vorbereitet. Im Rundfunkbereich in Bayern bringt sich die Bayerischen Landeszentrale für neue Medien (BLM) aktiv in diese Ausbildung ein. Zentraler Baustein der Nachwuchsförderung und -aktivitäten der BLM ist dabei die Organisation und Weiterentwicklung der ehemaligen Aus- und Fortbildungskanäle (AFK) in München und Nürnberg beziehungsweise der heutigen Angebote der Mediaschool Bayern[181]. Im folgenden Kapitel wird die Entwicklung dieser Kanäle nachgezeichnet. Besondere Beachtung erfährt dabei die Schaffung der Trägergesellschaft, der AFK GmbH, sowie der Anbietervereine in Nürnberg und München. Den vorläufigen Schlusspunkt dieser Entwicklung bildet der 2018 vollzogene Umbau zur Mediaschool Bayern. Den Abschluss des Kapitels bilden kurze Erläuterungen zum aktuellen Programm, dessen Reichweite sowie den dahinterstehenden Medienmacherinnen und Medienmachern.

**Von der Satzung zum Sendebetrieb:
Entwicklung der Aus- und Fortbildungskanäle**

Mit der Etablierung erster Rundfunkanbieter in den bayerischen Städten und Regionen sowie deren Aufnahme des Sendebetriebes vor Ort ab 1985 (siehe Kapitel 3.3.1.) kam mehr und mehr auch die Frage auf, inwiefern sich die Landeszentrale in die Ausbildung von Medienschaffenden im privaten Rundfunk einbringen könnte. Schon 1988 kam es durch den damaligen Präsidenten der Landeszentrale, Rudolf Mühlfenzl, zu ersten Absichtsbekundungen:

> Die Landeszentrale [...] hat ein hohes Interesse daran, den Ausbildungsstand derer, die in den neuen Medien tätig sind, [...] zu heben [...]. Zu den Möglichkeiten gehört, daß sie dort dabei sein muß, wo Ausbildungsstätten geplant und entwickelt werden [...]. Die Landeszentrale ist auch bereit, aufgrund ihrer gesicherten Finanzierungsmöglichkeiten, entsprechende Beiträge zu leisten (Mühlfenzl zit. nach Werner 1988: 6).

Zu diesem Zeitpunkt hatte die Landeszentrale bereits begonnen, sich in verschiedenen medienpädagogischen Projekten, beispielsweise im Rahmen der offenen Jugendarbeit, zu engagieren. Um sich von den bestehenden journalismus- oder medienbezogenen Studiengängen und den Ausbildungsangeboten an Hochschulen oder privaten Institutionen abzugrenzen, entstand in der Landeszentrale bald die Idee, journalistischen Nachwuchs innerhalb eines vollständigen Sendermodells an Programmplanung, Produktion sowie Übertragung heranzuführen (vgl. Sengle 2002: 174). Ideengeber in der Landeszentrale war Heinz Heim, seit 1985 Bereichsleiter Programm. Gemeinsam mit Jürgen Heyn, von 1989 bis 2013 stellvertredender Bereichsleiter Programm, entwickelte er das Konzept und trieb

---

[181] Im Folgenden wurde auf die Schreibweise in Versalien zugunsten einer besseren Lesbarkeit verzichtet.

es ganz maßgeblich voran. Die rechtliche Basis einer solchen Nachwuchsförderung in Form eines Sendermodells konnte schließlich mit Beschluss des Bayerischen Mediengesetzes (BayMG) gelegt werden: Seit 1992 ist dort festgeschrieben, dass die Nutzung verfügbarer Sende- und Übertragungskapazitäten auch für Aus- und Fortbildungszwecke genehmigt werden könne (siehe Art. 3, Abs. 5, Satz 2, BayMG).

Die konkrete Umsetzung trieb der Medienrat der Landeszentrale voran: Am 28. April 1994 beschloss das Gremium die Satzung über die Nutzung von Sende- und Übertragungskapazitäten für die Förderung der Aus- und Fortbildung einstimmig (vgl. Protokoll zur Medienratssitzung vom 28.04.1994: 8). Bereits zuvor, am 13. April 1994, hatte der Grundsatzausschuss über die Satzung beraten und diese mit großem Einvernehmen befürwortet (vgl. ebd.). Das Konzept der Aus- und Fortbildungskanäle war damit endgültig aus der Taufe gehoben.

Institutionell sollten diese Kanäle, so sah es die Satzung vor, von einer Trägergesellschaft und verschiedenen Anbietervereinen getragen werden. An der Gesellschaft sollten sich neben der Landeszentrale vor allem die damaligen Medienbetriebsgesellschaften, Aus- und Fortbildungsinstitutionen, Städte und Kommunen oder private Rundfunkanbieter beteiligen. Vorgesehen war dabei, dass die Landeszentrale stets mindestens 51 Prozent der Kapital- und Stimmrechtsanteile halten sollte, um die Finanzierung langfristig sicherzustellen. Die Gesellschaft sollte nicht kommerziell oder gewinnorientiert ausgerichtet sein: Eine Refinanzierung der Beteiligungen war nicht vorgesehen (vgl. ebd.: 25). Darüber hinaus sollte die konzeptionelle Gestaltung der Aus- und Fortbildungsmaßnahmen bei der Trägergesellschaft liegen.

Die Programmgestaltung sowie -organisation der einzelnen Kanäle hingegen wurde den Anbietervereinen zugewiesen. Über die Vereine sollte den Rundfunkanbietern, Medienunternehmen sowie medienpädagogischen Organisationen die Beteiligung ermöglicht werden (vgl. Protokoll zur Medienratssitzung vom 28.04.1994: 12). Um zu verhindern, dass die kommerziellen Anbieter die Vereine kontrollierten, wurde in der Satzung festgehalten, dass die Beteiligung der kommerziellen Anbieter auf ein Fünftel der Mitglieder im Verein beschränkt sei (vgl. ebd.: 9). Die redaktionelle Leitung der Kanäle wurde einer Programmkoordinatorin beziehungsweise einem -koordinator zugewiesen: Zu ihren beziehungsweise seinen Aufgaben zählte die Ein- und Ausstellung von redaktionellen Mitarbeiterinnen und Mitarbeitern, die Koordination der Programminhalte sowie den Programmeinbringungen der zuliefernden Aus- und Fortbildungsinstitutionen.

Basierend auf diesen Festlegungen konnte die Trägergesellschaft, die AFK GmbH mit Sitz in München, schließlich am 24. April 1995 ins Leben gerufen werden. Bei der Gründung der Trägergesellschaft erhielt die Landeszentrale 58 Prozent der Anteile (vgl. Kertscher 2008: 112). 31 Aus- und Fortbildungseinrichtungen, Medienunternehmen sowie Verbände übernahmen die restlichen Anteile (vgl. Protokoll zur Medienratssitzung vom 18.05.1995: 30). In den Reihen der Aus- und Fortbildungsinstitutionen waren die Bayerische Akademie für Fernsehen (BAF), die Akademie der Bayerischen Presse, MacroMedia und die Akademie für Neue Medien in Kulmbach vertreten (vgl. ebd.). Zu den Gesellschaftern aus den Reihen der Medienunternehmen zählten beispielsweise Antenne Bayern, ProSieben SAT.1 Media AG, RTL, Kirch Media, VOX, MTV und die Neue Welle Bayern (vgl. Sengle 2002: 177). Der Trägergesellschaft standen dabei zunächst drei Gründungsgeschäftsführer vor: Ulrich Berls, damals Direktor der BAF, Jan Goedhart von der ProSieben SAT.1 Media AG sowie Ideengeber Heim, der im August 2002 zum nebenamtlicher Geschäftsführer der AFK GmbH (beziehungsweise mittlerweile Mediaschool gGmbH) wurde. Hinzu kam 1995 ein vorberatender Ausschuss aus neun Mitgliedern (vgl. Protokoll zur Medienratssitzung vom 18.05.1995: 30).

Noch im selben Jahr konnten auch die Anbietervereine geschaffen werden: Am 4. Juli 1995 wurde der AFK-Anbieterverein Hörfunk München e.V. (AFK M94.5) und am 14. Juli 1995 der AFK-Anbieterverein Fernsehen München e.V. (AFK TV) gegründet. Der AFK-Anbieterverein Hörfunk Nürnberg e.V. (zunächst MAX 91,0, später AFK MAX) hatte sich bereits am 14. Februar 1995 konstituiert. Vorsitzender des Anbietervereins in Nürnberg wurde André Deraëd vom Bayerischen Jugendring (vgl. Protokoll zur Medienratssitzung vom 14.12.1995: 24). Für den Münchner Anbieterverein hinter AFK M94.5 konnte Helge Siemers von der Dienstleistungsgesellschaft für Bayerische Lokal-Radioprogramme mbH & Co. KG (BLR) gewonnen werden (vgl. ebd.: 26).

Mit der Gründung der AFK GmbH sowie der Anbietervereine waren alle Voraussetzungen für die Inbetriebnahme der Aus- und Fortbildungskanäle an den Standorten in München und Nürnberg erfüllt. Am 24. April 1996 feierte das Aus- und Fortbildungsradio MAX 91,0 in Nürnberg den Sendestart, am 30. Juni 1996 folgte das Aus- und Fortbildungsfernsehen AFK TV in München und schließlich, am 1. Juli 1996, das Aus- und Fortbildungsradio AFK M94.5 in München. Zunächst starteten die Kanäle vor allem auf analogen Übertragungswegen: MAX 91,0 begann in Nürnberg mit einem Kabelhörfunkprogramm und zog später auf eine terrestrische Frequenz um. AFK M94.5 in München setzte auf terrestrische sowie kabelgebundene Programmübertragung, das AFK-Fernsehen hingegen wurde lediglich ins Kabelnetz eingespeist (vgl. Kertscher 2008: 113). Wie vorgesehen, debütierten die verschiedenen Initiativen dabei zunächst in einer Pilotphase. Erst mit dem Beschluss des Medienrats vom 8. Oktober 1998 wurde dieser Erprobungs- zum Regelbetrieb (vgl. Protokoll zur Medienratssitzung vom 08.10.1998: 13).

Die Rolle der AFK GmbH in diesen Anfangsjahren beschrieb Berthold Sengle (2002) unter den drei Schlagwörtern Konzeptions-, Service- sowie Betriebsgesellschaft: Als Konzeptionsgesellschaft leistete sie die für deren Arbeit konzeptionelle und programmliche Unterstützung. Als Servicegesellschaft übernahm sie Vermarktung, Bekanntmachung, Budgetplanung oder Buchhaltung, um die Anbietervereine im Hinblick auf administrative Aufgaben zu entlasten. Als Betriebsgesellschaft schuf die AFK GmbH für die Anbietervereine technische, finanzielle, personelle und administrative Rahmenbedingungen (vgl. ebd: 177). So stellte sie den drei Aus- und Fortbildungskanäle für die ersten vier Betriebsjahre in München und Nürnberg insgesamt acht Millionen Mark zur Verfügung, davon insgesamt vier Millionen Mark für die ersten beiden Jahre 1996 und 1997, von denen 750.000 Mark an das AFK-Fernsehen in München und jeweils 350.000 Mark an die beiden AFK-Radiostationen an in München und Nürnberg fließen sollten (vgl. Grimberg 1996; Kertscher 2008: 112). Weitere Einnahmen – ein „finanzielles Zubrot" (Protokoll zur Medienratssitzung vom 28.04.1994: 12) – sollten die Stationen über Werbung generieren. Abb. 17 illustriert die skizzierte Struktur zwischen Trägergesellschaft, Anbietervereinen und den drei Aus- und Fortbildungskanälen.

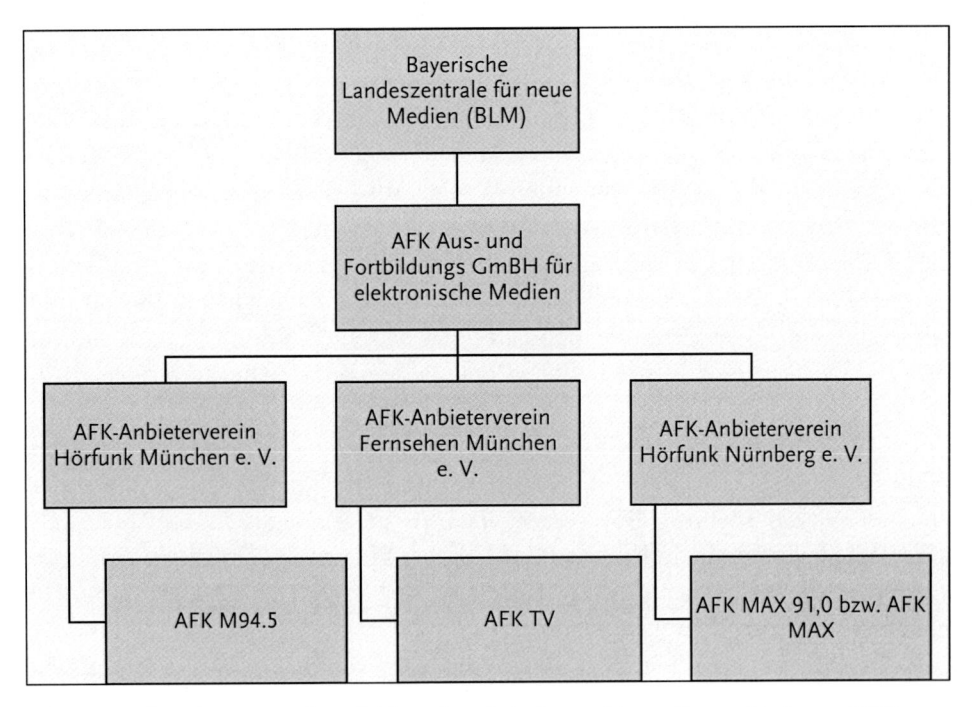

Abb. 17: Struktur der Aus- und Fortbildungskanäle in Bayern bis zur Umstrukturierung 2018.

„Fit für die Medienwelt von Morgen": Umbau zur Mediaschool Bayern gGmbH

Seit der Gründung der Trägergesellschaft und Anbietervereine 1995 und Inbetriebnahme der Aus- und Fortbildungskanäle 1996 hat sich viel verändert. So musste MAX 91,0 im Zuge der Neuordnung der lokalen Hörfunkangebote in Nürnberg im Jahr 2000 von der UKW-Frequenz 91,0 MHz auf die 106,5 MHz umziehen und bekam in Erlangen zusätzlich die 106,2 MHz zugewiesen (vgl. BLM 2000). 2001 folgte die Umbenennung in AFK MAX. Die 106,2 MHz in Erlangen wurde allerdings nach einer kontrovers diskutierten Entscheidung des Medienrats ab dem 1. September 2017 als Stützfrequenz[182] dem bundesweiten Hörfunkprogramm egoFM zur Verfügung gestellt und war damit für AFK MAX nicht mehr nutzbar (vgl. BLM 2017). Wolfgang Sabisch und Achim Kasch von AFK MAX bedauerten diese Entscheidung: Sie bedeute einen „Knick bei der Motivation" (Sabisch/Kasch 2017) der jungen Mitarbeiterinnen und Mitarbeiter aus Erlangen, die dort nun nicht mehr im „richtigen Radio" zu hören sein würden. Die Nürnberger Frequenz 106,5 MHz blieb AFK MAX allerdings behalten.

M94.5 in München verlor später seine Frequenz: Die Münchner Frequenz 94,5 MHz, auf der AFK M94.5 bislang zu hören war, wurde ab dem 1. September 2017 zur UKW-Stützfrequenz umgewidmet und dem Hörfunkprogramm Rock Antenne zugewiesen (vgl. BLM 2017). Ab da war AFK M94.5 nur noch über den Digitalradiostandard DAB+ und einen Webstream auf der Homepage zu hören. Bei den Programmmacherinnen und Programmmachern von AFK M94.5 stieß diese Entscheidung auf Unmut. Sie hatten bereits im Vorfeld mit der Petition „#SaveM945 – M94.5 braucht seine UKW-Frequenz!" dagegen angekämpft und mehr als 9.600 Unterstützende mobilisiert. Sie hatten argumentiert, dass nur mit einer UKW-Frequenz „Lernen unter Realbedingungen" (Open Petition 2017) möglich sei. Die BLM dagegen ging davon aus, dass diese Umstellung dem journalistischen Nachwuchs die Chance biete, „sich gezielt und aktiv auf die digitalen Entwicklungen einzulassen" (BLM 2017), so BLM-Präsident Siegfried Schneider in einer Pressemitteilung. Die wesentlichen Voraussetzungen für eine hochwertige Radioausbildung würden erhalten bleiben: Es könne in Echtzeit, live und „on air" gesendet werden, „ohne den Druck, den werbefinanzierte Sender in puncto Reichweite spüren" (ebd.) zu haben.

Mit Blick auf die Vielfalt an neuen, digitalen Technologien und die zunehmende Medienkonvergenz kam es zuletzt 2018 zu einer grundlegenden, strukturellen Neuaufstellung, die Trägergesellschaft, Anbietervereine und Aus- und

---

[182] Eine Stützfrequenz ist ein Programmplatz, der innerhalb des definierten Versorgungsbereiches ein Programm technisch stützt und damit für eine bessere Übertragungsqualität sorgt.

Fortbildungskanäle gleichermaßen betraf. Dabei wurde die bisher bestehende AFK GmbH zur Mediaschool Bayern gGmbH weiterentwickelt (vgl. BLM 2018). Die Landeszentrale blieb weiterhin die steuernde Kraft: Als Hauptgesellschafterin hält sie weiterhin mindestens 51 Prozent, aktuell sogar 62 Prozent der Anteile, während sich die übrigen Anteile auf insgesamt 26 weitere Gesellschafter verteilen. Darunter befinden sich zurzeit verschiedenste Akteure:

- landesweite Anbieter (u. a. Rock Antenne, Antenne Bayern, ProSiebenSat.1 Entertainment GmbH, Sky Deutschland, Tele 5, Die Neue Welle Rundfunk-Verwaltungsgesellschaft, Discovery Deutschland, Radio NRJ Group, Studio Gong, RTL 2, Sport 1, BLR Dienstleistungsgesellschaft für Bayerische Lokal-Radioprogramme),
- lokale beziehungsweise regionale Anbieter (u. a. München Live TV, rt1.media group),
- öffentlich-rechtliche Rundfunkveranstalter (Bayerischer Rundfunk),
- Aus- und Fortbildungsinstitutionen (u. a. Akademie für Neue Medien Kulmbach, Bayerische Akademie für Fernsehen und Digitale Medien),
- privatwirtschaftliche Unternehmen (u. a. Vodafone Kabel Deutschland)
- sowie kommunale Gebietskörperschaften (u. a. Landeshauptstadt München, Stadt Nürnberg).

Der ehemalige AFK-Anbieterverein Hörfunk München e.V. firmiert seither als Mediaschool Bayern Anbieterverein München e.V. Zuletzt waren darunter eine Reihe von Münchner Ausbildungseinrichtungen und Medienunternehmen versammelt, um ihren Studierenden und Auszubildenden die Mitarbeit im Sender zu ermöglichen. Im Nürnberger Anbieterverein – seit den Strukturanpassungen 2018 nennt er sich Mediaschool Bayern Anbieterverein Nürnberg e.V. – sind aktuell verschiedenste Organisationen zusammengeschlossen (u. a. ABP Akademie der Bay. Presse e.V., Hanns-Seidel-Stiftung e.V., Medienzentrum Parabol e.V., Meilensteine Medien e.V., Bayerischer Jugendring / Kreisjugendring Nürnberg-Stadt). Daneben sind wissenschaftliche Institutionen (u. a. Friedrich-Alexander-Universität Erlangen-Nürnberg, JFF – Institut für Medienpädagogik in Forschung und Praxis) sowie Akteure aus dem Rundfunkbereich (u. a. Radio NRJ / Energy Nürnberg 106,9, Verband Bayerischer Lokalrundfunk e.V.) als Mitglieder engagiert. Mitglieder im Anbieterverein, medienpädagogische Institutionen oder Jugendverbände können über regelmäßige Sendeplätze verfügen. In Anspruch genommen wird diese Möglichkeit vor allem im Hochschulrundfunk (siehe Kapitel 4.4.2.).

Auch die ehemaligen Aus- und Fortbildungskanäle präsentieren sich seit der Umstrukturierung neu: In München verschmolzen AFK M94.5 und AFK TV 2018 zu M94.5. Seit Juni 2019 agiert AFK MAX in Nürnberg unter dem neuen Namen MAX NEO. Die bislang strikte Trennung zwischen Hörfunk und Fernsehen in den Initiativen wurde damit aufgehoben und der Entwicklungen hin zu einer crossmedialen Medienrealität Rechnung getragen. Die namentlichen Änderungen gingen einher mit Anpassungen der Ausbildungsinhalte: Themen wie Bild- und Videobearbeitung, Podcasting, Mobile Reporting, Fact-Checking oder Facebook-Marketing wurden als feste Bestandteile der Aus- und Fortbildung festgeschrieben. Damit wolle man „junge Journalisten für die Medienwelt von morgen fit machen" (BLM 2018), so BLM-Präsident Schneider. Abb. 18 verdeutlicht die Struktur der Mediaschool Bayern gGmbH.

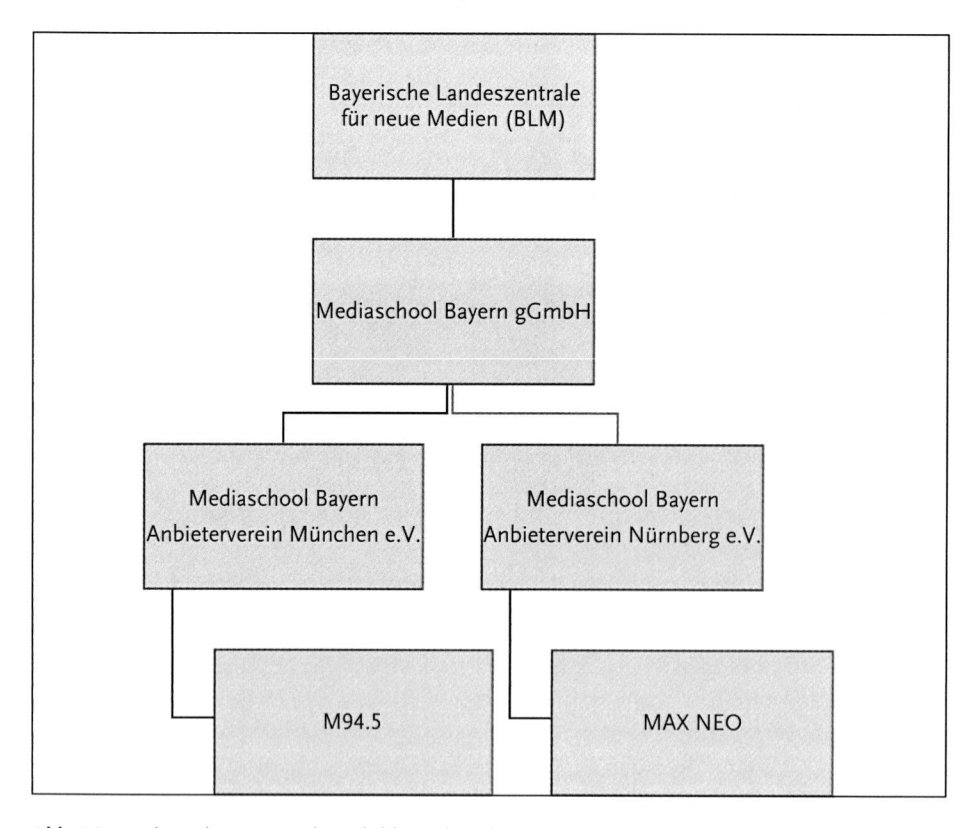

Abb. 18: Struktur der Aus- und Fortbildungskanäle in Bayern nach der Umstrukturierung 2018.

Programm und Publikum

Wie ist es seit der Umstrukturierung zur Mediaschool Bayern gGmbH um das Programm der beiden Initiativen bestellt? MAX NEO verbreitet zurzeit ein 24-Stunden Radioprogramm. Neben dem Tagesprogramm von MAX NEO werden auch extern produzierte Sendungen ausgestrahlt. Dazu zählt beispielsweise das Jugendradiomagazin „Funkenflug", das im Nürnberger Medienzentrum Parabol produziert wird. Auch Campusradiosendungen wie die von Funklust, Frieda FM oder Rabbit Radio finden sich im Programm von MAX NEO (siehe Kapitel 4.4.1.). Empfangen werden kann das Programm von MAX NEO nach wie vor über einen Webstream auf der Homepage. Im Stadtgebiet von Nürnberg ist es weiterhin über UKW sowie über DAB+ zu hören. Neben dem klassischen Radioprogramm produziert MAX NEO mittlerweile auch das Podcastformat „maximal informiert", in dem Interviewgäste eingeladen und verschiedenste Themen adressiert werden. Gehört werden kann das Format über Spotify, Deezer, Google Podcasts oder Apple Podcasts.

Während MAX NEO sich damit stark auf Radio und Podcasting fokussiert, liefert M94.5 Inhalte für Audio, TV und Web. So verbreitet M94.5 sein größtenteils live produziertes 24-Stunden Radioprogramm bis heute lediglich über einen Webstream auf der Homepage sowie in der Münchner Region über DAB+. Hinzu kommen zahlreiche Podcasts von M94.5 wie zum Beispiel das 2019 gegründete, seitdem täglich-erscheinende Format „M94.5 TO GO". In dem monothematischen Talkformat mit einer Länge von etwa zehn Minuten erzählen Redakteurinnen und Redakteure von ihren Recherchen. In einer Mediathek auf der Homepage werden darüber hinaus regelmäßig Videos veröffentlicht, darunter Interviews, Reportagen oder Konzertaufzeichnungen. In Artikeln auf der Homepage berichten die jungen Nachwuchsjournalistinnen und -journalisten zum Beispiel über Ausstellungen und Konzerte in München oder geben Studierenden Tipps für die Wohnungssuche oder Prüfungszeit.

Mit diesen Angeboten erreichen MAX NEO und M94.5 jeweils einen kleinen, jedoch treuen Kreis an Nutzerinnen und Nutzern. Am Standort Nürnberg, Fürth und Erlangen wies die Funkanalyse 2020 für MAX NEO aus, dass 8,8 Prozent der Befragten MAX NEO „schon einmal gehört hatten". Der weiteste Hörerkreis (WHK) lag bei 1,2 Prozent. 0,1 Prozent bezeichneten sich als Stammhörerin oder Stammhörer (vgl. BLM 2020a). Im selben Zeitraum gaben am Standort München 10,1 Prozent der Radiohörerinnen und -hörer an, dass sie M94.5 „schon einmal gehört hatten". 3,4 Prozent der Befragten konnten dem WHK zugewiesen werden, 0,6 Prozent würden sich zu den Stammhörerinnen oder Stammhörern von M94.5 zählen (vgl. BLM 2020b). Nicht berücksichtigt bei diesen Zahlen sind freilich die Downloads der Podcasts auf Streaming-Plattformen wie Spotify, Deezer, Google Podcasts oder iTunes sowie die Aufrufe der jeweiligen Webstreams. Dennoch kann sicherlich davon ausgegangen werden, dass die Reichweiten der Angebote recht gering sind.

Berufliche Orientierung und Qualifizierung

Es sind nicht die Reichweiten, sondern es ist die Ausbildung der Medienmacherinnen und Medienmacher von Morgen, die bei MAX NEO und M94.5 im Vordergrund steht: Gerade weil die Teams hinter MAX NEO und M94.5 frei von kommerziellen Interessen agieren können und bei der Programmgestaltung die Quoten nicht berücksichtigen müssen, haben sie viel Freiraum für Kreativität und Experimente.

Wer steht also hinter den Angeboten der beiden Initiativen? Produziert wird das Angebot von MAX NEO von einem großen Team: Geleitet wird es aktuell von dem festangestellten Programmchef Konni Winkler und seinem Stellvertreter. Zudem wird eine Crossmedia-Volontärin ausgebildet, die sich um die sozialen Netzwerke, Videos und die Webseite kümmert. Hinzu kommen jeweils bis zu acht Praktikantinnen und Praktikanten, die in die Radiowelt „hineinschnuppern". Ehemalige Praktikantinnen und Praktikanten sind oft nach dem Praktikum als Honorarkräfte für MAX NEO tätig. Insgesamt werden so bei MAX NEO jährlich mehrere Dutzend Personen an Radio und Podcasting herangeführt. Bei M94.5 kann jede Person mitmachen, die in einer Ausbildung steht – egal ob Schülerin oder Schüler, Auszubildender oder Studierender. Aktuell werden bei M94.5 drei Volontärinnen und Volontäre ausgebildet. Zurzeit engagieren sich 150 bis 200 Studierende in der studentischen Redaktion, hinzu kommen zwölf Studierende in Verantwortungspositionen. In 25 Jahren hat M94.5 eigenen Angaben zufolge so mehr als 6.000 junge Erwachsene an Radio, TV und Web herangeführt.

Die Mitarbeit in den verschiedenen Aus- und Fortbildungskanälen unterstützt den journalistischen Nachwuchs in dreierlei Hinsicht: Die Mitarbeit kann, erstens, bei der beruflichen Orientierung unterstützen: Durch ihr Mitwirken in Aus- und Fortbildungskanälen erwerben die jungen Medienmacherinnen und Medienmacher realitätsnahe, praktische Einblicke in das Medium (vgl. Sengle 2002: 175). Sie erfahren praktischen Hörfunk- und Fernsehjournalismus sowie den täglichen Betrieb eines Sendeunternehmens und erleben den vollständigen Prozess von Programmplanung, Themenrecherche und -aufbereitung bis hin zu Produktion und Sendung. Dabei sammeln sie erste Erfahrungen, durch die sie einschätzen können, inwiefern sie selbst für diesen beruflichen Weg geeignet sind. Entscheiden sie sich für eine spätere Laufbahn in diesem Medium, können sie dort an bereits gesammelte Erfahrungen anknüpfen und darauf aufbauen. Häufig sind diese Erfahrungen das Fundament, auf dem sich junge Erwachsene für ein journalistisches oder medienbezogenes Studium, ein Praktikum oder sogar ein Volontariat entscheiden. Die Mitarbeit in einem der Aus- und Fortbildungskanäle findet, zweitens, häufig ohnehin im Rahmen einer bereits begonnenen journalistischen oder medienbezogenen Ausbildung statt. Für die Auszubildenden ist sie dann eine Form der praktischen Begleitung einer theoretischen, wissenschaftlichen Ausbildung. Das Wechselspiel zwischen den „theoretischen Inhalten" (ebd.: 176) auf der einen Seite und der „praktischen Arbeit beim Sender" (ebd.) auf der anderen Seite ergänzt und erweitert dann die journalistische oder medienbezogene Ausbildung. Die Aus- und Fortbildungskanäle dienen allerdings nicht nur der Qualifizierung und Professionalisierung von Medienmacherinnen und -machern. Sie sind auch Orte journalistischer und medialer Partizipation. Denn, drittens, auch verschiedene Träger offener Jugendarbeit arbeiten längst mit den Aus- und Fortbildungskanälen zusammen und verknüpfen sie so mit medienpädagogischen Inhalten: Indem Kinder und Jugendlichen dort verschiedene Fernseh- und Radioprojekte umsetzen, erwerben sie Medienkompetenzen und erlernen einen „verantwortungsbewussten Umgang mit Medien" (ebd.: 175).

Fazit: „Persönlichkeitsschmieden" und „Spielwiesen"

Seit ihrer Gründung haben sich die verschiedenen Aus- und Fortbildungskanäle immer wieder verändert: von monomedialen Radio- beziehungsweise Fernsehkanälen haben sie sich zu multimedialen Initiativen mit eigener Homepage und Social-Media-Angebot gewandelt. Standen zunächst klassische Herausforderung der Radio- beziehungsweise Fernsehausproduktion auf dem Ausbildungsplan, wird mittlerweile unter dem Motto „Mehr Social Media! Mehr YouTube! Mehr Online!" gelehrt und gelernt. Neben den traditionellen, journalistischen Grundkenntnissen können die Nachwuchsjournalistinnen und -journalisten an der Mediaschool Bayern heute aus Workshops zu Themen wie Photoshop, Mobile Reporting oder Social-Media-Kampagnen-Marketing wählen.

MAX NEO in Nürnberg und M94.5 in München können damit bis heute als „Persönlichkeitsschmieden für die Medienwirtschaft und die Medienkultur" (Sengle 2002: 180) gelten. Weil sie auch als Programmflächen konzeptioniert wurden, in denen neue Konzepte und Medienangebote entwickelt und getestet werden sollten, waren sie immer auch eine konzeptionell-programmliche „Spielwiese" (ebd.) für Mitarbeitende und damit „Wegbereiter und Ideengeber für manch künftige Entwicklung im programmlichen Bereich der Medien" (ebd.).

Literatur

Bayerische Landeszentrale für neue Medien (2000): Neuordnung in Nürnberg: Radio Energy und Aladin auf anderer Frequenz. Online: www.blm.de/infothek/pressemitteilungen/2000.cfm?object_ID=1840 (zuletzt abgerufen am 15.02.2021).

Bayerische Landeszentrale für neue Medien (2017): UKW-Frequenz 94,5 MHz in München wird zur Stützfrequenz für Rock Antenne - Ausbildungsfrequenz 106,2 MHz in Erlangen wird egoFM zur Verfügung gestellt. Online: www.blm.de/infothek/-pressemitteilungen/2017.cfm?object_ID=7257&sCriteria=%20M94.5 (zuletzt abgerufen am 15.02.2021).

Bayerische Landeszentrale für neue Medien (2018): AFK wird Mediaschool Bayern - Neuer Name, neuer Ausbildungsplan: Mehr Social Media! Mehr YouTube! Mehr Online! Online: www.blm.de/infothek/pressemitteilungen/2018.cfm?object_ID=-10106&sCriteria=M94.5 (zuletzt abgerufen am 15.02.2021).

Bayerische Landeszentrale für neue Medien (2020a): Standort Nürnberg / Fürth / Erlangen. Online: www.funkanalyse-bayern.info/2020/HF/Lokale-Standorte/nuernberg/index.html (zuletzt abgerufen am 15.02.2021).

Bayerische Landeszentrale für neue Medien (2020b): Standort München. Online: www.-funkanalyse-bayern.info/2020/HF/Lokale-Standorte/muenchen/index.html (zuletzt abgerufen am 15.02.2021).

Dörmann, Jürgen/Pätzold, Ulrich (1998): Journalismus, neue Technik, Multimedia und Medienentwicklungen. Ein Plädoyer für journalistische Produktion und Qualifikation in den Neuen Medien. In: Journalist, Jg. 48, H. 7, S. 59-70.

Eschenauer, Barbara (2002): Unabhängigkeit – Zivilcourage – Verantwortungsgefühl. Beobachtungen und Thesen zur journalistischen Aus- und Fortbildung. In: Altmeppen, Klaus-Dieter/Hömberg, Walter (Hrsg.): Journalistenausbildung für eine veränderte Medienwelt. Diagnosen, Institutionen, Projekte. Wiesbaden: Springer VS, S. 31-38.

Gossel, Britta/Kalka, Romy (2015a): Entrepreneurial Journalism – JournalistInnen als UnternehmerInnen? Eine empirische Bestandsaufnahme von Entrepreneurship Education im Rahmen der Journalistenausbildung in Deutschland. In: Pagel, Sven (Hrsg.): Schnittstellen (in) der Medienökonomie. Baden-Baden: Nomos Verlag, S. 145-163.

Gossel, Britta/Kalka, Romy (2015b): Media Entrepreneurship Education. Ein studienfachspezifischer Ansatz und eine empirische Bestandsaufnahme. In: Zeitschrift für Hochschulentwicklung, Jg. 10, H. 2, 51-70.

Gossel, Britta (2019): Wissenschaftliche Studie: Quo Vadis Journalistenausbildung. Eine empirische Studie zur Journalistenausbildung aus Sicht junger Journalistinnen und Journalisten. In: Gossel, Britta M./Konyen, Kathrin (Hrsg.): Quo Vadis Journalistenausbildung? Befunde und Konzepte für eine zeitgemäße Ausbildung. Wiesbaden: Springer VS, S. 7-68.

Grimberg, Klaus (1996): Probieren live, Aus- und Fortbildungskanal seit einem Monat in Betrieb. In: Süddeutsche Zeitung vom 01.08.1996.

Kertscher, Brigitte (2008): Lernort Bürgerrundfunk – Offene Hörfunk- und Fernsehkanäle und Nichtkommerzielle Lokalradios in der Bundesrepublik Deutschland. München: Grin-Verlag.

Mediencampus (2019): Mitgliederarchiv. Online: www.mediencampus.de/mitglied/ (zuletzt abgerufen am 30.09.2020).

Medienrat der Bayerischen Landeszentrale für neue Medien (1994): Protokoll zur Medienratssitzung vom 28. April 1994.

Medienrat der Bayerischen Landeszentrale für neue Medien (1995a): Protokoll zur Medienratssitzung vom 18. Mai 1995.

Medienrat der Bayerischen Landeszentrale für neue Medien (1995b): Protokoll zur Medienratssitzung vom 14. Dezember 1995.

Medienrat der Bayerischen Landeszentrale für neue Medien (1998): Protokoll zur Medienratssitzung vom 8. Oktober 1998.

Meier, Klaus (2007): Journalistik. Konstanz: UVK Verlagsgesellschaft.

Open Petition (2017): #saveM945 – M94.5 braucht seine UKW-Frequenz! Online: www.openpetition.de/petition/online/wir-bitten-um-den-erhalt-des-ausbildungsradios-m94-5-als-ukw (zuletzt abgerufen am 30.09.2020).

Sabisch, Wolfgang; Kasch, Achim (2017): Frequenzverluste für afk max und afk M94.5. Online: www.digital.m945.de/?p=1961 (zuletzt abgerufen am 30.09.2020).

Sadrozinski, Jörg (2013): Zwischen Beruf und Berufung. Wie sich das Bild des Journalisten wandelt. In: Kramp, Leif/Novy, Leonard/Ballwieser, Dennis/Wenzlaff, Karsten (Hrsg.): Journalismus in der digitalen Moderne. Wiesbaden: Springer VS, S. 81-95.

Sengle, Berthold (2002): Wegweiser und Spielwiese. Zur Programmatik von Aus- und Fortbildungskanälen. In: Altmeppen, Klaus-Dieter/Hömberg, Walter (Hrsg.): Journalistenausbildung für eine veränderte Medienwelt. Diagnosen, Institutionen, Projekte. Wiesbaden: Westdeutscher Verlag, S. 173-182.

Steinbrecher, Michael (2013): Alte Werte, neue Kompetenzen – was sich in der Journalistenausbildung verändern muss. Vortrag auf dem IQ-Herbstforum zum Thema Qualität der Qualifikation: Impulse zur Journalistenausbildung. Vortrag vom 14. Oktober 2013.

Thomaß, Barbara (1998): Journalistische Ethik. Ein Vergleich der Diskurse in Frankreich, Großbritannien und Deutschland. Wiesbaden: VS Verlag für Sozialwissenschaften.

Weischenberg, Siegfried (1990): Journalismus & Kompetenz. Qualifizierung und Rekrutierung für Medienberufe. Opladen: Westdeutscher Verlag.

Werner, Achim (1988): BLM-Präsident Mühlfenzl: „Mit dem Entwicklungsstand zufrieden." In: Info-Dienst Neue Medien, Jg. 3, H. 5, S. 4-8.

4.4.2. Hochschulrundfunk in Bayern

Vera Katzenberger

„Gute und fundierte Ausbildung ist die Voraussetzung für den Erfolg" (BLM 2019), stellte der Präsident der Bayerischen Landeszentrale für neue Medien (BLM) Siegfried Schneider zur Eröffnung der Lokalrundfunktage am 2. Juli 2019 heraus. Technologischer Fortschritt rund um Big Data oder Algorithmen, aber auch ökonomische Herausforderungen wie beispielsweise die Refinanzierung von Online-Inhalten oder gesellschaftliche Entwicklungen wie sinkendes Medienvertrauen oder Phänomene wie Hate Speech, stellen die Medienmacherinnen und Medienmacher zurzeit vor ganz neue Herausforderungen. Mit Blick auf die daraus resultierenden, zunehmend komplexen Anforderungsprofile hat die BLM zahlreiche Konzepte und Maßnahmen entwickelt, um einerseits den Nachwuchs der Branche zu fördern und andererseits die erfahrenen Mitarbeitenden weiter fortzubilden. Neben den ehemaligen Aus- und Fortbildungskanälen (AFK) in München und Nürnberg beziehungsweise den heutigen Angeboten der Mediaschool Bayern (siehe Kapitel 4.4.1.) sind es vor allem die lokalen Angebote des Hochschulrundfunks, in denen junge Medienmacherinnen und Medienmacher ausgebildet und auf eine berufliche Zukunft im Radio- und Fernsehjournalismus vorbereitet werden.

Das folgende Kapitel stellt den Hochschulrundfunk in den Mittelpunkt. Zuerst erfolgt dabei eine grundlegende Klärung des Begriffs. Anschließend wird der Weg zur Entstehung erster Initiativen im Hochschulrundfunk in Deutschland sowie in Bayern in seinen Grundzügen skizziert. Berücksichtigung finden dabei vor allem technologische und medienrechtliche Entwicklungen. Anschließend werden die drei ältesten Initiativen und damit frühen Pioniere im Hochschulrundfunk im Freistaat, die jeweils zwischen 1995 und 2000 aus der Taufe gehoben wurden, kurz vorgestellt: Radio Pegasus der Katholischen Universität Eichstätt-Ingolstadt, Kanal C in Augsburg sowie die Campus Crew in Passau. Den Abschluss bildet eine systematische Betrachtung aller Initiativen des bayerischen Hochschulrundfunks im Hinblick auf deren institutionellen Kontext, die beteiligten Personengruppen, die Zielgruppe, die programmliche Gestaltung sowie die technische Übertragung. Grundlage dieser Betrachtung waren qualitative, leitfadengestützte Interviews mit den Verantwortlichen aller Hochschulrundfunkinitiativen in Bayern. Da es sich bei einigen der Verantwortlichen um Studierende handelt, wird im Folgenden auf eine Namensnennung bewusst verzichtet.

Zahllose Initiativen, eine Definition?

Die vermeintlich triviale Frage nach einer Definition des Hochschulrundfunks verlangt nach einer erstaunlich komplexen Antwort. Die Ursachen dafür liegen in den vielfältigen Strukturen, Organisationsformen, Verbreitungswegen und Zielgruppen. Häufig wird Hochschulrundfunk als Sammelbegriff für sämtliche Uni-, Hochschul- oder Campus-Radios verstanden. In der kommunikationswissenschaftlichen Forschung wird Hochschulrundfunk – wie übrigens die meisten studentischen Campusmedien – eher marginal diskutiert: So wurden nach der Gründung der ersten Initiativen vereinzelt verschiedene Fallbeispiele diskutiert (vgl. Dammann 1996; Fischer 1996; Hadamik 1996; Kühn 1996). Daneben enthalten einige Abschluss- und Diplomarbeiten zum Teil umfassende Bestandsaufnahmen (vgl. Fischer 1995; Stawowy 1998; Felling 2002; Holz 2012; Zimmermann 2019).

Definiert wird Hochschulrundfunk dabei in der Regel als nichtkommerzieller Hörfunk im lokalen Umfeld der Universität oder Hochschule, der je nach strukturellen und rechtlichen Gegebenheiten vor Ort unter Beteiligung Studierender ein Programm mit spezifischer Schwerpunktsetzung produziert und einer festgelegten Zielgruppe zur Verfügung stellt. Dabei kommen unterschiedlichste Distributionsformen – vom Webradio oder Podcast bis hin zur Einspeisung in Aus- und Fortbildungsprogramme oder kommerzielle Programme – zum Einsatz. Immer wieder werden Initiativen des Hochschulrundfunks dabei aufgrund ihrer Zielgruppenfokussierung, der Hervorhebung der Medienkompetenzförderung und der (meistens) eher geringen Reichweiten als „Sonderfälle des Bürgerrundfunks" (Thüringer Landesmedienanstalt 2010: 54) bezeichnet.

Von einzelnen Initiativen zum Gründungsboom: Entwicklung des Hochschulrundfunks in Deutschland und Bayern

Der historische Ausgangspunkt des deutschen Hochschulrundfunks muss in Thüringen verortet werden: Bereits seit ihrer Gründung im Februar 1950 bemühte sich die „Arbeitsgemeinschaft Funk" (AGF) an der Fachschule für Elektrotechnik und Maschinenbau, der heutigen Technischen Universität Ilmenau um die journalistische Ausbildung Studierender (vgl. Nährlich 1996: 102). Die AGF war aus einer Initiative von Studierenden, die bei gemeinsamen Treffen Rundfunksendungen verfolgten und diskutierten, entstanden. Ihr Ziel war es, „von Anfang an die Vermittlung journalistischen Handwerkszeugs" (ebd.: 101) im Studium zu fördern. Entsprechend war die Motivation der Studierenden die Neugier für das „aufregendste Medium jener Zeit: dem Radio" (ebd.: 103). Wenig später folgten Initiativen in Niedersachsen: 1953 war das Gründungsjahr für die „Arbeitsgemeinschaft für Studio- und Senderfragen" (AGS) an der Technischen

Hochschule Braunschweig. Studierende der damaligen Hochschule hatten die Arbeitsgemeinschaft ins Leben gerufen, um nach amerikanischem Modell einen studentischen Radiosender zu koordinieren.

Die Gründungswelle studentischer Radiosender in Deutschland ließ nach diesen ersten Projekten in den frühen 1950er Jahren allerdings noch bis in die Mitte der 1990er Jahre auf sich warten, da die Entwicklung des Hochschulrundfunks im Speziellen, wie auch die des Hörfunks im Allgemeinen, in Deutschland eng mit den technischen und medienrechtlichen Rahmenbedingungen verknüpft war. Ausschlaggebend war, erstens, der technologische Fortschritt, also die Vervielfältigung der Verbreitungswege und Weiterentwicklung von Aufnahme-, Sende- und Empfangsgeräten. Erst mit der Etablierung der Ultrakurzwelle (UKW) ab den 1950er Jahren, der Entwicklung des Breitbandkabels sowie der Satellitentechnik ab den 1970er Jahren und den ersten Möglichkeiten digitalen Radios (DAB+) sowie des Webradios ab Mitte der 1990er konnte die über lange Zeit limitierende Frequenzknappheit überwunden werden und auch nichtkommerziellen, alternativen Hörfunkinitiativen Senderaum eingeräumt werden (vgl. Stuiber 1998: 72ff.). Nach der Einführung des privaten Rundfunks ab 1984 wurden mit der Novellierung der bestehenden Landesmediengesetze, zweitens, nur wenig später auch die rechtlichen Weichenstellungen für die Entwicklung des Hochschulrundfunks in verschiedenen Bundesländern endgültig vorgenommen (vgl. Holz 2012: 15). Zu den Vorreitern zählen Baden-Württemberg, Bayern, Nordrhein-Westfalen und Sachsen, die besonders früh entsprechende Anpassungen in ihren Landesmediengesetzen vornahmen.

Ab Mitte der 1990er Jahre kam es zu einem regelrechten „Gründungsboom" von Campusradios: So wurden zwischen 1995 und 2000 deutschlandweit insgesamt 20 Initiativen ins Leben gerufen (vgl. ebd.: 35). Deutschlands wohl bekanntestes Campusradio, das Leipziger Lokal- und Ausbildungsradio Mephisto 97,6, wurde beispielsweise 1995 ins Leben gerufen. Hintergrund dieser frühen Gründung sind die UKW-Ausschreibungen in Sachsen bei gleichzeitig wohlwollender Haltung der Lizenz erteilenden Sächsischen Landesanstalt für privaten Rundfunk und neue Medien (SLM) (vgl. Dürhager/Quast/Stuke 2000: 18). Von Anfang an war der Sender dort eng mit der Universität Leipzig und dem Studiengang der Medien- und Kommunikationswissenschaft verzahnt.

In Bayern zählen Radio Pegasus der Katholischen Universität Eichstätt-Ingolstadt, Kanal C in Augsburg sowie die Campus Crew in Passau zu den frühen Pionieren im Hochschulrundfunk. So ist Radio Pegasus bereits seit 1996 aktiv. Seit 2014 steht der gemeinnützige Verein Radio Pegasus e. V. hinter dem Campusradio. Aktuell sendet Radio Pegasus während des Semesters einmal pro Woche auf Radio Galaxy Ingolstadt. Am 1. Juli 1997 gegründet, gehört auch Kanal C, hinter dem der Verein Kanal C – Studentisches Aus- und Fortbildungsradio Augsburg e.V. steht, zu den Vorreitern im Freistaat. Als Spartenanbieter ist

Kanal C regelmäßig bei Radio Fantasy mit einem dreistündigen Magazin auf Sendung. Die Passauer Campus Crew besteht bereits seit 1998 und sendet seit 2008 sein Vollprogramm als 24-Stunden-Webstream. Getragen wird der Sender von einem nicht eingetragenen Verein.

Heute bestehen laut Angaben der BLM insgesamt 15 Campusradioinitiativen, die über alle Regierungsbezirke des Freistaats mehr oder weniger gleichmäßig verteilt sind (vgl. BLM 2020), siehe Abb. 19. Hinzu kommen freilich noch einige weitere Initiativen, vor allem an verschiedenen Fachhochschulen, die entweder nicht mehr aktiv sind, nur unregelmäßig beziehungsweise nicht dauerhaft tätig sind oder ihr Engagement bei der BLM nicht gemeldet haben. Eine Sonderstellung nehmen über diese 15 Initiativen hinaus die zwei ehemaligen Aus- und Fortbildungskanäle (AFK) in München und Nürnberg ein, die mittlerweile als Produkt der Mediaschool Bayern auftreten (siehe Kapitel 4.4.1.).

Abb. 19: Ausbildungs- und Hochschulrundfunk in Bayern.

Typisierung des Hochschulrundfunks in Bayern

Neben den bereits erwähnten Initiativen Radio Pegasus, Kanal C und der Campus Crew bestehen weitere Initiativen wie Rabbit Radio der Hochschule Ansbach, Frieda FM der Otto-Friedrich-Universität Bamberg, Radio Funklust der Friedrich-Alexander-Universität Erlangen-Nürnberg, Radio Mainbeat der Hochschule Würzburg-Schweinfurt, Netradio der Akademie für Neue Medien e.V., Radio Schalltwerk der Medienwissenschaft an der Universität Bayreuth, Radio Univox des unabhängigen Vereins Univox e. V. in Bamberg oder das UR Würzburg der Julius-Maximilians-Universität Würzburg. Systematisiert werden können die Initiativen mit Hinblick auf deren *institutionellen Kontext*, die beteiligten *Personengruppen*, die *Zielgruppe*, die *programmliche Gestaltung* sowie die *technische Übertragung*.

Im Hinblick auf den *institutionellen Kontext* des Hochschulrundfunks in Bayern ist offenkundig, dass die meisten Projekte in diesem Bereich eine starke Verbindung zu Universitäten oder anwendungsorientierten Fachhochschulen aufweisen. Dennoch ist diese Anbindung ausgesprochen unterschiedlich ausgestaltet. So können sie eng an Universitäten, Institute oder Lehrstühle angebunden sein. Das Engagement findet dann häufig im Rahmen von praktischen Lehrveranstaltungen statt. Einige Initiativen agieren dagegen institutionell unabhängig von Universitäten, Instituten oder Lehrstühlen und basieren auf studentischen, gemeinnützigen Vereinen. Der Verantwortliche des Bamberger Univox betonte im Interview, man sei „absolut losgelöst von dem Uni-Apparat". Auch die Verantwortliche des UR Würzburg hob hervor, dass man „kein offizielles Uni-Organ" sei, von der Universität dennoch unterstützt und akzeptiert werde.

Bei den *beteiligten Personengruppen* muss zwischen Leiterinnen und Leitern sowie den studentischen Mitarbeiterinnen und Mitarbeitern unterschieden werden. Je nach institutionellem Kontext übernehmen Professorinnen beziehungsweise Professoren, Dozierende mit praktischer Berufserfahrung oder externe Expertinnen oder Experten mit Lehraufträgen die Leitung. Die Leitenden von Initiativen wie Frieda FM oder Rabbit Radio in Ansbach waren beispielsweise über viele Jahre hinweg als Radiojournalistinnen oder -journalisten erfolgreich. Bei unabhängigen, vereinsbasierten Initiativen übernehmen in der Regel erfahrene Studierende oder Alumni die Leitungsrollen. Die Mitarbeiterinnen und Mitarbeiter im Hochschulrundfunk, also die Moderatorinnen und Moderatoren, Redakteurinnen und Redakteure sowie Social-Media-Beauftragten, sind meistens Studierende. Obwohl die Mitarbeit grundsätzlich allen Studierende der jeweiligen Universitäten oder Fachhochschulen offensteht, sind es vor allem Studierende von Studiengängen mit Medien- oder Kommunikationsbezug, die sich aktiv einbringen. Das Engagement findet wie beispielsweise bei Frieda FM in Bamberg oder Rabbit Radio in Ansbach im Rahmen eines Seminars oder einer Übung innerhalb eines Studiengangs statt, bei dem Credit Points (ECTS) erlangt werden können. Möglich ist es teilweise auch, die Erfahrungen im Campusradio als Praktikum im Studium anzurechnen, so zum Beispiel bei Kanal C in Augsburg. Einige Initiativen setzen auf Engagement außerhalb des Studienverlaufs; das gilt vor allem für unabhängige, vereinsbasierte Projekte wie Univox in Bamberg. Die hohe Fluktuation unter den studentischen Mitarbeitenden stellt die Initiativen dabei vor besondere Herausforderungen, wie einige der Verantwortlichen in den Interviews berichteten. Das ständige Kommen und Gehen sorge zwar für „immer frische[n] Wind", so ein Verantwortlicher von Kanal C im Interview. Gleichzeitig sei es schwierig, die Organisation der Wissensweitergabe zu koordinieren und „eine Form von Generationswechsel" zu organisieren, so der Verantwortliche von Rabbit Radio.

Bei der Gestaltung des *Programms* im Hochschulrundfunk in Bayern ist eine enorme Vielfalt zu beobachten – besser gesagt – zu hören. Die jungen Radiomacherinnen und -macher beschrieben ihr Programm in den Interviews als „total bunt", so ein Verantwortlicher von Kanal C, oder „kunterbunt gewürfelt", wie ein Verantwortlicher des Studentenfunks im Interview zu Protokoll gab. Musikalisch ist für den Hochschulrundfunk festzuhalten, dass die meisten Initiativen mit etablierten, traditionellen Hörfunkformen brechen und zumeist aktiv um Abgrenzung vom im kommerziellen Rundfunk weit verbreiteten Adult Contemporary-Format bemüht sind. Es ginge darum, „etwas Neues zu zeigen" und „neuen Schwung reinzubringen in diese Radiolandschaft", so der Verantwortliche von Kanal C im Interview. Der Verantwortliche vom Kulmbacher Netradio hob im Interview hervor, man wolle „eine Alternative in unserer privaten Rundfunklandschaft bieten". Gerade bei den Wortbeiträgen stünden Berichte zur jeweiligen Universität oder Hochschule sowie der Region im Vordergrund: Berichterstattung über die Universität finde bei Funklust, so die Verantwortliche im Interview, im Rahmen der „Campusnews" statt: „Da geht es viel um die Uni, das Campusleben, das Studium und Studenten – eben alles, was Studenten interessiert." Häufig würden dabei wissenschaftliche Mitarbeitende oder Professorinnen und Professoren der Universitäten und Hochschulen als Expertinnen und Experten in Umfragen herangezogen, so der Verantwortliche von Frieda FM in Bamberg im Interview.

Für die *technische Übertragung* stehen im Hochschulrundfunk grundsätzlich verschiedene Möglichkeiten zur Verfügung: So können einige Initiativen, erstens, ihre Sendungen über UKW-Kanäle verbreiten. Mitglieder in den AFK-Fördervereinen, die seit 2018 als Mediaschool Anbietervereinen firmieren, können dort Sendezeit in Anspruch nehmen, so zum Beispiel das Ansbacher Rabbit Radio oder das Bamberger Campusradio Frieda FM (siehe Kapitel 4.4.1.). Häufig etablieren Projekte des Hochschulrundfunks auch Kooperationen mit kommerziellen Privatradiosendern und verbreiten dort dann eigene Sendungen, so zum

Beispiel Kanal C in Augsburg mit Radio Fantasy oder Netradio in Kulmbach mit Radio Galaxy. Zudem stellen einige der Initiativen, zweitens, auf ihrer Homepage einen eigenständigen Webstream bereit, so zum Beispiel Funklust in Nürnberg-Erlangen. Seit einigen Jahren nutzen einige Hochschulrundfunksender, drittens, mehr und mehr auch innovative Formate: Sie bieten ihr Programm ausschließlich oder zusätzlich als Podcasts über verschiedene digitale Audio-Plattformen an, so zum Beispiel das UR Würzburg, das seine Inhalte lediglich als Podcasts über verschiedene Plattformen verbreitet. Die meisten Initiativen kombinieren die verschiedenen analogen und digitalen Möglichkeiten zur Übertragung ihres Programms beziehungsweise ihrer Sendungen. Welche technischen Möglichkeiten genutzt werden und in welcher Qualität diese Kanäle betrieben werden können, hängt dabei nicht selten von der finanziellen Ausstattung der Sender ab. Bei den Verbreitungswegen ist unter den bayerischen Campusradios also große Heterogenität zu beobachten.

Initiativen im bayerischen Hochschulrundfunk identifizieren in der Regel immer Studierende und Universitätsangehörige als *Zielgruppe*. Der Verantwortliche von Rabbit Radio in Ansbach identifizierte klar „ein studentisches Publikum" als Bezugsgröße. Meistens werden junge Bezugsgruppen in der jeweiligen Stadt oder Region ebenso zum potenziellen Publikum gezählt, sodass insgesamt eine junge und lokale Zielgruppe von den programmlichen Inhalten angesprochen werden soll. In verschiedenen Erhebungen wie der bundesweiten Media Analyse (MA) oder der bayernweiten, regional untergliederten Funkanalyse (FAB) werden keine Reichweitenangaben oder Marktanteile für den Hochschulrundfunk ermittelt (siehe Kapitel 6.1.). Das liegt daran, dass verschiedene Initiativen ihre Sendungen häufig ausschließlich über Webradio oder als Podcasts verbreiten oder dass sie als Programmfenster in kommerziellen Radioprogrammen auftreten. Hinzu kommt zudem, dass die Reichweiten gering sind und damit kaum zuverlässig statistisch erhoben werden können. Trotz der vielfältigen Übertragungswege verbindet die meisten Initiativen damit eine geringe Reichweite. Die Produktion des Programms scheint zentral zu sein, die Rezeption ist eher nachrangig.

Journalistische Ausbildung im Hochschulrundfunk

Die meisten Hochschulrundfunksender vereint darüber hinaus das Ziel, das sie verfolgen: die journalistische Ausbildung ihrer studentischen Mitarbeitenden. Den Nachwuchsjournalistinnen und -journalisten werde ein „ganz gutes Gesamtpaket" an Fähigkeiten, Fertigkeiten oder Kenntnissen vermittelt, so der Verantwortliche von Kanal C im Interview. Die Verantwortliche bei Funklust zeigte sich überzeugt, den studentischen Radiomacherinnen und -machern einen „Rucksack voller journalistischem Handwerkszeug" durch die Mitarbeit mitzugeben. Neben klassischen journalistischen Sach- und Fachkompetenzen in den Bereichen Recherche und Vermittlung, wie sie in der Kommunikationswissenschaft traditionell konzeptioniert wird (vgl. Donsbach 1978; Weischenberg 1990), steht im Hochschulrundfunk vor allem die Qualifizierung im Hinblick auf technische Fähigkeiten im Mittelpunkt. Der Verantwortliche von Univox betonte im Interview, dass allen neuen Mitgliedern vor allem viel technisches Know-How vermittelt werde: „Wie ist so ein Radiostudio aufgebaut? Was sind das eigentlich für Kabel [...]? Welche [...] Knöpfe muss ich drücken, damit alles läuft – nicht nur bei uns, sondern auch bei anderen Sendern später?" Dabei wird in einigen Initiativen bereits crossmedial gedacht und gearbeitet, so zum Beispiel bei Funklust: „Zunächst wird bei uns vor allem das crossmediale Arbeiten gelehrt und gelernt, sodass unsere Absolventen am Ende nicht nur die klassischen Radioaufgaben erledigen können, sondern im Prinzip eine komplette Internetseite inklusive Podcasts, Videobeiträgen und Onlinetexten betreiben können." Auch das „Drehen und Schneiden mit dem Smartphone" werde dabei immer wichtiger, so der Verantwortliche von Netradio im Interview. Die angehenden Journalistinnen und Journalisten würden so lernen, Audio- und Videobeiträge auch mit dem Smartphone zu erstellen. Die Studierenden seien darüber hinaus nicht nur für das Programm des Hochschulrundfunks verantwortlich. Gerade der Umgang mit Social Media sei längst ein wichtiger Ausbildungsinhalt geworden, so der Verantwortliche von Rabbit Radio im Interview: „Wir haben natürlich eine eigene Facebook-Seite, eine eigene Homepage und einen Instagram-Account. Da ist sehr viel vorhanden. Das wird auch von Studierenden parallel zu jeder Sendung bestückt."

Hinzu kommt in den unterschiedlichen Initiativen auch die Vermittlung sehr spezifischer Kompetenzen. In Augsburg beispielsweise werden unternehmerische Kompetenzen vermittelt: Mit Messeauftritten, Veranstaltungen oder der Präsenz in sozialen Medien werde „Kanal C als Marke" etabliert, so der Verantwortliche aus Augsburg im Interview. Im kommerziellen Hörfunk ginge es längst darum, „das Programm als Marke bei der Zielgruppe bekannt zu machen und entsprechend zu vermarkten" – eine Entwicklung, der auch die Ausbildung im Hochschulrundfunk Rechnung trage.

Da die Initiativen nicht mit den Anforderungen des journalistischen Tagesgeschäfts konfrontiert seien – Aktualitätsdruck, hohes Tempo, etc. – sei auch Zeit, sich mit ethischen Fragestellungen zu befassen. Der Verantwortliche von Frieda FM sprach in diesem Kontext von einer „einordnende[n] Kompetenz", die den studentischen Radiomacherinnen und Radiomachern vermittelt werde. Der Verantwortliche von Rabbit Radio hob hervor, dass den Studierenden durch die Mitarbeit im Hochschulrundfunk und das Sammeln erster, praktischer Erfahrungen auch ein „innerer Kompass für journalistische Qualität und Ethik" mitgegeben werde.

Fazit: Campusradio als Sprungbrett für die Karriere im Hörfunk

Die vielen verschiedenen Initiativen im Hochschulrundfunk in Bayern leisten einen wichtigen Beitrag zur Ausbildung und Qualifizierung des Mediennachwuchses. Um dieses Engagement zu fördern, verlieh die Landeszentrale 2019 zum ersten Mal den „Mach-Dein-Radio-Star". In der Kategorie „Bestes Campusradio 2019" wurde das beste Konzept ausgezeichnet. Kriterien waren unter anderem die Struktur des Angebots, die Weitergabe von Wissen, die Gestaltung der Homepage sowie Finanzierungs- und Marketingideen. Als „Bestes bayerisches Campusradio 2019" waren Funklust aus Erlangen, Univox aus Bamberg sowie der Studentenfunk aus Regensburg nominiert. Letztlich ging die Auszeichnung nach Regensburg. In der Begründung der Jury wurde vor allem das Ausbildungskonzept gelobt:

> Durch eine intensive redaktionelle Ausbildung gelingt es, hohe Qualitätsstandards zu setzen: So gibt es für neue Studenten regelmäßige Workshops, eine Ausbildungsshow, Showpraktika und einen „Buddy", das ist ein Mentor, der das ganze Semester Ansprechpartner bleibt.

Das Campusradio als Talentschmiede für den Rundfunk? Mit Blick auf die Initiativen in Bayern muss die Antwort lauten: Ja, unbedingt!

Literatur

Bayerischen Landeszentrale für neue Medien (2019): Grußwort von BLM-Präsident Siegfried Schneider zur Eröffnung der Lokalrundfunktage am 2. Juli 2019. Online: www.blm.de/infothek/aktuell/aktuell-2019-07-02-grusswort-von-blm-praesident-siegfried-schneider-zur-eroeffnung-der-lokalrundfunktage-am-2-juli-2019-12173 (zuletzt abgerufen am 15.02.2021).

Bayerischen Landeszentrale für neue Medien (2020): Studenten machen Radio. Online verfügbar unter: www.blm.de/radiotv/mach_dein_radio/campusradio.cfm (zuletzt abgerufen am 15.02.2021).

Dammann, Katja (1996): Campus-Radio: Hochschule im Äther. In: Ministerium für Wissenschaft und Forschung des Landes Nordrhein-Westphalen (MWF) (Hrsg.): Campus Radio. Düsseldorf: MWF, S. 35-38.

Donsbach, Wolfgang (1978): Zur professionellen Kompetenz von Journalisten. In: Hömberg, Walter (Hrsg.): Journalistenausbildung. Modelle, Erfahrungen, Analysen. München: Ölschläger Verlag, S. 108-121.

Dürhager, Bettina/Quast, Thomas/Stuke, Franz R. (2000): Campus Radio. Innovative

Kommunikation für die Hochschule. Das Modell Radio c.t. Opladen: Leske und Budrich Verlag.

Felling, Matthias (2002): Studierende machen Radio. Diplomarbeit, Universität Bielefeld, Fakultät für Pädagogik.

Fischer, Claudia (1995): Zwischen Expertokratie und Öffentlichkeit – StudentInnenradios als Lernfeld der Wissensvermittlung. Diplomarbeit, Universität Bielefeld, Fakultät für Pädagogik.

Fischer, Claudia (1996): Wer funkt denn da? Versuch einer Kategorisierung. In: Fischer, Claudia (Hrsg.): Hochschul-Radios: Initiativen – Praxis – Perspektiven. Konstanz: UVK Verlagsgesellschaft, S. 57-62.

Hadamik, Sabine (1996): Hochschulrundfunk – Chancen und Grenzen des Landesrundfunkgesetzes NRW. In: Druckschrift des Ministeriums für Wissenschaft und Forschung des Landes NRW. Düsseldorf: o.V.

Holz, Matthias (2012): Campusradios in Deutschland. Ein Zustandsbericht. Unveröffentlichte Masterarbeit, Hochschule für Musik und Theater und Medien Hannover. Kühn, Detlef (1996): Warum gerade ein Hochschul-Radio für Leipzig? In: Fischer, Claudia (Hrsg.): Hochschuld-Radios: Initiativen – Praxis – Perspektiven. Konstanz: UVK Verlagsgesellschaft, S. 67-70.

Lichtenberg, Kathrin (1996): Pures Campus-Radio. Der Hochschulfunk Ilmenau. In: Fischer, Claudia (Hrsg.): Hochschuld-Radios: Initiativen – Praxis – Perspektiven. Konstanz: UVK Verlagsgesellschaft, S. 63-66.

Nährlich, Gisela (1996): Die Arbeitsgemeinschaft Funk in Heidelberg. In: Fischer, Claudia (Hrsg.): Hochschul-Radios: Initiativen – Praxis – Perspektiven. Konstanz: UVK Verlagsgesellschaft, S. 101-121.

Stawowy, Peter (1998): Entwicklung und Funktion von Hochschulradios in Deutschland. Unveröffentlichte Magisterarbeit, Universität Münster, Philosophische Fakultät.

Stuiber, Heinz-Werner (1998): Medien in Deutschland. Band 2: Rundfunk. 2. Teil. Konstanz: UVK Verlagsgesellschaft.

Thüringer Landesmedienanstalt (2010): Chancen lokaler Medien. Modelle, Bewertungen und Anforderungen von lokalem Hörfunk und Fernsehen – zwei explorative Untersuchungen. Berlin: Vistas Verlag.

Weischenberg, Siegfried (1990): Journalismus & Kompetenz. Qualifizierung und Rekrutierung für Medienberufe. Opladen: Westdeutscher Verlag.

Zimmermann, Tobias (2019): Campusradios in Bayern. Ein Überblick über Standorte, Strukturen und Ziele. Unveröffentlichte Bachelorarbeit, Katholische Universität Eichstätt-Ingolstadt.

4.4.3. Früh übt sich: Praktika im bayerischen Lokal- und Regionalrundfunk

Julia Gürster

Türöffner, Sprungbrett und Visitenkarte: Für junge Menschen mit dem Berufsziel Journalismus sind Praktika eine naheliegende Möglichkeit, erste Erfahrungen in Redaktionen zu sammeln, Kontakte zu knüpfen und Arbeitsproben zu erstellen. Auch im bayerischen Privatrundfunk sind Praktikumserfahrungen für Berufsanfängerinnen und Berufsanfänger unverzichtbar. Da es dort abgesehen von Volontariaten an professionalisierten Ausbildungsstrukturen fehlt, sind Praktika eine wichtige Station auf dem Weg zum ersten Job (vgl. Buchholz/La Roche 2013: 14).

Die Vielfalt privater Rundfunkanbieter in Bayern, insbesondere im Hinblick auf den privatrechtlich organisierten Lokalhörfunk, bietet eine interessante Grundlage für die Untersuchung der journalistischen Ausbildung der dort arbeitenden Praktikantinnen und Praktikanten. In Bayern bildeten lokale und regionale Fernsehunternehmen im Jahr 2018 insgesamt 122 Praktikantinnen und Praktikanten aus; bei den lokalen Radiounternehmen waren es im selben Zeitraum 249 Praktikantinnen und Praktikanten (vgl. Goldmedia 2019: 136). 2018 machten sie damit gemeinsam mit Hospitantinnen und Hospitanten rund elf Prozent aller Beschäftigten im privaten Lokalhörfunk und rund zehn Prozent im Lokalfernsehen aus (vgl. BLM 2018: 24). Die Begriffe „Hospitanz" und „Praktikum" sind in der Fachliteratur nicht trennscharf definiert und werden im privaten, aber auch im öffentlich-rechtlichen Rundfunk von verschiedenen Anbietern beziehungsweise Veranstaltern unterschiedlich verwendet. Oftmals gilt eine Hospitanz als „Gelegenheit zum unverbindlichen Hineinschnuppern" (Buchholz/ La Roche 2013: 441) und fällt deshalb wesentlich kürzer aus als ein Praktikum. Im öffentlich-rechtlichen Rundfunk sind jedoch auch Hospitanzen, die mehrere Monate dauern, nicht unüblich. Lokale Privatradiosender sprechen bei ihren Ausschreibungen in der Regel von Praktika.

Seit Praktikantinnen und Praktikanten in den Berichten zur Wirtschaftlichen Lage des Privatrundfunks in Bayern (WiLa) aufgeführt werden, machen sie einen nicht zu vernachlässigenden Anteil aller im privaten Lokalrundfunk Bayerns Beschäftigten aus, siehe Abb. 20.[183] Während ihre Zahlen im Hörfunk- sowie Fernsehbereich von 1996 bis 2016 relativ konstant anstiegen, lässt sich innerhalb der

---

[183] Hinweise zur Abbildung: Bis einschließlich 2004 wurden Hospitantinnen und Hospitanten nicht erwähnt und lediglich Zahlen zu Praktikantinnen und Praktikanten erhoben. In den WiLa-Berichten von 2008 und 2010 werden zudem nur die Anteile der Praktikantinnen und Praktikanten im deutschlandweiten Privatrundfunk aufgeführt, weshalb für diese Jahre keine Ergebnisse für den bayerischen privaten Rundfunk dargestellt werden können.

letzten vier Jahre ein leichter Rückgang beobachten. An dieser Stelle sei dabei allerdings kurz Folgendes erwähnt: Weil die Zahl der Beschäftigten im lokalen und regionalen Fernsehen deutlich unter der im lokalen Hörfunk liegt, fallen Schwankungen der Anzahl der Praktika im Fernsehen stärker ins Gewicht als im Hörfunk.[184]

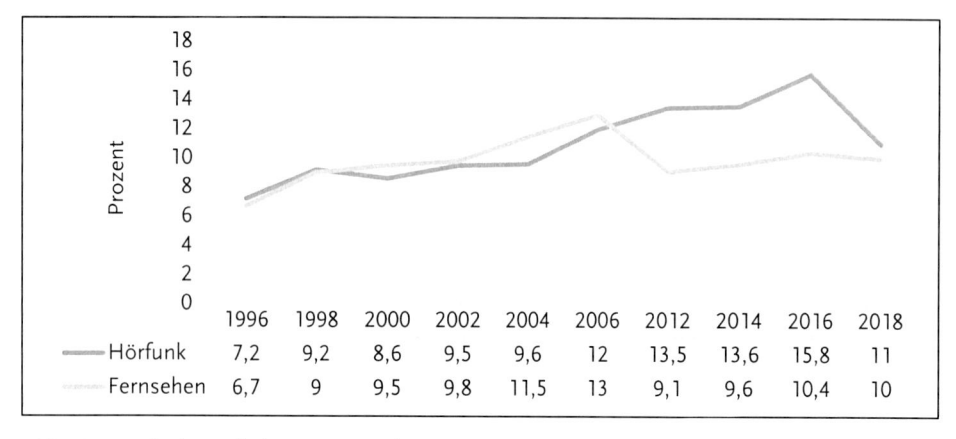

Prozent	1996	1998	2000	2002	2004	2006	2012	2014	2016	2018
Hörfunk	7,2	9,2	8,6	9,5	9,6	12	13,5	13,6	15,8	11
Fernsehen	6,7	9	9,5	9,8	11,5	13	9,1	9,6	10,4	10

Abb. 20: Anteile der Praktikantinnen und Praktikanten sowie Hospitantinnen und Hospitanten am Gesamtpersonal im lokalen privaten Hörfunk und lokalem privaten Fernsehen in Bayern von 1996 bis 2018 in Prozent (vgl. BLM 1997: 116, 118; BLM 1998: 123, 125; BLM 2000: 145, 148; BLM 2002: 131, 133; BLM 2004: 123, 126; BLM 2007: 182, 183; BLM 2013: 168, 186; BLM 2015: 143, 157; BLM 2017a: 124, 134; BLM 2018: 124, 134).

Der Anteil journalistischer Praktikantinnen und Praktikanten an der Gesamtbeschäftigung im lokalen Privatrundfunk unterstreicht die Notwendigkeit einer fundierten, empirischen Auseinandersetzung. In diesem Kapitel werden Praktika als wichtige Säule der journalistischen Ausbildung in Bayerns privatrechtlich organisierten Rundfunkbetrieben genauer betrachtet. Illustriert wird zunächst der Stellenwert von Praktika in den Anfangsjahren des privaten Rundfunks durch Aussagen verschiedener Radio- sowie TV-Macherinnen und -macher, die ihre ersten Schritte im Medium selbst als Praktikantinnen und Praktikanten wagten, darunter Radio Bamberg-Moderatorin Kerstin Rausch-Meier (1990 bei Radio Regnitzwelle), Geschäftsführer von Radio Bamberg und Radio Galaxy Mischa Salzmann (1989 bei Radio Regnitzwelle), Achim Kasch, bis zu seiner Rente im Juli 2020 langjähriger MAX NEO-Programmchef (1990 bei Fun Boy Radio) sowie der Bayern 2-Moderator Stefan Parrisius (1985 bei Radio 1). Hinzu kommen Erkenntnisse über die heutige Rolle von Praktikantinnen und Praktikanten im re-

---

[184] 2018 arbeiteten in Bayern 1.585 Personen bei lokalen Privathörfunkanbietern und 773 bei lokalen Privatfernsehanbietern (vgl. BLM 2018: 24f.).

daktionellen Alltag aus drei offenen Leitfadeninterviews sowie einer standardisierten Befragung von 54 bayerischen Privatradiopraktikantinnen und -praktikanten aus dem Jahr 2019.

Praktika in der Anfangszeit des privaten Lokalrundfunks in Bayern

Bereits kurz nach dem Sendestart Bayerns erster lokaler Privatsender kamen Praktikantinnen und Praktikanten zum Einsatz. Stefan Parrisius bestätigte im Interview, dass beim Münchner Radio 1 bereits im Jahr 1985 einige Praktikantinnen und Praktikanten Teil des Teams gewesen seien. Und auch bei Radio Bamberg waren bereits im Jahr 1990 Praktikantinnen und Praktikanten maßgeblich in den Redaktionsalltag eingebunden, wie Kerstin Rausch-Meier im Gespräch berichtet. Bei Radio F in Nürnberg stieg nach der Anfangszeit zum Ende der 80er Jahre hin die Anzahl unbezahlter Praktikantinnen und Praktikanten, die im Rahmen ihres Studiums beim Sender arbeiteten – diese kamen größtenteils aus Bamberg und Eichstätt. Nicht selten wären zusätzliche Features angesichts des Personalmangels ohne sie nicht möglich gewesen, erinnert sich Kai Fraass an die Zeit bei Radio W1 in Würzburg.

1988 beziehungsweise 1989 wurde von der Arbeitsgruppe Kommunikatorforschung München (AKM) eine Befragung von 109 Programmanbietern durchgeführt. In der Befragung wurde unter anderem auf Praktikantinnen und Praktikanten innerhalb der Gesamtbeschäftigung und der Gestaltung der Rundfunkangebote eingegangen: Zum Zeitpunkt der Erhebung, also noch während der „Pionierphase" des privaten Rundfunks in Bayern, beschäftigten rund 30 Prozent der befragten Anbieter jeweils bis zu drei Praktikantinnen oder Praktikanten. Insgesamt ergab die Erhebung bayernweit eine durchschnittliche Verteilung von rund zwei Praktikantinnen oder Praktikanten pro Anbieter (vgl. Milkau 1991: 34). Von 391 befragten Beschäftigten in Bayerns Privatfunk gaben damals 29 Prozent an, bereits ein journalistisches Praktikum vor ihrer Tätigkeit absolviert zu haben, davon 37 Prozent im privaten Rundfunk (vgl. ebd.: 54).

Auch auf dem Ausbildungskongress der BLM im Jahr 1991 waren Praktika und Fragen der Qualifizierung des Nachwuchses im Rundfunk eines der zentralen Themen. Wolfgang Sabisch, Privatradiopionier bei Radio Gong in München und Radio F in Nürnberg (dann, ab 1996 Programmchef und Ausbildungsleiter des Münchner Aus- und Fortbildungssenders M94.5) betonte damals die Wichtigkeit von konkreten Ansprechpartnerinnen und Ansprechpartnern für die Ausbildung in den Redaktionen:

> Denn es langt nicht, daß jemand nach vier Wochen Praktikum in einem privaten Sender schon die Selbsteinschätzung hat, er könne jetzt

anderen Leuten auch was erzählen. [...] Ich muß jemanden in den Redaktionen haben, der verantwortlich ist für Ausbildung, der zumindest in dem Moment zur Verfügung steht, wenn Fragen auftauchen, der auch korrigierend eingreifen kann in Arbeitsvorgänge (Wolfgang Sabisch zit. nach BLM 1991: 147).

Befragung von bayerischen Radiopraktikantinnen und -praktikanten

Trotz ihres hohen Stellenwerts in der lokalen Rundfunklandschaft in Bayern sind die dortigen journalistischen Praktika weitgehend unerforscht. Im Rahmen der erwähnten bundesweiten Kommunikatorstudie von 1988/89 von Brigitte Milkau (1991) wurde die journalistische Ausbildung thematisch immer wieder tangiert. In einer aktuelleren Befragung befasste sich zuletzt Anja Angermaier (2010) mit der aktuellen Situation von redaktionellen Praktikantinnen und Praktikanten in deutschen Hörfunkredaktionen. Während sich Brigitte Milkaus Erhebung stark auf die institutionellen Kommunikatoren innerhalb des privatrechtlich organisierten Systems fokussierte, zog Anja Angermaiers Befragung erstmals auch die Rahmenbedingungen und Anforderungen von Rundfunkpraktika in Betracht.

In Anlehnung an die Konzeptionen dieser beiden Studien konnte im Sommer 2019 erstmals eine spezifisch auf die bayerischen lokalen Privathörfunkanbieter angepasste Befragung von ehemaligen Praktikantinnen und Praktikanten durchgeführt werden. Dabei wurden insgesamt 54 Personen in explorativen Interviews beziehungsweise einer standardisierten Onlinebefragung zu ihren Erfahrungen befragt.

Die Stichprobe zeigte eine deutlich stärkere Präsenz von Frauen: 40 Befragte waren weiblich, 14 männlich. Während ihres Praktikums waren die Personen durchschnittlich 21,9 Jahre alt. Die Praktikumserfahrungen, zu denen die Teilnehmenden befragt wurden, lagen im Schnitt etwas länger als ein Jahr zurück. Zum Zeitpunkt der Erhebung waren rund 65 Prozent der Teilnehmenden an einer Hochschule oder Universität immatrikuliert. Bei der Verteilung der Studienfächer der Befragten war eine Tendenz zu kommunikations- und medienwissenschaftlichen sowie politikwissenschaftlichen Studiengängen erkennbar. 24 Befragte gaben an, vor ihrem Praktikum bei einem bayerischen Privatradiosender bereits ein anderes journalistisches Praktikum absolviert zu haben. Davon hatten zehn Personen, also beinahe die Hälfte, sogar mehr als eines gemacht. 23 Personen hatten ihr Praktikum ohne journalistische Vorkenntnisse begonnen. Insgesamt waren sechs Regierungsbezirke in der Stichprobe vertreten, alle außer der Oberpfalz. Der in sieben Fällen und damit am häufigsten genannte Sender war Radio Energy Nürnberg, gefolgt von Radio Bamberg mit fünf Nennungen. Zwei Befragte gaben an, ihr Praktikum beim Privatradiosender Antenne Bayern absolviert zu haben. Die starke Stellung des Radiostandorts München wurde ebenfalls

4.4.3. Praktika im bayerischen Lokal- und Regionalfunk

in der Onlinebefragung deutlich: Insgesamt fanden zwölf der 54 untersuchten Praktika in der bayerischen Landeshauptstadt statt. Zunächst wurden die unterschiedlichen Praktikumsformen erhoben: Fünf Personen gaben an, das Praktikum als Pflichtpraktikum im Rahmen ihres Studiums absolviert zu haben. Zwölf Befragte leisteten ein Vorpraktikum ab. 29 Befragte hatten ihr Praktikum freiwillig absolviert. Die Motive hinter freiwilligen Praktika waren vielfältig: Alle Personen, die ein so genanntes freiwilliges Praktikum gemacht hatten, begründeten ihre Entscheidung damit, Arbeitserfahrung sammeln zu wollen. 26 Befragte nannten zudem die Möglichkeit der beruflichen Orientierung als weitere Motivation. 21 Personen entschieden sich für ihr Praktikum, um ihren Lebenslauf zu erweitern und 14 erhofften sich dadurch später bessere Berufschancen. Insgesamt 20 der 29 Personen begründeten ihre Entscheidung für ein Praktikum damit, Journalistin beziehungsweise Journalist werden zu wollen.[185]

Bezüglich der Dauer waren achtwöchige Praktika innerhalb der Stichprobe besonders prominent: Insgesamt 18 der 54 Befragten gaben diese Praktikumsdauer an. Darüber hinaus verbrachten zwei Befragungsteilnehmende neun Wochen, drei Personen zehn Wochen, 14 Personen zwölf Wochen und vier Befragte mehr als zwölf Wochen in ihren jeweiligen Sendern. Von allen 54 untersuchten Praktika dauerten also 76 Prozent zwei Monate oder länger. Bei den restlichen Antworten handelte es sich um fünf sechswöchige, zwei fünfwöchige und vier vierwöchige Praktika sowie zwei Fälle, in denen weniger als vier Wochen in den Sendern verbracht wurden.

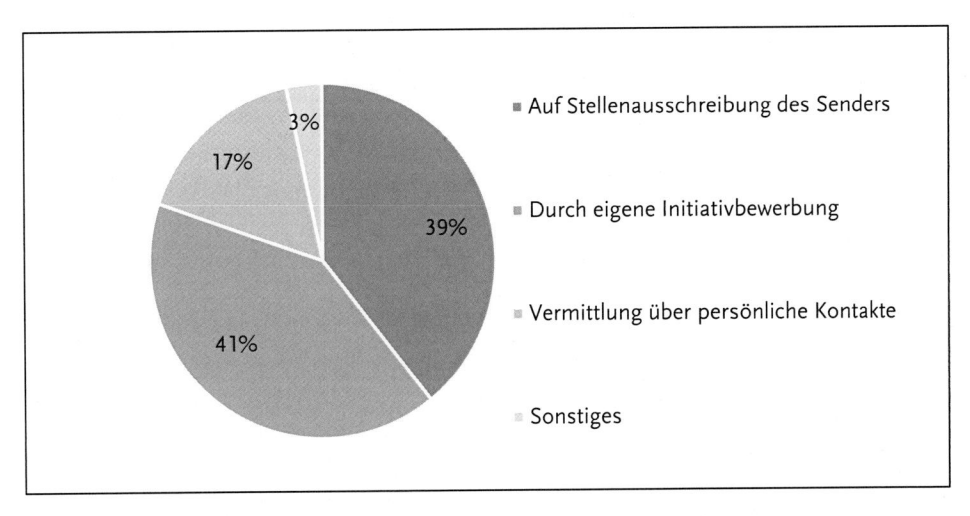

Abb. 21: Wege zum Praktikumsplatz (eigene Darstellung, Antwortverteilung in Prozent, n=54).

---

[185] Innerhalb der Onlinebefragung war bei der Frage nach der Motivation für das freiwillige Ableisten des Praktikums eine Mehrfachnennung der Antwortoptionen möglich.

Der häufigste erste Schritt auf dem Weg zum Praktikum war die Initiativbewerbung, durch die 25 Befragte zu ihrem Praktikumsplatz kamen, siehe Abb. 21. Neun Personen gaben an, über persönliche Kontakte ein Praktikum organisiert zu haben. Die Bedeutung von „Vitamin B" findet auch in der Literatur über journalistische Ausbildung Erwähnung:

> Die berühmt-berüchtigten Beziehungen sind in der Tat hilfreich, ein Praktikum zu bekommen. Bei einem Überangebot von Bewerbern zählen manchmal einfach die Kontakte, egal, ob die Beteiligten das sehr praktisch oder moralisch bedenklich finden (Ahlswede 2010: 41).

24 Personen bewarben sich auf eine Stellenausschreibung des Senders. Bezüglich der weiteren Schritte im Bewerbungsprozess gaben über 80 Prozent der Befragten an, vor dem Antritt des Praktikums ein persönliches oder telefonisches Vorstellungsgespräch durchlaufen zu haben. Von neun Personen wurde verlangt, journalistische Arbeitsproben vorzulegen, in acht Fällen wünschte sich der Sender eine aktuelle Immatrikulationsbescheinigung einer Hochschule. In Kombination mit der geringen Erwartungshaltung der Sender bezüglich journalistischer Vorerfahrungen und akademischer Abschlüsse kann an dieser Stelle von einer relativ niedrigen Anforderungsschwelle an zukünftige Praktikantinnen und Praktikanten gesprochen werden.

Die Rahmenbedingungen eines Praktikums können in einem Praktikumsvertrag festgehalten werden, was in vielen Fällen allerdings keine Verpflichtung darstellt (vgl. BMAS 2011: 15). Rund 30 Prozent der 54 befragten Praktikantinnen und Praktikanten wurden ohne einen solchen Vertrag beschäftigt. Die Arbeitszeiten waren bei 59 Prozent der untersuchten Praktika vom jeweiligen Sender vorgeschrieben und basierten bei rund einem Drittel auf Vertrauensbasis. Die Praktikantinnen und Praktikanten, bei denen die tägliche Anwesenheitszeit vorgegeben war, arbeiteten im Schnitt 7,7 Stunden pro Tag. Bei einer Vertrauensarbeitszeit verbrachten sie täglich durchschnittlich 7,1 Stunden im Sender. Unabhängig von der Art der Regelung kann die tatsächlich in der Redaktion verbrachte Zeit durchaus von der vorgeschriebenen Stundenzahl abweichen. Dies kann besonders kritisch gesehen werden, wenn Überstunden geleistet werden, die bei unbezahlten Praktika auch nicht anderweitig „abgefeiert" werden können. „Ich kann mich an viele Tage erinnern, an denen ich auf jeden Fall nach 18 Uhr aus dem Sender gegangen bin", berichtete beispielsweise eine Praktikantin im Interview. Die Hälfte der Befragten berichtete davon, auch an Wochenenden für den jeweiligen Sender gearbeitet zu haben. Ob die an Samstagen und Sonntagen geleistete Arbeitszeit unter der Woche ausgeglichen werden konnte, wurde im Rahmen der Onlinebefragung nicht ermittelt.

Einarbeitung, Betreuung und Feedback

37 Befragte bejahten das Vorhandensein einer festen Ansprechperson. In den zusätzlich geführten Leitfadeninterviews berichteten Praktikantinnen und Praktikanten, dass die Einarbeitung entweder durch Volontärinnen und Volontäre oder nur sehr knapp durchgeführt worden sei: „Ich muss schon sagen, dass man ins kalte Wasser geworfen wurde", erinnert sich eine Praktikantin an ihre ersten Tage in der Redaktion. Es ist wahrscheinlich, dass in einigen Fällen eine gemeinschaftliche Betreuung durch mehrere Hörfunkmitarbeiterinnen und -mitarbeiter anstelle einer festen Ansprechperson stattfand. Die Bewertung der Betreuung seitens der Befragten fiel keineswegs negativ aus. Mehr als drei Viertel aller Praktikantinnen und Praktikanten stimmten der Aussage, „Während meines Praktikums habe ich mich gut betreut gefühlt", „absolut" oder „eher" zu. Demgegenüber stimmten neun Personen „eher nicht zu" und drei Personen „überhaupt nicht zu". In den Interviews bezog sich Kritik ausschließlich auf das Fehlen einer umfassenden Einarbeitung. Unabhängig davon werden eine Einarbeitung und regelmäßige Rückmeldungen in Form von Feedbackgesprächen in Praktika allgemein empfohlen (vgl. BLM 1991: 147; Ahlswede 2010: 81; Initiative Qualität im Journalismus 2020). Ein abschließender Austausch in Form von Feedbackgesprächen ist nicht in jedem Sender etabliert, weshalb es häufig als Aufgabe der Praktikantinnen und Praktikanten gesehen wird, dieses zu initiieren (vgl. Ahlswede 2010: 118). In beinahe der Hälfte der untersuchten Praktika fand kein solches Gespräch statt.

Ein einheitlicheres Bild ergab die Frage nach dem Vorhandensein eines Praktikumszeugnisses, zu dessen Aushändigung Arbeitgeber rechtlich verpflichtet sind (siehe §16 BBiG). Die Onlinebefragung ergab vier Fälle, in denen weder ein Zeugnis noch ein vergleichbares Dokument ausgehändigt wurde. Wird entgegen dem Anspruch keine Bescheinigung ausgestellt, geht für Praktikantinnen und Praktikanten ein maßgeblicher Teil des Mehrwerts von Praktika verloren.

Vergütung und Arbeitspensum

Die wohl am häufigsten thematisierte Rahmenbedingung von Praktika, auch im journalistischen Bereich, ist deren Vergütung. In Deutschland existiert diesbezüglich folgende Regelung: Wer länger als drei Monate ein freiwilliges Praktikum macht, hat seit 2015 Anspruch auf eine Bezahlung nach dem gesetzlichen Mindestlohn (vgl. BMAS 2019: 4). Vom Mindestlohnanspruch ausgenommen sind verpflichtende Vorpraktika, Praxisphasen während eines dualen Studiums, Pflichtpraktika im Rahmen eines Studiums sowie freiwillige Praktika von weniger als drei Monaten. Lediglich zwölf der 54 untersuchten Praktika in bayerischen Privatradiosendern wurden monatlich vergütet: acht von ihnen mit bis zu 200

Euro, eines mit bis zu 400 Euro und drei mit bis zu 600 Euro, womit aber alle unterhalb des gesetzlichen Mindestlohns blieben, zu dem der Arbeitgeber erst bei freiwilligen Praktika ab einer Dauer von mehr als drei Monaten verpflichtet ist. Die Mehrheit der untersuchten Praktikantinnen und Praktikanten hatte wegen ihrer Praktikumsdauer keinen Anspruch auf Mindestlohn, der Arbeitgeber handelte also nicht rechtswidrig. Vielmehr werden freiwillige Praktika mit einer Höchstdauer von maximal drei Monaten ausgeschrieben, damit der Anspruch gar nicht erst entsteht.

Den größten Anteil der unentgeltlichen Praktika bildeten achtwöchige Praktika, gefolgt von zwölfwöchigen Praktika. Obwohl eine fehlende oder sehr geringe Vergütung zunächst als mindestens unangenehm und höchstens frustrierend empfunden wird, seien die damit verbundenen sozialen Konsequenzen nicht zu unterschätzen: Die „Investition" (Orlowski 2014: 185), die Praktikantinnen und Praktikanten für ihre zukünftigen Bewerbungschancen unentgeltlich tätigen, könne dazu führen, dass während des Praktikums anderen Erwerbstätigkeiten zur Sicherung des Lebensunterhalts nachgegangen werden muss. Weil journalistische Praktika in der Regel nur in Vollzeit angeboten werden, kann ein Nebenerwerb als enorme Zusatzbelastung gesehen werden. Ein unbezahltes Praktikum absolvieren zu können, setzt also voraus, sich währenddessen anderweitig zu finanzieren – was Teilen der Bevölkerung den Zugang zu einer journalistischen Ausbildung erschweren dürfte. Die Frage muss also nicht nur lauten, inwiefern Praktika angemessen vergütet werden können, sondern auch, wer sich ein unbezahltes Praktikum leisten kann, wenn eine entsprechende Entlohnung fehlt. Von den zwölf Praktikantinnen und Praktikanten, die eine Vergütung erhalten hatten, bewerteten zwei deren Höhe als „angemessen". Mehr als die Hälfte der Personen mit vergüteten Praktika stufte die Entlohnung als zu gering ein. Von den 42 unbezahlten Praktikumsabsolventinnen und -absolventen gaben 35 an, dass eine Vergütung für ihre Arbeit angemessen gewesen wäre. Beinahe drei Viertel dieser Antwortgruppe hatten mindestens acht Wochen lang Praktikum gemacht. Und so ist es die Entlohnung der Praktikantinnen und Praktikanten, die im Zentrum der Kritik der vom Deutschen Journalismus-Verband (DJV) sowie von der Deutschen Journalistinnen- und Journalisten-Union in ver.di (dju) getragenen Praktika-Offensive steht (siehe Initiative Qualität im Journalismus 2020).

Neben den Rahmenbedingungen stellt die Studie auch die Frage nach ausgeführten Tätigkeiten und erworbenen Kompetenzen. Die Tatsache, dass 50 der 54 Befragten redaktionelle Beiträge verfassten, ebenso wie starke Ausprägung von durchgeführten Straßenumfragen, Telefoninterviews und Einzelinterviews, sprechen für eine Einordnung von Praktika auf dem Spektrum der journalistischen Ausbildung, siehe Abb. 22. In beinahe der Hälfte aller Fälle besuchten Praktikantinnen und Praktikanten außerdem als Stellvertretende des Senders externe Veranstaltungen. Der Umgang mit Datenbanken wurde von nicht ganz der Hälfte und das Schneiden von Beiträgen von lediglich vier Personen zu den erledigten Aufgaben gezählt. Einige Praktikantinnen und Praktikanten waren zudem in Werbe- und Repräsentationsmaßnahmen sowie in der Veranstaltungsorganisation der Sender involviert.

Ein Radiopraktikum liefert zudem oft das nötige technische Knowhow, um erstmals eigene Hörfunkbeiträge zu produzieren und zu schneiden, die im Idealfall auch gesendet werden: „Du bekommst Deine Arbeitsproben erst einmal einfach nur durch Praktika," berichtete eine ehemalige Praktikantin im Interview. Rund drei Viertel aller Befragten verfassten während ihrer Zeit beim Sender An- beziehungsweise Abmoderationen und Veranstaltungshinweise. Immerhin 61 Prozent schrieben Radionachrichten. In weniger als der Hälfte aller Fälle wurden außerdem Reportagen, Kollegentalks und Comedy-Elemente verfasst.

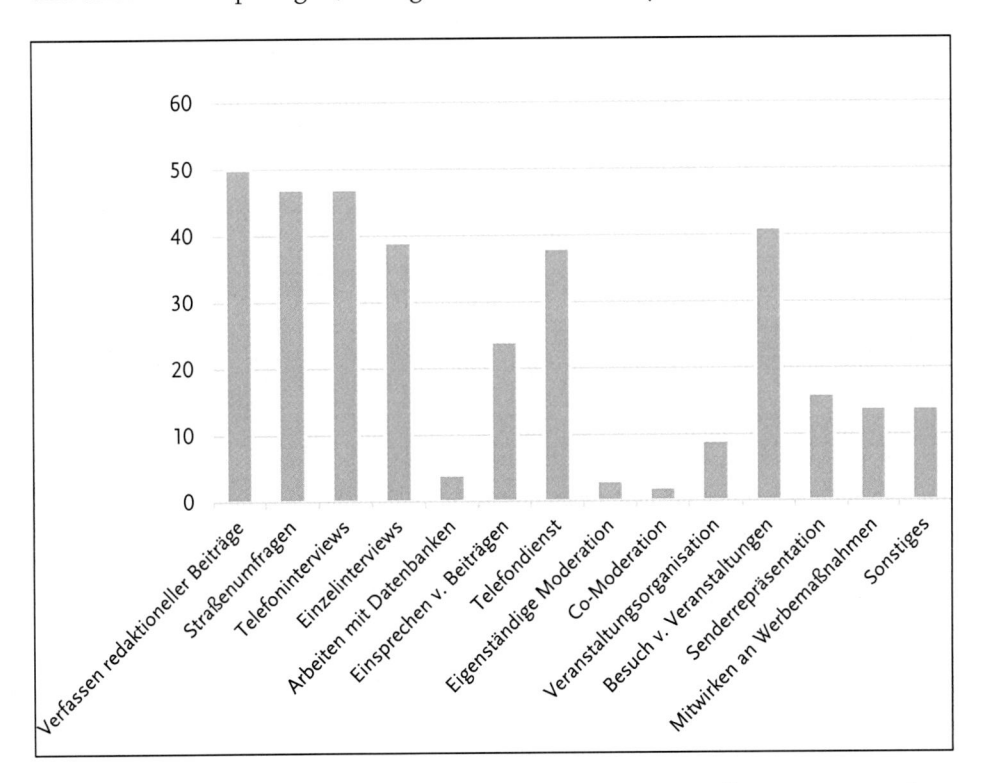

Abb. 22: Tätigkeiten der Praktikantinnen und Praktikanten (eigene Darstellung, Antwortverteilung in Prozent, Mehrfachnennungen möglich, n=54).

Das Spektrum der Beitragsarten, mit denen Praktikantinnen und Praktikanten in bayerischen Privathörfunkredaktionen in Berührung kamen, ist für eine Dauer von sechs bis acht Wochen vermutlich angemessen. Je nachdem, wie stark die Praktikantinnen und Praktikanten in den Redaktionsablauf eingebunden werden, variiert auch das Arbeitspensum und der damit verbundene Stress für Nachwuchsjournalistinnen und -journalisten. Zwölf von 54 Befragten bewerteten das Pensum ihres Praktikums als „teilweise zu hoch" und eine Person als „zu hoch". 23 ehemalige Praktikantinnen und Praktikanten beschrieben die Arbeitslast als „angemessen", 14 bezeichneten die Menge an Arbeit hingegen als „teilweise zu gering" und weitere vier Personen als „zu wenig".

Praktikum als „Karrieresprungbrett"

Zwölf der 54 befragten Praktikumsabsolventinnen und -absolventen wurde nach ihrem Praktikum ein Volontariat angeboten. Ein anderer, gängiger nächster Schritt ist eine freie Mitarbeit, die rund 26 der Befragungsteilnehmenden in Aussicht gestellt wurde. Die Chancen auf eine Anschlussbeschäftigung sind gerade bei kleineren, lokalen Sendern höher als bei landesweiten Sendern wie Antenne Bayern (vgl. Becker/Kaiser 2014: 81ff.).

Insgesamt antworteten 29 von 54 Personen in der Onlinebefragung, ihnen sei vom Sender ein weiteres Karriereangebot gemacht worden, siehe Abb. 23. Neben dem Volontariat und der freien Mitarbeit wurden ebenfalls Werkstudentenstellen, gelegentliche Aushilfen und ehrenamtliche Mitarbeit genannt.

Die Praktikumsdauer schien dabei das Angebot weiterer Karrieremöglichkeiten seitens der Sender wenig zu beeinflussen: Wem eine freie Mitarbeit angeboten wurde, verbrachte zuvor einen Zeitraum von vier bis zu mehr als zwölf Wochen im Sender. Beim Angebot von Volontariaten war ein deutlicher Einfluss zu beobachten: Von 13 Personen, denen ein Volontariat vorgeschlagen wurde, hatten elf Praktika von acht Wochen oder länger absolviert. Allerdings zeigen die insgesamt 14 Fälle, in denen nach neunwöchigen oder längeren Praktika kein Karriereangebot seitens der Sender zustande kam, dass auch längere Radiopraktika in bayerischen Privatradiosendern heute kein garantierter Türöffner für die Branche sind.

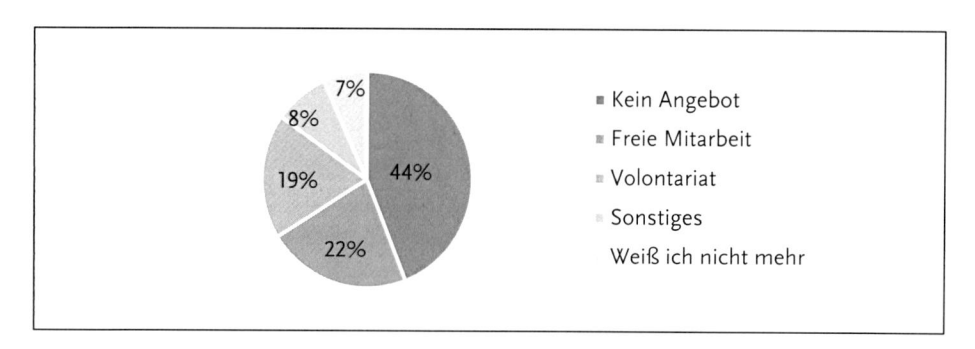

Abb. 23: Karriereangebote und -optionen nach dem Praktikum (eigene Darstellung, Antwortverteilung in Prozent, Mehrfachnennungen möglich).

Fazit: Gut für die Anbieter, gut für den Nachwuchs?

Insbesondere in der Gründungsphase der ersten bayerischen Privatrundfunksender schienen Praktika, wie eingangs geschildert, eine herausragende Möglichkeit für den Start einer Rundfunkkarriere gewesen zu sein, erinnert sich Günther Janßen:

> [Bei Radio Energy in Nürnberg] sind immer noch Leute, die bei mir damals angefangen haben. Die haben bei mir als Praktikanten angefangen, dann haben sie Volontariat gemacht, dann sind sie angestellt worden. Und die ersten Leute, die über diesen Weg gekommen sind, waren dann auch in der Regel gleich Führungsleute.

Auch Rudi Loderbauer begann im Jahr 2000 nach seinem Praktikum bei Radio Trausnitz in Landshut dort ein Volontariat – eine Abfolge, die im Journalismus keine Seltenheit darstellt (vgl. Hooffacker/La Roche/Meier 2013: 248).

Für die Rundfunkanbieter selbst können die Praktikantinnen und Praktikanten einen unternehmerischen und kreativen Mehrwert für den eigenen Sendebetrieb darstellen: In einer Arbeitgeberstudie aus dem Jahr 2010 stimmten 55 Prozent der befragten deutschen Anbieter der Aussage „Praktikanten haben bei diesem Radiosender einen wichtigen Job. Ohne sie geht es nicht!" zu (vgl. Angermaier 2010: 104). Die skizzierten Ergebnisse der Befragung machten deutlich, dass Gerade bei kleinen, lokalen Anbietern Praktikantinnen und Praktikanten die oftmals gering besetzten Redaktionen dabei unterstützen, den journalistischen Output sicherzustellen, während sie gleichzeitig kaum finanziellen Input von den Sendern verlangen. Zahlreiche Anbieter schreiben laufend Praktikumsstellen aus und beschäftigen häufig mehrere Praktikantinnen und Praktikanten gleichzeitig, selten jedoch über eine Dauer von drei Monaten hinaus. Für die Anbieter sind die ehemaligen Praktikantinnen und Praktikanten zudem, auch das wurde in der Befragung offenkundig, auch ein „Talent-Pool": Gerade engagierte Absolventinnen und Absolventen werden häufig für feste Stellen herangezogen (vgl. Angermaier 2010: 73).

Für die jungen Nachwuchsjournalistinnen und -journalisten selbst sind Praktika häufig die erste Station auf dem Weg in den Journalismus. Wie die in diesem Kapitel eingangs zitierten Aussagen aus den Interviews mit Radiomacherinnen und -machern der ersten Stunde zeigten, waren Praktika im bayerischen Privatfunk von Anfang an – und damit bereits in den frühen Pionierjahren ab 1985 – ein wichtiges Karrieresprungbrett. Auch heute noch unterstützen Praktika junge Erwachsene dabei, erste journalistische Erfahrungen zu sammeln, Kompetenzen aufzubauen, Kontakte zu knüpfen und Arbeitsproben zu erstellen. Weil sich der private Rundfunk weiterhin funktionalem und strukturellem Wandel ge-

genübersieht, ist eine gute, profunde Ausbildung heute wichtiger denn je. So betonte BLM-Präsident Siegfried Schneider 2017 zum 30-jährigen Jubiläum der Akademie für neue Medien in Kulmbach:

> Aber die lokalen Medien sollten dem Nachwuchs auch eine professionelle Ausbildung nach festgelegten Standards und ihren Mitarbeitern Fortbildungsmöglichkeiten bieten. [...] Denn der Medienwandel ist rasant und es bedarf sicherlich einiger Anstrengungen, um neben dem normalen Alltagsgeschäft in der Lokalredaktion noch auf der Höhe der Zeit zu bleiben und Innovationen zu wagen. Für Printmedien, Online-Portale und Sender ist die Investition in die Ausbildung eine wichtige Säule, um die Qualität im Journalismus zu sichern (zit. nach BLM 2017b).

Angesichts ihrer durchaus großen Bedeutung für lokale und regionale Rundfunksender bleibt eine angemessene Würdigung von Praktikantinnen und Praktikanten häufig aus. Gleichzeitig ist es vor allem für viele kleinere Rundfunkanbieter eine finanzielle Herausforderung, diese Praktika zu vergüten. Von einer verbindlichen Regelung der Anforderungen, Lernziele und der Entlohnung von Praktika im privaten lokalen Rundfunk in Bayern könnten jedoch sowohl Rundfunkanbieter als auch der journalistische Nachwuchs profitieren.

Literatur

Ahlswede, Elke (2010): Praktikum! Konstanz: UVK Verlagsgesellschaft.
Angermaier, Katja (2010): Praktikanten in deutschen Hörfunkredaktionen. Unbezahlt und unentbehrlich? Diplomarbeit, Hochschule Mittweida.
Bayerische Landeszentrale für neue Medien (1991): Journalismus für den Hörfunk der Zukunft: Dokumentation zum BLM-Ausbildungskongress 1990. München: Reinhard Fischer Verlag.
Bayerische Landeszentrale für neue Medien (1997): Wirtschaftliche Lage des Rundfunks in Deutschland 1996/1997. Studie im Auftrag der Landesmedienanstalten. Online: www.wila-rundfunk.de/wp-content/uploads/2018/04/Wirtschaftliche-Lage-des-Rundfunks-in-Bayern-1996-1997.pdf (zuletzt abgerufen am 15.02.2021).
Bayerische Landeszentrale für neue Medien (1998): Wirtschaftliche Lage des Rundfunks in Deutschland 1997/1998. Studie im Auftrag der Landesmedienanstalten. Online: www.wila-rundfunk.de/wp-content/uploads/2018/04/Wirtschaftliche-Lage-des-Rundfunks-in-Bayern-1997-1998.pdf (zuletzt abgerufen am 15.02.2021).
Bayerische Landeszentrale für neue Medien (2000): Wirtschaftliche Lage des Rundfunks

in Deutschland 1999/2000. Studie im Auftrag der Landesmedienanstalten. Online: www.wila-rundfunk.de/wp-content/uploads/2018/04/Wirtschaftliche-Lage-des-Rundfunks-in-Bayern-1999-2000.pdf (zuletzt abgerufen am 15.02.2021).

Bayerische Landeszentrale für neue Medien (2002): Wirtschaftliche Lage des Rundfunks in Deutschland 2001/2002. Studie im Auftrag der Landesmedienanstalten. Online: www.wila-rundfunk.de/wp-content/uploads/2018/04/Wirtschaftliche-Lage-des--Rundfunks-in-Bayern-2004.pdf (zuletzt abgerufen am 15.02.2021).

Bayerische Landeszentrale für neue Medien (2004): Wirtschaftliche Lage des Rundfunks in Deutschland 2004. Studie im Auftrag der Landesmedienanstalten. Online: www.wila-rundfunk.de/wp-content/uploads/2018/04/Wirtschaftliche-Lage-des-Rundfunks-in-Bayern-2004.pdf (zuletzt abgerufen am 15.02.2021).

Bayerische Landeszentrale für neue Medien (2007): Wirtschaftliche Lage des Rundfunks in Deutschland 2006/2007. Studie im Auftrag der Landesmedienanstalten. Online: www.wila-rundfunk.de/wp-content/uploads/2017/10/Wirtschaftliche-Lage-des-Rundfunks-in-Bayern-2006-2007.pdf (zuletzt abgerufen am 15.02.2021).

Bayerische Landeszentrale für neue Medien (2013): Wirtschaftliche Lage des Rundfunks in Deutschland 2012/2013. Studie im Auftrag der Landesmedienanstalten. Online: www.blm.de/files/pdf1/Der_Rundfunk_in_Bayern_2012_13.pdf (zuletzt abgerufen am 15.02.2021).

Bayerische Landeszentrale für neue Medien (2015): Wirtschaftliche Lage des Rundfunks in Deutschland 2014/2015. Studie im Auftrag der Landesmedienanstalten. Online: www.blm.de/files/pdf1/wirtschaftliche_lage_rundfunk_ger_2014-20152.pdf (zuletzt abgerufen am 15.02.2021).

Bayerische Landeszentrale für neue Medien (2017a): Wirtschaftliche Lage des Rundfunks in Deutschland 2016/2017. Studie im Auftrag der Landesmedienanstalten. Online: www.blm.de/files/pdf1/wila-bayern_16_17_-final.pdf?sCriteria=wila (zuletzt abgerufen am 15.02.2021).

Bayerische Landeszentrale für neue Medien (2017b): Festrede von BLM-Präsident Siegfried Schneider zum 30-jährigen Jubiläum der Akademie für neue Medien am 3. März 2017 in Kulmbach. Online: www.blm.de/infothek/positionen_und_reden/-2017.cfm?object_ID=7314 (zuletzt abgerufen am 15.02.2021).

Bayerische Landeszentrale für neue Medien (2018): Wirtschaftliche Lage der privaten Rundfunkanbieter in Bayern 2017/2018. Online: www.blm.de/files/pdf2/wila-bayern_17_18.pdf (zuletzt abgerufen am 15.02.2021).

Becker, Sarah/Kaiser, Markus (2014): Berufe in den Medien: Journalismus, Film, Games, Medientechnik, Management, Theater, Musik. München: Hooffacker Verlag.

Buchholz, Axel/La Roche, Walther von (2013): Radio-Journalismus. Ein Handbuch für Ausbildung und Praxis im Hörfunk. Wiesbaden: Springer VS.

Bundesministerium für Arbeit und Soziales (2011): Praktika – Nutzen für Praktikanten und Unternehmen. Online-Broschüre. Online: www.fu-berlin.de/sites/career/_ressourcen/Unternehmen_Ressourcen/BMAS_Praktika_nutzen.pdf (zuletzt abgerufen am 15.02.2021).

Bundesministerium für Arbeit und Soziales (2019): Der Mindestlohn für Studierende. Fragen & Antworten. Online: www.bmas.de/SharedDocs/Downloads/DE/Publikationen/a765-mindestlohn-fuer-studierende.pdf?__blob=publicationFile&v=3 (zuletzt abgerufen am 15.02.2021).

Goldmedia GmbH (2019): Wirtschaftliche Lage des Rundfunks in Deutschland 2018/2019. Studie im Auftrag der Landesmedienanstalten. Leipzig: Vistas Verlag.

Gürster, Julia (2019): 1. Das journalistische Praktikum im bayerischen Privatradio. Rahmenbedingungen, Anforderungen, Erfahrungen. Unveröffentlichte Bachelorarbeit, Otto-Friedrich-Universität Bamberg.

Hooffacker, Gabriele/La Roche, Walther von/Meier, Klaus (2013): Einführung in den praktischen Journalismus. Wiesbaden: Springer VS.

Initiative Qualität im Journalismus (2020): Praktika-Richtlinien der „Praktika-Offensive" im Journalismus. Online: www.initiative-qualitaet.de/index.php?id=2795 (zuletzt abgerufen am 15.02.2021).

Milkau, Brigitte (1991): Journalistische Pioniere des privaten Rundfunks. Kommunikatorstudie aus der Aufbauphase des dualen Rundfunksystems in Deutschland. In: Mahle, Walter A. (Hrsg.): Schriftenreihe der Arbeitsgruppe Kommunikatorforschung München, H. 33. München: Ölschlager GmbH.

Neumaier, Katja (2012): Die Zukunft des lokalen Fernsehens in Bayern – zwischen Existenzminimum und Grundversorgungsauftrag. Zur Debatte um die finanzielle Förderung. Unveröffentlichte Bachelorarbeit, Hochschule Mittweida.

Orlowski, Karolin (2014): Praktikanten- und Volontärverträge. Betriebliche Berufsvorbereitung im Spannungsfeld von Arbeits- und Ausbildungsrecht. Baden-Baden: Nomos Verlag.

5. Das Programm

5.1. Kulturelle Identität im lokalen Rundfunk

Rudi Loderbauer

Lokale Ereignisse lösen vielfältige Effekte aus: Sie können soziale Beziehungen vertiefen, sie vermitteln Neuigkeiten und bieten oftmals einen hohen Unterhaltungs- und Freizeitwert. Unvorhergesehene lokale Ereignisse wie Naturkatastrophen – beispielsweise ein Sturm oder Hochwasser – können als positiven Effekt den Zusammenhalt stärken. In jedem Fall besteht ein großer Bedarf an Information. Besonders in Zeiten der sozialen Netzwerke wie Facebook, Twitter oder Instagram hat der Hörfunk entscheidende Vorteile: Neben der schnellen und aktuellen Information können „echte" Fakten von so genannten „Fake News" differenziert und in einen größeren Kontext gebracht werden.

Im Jahr 2003 diskutierte ein Team des Roland Berger Market Research mit jeweils acht bis zehn Hörerinnen und Hörern in ausgewählten Sendegebieten über Lokalität und Radio (vgl. Kriner 2003: 12). Das Ergebnis: Die Hörerinnen und Hörer hielten Lokalradio für unverzichtbar. Es ermögliche, „mitreden" zu können, unterstütze die Gemeinschaft, fördere Zusammengehörigkeit und helfe mit, einen einheitlichen Informationsstand zu schaffen. Wie die Befragung weiter ergab, nutzten die Hörerinnen und Hörer das Lokalradio zur Entspannung, Beruhigung, Ablenkung, Anregung oder zum Ausgleich von Stimmungen. Diese emotionale und psychische Komponente scheint bei Lokalradios wegen ihrer Nähe zur Hörerin beziehungsweise zum Hörer eine größere Rolle zu spielen als bei anderen Programmen. Das zeigten Aussagen wie: „Wichtig ist, was vor der eigenen Haustür geschieht, denn hier ist mein Lebensmittelpunkt." Oder: „Wenn man länger woanders war, kommt zurück und hört etwas über vertraute Dinge, stellt sich so etwas wie ein ‚Heimatgefühl' ein." Dieser Begriff ist definitiv mit einer gewissen Geborgenheit und Vertrautheit in Verbindung zu bringen. „Heimat" an sich umfasst meist eine Mischung aus Elementen wie der Landschaft, Gemeinschaft, Tradition, einer Siedlungsentwicklung und eben den Empfindungen, die man dafür hat (vgl. Franke/Magel 2016: 43).

All diese Schlagworte und Aussagen der Befragten sind entscheidend für das Lokalradio. Genau deshalb wurde diese Säule des Hörfunks geschaffen. Das Interesse des Einzelnen an seiner unmittelbaren Umgebung hat sich bereits in den 80er Jahren zunehmend verstärkt (vgl. Widlok 1988: 6). Welche inhaltlichen Elemente stehen dem bayerischen Lokalradio zur Verfügung, um genau diese Erwartungen der Menschen im jeweiligen Sendegebiet zu erfüllen und sie als Hörerin beziehungsweise Hörer im Idealfall an sich zu binden? Von den zahlreichen bayerischen Lokalradiosendern soll als Fallbeispiel nachfolgend Radio Oberland mit Sitz in Garmisch-Partenkirchen anhand seiner Inhalte im Verlauf der vergangenen 28 Jahre stichprobenartig analysiert werden. Um diese Inhalte sinnvoll einordnen zu können, ist es jedoch zunächst notwendig, einen zentralen Begriff einzuführen: den der kulturellen Identität.

Definition von kultureller Identität

Als Grundlage dient die Definition des britischen Anthropologen Edward Burnett Tylor aus dem Jahr 1873. Auch wenn Tylors evolutionistisch geprägte Theorien überholt sind sowie seine Definition von Kultur von nachfolgenden Generationen ausgebaut, transformiert und neu zusammengesetzt wurde, so war diese dennoch immer der Ausgangspunkt für weitergehende Interpretationen. Aus diesem Grund soll seine Grundthese auch hier Verwendung finden. Tylor bezeichnete zunächst Kultur im weitesten ethnographischen Sinn als jenen

> Inbegriff von Wissen, Glauben, Kunst, Moral, Gesetz, Sitte und alle übrigen Fähigkeiten und Gewohnheiten, welche der Mensch als Glied der Gesellschaft sich angeeignet hat (Tylor 1873: 1).

Diese Definition implizierte schon damals eine weitsichtige Wandelbarkeit und Adaption. Die Kombination aus den verschiedenen Elementen ist nicht starr, sondern variabel und damit auch auf die kulturelle Identität im Sinne einer kulturellen Gleichheit ausdehnbar. Als Fähigkeit und Gewohnheit können beispielsweise die Sprache, das heißt auch der jeweilige Dialekt sowie die Lebensumstände und das lokale Umfeld (beispielsweise urban oder eher rural geprägt) eines jeden einzelnen eingefügt werden. Wenn Tylor davon schreibt, dass sich der Mensch Kultur als Glied der Gesellschaft angeeignet habe, dann zeigt das auch, dass sie ihm nicht angeboren war, sondern er erst im Laufe des Heranwachsens durch die verschiedenen Einflüsse aus seinem Umfeld geprägt und jeder Einzelne so erst zu dem wurde, was er letztendlich ist.

Kulturelle Identität steht hier ferner für ein sinnstiftendes System, das dem Menschen eine Ordnung in seinem vertrauten Umfeld gibt; man könnte sogar von einem generellen Lebenssinn sprechen. Sämtliche Wahrnehmungen und Einschätzungen sind natürlich subjektiv geprägt. Eine entscheidende Weiterentwicklung von Tylors Theorie ist der psychologische Ansatz, der sich hervorragend für die nachfolgende Analyse der Inhalte des Fallbeispiels Radio Oberland eignet. Er unterscheidet zwischen einer personalen, somit individuellen, und einer kollektiven Identität (vgl. Pethes/Ruchatz 2001: 269f.). Die kollektive Identität steht hier für Ereignisse oder Dinge, die eine Art „Wir-Gefühl" stärken oder auslösen, meist eine soziale Komponente haben und mit denen sich ganze Gruppen von Menschen identifizieren können. Die personale oder besser individuelle Identität bezieht sich auf Vorgänge, die einen ganz persönlich betreffen, im Alltag oder zu einem speziellen Zeitpunkt.

Historischer Kontext zur Entstehung des privaten Hörfunks in Bayern

Erste Kritik der CDU/CSU am Monopol der öffentlich-rechtlichen Anstalten war deutschlandweit bereits in den 1950er Jahren vorhanden (siehe Kapitel 1.1.). Durch die Gründung der privaten Deutschland-Fernsehen GmbH sollte im Jahr 1960 die Vormachtstellung gebrochen werden. Unter Federführung von Konrad Adenauer wurde diese Entwicklung gefördert, allerdings ein Jahr später vom Bundesverfassungsgericht für verfassungswidrig erklärt. Dem öffentlich-rechtlichen Rundfunk wurde die Aufgabe zugeschrieben, den Meinungspluralismus zu sichern (vgl. Bösch 2012: 197). Somit wurde der Status Quo vorerst beibehalten. Die Kritik von Seiten der CDU/CSU am ausschließlich öffentlich-rechtlichen Modell hielt jedoch an. Immer wieder wurde ein „unausgewogenes Programm zu Ungunsten der eigenen Partei" (Noelle-Neumann/Schulz/Wilke 1989: 341) unterstellt. Des Weiteren wurde der Umgang mit Finanzen und erneut das Fehlen von Konkurrenz kritisiert. In ihrer so genannten „Rotfunk"-Kampagne bestritt die CDU/CSU seit Mitte der 70er Jahre, dass die öffentlich-rechtlichen Sender den Meinungspluralismus umsetzten (vgl. Bösch 2012: 197).

In Bayern wurde 1972 als Folge der sich weiter erhitzenden Gemüter ein Volksbegehren durch den SPD-Landesvorsitzenden Volkmar Gabert initiiert. Im Volksentscheid zur „Rundfunkfreiheit" stimmten 87,1 Prozent der Bürgerinnen und Bürger für einen entsprechenden Artikel in der Bayerischen Verfassung und damit den Erhalt des öffentlich-rechtlichen Rundfunks in seiner bisherigen Form (vgl. Treml 2016: 271ff.). Die SPD hielt bis 1984 daran fest. Vor allem verwies man auf die „sozialen Gefahren" (Bösch 2012: 199f.), die durch mehr Programme, längeres Konsumieren sowie eine angeblichen „Programmverflachung" beim Fernsehen, beispielsweise durch die Ausstrahlung von US-amerikanischen Serien oder Quiz-Shows, befürchtet wurden.

In den von CDU und CSU regierten Bundesländern wurden jedoch Alternativen zum öffentlich-rechtlichen Rundfunk forciert. Man strebte Kabelpilotprojekte an, an denen private Medienunternehmen beteiligt werden sollten. Am 11. Mai 1978 beschlossen die Ministerpräsidenten derartige Projekte in Mannheim, Berlin, Dortmund, Ludwigshafen und München (vgl. Schick 1991: 9). Treibende Kraft war unter anderem Franz Josef Strauß (vgl. Kraus 2004: 763). Entscheidend für die nächste Phase waren die medienpolitischen Initiativen, allem voran das für die Anfangsphase der Lokalradios so wichtige Münchener Kabelpilotprojekt ab dem 1. April 1984 (vgl. Roth 2004: 34).

1982 berief Strauß Edmund Stoiber zum Leiter der Bayerischen Staatskanzlei, zunächst im Range eines Staatssekretärs, ab 1986 als Staatsminister. Er hatte vor allem die inhaltliche und strategische Zusammenarbeit von Staatsregierung und Landtagsfraktion zu koordinieren, war jedoch zudem für die Medienpolitik und damit auch die Entwicklung des Lokalhörfunks in den 80er Jahren verantwortlich. In einer Rede des ersten Präsidenten der Bayerischen Landeszentrale für neue Medien und einer der herausragenden Persönlichkeiten der deutschen Rundfunkgeschichte, Rudolf Mühlfenzl, anlässlich der Münchener Medientage 1988, erntete Stoiber für sein Engagement für die privaten Anbieter großes Lob (vgl. BLM 1988: 13). Ausführlich beschrieben sind diese Vorgänge in Kapitel 1.

„Mehr Programme bieten eine größere Meinungsvielfalt und mehr Informationen für den Bürger." Nach diesem Prinzip hat die Bayerische Staatsregierung die Entwicklung zu mehr Wettbewerb im Bereich des Rundfunks gefördert und mit dem Medienerprobungs- und Entwicklungsgesetz (MEG) vom Dezember 1984 den Weg für private Programmgestaltung in ganz Bayern geschaffen. Durch das Inkrafttreten des MEG und die ebenfalls 1984 in Genf abgehaltene internationale Frequenzkonferenz, bei der die Ausdehnung des Radiobereichs auf die Frequenzen bis 108 MHz beschlossen wurde und diese unter den Ländern verteilt wurden, „kam es zur entscheidenden technologischen Innovation" (Schick 1991: 16) für den Hörfunk. Somit war eine ausreichende Anzahl an Frequenzen gegeben.

„Goldgräberstimmung" in den 80er Jahren

Hinter dem Antrieb zum Wettbewerb steckten vielfach auch die bayerischen Verlegergruppen. Diese witterten durch den privaten Hörfunk die Erschließung neuer Märkte. Nach einer Untersuchung aus dem Jahr 1989 waren beziehungsweise sind die Verleger in Bayern „an rund 80 Prozent der Radiosender mehr oder weniger stark beteiligt" (Jens 1989: 26). Das größte Engagement weist dabei der Nürnberger Telefonbuchverleger Gunther Oschmann auf. Dieser hatte am besten erkannt, welches Potenzial im Aufbruch in die Ära des Privatradios steckte und war schon frühzeitig „bei rund der Hälfte aller Anbieter" (ebd.) beteiligt (siehe Kapitel 3.2.).

Es herrschte zunächst eine gewisse „Goldgräberstimmung" auf dem Weg in ein neues Medienzeitalter. Eine Planung bezogen auf die Inhalte war zumindest 1984 noch eher unpräzise. So wird der Verleger Dirk Ippen der Zeitungen *Münchner Merkur* und *tz* in der *SZ* mit der Aufforderung an seine (potenziellen) Redakteurinnen und Redakteure zitiert, „sich doch freiwillig zu melden, wenn sie ein bißchen Hörfunk spielen möchten" (Riehl-Heyse 1984: 3).

So waren die Anfangstage der Privatradioära in Bayern noch etwas „experimentell" geprägt. „Wir waren damals ein Haufen von Radioverrückten", schildert der heutige Vorsitzende des Verbands Bayerischer Lokalrundfunk (VBL), Willi Schreiner, die Ereignisse Mitte der 80er Jahre, „vieles ging natürlich schief, aber wir haben mit jedem Tag dazu gelernt" (zit. nach Nötting 2005: 22). Der *SZ*-Artikel schließt mit den Worten, „wo alles am Ende hingeht, weiß eben keiner so recht – und die Phantasien wuchern in alle Richtungen" (Riehl-Heyse 1984: 3).

Entscheidend war jedoch, unabhängig von anfänglichen technischen Problemen, die Begeisterung und das Engagement aller Beteiligten.

Als Folge des Volksentscheids der 1970er Jahre konnten in Bayern private Programmangebote ausschließlich unter dem Dach der öffentlich-rechtlichen Trägerschaft stattfinden (vgl. Treml 2016: 271ff.) – unter dem Dach der Bayerischen Landeszentrale für neue Medien (BLM). Die BLM wurde als rechtsfähige Anstalt des öffentlichen Rechts mit Sitz in München gegründet (siehe Kapitel 3.1.). Die Trägerschaft weist der BLM eine „eindeutige Programmgestaltungskompetenz" zu. Damit tragen die Privaten nicht selbst die Verantwortung für die von ihnen produzierten Programme. Sie sind offiziell auch nicht Veranstalter, sondern nur Anbieter ihrer Programme (vgl. Sturm/Zirbik 1996: 29).

Ein 1986 erarbeiteter Frequenzplan für den lokalen Hörfunk sah insgesamt 92 UKW-Frequenzen an 78 Standorten vor (siehe Kapitel 3.3.1.). So sollten jede Stadt und jeder Landkreis eine eigene Frequenz erhalten. Da die Werbeerlöse in kleineren Gebieten nach durchgeführten Studien eher gering waren, entschied man sich für Kooperationen nach dem Prinzip „so lokal wie wirtschaftlich möglich, so regional wie wirtschaftlich notwendig" (Bakenhus 1996: 24). Anfänglich gestaltete sich die wirtschaftliche Situation der lokalen Hörfunkanbieter sehr schwierig und schien vielen Skeptikern, die sich in der Diskussion um die Einführung des privaten lokalen Hörfunks immer wieder zu Wort meldeten, Recht zu geben. In den ersten fünf Jahren gab es an vielen Standorten hohe Verluste, da das lokale Radio auch erst sehr spät als Werbemedium akzeptiert wurde. Vielleicht waren auch die Sendegebiete etwas zu knapp „zugeschnitten".

Im Rahmen dieser Überlegungen wurde beschlossen, ein Zulieferprogramm („Mantelprogramm"), welches den Lokalsendern eine Senkung der Betriebskosten ermöglichen sollte, ins Leben zu rufen. So entstand im Jahr 1991 die Dienstleistungsgesellschaft für Bayerische Lokal-Radioprogramme mbH & Co. KG, kurz BLR, mit Sitz in München (siehe Kapitel 5.2.). Mit Kritik war seit Beginn im Jahr 1984 nicht gespart worden: So seien keine „kulturell wertvollen Beiträge" enthalten und die Programmqualität sei generell meist mangelhaft. Aufgrund des dafür notwendigen Zeitaufwandes wurden derartige Inhalte in den meisten Programmen wenig berücksichtigt. Vielmehr sollten die Programme im Gegensatz zu den „Einschaltprogrammen" des BR „durchhörbar" werden, das heißt, der Sender sollte möglichst den ganzen Tag eingestellt bleiben, die Informationen kurz und prägnant sein. Damit verknüpft war die Vorstellung des Radios als Nebenbei-Medium für eine ganz bestimmte Zielgruppe von Hörerinnen und Hörern, welche durch Altersgrenzen festgesetzt wurde (vgl. Sturm/Zirbik 1996: 37). Paradoxerweise vollzog der Bayerische Rundfunk in seinen populären Musikprogrammen Bayern 1 und Bayern 3 ab den späten 90er Jahren bis in die heutige Zeit einen Wandel hin zu einer Anpassung an die Privaten und einer ebenfalls damit verbundenen Durchhörbarkeit. Hintergrund ist natürlich auch, dass viele ehemalige Mitarbeiterinnen und Mitarbeiter des lokalen, privaten Hörfunks nun beim BR arbeiten. Dies betrifft beispielsweise einen Teil des derzeitigen Teams von Bayern 1.

Ende 2018 waren analog über UKW in Bayern 63 Lokalradioprogramme in 33 unterschiedlichen Sendegebieten zu empfangen. Insgesamt 61 private Programmangebote sind inzwischen (auch) digital terrestrisch empfangbar, 19 davon werden ausschließlich über DAB+ verbreitet (vgl. BLM 2019a: 28). Zur weiteren Digitalisierung gibt es regionale Ensembles in den jeweiligen Regierungsbezirken.

Radio Oberland als Fallbeispiel

Im Jahr 1992 fasste der damalige stellvertretende Geschäftsführer der BLM Johannes Kors nach den Erfahrungen, welche mit dem Lokalradio in der Schweiz gesammelt worden waren, die Hauptziele des bayerischen Lokalradiokonzeptes folgendermaßen zusammen: Es solle beitragen zur Orientierung über das regionale und lokale Geschehen in Politik, Wirtschaft, Gesellschaft, Kultur und Sport sowie zur Meinungsbildung über das lokale Geschehen und es solle das Selbstbewusstsein einer Region und die Identifikation der Bewohnerinnen und Bewohner mit ihrer Region stärken (vgl. BLM 1992: 42 ff.).

Kollektive und individuelle Identität wurden in mehreren Analysen des eingangs erwähnten Forschungsinstitutes von Roland Berger im etwas weiter gefassten Begriff „Lokalbezug" thematisiert (vgl. BLM 1990: 18ff.). Als entscheidende Faktoren wurden dabei lokale Umfeld- und Einflusskriterien, lokale Alltags- und Freizeitaktivitäten, lokaler Informationsbedarf sowie lokale Mediennutzung genannt. Gerade die lokalen Umfeldkriterien könnten, so die Ergebnisse der Analysen, stark variieren. Je nachdem, wie stark man am Wohnort verwurzelt oder eingebunden sei, steige der Bedarf nach lokalen Informationen entsprechend. Wer nicht so stark gebunden sei, habe nach den Ergebnissen der Studie zufolge eher einen Bedarf an überregionalen Themen. Damit steht freilich zur Diskussion, inwiefern es dem Lokalfunk gelingen kann, den Menschen in seiner jeweiligen Situation anzusprechen, so dass dieser sich mit dem Programm identifizieren kann („Wiedererkennungseffekt"). In Bezug auf soziodemographische Faktoren müssten Traditionen besonders berücksichtigt werden. Die Ergebnisse der Analysen zeigten ebenfalls, dass generell ein Interesse für eine größere Region bestehe. Wohnt eine Hörerin beziehungsweise ein Hörer beispielsweise in Garmisch-Partenkirchen, fährt täglich aber an den Arbeitsplatz nach Penzberg, bestehe demnach bereits ein größerer Informationsbedarf.

Sendebetrieb und Gesellschafter

Radio Oberland nahm im Vergleich zu den meisten anderen bayerischen Lokal-Radiostationen relativ „spät" den Sendebetrieb auf, am 31. Dezember 1992. Eigentlich wäre schon im Jahr 1988 alles für den Dauersendebetrieb bereit gewesen, so Geschäftsführer Peter Samstag in einem Interview für diesen Beitrag. Auf eine dreiwöchige Test-Sendephase, welche sehr großen, positiven Zuspruch erhalten habe, folgte jedoch zunächst eine vierjährige Streit- und Prozessphase der damals insgesamt 18 Gesellschafter. In der Sendelizenz vom 21. Dezember 2004 wurde auf Seite 8 vermerkt, dass der Zeitungsverlag Oberbayern auch die im „Versorgungsgebiet führende Tageszeitung ‚Münchner Merkur' beziehungsweise deren Lokalausgaben, zum Beispiel das Garmisch-Partenkirchner Tagblatt, das Weilheimer Tagblatt usw." verbreitet. Mittlerweile sind Radio und TV GAP Programmanbieter GmbH (50 Prozent), die Zeitungsverlag Oberbayern Technik AG (33 Prozent) sowie die Schongauer Nachrichten Karl Motz GmbH & Co. KG (17 Prozent) die Gesellschafter von Radio Oberland. Der Zeitungsverlag Oberbayern ist gleichzeitig mit knapp 25 Prozent am Gesellschafter Schongauer Nachrichten beteiligt. Hier zeigen sich wirtschaftliche Verflechtungen, die zwar als normal gelten, jedoch ein Heranziehen der Lokalzeitungen als Quellen problematisch erscheinen lassen.

In der Sendelizenz, dem „Programmanbietervertrag über die Nutzung der lokalen Hörfunkfrequenzen in Garmisch-Partenkirchen und Weilheim-Schongau" vom 27. Oktober 1992 zwischen der damaligen Kabelgesellschaft Region Oberland GmbH in Bad Tölz und den Gesellschaftern von Radio Oberland hieß es auf Seite 2 unter Ziffer 3 sehr knapp:

> Der Programmanbieter bietet ein regionales Hörfunkgesamtprogramm mit lokalen Schwerpunkten an, das über seine Studioeinrichtung auf den [...] Frequenzen 99,4 MHz Garmisch-Partenkirchen [heute: 106,2 MHz] und 97,5 MHz Weilheim/Schongau verbreitet werden soll (o. V. 1992b: 2).

Der Begriff „regional" bezieht sich auf das gesamte, technisch erreichbare Gebiet, das heißt aktuell 232.000 Menschen, die das Programm terrestrisch sowie in den Kabelnetzen in Stereoqualität empfangen können (vgl. BLM 2018: 83). Als „lokale Schwerpunkte" gelten die größeren Orte im Sendegebiet; das altersmäßig anvisierte Zielpublikum wird mit 29-59 Jahren angegeben (vgl. ebd.).

Sendegebiet und die Bezeichnung „Oberland"

Die Bezeichnung „Oberland" wird in Bayern im Allgemeinen für die randalpinen Hügelgebiete Oberbayerns westlich des Inns verwendet. Das Oberland erstreckt sich über die Landkreise Miesbach, Bad Tölz-Wolfratshausen, Garmisch-Partenkirchen, München, Landsberg am Lech, Starnberg, sowie Weilheim-Schongau. Dies entspricht jedoch nicht dem technisch über UKW erreichbaren Sendegebiet von Radio Oberland, siehe Abb. 25 am Ende des Kapitels.

Dieses umfasst laut Funkanalyse Bayern 2020 die Landkreise Weilheim-Schongau, Garmisch-Partenkirchen sowie die Bereiche Mittenwald/Oberammergau, Teile von Starnberg, Bad Tölz, Ostallgäu, Herrsching und des Ammersee-Gebiets (vgl. BLM 2020). Daraus ergibt sich die technische Reichweite. Neben den beiden Haupt-Sendefrequenzen 106,2 MHz Garmisch-Partenkirchen und 97,5 MHz Weilheim/Schongau sind einige so genannte Füllsender[186] in Betrieb: 105,4 MHz für den Raum Oberammergau, 91,4 MHz für Mittenwald, 101,4 MHz Penzberg sowie 104,6 MHz vom Herzogstand aus. Leider sind die meisten Frequenzen sehr ungünstig gewählt. So ist beispielsweise die 104,6 MHz tatsächlich nur im Umkreis von wenigen Kilometern störungsfrei zu empfangen – und das, obwohl von einem exponierten Standort wie dem Herzogstand abgestrahlt wird. Die Ursache für den sehr eingeschränkten Empfang besteht darin, dass auf derselben Frequenz der österreichische Sender FM 4 des ORF vom Gaisberg bei Salzburg sendet und mit seiner massiven Leistung von 100 kW weite Teile Südbayerns abdeckt. Es ist höchst verwunderlich, wie man so eine Frequenz überhaupt zuteilen beziehungsweise koordinieren konnte. Während eines technischen Ausfalls der Anlage auf dem Herzogstand im Jahr 2006 war FM 4 auf 104,6 MHz im Raum Kochel/Murnau störungsfrei zu empfangen. Das allein zeigt schon, wie problematisch diese Frequenzzuteilung war und ist.

Der Grund für das relativ inhomogene Sendegebiet von Radio Oberland liegt in einer Aufteilung auf zwei Lokalsender. Vom Standort Bad Tölz aus sendet ein weiteres Lokalradio: Radio Alpenwelle. Dessen Sendegebiet umfasst weitere Teile des Oberlandes, besonders die Landkreise Bad Tölz-Wolfratshausen und Miesbach. Zurückzuführen ist diese Aufteilung auf einen vierjährigen Streit der damaligen Gesellschafter ab dem Jahr 1988. Es bildeten sich letztendlich zwei Gruppierungen, von denen eine in Bad Tölz auf Sendung ging, die andere von Garmisch-Partenkirchen aus. Noch im April 1992 ging man von einem kompletten Sendegebiet von Radio Oberland auch für die Landkreise Miesbach und Bad Tölz-

---

[186] Die Hauptfrequenzen sind bei Radio Oberland mit Leistungen bis zu 0,3 kW koordiniert, die Füllsender dienen der zusätzlichen Versorgung, da die topographischen Begebenheiten (Berg/Tal-Lagen) keinen konstant rauschfreien Empfang der Hauptfrequenzen ermöglichen. Die Leistung der Füllsender liegt bei 0,1 kW oder darunter.

Wolfratshausen aus (vgl. o. V. 1992a: 31). Beim Blick auf beide Sender zeigt sich einmal mehr die unsinnige Frequenzwahl: Auf der 106,2 MHz sendet nämlich auch Radio Alpenwelle – vom Standort Schliersee aus. So ist bei einer Fahrt durch das Oberland auf dieser Frequenz ein munteres Durcheinander beider Programme zu hören. Insgesamt hatte Radio Alpenwelle jedoch bei der Zuteilung der Frequenzen etwas mehr Glück als Radio Oberland.

Das inhomogene Sendegebiet stellt natürlich auch eine Herausforderung an die Programminhalte dar. Die Räume um Herrsching und Dießen könnten von ihrer kollektiven Identität her beispielsweise schon eher Richtung Norden tendieren. Westliche Bereiche des Pfaffenwinkels wie Schwabsoien oder Hohenfurch sind beispielsweise bereits Richtung Landsberg ausgerichtet, Gebiete wie Lechbruck oder Bernbeuren auf den Landkreis Ostallgäu. Gerade auch die Regionen, die weit vom Studiostandort in Garmisch-Partenkirchen entfernt sind, müssen in regelmäßigen Abständen im Programm Erwähnung finden, um nicht den Eindruck zu vermitteln, es entstünde eine „Garmisch-Lastigkeit". Um diese Ausgewogenheit im Programm ist man stets bemüht, wie sich noch zeigen wird.

Programmstruktur und Sendeschema

Radio Oberland sendet derzeit von Montag bis Freitag jeweils von 6 bis 20 Uhr aus dem Studio in Garmisch-Partenkirchen sowie am Wochenende vormittags von 8 bis 13 Uhr ein live moderiertes Eigenprogramm. Teilweise sind Sendestunden „automatisiert", das heißt am Vormittag gibt es zwischen den Nachrichten zur vollen und halben Stunde jeweils keine Moderation oder nur vorproduzierte Inhalte sowie Werbung.

Zu den übrigen Zeiten (in der Regel 20 Uhr abends bis 6 Uhr morgens sowie am Wochenende von 13 bis 7 Uhr) wird das Zulieferprogramm der Dienstleistungsgesellschaft BLR aus München per Satellit aufgeschaltet. Es wird auch als „Mantelprogramm" bezeichnet, da es die vor Ort moderierten Sendestrecken wie einen Mantel „umhüllt", das heißt zu einem 24-Stunden-Programm verbindet (vgl. Loderbauer 2004: 26). Auch hier wird seit einigen Jahren nicht mehr vollständig live gesendet, sondern es werden nur vorproduzierte Inhalte ausgestrahlt. Gut erkennbar ist dies dadurch, dass der Nachrichtensprecher auch Wetter und aktuelle Verkehrsmeldungen liest. Beim landesweiten Anbieter Antenne Bayern ist das leider ebenfalls schon seit einigen Jahren der Fall.

Die Inhalte des Mantelprogramms sind zwangsweise meist allgemeiner Natur. Beiträge über Persönlichkeiten aus der Filmwelt sowie Kochrezepte oder das Tageshoroskop werden in Garmisch-Partenkirchen mit gleichem Interesse aufgenommen wie in Bamberg, Coburg oder Passau. Diese Inhalte haben zwar wenig lokalen Charakter. Durch die bayernweite Verbreitung des BLR-Mantels besteht jedoch inhaltlich keine große Variationsmöglichkeit. Dennoch finden einige eigentlich lokale Beiträge auch hier Gehör. Das Schicksal von Braunbär Bruno oder die Erfolge der bayerischen Sportlerinnen aus dem Oberland waren immer wieder auch überregional interessant. Ein Beitrag über das Bürgerbegehren bezüglich des alten Schulhauses am Mohrenplatz in Garmisch-Partenkirchen würde außerhalb des Sendegebietes von Radio Oberland jedoch höchstwahrscheinlich auf Desinteresse stoßen oder sogar Beschwerden von Hörerinnen und Hörern, beispielsweise aus Franken, auslösen.

Allgemeine, überregionale Inhalte ergänzen die lokalen Stunden insgesamt sinnvoll. Im Sinne der Moderation kann von diesen Programmstunden als „No Name-Sendungen" gesprochen werden, das heißt, die Moderatorin beziehungsweise der Moderator erwähnt keinen Sendernamen, lediglich allgemeine Floskeln wie „Hören Sie bei uns..." oder „Wir halten Sie auf dem Laufenden" sind vorhanden. Auch die Welt-Nachrichten zur vollen Stunde werden von der BLR per Satellit beziehungsweise via Web zugeliefert. Eine erweiterte Nachrichtenredaktion vor Ort wäre zu kostenintensiv und somit nicht sinnvoll, wie sich bereits in den Anfangsjahren des Lokalradios an vielen Standorten in Bayern gezeigt hatte.

Für die Hörerin oder den Hörer, beispielsweise in Weilheim oder Mittenwald, entsteht dennoch der Eindruck, dass „von hier" gesendet wird. Dazu bedient man sich einiger technischer Tricks. An festen Plätzen im Programm, beispielsweise nach Moderationen, so genannten „Breaks", werden durch das System der BLR Elemente wie kurze eingestreute Erkennungsansagen des Senders, wahlweise nur gesprochen („Dropper") oder gesungen („Jingles"), eingeblendet. Während dieses Element nur bei Radio Oberland so zu hören ist, wird an exakt derselben Stelle bei anderen zeitgleich angeschlossenen Sendern wie Unser Radio in Passau/Deggendorf/Regen deren Erkennungsansage eingestreut. Natürlich müssen alle diese Elemente sekundengenau „eingetaktet" sein, damit der Fluss des Programms nicht gestört wird und es für die Zuhörerinnen und Zuhörer „natürlich" klingt.

Auch die Lokalnachrichten zur halben Stunde inklusive Wetter und Verkehrsservice sowie Veranstaltungstipps wurden Mitte der 2000er Jahre auf diese Weise vorproduziert in exakt „getimte" Fenster mit einer sekundengenauen Vorgabe in das Mantelprogramm eingebunden.

Die *SZ* schrieb 1992 über die erteilte Sendelizenz für Radio Oberland: „Regionale Gruppen und Vereine sollen im Oberlandradio ein Sprachrohr finden" (vgl. o. V. 1992a: 31). Einen „intensiven Hörerdialog" streben die Radiomacherinnen und Radiomacher an, um auch auf diese Weise ein „signifikantes Profil mit hohem Wiedererkennungswert zu erreichen" (ebd.).

Innerhalb der live moderierten Stunden wurde bei Radio Oberland im gesamten Beobachtungszeitraum verstärkt Gewicht auf Traditionen, Feste und Bräuche der Heimat gelegt. Dies ist durchdacht und wurde speziell seit 2005 ausgebaut. Ein Blick auf die Programminhalte in den Jahren 2005 bis 2010 zeigt beispielsweise als Themen die Diskussion um die Steinböcke in der Benediktenwand über Benediktbeuern, zahlreiche Leonhardi- und Faschings-Umzüge der „Maschkara" in jedem Jahr, die König-Ludwig-Feuer über Oberammergau, die Fischerin vom Kochelsee, eine Studie des Landratsamts Weilheim-Schongau, die belegte, dass Menschen im Oberland länger und gesünder leben, die Leidensgeschichte von Braunbär Bruno sowie die Erfolge der Wintersportler, insbesondere Magdalena Neuner aus Wallgau, Martina Beck (geb. Glagow) aus Mittenwald, Laura Dahlmeier sowie Miriam Neureuther (geb. Gössner) und Felix Neureuther aus Garmisch-Partenkirchen.

Im Sommer 2006 sowie Anfang 2007 lief eine Serie mit dem Titel „Oberland-Perlen", in der in knapp zweiminütigen Beiträgen ausgewählte Besonderheiten des Oberlandes vorgestellt wurden wie unter anderem das Geigenbaumuseum in Mittenwald, die historische Bahn auf den Eckbauer, die alte Glocke im Ramsachkircherl, der alte Bergahorn von Elmau oder die Basilika von Altenstadt. Auf diese Weise wurden neben den aktuellen Veranstaltungen und Ereignissen in den größeren Orten des Sendegebietes auch die dazwischenliegenden oder verbindenden Elemente wie Landschaften oder Sehenswürdigkeiten eingebunden. In kleinen Werbe-Elementen, so genannten „Promos", speziell für diese Beiträge,[187] waren gezielt Formulierungen enthalten wie „Oberland-Perlen, kleine Kostbarkeiten, die unsere Heimat zu etwas ganz Besonderem machen". Die regionale Bindung wurde auch betont durch „Dropper" nach den Beiträgen, zum Beispiel „Radio Oberland – So klingt der Pfaffenwinkel" oder „100 Prozent Werdenfels". Aktuell ist der Hauptslogan des Senders „Mein Oberland – meine Heimat".

Im beobachteten Zeitraum wurde klar erkennbar immer wieder versucht, trotz des inhomogenen Sendegebietes sowie der problematischen Bezeichnung „Oberland", die spezifische lokale kulturelle Identität zu stärken und mit einzubinden. Es sollten sich alle Bereiche des Sendegebiets im Programm wiederfinden. Dies ist zuweilen sehr gut gelungen und wurde durch die Ergebnisse der Funkanalyse Bayern immer wieder bestätigt, besonders beispielsweise im Jahr 2007. Daraus geht ebenfalls hervor, dass der Bedarf an lokalen Informationen neben der Musik die größte Stärke eines Lokalsenders darstellt. Welche Themen generell für das Zielpublikum interessant und somit im Programm relevant sind, wird täglich in der Redaktionskonferenz besprochen.

Wie unterschiedlich aber auch ein insgesamt relativ kleines Sendegebiet sein kann, hat sich im Jahr 2006 im Gewinnspiel „Dem Oberland aufs Maul gschaut" gezeigt. Anhand der gesprochenen Dialektvarianten sollte die Vielfalt des Sende-

---

[187] In der Regel liefen zwei Beiträge pro Stunde mit einer Länge von jeweils 90 bis 120 Sekunden.

gebietes vom Pfaffenwinkel bis zum Isartal demonstriert werden. In kurzen Einspielungen wurden ein paar Sätze im Dialekt gesprochen; die Hörerinnen und Hörer mussten erraten, in welchem Ort beziehungsweise in welcher Gegend man sich befand.

Eine ähnliche Variante wurde im Dezember 2006 eingesetzt. Im Spiel „Oberland-Weihnachtsglocken" sollte am Glockengeläut erkannt werden, welche Kirche aus welchem Ort gemeint war. Beide Aktionen waren von großer und sehr positiver Publikumsbeteiligung begleitet. Dies zeigt auch, dass die Verbundenheit mit dem Wohnort (beziehungsweise möglicherweise auch Geburtsort) in der Regel sehr stark zu sein scheint. In Bezug auf kollektive und individuelle Identität wird hier klar an die kollektive Identität, ein „Wir-Gefühl", appelliert, also an die Verbundenheit mit dem gesamten Ort. Das Thema beziehungsweise in diesem Fall das Spiel hat jedoch keine unmittelbare Auswirkung auf den Tagesablauf oder die Freizeitgestaltung des Einzelnen (individuelle Identität).

Die wohl wichtigste inhaltliche Säule im Programm von Radio Oberland ist die regionale Topographie, das heißt vor allem die Berge. Der Wintersport und im Sommer das Wandern in den Bergen sind untrennbar damit verbunden und bieten eine ausgezeichnete Möglichkeit, die verschiedenen individuellen kulturellen Identitäten der Menschen im Sendegebiet zu einen. Für einen Weilheimer Wintersportbegeisterten sind aktuelle Schneehöhen und Pisteninformationen genauso von Bedeutung wie für den Skifan aus Peiting, Mittenwald oder Herrsching, wenn es um die persönliche Planung beispielsweise für das kommende Wochenende geht. Die Verantwortlichen der Skigebiete sind natürlich genauso interessiert, dass sie im Programm eingebunden werden – somit können auf diese Weise unterschiedlichste individuelle Identitäten relativ einfach zusammengeführt werden. Neben den Einheimischen sollen auch die Urlauberinnen und Urlauber auf diese Weise berücksichtigt und integriert werden. Auf derartigen regionalen Besonderheiten basiert generell sicherlich auch der Erfolg eines Lokalsenders zu einem beträchtlichen Teil.

Radio Oberland übertrug des Weiteren die Spiele der Eishockey-Mannschaften SC Riessersee und EC Peiting. Hier sind zwei kollektive[188] Identitäten zwar scharf voneinander abgegrenzt (ein Peiting-Fan ist kaum gleichzeitig Anhänger des SC Riessersee), jedoch finden sich Anhänger des SC Riessersee nicht nur in Garmisch-Partenkirchen, sondern auch in anderen Orten. Die Spiele beider Vereine wurden innerhalb der Spezial-Sendung „Radio Oberland-Powerplay" in der Regel Freitag und Sonntagabend in Einblendungen übertragen. Zum Ende der Saison 2018/2019 hat der Sender leider aus Kostengründen die Live-Übertragungen und damit auch die Spezial-Sendung „Powerplay" eingestellt.

---

[188] Das Kollektiv ist hierbei nicht der Ort an sich, sondern die Mannschaft.

In Events und Aktionen werden ebenfalls zahlreiche Kontakte zu Hörerinnen und Hörern geschaffen. Dies erfolgt durch Präsenz des Senders auf großen Veranstaltungen wie beispielsweise einer Gewerbeschau. Alternativ werden auch eigene Events in Kooperation mit Partnern veranstaltet. So gab es zum Beispiel eine große Empfangsfeier für die erfolgreiche Biathletin Martina Beck (geb. Glagow) in ihrer Heimat Mittenwald am 17. Februar 2007. Bei dieser Veranstaltung, die vom Radio Oberland-Team moderiert und präsentiert wurde, waren etwa 3.000 Menschen anwesend (vgl. o. V. 2007). Im Rahmen dieser Aktion wurde der Park in Mittenwald nach der Sportlerin benannt. Neben der Stärkung der kollektiven Identität tragen Veranstaltungen dieser Art auch zur Steigerung des Bekanntheitsgrades des Lokalradios bei.

Auch Jubiläen des Senders wurden zur Stärkung der kollektiven Identität genutzt. So hat Radio Oberland im Mai 2018 das 25-jährige Bestehen mit einem großen Konzert im Rahmen der Landesausstellung in Ettal zelebriert. Musikalisch wurde der Heimat-Bezug mit den Troglauer Buam und Gringo Bavaria verbunden. Als etwas widersprüchlich fällt hierbei jedoch auf, dass beide Gruppen nicht aus dem Oberland stammen, sondern aus der Oberpfalz und Niederbayern. Man nutzte aber vermutlich einfach den bayernweiten Bekanntheitsgrad.

Die höchste Kraft der Bindung eines Lokalradios besteht durch meist unvorhergesehene sowie schnell auftretende Ausnahmesituationen. Beispiele sind die Hochwasserkatastrophen an Pfingsten im Jahr 1999 sowie 2005 im Raum Eschenlohe und Garmisch-Partenkirchen. In derartigen Situationen kann das Lokalradio seine Aktualität und Schnelligkeit als Trumpf ausspielen. In beiden Fällen wurden bei Radio Oberland spontan die Live-Sendestunden erweitert und das komplette Team für Außenreportagen eingesetzt. Sowohl die individuelle als auch die kollektive Identität werden angesprochen. Das Zusammengehörigkeitsgefühl wird gestärkt, man hilft sich gegenseitig. Gleichzeitig versucht natürlich jeder, sein Hab und Gut zu retten beziehungsweise zu schützen.

Im Winter ist der Zustand der Straßen besonders morgens auf dem Weg in die Arbeit von größter Wichtigkeit. Bei Vorhersagen von starkem Schneefall oder Glatteis sind die Menschen auf verlässliche und aktuelle Informationen angewiesen. Die individuelle Identität steht bei diesem Themenkomplex im Vordergrund (Wie komme ich sicher in die Arbeit? Muss ich heute Morgen früher losfahren?); bei Situationen von größerem Ausmaß geht – wie oben betont – die individuelle nahtlos in eine kollektive Identität über.

Das lokale Wetter sowie die Verkehrsinformationen bilden somit generell einen dauerhaft wichtigen Bestandteil des Programmes. Hier kann ein Lokalradiosender entweder hervorragend punkten oder viel Glaubwürdigkeit verspielen. Die Wetterinformationen bei Radio Oberland stammen seit etwa 15 Jahren von dem sehr erfahrenen Meteorologen Kai Zorn aus Lenggries. Dieser schafft es, in seinen präzisen und tatsächlich meist korrekt zutreffenden Wetterinformationen, hervorragend auf die unterschiedlichen Regionen des Oberlandes einzugehen. In der Moderation werden in der Regel auch jeweils aktuelle Wetterwerte aus dem gesamten Sendegebiet präsentiert. Angesprochen wird in erster Linie die individuelle Identität, aber wenn es beispielsweise um eine Veranstaltung am Wochenende geht, auch die kollektive, da dann meist viele Menschen zusammenkommen, die vorab schon wissen möchten, wie das Wetter dafür aussieht – sowohl aus Sicht des Veranstalters als auch der Gäste.

Musikformat

In den Anfangsjahren wählten bei Radio Oberland tatsächlich noch die Moderatorinnen und Moderatoren die Musiktitel für ihre Sendungen selbst aus. Seit 2004/2005 ist das Musikprogramm von Radio Oberland „durchformatiert", das heißt gespielte Musiktitel sind nach präzisen Regeln umgrenzt und unterliegen keiner freien Wahl der Moderatorinnen und Moderatoren.

Das Musikformat war im Laufe der Jahre leichten Veränderungen unterworfen (siehe Kapitel 5.3.). Die größten Erfolge erzielte man in den Jahren 2005 bis 2009 mit einem so genannten „Oldie-Based Soft Adult Contemporary"-Format. Dieses umfasste hauptsächlich Oldies der 60er, 70er und 80er Jahre sowie Balladen von den 90er Jahren bis zum heutigen Tag. Dabei fand auch die geographische Lage des Sendegebietes spezielle Berücksichtigung. So waren Austro-Pop-Titel (Fendrich, Ambros, STS) genauso enthalten wie bayerische (Haindling, Schmidbauer) oder italienischsprachige (Toto Cotugno, 883, Eros Ramazzotti, Gianna Nannini).

Hier wurde vor allem auf die individuellen Erinnerungen der Menschen im Sendegebiet abgezielt. Vielfach werden mit bestimmten Titeln besondere Umstände oder Ereignisse (zum Beispiel Urlaub, ein lieber Mensch oder das erste eigene Auto) verbunden. Oftmals werden als Reaktion auf Oldies von beispielsweise den Byrds, CCR oder Del Shannon Aussagen wie „Das war einfach meine Zeit" hervorgerufen. Auf diese Weise erfolgte die Bindung an das Programm auch über die Erinnerungen, welche in der Regel zur individuellen Identität gehören, denn nicht jeder verbindet mit einem Titel dasselbe. So leistet die Musik ebenfalls einen nicht zu verachtenden Beitrag in Bezug auf die kulturelle Identität des Einzelnen.

Ab dem Jahr 2010/11 versuchte man bei Radio Oberland – wie bei einer Reihe anderer Lokalradio-Stationen in Bayern auch – musikmäßig „jünger" zu werden und damit eher das Antenne Bayern- oder Bayern 3-Publikum anzusprechen. Dies war jedoch eine meist fatale Entscheidung. Denn der Bayerische Rundfunk nutze die Situation seinerseits clever. Maximilian Berg, Programmchef von Bayern 1 und ehemaliger Mitarbeiter im bayerischen Lokalradio, erkannte, dass sich hier eine Lücke auftat, die man mit einer musikalischen Anpassung bei Bayern 1 exzellent schließen und für sich nutzen konnte. Die betroffenen Lokalradio-Stationen hatten das Nachsehen.

Zwar versucht man bei Radio Oberland, das derzeitige Musikformat (bestehend aus aktuellen Hits sowie Titeln aus den 80er, 90er und 2000er Jahren) durch so genannte „Heimat-Hits" etwas zu individualisieren. Jedoch entsteht so oftmals ein starker Bruch im Programm; dies auch deshalb, weil man aufgrund der Verbundenheit mit bayerischer Tradition und Brauchtum bei Radio Oberland zweimal pro Woche echte bayerische Volksmusik sendet, jeweils sonntags von 10 bis 13 Uhr sowie montags von 19 bis 20 Uhr. Zu der Zeit, als man ein Oldie-basiertes Gesamtmusikformat anbot, fügten sich diese Sendungen gut ins Programm ein. Im Wechsel mit aktuellen Hits ist jedoch ein klarer Bruch erkennbar.

Wo in den Anfangsjahren im bayerischen Lokalradio vielfach Spartensendungen mit speziellen Musikfarben in den Programmen enthalten waren (Country, Schlager, Jazz), sind diese meist komplett verschwunden, um eine „Durchhörbarkeit" zu ermöglichen, das heißt die Hörerin beziehungsweise der Hörer vernimmt zu jeder Tages- und Nachtzeit die gleiche Musikfarbe. Die unterschiedlichen Musikstile aus den Anfangsjahren gingen vielfach auch darauf zurück, dass man möglichst viele Publikumsschichten ansprechen wollte. In Ergänzung dazu lief auch im BLR-Mantelprogramm in den 1990er Jahren eine Mischung, die vom deutschen Schlager bis zum aktuellen Charthit reichte. Schnell wurde klar, dass man damit erst recht keine Hörerinnen und Hörer gewinnen konnte.

Slogan und Logo

In direkter Verbindung mit dem Namen eines Radio-Senders steht der so genannte Slogan oder Claim, eine Art „Werbespruch". Meist wird anhand dessen die Musik des Senders angepriesen, in vielen Fällen stellt man damit aber auch Inhalte und Nähe zum Publikum her. Der landesweite Bayerische Rundfunk wählte für sein Programm Bayern 1 im Laufe der Jahre diverse Slogans: Im Jahr 2006 setzte man beispielsweise auf „Radio für Bayern" und 2007 auf „Immer in Ihrer Nähe". 2019 lautete der Slogan „Die beste Musik für Bayern" beziehungsweise „Mein Bayern 1". Slogans werden erfahrungsgemäß relativ oft ausgetauscht. Dies hängt jedoch auch vom zur Verfügung stehenden Budget und den Ergebnissen der Funkanalyse Bayern ab. Der Nachteil ist natürlich, dass wahrscheinlich kaum eine Hörerin beziehungsweise Hörer den jeweils aktuellen Slogan nennen kann, wenn sie oder er gefragt wird.

Radio Oberland als Lokalsender grenzte sich lange Zeit durch den Slogan „So klingt der Süden" deutlich von den anderen Teilen Bayerns ab. Man wollte damit einerseits die Nähe zu Österreich und Italien herstellen, sowohl geographisch als auch im musikalischen Sinne, so Geschäftsführer Peter Samstag im Interview.

Es sollten jedoch auch Assoziationen mit dem „Süden" wie Urlaub, Wohlfühlen und besseres Wetter hervorgerufen werden; sowohl bei den Touristinnen und Touristen als auch bei den Einheimischen. Bei Letzteren war das Ziel, auch Stolz auf die eigene Heimat hervorzurufen beziehungsweise ein gewisses Selbstbewusstsein zu festigen. Hier liegt eindeutig eine Stärkung der kollektiven Identität vor. Die Hörerin beziehungsweise der Hörer sollte sich mit seinem Wohnort beziehungsweise seiner Heimat verbunden fühlen.

Seit ein paar Jahren wird die Heimat noch stärker in den Fokus gerückt. „Mein Oberland, meine Heimat" lautet der aktuelle Slogan aus Garmisch-Partenkirchen. Durch das Possessivpronomen „mein" soll gut durchdacht speziell die individuelle Identität angesprochen werden.

Abb. 24: Logo von Radio Oberland 2007 sowie 2019.

In den 1990er Jahren operierte Radio Oberland mit dem Slogan „Total lokal", welcher zwar einen lokalen Bezug herstellen ließ, jedoch kaum Assoziationen hervorrief und somit als weniger zur Stärkung der kollektiven Identität geeignet bezeichnet werden kann. Anfang der 2000er Jahre wollte man mit „Radio Oberland…was sonst?" punkten. Auch diese Variante war wenig aussagekräftig und bescherte in der Folge dem Sender in der FAB 2004 – auch wegen zahlreicher anderer Umstände – die niedrigsten Zahlen seiner Geschichte.

Im Logo von Radio Oberland, siehe Abb. 24, sind zudem die Berge dargestellt beziehungsweise angedeutet. Konkret stand die Alpspitze einst dafür Pate. Im Laufe der Jahre ist die Darstellung etwas abstrakter geworden. Man solle „stets die Berge vor Augen haben", so Peter Samstag. Das gut sichtbare blaue Logo befindet sich auf weißem Grund, womit durchaus auf Schnee als Assoziation abgezielt wird. Insgesamt ist die Darstellung einfach, einprägsam und verstärkt sicherlich die Bindung zum Programm.

Resonanz der Hörerinnen und Hörer

Wie bereits erwähnt, ist jeder Radiosender auf das Urteil seiner Hörerinnen und Hörer angewiesen. Dieses wird jedes Jahr aufs Neue in der Funkanalyse Bayern erfragt (siehe Kapitel 6.1.). Anhand von Telefon-Interviews werden zufällig ausgewählte Menschen durch das Marktforschungsinstitut TNS Infratest beziehungsweise Kantar TNS Mediaresearch befragt.

Generell ist die wirtschaftliche Lage der meisten bayerischen Lokalradiosender trotz relativ kleiner Sendegebiete nach oftmals großen Schwierigkeiten in den Anfangsjahren derzeit meist gut. Im Fallbeispiel Radio Oberland zeigen sich im Verlauf der zahlreichen Sendejahre durchaus Höhen und Tiefen. Die höchste bislang gemessene Tagesreichweite erzielte man in der FAB 2007 mit stattlichen 24,0 Prozent (ab 14 J., Montag bis Freitag) (vgl. BLM 2007). Tiefpunkte stellten beispielsweise die Jahre 2012 mit 15,5 oder 2015 mit sogar nur 11,1 Prozent Tagesreichweite dar (ab 10 J., Montag bis Freitag) (vgl. BLM 2015). Die FAB 2004 ergab sogar nur magere 10,2 Prozent Marktanteil (vgl. BLM 2004). 2020 lag die Tagesreichweite zuletzt bei 19,8 Prozent (vgl. BLM 2020). Die FAB 2007 brachte auch die bislang besten Reichweiten in einer Sendestunde. In der Morgensendung zwischen 7 und 8 Uhr schalteten damals im Durchschnitt 25.000 Hörerinnen und Hörer Radio Oberland ein. Zum Vergleich: Bei der FAB 2018 waren es 16.000, 2004 gerade einmal 8.000 (vgl. BLM 2007). Im so genannten „weitesten Hörerkreis" (WHK), also Menschen, die innerhalb der vergangenen vier Wochen den Sender gehört haben, erreichte Radio Oberland 2018 etwa 158.000 Hörerinnen und Hörer (vgl. BLM 2018: 83). Das ist ein sehr erfreulicher Wert, gemessen an der maximalen, technischen Reichweite von 232.000 Hörerinnen und Hörern.

Im Rahmen der Funkanalyse Bayern werden neben der Ermittlung des Bekanntheitsgrades auch weitergehende Fragen zum genauen Tagesablauf gestellt. Die Fragestellung lautet: Was haben Sie gestern gemacht? Auf diese Weise soll herausgefunden werden, zu welcher Zeit bevorzugt Radio gehört beziehungsweise ferngesehen wird. Eine für diese Untersuchung entscheidende Frage innerhalb des Kataloges der Funkanalyse Bayern lautet: Bei welchem Sender fühlen Sie sich gut informiert über das derzeit Wichtigste aus Ihrer Gegend? Darauf antworteten beispielsweise in der FAB 2006 55,2 Prozent der Befragten mit „Radio Oberland". Im direkten Vergleich schnitten hier die Konkurrenten Antenne Bayern mit 25,2 Prozent, Bayern 1 mit 16,8 sowie Bayern 3 (12,9 Prozent) wesentlich schlechter ab. „[U]mfassende Lokalberichterstattung wird von den Hörerinnen und Hörern [...] als eine exklusive Leistung der Lokalradios erkannt und honoriert" (BLM 1994: 141), wird im BLM-Jahrbuch 1993/94 als Ergebnis der damaligen Funkanalyse vermerkt. Andererseits zeigt sich jedoch auch, dass Informationen außerhalb der Region, aus Deutschland und der Welt, oft nicht ausreichend berücksichtigt werden: Bei Radio Oberland fühlten sich darüber nur 10,8 Prozent informiert; im Vergleich dazu lag der Wert bei Antenne Bayern bei 52,0 Prozent, bei Bayern 1 bei 20,4 Prozent und bei Bayern 3 bei 26,3 Prozent. Die kulturellen Einflüsse von „außen" beziehungsweise Vermischungen sind von Traditionalisten oft nicht erwünscht, jedoch meist nicht vollständig aufzuhalten – Beispiele: Halloween oder Valentinstag.

In Bezug auf die Freizeitgestaltung der Menschen sind Veranstaltungshinweise wirkungsvoll: 41,8 Prozent der Befragten beurteilten in der FAB 2006 diese bei Radio Oberland als interessant (zum Vergleich: Antenne Bayern 32,0 Prozent, Bayern 1 14,3 Prozent, Bayern 3 17,1 Prozent). Dies sind klare Werte, die für das Konzept des Lokalhörfunks sprechen, und sie zeigen darüber hinaus, dass ein großer Bedarf nach Informationen rund um das eigene Umfeld vorhanden ist und diesem auch nachgekommen wird.

Ein Problem für viele Lokalsender stellen die Gewinnspiele des privaten Anbieters Antenne Bayern dar. Auf die Frage nach Gewinnspielen antworteten in der FAB 2006 im Sendegebiet von Radio Oberland 63,9 Prozent, dass man die Gewinnaktionen von Antenne Bayern gut finde (zum Vergleich: Radio Oberland 2,8 Prozent, Bayern 1 9,0 sowie Bayern 3 11,8 Prozent). Natürlich kann ein landesweiter Radiosender wie Antenne Bayern mit ganz anderen Finanzmitteln aufwarten als die Lokalsender. Somit müssen sich die Lokalsender auf andere Aktionen, die lokal eine größere Aufmerksamkeit auf sich ziehen, konzentrieren. Dies gelingt Radio Oberland wie oben beschrieben durchaus sehr gut.

Fazit

Aufgrund der diversen untersuchten inhaltlichen Elemente und der Reaktion beziehungsweise Einordnung auf Seiten der Hörerinnen und Hörer zeigt sich am Fallbeispiel Radio Oberland deutlich, dass das Lokalradio einen essentiellen Beitrag zur Stärkung der kulturellen Identität leisten kann und leistet beziehungsweise dass sich die Hörerin beziehungsweise der Hörer mit dem Programm identifiziert. Und im Gegensatz zu den angesprochenen, eher chaotisch abgelaufenen Anfangsjahren des Lokalradios in Bayern werden sämtliche Elemente nun meist professionell und durchdacht eingesetzt.

Bayernweit muss jedoch bezüglich kultureller Identität durchaus von Lokalsender zu Lokalsender differenziert werden. Besonders in den Großstädten bietet sich ein sehr durchmischtes Bild. In München, Nürnberg oder Würzburg teilen sich mehrere Lokalradios ein Sendegebiet. Somit tritt zusätzlich die Problematik des „Sich-voneinander-Abgrenzens" stärker in den Vordergrund. Dies geschieht neben dem Musikformat und damit der angesprochenen Zielgruppe auch anhand einer unterschiedlichen Präsentation der Inhalte und dem Dialog mit der Hörerin beziehungsweise dem Hörer.

Mit Blick auf die Zukunft ist somit entscheidend für den gesicherten Fortbestand des Lokalradios neben dem Abbilden der kollektiven und individuellen Identität der Hörerschaft im Sendegebiet ganz klar auch das Engagement dafür. „Solange die Menschheit Wert auf Emotionen, Empathie und Natürlichkeit legt, wird es gerade das Lokalradio immer geben", so Walter Berndl, Geschäftsführer Funkhaus Passau sowie im Funkhaus Ingolstadt, in einem Interview für diesen Beitrag. Wenn die Moderatorinnen und Moderatoren sowie Redakteurinnen und Redakteure dies mit Leidenschaft und Herzblut ihrem Publikum entsprechend vermitteln können, werden Streaming-Dienste und Podcasts auch weiterhin keine allzu große Konkurrenz darstellen. Für einen Ausbau der Lokalradio-Kapazitäten besteht an sich keine Notwendigkeit. Die Sendegebiete sind alles in allem ausreichend „zugeschnitten", um eine wirtschaftliche Tragfähigkeit zu gewährleisten und auf UKW ist aufgrund der Frequenzknappheit auch keine Erweiterung möglich. Der Gedanke von Bürgerradios könnte eventuell im digitalen Netz Verwendung finden. DAB+, der digitale Übertragungsstandard auf Frequenzen um die 200 MHz (UKW: 87,5 bis 108 MHz), ist schon lange in Bayern präsent. Aktuell besitzt in etwa jeder Dritte in Bayern (etwas mehr als 31 Prozent) ein entsprechendes Empfangsgerät (vgl. BLM 2019b). Gerade für Radio Oberland könnte DAB+ ein großer Gewinn sein: Da man mit der Zuteilung der UKW-Frequenzen ziemliches Pech hatte, bietet der digitale Empfang nun die Chance auf eine bessere Hörbarkeit. Denn das Voralpen-Ensemble, in dem Radio Oberland seit Juli 2019 in einer ersten Ausbaustufe von den Standorten Wendelstein und Herzogstand zu empfangen ist, wird mit deutlich höherer Leistung (bis zu 10 kW) abgestrahlt und deckt seit Mitte 2020 fast ganz Oberbayern ab. Somit können auf diese Weise einige Lücken innerhalb des offiziellen Sendegebietes endlich geschlossen werden. Ein konstant guter Empfang trägt garantiert ebenfalls zur Stärkung sowohl der kollektiven als auch der individuellen Identität bei.

Abb. 25: Stereoempfangsgebiet Garmisch-Partenkirchen/Weilheim in Oberbayern im Jahr 2018 (vgl. BLM 2020: 81).

Literatur

Bakenhus, Norbert (1996): Das Lokalradio. Ein Praxis-Handbuch für den lokalen und regionalen Hörfunk. Konstanz: UVK Verlagsgesellschaft.

Bayerische Landeszentrale für neue Medien (Hrsg.) (1988): Rundfunkkongress-Dokumentation, Fach-Tagung am 18./19.Oktober 1988 im Sudetendeutschen Haus und Penta-Hotel in München anlässlich der Münchener Medientage 1988.

Bayerische Landeszentrale für neue Medien (1990): Lokalfunk und Lokalität. München: Reinhard Fischer Verlag. BLM-Schriftenreihe 11.

Bayerische Landeszentrale für neue Medien (Hrsg.) (1992): BLM-Jahrbuch 1992. München: Reinhard Fischer Verlag.

Bayerische Landeszentrale für neue Medien (Hrsg.) (1994): BLM-Jahrbuch 1993/94. München: Reinhard Fischer Verlag.

Bayerische Landeszentrale für neue Medien (Hrsg.) (2004): Funkanalyse Bayern. Lokale Funkplanungsdaten Bayern 2004. Online: www.funkanalyse.tns-infratest.-com/2004/index.htm (zuletzt abgerufen am 30.09.2020).

Bayerische Landeszentrale für neue Medien (Hrsg.) (2007): Funkanalyse Bayern. Lokale Funkplanungsdaten Hörfunk 2006/2007. München: o. V.

Bayerische Landeszentrale für neue Medien (Hrsg.) (2015): Funkanalyse Bayern. Lokale Funkplanungsdaten Hörfunk 2014/2015. München: o. V.

Bayerische Landeszentrale für neue Medien (Hrsg.) (2018): Funkanalyse Bayern. Lokale Funkplanungsdaten Hörfunk 2018/2019. München: o. V. Online: www.funkanalyse-bayern.info/2020/HF/Lokale-Standorte/garmisch/index.html (zuletzt abgerufen am 30.09.2020).

Bayerische Landeszentrale für neue Medien (2019a): Geschäftsbericht 2018. Online: https://www.blm.de/infothek/publikationen/geschaeftsberichte.cfm (zuletzt abgerufen am 30.09.2020).

Bayerische Landeszentrale für neue Medien (2019b): Bayern ist bereit fürs Digitalradio. Online: www.blm.de/infothek/pressemitteilungen/2019.cfm?object_ID=12147 (zuletzt abgerufen am 15.02.2021).

Bayerische Landeszentrale für neue Medien (2019c): Sendersuche. Radio Oberland. Online: www.blm.de/radiotv/sendersuche/hf/radio_oberland.cfm (zuletzt abgerufen am 15.02.2021).

Bayerische Landeszentrale für neue Medien (2020): Funkanalyse Bayern. Lokale Funkplanungsdaten Hörfunk 2018/2019. München: o. V.

Bösch, Frank (2012): Politische Macht und gesellschaftliche Gestaltung. In: Archiv für Sozialgeschichte, H. 52, S. 191-210.

Franke, Silke/Magel, Holger (2016): Heimat zwischen Tradition und Fortschritt. München: Hanns-Seidel-Stiftung.

Jens, Carsten (1989): Privater Hörfunk – eine Verlegerdomäne. In: Media Perspektiven, H. 1, S. 23-37.

Kraus, Andreas (2004): Geschichte Bayerns. Von den Anfängen bis zur Gegenwart. München: C. H. Beck.

Kriner, Gerhard (2003): Mehr Mut zum Einschaltradio! In: Tendenz – Das Magazin der Bayerischen Landeszentrale für neue Medien, H. 2, S. 12-14.

Loderbauer, Rudi (2004): Eins für alle – BLR: Das Mantelprogramm der bayerischen Lokalradios. In: Radio-Kurier, H. 19-20, o. S.

Noelle-Neumann, Elisabeth/Schulz, Winfried/Wilke, Jürgen (1989): Fischer Lexikon Publizistik Massenkommunikation. Frankfurt: Reinhard Fischer Verlag.

Nötting, Thomas (2005): Euphorie als Erfolgsrezept. Privatradio-Pioniere aus Bayern erinnern sich. In: Tendenz – Das Magazin der Bayerischen Landeszentrale für neue Medien, H. 2, S.21–23.

o. V. (1992a): Radio Oberland. In: Süddeutsche Zeitung vom 03.04.1992, S. 31.

o. V. (1992b): Programmanbietervertrag über die Nutzung der lokalen Hörfunkfrequenzen in Garmisch-Partenkirchen und Weilheim-Schongau vom 27.10.1992.

o. V. (2007): Ein Park für Martina Glagow. In: Garmisch-Partenkirchner Tagblatt vom 19.2.2007, S.35

Pethes, Nicolas/Ruchatz, Jens (2001): Gedächtnis und Erinnerung. Ein interdisziplinäres Lexikon. Reinbek: Rowohlt Verlag.

Roth, Wolf-Dieter (2004): Piratensender. Geschichte und Praxis. Baden-Baden: Nomos Verlag.

Schick, Paul (1991): Privater Hörfunk in Bayern. Kompetenzregelungen, medienpolitische Konflikte, gesellschaftsrechtliche Verflechtungen/die Entwicklung bis Ende 1990 unter besonderer Berücksichtigung der wirtschaftlichen Rahmenbedingungen. München: Reinhard Fischer Verlag.

Sturm, Robert/Zirbik, Jürgen (1996): Die Radio-Station. Ein Leitfaden für den privaten Hörfunk. Konstanz: UVK Verlagsgesellschaft.

Riehl-Heyse, Herbert (1984): Rudern auf vielen Kanälen. Pioniergeist, Skepsis und Mißtrauen prägen in der Landeshauptstadt die ersten Versuche, ein neues Medienzeitalter zu eröffnen. In: Süddeutsche Zeitung vom 03.04.1984, S. 3.

Treml, Manfred (2016): Geschichte und Struktur des Lokalfunks in Bayern. In: Mitteilungen des Verbandes bayerischer Geschichtsvereine, S. 271-296.

Tylor, Edward Burnett (1873): Die Anfänge der Cultur. Leipzig: o. V.

Widlok, Peter (1988): Der Bürger und seine Nahwelt. In: Schmitz-Borschert, Heinz-Peter (Hrsg.): Lokalfunk. Anmerkungen und Statements zur Hörfunkentwicklung. Köln: Rutsker Verlag.

5.2. „Keine wirkliche Firma": Die Gemeinschaftsredaktion der bayerischen Lokalradios BLR

Holger Müller

Radio hört sich doch überall gleich an! In dieser oft zu hörenden Kritik verbirgt sich ein Fünkchen Wahrheit. Die bayerischen Lokalradios hören sich tatsächlich häufig gleich an – nämlich dann, wenn sie auf die Angebote der Dienstleistungsgesellschaft für Bayerische Lokal-Radioprogramme mbh & Co. KG (BLR) zurückgreifen und Nachrichten, Mantelprogramm und redaktionelle Beiträge der BLR ins eigene Programm übernehmen. Den Hörerinnen und Hörern sind diese Übernahmen in der Regel nicht bewusst, denn sie werden im Programm nicht kenntlich gemacht. Der modulare Aufbau der BLR-Nachrichtenformate ermöglicht es den Lokalradios darüber hinaus sogar, spezifische Inhalte für die jeweilige Region einzufügen.

Die BLR als Gemeinschaftsredaktion der bayerischen Lokalradios und ihr Angebot entstanden zu Beginn der 1990er Jahre aus wirtschaftlicher Notwendigkeit. Auf den Lokalradios lastete zu dieser Zeit trotz staatlicher Förderung ein ungeheurer Kostendruck (vgl. Baetz 1997). In einem Gutachten der Wirtschaftsprüfungsgesellschaft Rinke Treuhand hieß es für das Jahr 1988: „Nach unseren Erkenntnissen dürften nur 5 bis 6 bayerische Lokalradio-Anbieter ausgeglichene bzw. positive Ergebnisse aufweisen" (zit. nach Bernauer 1991: 96). Die Bayerische Landeszentrale für neue Medien (BLM) drängte daraufhin die Staatsregierung, das Hörfunkkonzept im endgültigen Entwurf für ein Landesmediengesetz anzupassen. Der damalige BLM-Präsident Wolf-Dieter Ring sah darin die Entscheidungen der Landeszentrale bestätigt:

> Dies gilt z.B. für eine verstärkte regionale Zusammenarbeit der Lokalradiostationen, für eine Möglichkeit einer Kostenentlastung durch entsprechende zentrale Zulieferungen von Programmen sowie für die Entwicklung von Funkhausmodellen an Mehrfrequenzstandorten (Bernauer 1991: III).

Wie haben die Beteiligten bei der Zulieferung wirtschaftliche Interessen und Programmvielfalt gegeneinander abgewogen? Wie sieht das Verhältnis zwischen BLR und den Sendern vor Ort aus? Welche technischen Innovationen kennzeichnen das Angebot der BLR heute?

Basis der folgenden Darstellungen bilden leitfadengestützte, qualitative Interviews, unter anderem mit Helge Siemers (erster Geschäftsführer der BLR, 1991 bis Juli 2008), Jürgen Noppel (ehemaliger Geschäftsführer der BLR, September 2008 bis Juli 2011), Sebastian Steinmayr (heutiger Geschäftsführer der

BLR, seit August 2011), Klaus Braun (ehemaliger Leiter der Musikredaktion der BLR) sowie Christian Brenner (Inhaber der Firma NexCast und langjähriger technischen Dienstleister der BLR). Sämtliche Interviews liegen als Audioaufzeichnungen sowie als Transkript vor. Vertieft und ergänzt wurden diese Daten unter anderem durch Protokolle des Medienrats der BLM sowie Sekundärliteratur.

Die Gesellschafterstruktur: Der Geburtsfehler der BLR?

Die ersten kontroversen Diskussionen über Programmzulieferungen an Lokalradiostationen wurden bereits im September 1988 im Medienrat der BLM geführt. Anlass dafür war eine geplante Arbeitsgemeinschaft der Mediengesellschaft der bayerischen Tageszeitungen für Kabelkommunikation mbH & Co. (m.b.t.), die unter dem Titel Radio 2000 firmieren sollte. Der Vorsitzende des Hörfunkausschusses Hermann Maier befürchtete insbesondere einen Verlust des Lokalcharakters, die Aushöhlung der Programmverantwortung der Lokalsender sowie den Verlust der Programmkontrolle durch die BLM – laut Medienentwicklungsgesetz unterlagen 1988 nur die Lokalsender der Kontrolle durch die Landesmedienzentrale (vgl. Protokoll zur Medienratssitzung vom 29.09.1988: 34). Aber nicht nur der Verband bayerischer Tageszeitungsverleger hatte bereits begonnen, eigene Mantelprogrammkonzepte und Ideen für überregionale Werbegesellschaften zu entwickeln. Helge Siemers, der erste Geschäftsführer der BLR, erinnerte sich im Interview daran, dass auch die beiden anderen großen Gesellschaftergruppen der Lokalradios entsprechende Planungen vorangetrieben hätten: Gunther Oschmann (Müller Medien) und der Sebaldus-Verlag (Gong Gruppe). Auf Initiative der BLM mussten die drei Gesellschaftergruppen sich auf eine bayernweite Vermarktungsgesellschaft und ein Mantelprogramm einigen – oder wie es in der Beschlussfassung zur Zulieferung im Rahmen der Fortentwicklung des Hörfunkkonzepts heißt: Der Beschluss sei „das Ergebnis eines Kompromisses zwischen den landesweiten Partnern, den Anbietern und der Landeszentrale" (Protokoll zur Medienratssitzung vom 22.11.1990: 24).

Dieser Kompromiss besteht auf Seite der Gesellschafter bis heute. Die BLR wird nach Angaben der Kommission zur Ermittlung der Konzentration im Medienbereich (KEK) nach wie vor von der Mediengesellschaft der Bayerischen Tageszeitungen für Kabelkommunikation mbH & Co. – Radio 2000 KG, der Studio Gong GmbH & Co. Studiobetriebs KG und der RSG Rundfunk Service GmbH getragen (vgl. KEK 2020).

In dieser organisatorischen Struktur sah Helge Siemers im Interview den, so wörtlich, „Geburtsfehler der der BLR". Denn die Gesellschafter der BLR waren von Anfang an gleichzeitig an einem Großteil der bayerischen Lokalsender beteiligt; sie waren und sind bis heute damit sowohl Inhaber und als auch Kunden der Gemeinschaftsredaktion:

> So war es dann immer die gleiche Front für die BLR, nämlich die Gesellschafter, die die Lokalsender vertraten, und die Lokalsender, die sich durch ihre Gesellschafter, die gleichzeitig auch bei der BLR waren, ermutigt fühlten, die BLR zu kritisieren: ‚Unser Gesellschafter ist ja auch bei Ihnen und er möchte dieses und jenes, nehmen Sie darauf bitte Rücksicht'.

Auch bei der konsequenten strategischen Weiterentwicklung der BLR empfand Siemers die Beteiligungsstruktur als problematisch, schließlich seien die Interessen dieser zur Zusammenarbeit gezwungenen Gesellschafter häufig zu verschieden gewesen:

> Die drei Gruppen konnten sich dann immer nur auf den kleinsten gemeinsamen Nenner einigen, so auch in der BLR. Für die Umsetzung von in der BLR selber entwickelten Konzepten war dies nicht selten ein Hindernis. Das waren immer Kämpfe, bei denen die BLM auch manchmal eine sehr positive Rolle spielte, weil sie die BLR sehr unterstützte.

Dazu zählte beispielsweise die Finanzierung der BLR, wie Siemers berichtete: So setzte die BLR die Preise für die Programmzulieferungen nicht wie eine normale Firma selbst fest. Stattdessen werde diese Frage unter Führung der BLM entschieden. Die Bezahlung sei aus den Werbeeinnahmen der Vermarktungsgesellschaft Bayerische Lokalradio-Werbung GmbH (BLW) geregelt worden.

Spannende Zeiten: Die Gründungsphase der BLR

Die BLR nahm am 1. April 1991 als Bayerische Lokalradio Programm GmbH am Vogelweideplatz in München ihre Arbeit auf. Die Landeszentrale stellte den Gesellschaftern dafür eine Technik- und Programmförderung in Höhe von maximal fünf Prozent der jährlichen Gesamtkosten von vier Millionen Mark in Aussicht (vgl. Bernauer 1991: 99). Durch den Beschluss des Medienrats war die Zulieferung dabei auf die Tageszeit von 6 bis 20 Uhr begrenzt (vgl. Protokoll zur Medienratssitzung vom 22.11.1990: 25). Einer der ersten Nachrichtenredakteure war Sebastian Steinmayr, der heutige Geschäftsführer der BLR. Steinmayr kam damals als Quereinsteiger aus dem Print zum Radio und erinnerte sich im Interview lebhaft an diese Anfangstage:

> Als wir 1991 angefangen haben, haben wir jeden Tag ein Nachrichtenformat von sechs bis 20 Uhr im Zwei-Schicht-Betrieb angeboten. Damals waren an einer Nachrichtenausgabe zwei Redakteure und ein Volontär beschäftigt. Beide Redakteure haben geschrieben und einer, der

> besonders befähigt war, hat auch gelesen. Die Hauptaufgabe des Volontärs war, O-Töne zu beschaffen und sie dann analog an einer Bandmaschine sehr mühselig und händisch zu schneiden.

Zeitgleich mit den Nachrichten startete auch das Nachtprogramm mit einem Schlager- beziehungsweise Oldie-Format (vgl. Bernauer 1991: 100; Protokoll zur Medienratssitzung vom 11.04.1991: 22). Nach anfänglichen Problemen konnten die BLR-Verantwortlichen die Sendezeit des Mantels auf 20 Stunden ausweiten. Im Studio nutzten die Moderatorinnen und Moderatoren nach Steinmayrs Erinnerung die damals übliche Technik: Die Musik kam ausschließlich von Plattenspielern, während die Sendeelemente über Cartridge-Maschinen zugespielt wurden.

Zu dieser Zeit engagierte sich Helge Siemers für die neuentstehenden Lokalradios. Sein Weg zur BLR war ungewöhnlich: Seit 1983 war er evangelischer Gemeindepfarrer in Übersee am Chiemsee, 1988 gründete er Radio Regenbogen mit, einen Spartenanbieter für Kultur, Kirche und Soziales. Um die Sendezeiten zu füllen, war Siemers auf der Suche nach einem passenden Mantelprogramm – insbesondere für Musik:

> Von diesen Plänen hat ein bayerischer Tageszeitungsverleger erfahren, der für die seit einem knappen halben Jahr bestehende BLR einen Geschäftsführer suchte. Er bot mir dann diese Stelle an. Wegen der guten Vertragskonditionen und aus familiären Gründen habe ich zugestimmt und bin im Frühwinter 1991 zur BLR gekommen.

„Insgesamt waren das spannende Zeiten," beschrieb Siemers im Rückblick die Anfänge der BLR. So gab es zunächst wenige bayerische Lokalsender, die das Mantelprogramm und die Nachrichten via Satellit übernahmen – ganz im Sinne des Hörfunkausschusses der BLM übrigens, der das lokale Hörfunkkonzept in Eigenverantwortung damals für langfristig wirtschaftlich tragfähiger hielt. Dementsprechend sollten vor allem im Tagesprogramm Zulieferungen nur sparsam eingesetzt werden (vgl. Protokoll zur Medienratssitzung vom 22.11.1990: 26).

Vor Ort kamen die Zulieferungen in den Anfangstagen mal mehr, mal weniger gut an. Insbesondere vielen Großstadtsendern in Nürnberg oder München war das Format der BLR zu konservativ, wie einige Zeitzeuginnen und Zeitzeugen aus verschiedenen Radiostationen in Interviews berichteten. Andere Interviewte wiederum empfanden die Möglichkeit, Nachrichten und Nachtprogramm zugeliefert zu bekommen, von Anfang hilfreich.

Diese beiden Positionen illustrieren Grundkonflikt des lokalen Hörfunkkonzepts in Bayern: Auf der einen Seite soll die BLR aus ökonomischer Notwendigkeit möglichst viele Privatsender mit einem Angebot zentral versorgen können;

publizistisch sollen die Sender vor Ort dennoch ihren eigenen lokalen Charakter und ihr eigenes Format erhalten.

Torpedo, Mittelmaß, Einheitsbrei: Der Medienrat und die BLR

Der eben skizzierte Konflikt war kurz nach dem Start der BLR Thema im Medienrat der Landeszentrale. Unter dem Punkt „Bayernweite Programmzulieferung der BLR" diskutierten die Mitglieder am 11. April 1991 sowohl über die Ausrichtung von Nachrichten, Wortbeiträgen und Mantelprogramm als auch – abermals – über grundlegende Bedenken gegen Zulieferungen an sich. Grundlage jener Diskussion war laut Protokoll ein Gespräch des Hörfunkausschusses mit den Verantwortlichen der BLR, in dem die Beteiligten zuvor wesentliche Leitlinien für die Dienstleistungen erarbeitet hatten (vgl. Protokoll zur Medienratssitzung vom 11.04.1991: 19f.). Drei Aspekte stechen heute aus dieser Vorlage besonders heraus: Erstens, alle Zulieferungen sollten sich auf überregionale Themen konzentrieren, damit die Redaktionen vor Ort mehr Kapazitäten für die lokale Berichterstattung haben. Zweitens, alle Zulieferungen sollten sich ohne eigene Kennung nahtlos integrieren lassen. Die BLR schlug, drittens, vor, für das Mantelprogramm Beiträge zu hinterlegen, die dann aus München ferngesteuert gestartet werden könnten (vgl. ebd.: 20f.). Diese Fernsteuerung für lokale Verpackungselemente, Werbeblöcke und Wortbeiträge wurde später tatsächlich über so genannte „Cue-Signale" realisiert.

Diese drei Punkte hätten eigentlich den Medienratsmitgliedern gegenüber Entgegenkommen signalisieren und vor allem durch den Fokus auf ein überregionales Programmangebot Bedenken zerstreuen sollen. Dennoch sahen einige von ihnen in diesem Modell weiterhin eine Gefahr für das lokale Hörfunkkonzept an sich: Hinsichtlich der Lokalität sprachen einige Medienräte in dieser Vorlage von „eine[m] Torpedo, mit dem das Lokalfunkkonzept versenkt" (ebd.: 25) werden solle. Manfred Treml, damals ebenso Mitglied des Germiums, erkannte in den Zulieferungen zudem „ein standardisiertes Mittelmaß sowie den von niemandem gewollten überregionalen Einheitsbrei durch die Zentralfunktion der BLR" (Protokoll zur Medienratssitzung vom 11.04.1991: 29). Auch die Frage der Kennzeichnung von Übernahmen wurde in dieser Sitzung des Medienrats diskutiert. Während einige Medienräte eine Kennzeichnungspflicht zu Beginn oder Ende einer jeden BLR-Übernahme beantragten (vgl. ebd.: 25), sah der BLM-Präsident Wolf-Dieter Ring darin eine Störung des Programmflusses: Jedes Zulieferprogramm müsse sich „in die lokale Konzeption ohne Bruch einfügen" (ebd.: 27). Ein Antrag zur Kennzeichnung von Übernahmen im Programm wurde im Übrigen nicht zur Abstimmung angenommen. Auch die weitere, leidenschaftliche Diskussion über die inhaltliche Ausgestaltung von Nachrichten, Beiträgen und Mantelprogramm führten zu keinen Beschlüssen des Medienrats. Wie BLM-

Geschäftsführer Martin Gebrande betonte, könnte der Medienrat lediglich über die Zulieferungsanträge der einzelnen Radiostationen abstimmen (vgl. ebd.: 30). In diesen Genehmigungen wiederum sah Wolf-Dieter Ring eine indirekte Bestätigung der Änderung der Hörfunksatzung vom 22. Februar 1990 und des Beschlusses zum Zulieferkonzept der BLR vom 22. November 1990 bestätigt (vgl. ebd.: 23).

Bei aller vorherigen Skepsis und Zurückhaltung fiel die indirekte Zustimmung zur BLR überraschend groß aus. Insgesamt hatten zu diesem Zeitpunkt 17 Sender Zulieferungen durch die BLR beantragt, die vom Medienrat in vier Blöcken genehmigt wurden: Die Übernahme von Nachrichten (Radio Arabella München, Radio Charivari München, Radio Gong Mainland), die Übernahme von Nachrichten, Korrespondentenberichten, Reportagen und Features (Radio Danubia, Radio Trausnitz), die Übernahme von Nachrichten und des Nachtprogramms (Radio 8, Radio Charivari Würzburg, Radio IN, AWN Straubing, AWN Landshut) sowie die Übernahme von Programmstunden zwischen 6 und 20 Uhr (Radio Charivari Rosenheim, Radio Mainwelle, Radio Plassenburg, Radio Regnitzwelle, Radio Chiemgau). Ausschlaggebendes Kriterium für die Mitglieder des Medienrats waren vorgegebene Mindestsendezeiten. Aus diesem Grund stellte der Medienrat beispielsweise Anträge wie die von Radio Primavera und „Unser Radio" zurück (vgl. ebd.: 32ff.).

Classic-News und Top-News: Die Nachrichtenformate der BLR

Der erste wichtige Baustein im Angebot der BLR waren ab 1991 die stündlichen Nachrichten aus Bayern, Deutschland und der Welt. Wie bereits beschrieben, waren die Nachrichtenausgaben zunächst zwischen 6 und 20 Uhr im Zwei-Schicht-Betrieb entstanden. Dabei hatten die Sender die Wahl zwischen fertig eingesprochenen Nachrichten und der Schriftform, damit sie von sendereigenen Sprecherinnen und Sprechern eingelesen werden konnten (vgl. Protokoll zur Medienratssitzung vom 11.04.1991: 21). Zu diesem Zeitpunkt gab es auf dem Arbeitsmarkt nicht viele Redakteurinnen und Redakteure mit Radioerfahrung. Dementsprechend berichtete Sebastian Steinmayr im Interview von einem „bunt gemischten Haufen" in der Nachrichtenredaktion: „Da waren drei Leute vom öffentlich-rechtlichen Rundfunk und drei Quereinsteiger wie ich dabei, die aus anderen Medienbereichen kamen." Die eigenen Kunden vor Ort hatten damit gegenüber der BLR häufig einen Erfahrungsvorsprung:

> Das hat natürlich gedauert, uns zusammenzuraufen, weil wir alle unterschiedliche Herkünfte hatten. Wir haben schon zwei bis drei Jahre gebraucht, um die Nachrichtenredaktion so aufzubauen, dass wir auch alle das gleiche gemacht haben und das gleiche Verständnis hatten.

5.2. Die Gemeinschaftsredaktion der bayerischen Lokalradios

Nicht nur die persönliche Weiterentwicklung führte bei der BLR zu einer Verbesserung des Angebots. Mit Helge Siemers, Jürgen Noppel und Sebastian Steinmayr betonten alle drei bisherigen Geschäftsführer der BLR im Gespräch, dass die BLR sich stets als Dienstleister der bayerischen Lokalradios verstand. Über den Programmbeirat der BLR sowie Besuche vor Ort und Workshops würden regelmäßig die Bedürfnisse der Kunden abgefragt, um das journalistische Angebot anzupassen. Helge Siemers verglich diese Besuche mit denen in seiner vorherigen Seelsorgertägtigkeit:

> Wie es Pfarrer mit ihren Gemeindegliedern tun, bin ich also auch viel rumgereist zu den Sendern und habe mir deren Sorgen, Kritik, Wünsche, Vorstellungen und Fantasien angehört. Wir haben immer versucht, den Sendern [...] entgegenzukommen. Ein großes Problem war, dass zu den Kunden kleine Provinzsender gehörten, zum Beispiel in Coburg oder Mühldorf. Diese Sender hatten berechtigterweise andere Programmvorstellungen als zum Beispiel große Stadtsender wie Radio Gong in München oder Radio F in Nürnberg. Es war immer ausgesprochen schwierig, diese sehr unterschiedlichen Wünsche zu befriedigen.

Diese divergierenden Interessen konnte die BLR in ihren Nachrichtenprogrammen erst mit der fortschreitenden Digitalisierung befriedigen. Wie sich Sebastian Steinmayr im Interview erinnerte, gab es bei den Programmverantwortlichen schon immer den Wunsch, neben den Weltnachrichten auch regionale und lokale Ereignisse abzudecken. Aber erst seit 2002 konnte die BLR modulare Nachrichten anbieten, deren Inhalte an die spezifischen Senderwünsche angepasst werden konnten. Die Impulse waren hier die Bedürfnisse der Kunden, die Inspiration für die Lösung eine Software aus Holland und die konkrete Umsetzung die Nachrichtensoftware NewsStar. Hinter deren Entwicklung steht der langjährige technische Dienstleister der BLR, Christian Brenner, mit seiner damaligen Firma SmartCast. Im Interview erklärte er, dass die BLR ursprünglich die Lösung einer holländischen Firma einsetzen wollte:

> Ursprünglich wollten wir eine Lösung einfach dort kaufen. Aber der Test lief einfach so schlecht. Dann haben wir geschaut, wo wir so etwas herbekommen. Sowas gab es nirgends auf der Welt. Dann haben wir das halt komplett selbst entwickelt.

So wurde die Produktionssoftware NewsStar entwickelt: In die Software lasen die Nachrichtenredakteurinnen und -redakteure die einzelnen Meldungen ein, die anschließend von der Software anhand von Rubriken zu individuellen Nachrichtensendungen für die verschiedenen Lokalradios zusammengestellt wurden.

Durch diese Produktionssoftware veränderte sich auch der Arbeitsalltag in der Redaktion maßgeblich. Das stellte viele der Nachrichtenredakteurinnen und -redakteure vor große Herausforderungen:

> [Wir waren] so verliebt in unsere neuen Funktionen, dass wir die Kollegen teilweise vor ernste Belastungsproben gestellt haben. Weil wir den Arbeitsalltag der Nachrichtenleute wirklich komplett auf den Kopf gestellt haben. Trotzdem hat sich im Nachhinein herausgestellt, dass das wirklich eine sinnvolle und gute Entscheidung war.

Die Nachrichten bilden bis heute das wichtigste Standbein im Angebot der BLR. Heute gibt es die „Top News" als junges Schlagzeilenformat sowie die ausführlicheren „Classic News". Beide Nachrichtenformate werden zusätzlich als so genannte „Regio News" angeboten, das heißt mit auf den Kunden abgestimmten regionalen oder lokalen Inhalten, siehe Tab. 9.

	Aufbau	Länge	Stil
Top News	3-5 Meldungen	1:45 – 2:00 Min.	Schlagzeilenformat
als Regio News	3-5 Meldungen	1:45 – 2:00 Min.	Schlagzeilenformat mit Lokalmeldungen
Classic News	3-5 Meldungen	2:20 – 2:40 Min.	ausführlich
als Regio News	3-5 Meldungen	2:20 – 2:40 Min.	ausführlich mit Lokalmeldungen

Tab. 9: Derzeitige Nachrichtenformate der BLR (vgl. BLR 2020a).

Der Arbeitsalltag in der BLR-Redaktion wurde und wird nicht nur durch technische Innovationen verändert. Im Gespräch erklärte der ehemalige Geschäftsführer Jürgen Noppel, dass die BLR nach der dpa als zweite Agentur einen Newsroom eingeführt habe. Dadurch sollten die Arbeitsabläufe zwischen Redaktionsleitung, Chef vom Dienst und Redaktion zentral in einem Raum gebündelt und verbessert werden.

Ihre Nachrichtenformate bot die BLR zeitweise nicht nur bayerischen Kunden an. Bereits am 1. April 1997 wurde mit dem RadioDienst eine Schwesterfirma gegründet, um auch außerhalb des Freistaats deutschsprachige Sender beliefern zu können (vgl. RadioDienst 2001).

Damit erschloss sich die Dienstleistungsgesellschaft eine zusätzliche Einnahmequelle. Wie Helge Siemers im Interview betonte, wurde die Firma bis dato durch die BLW über die Werbeeinnahmen der bayerischen Kunden finanziert. Die Firma RadioDienst habe dabei vor allem der getrennten Buchhaltung gedient, so Siemers: „Das war eigentlich nur eine Rechtsform, weil das Personal zu

90 Prozent gleichblieb." In diesem Zusammenhang erwähnte er auch, dass es innerhalb von BLR und RadioDienst den Vorschlag gegeben habe, die Nachrichtenagentur Deutscher Depeschendienst (ddp) zu übernehmen. Dieses Vorhaben sei aber letzten Endes gescheitert. Auch für den RadioDienst wurde das Marktumfeld schwieriger.

Mit den Rundfunk Werken (jetzt: radio AKTUELL) und REGIOCAST sind neue Anbieter für modulare Nachrichten auf den Markt getreten, die mit ihrem Angebot erfolgreich RadioDienst-Kunden abgeworben haben (vgl. Radioszene 2013) – schlussendlich wurde der RadioDienst zum 30. Juni 2013 eingestellt (vgl. RadioDienst 2013). In einem Kommentar im Onlinemagazin Radioszene sieht der Journalist Christoph Lemmer (2013) die BLR-Schwester als Opfer ihrer selbst, „denn es war die BLR, die diesen Preisdruck angefangen hat, damals, in den 90er Jahren" (ebd.).

„Nicht affig und penetrant": Das Mantelprogramm der BLR

Schon von Beginn an gehörte das moderierte Mantelprogramm für Tageszeiten mit geringerer Reichweite zum Angebot der BLR. Die Hauptzielgruppe des Mantels waren 1991 Erwachsene zwischen 30 und 50 Jahren, entsprechend zurückhaltend sollte die Moderation sein – „nicht affig und penetrant" (Protokoll zur Medienratssitzung vom 11.04.1991: 22). Die Musikfarbe zielte zwischen Bayern 1 sowie Bayern 3 und Antenne Bayern: 50 Prozent englische Songs, 30 bis 40 Prozent deutschsprachige Titel. Die Musikauswahl wurde bei der Vorstellung im Medienrat als melodiös beschrieben. Auf, so wörtlich, „Kitschschlager" wollte man verzichten. Stattdessen sollten Oldies gespielt werden, die nicht auf Bayern 1 zu finden seien.

Wie bereits erwähnt, war das Studio der BLR zum Programmstart mit Plattenspielern und Cartridge-Systemen ausgestattet. Die Moderatorinnen und Moderatoren konnten im laufenden Programm allerdings keine Jingles einsetzen, die Zulieferung sollte sich schließlich möglichst unauffällig ins Programm einfügen. Verpackungselemente und lokale Inhalte bei den Lokalstationen vor Ort wurden vielmehr ferngesteuert über „Cue-Signale" gestartet.

Die Sendestunden des Mantelprogramms waren ab 2001 dann wie folgt aufgebaut: Die Stunde begann mit den Nachrichten, außerdem waren jeweils zwei Sendeplätze für gebaute Beiträge eingeplant. Dazu kamen zwei Sendeplätze für lokale Werbung sowie ein Sendeplatz für Lokalnachrichten. Insgesamt versprach die BLR ihren Kunden zu dieser Zeit einen Wortanteil von bis zu 35 Prozent (vgl. BLR 2001). Insbesondere das Nachtprogramm war dadurch für viele Lokalstationen ein lukratives Angebot.

Ein Mantelprogramm für alle: Dieser Ansatz überzeugte nicht alle potentiellen Abnehmer in Bayern. Zwischen 2001 und 2003 versuchte die BLR daher, den

Wünschen der Sender mit zwei parallellaufenden Mantelprogrammen entgegenzukommen, erklärte Klaus Braun, der die Musikredaktion der BLR seit 1998 leitete und damals den Adult Contemporary-Mantel betreute (siehe Kapitel 5.3.), im Interview. Für die Musikfarbe des zweiten Mantels lieferte Peter Bartsch ein Oldie-Format zu; dieses Mantelprogramm blieb bis nach 2003 bestehen und wurde danach zu einem „Oldie-based AC"-Format weiterentwickelt. Eine Lösung, die die Entwicklung der Radiolandschaft widerspiegelte, so Braun:

> Es gab kaum mehr Sender, die noch ein ausgeprägtes Oldie- oder Schlagerformat hatten. Die meisten Sender entwickelten sich insgesamt zum AC-Format hin. Deshalb war ein Oldie-basiertes AC noch ein weiterer Versuch, alle [Ansprüche der] Sender unter einen Hut zu bekommen.

Doch unabhängig vom Format hatten die Sender langfristig ein Problem damit, sich mit einem einheitlichen Mantelprogramm zu arrangieren. So hatte die BLR im Sommer 2018 zwei neue Musikformate zur Abstimmung gestellt: eines von Peter Bartsch und eines, das die BLR in Zusammenarbeit mit Bernd Rasser von Radio Mainwelle erstellt hatte. Daraus ergab sich eine Pattsituation. Die Lösung für dieses Patt bot schließlich eine neue Software, die Christian Brenner mit seiner jetzigen Firma NexCast entwickelt hatte: BayCloudNet, ein Cloudsystem speziell für Radiosender. Diese Cloud ersetzte ab Anfang Juli 2019 bei der BLR die teure Satellitenübertragung des Mantelprogramms durch Webstreams. Dadurch, so Braun, konnte der Mantel nun ohne großen Mehraufwand in unterschiedlichen Musikformaten verpackt werden: „Deshalb entschieden wir uns nach dem Patt wieder für ein Mantelprogramm in zwei Musikvarianten, das es seit Frühjahr 2019 gibt." BayCloudNet ist allerdings nicht nur eine Distributionslösung. Sie verwandelt jedes Gerät, auf dem die Anwendung im Google Chrome-Browser läuft, in ein mobiles Aufnahme- und Schnittsystem für Reporterinnen und Reporter sowie Moderatorinnen und Moderatoren. Die einzige zusätzlich benötigte Hardware ist ein hochwertiges Mikrofon. Laut dem Geschäftsführer Sebastian Steinmayr war das ein bedeutender Schritt:

> Seit der Einführung unserer Nachrichtensoftware NewsStar vor siebzehn Jahren ist BayCloudNet für mich der logische Schritt in die Zukunft des bayerischen Lokalradiosystems: Bayerisches Lokalradio 4.0, wenn Sie so wollen.

Diese Flexibilität birgt jedoch auch Nachteile, die letzten Endes aber die Entwicklungen im lokalen Hörfunk widerspiegeln. Das Mantelprogramm der BLR bestand lange Jahre aus Livesendungen, so wurde zum Beispiel der Nachtmantel unter der Woche von Volontärinnen und Volontären und am Wochenende von freien Mitarbeiterinnen und Mitarbeitern moderiert. Christian Brenner erklärte dazu im Interview, dass bei der BLR in den letzten Jahren immer mehr „gevoicetrackt" wurde. Beim so genannten „Voicetracking" werden Opener, Musik- und Anmoderationen direkt im Sendesystem aufgezeichnet. Dabei können Moderatorinnen und Moderatoren auf das Ende des Songs sprechen, Musikbetten nutzen oder „Ramptalks" einbauen – für das Publikum ist dadurch oft kein Unterschied zu Livesendungen zu hören (vgl. Buchholz 2017: 68). Brenner weiter: „Das heißt, dass die Livesendungen immer weniger wurden. Jetzt ist es so, dass es überhaupt keine echte Livesendung mehr gibt."

Bunte Hard- und Softnews: Die „Aktuelle Redaktion" der BLR

Die „Aktuelle Redaktion" bildet die dritte und letzte Säule im Dienstleistungsangebot der BLR. Sie bietet den bayerischen Lokalradios tagtäglich Content für das eigene Programm. Interessanterweise hat sich hier das Themenspektrum von Hard- bis Softnews über die Jahre kaum verändert; in der Außendarstellung liegt der Schwerpunkt deutlich auf bunten Themen. So bewarb die BLR im Jahr 2001 ihre aktuelle Berichterstattung als Audiodienst, dessen Münchener Redaktion insbesondere bei tragischen Themen wie dem Tod von Prinzessin Diana oder Frank Sinatra ihre Leistungsfähigkeit gezeigt habe (vgl. BLR 2001). Auch derzeit lässt sich auf der BLR-Homepage neben politisch und gesellschaftlich relevanten Themen ein deutlicher Schwerpunkt auf Lifestyle und Prominews feststellen:

> Was hilft im Winter wirklich gegen die trockene Heizungsluft? Wie bringe ich meinen Balkon oder Garten im Frühling wieder richtig zum Blühen? Wie behalte ich im Sommer auch im stickigen Büro einen kühlen Kopf? Und wohin eigentlich mit dem ganzen Laub im Herbst? Die ‚Aktuelle Redaktion' der BLR beantwortet 365 Tage im Jahr Fragen, die sich die Menschen in Bayern stellen. Außerdem schauen wir, was beispielsweise auf dem Teller oder im Kleiderschrank gerade im Trend liegt. Wir wissen, welcher Promi gerade schwanger oder frisch getrennt ist und wo die nächste Royale [sic] Hochzeit ansteht. Wir sprechen mit den Jahreszeiten, beleuchten die größten Missverständnisse zwischen Mann und Frau, verpassen dem ein oder anderen Song einen ‚schöneren' Text und versuchen noch allerlei mehr, um die Mundwinkel der Menschen in Bayern nach oben zu bringen (BLR 2020b).

Im Vergleich dazu haben sich die Distributionswege und die bevorzugten Beitragsformen in fast dreißig Jahren stark verändert. Christian Brenner war zu Beginn des neuen Jahrtausends mit seinem Radio Hitwelle zunächst selbst Kunde bei der BLR. Im Interview erinnerte er sich noch sehr gut an den technischen und personellen Aufwand bei der Beitragsüberspielung:

> Die BLR hat früher die Beiträge überspielt über einen eigenen Audiokanal. Da kam dann die Ansage: ‚Hallo liebe Sender, wir überspielen jetzt die TV-Tipps. Bitte schneiden.' Dann liefen die TV-Tipps und dann kam: ‚So, jetzt kommt das Horoskop.' So wurden alle Beiträge von Hand überspielt, auf der Senderseite wurden sie mitgeschnitten, dann gespeichert und auf CD gebrannt. Also ganz schräg, wie das lief.

Auf Brenners Anregung hin digitalisierte die BLR die Distribution. Die Sender konnten dadurch Content direkt über einen File Transfer Protocol (FTP) Server als Audiodatei abrufen. Und Christian Brenner wurde auf diesem Weg vom Kunden zum Dienstleister. Inzwischen werden alle Angebote von der „Aktuellen Redaktion" im so genannten Audioshop im Internet bereitgestellt. Über den Audioshop können die Lokalsender Beiträge vorhören sowie die Beitragsdateien und Anmoderationen abrufen. Die Redaktion prüfe dabei stündlich, wie sich das Interesse an den angebotenen Themen entwickelt, so Sebastian Steinmayr:

> Das heißt, wir machen einen Beitrag über die bayerische Landespolitik. Wenn der gut läuft, steigen die Abrufzahlen und wir schieben noch O-Töne hinterher. Läuft das Thema aber in der ersten Stunde nicht gut und bewegen sich die Abrufzahlen nicht, nehmen wir das sofort raus und schieben ein anderes Thema nach.

In der Anfangsphase der Lokalradios war der klassische gebaute Beitrag mit O-Tönen (BMO) die gefragteste Beitragsform. Nach Sebastian Steinmayrs Erinnerung waren diese Beiträge bis zu sechs Minuten lang und enthielten viele O-Töne. Im Laufe der Zeit wurde die Länge der BMOs bei den Lokalradios in Bayern allgemein immer kürzer. So produzierte Klaus Braun während seines Volontariats bei Charivari Rosenheim noch Wortbeiträge mit einer Standardlänge von drei Minuten und dreißig Sekunden. Im Jahr 2001 lag die durchschnittliche Länge für gebaute Beiträge bei der BLR nur noch bei zwei Minuten und dreißig Sekunden (vgl. BLR 2001). 2006 sank sie laut internen Schulungsunterlagen auf maximal eine Minute und knapp vierzig Sekunden. Laut Vorgaben sollten dabei in jedem BMO mindestens vier O-Töne von drei verschiedenen Expertinnen und Experten eingebaut werden.

Mittlerweile gibt es laut Sebastian Steinmayr im Angebot der „Aktuellen Redaktion" kaum noch gebaute Beiträge – wenn, dann mit einer maximalen Länge von einer Minute bis einer Minute und fünfzehn Sekunden. Stattdessen seien inzwischen Moderationen mit O-Tönen gängige Praxis (siehe Kapitel 5.4.). Im

Interview betonte er, dass sich O-Töne heutzutage im Gegensatz zu früher schneller und unkomplizierter beschaffen ließen:

> In den Anfangsjahren war unser Output auch dadurch eingeschränkt, dass wir darauf angewiesen waren, bayernweit überall hinzufahren und O-Töne einzusammeln. Auch die ganze Bearbeitung war dermaßen zeitintensiv, sodass wir mit vielen Leuten vergleichsweise wenig Output hatten. Das ist heute komplett andersrum.

Andererseits entstanden in der Redaktion der BLR in den vergangenen Jahren auch aufwändig recherchierte und produzierte Sonderprogramme: So wurde 2007 eine Beitragsserie zum Deutschen Herbst des Jahres 1977 produziert, 2009 eine Sondersendung zum 40. Jahrestag der ersten Mondlandung. Für „Der Adler ist gelandet – Die Welt live bei der Mondlandung dabei" wurden Autor Jens Nöller und Produzent Christian Salmen im Rahmen der BLM-Preise 2010 mit Anerkennungspreis in der Kategorie „Sparten- und Sondersendung" ausgezeichnet (vgl. BLM 2020).

Fazit: Eine Redaktion, viele Ansprüche

Am Anfang stand ein Kompromiss: Unter Vermittlung der Bayerischen Landeszentrale für neue Medien mussten sich die drei großen Gesellschaftergruppen im Freistaat vor rund 30 Jahren auf einen Programmzulieferer einigen. Ergebnis dieser Einigung ist sowohl die BLR als wirtschaftliches Konstrukt als auch ihr Angebot als Gemeinschaftsredaktion der bayerischen Lokalradios. Um den Kostendruck bei den Sendern zu senken, mussten sich Nachrichten, Mantelprogramm und „Aktuelle Redaktion" immer möglichst universell einsetzen lassen. Ein Dilemma, da sich Zielgruppen sowie Formate und dementsprechend auch die Erwartungen an die zugelieferten Programmbestandteile stets stark unterschieden. Entsprechend kritisch betrachteten die Verantwortlichen vor Ort – gerade in den Anfangsjahren – die Zulieferungen der BLR aus München.

Für den Medienrat der BLM ist die BLR trotz aller Spannungen bis heute ein entscheidender Bestandteil der bayerischen Hörfunklandschaft. Das schlägt sich auch im Grundsatzkonzepts „Hörfunk 2020" nieder: Unter anderem ist in diesem Konzept die Stärkung der BLR als Nachrichtenzentrale für lokale Sender festgehalten, so seien „[i]m Sinne der Vielfalt" (Protokoll zur Medienratssitzung vom 12.05.2016: 6) zwei zusätzliche Nachrichtenproduktionen notwendig. Darüber hinaus solle die BLR den Lokalsendern weiterhin überregionale Informationsbeiträge zuliefern. Allerdings stellt das Konzept zugleich das Mantelprogramm der BLR zur Disposition: Da nicht einmal die Hälfte der Sender den Mantel in Anspruch nähmen, könne es unter Umständen ausreichen, den Sendern nur noch Musikplaylisten zur Verfügung zu stellen (vgl. ebd.: 6f.). Doch dazu ist es bislang noch nicht gekommen. Zum einen betont der Verband Bayerischer Lokalrundfunk (VBL) stets, dass insbesondere die kleineren und mittleren Sender ökonomisch auf das moderierte Mantelprogramm angewiesen seien: „Deshalb sieht die Mehrheit der VBL-Mitglieder eine BLR-Programmzulieferung weiterhin als gegeben und als notwendig an" (VBL 2016). Zum anderen ersetzt inzwischen das Cloudsystem BayCloudNet die im Jahr 2016 noch übliche kostspielige Satellitenübertragung und ermöglicht es darüber hinaus den Radiosendern, einen individuell angepassten Mantel zu übernehmen.

Eine Gemeinschaftsredaktion, viele verschiedene Ansprüche: Wie beschrieben, hat die BLR über die Jahre versucht, diesen Grundkonflikt über neue Wege der Produktion und Distribution zu lösen. Die fortschreitende Digitalisierung hat die Entwicklung modularer Nachrichten und cloudbasierter Mantelprogramme möglich gemacht. Christian Brenner als technischer Dienstleister und die BLR haben damit aus einer Notwendigkeit heraus die digitale Transformation der Hörfunklandschaft in Bayern entscheidend mit vorangetrieben.

Literatur

Baetz, Brigitte (1997): Nichts Besonderes. Lokalradios im NRW-Mantel und in Bayern. In: epd medien, 98, S. 5-7.

Bernauer, Klemens P. (1991): Privatradios in der Krise? Mit einem Geleitwort von Wolf-Dieter Ring. Berlin: Vistas Verlag.

Bayerische Landeszentrale für neue Medien (2020): Gewinner Hörfunkpreis 2010. Online: www.blm.de/radiotv/blm-preise/gewinner/gewinner_archiv/gewinner_2010.-cfm (zuletzt abgerufen am 15.02.2021).

BLR (2001): Die BLR - Ein Porträt. Online: www.blr.de/BLR_-_Firmenportrait/blr_-_firmenportrait.htm (zuletzt abgerufen am 15.02.2021).

BLR (2020a): Nachrichten. Unser Angebot. Online: www.blr.de/leistungen/nachrichten/ (zuletzt abgerufen am 15.02.2021).

BLR (2020b): Aktuelle Redaktion. Online: www.blr.de/leistungen/aktuelle-redaktion/ (zuletzt abgerufen am 15.02.2021).

Buchholz, Axel (2017): Moderieren. In: La Roche, Walter von/Buchholz, Axel (Hrsg.): Radio-Journalismus. Ein Handbuch für Ausbildung und Praxis im Hörfunk. Berlin: Springer VS, S. 43-64.

Kommission zur Ermittlung der Konzentration im Medienbereich (2020): BLR. Online: www.kek-online.de/medienkonzentration/mediendatenbank#/profile/shareholder/5be1a6b6-e22f-4238-9e02-98b8dcee8417 (zuletzt abgerufen am 15.02. 2021).

Lemmer, Christoph (2013): The Price Is High For Selling Low. Online: www.radioszene.de/51562/prize-high-selling.html (zuletzt abgerufen am 15.02.2021).

Medienrat der Bayerischen Landeszentrale für neue Medien (1988): Protokoll zur 41. Sitzung des Medienrats vom 29. September 1988.

Medienrat der Bayerischen Landeszentrale für neue Medien (1990): Protokoll zur 18. Sitzung des Medienrats vom 22. November 1990.

Medienrat der Bayerischen Landeszentrale für neue Medien (1991): Protokoll zur 22. Sitzung des Medienrats vom 11. April 1991.

Medienrat der Bayerischen Landeszentrale für neue Medien (2016): Protokoll zur 41. Sitzung des Medienrats vom 12. Mai 2016.

RadioDienst (2001): Wir über uns. Online: web.archive.org/web/ 20010205154-700/http://www.radiodienst.de/Wir_uber_uns/wir_uber_uns.html (zuletzt abgerufen am 15.02.2021).

RadioDienst (2013): RadioDienst sagt „Auf Wiedersehen!" Online: web.archive.org/web/20130729012930/http://www.radiodienst.de/ (zuletzt abgerufen am 15.02.2021).

Radioszene (2013): BLR-Schwester RadioDienst wird eingestellt. Online: www.radioszene.de/51510/blr-schwester-radiodienst-wird-eingestellt.html (zuletzt abgerufen am 15.02.2021).

VBL (2016): Ohne Mantelprogramm geht es nicht. Straubing: Pressemitteilung des VBL.

5.3. Musikformate im Wandel der Zeit

Rudi Loderbauer

Die Entwicklung von Formatradios in Deutschland ist eng mit der Einführung des privaten Radios verknüpft (vgl. Lüthje 2012: 185). Das liegt freilich daran, dass das „Formatprinzip" (ebd.), also die Ausrichtung des Programms auf eine spezifische Zielgruppe, den Bedürfnissen der Werbeindustrie entspricht: Die mehr oder weniger konsequente Umsetzung eines Formats verspricht hohe Einschaltquoten sowie eine stabile Bindung der Hörerinnen sowie Hörer und damit Vorteile bei der Vermarktung von Werbezeiten, auf die die privaten Radios ja letztlich angewiesen sind.

Der folgende Beitrag skizziert die zunehmende Bedeutung der Musikformate in bayerischen Radiostationen in den letzten 35 Jahren. Dazu wird zunächst der Begriff des Formats basierend auf den Überlegungen verschiedener medien- und kommunikationswissenschaftlicher Autorinnen und Autoren definiert, bevor verschiedene Formate und deren Relevanz aufgezeigt werden. Anschließend wird die Realisierung des „Formatprinzips" in verschiedenen bayerischen Radiostationen dargestellt. Zuletzt wird Radio Alpenwelle aus Bad Tölz, das ganz eigene Wege im Umgang mit Formaten geht, als Fallbeispiel vorgestellt und kurz diskutiert.

Leitfadengestützte Interviews mit Radioschaffenden aus verschiedenen privaten Radiostationen gaben unter anderem Aufschluss über Musikformate und deren Relevanz für die Programmgestaltung im privaten Radio in Bayern. Darunter befanden sich bayernweit bekannte Radiomacher wie Michael „Goofy" Förster, Stefan Parrisius oder Wolfgang Leikermoser. Alle Interviews wurden transkribiert, systematisiert und analysiert. Im Folgenden werden die Kernaussagen der Interviewten zum Musikformat sowie seiner Entwicklung verdichtet und in deskriptiver Form wiedergegeben.

Was ist ein Musikformat?

Was unter dem Begriff des Formatradios verstanden wird, ist in der medien- und kommunikationswissenschaftlichen Literatur nicht einheitlich definiert. Häufig wird damit, wie eingangs erwähnt, eine Ausrichtung des gesamten Programms – seiner Struktur, Inhalte und Präsentation – auf eine bestimmte Zielgruppe zum Zweck der Gewinnerwirtschaftung beschrieben (vgl. Goldhammer 1996: 142).

Ein Musikformat ist dabei eine spezifische Musikfarbe oder eine -sparte, mit der ein Programm den Bedürfnissen dieser Zielgruppe entsprechen möchte (vgl. Lüthje 2012: 184). Weiter gefasste Definitionen des Musikformats berücksichtigen in diesem Kontext auch die Wort-Musik-Mischung, die Art der Moderation oder die Verwendung von Soundelementen (vgl. Gushurst 2006: 15; Stümpert/Buchholz 2013: 278). Es wird davon ausgegangen, dass das Musikformat eines Radios maßgeblich dafür verantwortlich ist, ob genug Hörerinnen sowie Hörer einschalten und „dabei bleiben". Nur mit möglichst großem Publikum und guten Reichweiten kann der Sender auf dem Werbemarkt bestehen (vgl. Schramm 2008: 114). Tab. 10 gibt einen ersten, kurzen Überblick über verschiedene Musikformate, die im Folgenden von Relevanz sind.[189]

Musikformat	Beschreibung	Zielgruppe	Beispiele
Adult Contemporary (AC)	Meist gespieltes Musikformat: Melodische Pop- und Rockmusik der letzten Jahrzehnte bis heute mit starker Hörerintegration durch Gewinnspiele und Promotions	14-49 Jahre	95.5 Charivari, Antenne Bayern, Radio Bamberg
Contemporary Hit Radio (CHR)	Aktuelle und schnelle Charts aus den Top 40 mit hoher Rotation sowie niedrigem Wortanteil gemischt mit on- und off air Promotion und News über Prominente	14-29 Jahre	Hit Radio N1, ENERGY Nürnberg, Gong 96.3, Radio Galaxy
Middle of the Road (MOR)	Ruhige, relativ aktuelle melodische Titel aus dem In- und Ausland sowie ein hoher Nachrichten- und Informationsanteil mit sachlicher Moderation	Informationsinteressierte Personen von 35-55 Jahre	Radio F, Radio Regenbogen
Oldies (Gold)	Englische Titel aus den 50er bis 80er Jahren, nach der Jahrtausendwende auch mit aktuelleren Hits und hoher emotionaler Hörerbindung (Oldie-based AC)	40-60 Jahre	Radio Eins, Radio Mainwelle

Tab. 10: Musikformate im Überblick mit Beispielen aus Bayern (vgl. Gushurst 2006: 7; Lüthje 2012: 185; Radioszene 2020).

In Deutschland dominieren vor allem die Formate „Adult Contemporary" („AC"), „Contemporary Hit Radio" („CHR") sowie „Oldie/Schlager". So setzten 2006 rund 56 Prozent aller privaten Radiosender „AC" als Format um; die öffentlich-rechtlichen Radiosender sendeten 2008 mit 26 Prozent „Oldies/Schlager" und zielten damit eher auf ältere Hörergruppen ab (vgl. Lüthje 2012: 186f.; Krug 2019: 131). Bis zu 60 oder 80 Prozent der Programme aller privaten sowie öffentlich-

---

[189] Bei den dargestellten Musikformaten handelt es sich lediglich um eine Auswahl. Alle genannten Formate weisen zahlreiche Subkategorien und Mischformen auf. Das Format Schlager wird beispielsweise oft als Unterkategorie des Melodie-Formats begriffen. Aufgrund der konstanten Fortentwicklung der Publikumsgewohnheiten und -bedürfnisse sind die aufgeführten Formate nicht immer trennscharf und stetem Wandel unterlegen. Ebenso legen die Sender in Abhängigkeit von ihren Hörerinnen und Hörern immer auch einen individuellen Fokus auf Programm und Musik.

rechtlichen Radiosender sind dabei von Musik geprägt. Programme der privaten Sender bewegen sich dabei eher an der oberen Grenze, Programme der öffentlich-rechtlichen Sender eher an der unteren Grenze.

Die „wilden" Anfangsjahre

Die Anfänge des Privatradios in Bayern waren in jeder Hinsicht experimentell: von der Technik über die Moderation bis hin zu den Nachrichten. Gerade bei der Musikauswahl genossen die Radiomacher in den Anfangsjahren viele Freiheiten und großen Raum für Kreativität. Die meisten Musikprogramme wurden in „Handarbeit" von einzelnen Musikredakteurinnen und -redakteuren oder Moderatorinnen und Moderatoren erstellt. Viele interviewte Radiomacher berichteten davon, wie sie eigene Platten mit in die Sender brachten und dort auflegten. Ob das immer den Geschmack der Hörerinnen und Hörer traf, mag an dieser Stelle dahingestellt sein. Zumindest war es etwas Neues – im Vergleich zum sehr „trägen" und oft als „angestaubt" beschriebenen Programm des Bayerischen Rundfunks. Im Interview beschrieb Michael „Goofy" Förster, Moderator beim ehemaligen Münchner Sender Radio M1 sowie später bei Radio Gong, diese Freiheit mit einer Anekdote:

> Wenn zum Beispiel eine Freundin geheiratet hat, dann habe ich eine Stunde lang schlicht und ergreifend Love-Songs gespielt oder lustige Geschichten rund um's Heiraten erzählt. [...] Wenn die Kollegin vor mir allerdings depressiv war, weil ihr Freund sie verlassen hat, liefen im Programm vorher zwei Stunden lang traurige, langsame Songs.

Hermann Hohenberger von Radio Euroherz in Hof erinnerte sich im Interview daran, dass man sich bald nach Sendestart zunehmend bemühte, zu wissen, welche Titel wann und wie oft gespielt wurden. Zunächst habe man mit analogen Karteisystemen gearbeitet. Das Münchner Radio 1 hatte eine andere Idee, um den Überblick über die Auswahl der Musiktitel zu behalten, wie Stefan Parrisius im Interview erzählte:

> Bei Radio 1 gab es das tolle System, dass da die Platten in der Musikredaktion standen. Und die hatten hinten einen Aufkleber drauf, da sollte man dann darauf schreiben, wann man sie das letzte Mal gespielt hat, um zu vermeiden, dass sie in der nächsten Stunde nochmal lief.

Relativ schnell wurden auch erste digitale Musikplanungssysteme wie beispielsweise „Selector" genutzt. Mittels dieser Systeme wurde ein umfangreiches Regelwerk erstellt, mit dem man den gespielten Titeln die gewünschte Struktur geben konnte. Neben „Selector" waren und sind „Powergold" oder „MusicMaster" bei den Stationen im Einsatz, um die „richtige Mischung" herzustellen.

Der Weg hin zum „Format"

Vorbild für die zunehmende Formatierung der Radioprogramme in Deutschland standen die so genannten „Top 40"-Radiostationen aus den Vereinigten Staaten. Die dort vorherrschende hohe Senderdichte und das dadurch verursachte „Hopping" der Hörerinnen und Hörer von einer Station zur anderen hatte zur Konsequenz, dass viele dieser Stationen schon früh darum bemüht waren, ein klares, wiedererkennbares Profil zu entwickeln, um die Hörerinnen und Hörer so zum Verweilen zu motivieren (siehe Gushurst 2006).

In Bayern kamen die ersten Musik-Formateinflüsse dann auch vom American Forces Network (AFN). Damals waren die Standorte München und der Raum Nürnberg prägend, weil hier besonders viele Hörerinnen und Hörer erreicht wurden und die Programme neben der Musik auch einzigartige Persönlichkeiten wie Wolfman Jack oder Casey Kasem zu bieten hatten. AFN Bavaria sendet heute noch in Bayern auf einigen UKW-Frequenzen: im Raum Vilseck (Studiostandort), Amberg, Hohenfels und Grafenwöhr, wo insgesamt derzeit noch 30.000 US-Streitkräfte mit ihren Angehörigen leben. Außerdem ist AFN in Garmisch-Partenkirchen nach wie vor mit einem kleinen 50 Watt-Sender präsent. Hier befindet sich die Edelweiss Lodge als wichtiges Erholungszentrum für US-Streitkräfte und deren Angehörige. Das ausgestrahlte Musikformat erinnert an gängige Hit-Formate, bietet aber auch immer wieder ein paar „Future"-Hits, die in Europa noch eher unbekannt sind. Mike Haas, einer der Urväter des Musikformats, kam in den 80ern von AFN und brachte seine Ideen als Programmberater in den noch jungen Privatradiostationen ein – zunächst in Nürnberg, später bayernweit bei Antenne Bayern.

Entscheidend war dabei zunächst die Findung der Zielgruppe. Auch hier stand gerade in den Anfangsjahren oft ein Findungsprozess an. So testeten die meisten Stationen in Bayern im Laufe der Zeit verschiedene Formate. Marcus Appel, langjähriger Moderator und Redakteur bei Radio Bamberg, berichtete im Interview davon, dass man in den ersten Sendejahren einen „wüsten Mix aus deutschen Schlagern und Oldies" gespielt habe. Ab dem Jahr 1996 habe man dann, so Appel, zunehmend auf aktuelle, englischsprachige Musik gesetzt.

Solche Formatwechsel sind meist schwierig, da es lange dauert, bis diese vom Publikum akzeptiert werden. Entdeckt man jedoch eine Lücke im Markt und besetzt diese, kann das einen richtigen Schub bei den Hörerzahlen bringen. So setzte Radio Trausnitz in Landshut in den 90er Jahren zunächst auf ein „Oldie/Schlager"-Format. Der Claim dazu lautete: „Die Insel der Melodie". Ab dem

Jahr 2000 wurde ein exzellentes, von Radio Arabella-Urgestein Peter Bartsch gestaltetes „Oldie-based AC"-Format getestet. Das Format fand bald einen so großen Anklang, dass die Hörerzahlen absolute Spitzenwerte erreichten. Während 2000 die Reichweiten zunächst bei 16,8 Prozent lagen (Hörer gestern, Montag – Freitag, Bev. ab 14 J.) stieg dieser Wert 2003 auf 31,9 Prozent (vgl. BLM 2003). Der Grund: Radio Trausnitz hatte damit ganz klar eine Marktlücke gefunden, hinter der eine große Zielgruppe stand, die damals überhaupt nicht bedient wurde und die musikalisch zwischen Antenne Bayern sowie Bayern 3 einerseits und Bayern 1 andererseits, damals noch ein deutlich „älteres" „MOR/Schlager"-Format, lag. Im Laufe der Jahre wandelte sich bei Radio Trausnitz das erfolgreich getestete „Oldie-based AC"-Format immer mehr zu einem „AC"-Format mit einem zunehmenden Anteil an aktuellen Hits. Ab 2016 ähnelte das Format durchaus dem von Antenne Bayern. Gleichzeitig nutzte Bayern 1 die Gunst der Stunde und sprang erfolgreich in die entstandene Format-Lücke. Radio Trausnitz und einige andere Sender, die einen ähnlichen musikalischen Wandel vollzogen, hatten das Nachsehen.

Auch die Länge der gespielten Titel wandelte sich im Laufe der Jahre stark. Wurden in den 90er Jahren die Titel meist in ihrer ursprünglichen Fassung oder manchmal sogar – falls vorhanden – in der etwas längeren Album-Version gespielt, so wurden ab den 2000er Jahren immer mehr Titel deutlich eingekürzt. Antenne Bayern gelingt es beispielsweise problemlos, dass viele Titel eine Länge von 2:30 bis 3:00 Minuten aufweisen. „Hotel California" von den Eagles, ein Titel, der in voller Länge über 6 Minuten dauert, läuft auf vielen Stationen in der stark gekürzten 3:30 Minuten-Fassung. Ziel dieser so genannten „Radio Edits" ist es unter anderem, möglichst viele Titel pro Stunde im Programm unterzubringen. Dabei ist jedoch Vorsicht geboten: Gerade bei besonders markanten Titeln, wie eben „Hotel California", sind durchaus negative Reaktionen der Hörerinnen und Hörer möglich.

„Eins für alle, alle für eins"?

Seit 1991 bot die Bayerische Lokal-Radioprogramme mbH & Co. KG (BLR) für die bayerischen Lokalradios ein musikalisches Rahmenprogramm zur Übernahme an – für die Stunden, in denen man nicht selbst moderiert (siehe Kapitel 5.2.). In den Jahren nach der Gründung der BLR war die Mischung zunächst sehr gewagt, da man darum bemüht war, unverträgliche Stilrichtungen in einer Rotation zu vereinen, um es so allen Stationen recht zu machen. Deutsche Schlager, Oldies und vereinzelt aktuelle Hits in einem Programm sorgten jedoch für alles andere als die von den Stationen erwünschte Durchhörbarkeit. Helge Siemers, der damalige Geschäftsführer der BLR, erinnerte sich im Interview an die Situation und berichtete in der Rückschau:

> Wir waren zunächst auf Schlager und ein bisschen auch auf volkstümliche Musik spezialisiert. Das war mehr für die ältere Hörerschaft. Da sagten natürlich viele Großstadtsender […]: ‚Das ist für unser junges Publikum überhaupt nichts!' Da die Kritik immer schärfer und stärker wurde und die Bezahlung, die an die Lieferung des Mantelprogramms geknüpft war, immer mehr infrage gestellt wurde, haben wir den Sendern und unseren Gesellschaftern vorgeschlagen, dass wir zwei Mantelprogramme machen: ein junges, dynamisches und ein älteres, schlagerorientiertes Mantelprogramm.

Und so kam es, dass im Laufe der Jahre das Mantelprogramm der BLR musikalisch verfeinert wurde. In den Jahren von 2001 bis 2003 bot man zwei Varianten an: einen „AC"-Mantel, den der BLR-Musikexperte Klaus Braun mit viel Feingefühl gestaltete, sowie einen „Oldie-based AC"-Mantel, den Peter Bartsch als Format bereits bei Radio Trausnitz erfolgreich etabliert hatte.

Ab 2003 wurde nur noch der „Oldie-based AC"-Mantel verbreitet. Dieser wandelte sich jedoch – wie bereits erwähnt – durch die Wünsche der angeschlossenen Stationen im Lauf der Jahre immer mehr zu einer moderneren „AC"-Variante. Seit dem Frühjahr 2019 werden von der BLR wieder zwei Versionen angeboten: ein 50/50-Format aus 80er-Titeln und aktuellen Hits von Peter Bartsch sowie ein ebenfalls sehr stimmiges und rundes Format mit einem etwas höheren Anteil an aktuellen Hits von Bernd Rasser von Radio Mainwelle. Beide Formate liegen somit musikalisch deutlich näher beieinander als das Anfang der 2000er Jahre der Fall war.

Kontroversen um das Format

Musikformate waren und sind bis heute umstritten. Das Hauptargument für ein Format ist ganz klar die Durchhörbarkeit: Die „richtige Mischung" soll am besten über 24 Stunden hinweg zu hören sein. Schließlich weiß man nie, wer wann einschaltet. So sind Spezialsendungen mit deutlich abweichender Musik schnell ein richtiger „Quotenkiller". Eine Country-Musiksendung mag sich mit einem „Oldie"-Format durchaus noch vertragen, Volksmusik in einem „Hitradio"-Format erscheint dagegen eher als ein Fremdkörper. Gewinnbringend können Spezialsendungen genutzt werden, um so genannte „Deep Cuts" zu bringen, also die nicht unbedingt offensichtlichen Hits des Musikformates, die aber trotzdem zum Hauptprogramm passen, betont Klaus Braun.

Formate sichern nicht nur eine klare Struktur und bringen große Vorteile für den Gesamtaufbau des Programms, sondern sorgen vor allem auch dafür, dass Erwartungen der Hörerinnen und Hörer erfüllt werden. Der Niederländer Ad Roland, der ähnlich wie Mike Haas in Bayern als Programmberater einer der

Wegbereiter des Formatradios war, formulierte es treffend so: „Du sollst den Hörer nicht irritieren". Das berichtete Markus Fischer, ehemaliger Moderator und Redakteur bei Radio 44 in München sowie Radio RT1 in Augsburg, im Interview. Wolfgang Leikermoser, Moderator bei Antenne Bayern, fasste diese Ausrichtung am Geschmack der Hörerinnen und Hörer im Interview mit einer passenden Redewendung zusammen:

> Wir wussten: Da ist die Zielgruppe, die müssen wir bedienen und für die müssen wir Programm machen. Der alte Spruch gilt da mehr denn je: Der Köder, sprich der Wurm, muss dem Fisch schmecken und nicht dem Angler.

Das Formatradio kann als Einschränkung oder aber als Orientierungsrahmen verstanden werden. So brachte es Inge Seibel, im Anfangsjahrzehnt Programmchefin und Redaktionsleiterin von Radio Charivari, im Interview bezogen auf die Moderation auf den Punkt:

> Das Schlimme am Formatradio ist [...], dass es zum Teil missverstanden wurde. Es gibt Three-Element-Breaks, wo der Moderator nur noch die Uhrzeit, den Sender[namen] und einen dummen Spruch loslässt. Man kann aber auch im Rahmen dieser vorgegebenen Zeit kreativ sein.

Radiomacher, die von Anfang an hervorragend mit den Format-Regeln in der Moderation umgehen konnten, gibt es viele, darunter zum Beispiel Stephan Lehmann (Antenne Bayern, Bayern 1), Mike Thiel (Radio Gong 96,3) oder Wolfgang Leikermoser (Antenne Bayern).

Die eher negative Konnotation des Format-Radios in Bezug auf die Musik liegt oftmals an der Titelanzahl in der Rotation beziehungsweise am gewählten Musikformat an sich. Viele Stationen greifen bei der Wahl der Titel auf die Ergebnisse von „Music Research" oder „Call Outs" zurück (siehe Schramm et al. 2002; Schramm 2008). Mit „Music Research" oder „Call-Outs" (auch „Hook-Tests") wird regelmäßig untersucht, wie gut Musiktitel bei der Zielgruppe ankommen (vgl. Eichmann 2012: 254; Gerhards/Klingler 2017: 409). Dabei wird zum Beispiel auch die Sättigung der Hörerinnen und Hörer mit verschiedenen Titeln („Burn Out") getestet. Das führt dazu, dass nur die Titel mit guter Bewertung ins Programm aufgenommen werden. Da viele Stationen so vorgehen, gibt es viele Überschneidungen in den verschiedenen Programmen. Es wird der Eindruck erweckt, dass alle immer nur die gleichen Titel spielen würden und dass deren Anzahl eher gering sei. Klaus Braun sprach diesen Nachteil des „Music Research" im Interview klar an: So gäbe es einfach viele Popsongs, die bei Jung und Alt gut ankommen. Beim Versuch, ein breites Publikum anzusprechen, komme es daher immer weniger zu einer Segmentierung. Kaum ein „AC"-Format würde deshalb auf „Summer of 69" von Bryan Adams, „It's my life" von Bon Jovi oder „Angels" von Robbie Williams verzichten wollen. Das Ergebnis beschreibt Privatfunkpionier Markus Fischer mit einem kulinarischen Vergleich:

> Gerade klingt alles gleich im Radio. Das ist, wie wenn Kinder jeden Tag nur Pizza essen. Dann wollen sie irgendwann [...] nur noch Pizza, weil sie nichts Anderes mehr kennen. Da musst du Kindern auch mal ein Schnitzel hinstellen, damit sie merken, es gibt auch noch etwas Anderes als Pizza.

Doch selbst wenn das Publikum mehr Abwechslung erwarte, bedeute das nicht, so Klaus Braun, dass es ständig überrascht werden möchte – ein durchaus schwieriger Spagat. Ein wenig Mut gehört damit sicherlich dazu, wenn es darum geht, ergänzende Titel einzusetzen, um mehr Abwechslung zu erreichen. Hier ist Expertise, Fingerspitzen- sowie Bauchgefühl gefragt.

Fallbeispiel: Radio Alpenwelle

Einige wenige Radiostationen in Bayern waren musikalisch immer komplett unabhängig – sowohl von der zuliefernden BLR als auch von externen Programmberatern. Neben Radio 2Day in München setzte auch Radio Alpenwelle aus Bad Tölz seit der Anfangszeit auf ein eigenes Musikformat. Dieses hebt sich auch heute noch wohltuend von den meisten anderen Sendern ab, obwohl es an sich ein klassisches „AC"-Format mit einem beachtlichen Anteil an aktuellen Hits ist. Die Anzahl der Titel in der Rotation war schon immer höher als bei den meisten anderen bayerischen Sendern mit einem vergleichbaren Format. Die in der Funkanalyse Bayern jährlich ermittelte Höreranzahl könnte aber wesentlich höher sein. Wo liegt hier also das Problem? In der Detailanalyse fallen einige Punkte auf, die als Ursache in Frage kommen.

So zeigt sich, erstens, dass das Mischungsverhältnis des Formats bei Radio Alpenwelle nicht ideal ist. Es werden zu viele „Füller"-Titel gespielt, die entweder nur mäßig erfolgreich waren oder sogar tendenziell unbekannt sind, weil sie vielleicht nur Album-Titel waren. Ein Beispiel stellt „The grass is green" von Nelly Furtado dar. Dieser Titel fügt sich zwar gut in das Programm ein, in der Abfolge mit einem weiteren B-Hit entsteht jedoch schnell der Eindruck, es laufen nicht die „Lieblingshits" der Hörerinnen und Hörer. Hier müsste das Mischungsverhältnis ins richtige Gleichgewicht gebracht werden. Ein eher unbekannter Titel kann der Hörerin beziehungsweise dem Hörer nur zwischen zwei maximal bekannten Hits „ans Ohr gelegt" werden.

Ansonsten fällt auf, dass das Programm von Radio Alpenwelle, zweitens, nicht vollständig durchhörbar ist. Jeden Sonntagmittag ist bayerische Volksmusik zu hören. Das ist sehr lobenswert, bricht aber stark mit dem übrigen Format und nimmt Bezug auf das bereits erwähnte Handling von Spezialsendungen. Als Indikator für ein gelungenes, durchhörbares Format kann eine so genannte „Geschäftstauglichkeit" dienen: Kann ein Programm in einem Geschäft – einem Restaurant oder einer Boutique – tagtäglich laufen, ohne dabei zu irritieren? Dazu sollte der Radiosender, zumindest zu den üblichen Geschäftszeiten, ein einheitliches Format abliefern. Im Fall von Radio Alpenwelle funktioniert das beispielsweise sehr gut in einem örtlichen Getränkemarkt in Wolfratshausen. Da der Markt nur Montag bis Samstag geöffnet hat, fällt hier der Formatbruch am Sonntag nicht auf. An den örtlichen Tankstellen läuft hingegen durchwegs nur Bayern 3 oder Antenne Bayern – vielleicht, weil sie auch am Sonntag geöffnet sind.

Entscheidend ist neben der Durchhörbarkeit, drittens, auch die anvisierte Zielgruppe. Am Fallbeispiel Radio Alpenwelle ist diese im Hinblick auf das „AC"-Format und die bayerische Volksmusik nicht offensichtlich. Als Option, die Volksmusik besser ins Programm zu integrieren, bieten sich andere Musikformate an. Eine „Oldie-based AC"-Variante würde damit eher harmonieren und vermutlich auch die Hörerzahlen insgesamt deutlich nach oben schnellen lassen. Jedoch zielt man beim Sender vor allem auf die werberelevanten 14- bis 49-Jährigen ab und hält deshalb seit Jahren am bisherigen Format fest.

Fazit

Zusammenfassend kann gesagt werden, dass ein Musikformat eine ausgesprochen komplexe Form der Programmgestaltung darstellt. Für die Generierung eines erfolgreichen Musikformates ist immer ein feinfühliges Taktieren mit verschiedenen Komponenten nötig. Eine sinnvolle Zielgruppe muss zunächst ermittelt und schließlich angemessen angesprochen werden. Außerdem ist das für die Zielgruppe passende Musikformat inklusive der Anzahl und Auswahl an Titeln in der Rotation auszuloten. Dazu ist Forschung in Form von „Music Research" oder „Call Outs" nötig. Das Ergebnis sollte musikalisch zu einer perfekten Durchhörbarkeit und im Idealfall zu einer möglichst langen Verweildauer der Hörerinnen und Hörer führen. Erst dann ist ein Format für die privaten Radiostationen gewinnbringend und wirkt sich positiv auf den Verkauf von Werbezeiten an die Werbeindustrie zum Zweck der Gewinnwirtschaftung aus.

So verstanden birgt ein Musikformat durchaus viele Chancen und Vorzüge für die Radiostationen. So erläuterte Stefan Parrisius, Mann der ersten Stunde beim Münchner Radio 1 und mittlerweile erfolgreicher Moderator bei Bayern 2, im Interview:

> Ich glaube, jedes Radio ist ein Formatradio. Es ist immer eine Frage, was es für ein Format ist. Formatradio muss ja nicht bedeuten, dass man nur 40 Titel spielt und die dann immer hintereinander. Formatradio wird vorneherein immer negativ befrachtet gesehen. Ich glaube, wenn du dir keine Gedanken machst und dich einfach hinsetzt, dann wird das Radio dadurch nicht besser. Also eine gewisse Struktur und ein gewisses Format zu haben, schadet freilich nicht bei der Sache.

Bei der Herstellung eines attraktiven und qualitätsvollen Programms, das möglichst viele Hörerinnen und Hörer anspricht und zum Verweilen einlädt, ist das Format also längst nicht mehr wegzudenken.

Literatur

Bayerische Landeszentrale für neue Medien (2003): Funkanalyse Bayern. Hörfunk-Nutzung 2003 im Überblick. Online: www.funkanalyse.tns-infratest.com/2003/index.html (zuletzt abgerufen am 30.09.2020).

Eichmann, Ralph (2012): Journalismus. In: Kleinsteuber, Hans J. (Hrsg.): Radio. Eine Einführung. Wiesbaden: Springer VS, S. 235-267.

Gerhards, Maria/Klingler, Walter (2017): Medienforschung für den Hörfunk. In: La Roche, Walther von/Buchholz, Axel (Hrsg.): Radio-Journalismus. Ein Handbuch für Ausbildung und Praxis im Hörfunk. Wiesbaden: Springer VS, S. 399-416.

Goldhammer, Klaus (1996): Formatradio in Deutschland. Konzepte, Techniken und Hintergründe der Programmgestaltung von Hörfunkstationen. Berlin: Wissenschaftsverlag Spiess.

Gushurst, Wolfgang (2006): Formate im Hörfunk. In: Südwestrundfunk (Hrsg.): Öffentlich-rechtlicher Rundfunk in Deutschland. Stuttgart: Südwestrundfunk, S. 14-18.

Krug, Hans-Jürgen (2019): Grundwissen Radio. München: UVK Verlagsgesellschaft.

Lüthje, Corinna (2012): Programm. In: Kleinsteuber, Hans J. (Hrsg.): Radio. Eine Einführung. Wiesbaden: Springer VS, S. 183-207.

Radiozentrale (2020): Musikformate. Online: www.radiozentrale.de/sender-und-plattformen/musikformate/ (zuletzt abgerufen am 30.09.2020).

Schramm, Holger/Petersen, Sven/Rütter, Karoline/Vorderer, Peter (2002): Wie kommt die Musik ins Radio? Stand und Stellenwert der Musikforschung bei deutschen Radiosendern. In: Medien & Kommunikationswissenschaft, Jg. 50, S. 227-246.

Schramm, Holger (2008): Praxis der Musikforschung. In: Schramm, Holger (Hrsg.): Musik im Radio. Rahmenbedingungen, Konzeption, Gestaltung. Wiesbaden: Springer VS, S. 135-148.

Stümpert, Hermann/Buchholz, Axel (2013): Formate für Begleitprogramme. In: La Roche, Walther von/Buchholz, Axel (Hrsg.): Radio-Journalismus. Journalistische Praxis. Wiesbaden: Springer Fachmedien, S. 353-363.

5.4. Vom flotten Mundwerk zum akustischen Einerlei? Die Entwicklung der Moderation im privaten Hörfunk in Bayern

Holger Müller

Radiomoderatorinnen und -moderatoren sind Teil unseres Alltags: Sie sitzen mit uns am Frühstückstisch, sie begleiten uns im Auto auf dem Weg zur Arbeit oder wenn wir abends den Abwasch erledigen. Die „on air"-Personality ihres Personals ist deshalb seit jeher ein wichtiges Gut für Radiosender: Stimmlage und Intonation, Kreativität vor dem Mikrofon, Interaktion mit den Hörerinnen und Hörern, Wissen und ein Quäntchen Humor – kurz, ein persönlicher Stil mit Wiedererkennungswert. Wer hinter dem Mikrofon sitzt, ist für viele Hörerinnen und Hörer bei der Senderwahl entscheidend. So zeigt die Funkanalyse Bayern (FAB) von 2019, dass „[g]ute Moderation und Performance der Morgensendung [...] mittlerweile wichtiger als die Musik" (BLM 2019) sind.

Dieses Einschaltkriterium ist natürlich auch den bayerischen Privatradios bewusst, insbesondere in den stark umkämpften Ballungsräumen München und Nürnberg. In München sind derzeit inklusive der landesweiten Antenne Bayern 13 private UKW-Radiosender im Äther zu hören, von 95,5 Charivari über Gong 96,3 bis hin zu Radio Arabella. Die Metropolregion Nürnberg wird sogar von 14 Sendern bedient, von – wiederum – Antenne Bayern bis zum nichtkommerziellen Radio Z. Insbesondere die Moderatorinnen und Moderatoren der wichtigen Morningshows werden daher als „Unique Selling Proposition", als Alleinstellungsmerkmal, im Programm und in der Außendarstellung hervorgehoben. Aktuelle Beispiele sind die „Mike Thiel Show" bei Gong 96,3, die „Wetterhuber-Morgencrew" bei Radio Arabella in München oder die „Flo Kerschner Show" bei Hit Radio N1 in Nürnberg. Diese starke Personalisierung birgt zugleich Chancen und Risiken: Mit Gerald Kappler hat sich 2019 nicht nur ein Urgestein des bayerischen beziehungsweise fränkischen Lokalradios zurückgezogen, sondern auch der Namensgeber der Morgensendung auf Charivari 98.6 in Nürnberg. Aus „Die Kapplers" wurde „Der Charivari 98.6 Morgen".

Das folgende Kapitel widmet sich der Frage, wie sich seit den Anfängen des privaten Hörfunks in Bayern Moderationsstil und -techniken entwickelt haben. Die Frage erscheint relevant, da die Entwicklung der Moderation über einen längeren Zeitraum hinweg bislang in der Kommunikationswissenschaft kaum Beachtung erfahren hat. Daher werden zunächst einige ausgewählte Prinzipien der Moderation besprochen, bevor anschließend die Ergebnisse einer explorativen, qualitativen Inhaltsanalyse, bei der mehr als 100 Airchecks von Moderatorinnen und Moderatoren von Sendern aus den Ballungsräumen Nürnberg und München untersucht wurden, dargestellt und diskutiert werden. Die analysierten Airchecks stammen aus den Jahren 1985 bis 2020.

Moderatoren als Vermittler oder Verkäufer?

Moderatorinnen und Moderatoren sind – nicht nur zur Primetime am Morgen – die Stimmen eines Radiosenders. Ihre Aufgabe besteht darin, die einzelnen Programmbestandteile – Musikauswahl, Service, redaktionelle Beiträge und Aktionen – sinnvoll zusammenzufügen (vgl. Buchholz 2017: 45). Moderatorinnen und Moderatoren spinnen dabei den roten Faden ihrer Sendung, sie orientieren, informieren und unterhalten ihr Publikum. Dieses Rollenverständnis spiegelt auch das Wort „Moderator" wieder, das als Fachbegriff aus den USA übernommen wurde. Moderatorinnen und Moderatoren sind demnach „Vermittler" zwischen Sender und Zuhörerschaft (vgl. ebd.: 43). Yvonne Malak fasst diese Vermittlerrolle in „Erfolgreich Radio machen" wesentlich enger und pointierter: „Moderatoren hören es nicht gerne: Aber in erster Linie sind sie dazu da, den Sender zu verkaufen" (Malak 2015: 124). Dabei orientieren sie sich an dem jeweiligen Format und Claim ihres Senders. Auch der Begriff „Claim" kommt aus dem Englischen und bedeutet eigentlich „Anspruch" oder „Behauptung". Sinngemäß beantwortet ein „Claim" die Frage nach dem Alleinstellungsmerkmal eines Radiosenders (vgl. Rumpf 2017: 427). Beispiele sind „Antenne Bayern – Alle aktuellen Hits in Bayerns bestem Musikmix", „egoFM – Das Radio für Musikentdecker" oder „Radio Bamberg – Mein Zuhause. Meine Hits".

Ob nun Vermittlung oder Verkauf, Moderatorinnen und Moderatoren sollen ihr Publikum auf einer persönlichen, emotionalen Ebene ansprechen – unter anderem, um heutzutage einen Mehrwert im Vergleich zu Streamingdiensten zu bieten (vgl. Malak 2015: 132). Damit diese Ansprache gelingt, setzt der Moderator Stefan Schwabeneder vier Punkte voraus: Erstens, jede gute Radiomoderatorin beziehungsweise jeder gute Radiomoderator kennt ihr beziehungsweise sein Publikum. Zweitens, wer das Zielpublikum kennt, sollte auch in der Lage sein, die gleiche Sprache zu sprechen. Drittens, wer „on air" überzeugen möchte, muss die Themen der Sendung selbst gut genug kennen. Und viertens, damit beim Publikum die richtigen Bilder im Kopf entstehen, müssen Moderationen stimmig aufgebaut werden (vgl. Schwabeneder 2009: 135). Kurz gesprochen: Wie würde ich es einer Freundin, einem Freund erzählen?

Verständliche Texte sind also eine weitere Voraussetzung für idealtypische Moderationen, schließlich ist Radio das klassische Nebenbeimedium. Coaches wie die Sprechtrainerin Mareike Schmidts oder die Moderationstrainerin Inge Hermann und ihr Kollege Reinhard Krol orientieren sich bei ihren Empfehlungen an den vier Säulen des Hamburger Verständlichkeitskonzepts von Friedemann Schulz von Thun: Einfachheit (in der sprachlichen Formulierung); Gliederung-Ordnung (im Aufbau des Gesamttextes); Kürze-Prägnanz (statt weitschweifiger Ausführungen); zusätzliche Stimulanz (durch gefühlsmäßig anregende Stilmittel) (vgl. Schulz von Thun 2010: 160ff.).

Doch was bedeutet Einfachheit der Sprache in der Praxis? Hörerinnen und Hörer sollen das Gesagte sofort verstehen. Mareike Schmidts legt dementsprechend klare Vorgaben für Radiosprache fest: Zu diesen Regeln gehört unter anderem das Perfekt als Vergangenheitsform zu verwenden, Aktiv statt Passiv zu formulieren, Nominalstil und Zusammensetzungen zu meiden, Zahlen auf- oder abzurunden, Umgangssprache statt Fach- oder Fremdworten zu nutzen sowie Synonyme, Metaphern und Adjektive sparsam einzusetzen (vgl. Schmidts 2009: 124f.).

Für Inge Hermann, Reinhard Krol und Gabi Bauer steht der lineare Aufbau der Informationen im Vordergrund. Menschen speichern gehörte Inhalte meistens nur kurz, daher sollten Radiotexte Schritt für Schritt gegliedert werden: keine Vorwegnahmen, Rückgriffe oder Einschübe. Stattdessen sollten Informationen zeitlich-linear („daraufhin..."), kausal-linear („aus diesem Grund...") oder logisch-linear („daraus folgt...") präsentiert werden (vgl. Hermann/Krol/Bauer 2002: 50ff.).

Bei längeren Moderationen hilft es zudem, das Gesagte immer wieder zusammenzufassen, um die Hörerinnen und Hörer zu orientieren. Insbesondere für Anmoderationen von Beiträgen und Interviews wird ergänzend die AIDA-Regel als Formulierungshilfe genutzt: Attention, Interest, Desire, Action.

ATTENTION
▶ Beispiel: „O'zapft ist's! So klingt es heute Abend auch in Christian Udes Partykeller."
▶ Die Aufmerksamkeit des Publikums wecken, das gerade noch den letzten Musiktitel im Ohr hat.

INTEREST
▶ Beispiel: „Denn heute feiert Münchens Oberbürgermeister seinen 65. Geburtstag."
▶ Erklären, warum jetzt eine Moderation kommt. Was ist der Kern der Meldung?

DESIRE
▶ Beispiel: „Eingeladen hat er politische Freunde und auch Gegner. Klar, dass die sich einige hintersinnige Geschenke ausgedacht haben."
▶ Die Hörerinnen und Hörer wollen endgültig mehr wissen.

ACTION
▶ Beispiel: „Dabei wünscht sich Christian Ude selbst eigentlich nur eines ..."
▶ An dieser Stelle kann der Beitrag mit Christian Udes Geburtstagswunsch oder der entsprechende O-Ton eingespielt werden.

Tab. 11: Anmoderation mithilfe der AIDA-Regel anhand eines Beispiels.

Damit die Hörerinnen und Hörer bei der Sache bleiben, formulieren gute Moderatorinnen und Moderatoren auf den Punkt – schließlich lässt sich in der Kürze einer Anmoderation nicht alles zu einem Thema unterbringen. Prägnanz bedeutet daher, sich stets auf das Wesentliche zu konzentrieren und auf ablenkende Informationen zu verzichten (vgl. Hermann/Krol/Bauer 2002:58 ff.). Eine Faustregel hilft dabei, die wichtigsten Informationen für das eigene Publikum herauszuarbeiten: Warum ist dieses Thema gerade jetzt für meine Hörerinnen und Hörer wichtig?

Unter dem Sammelbegriff „Zusätzliche Stimulanz" erfasst Friedemann Schulz von Thun verschiedenste Strategien, um Zuhörerinnen und Zuhörer emotional anzusprechen – insbesondere sprachliche Bilder (vgl. Schulz von Thun 2010: 167). Inge Hermann, Reinhard Krol und Gabi Bauer übersetzen diese sprachlichen Bilder für das Radiopublikum als „Kino im Kopf". Moderatorinnen und Moderatoren stehen die verschiedensten Wege offen, ihre Texte anschaulich zu gestalten, indem sie sich unter anderem auf die Lebenswelt der Hörerinnen und Hörer beziehen, mit plastischen Beschreibungen arbeiten oder abstrakte Oberbegriffe auflösen – je konkreter, desto besser. Statt „Grillgut" klingt beispielsweise die Aufzählung „Chipolatas, Nackensteak und Gemüsespieße" wesentlich anregender (vgl. Hermann/Krol/Bauer 2002: 62ff.).

Ein Text kann auf dem Papier noch so strukturiert und anschaulich sein, wenn die Präsentation am Mikrofon nicht passt, funktioniert die Moderation nicht. Wie bereits erwähnt, sollten Moderatorinnen und Moderatoren die Themen ihrer Sendung selbst gut kennen und verstehen. Nur dann gelingt es ihnen, den Moderationen eine sinnvolle sprecherische Struktur zu geben. Dementsprechend empfiehlt die Sprechtrainerin Mareike Schmidts, Radiotexte immer in Sinnschritte und Hauptbetonungen aufzuteilen. Denn die Leseeinteilung orientiert sich nicht unbedingt an der grammatikalischen Struktur, die durch Satzzeichen vorgegeben wird. Statt jedes Komma und jeden Punkt vorzulesen, sollten Sprecherinnen und Sprecher beispielsweise erst am Ende eines Sinnabschnittes mit der Stimme nach unten gehen und eine kurze Pause machen (vgl. Schmidts 2009: 128ff.).

Die Sprechmelodie ist nicht das einzige sprecherische Gestaltungsmittel. Geübte Moderatorinnen und Moderatoren nutzen verschiedene Betonungen, um einen Radiotext lebhaft und verständlich zu präsentieren. Mareike Schmidts zählt insgesamt fünf Betonungsmöglichkeiten auf: Veränderung der Lautstärke, der Tonhöhe und Sprechmelodie, der Geschwindigkeit und Pausensetzung, des Stimmklangs sowie der Artikulation.

Diese sprecherischen Mittel werden nicht willkürlich eingesetzt. Jeder Text bietet den Moderatorinnen und Moderatoren durch Schlüsselbegriffe Orientierung für die eigene emotionale Haltung und somit für die Ausgestaltung „on air". Um beim Thema Grillen zu bleiben, ein Beispielsatz: „Am Wochenende gibt's perfektes Grillwetter." Hier bilden die Worte „perfektes Grillwetter" die Schlüsselbegriffe, die durch eine besonders deutliche Artikulation in einem Wetterbericht oder einer Anmoderation hervorgehoben werden können. Wenn die Sprecherin oder der Sprecher hier zusätzlich mit der Stimmführung nach oben geht, kann durch diese Veränderung der Sprechmelodie die positive Grundhaltung zusätzlich verstärkt werden (vgl. ebd.: 129f.). Diese gestalterischen Mittel sind dementsprechend eine „zusätzliche Stimulanz" im Sinne Friedemann Schulz von Thuns.

Auch Doppelmoderationen können „on air" für die Hörerinnen und Hörer anregend klingen – vorausgesetzt das Konzept der Sendung ist stimmig. Dieser Teamtalk stellt für die Senderverantwortlichen eine Chance dar, die Themen der Sendung aus verschiedenen Perspektiven zu präsentieren und somit verschiedene Publika zu erreichen. Dazu müssen allerdings die Rollenverteilung und die persönlichen Merkmale der Moderatorinnen und Moderatoren sorgfältig aufeinander abgestimmt werden: Teilt ein gleichberechtigtes Moderationsteam eine Sendung (Doppelmoderation)? Oder gibt es einen Anchor, der die Führung übernimmt und den Rahmen für die Themen schafft (Co-Moderation/Sidekick)? Co-Moderatorinnen und -moderatoren definieren sich über bestimmte inhaltliche Zuständigkeiten in der Sendung, wie zum Beispiel Wetter und Verkehr oder Klatsch und Tratsch. Sidekicks hingegen übernehmen „on air" eine feste, oft überzeichnete Rolle als Reibungspunkt zur Moderatorin beziehungsweise zum Moderator. Dieser Kontrast zwischen unterschiedlichen Charakteren, Haltungen und Kompetenzen muss immer individuell auf den jeweiligen Sender und sein Personal abgestimmt werden (vgl. Schwabeneder 2009: 144ff.; Lynen 2015: 87ff.; Malak 2015: 150f.).

Wie Moderatorinnen und Moderatoren diese Kriterien in ihren Sendungen praktisch umsetzen, lernen sie durch Schulungen und permanentes Feedback zu ihren Mitschnitten. Diese Airchecks sind auch im weiteren Berufsleben wichtig – insbesondere als Grundlage für externe Coachings (vgl. Hermann/Krol 2002: 24 f.; Lynen 2015: 147 f.). Nachdem sich das gesprochene Wort im Radio bekanntlich versendet, sind diese Aufnahmen eine wertvolle Quelle, um die Entwicklung der Moderation im privaten Hörfunk in Bayern nachzuvollziehen.

Forschungsfrage und Methode

> Das waren drei Stunden „Hotline" von Radio Aktiv ... Heiß her gegangen sind besonders in der letzten Stunde, heute im Studio gehört, die Toten Hosen. Ich hoffe, ich hab jetzt keine tote Hose ... Hö!
> Jetzt geht's dann jedenfalls weiter um ein, elf Uhr nicht mit den Toten Hosen – Nee, so bös' woll'n mer auch net sein ... Weiter geht's mit Radio Brenner, dem Dauerbrenner ... Immer frisch, immer fröhlich!
> Und wir hören uns wieder morgen ab acht Uhr zu einer weiteren Ausgabe der „Hotline". Viel Spaß mit den Kollegen, die hier noch kommen mögen. Unter anderem meldet sich Radio Aktiv heut wieder ummm

> 23 Uhr mit der „Oldie Show" und dem Willi. Und dann nicht vergessen, um 15 Uhr „Vorsicht Musik" mit M1 in der ersten Stunde von 15 bis 16 Uhr mit dem Pit und von 16 bis 17 Uhr 30 gibt's wieder Rockmusik vom Feinsten, Allerfeinsten mit dem Armin... Und wir hören uns, wie gesagt, morgen um achte! Bis dann, Servus sagt der Angelo. Bye bye! (Buchwald 1986)

Mit diesen Worten verabschiedete sich Angelo Buchwald am 25. April 1986 nach seiner Sendung bei Radio Aktiv von seinen Hörerinnen und Hörern und übergab an Radio Brenner. Wie aber haben sich seit diesen Anfängen des privaten Hörfunks in Bayern Moderationsstil und Moderationstechniken entwickelt?

Dieser kurze Sendungsausschnitt ist nicht nur ein zeitgeschichtliches Dokument, der Einblicke in damalige Moderationsgestaltungen geben kann, sondern gleichermaßen ein Beispiel für die Archivlage: Ein Großteil der Sender hat seine Programme kaum systematisch archiviert. Die Regel sind Arbeitsarchive, die allerdings für eine wissenschaftliche Auswertung nicht zur Verfügung stehen (siehe Müller 2015). Sendungsausschnitte wie der oben zitierte sind häufig nur über Archivbestände von Radio-Enthusiasten wie Thomas Kirchner („FM Kompakt") oder Andreas Knedlik („Digiandi") zu erhalten.

Gleichzeitig oder gerade deswegen gibt es in der Kommunikationswissenschaft keine Literatur, die die Entwicklung der Moderation über einen längeren Zeitraum hinweg systematisch beschreibt. Sie beschränkt sich einerseits zumeist auf praxisorientierte Handbücher zu Radiojournalismus und Moderation (siehe Overbeck 2009; Müller 2014; Lynen 2015; La Roche 2017); andererseits konzentriert sie sich auf aktuelle Bestandsaufnahmen (siehe Ferenčak 2018).

Zur Beantwortung der Forschungsfrage wurden insgesamt 106 Airchecks von Moderatorinnen und Moderatoren von Sendern aus den Ballungsräumen Nürnberg und München sowie von Antenne Bayern im mp3-Format herangezogen – von Beginn des Privatradios in Bayern im Jahr 1985 bis zu aktuellen Morningshows. Bereitgestellt wurden sie von Andreas Knedlik („Digiandi"). Im Hinblick auf den täglichen Output der privaten Radioprogramme handelt es sich dabei um vergleichsweise wenig Material.

Von dieser Quellenlage ausgehend empfahl sich eine qualitative Inhaltsanalyse (siehe Mayring 2002; Mayring 2012), um sich dem Forschungsziel explorativ zu nähern. Dafür wurde eine zunächst grobe Durchsicht des Materials (Übersicht, Verdichtung, Zusammenfassung) mit einer detaillierten Analyse (Ausarbeitung von Kategorien, Identifizierung von Strukturen und hermeneutischen Interpretationen) kombiniert. Für ein erstes Monitoring der Daten wurden die vorliegenden Mitschnitte transkribiert und durch Anmerkungen zu Sprechgeschwindigkeit, Intonation, dialektaler Färbung, Umgang mit der Studiotechnik sowie Zielgruppe und Format des Senders ergänzt. Um eine bessere Vergleichbarkeit der Airchecks zu gewährleisten, wurde der Untersuchungszeitraum von 1985 bis 2000 in Fünf-Jahres-Abschnitte unterteilt und schließlich von 2000 bis 2020 eine aktuelle Bestandsaufnahme bis zur Gegenwart geleistet. Durch dieses Vorgehen ließen sich Rückschlüsse auf De-Facto-Standards ziehen, die Moderatorinnen und Moderatoren zu dem jeweiligen Zeitpunkt „on air" erfüllen mussten. Diese Befunde wurden durch Interviews mit Zeitzeuginnen und Zeitzeugen ergänzt, die im Rahmen des vorliegenden Forschungsprojekts geführt wurden. Dies geschah, um einen eigenen Bias möglichst gering zu halten und um zu verhindern, die Airchecks allein aus heutiger Perspektive zu bewerten.

1985-1990: Immer frisch, immer fröhlich!

Der Abgesang auf den lokalen Rundfunk in Bayern, insbesondere in München, begann quasi mit dem Sendestart. Bereits am 23. Januar 1987 konstatierte Joachim Hauschild in der *Süddeutschen Zeitung* „[d]as Ende einer Utopie". Statt der erhofften Vielfalt und Abwechslung im Vergleich zu den öffentlich-rechtlichen Programmen beschrieb er eine eintönige Radiolandschaft – insbesondere bei der Moderation:

> Gefunden habe ich buchstäblich nichts. Gefunden, gehört habe ich bloß verzweifelt originelles Gestammel, Halbsätze, auch die noch unterbrochen von Musik, krampfhaftes Gewitzel [...], rudimentäre Sprache – und ab und zu tatsächlich einen aus Subjekt, Prädikat und Objekt zusammengesetzten Satz, der auch noch einen Sinn gab (ebd.).

In den vorliegenden Aufnahmen aus dieser ersten Phase fiel zunächst tatsächlich auf, dass die – ausschließlich männlichen – Moderatoren tatsächlich kaum Inhalte transportierten. Sogar die Musik wurde in diesen Sendungen eher gleichgültig präsentiert: Wenn die Moderatoren Titel überhaupt an- oder abmoderierten, dann wurden vor allem die Künstlerinnen und Künstler und der jeweilige Titel genannt. Dabei wurden Songtitel oder die Interpretin beziehungsweise der Interpret ab und an durchaus auch falsch ausgesprochen. So wurde beispielsweise bei Stefan Parrisius von Antenne Bayern in einer Moderation aus Gianna Nanninis „Un ragazzo come te", „Ragazzo come me" (Parrisius 1989). Ein gewisser Andi (wer das war, konnte nicht zweifelsfrei eruiert werden) machte bei der „Guten-Morgen-Show" von Radio Gong in Nürnberg aus Duane Eddy, Doone Eddy. Und bei Radio Aktiv in München – „... die Toten Hosen. Ich hoffe, ich hab' jetzt keine tote Hose..." – wurden auch Bandnamen als Ausgangsbasis für Wortspiele genutzt:

> Andi: So, Jackpot auf 80 Mark… Musik aus Hamburg… Chanel Nummer fünf riecht ganz gut, Channel Five… rockt ganz gut… War'n blöder Vergleich, ne? Wolfgang is nämlich auch schon da…
> Wolfgang: Morgen!
> Andi: Young Girls Talk Too Much, sieben Uhr 43 („Guten-Morgen-Show" 1986).

Die flotte Lippe sollte ein Alleinstellungsmerkmal der neuen Lokalsender sein. In den Sprechpausen zogen die Moderatoren die Musik immer wieder laut, und sobald sie zu sprechen begannen wieder leise. Dieses so genannte „Reglerpumpen" am Mischpult war für einen Großteil der analysierten Mitschnitte aus dieser ersten Phase charakteristisch. Aus heutiger Sicht war das freilich ein absolutes Tabu, so Patrick Lynen in seinem Standardwerk „Das wundervolle Radiobuch": „Das klang grauenvoll und wird heutzutage nur noch in der hinterletzten Dorfdisco so gemacht" (Lynen 2015: 133).

Ebenso charakteristisch für diese Phase war die Angewohnheit der Moderatoren, bei Musikstücken nicht nur über das musikalische Intro – die Ramp – oder kurz über das Ende eines Songs zu sprechen, sondern auch für längere Zeit über den Gesang zu reden. Dabei diente die Musik als akustische Tapete für die Moderation, wie beispielsweise bei „Servus Bayern" mit Stefan Parrisius vom 10. November 1989. Antenne Bayern nahm den Mauerfall am Vorabend zum Anlass für eine Telefonaktion: Hörerinnen und Hörer wurden gebeten, sich per Telefon oder Fax beim Sender zu melden, falls sie ein Wohnungsangebot für DDR-Übersiedler hatten. Stefan Parrisius moderierte hier 42 Sekunden lang über „Another Day In Paradise" von Phil Collins – einem Song, der als Single vier Minuten 47 Sekunden lang ist. Grundsätzlich räumten die untersuchten Sender solchen Telefonaktionen, aber auch Gewinnspielen oder Grußworten aus dem Publikum in dieser Phase breiten Raum in ihren Sendungen ein. Das Ziel: Durch Beteiligung der Hörerinnen und Hörer sollte die emotionale Bindung und Identifikation mit dem Programm gefestigt werden. Im Interview berichtete auch Uwe Gürtler, in den 1980er Jahren Moderator bei verschiedenen Münchner Radiosendern wie Radio Xanadu oder Radio M1, wie in dieser Zeit erstmals Hotlines ins Studio eingerichtet wurden:

> Für unsere Hörer waren diese Hotlines super. Viele Hörer haben sich da dann gedacht: ‚Mensch, da ist ein Moderator, mit dem kann ich telefonieren, der geht selber ran ans Telefon, wenn ich da anrufe. Da muss ich mich nicht durch acht Instanzen verbinden lassen, sondern die Moderatoren sind wirklich ganz normale Typen.'

Christian Marks etwa verbrachte den Sendestart von Charivari München am 1. April 1986 größtenteils damit, nach jedem Titel Uhrzeit, Sendername und Frequenz zu nennen – mehr nicht. Bis um 17:17 Uhr ein Walter Schieferle aus Diedorf bei Augsburg anrief, um Charivari zum Sendestart zu beglückwünschen: „Ich freue mich, dass etwas ruhigere Töne aus München kommen, äh, es isch ein etwas gesetzterer Sound, [...] und ich freu mich, äh, dass ich Euch höre hier."

Die Hörerbindung wurde durch Sprache und Moderationsweise häufig noch verstärkt. So sprach der bereits erwähnte Moderator Andi bei Radio Gong in Nürnberg in Telefongesprächen mit seinen Hörerinnen und Hörern umgangssprachlicher, dialektaler gefärbt als in den vorherigen Moderationen, in denen keine Interaktionen stattfanden. Der Dialekt wurde also schon in dieser Phase ganz bewusst als Stilmittel eingesetzt, auch um die Verankerung des Senders in der Region zu demonstrieren. Darüber hinaus wurden die Hörerinnen und Hörer im direkten Gespräch geduzt, während sie vorher im Programm konsequent mit „Sie" angesprochen wurden. Beim Gewinnspiel „Der WOM-Jackpot" fiel dieser Stimmungswechsel besonders auf: Nach dem Vorgespräch wurde die Haltung des Moderators professioneller, in der Verabschiedung dann wieder lockerer.

In den untersuchten Beispielen war Andi von Radio Gong in Nürnberg außerdem der einzige Moderator, der mit seiner Stimme und der Distanz zum Mikrofon spielte:

> Also immer weiter probieren 0911-58 viermal die sechs für die „Grüße von Arbeitsplatz zu Arbeitsplatz... wenns'n bisschen dauert, is ja nich so schlimm. Sie kommen auf alle Fälle dran... („Guten-Morgen-Show" 1986).

Bei den Worten „is ja nich so schlimm" besprach er das Mikrofon näher und leiser, um ein Gefühl der Nähe und des Vertrauens entstehen zu lassen. Wo aber endet bei der Sprache die Nähe zu Hörerinnen und Hörern und wo beginnen sprachliche Unsauberkeiten? In den meisten Airchecks aus dieser Phase verschluckten die Moderatoren beim Sprechen Silben. Insbesondere Angelo Buchwald von Radio Aktiv hetzte oft schnell und ohne Atempausen durch seine Moderationen. Dabei nuschelte er ab und an leicht, was aber auch sein persönlicher Stil am Mikrofon sein könnte. Wie erwähnt ließen auch die Moderatoren Andi von Radio Gong, Christian von Radio Down-Town in Erlangen oder Stefan Parrisius von Antenne Bayern beim Sprechen immer wieder einzelne Silben aus. Parrisius setzte zudem die Pausen in seinen Moderationen teilweise willkürlich und folgte dabei mitunter nicht den Sinnabschnitten der Sätze. Dadurch wirkte der Sprachablauf einiger Moderationen überhastet und holperig:

> Die Telefone, und Telefaxe wohl auch, laufen heiß bei uns. Vielen Dank für Ihre Beteiligung! Sie erinnern sich, wenn Sie ein Wohnungsangebot haben… für DDR-Übersiedler, von denen ja nun nach der Öffnung der Grenzen noch viel mehr erwartet werden, rufen Sie uns an, wir leiten das weiter an die Regierungsaufnahmestellen, bringen es… direkt an die Stelle, wo es am effektivsten weitergebracht werden kann. Dabei geht es natürlich nun nicht nur um ganze Wohnungen, denn wer hat schon 'ne ganze Wohnung dort rumstehen, aber wenn Sie sagen, ich wollte morgen sowieso aufräumen und in meiner Besenkammer… also nicht direkt 'ne Besenkammer vielleicht, aber wenn Sie ein Zimmerchen oder irgend sonst eine Art von Platz haben, lassen Sie [sic] uns wissen (Parrisius 1989).

Dieses Beispiel aus „Servus Bayern" zeigt außerdem, dass die Moderationen in dieser ersten Phase oft nicht stringent aufgebaut waren. Stefan Parrisius begann mit einem Rückgriff auf den vorherigen Sendeplatz, um dann die Telefonaktion von Antenne Bayern nochmals zu erklären. Er reihte hier mehrere Nebensätze aneinander, nutzte Einschübe oder nahm einzelne Aussagen sogar wieder zurück. Die Sätze dieser Moderation waren zwar – anders als dies der eingangs zitierte *SZ*-Autor Joachim Hauschild kritisierte – zumindest meist aus Subjekt, Prädikat und Objekt zusammengesetzt, sodass sich auch beim Lesen des Transkripts der Sinn erschloss. Für das „Nebenbeimedium" Radio waren diese Sätze allerdings dennoch zu umständlich aufgebaut.

1990-1995: Immer nur dieselbe Leier?

Die Konkurrenzsituation auf dem bayerischen Rundfunkmarkt zwischen dem Bayerischen Rundfunk, Antenne Bayern und den Lokalstationen vor Ort zwang alle Beteiligten in einer zweiten Phase ab 1990 zu ständigen Verbesserungen und Veränderungen – gerade weil Anfang der 1990er Jahre die wirtschaftliche Lage der Sender nicht unbedingt den Erfolg bei den Hörerinnen und Hörer widerspiegelte (siehe Kapitel 2.3.). „80 Prozent der rund 40 kommerziellen Radio-Anbieter stehen vor dem Konkurs", warnte Alexander Großmann von der Informationszentrale der Bayerischen Wirtschaft (IBW) am 12. Januar 1991. Konzeptlose Programme, schwache Wortbeiträge und schlechte Musik waren laut Großmann die Hauptursache für ausbleibende Werbeeinnahmen (zit. nach Huber 1991).

Dies zweite Phase ab 1990 war zudem im privaten Hörfunk in Bayern die große Zeit der Berater, vor allem aus den USA und den Niederlanden. Rolf Karepin (2011) beschrieb diese Entwicklung als Professionalisierungsschub, bei dem die Sender Musikfarbe, Verpackung und auch die Moderation konsequent an die gängigen Formate anpassten. Zu den ersten bekannten Coaches gehörte Mike

Haas von der Firma Broadcast Consult International (BCI), der hier allerdings bereits Programmdirektor bei Antenne Bayern war. Das Coaching bei den Neue-Welle-Stationen der Müller Medien übernahm nach Haas der niederländische Berater Ad Roland.

Ein hörbarer Effekt der Professionalisierung waren die Three-Element-Breaks (3-EBs) als Übergang von der Musik zur Moderation, die sich in dieser Phase durchsetzten. Sie waren ein Hilfsmittel, das den Fluss einer Sendung aufrechterhalten sollte. Bianca Bauer-Stadler, die ehemalige Programm- und Studioleiterin von Radio Charivari in Nürnberg, erklärte im Interviews:

> Die Kombinationsmöglichkeiten waren ziemlich groß, aber die Info durfte nur drei Elemente enthalten: Also entweder Uhrzeit und Sendertitel und meinetwegen Name des Moderators oder Uhrzeit und Titel des Songs.

Die Moderatoren der analysierten Mitschnitte aus der Phase von 1990 bis 1995 setzten diese Technik dann bis auf René Seifert 1994 in der „Abendwelle" von Radio 2DAY auch konsequent in verschiedenen Zusammenstellungen um. Stefan Parrisius bot beispielsweise die Kombination Künstler, Titel und Uhrzeit: „Dionne Warwick, the Bee Gees, „Heartbreaker"... Viertel nach vier..." (Parrisius 1992). Aufgrund der Konkurrenz vor Ort nutzten die Lokalsender an Mehrfrequenzstandorten wiederum verstärkt ihren Sendernamen als ein Element, so zum Beispiel Dominik Schott bei Radio Energy in München Uhrzeit, Sendungsname und Sender: „Sieben Uhr 41, Sie hören das Frühstücksradio bei Energy 93,3..." (Schott 1994). Martin Ebel von Charivari München verwendete Künstler, Claim und Sendername, um den Song „Stay Another Day" abzumoderieren: „Das ist die aktuelle von East 17, das ist die beste Musik für München, Charivari 95,5..." (Ebel 1995).

Auch der Umgang mit der Musik wirkte in dieser Phase deutlich professioneller. In den untersuchten Airchecks nutzten Stefan Parrisius, Dominik Schott und Martin Ebel nur noch die Enden oder die Ramps von Songs für An- und Abmoderationen. Anschließend präsentierten sie ihre Themen entweder trocken oder nutzten als Hintergrund Musikbetten sowie Titelmelodien bekannter Fernsehserien wie beispielsweise „Miss Marple".

Als weiteres Gestaltungselement für Sendeplätze setzten die Moderatoren in dieser Phase darüber hinaus verstärkt Verpackungselemente wie Jingles oder „Station-IDs" ein – so zum Beispiel Martin Ebel in einer Moderation zum nahen Ende der Bewerbungsfrist bei der Zentralen Vergabestelle für Studienplätze (ZVS) am 15. Januar 1995. Als Pointe zählte er am Ende der Moderation Studiengang nach Studiengang auf, während er das Mikrofon langsam ausblendete. Und zum Abschluss nutzte er hier einen gesungenen Jingle: „Ebel am Morgen!

Wir wecken Sie auf mit der besten Musik auf Charivari." Uwe Gürtler brachte diese zunehmende Professionalisierung in der Moderation in dieser Phase im Interview im Rückblick auf den Punkt:

> Wir machten keine großen Pausen, wir versuchten alles wirklich peppig mit unterlegter Musik zu präsentieren und setzten schon früh Jingles ein. Unser Motto [als Moderatoren] war: Es muss was passieren, es muss was los sein, es muss eine Show sein. Wir wollten nicht nur den Titel ansagen, dann drei Sekunden warten und dann den Titel abfahren. Das war viel zu langweilig. Bei den Privaten ist viel passiert.

Ausnahme beim Umgang mit Musik und Verpackungselementen war auch hier Radio 2DAY, bei dem das Programm – so zumindest der äußere Eindruck – Anfang der 1990er Jahre noch nicht so stark durchformatiert war. So moderiert René Seifert konsequent für längere Zeit über den jeweils letzten Song statt ein Musikbett zu nutzen. Immerhin hatten alle untersuchten Airchecks aus dieser Phase einen Punkt gemeinsam: Die Moderatoren pumpten während der Sprechpausen nicht mehr an den Reglern des Mischpults.

Gewinnspiele und Grüße blieben weiterhin ein Grundbestandteil der privaten Hörfunkprogramme. Hier veränderten sich im Vergleich zur vorherigen Phase lediglich die Formate der Aktionen, Gewinnspiele und Beteiligungen. Innerhalb von „Servus Bayern" am 10. Februar 1992 präsentierte Stefan Parrisius beispielsweise vier Aktionen für Hörerinnen und Hörer: das Gewinnspiel „Der ganze Süden klebt", bei dem die Hörerinnen und Hörer aufgerufen wurden, Antenne Bayern-Aufkleber auf ihr Auto zu kleben; viermal den Antenne Bayern-Teledialog (TED) mit einer telefonischen Abstimmung über das Pro und Contra einer Straßenbenutzungsgebühr; ein Olympia-Spiel auf Antenne Bayern sowie ein Teasing auf die Antenne Bayern Geburtstagsaktion, bei der Hörerinnen und Hörer 5.000 Mark gewinnen konnten, wenn ihr Geburtsdatum gezogen wurde.

Aufbau und Struktur der Moderationen wirkten in dieser Phase insbesondere in den untersuchten Morningshows stärker strukturiert. Sowohl Dominik Schott als auch Martin Ebel bauten Anmoderationen von Beiträgen und Aktionen konsequent nach der AIDA-Regel auf. Die Skripte der übrigen Sendeplätze waren ebenso häufiger logisch strukturiert, damit die Hörerinnen und Hörer leicht folgen konnten. Das nächste Beispiel macht deutlich:

> Ein wunderbarer Sommer! Da kommen einige Leute auf die wirklich originelle Idee, eine Grill- oder Gartenparty zu veranstalten. Auch Queen Elizabeth in England hatte diese Idee... hat sie auch umgesetzt: Es gab eine große königliche Gartenparty mit 8.000 geladenen Gästen,

von denen allerdings 40 mittendrin umkippten. Schuld an diesem umwerfenden Erfolg war jetzt allerdings nicht das tolle Essen oder der Sekt, sondern die Temperaturen: 33 Grad Celsius und viel Ozon, das hat viele umgehauen. Und daraus schließen wir, dass Monarchisten Kreislaufprobleme haben (Schott 1994).

In 32 Sekunden verpackte Dominik Schott hier eine komplette Geschichte: Die Informationen zur Gartenparty bei der Queen baute er schrittweise auf. Dabei nutzte er Umgangssprache und einen einfachen Satzbau mit maximal einem Nebensatz. Den Gegenpol zu diesen sehr stark formatierten Moderationen bildete interessanterweise immer noch Stefan Parrisius, der einmal sogar für die Anmoderation eines Telefoninterviews mehr als eine Minute benötigte:

> Wer heute was auf sich hält in Deutschland, der hat schon, also zumindest ein bisschen, ein kleines bisschen, eine Stasivergangenheit. Des hat man ja im Augenblick! Fußballer hams, äh Ministerpräsidenten hams, jeder äh Politiker... es is, es gibt kam irgendjemanden der heute ohne, ganz ohne... ganz ohne Stasivergangenheit geht man eigentlich nicht mehr, könnte man sagen, in der Bundesrepublik.
> Jetzt gibt's aber natürlich so ne und so ne! Also nicht jede Stasivergangenheit muss gleich ganz fatal sein. Man könnte zum Beispiel auch vorstellen, dass jemand einfach nur Putzfrau war im Ministerium für Staatssicherheit – oder Putzmann, um Gottes Willen – und äh hat ja auch eine Art Stasivergangenheit, aber nicht ganz so schlimm.
> Jetzt gab... kam heute eine Meldung, da hieß es, ehemalige Stasimitarbeiter werden jetzt beim Bundeskriminalamt als Beamte eingesetzt und zwar 41 ehemalige Beschäftigte beim Ministerium für Staatssicherheit MfS. Und da wird sehr viel in einen Topf geworfen, sehr viel zusammengeworfen in Stasivergangenheit, dass eigentlich gar nich'... im Sinne von Belastungen aus der Vergangenheit zusammengehört – um mit Willy Brandt zu sto- zu sprechen. Das woll'n wir jetzt entwirren... Wer eigentlich Bescheid wissen muss über die Unterschiede der Bedeutungen und der öh... Schwere, im Sinne von, von Belastungen aus der Vergangenheit der Stasikontakte ist David Gill, der Pressesprecher der Gauck-Behörde in Berlin, die die ganzen Stasiakten nun verwaltet und, und äh... offenlegt, Herr Gill, was gibt es denn da, w-wie unterschiedlich sind diese Mitarbeitsarten, wie hat man da gearbeitet? (Parrisius 1992).

Im Prinzip folgte diese Moderation sogar dem AIDA-Schema: Die ersten beiden Absätze entsprachen dem – teilweise provokanten – Hinhörer (Attention). Danach wurde der Anlass für das Thema Stasivergangenheit eingeführt: eine aktuelle Nachrichtenmeldung (Interest). Der Hinweis, dass nicht alles in einen Topf geworfen werden könne, sollte bei den Hörerinnen und Hörern den Wunsch nach mehr wecken (Desire), um dann das Versprechen mit der Überleitung zum Telefoninterview einzulösen (Action). Wie ist dieser große Unterschied zu den anderen untersuchten Sendungen zu erklären? Zum einen dürfte gerade dieser persönliche, unverwechselbare Stil Parrisius für Antenne Bayern besonders wertvoll gemacht haben. Zum anderen dürfte die Sendezeit von „Servus Bayern" am Nachmittag mehr zeitlichen Spielraum als eine Morningshow geboten haben.

1995-2000: Das Wort „Show" in Morningshow

Die USA waren nicht nur bei der Einführung des Formatradios und der damit verbundenen Moderationstechniken ein Vorbild für den privaten Hörfunk in Deutschland. Mit „Arno und die Morgencrew" etablierte Arno Müller 1991 bei 104.6 RTL Berlin eine Morningshow nach amerikanischem Vorbild: ein „Morning-Man", der mit seinen Co-Moderatorinnen beziehungsweise -Moderatoren oder Sidekicks mit viel Witz und aufsehenerregenden Aktionen durch die Sendung führte. Dabei wurde die One-to-One-Kommunikation mit den Hörerinnen und Hörern durch möglichst unterhaltsame Gespräche zwischen den Moderatorinnen und Moderatoren ersetzt (vgl. Buchholz 2009: 67; Malak 2015: 102; Ferenčak 2018: 81). Bis Mitte der 1990er Jahre übernahmen dann auch immer mehr bayerische Privatradios dieses Konzept. Laut Yvonne Malak (2015) gilt „Arno und die Morgencrew" „als die meistkopierte Morgensendung im deutschsprachigen Raum" (ebd.: 102).

Einer der Vorreiter der Morningshow in Bayern war Markus Langemann, der zusammen mit Michael „Bully" Herbig und Rick Kavanian zunächst bei Radio Gong 96.3 in München als „Langemann & die Morgencrew" 1991 auf Sendung ging. Auch „off air" war Langemann ein Pionier: Im Jahr 1995 warb der direkte Konkurrent Radio Energy die komplette Morningshow ab, womit in Deutschland erstmals ein Sendekonzept den Sender wechselte – und zwar erfolgreich (vgl. o. A. 1995). Dieser Erfolg lag auch darin begründet, dass Markus Langemann die Sendung mit seiner Firma Villa Media selbst produzierte und vermarktete (vgl. o. A. 1997). Er und sein Team produzierten pro Jahr 6.000 Pointen, passend auf das Publikum zugeschnitten. Langemann selbst sprach dabei in der *Süddeutschen Zeitung* von einem „durch und durch strategischen Produkt" (Richter 1996).

Wie das nächste Beispiel illustriert, lautete das Motto von „Langemann & die Morgencrew" offenbar: „Mach es groß!" In der Sendung vom 26. Februar 1996 war Mehmet Scholl zu Gast im Studio und wurde mit Fanfaren in einem 50-

sekündigen Jingle angekündigt wie ein Gladiator. Auch Markus Langemann selbst moderierte laut und überdreht. Mit fast überschlagender Stimme schrie er ins Mikrofon, während seine Morningcrew den Einzug Scholls beklatschte und bejubelte:

> Langemann: 0127339330... Das ist die Morningshow um sieben Uhr und 40 Minuten! Hallo, schönen guten Morgen, wer ist live in der Show?
> Hörerin: Hallo, hier ist die Steffi.
> Langemann: Wer... Steffi?
> Hörerin: Ja, genau!
> Langemann: Morgen, Steffi! Was ist los?
> Hörerin: Ich hab 'ne Frage an Mehmet Scholl...
> Langemann: DEN MEHMET SCHOLL!? Der is' noch... öh... irgendwo Unten beim Einparken oder KOMMT DER GLEICH?!
> JINGLE: Heute, in der Morgenshow, live... Mehmet Scholl!
> Langemann: ER KOMMT HOCH, ER IST DA... MEHMET IM STUDIO! Hey... (Lachen)
> Scholl: Morgen ...
> Langemann: Morgen, Mehmet!
> Herbig: Darf ich vorstellen? Das ist Mehmet, das ist Langemann, das ist Heinz Praktikant...
> Heinz Praktikant: Hallo!
> Herbig: Das ist Holgi...
> Holgi: Moin, moin!
> Scholl: Morgen, Jungs! (Langemann 1996)

Im Hintergrund wummerte dazu das Musikbett. Moderation bedeutete in dieser Sendung hörspielartige Unterhaltung, bei der alle Beteiligten im Studio eine Rolle spielten.

Regelmäßig traten auch die Kunstfiguren „Heinz Praktikant" oder „Holgi Fahrradkurier" auf, während Langemann den aufgekratzten Gastgeber und Michael Herbig den dümmlichen „Bully" gab. In der Morningshow „Langemann & die Morgencrew" wurde niemand ernst genommen, auch nicht die eigenen Hörerinnen und Hörer. So stellte Hörerin Steffi beispielsweise eine Frage an Mehmet Scholl: „Wie meint er, dass das Derby ausgeht?" Eine Antwort bekam sie nicht, stattdessen kalauerte die Morgencrew sofort: „Das ist ein Fußballer, kein Reiter!" Und: „Wahrscheinlich geht's ziemlich derby zu" (Langemann 1996).

Vollmundig angekündigt als „Der N1 Power Morgen: 240 Minuten Panik, Erotik und Fußpilz" wirkte der „N1 Power Morgen" vom 4. März 1997 dagegen konventionell. Stefan Meixner führte als „Morning-Man" durch die Sendung, Gerald Kappler präsentierte „Geralds Morgenwetter" und Jessica Winter war das weibliche Gegengewicht im Team. Der Inhaltliche Schwerpunkt des „Power Morgen" lag auf Nachrichten, Wetter, Verkehr sowie der aktuellen Uhrzeit – besser gesagt, auf der „Red-Hot-Chili-Wecker-Zeit". Diese Standards wurden durch aktuelle bunte Meldungen sowie persönliche Gespräche der Moderatorin und der Moderatoren untereinander aufgelockert. Die Haltung wirkte dabei zwanghaft lustig und immer gut gelaunt, auch wenn mal eine Pointe unter die eigene Gürtellinie zielte:

> Meixner: Gleich sechs Uhr 33, drei nach halb sieben heute Morgen! [Musikbett mit Fanfare] Heute ist Dienstag, der vierte März. Und wie könnte man so einen Tag besser beginnen als mit den drei schlechtesten Witzen, die momentan im Umlauf sind? Wir kennen sie natürlich, denn... wir erzählen ja nur schlechte Witze. Deshalb müssen wir sie auch kennen... Ihr habt die Wahl, hier sind die drei abartigst [sic.] schlechtesten Witze momentan... Welcher ist der schlechteste? Vorschlag A: Jessica, was ist ein Vakuum?
> Winter: Öhm... Ich weiß nicht... ich hab's im Kopf... (Meixner 1997)

Interessant ist an dieser Stelle, dass Jessica Winter den „N1 Power Morgen" im zitierten Beispiel vor sechs Uhr alleine moderierte. Nach jedem Song präsentierte sie freundlich und kompetent die aktuelle Uhrzeit, verbunden mit einer Befindlichkeit sowie teilweise noch dem Namen der Sendung oder des Senders: „So, Freunde! Jetzt gibt's kein Erbarmen mehr. Es is' fünf Uhr 48... Raus aus dem Bett und Aufstehen mit N1!" Für diese kurzen Sendeplätze nutzte Jessica Winter das Outro des laufenden Titels und die Ramp des neuen Songs, dabei nahm sie geschickt Tempo und Stimmung der jeweiligen Songs mit. Hierbei sprach sie beispielsweise ab „Raus aus dem Bett" laut und mit mehr Druck ins Mikrofon, passend zu Aerosmith mit „Falling in Love (Is Hard on the Knees)". Umso erstaunlicher wirkte der Kompetenzwechsel in der Rückschau, wenn ab sechs Uhr die komplette Morningcrew moderierte. Morningshows sollen ihr Publikum in aller Früh gute Laune machen, dafür müssen die Moderatorinnen und Moderatoren nicht nur ihr Handwerk beherrschen. In den für diese Phase bislang zitierten Beispielen zeigte sich bereits, dass Authentizität am Mikrofon häufig zu Gunsten stereotyper Rollenbilder aufgegeben wurde. Markus Fischer, der sein Handwerk bei Radio 44 in München und RT.1 in Augsburg lernte, sagte im Interview dazu:

> Ich setze mir nicht irgendwas auf. Viele Moderatoren haben das gemacht und viele machen das heute noch. Es ist ein Ding der Unmöglichkeit, auch als Moderator im Radio jeden Tag gute Laune zu haben. Das geht nicht. Das hat uns damals auch niemand übelgenommen.

Auch in der Sendung „Servus Bayern", die in dieser Phase auf Antenne Bayern lief, klang die Moderation neun Jahre nach Sendestart hörbar anders. Stefan Parrisius wirkte in der Sendung vom 3. April 1998, aus der im nächsten Beispiel zitiert wird, wesentlich routinierter und abgeklärter. So gestaltete er beispielsweise seine Sendeplätze kürzer und strukturierter:

> Die Dame, die da so leidet, ein bissle, ist Jann Arden, „The Sound Of" ... Zwanzig Minuten vor vier. Es sind a biss'l Chaostage in der Gegend um München: Ganz ohne Punks, aber dafür geht der Punk ab auf den Straßen. Der heutige Verkehrstag war ... noch schlimmer als die letzten, Grund dafür – gestern haben wir in „Servus Bayern" darüber berichtet – ist die Bauma, die weltgrößte Baumaschinenmesse auf der neuen Messe in München. Zieht einige hunderttausend Besucher an, und alle kommen logischerweise mit dem eigenen Auto. Heute, nach einigen Tagen Chaos, die gute Idee der Messeleitung: Machen wir doch eine Pressekonferenz, auf der wir besprechen, wie diese Riesenstaus entzerrt werden können. Öh ... Brigitte Theile war dort, von Antenne Bayern, und wollte auch auf der Pressekonferenz dabei sein, ABER Brigitte, dann kam alles ganz anders? (Parrisius 1998)

Auch die Präsentation am Mikrofon wirkte deutlich souveräner und entspannter als in Sendungen aus früheren Phasen. So sprach Parrisius langsamer und die Aussprache war klarer. Über die Ursachen für diese Veränderung lässt sich, ohne die Hintergründe zu kennen, nur spekulieren, denn bei der Wahl der Musikbetten und im vorproduzierten, slapstickartigen „Showopener" wurde Parrisius als unkonventionell und „anders" verkauft:

> „Servus Bayern" mit Kathrin Müller-Hohen-... stein. Mit Stefan Parrisius: Mein Gott, das ist ja furchtbar, der hat eine Scheißstimme. Das ist doch albern, ne! Der Notfall ist eingetreten aber der Idealfall ist es nicht (Parrisius 1998).

2000-2020: Den Standards genügen

Zu Beginn des neuen Jahrtausends waren die Standards in der Hörfunkmoderation gesetzt: Three-Element-Breaks als Überleitungen von der Musik zum Sendeplatz waren etabliert; Texte mussten linear aufgebaut werden: keine Vorwegnahmen, Rückgriffe oder Einschübe; gemäßigte Hochsprache mit einfachem Satzbau waren zur Regel geworden. Je nach Format oder Sendezeit präsentierten sich die Moderatorinnen und Moderatoren am Mikrofon mehr oder weniger lustig und gut gelaunt. Ob Musikbetten eingesetzt werden durften oder „Ramptalks" erlaubt waren, hing ebenfalls vom Format und der Zielgruppe des jeweiligen Senders ab. Michael „Goofy" Förster, der insgesamt 15 Jahre bei Radio Gong in München moderierte, beschrieb diesen Wandel im Bereich der Moderation im Interview wie folgt:

> [D]u warst nur noch Vorleser und Abdrücker von dem Titel, von dem Beitrag, von dem Wetter, von dem Verkehr... du hast einfach nur noch auf einen Knopf gedrückt und das war es. Du hast nicht mehr selbst diese Kreativität reinbringen können. Du konntest natürlich schon noch mal den ein oder anderen Satz hinzufügen. Aber irgendwie habe ich es dann auch so empfunden, dass von der Stimmung her du nicht mehr so diesen Enthusiasmus hattest. Und dann teilweise so gebremst warst, dass du dann sagtest: Na gut, dann lass es einfach, dann drück einfach ab und fertig.

Das Ziel der Senderverantwortlichen war es ab der Phase nach der Jahrtausendwende, einen Dialog mit den Hörerinnen und Hörern auf Augenhöhe zu erreichen. Deutlich wird das am nächsten Beispiel mit Dominik Kollmann aus der „egoFM Morgenröte" von 2018:

> Das hier sind die Sticky Fingers auf egoFM, „Gold Snafu" um neun Uhr 37 mittlerweile. Wir unterhalten uns in dieser Woche über das Thema Heimat. Eine würde ich mal sagen sehr merkwürdige Sache, denn, wenn man sie hat, dann merkt man das erstmal gar nicht so wirklich. Erst wenn man weit weg ist von zuhause, dann stellt man fest, wie wichtig die Heimat für einen ist. Dann denkt man mit Heimweh an den Ort, an dem man aufgewachsen ist und zuhause ist. Wir werden uns den ganzen Tag darüber unterhalten [...] (Kollmann 2018).

Dominik Kollmann wirkte hier sympathisch und kompetent mit einer gleichbleibend ruhigen Sprechmelodie. Für den Three-Element-Break nutzte er das Ende des Songs, danach für die Moderation ein ruhiges Musikbett. Fachlich wurden alle Moderations-Standards, wie für die Phase nach der Jahrtausendwende typisch, korrekt umgesetzt.

Zuletzt war allerdings eine Trendwende zu beobachten: Langjährigen Beratern wie Wolfgang Ferenčak oder Patrick Lynen genügte dieser Status Quo immer häufiger nicht mehr. Beide beklagten, dass es im Formatradio kaum noch richtige „Personalities" gebe, also Moderatoreninnen und Moderatoren, die „on air" authentisch und ehrlich seien. Ihrer Ansicht nach würden die Sender ihren Talenten nicht mehr die Chance geben, sich zu entwickeln und Fehler zu machen. In einem Interview mit Radioszene.de beschwerte sich Patrick Lynen:

„Viele Chefs [wollen] nur diese ganzen ‚Moodboard'-Floskeln wie ‚Schön, dass Sie bei uns sind!' oder ‚Wenn Sie gerade aus der Haustür gehen, dann werden sie doch gerade sicher ...'" (RT 2007).

Auch Wolfgang Ferenčak vermisste zuletzt bei den Programmverantwortlichen Mut zum Risiko. Er erinnert in seinem Handbuch „Radio 4.0... braucht Personality" daran, wie Stephan Lehmann 1996 die Ankunft von Papst Johannes Paul II. in Deutschland mit den Worten kommentierte: „Die polnische Flugente ist soeben gelandet". Der Sender habe zwar eine Abmahnung der BLM erhalten, dafür sei das Thema damals in aller Munde gewesen (vgl. Ferenčak 2018: 55f.).

Bei den Lokalrundfunktagen in Nürnberg war 2017 den „Personalities" ebenfalls ein eigenes Panel mit dem Titel „Don't kill the Radiostar. Warum wir Personalities im Radio brauchen" gewidmet. Dort luden Carmen Schmalfeldt von Radio Leverkusen und Sina Peschke von Radio SAW dazu ein, die Regeln des Formatradios als Stilmittel gelegentlich bewusst zu brechen. Hörfunkcoach Viktor Worms wiederrum mahnte in seinem Eingangsstatement mehr Nachwuchsförderung an. Er fragte: „Wo sind die 35-jährigen Leikis und die 35-jährigen Arno Müllers?" Junge Moderatorinnen und Moderatoren im Lokalradio müssten die Gesellschaft widerspiegeln, um die Hörerinnen und Hörer noch stärker emotional zu binden: „Ja, es ist schlimm, wenn uns Menschen, in die wir investiert haben, verlassen. Aber es ist viel schlimmer, wenn Menschen, in die wir nicht investieren, bleiben" (Medien Bayern GmbH 2017).

Fazit

„Du klingst wie Bayerischer Rundfunk!" In der Erinnerung von Roland Rosenbauer war dies die schlimmste Missbilligung, die Berater Mike Haas ihm als Moderator aussprechen konnte. Anders zu sein als der BR, diese Maxime prägte die Moderation zu Beginn der Privatradiozeit in Bayern. Was die konkrete Umsetzung dieser Forderung „on air" angeht, fielen in den Interviews für die Phase von 1985 bis 1990 häufig Aussagen wie „aus dem Bauch heraus moderieren" (Goofy Förster und Markus Fischer), der „Moderator als Freund im Alltag" (Uwe Gürtler) oder die ebenfalls von Mike Haas geforderte „Leidenschaft am Mikrofon" (Gerald Kappler). In den untersuchten Airchecks aus den ersten fünf Jahren Privatradio sind diese Punkte phasenweise umgesetzt. Insbesondere in den Gesprächen mit Hörerinnen und Hörern vermittelt die Moderation authentisch zwischen Sender und Publikum. Andererseits zeigen sprachliche Unsauberkeiten, wie zum Beispiel das Verschlucken von Silben sowie teilweise nur schwer verständliche Texte in den Moderationen mangelndes Bewusstsein für das Nebenbeimedium Radio.

Bereits in der folgenden Konsolidierungsphase von 1990 bis 1995 ließ sich eine Professionalisierung bei den Moderatorinnen und Moderatoren in Bayern erkennen. Bei der Auswertung der Mitschnitte fiel in dieser Phase insbesondere der deutlich strukturiertere Aufbau der Inhalte auf. Coaches und externe Berater wie Ad Roland und Mike Haas hatten bei den Sendern Werkzeuge wie die AIDA-Regel oder Three-Element-Breaks eingeführt – ein Schritt hin zu der eingangs skizzierten idealtypischen, linear aufgebauten Moderation. Inge Seibel vom Gründungsteam von Radio Charivari in München gab in einem Interview denn auch zu bedenken:

> Uns wurden zum Beispiel die Three-Element-Breaks eingebläut. Der Grund, warum man das damals getan hat, ist, weil wir ja keine Ahnung hatten von der Moderation. […] . Es war eigentlich nicht geplant, dass das so lange hält.

Durch dieses „Einbläuen" wurde bald aus einem Hilfsmittel ein festes Schema der Moderation. Diese eingeübten Schemata gingen letzten Endes oft zu Lasten der Persönlichkeit der Moderatorinnen und Moderatoren. Ein Beispiel dafür sind die untersuchten Morningshows aus der Phase von 1995 bis 2000. Sowohl bei „Langemann & der Morgencrew" als auch beim „N1 Power Morgen" übernahm das Personal typisierte Rollen: Es gab einen Anchor und mehrere Co-Moderatorinnen und -moderatoren beziehungsweise Sidekicks. Der eklatante Unterschied lag in der Präsentation am Mikrofon. Obwohl Langemann und seine Kollegen stärker übertrieben, wirkten sie „authentischer", da die Hörerinnen und Hörer wahrnehmen konnten, mit wie viel Spaß alle Beteiligten bei der Sache sind. Bei N1 hingegen wirkten die Charaktere oft aufgesetzt. Dieser Effekt wurde zusätzlich durch den Rollenbruch von Jessica Winter verstärkt: Vor sechs Uhr trat sie als kompetente Moderatorin auf, danach lediglich als Zielscheibe für Stefan Meixners Witze. Eine Moderation kann also noch so gut formuliert und aufgebaut sein – sie ist wertlos, wenn sie das Publikum nicht erreicht. Erst wenn Moderatorinnen und Moderatoren „on air" authentisch agieren, sprechen sie ihr Publikum auch auf der persönlichen, emotionalen Ebene an. Authentizität bedeutet dabei nicht unbedingt absolute Selbstoffenbarung.

In der Phase ab 2000 wurde es für Moderatorinnen und Moderatoren zur Pflichterfüllung, das kleine Einmaleins des Moderationshandbuchs sowie die Vorgaben des jeweiligen Formats einzuhalten. Wie unter anderem Patrick Lynen kritisierte, legten viele Programmchefs den Formatbegriff in dieser Phase immer enger aus. Aus diesem Grund ermutigten die Moderatorinnen Sina Peschke und Carmen Schmalfeldt auch dazu, dieses Korsett aufzuschnüren und die Regeln kreativ zu brechen.

Abschließend betrachtet eignete sich die Ex-Post-Analyse von Mitschnitten gut, um die Entwicklung der Moderation in den bayerischen Lokalradios grob nachzuzeichnen. Dabei ist über die ersten 15 Jahre durch Coachings und die Einführung von Formaten eine starke Professionalisierung festzustellen. Ein anderer lohnenswerter Ansatz wäre es, die Entwicklung einer Sendung oder einer Moderatorin oder eines Moderators über einen längeren Zeitraum hinweg zu verfolgen. Allerdings erscheint für diesen engeren Fokus derzeit die Quellenlage in den zugängigen, privat geführten Archiven zu lückenhaft.

Literatur

Bayerische Landeszentrale für neue Medien (2019): Funkanalyse Bayern 2019. Online verfügbar unter: www.funkanalyse.tns-infratest.com/2019/Gesamtbericht-Handout/index.html (zuletzt abgerufen am: 15.02.2021).

Buchholz, Axel (2017): Moderieren. In: La Roche, Walter von/Buchholz, Axel (Hrsg.): Radio-Journalismus. Ein Handbuch für Ausbildung und Praxis im Hörfunk. Berlin: Springer VS, S. 43-64.

Ferenčak, Wolfgang (2018): Radio 4.0... braucht Personality. Beobachtungen und Strategien für das Radiobusiness. Baden-Baden: Tectum.

Hauschild, Joachim (1987): Disco ist Disco oder gehen wir mal mit Musik rein. In: Süddeutsche Zeitung vom 23.01.1987.

Hermann, Inge/Krol, Reinhardt/Bauer, Gabi (2002): Das Moderationshandbuch. Tübingen/Basel: A. Francke/UTB.

Huber, Torsten (1991): Immer nur dieselbe Leier – so gehen die Privatradios ein. In: Abendzeitung München vom 12.01.1991.

Karepin, Rolf (2011): Die Radiolandschaft Deutschlands. In: Müller, Dieter K./Raff, Esther (Hrsg.): Praxiswissen Radio. Wie Radio gemacht wird – und wie Radiowerbung anmacht. Wiesbaden: VS Verlag für Sozialwissenschaften, S. 9-16.

La Roche, Walther von/Buchholz, Axel (Hrsg.) (2017): Radio-Journalismus. Ein Handbuch für Ausbildung und Praxis im Hörfunk. Berlin: Springer VS.

Lynen, Patrick (2015): Das wundervolle Radiobuch. Baden-Baden: Nomos Verlag.

Malak, Yvonne (2015): Erfolgreich Radio machen. Konstanz: UVK Verlagsgesellschaft.

Mayring, Philipp (2000): Qualitative Content Analysis. In: Forum Qualitative Sozialforschung/Forum (Hrsg.): Qualitative Social Research, Jg. 1, H. 2, o. S.

Mayring, Philipp (2012). Qualitative Inhaltsanalyse. In: Gläser-Zikuda, Michaela/Seidel, Tina/Rohlfs, Carsten/Gröscher, Alexander/Ziegelbauer, Sascha (Hrsg.): Mixed Methods in der empirischen Bildungsforschung. Münster: Waxmann, S. 27-36.

Medien Bayern GmbH (2017): Don't kill the Radiostar. Warum wir Personalities im Radio brauchen. Online verfügbar unter: lokalrundfunktage.de/workshop_item/radiostar/ (zuletzt abgerufen am: 30.09.2020).

Müller, Sandra. (2011). Radio machen. Konstanz: Herbert von Halem Verlag.

Müller, Holger (2015): Demenz oder Verdrängung? Zur Archivlage des privaten Hörfunks in Bayern. In: Rundfunk und Geschichte, Nr. 3-4, S. 32-35.

o. A. (1995): Abgang. Langemann und seine „Morning Show" wechseln zu Radio Energy. In: Süddeutsche Zeitung vom 25.02.1995.

o. A. (1997): Langemann ohne Morgenshow. Das Münchener Lokalradio Energy trennt sich von seinem Moderator. In: Süddeutsche Zeitung vom 02.08.1997.

Overbeck, Peter (Hrsg.) (2009): Radiojournalismus. Konstanz: UVK Verlagsgesellschaft.

Richter, Nico (1996): Mit anarchischem Klamauk gegen das Morgen-Grauen. In: Süddeutsche Zeitung vom 20.04.1996.

RT (2007): Patrick Lynen: „Eine Radio-Personality muss sein wie Grönemeyer". Online verfügbar unter: www.radioszene.de/10669/serie-die-renaissance-der-radio-personalities-teil-2.html (zuletzt abgerufen am: 15.02.2021).

Rumpf, Ina (2017): Programm-Promotion. In: La Roche, Walter von/Buchholz, Axel (Hrsg.): Radio-Journalismus. Ein Handbuch für Ausbildung und Praxis im Hörfunk. Berlin: Springer VS, S. 427-432.

Schmidts, Mareike (2009): Sprechen im Radio. In: Overbeck, Peter (Hrsg.) (2009): Radiojournalismus. Konstanz: UVK Verlagsgesellschaft, S. 117-134.

Schulz von Thun, Friedemann (2010): Miteinander reden: 1. Störungen und Klärungen. Allgemeine Psychologie der Kommunikation. Rowohlt Taschenbuch.

Schwabeneder, Stefan (2009): Moderation Popradio. In: Overbeck, Peter (Hrsg.) (2009): Radiojournalismus. Konstanz: UVK Verlagsgesellschaft, S. 135-146.

Zitierte Mitschnitte

Buchwald, Angelo (Moderator) (1986): Hotline [Radiosendung]. München, Deutschland: Radio Aktiv. 25.04.1986.

Ebel, Martin (Moderator) (1995): Ebel am Morgen [Radiosendung]. München, Deutschland: Radio Charivari. 11.01.1995.

Guten-Morgen-Show [Radiosendung]. (1986). Nürnberg, Deutschland: Radio Gong. 31.12.1986.

Kollmann, Dominik (Moderator) (2018): Die egoFM Morgenröte [Radiosendung]. München, Deutschland: ego FM. 05.09.2018.

Langemann, Markus (Moderator) (1996): Langemann & die Morgencrew. [Radiosendung]. (1986, 31. Dezember). München, Deutschland: Radio Energy. 28.02.1996.

Marks, Christian (Moderator). (1986). Sendestart [Radiosendung]. München, Deutschland: Charivari. 01.04.1986.

Meixner, Stefan (Moderator). (1997). Der Power Morgen [Radiosendung]. Nürnberg. Deutschland: Hit Radio N1. 04.03.1997.

Parrisius, Stefan (Moderator). (1989). Servus Bayern [Radiosendung]. Ismaning, Deutschland: Antenne Bayern. 10.11.1989.

Parrisius, Stefan (Moderator). (1992). Servus Bayern [Radiosendung]. Ismaning, Deutschland: Antenne Bayern. 10.02.1992.

Parrisius, Stefan (Moderator). (1998). Servus Bayern [Radiosendung]. Ismaning, Deutschland: Antenne Bayern. 03.04.1998.

Schott, Dominik. (Moderator). (1994). Frühstücksradio [Radiosendung]. München, Deutschland: Radio Energy. 13.07.1994.

Seifert, René. (Moderator). (1994). Radio 2DAY Abendwelle [Radiosendung]. München. Deutschland: Radio 2DAY. 08.03.1994.

5.5. Werbeformate im Wandel der Zeit

Guido Zurstiege

Am 3. November 1956 wurde im Bayerischen Rundfunk die erste Fernsehwerbung in Deutschland ausgestrahlt. Der Spot hatte eine Länge von 55 Sekunden und warb mit Unterstützung von Liesl Karlstadt und Beppo Brem für Waschmittel von Persil. Seitdem hat Werbung im Fernsehen, auf die sich dieser Beitrag konzentriert, eine wandlungsvolle Geschichte durchlaufen. Die Werbung hat einerseits die Medienlandschaft in Deutschland nachhaltig geprägt. Andererseits war sie ihrerseits in den zurückliegenden Jahrzehnten stets durch den Medienwandel getrieben und hat ihre Form und ihre Formate verändert. Einen historischen Wendepunkt in dieser Entwicklung bildet die enorme Ausweitung an Werberaum und Werbezeit im Zuge der Einführung des dualen Rundfunksystems in Deutschland Mitte der 1980er Jahre. Mit Hilfe der neuen Kabeltechnik konnten von nun an eine Vielzahl neuer Programme in die Haushalte eingespeist werden. Nicht weniger als eine Programmrevolution war damit verbunden. Früher hatte es nur das Erste, das Zweite und die Dritten gegeben. Plötzlich erhielten auch die Tasten im Zehnerraum der Fernbedienung eine Bedeutung. Einer der großen Nutznießer dieser Entwicklung war ohne Zweifel die Werbung. Man kann sagen, dass die Liberalisierung des Rundfunks Mitte der 1980er Jahre den Beginn einer regelrechten Blütezeit der Werbung einleitete. Innerhalb von nur 15 Jahren schnellten die Nettowerbeeinnahmen der Fernsehsender in Deutschland von umgerechnet 747 Mio. Euro im Jahr 1985 auf 4,7 Mrd. Euro im Jahr 2000 in die Höhe (vgl. IW Köln 2010). Die Branche boomte. Gemessen am Branchenklima war der Höhepunkt dieses Booms freilich schon zu Beginn der 1990er Jahre erreicht, wenn nicht sogar überschritten. Krisensymptome waren deutlich zu erkennen und die Werbung reagierte mit der Entwicklung neuer Formen und Formate.

Unter den Bedingungen des verschärften Wettbewerbs um die Aufmerksamkeit lukrativer Zielgruppen wurde die Fernsehwerbung bald nach der Einrichtung des dualen Rundfunksystems zu einem ubiquitären Phänomen. Die Zunahme an Werbereaktanz und Werbeverdruss waren eine ebenso unvermeidbare wie dramatische Folge. Unvermeidbar war dies deshalb, weil die Werbung noch nie zu den „eigentlichen" und daher geschätzten Inhalten der Medien gehört hat. Schon vor rund hundert Jahren hat der Begründer der Zeitungskunde in Deutschland, der Leipziger Nationalökonom Karl Bücher, die Bedingungen, unter denen Werbung zu wirken versucht, auf diesen Punkt gebracht: Die Werbung, so Bücher (1917: 476), begegne uns überall dort, wo unsere Aufmerksamkeit durch ein anderes Interesse abgelenkt werde: auf Häuserwänden und Litfaßsäulen, im Theater und im Kino, in Straßenbahnen, U-Bahnen und Omnibussen, in

Zeitungen und Zeitschriften – und eben auch im Fernsehen, hätte Bücher wohl gesagt, hätte es das Medium bereits zu seiner Zeit gegeben. Überall begegne uns die Werbung in aller Regel als „Nebenzweck", der „einem bestimmten Kreis von Menschen wider ihren Willen aufgenötigt" werde. Werbung wurde in diesem Sinne schon immer als „Rauschen im Programm" (Rühl 1999: 62), wahrgenommen, das man wohl oder übel in Kauf nehmen muss, um in den Genuss der höherwertigen Inhalte zu gelangen.

An zusätzlicher Relevanz hat diese Haltung gegenüber der Werbung in den 1990er Jahren dadurch gewonnen, da nun plötzlich wirkungsmächtige Technologien zur Verfügung standen, die die Vermeidung von Fernsehwerbung allem Anschein nach in einer Weise erleichterten, dass die klassischen Geschäftsmodelle des werbefinanzierten Fernsehens in seinen Grundfesten erschüttert wurden. Die Suche nach neuen Werbeformen und nach neuen Allianzen im Mediensystem begann und nahm zum Beginn des neuen Jahrtausends immer mehr Fahrt auf. Die Werbung setzte dabei auf genau jene Technologien, die noch in den 1990er Jahren ihre Existenz zu bedrohen schienen und erfand sich auf dieser Grundlage gewissermaßen neu.

Die Arbeitshypothese dieses Beitrages lautet, dass der Wandel an Werbeformaten im Fernsehen durch drei parallel ablaufende Entwicklungen beeinflusst worden ist. Dies sind erstens die Ausweitung des Programmangebots im Zuge der Einführung des dualen Rundfunksystems in Deutschland, zweitens der technologische Medienwandel und hier vor allem die Digitalisierung des Fernsehens sowie damit zusammenhängend drittens die voranschreitende Liberalisierung der rechtlichen Voraussetzungen für die Fernsehwerbung. Alles zusammen hat dazu geführt, dass sich die Entwicklung neuer Formen der Fernsehwerbung an zwei Leitwerten orientierte, nämlich einmal der voranschreitenden Ästhetisierung einerseits und ihrer zunehmenden Verklammerung mit den redaktionell betreuten Informations- und Unterhaltungsangeboten im Fernsehprogramm andererseits. Die folgenden Abschnitte beschreiben diesen Wandlungsprozess im Werbesystem. Eine auf Bayern beschränkte Darstellung ist dabei nur bedingt möglich beziehungsweise sinnvoll, da die meisten der angesprochenen Aspekte eine nationale oder sogar internationale Dimension haben.

Programmvielfalt und ästhetischer Klimawandel

Der Übergang von einem ausschließlich öffentlich-rechtlichen zu einem dualen, nun also auch auf einer kommerziellen Säule ruhenden Rundfunk kann in seiner Tragweite für das Mediensystem in Deutschland kaum überschätzt werden. Die 1980er Jahre haben nicht nur die Werbung, sondern das gesamte Mediensystem in der Bundesrepublik Deutschland grundlegend verändert. Noch in den 1970er Jahren war das Fernsehen darauf ausgelegt, neue Geschichten in einem stets wiederkehrenden Rahmen zu präsentieren. Bis in die 1980er Jahre hinein galt auch hierzulande für das Fernsehen die so genannte LOP-Theory. Deren Erfinder Paul Klein, seines Zeichens Vize-Präsident der einflussreichen National Broadcasting Company (NBC), vertrat die Auffassung, dass Fernsehzuschauerinnen und -zuschauer im Grunde nicht sehen, was ihnen gefällt, sondern, was ihnen am wenigsten missfällt: Least objectionable programming (LOP) lautete die daraus abgeleitete Zielvorgabe für die Programmplanung. Bloß niemanden abschrecken. Das Fernsehen fungierte als eine Art kulturelles Forum in der Mitte der Gesellschaft. Dieses Forum war für alle zugänglich. Hier wurden in einem absolut zuverlässigen Rahmen kollektiv gültige Geschichten erzählt (vgl. Newcomb/Hirsch 1983). Derrick, Dallas, Schwarzwaldklinik. Damit konnte jeder etwas anfangen. Der Kommissar löste jeden Fall. Der Schurke wurde niemals ehrlich. Der Chefarzt konnte immer helfen. Woche für Woche. Ganz sicher. In diesem Umfeld stützte sich die Werbung im Fernsehen wie auch in anderen Medien stark auf stereotype Darstellungen, weil diese sich in besonderer Weise für schnelle Verarbeitungsprozesse eignen. Wirkungsmächtige und hochverdichtete Schlüsselbilder bot sie ihrem vorbeihuschenden Publikum, Geschlechterbilder etwa, die an die geheimen Wünsche und Motive der Menschen appellieren sollten: Der Tiger im Tank stand für wahre Männlichkeit. Der Mann von der Hamburg Mannheimer für eine sichere Geldanlage. Die Kirschenexpertin Claudia Bertani schürte den Klassenkampf im Geschlechterverhältnis. Im Lichte der Kritik glich die Werbung geradezu einem Jahrmarkt der Stereotype. Auf diesen richteten sich die Erfolgserwartungen der einen, im gleichen Umfang aber auch der mahnende Zeigefinger der anderen.

Im Zuge der voranschreitenden Ausdifferenzierung des Programmangebots und der damit gestiegenen Möglichkeiten, das gesellschaftliche Forum in einzelne Segmente einzuteilen, in denen wiederum spezifische Zielgruppen mit Werbung adressiert werden konnten, veränderten sich die Planungsphilosophien der Programmmacher grundlegend und damit auch das Kalkül der Werbetreibenden. Die TV-Sender jener Zeit schraubten ihre Erwartungen an die Reichweite einzelner Programmangebote nach und nach zurück. Wie sollte man auch noch ein Massenpublikum erreichen, wo doch immer mehr Anbieter um dessen Aufmerksamkeit buhlten? Den kleinsten gemeinsamen Nenner des Publikumsgeschmacks zu treffen, war von nun an ein Modell vergangener Zeiten. Jetzt versuchten Fernsehsender Nischen zu besetzen. Die gleiche Entwicklung hatte sich mit einem zeitlichen Vorlauf vor rund zehn Jahren bereits in den USA vollzogen (siehe Turow 2006; Wu 2011). Aus Sicht der Werbung waren besonders natürlich vor allem jene Nischen attraktiv, in denen sich ihre Hauptzielgruppen tummelten: junge, gut situierte und gebildete Zuschauerinnen und Zuschauer. In den 1980er Jahren nannte man sie Young Urban Professionals – kurz: Yuppies. LOP interessierte sie nicht. Sie wollten Qualität und bekamen sie. Das Paradebeispiel jener Zeit ist die von der Kritik in den allerhöchsten Tönen gelobte amerikanische Fernsehserie Hill Street Blues (1981). Nicht weniger als eine „Quality Revolution" (Thompson 1997: 59) attestierten viele Chronisten des amerikanischen Fernsehens dieser Serie und anderen vergleichbaren Formaten wie „St. Elsewhere" (NBC 1982, deutsche Erstausstrahlung unter dem Titel „Chefarzt Dr. Westphall" bei RTLplus 1991), „Moonlighting ABC" 1985 (deutsche Erstausstrahlung unter dem Titel „Das Model und der Schnüffler" bei RTLplus 1990), „Thirtysomething" (ABC 1987, deutsche Erstausstrahlung 1991 unter dem Titel „Die besten Jahre" in der ARD 1991) oder „Seinfeld" (NBC 1989, deutsche Erstausstrahlung bei Kabel 1 1995). Das amerikanische Fernsehen erlebte nach seiner Gründerzeit geradezu ein zweites goldenes Zeitalter. Und dieser Trend schwappte mit der Einführung des privatkommerziellen Fernsehens allmählich auch nach Deutschland über. Die deutsche Erstausstrahlung von „Hill Street Blues" fand dabei übrigens nicht im privaten Fernsehen statt, sondern im ZDF („Polizeirevier Hill Street" 1985). Nebenbei bemerkt belegt dies, dass die Wechselwirkungen zwischen den öffentlich-rechtlichen und privaten Rundfunkanbietern deutlich komplexer waren als es frühe Beiträge zur Medienkonvergenzdebatte wie etwa von Merten (1994) nahelegten. Der gestiegene Wettbewerb auf dem Fernsehmarkt motivierte die öffentlich-rechtlichen Anbieter also nicht nur, sich an das gesunkene Niveau der Privaten anzugleichen, sondern führte auch dazu, dass sie ihre eigenen Qualitätsstandards stärker akzentuierten. Wenn auch viele der privaten TV-Anbieter aufgrund der Experimentierfreudigkeit, die jedem Aufbruch innewohnt, bis in die heutige Zeit ihren Zuschauerinnen und Zuschauern nicht eben wenig „Tutti Frutti" (RTL, 1990-1993 und wieder seit 2016) präsentierten, versuchten sie ihrerseits doch auch verstärkt seit den 1990er Jahren, mit neuen, anspruchsvolleren Serienformaten die kontinuierlich gestiegene Anspruchshaltung des Publikums an gute Fernsehunterhaltung zu befriedigen.

Für die Werbung waren mit dieser Entwicklung natürlich weitreichende Konsequenzen verbunden. Denn durch sie vergrößerte sich zunächst einmal die ästhetische Kluft zwischen ihr und den eigentlichen Angeboten im Programm des Fernsehens. Das Werberauschen war umso deutlicher zu vernehmen, je mehr die Sender – öffentlich-rechtliche wie private – auf Angebote setzten, die über ausgefeiltere Plots und Charaktere verfügten als die Serien der Vergangenheit. Aus Sicht der Werbung führte diese Entwicklung in eine regelrechte kommunikationsökologische Krise, auf die sie mit der Ästhetisierung ihrer Angebote reagierte. Es ist daher kein Wunder, dass der Werber Michael Schirner (1988) ausgerechnet gegen Ende der 1980er Jahre die viel zitierte Devise ausgab, die Werbung sei die eigentliche Kunst der Zeit. Gewiss, nicht jede Werbung, und a fortissimo nicht jede Werbung im Fernsehen, konnte diesem hohen Anspruch gerecht werden. Aber ein Leitwert war damit gesetzt. Und dieser Leitwert wurzelte ganz wesentlich in einem insgesamt gestiegenen Qualitätsempfinden des

Publikums, auf das sich auch die Werbung einstellen musste. Vor dem Hintergrund dieser Entwicklung attestierten Rolf Kloepfer und Hanne Landbeck der Fernsehwerbung gegen Ende der 1980er Jahre eine ästhetische Reifung und Konsolidierung. Diese habe dazu geführt, dass die Werbung „als dominante Quelle ästhetischer Lust begrüßt" (Kloepfer/Landbeck 1991: 223) werde.

Wie gesagt lässt sich kaum behaupten, dass es der Werbung durchgängig gelungen wäre, Angebote zu machen, die es in ästhetischer und intellektueller Hinsicht mit dem „Wahren, Schönen und Guten" hätten aufnehmen können. Viel eher lässt sich das Verhältnis zwischen Werbung und Kunst in den 1980er und 1990er Jahren als „Systemflirt" (Schmidt/Spieß 1994: 81) beschreiben. So führte die gestiegene Anspruchshaltung des Publikums daher auch nicht ausschließlich zu einer Aufwertung werblicher Kreativität, sondern zu der Entwicklung einer Vielzahl neuer Formen der Werbung „below the line", neuer crossmedialer Strategien, neuer Formate wie Dauerwerbesendungen und Teleshopping, mit deren Hilfe sich die Aufmerksamkeit der im Bann gepflegter Fernsehunterhaltung befindlichen Zuschauerinnen und Zuschauer umlenken und für einen kurzen Moment festhalten ließ. Die Suche nach solchen neuen Werbeformen verdankte sich dabei nicht nur einem neuen ästhetischen Klima der Fernsehunterhaltung, sondern auch einer Reihe neuer Technologien, die die werbebezogenen Debatten seit den 1990er Jahren stark geprägt haben. Darum geht es in dem nachfolgenden Abschnitt.

Technologischer Wandel und Werbevermeidung

Bereits seit den 1980er Jahren bestand kein Mangel an gut dokumentierten Belegen dafür, dass und warum Werbung nicht gesehen wurde: Switching, Flipping, Channel Hopping, Grazing, Jumping, Arrowing, Leaving und natürlich Zapping. So lauten die Klagerufe, mit denen der Untergang der Werbung in düsteren Farben an die Wand gemalt wurde. Mitverantwortlich für das aus Sicht der Werbung ausweichende Nutzungsverhalten der Fernsehzuschauerinnen und -zuschauer war zunächst einmal eine bekannte Technologie, die bereits Ende der 1940er Jahre unter dem Namen Telezoom von der Garod Radio Corporation und dann einige Jahre später irreführender Weise unter dem Namen „Lazy Bones" (engl. Faulenzer) von Zenith zuerst in den USA, später dann auch in Deutschland vermarktet wurde (siehe Benson-Allott 2015). „Lazy Bones" – so hieß die erste Fernsehfernbedienung der Welt, die das Publikum allerdings eben nicht zu Faulenzern machte, sondern zu aktiven Gestaltern ihres eigenen Fernsehprogramms. Wenn auch „Lazy Bones" hierzulande kein großer kommerzieller Erfolg beschieden war, so war „das Prinzip Fernbedienung" doch unbestreitbar überaus folgereich. Denn es stattete die Fernsehzuschauerinnen und -zuschauer mit einem enormen Maß an – in aller Regel impulsiv gesteuerter – Macht über die Programmwahl aus. Die Werbung musste auch darauf reagieren, drohte sie doch stets zum ersten Opfer der dergestalt ermächtigten Zuschauerinnen und Zuschauer zu werden.

Etwa seit Anfang der 1960er Jahre hielten die ersten Videorekorder Einzug in die Haushalte. Auch diese Technologie erhöhte die Wahlfreiheiten des Publikums. Mitte der 1990er Jahre trat dann eine weitere Technologie auf den Plan, mit der sich aus Sicht der Werbung diese zunehmende Wahlfreiheit des Publikums zu einem regelrechten Problem entwickelte. Dies war die Digital Versatile Disc (DVD). Plötzlich war es möglich, ganze Serien in einem handlichen Schuber zu kaufen und zu konsumieren. Serienfans konnten die begehrten Inhalte nun an einem Stück genüsslich verschlingen, ohne ihre Leidenschaft für sieben lange Tage auf Eis legen zu müssen. Das Star Trek-Wochenende und die lange Ally McBeal-Nacht waren geboren (siehe Kompare 2006). Wiederum musste die Werbung starke Einbußen in der Gunst ihrer Zuschauerinnen und Zuschauer befürchten. Denn Rezipierende konnten die von ihnen nachgefragten Inhalte immer häufiger am zeitbasierten Programmfernsehen vorbei konsumieren und damit auch die Werbung umgehen.

Ebenfalls in den 1990er Jahren sorgte eine weitere digitale Technologie für Schlagzeilen: Sie hieß TiVo. Aus Sicht der Werbung wurde nun alles noch einmal viel schlimmer als zuvor. TiVo war im Wesentlichen ein digitaler Festplattenrekorder. „Fernsehfee" hieß sein Pendant in Deutschland. Mit Hilfe von TiVo konnte man Fernsehsendungen aufzeichnen und später anschauen. TiVo enthielt einen elektronischen Programmführer. Dieser wurde täglich per Telefonleitung auf den neuesten Stand gebracht. TiVo konnte sich darüber hinaus die Programmvorlieben seiner Besitzerinnen und Besitzer merken. Das Gerät war damit imstande, den zukünftigen Fernsehkonsum auf der Grundlage des bisherigen Fernsehkonsums zu extrapolieren. Diese Informationen sendete das Gerät seinerseits zurück an den TiVo-Server. TiVo war also ein Festplattenrekorder und zugleich ein intelligentes Instrument der Marktforschung, mit dem die Programmvorlieben, aber auch die Werbeakzeptanz von Fernsehzuschauerinnen und -zuschauern sehr präzise protokolliert werden konnten. Die aus Sicht der Werbung gefährlichste Funktion TiVos bestand darin, dass man bei der zeitversetzten Nutzung der zuvor aufgezeichneten Angebote Werbung direkt überspringen konnte. Nach eigenen Angaben des TiVo-Managements nutzten immerhin rund 90 Prozent aller Besitzer diese Möglichkeit. Die Berichterstattung in der werbebezogenen Branchenpresse überschlug sich: TiVo war das „Rettungsboot vor der Werbeinsel" (Campillo-Lundbeck 2000: 85), der „ultimative Zapper" (Johnson 1999: 8), der „Antichrist der Werbung" (Ebenkamp 2001: o. S.). TiVo war eine disruptive Technologie, so schien es, die das Potenzial besaß, das gesamte Werbegeschäft auf den Kopf zu stellen.

Eine Folge der neuen, sehr intensiven Zuwendung zu favorisierten Serien-Inhalten war wiederum die klar veränderte Anspruchshaltung der Serien-Fans. Je mehr Verfügungsgewalt Rezipierende durch zusätzliches Programmangebot, Fernbedienung, Festplattenrekorder oder DVDs erhielten, desto komplexere Plots und Charaktere fragten sie nach, wie sie uns in amerikanischen Erfolgsserien wie „Homeland", „Lost", „Mad Men" oder „Breaking Bad" begegnen. Überall hier triumphiert aber auch das „Watching Programs" über das „Watching Television" (Hasebrink 2009: 11). Jene drei Stunden, in denen die durchschnittliche Fernsehzuschauerin beziehungsweise der -zuschauer heute pro Tag immer noch vor dem Fernseher sitzt, verbringt er eben größtenteils nicht mehr mit Inhalten, für die er brennt. Lauwarm ist seine Zuneigung. Dies hat auch damit zu tun, dass Fernsehsender angesichts wachsender Konkurrenz und geringerer Gewinnmargen auf Nischenmärkten mit der Produktion günstigerer Programme reagiert haben. Nicht der Umfang, sondern die Qualität der Fernsehzeit hat sich aus Sicht der Werbung damit verändert. Es ist sicherlich kein Zufall, dass die Parallelnutzung des so genannten „second screen" beim Fernsehen in den vergangenen Jahren beständig zugenommen hat. Während der Fernseher läuft, gehen die Zuschauerinnen und Zuschauer immer häufiger anderen Tätigkeiten nach. Das heißt, sie benutzen vor allem ihr Smartphone, ihren Tablet Computer oder ihr Notebook, um im Internet zu surfen oder ihren Status in den sozialen Medien auf den neuesten Stand zu bringen.

Dessen ungeachtet ist das Fernsehen für die Werbung ohne Zweifel nach wie vor eines der wichtigsten Medien, wenn es darum geht, schnell viel Aufmerksamkeit zu generieren. Dennoch hat sie sich darauf eingestellt, dass sich ihre favorisierten Zielgruppen anderenorts tummeln. Sie sind an einem Ort, an dem ihre Interessen und Vorlieben viel genauer beobachtet werden als beim linearen Fernsehen. Sie sind an einem Ort, an dem sie mit anspruchsvollen, künstlerisch wertvollen Nischenprogrammen bedient werden. Eine Unterbrechung durch Werbung ist in diesem Rahmen noch weitaus weniger willkommen, als dies bis dahin ohnehin schon der Fall war. Keine andere Epoche in der Geschichte des Fernsehens hat einen derart tiefgreifenden Wandel der Produktionsbedingungen, Angebotsformen und Nutzungsweisen mit sich gebracht wie die 2000er Jahre, die Epoche der digitalen Medien (vgl. Mittel 2011: 133).

Nach weitgehend übereinstimmender Auffassung vieler Beobachterinnen und Beobachter markieren mit all dem die 1990er Jahre wiederum eine scharfe Zäsur. In den Branchendebatten jener Zeit sah man sich mit dem Anfang des Endes der klassischen Werbung konfrontiert. „Never has advertising appeared so pale and lifeless", so leiteten Roland T. Rust und Richard W. Oliver (1994) im *Journal of Advertising* ihren viel diskutierten Aufsatz über den Tod der Werbung ein. Die voranschreitende Zielgruppenfragmentierung, das Ende von Massen-Produktion, Massen-Konsumtion und Massen-Kommunikation, die allmählich

Fahrt aufnehmende Medienkonvergenz und der erstarkende E-Commerce, die bereits Anfang der 1990er Jahre deutlich zu erkennende Bedeutung neuer, besserer Konsumenten-Daten, all dies im Verbund, so erkannten Rust und Oliver, stellte eine Bedrohung für die klassische Werbung dar. Das Ende der reichweitenstarken Werbung und vor allem ihres „Schlachtschiffs" des werbefinanzierten Fernsehens schien nahe. Denn der technologische Fortschritt rüttelte an dessen Grundfesten (siehe Carlson 2006). Immer deutlicher war zu erkennen, dass das werbefinanzierte Fernsehen in den Sog der Digitalisierung gezogen wurde. Darauf musste nicht nur die Werbung reagieren, sondern auch der Gesetzgeber im Sinne einer nachhaltigen Medienpolitik.

Auf die in den zurückliegenden drei Jahrzehnten kontinuierlich gewachsene Medienkonkurrenz und den damit, aber auch aufgrund des technologischen Fortschritts deutlich gestiegenen Möglichkeiten, Werbung im Fernsehen zu vermeiden, hat die Medienpolitik daher mit einer sukzessiven Liberalisierung des Werberechts reagiert. Damit sind in den vergangenen Jahren vor allem im kommerziellen Fernsehen die Spielräume für integrierte Werbeformen deutlich ausgeweitet worden. Dies betrifft die bereits seit 2000 geltende Liberalisierung von Split-Screen-Werbung, also von Werbung, die auf einem Teil des Bildschirms zu sehen ist, während auf dem anderen das eigentliche Programm weiterläuft, ebenso wie die Lockerung der Vorgaben für Programmsponsoring und Teleshopping. Unter den Bedingungen solcher neuen, hoch integrierten Werbeformen, so hat Barbara Baerns bereits vor vielen Jahren festgestellt, lassen sich „Verstöße gegen das Trennungsgebot [...] nicht mehr nur als ‚Sündenfall' bezeichnen. Sie sind systemimmanenter Bestandteil der kommunikationsstrategischen Verklammerung" (Baerns 2004: 29). Aus diesem Grund sind Fragen in Bezug auf die Norm der Trennung von Werbung und Programm, die Platzierung und den Ausweis von Werbung heute relevanter denn je. Darum geht es in dem folgenden und letzten Abschnitt dieses Beitrags.

Werbung in Zeiten der „kommunikationsstrategischen Verklammerung" von Werbung und Programm

Seit dem Jahr 2010 sind im privaten Fernsehen in Deutschland entgeltliche Produktplatzierungen zulässig. Wenn man näher hinschaut, handelt es sich bei dieser Anpassung an europäisches Recht nur um einen von vielen Schritten, mit denen vor allem im kommerziellen Fernsehen die Spielräume für integrierte Werbeformen deutlich ausgeweitet worden sind. Dies betrifft die bereits seit 2000 geltende Liberalisierung von Split-Screen-Werbung, ebenso wie die Lockerung der Vorgaben für Programmsponsoring und Teleshopping.

Vor dem Hintergrund dieser medienrechtlichen Entwicklung setzen Werbetreibende inzwischen seit vielen Jahren verstärkt auf hoch integrierte Werbeformen im Programm des Fernsehens. An vielen Stellen schummelt sich Werbung heute nicht mehr ins Programm. Es gibt sie noch als klassische Spot-Werbung in der Werbeunterbrechung. Aber sie lauert nicht mehr ausschließlich in dieser Weise auf unsere abgelenkte Aufmerksamkeit, sondern setzt immer stärker auf Angebote, die sie mithilfe strategisch geplanter TV-Formate lanciert, über die sie zumindest ebenso viel Gestaltungsmacht besitzt, wie sie die Waschmittelhersteller in der Sturm- und Drangphase des amerikanischen Radios auf die so genannten Seifenopern hatten. Im Fernsehen ist es eine herrschende und von großen Teilen des Publikums heute wie im US-amerikanischen Radio der 1930er Jahre nicht im Geringsten hinterfragte Strategie, Produktbotschaften und Unterhaltungsangebote aufs Engste miteinander zu verweben: „Germany's Next Topmodel" ist die Seifenoper der Kosmetik-Industrie, die Fashion Show der Fernseh-Catwalk der Mode-Industrie. Bei „Deutschland sucht den Superstar" vermarktet die Musik-Industrie ihre großen Stars und ihre kleinen Sternchen. „Wetten, dass …?" war über viele Jahre der Verkaufssalon der deutschen Auto-Industrie und die Bühne für die Goldbären aus dem Hause Haribo.

Das Spektrum an Werbeformen, das private Fernsehanbieter Werbetreibenden anbieten, ist daher heute deutlich ausdifferenzierter als in den vergangenen Jahrzehnten und setzt darüber hinaus verstärkt auf die enge Verzahnung von Werbung und Programm (zu verschiedenen aktuellen Werbeformaten siehe etwa die Bandbreite an Werbeformen, die auf der Seite des RTL-Werbezeitvermarkters IP Deutschland (2020) zusammenfassend dargestellt wird). Gebucht werden kann nach wie vor der klassische 30-sekündige Werbespot. Stärker als früher ist diese Werbeform aber heute oftmals in übergeordnete, verschiedene Kanäle umfassende Marketing-Gesamtstrategien eingebunden. Viele solcher Spots zielen darauf ab, ihre Zuschauerinnen und Zuschauer auf weiterführende Werbeangebote in anderen Medienumgebungen aufmerksam zu machen, in denen sich ein tieferes Engagement der Zielgruppen realisieren lässt. Auf diesen Plattformen beggnen Rezipierende dann in aller Regel spiel- und unterhaltungsbasierten Werbeformen, Advergames, Apps aber auch „Stories" auf Instagram und Facebook. Soziale Interaktionen werden überall hier in aller Regel über Gewinnspiele, Events und Gratis-Angebote angekurbelt. Je jünger die Zielgruppe heutiger Werbung, desto höher ist die Wahrscheinlichkeit, dass sich heutige Fernsehspots in dieser Weise ihren Betrachtern als regelrechtes Sprungbrett in die digitale Markenkommunikation präsentieren.

Integrierte Werbeformen jenseits der klassischen Spot-Werbung bieten sich Werbetreibenden in Form der wachsenden Sponsoring-Möglichkeiten im Fernsehprogramm. Alles kann durch einen werbetreibenden Sponsor unterstützt werden – vom Trailer über eine Sendung, ein ganzes Sendungsformat bis hin zu einer gesamten Programmrubrik wie dem Wetter oder den Nachrichten wird zum Gegenstand von Sponsoring-Vereinbarungen zwischen Werbetreibenden und Fernsehveranstaltern. Die exklusive Positionierung der eigenen Marke während des Nachrichtencountdowns im geteilten Bildschirm, während des Abspanns oder noch vor Beginn der Sendung kann ebenso gebucht werden, wie die exklusive Positionierung eines Spots zwischen zwei Sendungen oder der ganz individuell gestaltete Split-Screen-Spot im Sendungsdesign.

Auch das Produkt Placement ist in den vergangenen zehn Jahren geradezu revolutioniert worden. Große Filmproduktionen haben bereits seit vielen Jahren Erträge aus der Vermarktung von Product Placement gezogen, das über die Fernsehausstrahlung der Kinoproduktionen auch auf den Mattscheiben des Fernsehens in Deutschland gelandet ist. Während die Fernsehanbieter von diesen Formen der integrierten Werbung finanziell in aller Regel nicht profitiert haben, bieten sie Werbetreibenden inzwischen ihrerseits verschiedene Placement-Formate für ihre Eigenproduktionen an. Dabei können Werbetreibende zwischen verschiedenen Graden der Sichtbarkeit ihrer Marke unterscheiden. Ob Statist, Nebenrolle oder Hauptrolle, alles ist zu haben. Der technologische Medienwandel hat dabei die Möglichkeiten für die Planung und Platzierung von Placements enorm ausgeweitet. Als digitales Product Placement bietet etwa der Werbevermarkter der RTL Gruppe, die IP-Deutschland, Werbetreibenden die Möglichkeiten, Produkte nachträglich in bereits bestehende Fernsehinhalte zu integrieren. So kann der Werbetreibende entscheiden, in welcher Szene zu welchem Moment der Handlung sein Produkt erscheinen soll. So kann jedes Element der Inszenierung zum Werbeträger werden, die Rückwand eines vorausfahrendes LKWs während einer Verfolgungsjagd im Krimi ebenso wie eine Tüte mit salzigem Knabberzeug auf dem Schreibtisch der Kommissarin.

Die gesteigerten Möglichkeiten der Integration von Werbung und Programm bieten aus Sicht der Werbetreibenden heute viele neue Möglichkeiten, auf ihre Produkte hinzuweisen und sie verlockend zu inszenieren. Werbung im Fernsehen hat trotz einer krisenhaft wahrgenommenen Stimmung in den 1990er Jahren damit keineswegs an Bedeutung verloren. Ihre Persuasionspotenziale sind nicht geringer, sondern feiner steuerbar und möglicherweise auch größer geworden als in den zurückliegenden Jahrzehnten.

Damit stellt die Fernsehwerbung von heute aber auch eine Reihe von neuen Herausforderungen. Im Fokus der meisten Fachdebatten der vergangenen Jahre steht dabei angesichts der beschriebenen Entwicklungen die Frage nach der Erkennbarkeit von Werbung im hochkomplexen Wirkungszusammenhang heutiger Medienumgebungen. Darüber hinaus erlebt die Integration von Werbung im Programm des Fernsehens möglicherweise aber auch eine neue kulturelle Bewertung. So groß die Ablehnung von Schleichwerbung bei den meisten Zuschauerinnen und Zuschauern heute ist, so unverkennbar fällt aber doch auch auf, dass kaum jemand noch Anstoß an Unterhaltungsformaten wie „Deutschland sucht den Superstar" oder „Germany's Next Topmodel" nimmt, die bei näherem Hinsehen keine Werbung mehr beinhalten, sondern selbst Werbung sind und einer durch und durch marktorientierten Verwertungslogik folgen. Welche Folgen eine derart enge Verklammerung von Werbung und Programm hat, wie sich solche hochintegrierten Werbe-Unterhaltungsformate auf die öffentliche Wahrnehmung der Trennungsnorm und den Glauben an die Unabhängigkeit des Rundfunks langfristig auswirkt, dies sind an Bedeutung gewinnende, offene empirische Fragen.

Literatur

Baerns, Barbara (2004): Leitbilder von gestern? Zur Trennung von Werbung und Programm. In: Baerns, Barbara (Hrsg.): Leitbilder von gestern? Zur Trennung von Werbung und Programm. Wiesbaden: VS Verlag für Sozialwissenschaften, S. 13-42.

Benson-Allott, Caetlin (2015): Remote control. New York: Bloomsbury Publishing Inc.

Bücher, Karl (1917): Die wirtschaftliche Reklame. In: Zeitschrift für die gesamte Staatswissenschaft, H. 73, S. 461-483.

Campillo-Lundbeck, Santiago (2000): TV-Werbung. Personalisierte Videorekorder sollen zum Marketingtool werden. In: Horizont, H. 85, o. S.

Carlson, Matt (2006): Tapping into TiVo: Digital video recorders and the transition from schedules to surveillance in television. In: new media & society, Jg. 8, H. 1, S. 97-115.

Ebenkamp, Becky (2001): Return to Peyton Placement. In: Brandweek, Jg. 42, H. 23, o. S.

Hasebrink, Uwe (2009): Lineares und nicht-lineares Fernsehen aus der Zuschauerperspektive: Spezifika, Abgrenzungen und Übergänge. Hamburg: Hans-Bredow-Institut.

IP Deutschland (2019): TV-Werbeformen. Online: www.ip.de/tv/werbeformen_tv.cfm (zuletzt abgerufen am 15.02.2021).

IW Köln (2010): Nettowerbeeinnahmen der Fernsehsender in Deutschland von 1970 bis 2008 (in Millionen Euro). Online: de.statista.com/statistik/daten/studie/152391/-umfrage/werbeeinnahmen-der-fernsehsender-in-deutschland/ (zuletzt abgerufen am 15.02.2021).

Johnson, Bradley (1999): Ultimate Zapper Hits the Spot. In: Advertising Age, o. H., o. S.

Kloepfer, Rolf/Landbeck, Hanne (1991): Ästhetik der Werbung. Der Fernsehspot in Europa als Symptom neuer Macht. Berlin: Fischer Verlag.

Kompare, Derek (2006): Publishing Flow: DVD Box Sets and the Reconception of Television. In: Television & New Media November, Jg. 7, H. 4, S. 335-360.

Merten, Klaus (1994): Konvergenz der deutschen Fernsehprogramme. Eine Langzeituntersuchung 1980-1993. Hamburg: LIT-Verlag.

Mittell, Jason (2011): Serial Boxes. DVD-Editionen und der kulturelle Wert amerikanischer Fernsehserien. In: Blanchet, Robert/Köhler, Kristina/Smid, Tereza/ Zutavern, Julia (Hrsg.): Serielle Formen. Von den frühen Film-Serials zu den aktuellen Quality-TV- und Online-Serien. Marburg: Schüren, S. 133-152.

Newcomb, Horace/Hirsch, Paul M. (1983): Television as a Cultural Forum. In: Newcomb, Horace (Hrsg.): Television. The Critical View. New York: Oxford University Press, S. 561-573.

Rühl, Manfred (1999): Publizieren. Eine Sinngeschichte der öffentlichen Kommunikation. Opladen: Westdeutscher Verlag.

Rust, Roland T./Oliver, Richard W. (1994): The Death of Advertising. In: Journal of Advertising, Jg. 23, H. 4, S. 71-77.

Schirner, Michael. (1988): Werbung ist Kunst. München: Klinkhardt und Biermann.

Schmidt, Siegfried J./Spieß, Brigitte (1994): Die Geburt der schönen Bilder: Fernsehwerbung aus der Sicht der Kreativen. Wiesbaden: VS Verlag für Sozial¬wis¬sen¬schaften.

Thompson, Robert J. (1997): Television's Second Golden Age: From Hill Street Blues to ER. Syracuse, NY: Syracuse University Press.

Turow, Joseph (2006): Niche Envy. Marketing Discrimination in the digital Age. Cambridge, Mass.: MIT Press.

Wu, Tim (2011): The master switch. The rise and fall of information empires. New York: Vintage Books.

5.6. Multimedia-Pioniere, aber wenig Journalismus: Internetauftritte privater Rundfunkanbieter in Bayern

Christoph Neuberger

Die digitale Revolution kommt in die Jahre. Mittlerweile liegt der Durchbruch des Internets zum Medium der öffentlichen Kommunikation schon über ein Vierteljahrhundert zurück. Mitte der 1990er Jahre richteten auch in Deutschland die ersten Rundfunksender eigene Websites ein: Am 1. September 1994 startete die Deutsche Welle – nach eigenen Angaben (DW 2018) – „als erste öffentlich-rechtliche Rundfunkanstalt in Deutschland" ein Informationsangebot im Internet. Andere öffentlich-rechtliche Anstalten folgten wie der Ostdeutsche Rundfunk Brandenburg (10/1994), der Südwestfunk (7/1995) und der Bayerische Rundfunk (10/1995). Auch die nationalen privaten Fernsehsender fanden bald den Weg ins Netz wie RTL II (8/1995), Sat.1 (2/1996) und ProSieben (4/1996) (vgl. Siegle 1998: 62-99).

Die historische Aufarbeitung des Internets aus publizistischer Sicht steht noch ziemlich am Anfang. Über die Frühphase ist erstaunlich wenig bekannt. Davon sind die Netzaktivitäten der publizistischen Massenmedien in Deutschland nicht ausgenommen, wobei die Forschungslage im Fall der Tageszeitungen (siehe Brößler 1995; Riefler 1995; Höflich 1998; Neuberger et al. 1998; Neuberger/Tonnemacher 1999; Rada 1999; Theis-Berglmair 2002) deutlich besser ist als im Fall anderer Medien, besonders der lokalen und regionalen Rundfunksender (siehe dazu als Forschungsüberblick Möhring 2015: 43). Auch die Internetaktivitäten des privaten Rundfunks in Bayern sind wenig erforscht.

Anbieter und Angebote erhielten in der Kommunikationswissenschaft generell weniger Aufmerksamkeit als die Nutzerinnen und Nutzer, deren Umgang mit dem Internet schon bald regelmäßig erfasst wurde (zum Beispiel seit 1997 in der jährlich durchgeführten ARD/ZDF-Online-Studie). Frühe Untersuchungen zu Internetangeboten betrafen das Design und Relaunches (siehe Rada 1999; Rada 2006) sowie das crossmediale Verhältnis zwischen Print und Online-Ausgaben (siehe Neuberger 1999a; Brüggemann 2002). Mangels Archivbeständen ist heute eine Rekonstruktion dieser Angebote nahezu ausgeschlossen. Redaktionsbefragungen lieferten Ergebnisse über die Strategien der Anbieter, ihre Organisation und Merkmale der Mitarbeiterinnen und Mitarbeiter (siehe Neuberger et al. 1998; Neuberger 2000a; Neuberger/Nuernbergk/Rischke 2009a).

Nur wenige empirische Studien lassen sich ausfindig machen, die sich schon vor der Jahrtausendwende mit dem Online-Engagement deutscher Rundfunkanbieter befassten (siehe Neuberger 2002). Erklären lässt sich dies mit der geringen Bedeutung, die man damals dem Internet beimaß: Nach den Erfahrungen mit Bildschirm- und Videotext, die in den 1980er Jahren eingeführt worden waren, aber die Erwartungen nicht erfüllten (siehe Tonnemacher 1999), schien das Internet nur eine Weiterentwicklung dieser frühen elektronischen Textmedien zu sein, weshalb auch nur „gebremste Euphorie" (Siegle 1998: 149) herrschte. Außerdem befanden sich Presse und Rundfunk bis ins Jahr 2001 noch in keiner Krise, sodass auch das Internet nicht als Bedrohung wahrgenommen wurde (vgl. Neuberger 1999b: 20-22). Es gab also kaum Anlass, im Internet mehr als ein Randmedium zu sehen.

Die wenigen verfügbaren Studien liefern einige Bausteine für eine Geschichte der Erschließung des Internets durch den privaten Rundfunk in Deutschland: Jochen A. Siegle (1998) recherchierte im Jahr 1997 Informationen auf den Websites von 18 privaten und 23 öffentlich-rechtlichen Rundfunkanbietern und führte Interviews, wobei er nur öffentlich-rechtliche Anbieter, nationale private TV-Angebote sowie größere private Hörfunkanbieter berücksichtigte. Seine Beschreibungen, die ein „äußerst heterogenes Bild" (ebd.: 151) lieferten, sollten klären helfen, inwiefern das Internet für Marketingzwecke eingesetzt wird und einen Mehrwert bietet. Die Studie wollte praktisch umsetzbare Strategien aufzeigen.

Klaus Goldhammer und Axel Zerdick (2000: 22f., 299) setzten breiter an, als sie 1998 im Auftrag der Direktorenkonferenz der Landesmedienanstalten (DLM) eine Vollerhebung durchführten: Sie konnten telefonisch 223 Anbieter von Hörfunk- und Fernsehprogrammen befragen, was immerhin 90 Prozent der damaligen Anbieter in Deutschland entsprach. Für das Jahr 1998 gibt es damit eine genaue Momentaufnahme der Online-Aktivitäten des Rundfunks, wie sie später in dieser Form nicht mehr wiederholt worden ist. Zu dieser Zeit waren bereits fast zwei Drittel (63 Prozent, n=240) aller Radio- und Fernsehsender in Deutschland im Internet vertreten. Allerdings verfügte etwas mehr als die Hälfte (53 Prozent, n=121) der lokalen Rundfunkanbieter noch über kein Online-Angebot. Darauf verzichteten dagegen nur 17 Prozent der regionalen (n=81) und 32 Prozent der überregionalen Anbieter (n=38) (ebd.: 311). Bei den Lokalradiosendern, so die Begründung, seien „Budgets oftmals zu gering [...], um einen eigenen Internetauftritt zu finanzieren" (ebd.: 139).

Was war damals auf den Websites zu finden? Fast ausnahmslos boten die Sender Programminformationen an; auch Porträts der Mitarbeiterinnen und Mitarbeiter waren zumeist verfügbar. Journalistische Inhalte waren hingegen Mangelware: Über einen Nachrichtenticker verfügten 31 Prozent der lokalen (n=58), 60 Prozent der regionalen (n=67) und 50 Prozent der überregionalen Anbieter (n=26). Gesprächsforen und Newsgroups besaßen vor allem regionale und überregionale Sender (jeweils 58 Prozent), nicht hingegen die Lokalsender (ebd.: 319).

Audioprogramme wurden öfters bereits live verbreitet (überregional: 27 Prozent, regional: 40 Prozent, lokal: 16 Prozent), selten dagegen Videoprogramme (überregional: 15 Prozent, regional: 1 Prozent, lokal: 0) (ebd.: 321f.). Kostendeckend waren die Internetangebote trotz geringen Personaleinsatzes nur in einem Fünftel (21 Prozent) aller Fälle (ebd.: 335), was indes nicht verwundert, da 62 Prozent der Anbieter weder Werbung noch eine andere Finanzquelle nutzten (ebd.: 336f.). Erste Gehversuche und wenig Aussicht auf Erträge – so lässt sich die Situation des Jahres 1998 resümieren.

Eine weitere Untersuchung zum redaktionellen Umgang mit dem Internet war die Studie „Journalismus und Internet" vom Autor dieses Aufsatzes, finanziert durch die Deutsche Forschungsgemeinschaft (DFG). Berücksichtigt wurden darin alle Angebote, die unter dem Namen eines in Deutschland lizenzierten privaten Fernseh- oder Hörfunkanbieters mit mindestens landesweitem Sendegebiet firmierten.[190] Sie wurden Ende 1999 (siehe Neuberger 2000b) und noch einmal Ende 2000 (siehe Neuberger 2002) inhaltsanalytisch erfasst. Ende 1999 hatten 80 Prozent (n=122) der ermittelten Rundfunkanbieter einen Internetauftritt, Ende 2000 waren es bereits 88 Prozent (n=124). Die öffentlich-rechtlichen Rundfunkanstalten waren bereits Ende 1999 (n=18) vollzählig im Internet vertreten, während es unter den privaten Anbietern auch ein Jahr später noch Lücken gab (86 Prozent, n=106). Zwischen privaten Hörfunk- und Fernsehsendern gab es Ende 2000 kaum einen Unterschied (87 Prozent, n=55; 84 Prozent, n=51).

Zu diesem Zeitpunkt boten unter den insgesamt 109 Rundfunkanbietern im Netz 43 aktuelle Informationen an (39 Prozent), das heißt mindestens zweimal wöchentlich aktualisierte Textinformationen in Form vollständiger Artikel, die thematisch wenigstens eine redaktionelle Sparte abdecken. Die öffentlich-rechtlichen Anbieter informierten zu fast vier Fünfteln über Aktuelles (78 Prozent), dagegen nur ein Drittel der Privatanbieter (33 Prozent). Deutlich öfter als der Rundfunk offerierten Tageszeitungen Nachrichten im Netz. Nur die Publikumszeitschriften blieben hinter dem Rundfunk zurück. Komplette TV- und Radio-Programme wurden von 39 Prozent (n=109) der Rundfunksender als Livestream angeboten, und zwar vor allem von öffentlich-rechtlichen Sendern.

In einer dritten Erfassung der Websites von mindestens landesweit verbreiteten Fernseh- und Hörfunkanbietern ergab sich auch in den Jahren 2006/7 der Befund, dass sie – vor allem im Vergleich mit den Tageszeitungen (88 Prozent, n=300) – relativ selten aktuelle Informationen bereithielten (22 Prozent, n=408; vgl. Neuberger et al. 2009b: 222). Die daran anschließende Redaktionsbefragung zeigte unter anderem, dass sich Rundfunkvertreter stärker vom Muttermedium abgelöst hatten und häufiger multimediale Elemente einsetzten als Tageszeitungen (siehe Neuberger et al. 2009b).

---

[190] Rundfunkanbieter mit kleinerem Sendegebiet wurden ausgeklammert, nachdem Tests ergeben hatten, dass sie nur zu einem sehr geringen Teil über journalistische Inhalte verfügten.

„Rundfunk im Internet" hieß also vor allem: wenig Journalismus, aber eine Vorreiterrolle bei Multimedia. Wie steht es nun speziell um den lokalen und regionalen Rundfunk und dessen Internetaktivitäten?

Internetauftritte privater Rundfunkanbieter in Bayern – und anderswo

„Mausklick in die Heimat" war ein Artikel überschrieben, in dem Stefan Sutor, Mitarbeiter der BLM, im Jahr 1997 einen ersten Lagebericht über bayerische Lokalradios im Internet gab. Sein Fazit:

> Ob das Internet zu einem Massenmedium wie der Hörfunk wird, bleibt abzuwarten. Dennoch bietet das Internet bereits heute vielen Hörern zusätzliche Informationen zum Programm, stellt die ‚versendeten' Informationen nochmals zur Verfügung und liefert insbesondere Serviceleistungen, die vom Programm auch ins Netz transferiert werden können: News you can better use (Sutor 1997: 17).

Als besonders innovativ im Netz lobte Sutor Radio Primavera aus Aschaffenburg: Auf einer „kreativen Spielwiese mit sehr vielfältigen Angeboten für die Region" konnten die Nutzerinnen und Nutzer in einer „hessisch-bayerischen Internet-Tageszeitung" lesen. Außerdem bot der Sender seine Dienste als Online-Agentur an und verkaufte Internetzugänge an Privat und Geschäftskunden.

Nach der Jahrtausendwende war vom „Web 2.0" die Rede: Neue Formate wie Blogs, Wikis und soziale Online-Netzwerke vereinfachten Partizipation und Interaktion. Auch Redaktionen nutzten die sozialen Medien als zusätzliche Verbreitungswege. Rüdiger Steinmetz suchte im Auftrag der Sächsischen Landesmedienanstalt unter lokalen und regionalen Rundfunksendern nach „digitalen Leuchttürmen"; er fand davon sieben in Großbritannien, acht in den USA und elf in Deutschland (mit Schwerpunkt Sachsen). Neben dem Programm analysierte er auch die Websites sowie die Facebook- und Twitter-Profile. Über die Publikumsbeteiligung schreibt er:

> User Generated Content kommt in den Programmen bisher nur in geringem bis sehr geringem Maß vor: lokale Wetterfotos als Ergänzung zum Wetterbericht (oft auch nur per EMail/Web 1.0 übermittelt), sporadisches Videomaterial in Nachrichten, Nutzerkommentare, Wetter und Katastrophen/Unglücksfotos und -videos werden nur dann genutzt, wenn vom Sender selbst kein eigenes Material vorliegt, oder sie werden als Ergänzung des eigenen Materials eingesetzt (Steinmetz 2012: 157).

Facebook und Twitter dienten dem Publikums-Feedback und der Recherche, während neue Themen in sozialen Medien nur sehr selten entdeckt werden konnten (vgl. ebd.: 155-158). Der spärliche Einsatz hat eine ökonomische Erklärung: „Nirgendwo konnten wir in unserer Untersuchung [...] auch nur ansatzweise tragfähige Geschäftsmodelle für die Integration des Social-Media-Feedbacks finden" (ebd.: 157).

Sonja Kretzschmar und Verena Waßink (2014) befragten Geschäftsführer und Programmverantwortliche bayerischer Lokalrundfunk-Anbieter qualitativ (2013, n=11) und quantitativ (2014, n=49) über crossmediale Strukturen und Angebote. Die standardisierte Befragung ergab, dass neben der Sender-Website vor allem Facebook, Twitter und YouTube redaktionell genutzt wurden, und zwar stärker von TV-Sendern (Facebook: 100 Prozent, Twitter: 85 Prozent, YouTube: 69 Prozent) als von Hörfunksendern (Facebook: 94 Prozent, Twitter: 47 Prozent, YouTube: 56 Prozent). Während Apps bei rund zwei Dritteln (jeweils 69 Prozent) eingesetzt wurden, verfügten vor allem TV-Sender über Mobilangebote (TV: 77 Prozent) und Mediatheken (TV: 69 Prozent). Wenig überraschend sind es vor allem Radios gewesen, die Podcasts anboten (56 Prozent; ebd.: 14). Die Sender sahen sich selbst als offen für Innovationen, wobei Entscheidungen darüber von der Geschäftsführung und – besonders im Hörfunk – von der Studioleitung getroffen wurden (vgl. Kretzschmar/Waßink 2014: 32).

Sichtet man die gegenwärtigen Aktivitäten der privaten Rundfunkanbieter aus Bayern im Internet, so ergibt sich: Von den insgesamt 142 privaten Radiosendern streamten im Oktober 2019 rund hundert ihr Programm auch live über das Netz. Textnachrichten zu lokalen Themen bot rund ein Drittel an. Unter den insgesamt 24 privaten Fernsehsendern sendeten 15 ihr Programm auch live über ihre Website. Nur wenige verfügten zusätzlich über Textnachrichten zu lokalen Themen (wie afk.tv, intv und münchen.tv).

Vielfalt des lokalen und regionalen Angebots im Internet

Im lokalen und regionalen Raum begeben sich Rundfunksender im Internet in ein Umfeld, in dem bereits sehr viele andere Anbieter aktiv sind. Dort finden sich neben Massenmedien, vor allem den Tageszeitungen (vgl. Arnold/Wagner 2018), auch reine Internetangebote wie hyperlocal media (vgl. Kurpius/Metzgar/Rowley 2010; Prothmann 2013; Nygren/Leckner/Tenor 2018) und lokale Plattformen wie myheimat.de (vgl. Huber/Möller 2008; Bruns 2011; Brandt/Möhring/Schneider 2012; Fröhlich/Quiring/Engesser 2012).

In ihrem Forschungsüberblick zum lokalen Journalismus im Internet diskutierten Wiebke Möhring und Felix Keldenich (2018) die bisherigen Versuche, das technische Potenzial des Internets für lokale Kommunikation sinnvoll nutzbar zu machen (vgl. dazu auch Möhring 2015: 33ff., 47ff., 60f.). Die Tageszeitungen schöpfen, so ihr Urteil, die Möglichkeiten zu wenig aus und verfolgen keine klare Strategie. Neue Nur-Internet-Anbieter könnten dazu beitragen, „zum einen fehlende lokale Berichterstattung abzudecken und zu ergänzen, zum anderen aber auch, eine Art Gegenöffentlichkeit zu etablieren" (ebd.: 198). Allerdings ist es immer wieder zweifelhaft, ob es sich dabei tatsächlich um journalistische Inhalte handelt. Mangels ausreichender Finanzierung ist die Fluktuation unter Nur-Internet-Anbietern besonders hoch, und ihre Qualität ist eher gering (ebd.: 199f.). Daneben haben auch die Akteure des lokalen Lebens eigene Internetauftritte eingerichtet, beispielsweise Kommunen, Vereine, Parteien, Bildungs- und Kultureinrichtungen, Unternehmen sowie einzelne Bürgerinnen und Bürger. Diese Fülle an lokalen Angeboten stößt auf ein großes Interesse der Internetnutzerinnen und -nutzer, die besonders Serviceinformationen und Nachrichten rezipieren (vgl. Oehmichen/Schröter 2003; Oehmichen/ Schröter 2011).

Mit diesem Konkurrenzumfeld des Journalismus im Lokalen und Regionalen befasste sich im Jahr 2014 eine Redaktionsbefragung im Auftrag der Landesanstalt für Medien Nordrhein-Westfalen (LfM NRW). Christoph Neuberger, Susanne Langenohl und Christian Nuernbergk (2014) baten Internetredaktionen von Presse und Rundfunk sowie Nur-Internetanbieter um Auskunft. Unter den insgesamt 105 teilnehmenden Redaktionen (Rücklauf: 70 Prozent) waren auch 69 regionale und lokale Tageszeitungen. Diese Teilgruppe wurde nach den neuen Konkurrenzverhältnissen gefragt: 61 Prozent von ihnen stellten fest, dass ihre Tageszeitungen Leser verlieren, weil viele Themen mit regionalem und lokalem Bezug auch an anderen Stellen im Internet behandelt werden (Antworten „trifft voll und ganz zu" und „trifft eher zu", vierstufige Skala, n=57).

Daran schloss die Frage an: „In welchem Maße sind Internetangebote Konkurrenten um Leser für Ihre Zeitung?" Addiert man auch hier auf der vierstufigen Skala die Zustimmung zu den Antworten „voll und ganz" und „eher zutreffend", so ergab sich folgendes Bild (n=57-58; vgl. Neuberger/Langenohl/Nuernbergk 2014.: 89ff.): Als Wettbewerber im Netz wurden mehrheitlich soziale Netzwerk-Plattformen (81 Prozent), andere regionale/lokale Tageszeitungen (72 Prozent), regionale/lokale Wochenzeitungen, Anzeigenblätter und Stadtmagazine (58 Prozent) sowie die jeweilige Landesrundfunkanstalt (56 Prozent) wahrgenommen. Neben alten Medien wurden also auch bereits digitale Netzwerke als Bedrohung gesehen.

Bei den privaten Radioanbietern waren sich die Befragten der Tageszeitungen uneins (51 Prozent). Überwiegend keine Konkurrenz waren für sie hingegen nichtjournalistische Anbieter wie die ortsansässigen Parteien („trifft gar nicht" und „trifft eher nicht zu": 90 Prozent), Unternehmen (88 Prozent), Privatleute (85 Prozent), Vereine (76 Prozent), Kultureinrichtungen (76 Prozent), Bürgerforen (74 Prozent) sowie die Internetangebote von Landkreisen, Städten oder Kommunen (67 Prozent).

Hier stellt sich die Frage, wie sich die privaten Rundfunkanbieter angesichts dieser Konkurrenzlage online positionieren (sollten). Die Qualität des lokalen und regionalen Rundfunks ist bisher selten Gegenstand von Analysen gewesen. Auch dazu lässt sich nur Bruchstückhaftes sagen. Bucher et al. (2012: 195) zeigten am Beispiel des lokalen Fernsehjournalismus in Rheinland-Pfalz, dass wesentliche Publikumserwartungen verfehlt werden:

> Gefragt ist nicht ein unterhaltungsorientiertes und publizistisch zahnloses Fernsehangebot, sondern ein journalistisches mit Informations-, Orientierungs- und Moderationsfunktion für die diversen Interessensgruppen einer lokalen Öffentlichkeit (Bucher et al. 2012: 195).

Beteiligungsangebote im Internet konkurrieren auch mit den – von den Landesmedienanstalten geförderten – Bürgermedien im Rundfunkbereich. In einem Interview schätzte Jochen Fasco, Direktor der Thüringer Landesmedienanstalt und Koordinator des Fachausschusses „Medienkompetenz, Nutzer und Jugendschutz, Lokale Vielfalt" der Landesmedienanstalten, ihre Bedeutung aber dennoch als hoch ein:

> Noch vor einigen Jahren war ich fest davon überzeugt, dass sich die fortschreitende Digitalisierung deutlich positiver auf die Meinungs- und Medienvielfalt auswirken wird. Jedoch muss konstatiert werden, dass gerade im lokalen und regionalen Umfeld sich leider nur wenige neue publizistische Angebote im Netz etabliert haben, die eben nicht von den Tageszeitungen oder den lokalen Radio und Fernsehveranstaltern betrieben werden. Ausgiebige Blogdebatten über lokale Themen, wie sich diese in anderen Ländern beobachten lassen, sind in Deutschland in nennenswertem Umfang leider nicht feststellbar. Mit Blick auf die Bürgermedien bedeutet dies, dass diese als lokale Informationsanbieter und gleichzeitig als Bildungs- und Begegnungsort hohe Relevanz besitzen. Bundesweit lassen sich zahlreiche Orte benennen, wo die Bürgersender neben der Tageszeitung vor Ort das einzige lokale Informationsangebot darstellen (zit. n. Förster 2017: 205).

In welchem Verhältnis all diese lokalen und regionalen Angebote zueinanderstehen, ist bislang noch wenig erforscht worden. Studien sollten also ihre gesamte Bandbreite in den Blick nehmen: Wie tragen sie zur Vielfalt und Qualität des journalistischen Angebots bei? Wie nutzt und bewertet sie das Publikum (siehe für die USA Miller et al. 2012; für Deutschland Kunow 2019; Mitchell et al. 2019)? Der „Online-Audio-Monitor 2019", eine repräsentative Nutzerbefragung, lässt zumindest erkennen, dass Themen aus dem Bereich „Regionales/Lokales" zu den viel genutzten Audio-Inhalten im Internet zählen (44 Prozent Nutzung; vgl. KANTAR 2019: 25). Bei der Online-Audio-Nutzung liegen in der Gesamtbetrachtung die Online-Ableger klassischer Radiosender (14 Prozent) ungefähr gleichauf mit genuinen Webradioprogrammen (13 Prozent), während Simulcast-Sender (deren Programm zugleich über mehrere Wege ausgespielt wird) deutlich öfter genutzt werden (29 Prozent; vgl. ebd.: 9).

Fazit

Die Internetaktivitäten der privaten Lokal- und Regionalfunkanbieter aus Bayern haben also nur wenige Spuren in der Forschung hinterlassen. Die Netzarchäologie stößt nur auf einige Funde wie die Befragung von Kretzschmar und Waßink (2014). Daher musste das Thema in diesem Aufsatz eingekreist werden: Private Rundfunkanbieter nutzten das Internet als weiteren Verbreitungsweg für ihre Audio- und Videoinhalte; hier waren sie Pioniere im Netz. Außerdem boten sie Programm- und Senderinformationen an und nutzten das Internet für Publikumsinteraktionen, auch über soziale Medien. Journalistische (Text-)Informationen fanden sich hingegen selten. Notwendig wären Studien, welche die Rolle des privaten Rundfunks – offline wie online – im Gesamtzusammenhang des lokalen und regionalen Angebots in den Blick nehmen. Auch die Frage, wie erfolgreiches Innovationsmanagement im Digitalen aussehen sollte, wäre noch gründlicher zu beantworten. Für die historische Aufarbeitung bieten sich Zeitzeugeninterviews (siehe Ring 2019) und Fallstudien über einzelne Sender an.

Literatur

Arnold, Klaus/Wagner, Anna-Lena (2018): Die Leistungen des Lokaljournalismus: Eine empirische Studie zur Qualität der Lokalberichterstattung in Zeitungen und Onlineangeboten. In: Publizistik, Jg. 63, H. 1, S. 177-206.

Brandt, Sarah/Möhring, Wiebke/Schneider, Beate (2012): Lokaler Bürgerjournalismus: Ergänzung oder Konkurrenz zur Tageszeitung? Eine Nutzerbefragung zum Verhältnis zwischen partizipativem und professionellem Lokaljournalismus am Beispiel von myheimat.de. In: Studies in Communication and Media (SCM), Jg. 1, H. 34, S. 443-472.

Brössler, Daniel (1995): Zeitung und Multimedia. Was Leser und Journalisten erwartet – Visionen aus Amerika. München: KoPäd Verlag.

Brüggemann, Michael (2002): The Missing Link. Crossmediale Vernetzung von Print und Online. Fallstudien führender Print-Medien in Deutschland und den USA. München: Reinhard Fischer Verlag.

Bruns, Axel (2011): Citizen Journalism and everyday life: A case study of Germany's myHeimat.de. In: Franklin, Bob/Carlson, Matt (Hrsg.): Journalists, sources, and credibility. New perspectives. New York: Routledge, S. 182-194.

Bucher, Hans-Jürgen/Huggenberger, Maria/Sauter, Martin/Schumacher, Peter (2012): Publizistische Qualität im lokalen Fernsehen. Eine sendungsbezogene Rezeptionsstudie. Baden-Baden: Nomos Verlag.

Deutsche Welle (2018): 65 Jahre DW. 1990–1999: Internet, Satellitenfernsehen und Befreiung aus Kigali. Online: www.dw.com/de/1990-1999-internet-satellitenfernsehen-und-befreiung-aus-kigali/a-16702686 (zuletzt abgerufen am 15.02.2021).

Förster, Stefan (2017): Vom Urknall zur Vielfalt. 30 Jahre Bürgermedien in Deutschland. Leipzig: Vistas Verlag.

Fröhlich, Romy/Quiring, Oliver/Engesser, Sven (2012): Between idiosyncratic selfinterests and professional standards: A contribution to the understanding of participatory journalism in Web 2.0. Results from an online survey in Germany. In: Journalism. Jg. 13, H. 8, S. 1041-1063.

Goldhammer, Klaus/Zerdick, Axel (2000): Rundfunk Online. Entwicklungen und Perspektiven des Internets für Hörfunk und Fernsehanbieter. Berlin: Vistas Verlag.

Höflich, Joachim, R. (1998): www.zeitung.de. Perspektiven der Online-Aktivitäten lokaler Tageszeitungen – oder: das Wagnis Internet und der Verlust des Lokalen? In: Publizistik, Jg. 43, H. 2, S. 111-129.

Huber, Martin/Möller, Matthias (2008): Hybride Medienplattformen am Beispiel von myheimat.de. In: Haas, Berthold H./Walsh, Gianfranco/Kilian, Thomas (Hrsg.): Web 2.0. Neue Perspektiven für Marketing und Medien. Berlin, Heidelberg: Springer VS, S. 305-319.

KANTAR (2019): Online-Audio-Monitor 2019. Auftraggeber: BLM, BVDW, LFK, LfM NRW, mabb, VAUNET. September 2019. Präsentation. Online: www.online-audio-monitor.de/wp-content/uploads/2019-09-16_Bericht-OAM_2019_final_final.pdf (zuletzt abgerufen am 15.02.2021).

Kretzschmar, Sonja/Waßink, Verena (2014): Neue Chancen für den Rundfunk. Crossmediale Strukturen und Angebote. Präsentation der Studienergebnisse am 05. Dezember 2014 bei der Bayerischen Landeszentrale für neue Medien. Online: www.blm.de/files/pdf2/studie_-_implementierung_crossmedialer_produktions-_und_angebotsstrukturen_im_lokalen_rundfunk.pdf (zuletzt abgerufen am 15.02.2021).

Kunow, Kristian (2019): Die Relevanz lokaler Medien für die Meinungsbildung. In: Die Medienanstalten – ALM (Hrsg.): Vielfaltsbericht 2019 der Medienanstalten. Berlin: Die Medienanstalten, S. 39-45.

Kurpius, David D./Metzgar, Emily T./Rowley, Karen M. (2010): Sustaining hyperlocal media: In search of funding models. In: Journalism Studies, Jg. 11, H. 3, S. 359-376.

Miller, Carolyn/Purcell, Kristen/Mitchell, Amy/Rosenstiel, Tom (2012): How people get local news and information in different communities. Washington, D. C.: Pew Research Center. Online: www.pewresearch.org/internet/2012/09/26/how-people-get-local-news-and-information-in-different-communities/ (zuletzt abgerufen am 15.02.2021).

Mitchell, Amy/Matsa, Katerina Eva/Weisel, Rachel/Klein, Hannah (2019): For Local News, Americans Embrace Digital but Still Want Strong Community Connection. Washington, D. C.: Pew Research Center. Online: www.journalism.org/2019/03/26/for-local-news-americans-embrace-digital-but-still-want-strong-community-connection/ (zuletzt abgerufen am 15.02.2021).

Möhring, Wiebke (2015): Lokaljournalismus im Fokus der Wissenschaft. Zum Forschungsstand Lokaljournalismus – unter besonderer Berücksichtigung von Nordrhein-Westfalen. Düsseldorf: Landesanstalt für Medien Nordrhein-Westfalen.

Möhring, Wiebke/Keldenich, Felix (2018): Lokaler Journalismus im Internet. Zeitungsverlage und neue Anbieter. In: Nuernbergk, Christian/Neuberger, Christoph (Hrsg.): Journalismus im Internet. Profession – Partizipation – Technisierung. Wiesbaden: Springer VS, S. 183-208.

Neuberger, Christoph (1999a): Nachrichten-Recycling oder Online-Journalismus? Print und Onlineversion von Tageszeitungen im Vergleich. In: Neuberger, Christoph/Tonnemacher, Jan (Hrsg.): Online – Die Zukunft der Zeitung? Das Engagement deutscher Tageszeitungen im Internet. Opladen/Wiesbaden: Westdeutscher Verlag, S. 241-264.

Neuberger, Christoph (1999b): Vom Papier auf den Bildschirm. Die Zeitung in der Metamorphose. In: Neuberger, Christoph/Tonnemacher, Jan (Hrsg.): Online – Die Zukunft der Zeitung? Das Engagement deutscher Tageszeitungen im Internet. Opladen, Wiesbaden: Westdeutscher Verlag, S. 15-56.

Neuberger, Christoph (2000a): Journalismus im Internet: Auf dem Weg zur Eigenständigkeit? Ergebnisse einer Redaktionsbefragung bei Presse, Rundfunk und Nur-Onlineanbietern. In: Media Perspektiven, H. 7, S. 310-318.

Neuberger, Christoph (2000b): Massenmedien im Internet 1999. Angebote, Strategien, neue Informationsmärkte. In: Media Perspektiven, H. 3, S. 102-109.

Neuberger, Christoph (2002): Rundfunk und Internet: Konkurrenz, Konvergenz, Kooperation – Online-Journalismus von Hörfunk und Fernsehanbietern. In: Roters, Gunnar/Turecek, Oliver/Klingler, Walter (Hrsg.): Content im Internet. Trends und Perspektiven. Berlin: Vistas Verlag, S. 55-63.

Neuberger, Christoph/Tonnemacher, Jan/Biebl, Matthias/Duck, André (1998): Online – The Future of Newspapers? Germany's Dailies on the World Wide Web. In: The Journal of Computer-Mediated Communication, Jg. 4, H. 1, o. S.

Neuberger, Christoph/Tonnemacher, Jan (Hrsg.) (1999): Online – Die Zukunft der Zeitung? Das Engagement deutscher Tageszeitungen im Internet. Opladen, Wiesbaden: Westdeutscher Verlag.

Neuberger, Christoph/Nuernbergk, Christian/Rischke, Melanie (2009a): Crossmedialität oder Ablösung? Anbieterbefragung I: Journalismus im Übergang von den traditionellen Massenmedien ins Internet. In: Neuberger, Christoph; Nuernbergk, Christian; Rischke, Melanie (Hrsg.): Journalismus im Internet: Profession – Partizipation – Technisierung. Wiesbaden: Springer VS, S. 231-268.

Neuberger, Christoph/Nuernbergk, Christian/Rischke, Melanie (2009b): Journalismus – neu vermessen. Die Grundgesamtheit journalistischer Internetangebote – Methode und Ergebnisse. In: Neuberger, Christoph/Nuernbergk, Christian/Rischke, Melanie (Hrsg.): Journalismus im Internet. Profession – Partizipation – Technisierung. Wiesbaden: Springer VS, S. 197-230.

Neuberger, Christoph/Langenohl, Susanne/Nuernbergk, Christian (2014): Redaktionsbefragung. In: Neuberger, Christoph/Langenohl, Susanne/Nuernbergk, Christian (Hrsg.): Social Media und Journalismus. Düsseldorf: Landesanstalt für Medien NordrheinWestfalen (LfM), S. 34-91.

Nygren, Gunnar/Leckner, Sara/Tenor, Carina (2018): Hyperlocals and legacy media: Media ecologies in transition. In: Nordicom Review, Jg. 34, H. 1, S. 33-49.

Oehmichen, Ekkehardt/Schröter, Christian (2003): Regionale Internetangebote. Anbieter, Angebote und Nutzung. In: Media Perspektiven, H. 7, S. 320-328.

Oehmichen, Ekkehardt/Schröter, Christian (2011): Internet zwischen Globalität und Regionalität. In: Media Perspektiven, H. 4, S. 182-194.

Prothmann, Hardy (2013): Warum hyperlokale Blogs so erfolgreich sind. In: Kramp, Leif/Novy, Leonard/Ballwieser, Dennis/Wenzlaff, Karsten (Hrsg.): Journalismus in der digitalen Moderne. Einsichten – Ansichten – Aussichten. Wiesbaden: Springer VS, S. 125-133.

Rada, Holger (1999): Von der Druckerpresse zum Web-Server. Zeitungen und Magazine im Internet. Berlin: Wissenschaftlicher Verlag Berlin.

Rada, Holger (2006): Kleine Geschichte des Webdesigns. Rundfunk und Printmedien im WWW 1994-2006. Bremerhaven: Wirtschaftsverlag N.W.

Riefler, Katja (1995): Zeitungen Online. Neue Wege zu Lesern und Anzeigenkunden. Bonn: ZV Zeitungs-Verlag.

Ring, Wolf-Dieter (Hrsg.) (2019): Aufbruch zur Medienvielfalt. Entwicklung des privaten Rundfunks in Bayern. Augsburg: Context Verlag.

Siegle, Jochen A. (1998): Online-Marketing von Rundfunkmedien. Dimensionen und Perspektiven für Radio und TV im World Wide Web. Wiesbaden: Deutscher Universitätsverlag.

Steinmetz, Rüdiger (2012): Digitale Leuchtturmprojekte des lokalen/regionalen Rundfunks? Social-Media-Programmfeedback in Deutschland, Großbritannien und den USA. In: Die Medienanstalten (Hrsg.): Programmbericht 2012. Fernsehen in Deutschland. Programmforschung und Programmdiskurs. Berlin: Vistas Verlag, S. 138-162.

Sutor, Stefan (1997): Mausklick in die Heimat. Bayerische Lokalradios im Internet. In: Tendenz, H. 2, S. 16-17.

Theis-Berglmair, Anna Maria (Hrsg.) (2002): Internet und die Zukunft der Printmedien. Kommunikationswissenschaftliche und medienökonomische Aspekte. Münster, Hamburg, London: LIT-Verlag.

Tonnemacher, Jan (1999): Wege zur Online-Zeitung. Erfahrungen mit den Vorläufermedien des Internet. In: Neuberger, Christoph/Tonnemacher, Jan (Hrsg.): Online – Die Zukunft der Zeitung? Das Engagement deutscher Tageszeitungen im Internet. Opladen, Wiesbaden: Westdeutscher Verlag, S. 57-69.

5.7. „Das System heißt Mensch":
Eine Studie zum crossmedialen Arbeiten in den Redaktionen lokaler Radiosender in Niederbayern

Lea Sophia Lehner und Ralf Hohlfeld

Der Anspruch, crossmedial und damit kanal- und medienübergreifend zu arbeiten, dominiert heute beinahe alle Mediengattungen. Entscheidend für diese konstitutive Neuerung ist nahezu ausnahmslos das mit der Digitalisierung einhergehende gewandelte Nutzungsverhalten, aber auch die Erwartungshaltung zahlreicher Rezipierender, die eine crossmediale Berichterstattung alternativlos erscheinen lassen.

Das Phänomen Crossmedialität wurde insbesondere im Print- und Fernsehbereich bereits umfangreich erforscht. Der vorliegende Beitrag konzentriert sich darauf, den Stand der redaktionellen Konvergenz und des crossmedialen Arbeitens in Redaktionen lokaler Radiosender in Niederbayern zu ergründen. Leitfadengestützte Interviews mit den Redaktionsleiterinnen und -leitern der Sender Radio Galaxy/UNSER RADIO Passau/Deggendorf, Radio Galaxy Landshut/Radio Trausnitz und dem Geschäftsführer von Radio AWN geben unter anderem Aufschluss über die Redaktionsorganisation, Anforderungen an Journalistinnen und Journalisten, crossmediale Workflows, den Einbezug sozialer Medien, den Einfluss des Feedbacks von Nutzerinnen und Nutzern auf die Radioprogrammgestaltung und ökonomische Effekte der Crossmedialität. Die Interviews zeigen, dass die untersuchten Sender unterschiedlich stark crossmedial arbeiten und dass ein hoher Grad an Crossmedialität im Lokalradiojournalismus nicht ohne Weiteres zu erreichen ist. Insbesondere kleine Lokalradiosender in Niederbayern können, aufgrund begrenzter finanzieller und personeller Ressourcen, nicht in gewünschter Weise und Intensität crossmedial arbeiten.

Rundfunkwandel und Crossmedia

Crossmedialität umfasst nahezu alle Aspekte des derzeitigen Medienwandels. Das Verschmelzen von Plattformen und Kanälen mit dem Ziel, multimediale Inhalte auf verschiedene Weise wirtschaftlich zu verwerten und publizistisch zielgruppenadäquat zu platzieren, bestimmt heute das Handeln von Medienkonzernen und Internetunternehmen. Die Digitalisierung medialer Inhalte hat dafür seit dem Ende der 90er Jahre des 20. Jahrhunderts die technischen Grundlagen bereitgestellt, sodass sich zum einen klassische Medieninhalte „verflüssigen" lassen konnten; zum anderen haben sich weltweit tätige Internetkonzerne gebildet, die ein Beispiel dafür gaben, wie digitale Angebote in personalisierter Form Rezipierende ohne Streuverluste erreichen können.

Parallel zu Internetgiganten wie Google und Facebook entwickeln sich aus traditionellen Presse- und Rundfunkhäusern allmählich integrierte und crossmedial konzentrierte Medienkonglomerate, die das Problem lösen müssen, dass sich Aufmerksamkeit heute auf ungleich mehr Plattformen verteilt als in der analogen Welt. Längst ist Crossmedialität mehr als bloß die zusätzliche Ausspielung von Zeitungs- und Rundfunkinhalten im Internet.

Zwar ist auch heute empirisch gesehen die bloße Verzahnung von Print und Online beziehungsweise Rundfunk und Online die Minimaldefinition von crossmedialem Journalismus, „doch sollte crossmediales Publizieren mehr beinhalten als die Reproduktion bestimmter Angebote in unterschiedlichen Kanälen in Form eines ‚more of the same'" (Behmer/Müller 2013: 26). Auf dem Weg von einem simplen „Print to Online"-Ansatz zu einem voll integrierten Medienhaus, das alle Mediengattungen und Formate in digitalem Aggregatszustand auf Basis einer crossmedialen Logistik über alle zur Verfügung stehenden Kanäle und Plattformen steuert, befinden sich prinzipiell viele Zwischenschritte und hybride Formen. Crossmedialität ist ein multidimensionaler Begriff, der die Ebenen der Organisation, Planung, Produktion und Publikation von Medieninhalten umfasst (siehe Hohlfeld 2018).

Diese Dimensionen beeinflussen sich gegenseitig – dies vor allem von oben nach unten, also von der Organisation bis zur Publikation. Da die Digitalisierung eine stärkere Vernetzung von Medieninhalten und Formaten ermöglicht, folgt auf die technische Konvergenz eine organisatorische Konvergenz: hin zu einem Medienhaus, das durch crossmediale Produktion und Publikation alle oder zumindest möglichst viele Plattformen und Kanäle in integrierter Weise bedienen kann. Eine verwandte Systematisierung nehmen Klaus Meier et al. (2012) vor, indem sie das Kreuzen der Medien hinsichtlich dreier Aspekte unterscheiden: Ihr Augenmerk gilt zum einen der Unternehmensorganisation, also der redaktionellen Konvergenz, wie sie beispielsweise durch die Installation von Newsrooms erreicht wird. Zum anderen kann Crossmedialität auch die Veröffentlichung eines Themas betreffen, indem Mediengrenzen durch crossmediales Storytelling gebrochen beziehungsweise überwunden werden: wenn eine Geschichte über mehrere Mediengattungen hinweg erzählt wird. Und schließlich kreuzen sich die Medien auf der digitalen Drehscheibe des Internets, also auf einer einzigen technischen Plattform. Denn dort können Themen sowohl als Film- und Audiomaterial als auch in Text und Bild dargeboten werden – hier handelt es sich indes eher um Multimedia. All diese Formen von Medienkonvergenz, das heißt redaktionelle Konvergenz, transmediales Storytelling und multimediale Produktion, betreffen letztlich jedes „Muttermedium", denn Crossmedialität nimmt in der Regel seinen Ausgangspunkt bei einer klassischen Mediengattung. Vorreiter dieser Transformationsprozesse war als rein journalistisches Medium die Zeitung. Noch vor den technologischen Innovationen des digitalen Zeitalters wurden dort die Grenzen der klassischen Ressortorganisation sichtbar: Eine Zeitung aus einem Guss, ohne übermäßige thematische Redundanzen und ökonomisch fragwürdige Ressort-Egoismen, konnte es nur geben, wenn man eine zentrale Themensteuerung einführt und die Übergabepunkte für Agenturmeldungen und andere Nachrichtenquellen am Newsdesk zentralisiert (siehe Meier 2002). Der Journalismus des vordigitalen Zeitalters tat sich immer schwer, Kooperationen über Ressort- oder Gattungsgrenzen hinweg zu organisieren, da die klassische Redaktionsorganisation der Vernetzung wie eine Mauer im Wege stand (vgl. Hohlfeld 2018: 23). Aber erst die durch digitale Produktions- und Publikationstechniken ausgelöste Medienkonvergenz führte seit der Jahrtausendwende allmählich zu konvergierenden Redaktionen mit zentral operierenden Newsrooms, deren durchgängiges Merkmal eine zentrale, durch Redaktionssysteme unterstützte Themensteuerung am Newsdesk ist. Klaus Meier (2018) charakterisiert dabei den Newsdesk als eine „Koordinations- und Produktionszentrale, in der alles zusammenläuft, was die Redaktion an Material zur Verfügung hat. [...] Am Newsdesk können zudem crossmedial mehrere Plattformen abgestimmt und bedient werden" (ebd.: 177). Während der Newsdesk alleine also weder architektonische Voraussetzungen noch räumliche Konsequenzen hat, ist der Newsroom als Synonym für Redaktion an (moderne) raumgestalterische Bedingungen geknüpft:

> Er [...] ist nicht einfach ein traditionelles Großraumbüro, sondern unterstützt architektonisch neue redaktionelle Konzepte des ressort- und medienübergreifenden Planens und Arbeitens. Die Wände zwischen Ressorts und Medien werden eingerissen; alle Journalisten sitzen in einem gemeinsamen Redaktionsraum und sollen sich so besser absprechen und koordinieren (Meier 2018: 177).

Gleich, ob über die architektonischen Spezifika des Großraumbüros hinaus der Newsroom als Prinzip gesehen wird, der nicht nur die Mauern in den Redaktionsräumen, sondern auch in den Köpfen des journalistischen Personals einreißen soll: Newsroom und Newsdesk sollen ein plattformorientiertes Denken zugunsten eines themenorientierten Denkens aufgeben helfen (vgl. ebd.). Die technische Direktorin des Bayerischen Rundfunks, Birgit Spanner-Ulmer, spricht in diesem Zusammenhang von einem Wandel „vom sendungsbezogenen Arbeiten hin zum themenzentrierten Arbeiten" (Spanner-Ulmer 2014: 45).

Auch der Rundfunk ist von der Notwendigkeit des themenorientierten Arbeitens betroffen, wenngleich seine Mehrmedialität in der Vergangenheit eher Ausdruck in der Gleichzeitigkeit von Hörfunk und Fernsehen gefunden hatte, die beim öffentlich-rechtlichen System vorherrscht. Anders als im öffentlich-rechtlichen Bereich, dessen Crossmedialität schon in Ansätzen erforscht worden ist (siehe Kunde 2014; Rautenberg 2016; Verhovnik et al. 2017), gilt für den privaten

Hörfunk, dass er bislang weitaus weniger auf crossmediale Strukturen hin untersucht wurde. In einer in Kooperation mit der BLM durchgeführten Studie von Sonja Kretzschmar und Verena Waßink (2014) wurden erstmals crossmediale Strukturen und Angebote im bayerischen Lokalrundfunk untersucht. Dazu wurden in einer qualitativen Vorstudie leitfadengestützte Interviews mit elf Geschäftsführerinnen und -führern sowie Programmverantwortlichen der bayerischen Lokalsender geführt und anschließend die Verantwortlichen von 13 TV- und 36 Radiosendern online befragt. Die Forscherinnen fanden heraus, dass bei den Sendern prinzipiell eine hohe Bereitschaft vorhanden war, Innovationen voranzutreiben und crossmedial zu arbeiten, allerdings bei der Umsetzung keine systematische Crossmedia-Strategie existierte. Die befragten Sender nutzten soziale Netzwerke als Rücklaufkanäle, um mit den Rezipierenden in Verbindung zu treten und einen intensiven Austausch zu pflegen. Der reziproke Kontakt mit dem Publikum kam dabei insbesondere über die sozialen Netzwerke und weniger über die Website der Sender zustande. Das Primärmedium stand bei allen Aktivitäten nach wie vor im Vordergrund, weshalb auch die Produktion eines guten Beitrags für TV oder Radio gegenüber der Herstellung von Onlineinhalten Vorrang hatte (vgl. Kretzschmar/Waßink 2014: 4, 15, 18, 25, 36f.).

Neben der genannten Studie waren lokale Hörfunkmedien bis dato nicht Gegenstand der Analyse crossmedialer Strukturen in der Organisation, der Programmplanung, der Produktion und der Publikation. Eine Reihe von Gründen machen diese Forschungslücke plausibel: Zum einen ist der Hörfunk kein ausschließlich journalistisches Medium. Bis auf wenige Spartensender wie Deutschlandfunk beziehungsweise Deutschlandradio oder Nachrichtensender wie B5 aktuell ist das Radio ein unterhaltendes Begleitmedium mit überschaubarem Nachrichten- und Informationsanteil. Crossmedialität aber ist bislang eine Domäne des Journalismus und der Unternehmenskommunikation gewesen (siehe Otto/Köhler 2018).

Damit sei nicht gesagt, dass Unterhaltungs- und Serviceangebote prinzipiell nicht crossmediafähig sind. Jedoch liegt der Fokus von Crossmedialität bei den Hörfunkmedien eher im medienökonomischen Handeln, etwa der Crosspromotion oder der Synergien fördernden Mehrfachverwertung von Angeboten. Zum anderen erreichen die journalistisch orientierten Redaktionen der Radiosender, die sich wirtschaftlich und publizistisch auf zwei Märkten behaupten müssen, meist nicht personelle Größenordnungen, die neue und innovative Redaktionsmodelle zwingend erforderlich machen. Denn vom Radio wird eben in der Regel anderes verlangt als von der Zeitung: „Radio bleibt der Soundtrack des Tages" (Gattringer/Mai 2016). Radio ist ein musikbasiertes, unterhaltungsorientiertes Begleitmedium mit „Informationssprengseln". Um diesen Erwartungen gerecht zu werden, reichen heute in der Regel pro Programmstunde ein zwei- bis dreiminütiger Nachrichtenüberblick und einige wenige moderierte O-Töne aus dem

Bereich der lokalen Information. Zumindest was die landesweiten Service-Wellen und die lokalen Radiosender anbelangt, ist der Informationsanteil überschaubar. Aus dieser Funktionsbeschreibung folgt zweierlei: Eine übersichtliche Ausstattung mit personellen Ressourcen (im Vergleich zu den Druckmedien) und eine Konzentration auf die Moderation und Präsentation. Zwar sind Radiosender in der Regel universelle Medien, selten erreichen sie jedoch eine Größe, die eine Organisation in Ressorts und Themengebiete angezeigt erscheinen lässt. Gerade der sehr kleinteilig konzipierte Lokalfunk in Bayern erschwert wirtschaftliche Erfolge, da er seit jeher auf engumgrenzten Werbemärkten agieren muss und eine technisch stark beschränkte Reichweite besitzt. Andererseits bieten heute viele technische Hilfsmittel die Möglichkeit, ohne größeren Aufwand Inhalte zu produzieren und über zusätzliche Kanäle wie Webseiten und soziale Medien zu distribuieren, was das Mehrkanal-Publizieren potenziell deutlich erleichtert.

Als vorempirische Zustandsbeschreibung lässt sich festhalten: Auf der Ebene der Redaktionsorganisation haben wir es im Bereich des bayerischen Lokalfunks wirtschaftlich mit vergleichsweise kleinen redaktionellen Einheiten zu tun, die sich jedoch bedingt durch neu hinzugekommene digitale Ausspielkanäle der Herausforderung gegenübersehen, ihre Inhalte auf vielen Kanälen zu verbreiten, um ihre Reichweite zu erhöhen und Aufmerksamkeit zu erzielen. Hinzu kommen die Möglichkeiten, diese Kanäle zu vernetzen und die hier eingesetzten rückkanalfähigen Plattformen für die Beobachtung des Publikums zu nutzen und darüber hinaus Community-Building zu betreiben. Insofern ist davon auszugehen, dass das Potenzial der Crossmedialität stärker in der Nutzung und konvergenten Vernetzung von Ausspielkanälen als in der Umgestaltung von Redaktionen liegt. Die zentralen Strukturen von lokalen Hörfunkredaktionen legen zudem nahe, dass die dort tätigen Redakteurinnen und Redakteure eher Generalisten als Spezialisten sind, da es – abgesehen vom Sport – keine klassischen Sparten zu bedienen gibt und vielmehr ein breites Themenspektrum abgedeckt werden muss (siehe DFJV 2019).

Fallstudien in Niederbayern

Um diese Einschätzungen zu überprüfen, wurden die lokalen Radiostationen im Regierungsbezirk Niederbayern in Landshut, Passau und Straubing untersucht. Mittels explorativer Interviews wurden im Sommer 2019 die redaktionell Verantwortlichen der Sender UNSER RADIO Passau/Deggendorf, Radio Galaxy Passau/Deggendorf, Radio Trausnitz, Radio Galaxy Landshut und Radio AWN zum Stand der crossmedialen Strukturen und Arbeitsweisen in den Redaktionen befragt. Zum Einsatz kam ein teilstandardisierter Leitfaden, mit dem die wichtigsten Aspekte der Crossmedialität und ihre Folgen erhoben werden konnten. Zur Sprache kamen folgende Dimensionen:

- Redaktionsorganisation (Ausbildung von Newsdesk-Systemen mit zentraler Themensteuerung)
- Anforderungen an Journalistinnen und Journalisten (Berufsbild Generalist versus Spezialist)
- Crossmedialität (im Sinne der Nutzung mehrmedialer Plattformen und Kanäle)
- Einbeziehung sozialer Medien (Relevanz für Publikumskommunikation und Community-Building)
- Einfluss des Feedbacks von Nutzerinnen und Nutzern auf die Programmgestaltung
- Crossmediales Storytelling (plattformübergreifende Vernetzung von Themen)
- Online-First-Strategie
- Ökonomische Effekte der Crossmedialität
- Vor- und Nachteile der Crossmedialität im lokalen Hörfunk

Folgende Interviews wurden im lokalen Privatradio in Niederbayern geführt: Simone Rieger (Redaktionsleiterin) und Hendrik Schwartz (Redakteur, Social-Media-Experte) von Radio Galaxy & UNSER RADIO Passau/Deggendorf, Simone Moser (Redaktionsleiterin) von Radio Galaxy Landshut & Radio Trausnitz und Georg Hausmann (Geschäftsführer) von Radio AWN. Die Gespräche wurden anschließend transkribiert und mit Hilfe des Programms MAXQDA, einer Software zur computergestützten qualitativen Textanalyse, derart konfiguriert, dass mittels Codings die relevanten Dimensionen sichtbar wurden und die Antworten der Programmverantwortlichen zugeordnet werden konnten. Im Folgenden werden die Kernaussagen der Interviewten verdichtet und in deskriptiver Form wiedergegeben, bevor sie in einem abschließenden Fazit diskutiert werden. Einen ersten Überblick über die Eckdaten der lokalen Radiosender in Niederbayern sowie die Tagesreichweite der Sender im jeweiligen Stereoempfangsgebiet bietet die nachfolgende Übersicht (siehe Tab. 12 und Tab. 13). Zusätzlich konnte für die Erhebung noch auf Interviews mit Verantwortlichen des Lokalfunks in Bayern zurückgegriffen werden, die der Autorin und dem Autor dieses Beitrags vom Herausgeberteam freundlicherweise zur Verfügung gestellt wurden. Die hier verarbeiteten Aussagen sind im identischen Arbeitskontext erhoben worden und beziehen sich auf Crossmedialität, Anforderungen an Journalistinnen und Journalisten (Selbstverständnis) und die Vor- und Nachteile des crossmedialen Arbeitens.

5.7. Crossmediales Arbeiten in den Redaktionen lokaler Radiosender

Radiosender	Anzahl der Mitarbeitenden	Zielgruppe	Programmstd./Woche
UNSER RADIO Passau/Deggendorf	Mitarbeitende sind für UNSER RADIO und Radio Galaxy Passau/Deggendorf zuständig: UNSER RADIO Deggendorf Programmanbieter GmbH und Co. KG: vier Angestellte, Funkhaus Passau GmbH und Co. KG: 13 Angestellte	30-59 Jahre	86 Std.
Radio Galaxy Passau/Deggendorf	Mitarbeitende sind für UNSER RADIO und Radio Galaxy Passau/Deggendorf zuständig: UNSER RADIO Deggendorf Programmanbieter GmbH und Co. KG: vier Angestellte, Funkhaus Passau GmbH und Co. KG: 13 Angestellte	14-29 Jahre	15 Std.
Radio Galaxy Landshut	33 Beschäftigte, die für Radio Trausnitz und Radio Galaxy Landshut tätig sind (davon 18 Mitarbeitende, die ausschließlich für das Programm zuständig sind)	14-29 Jahre	30 Std.
Radio Trausnitz Landshut	33 Beschäftigte, die für Radio Trausnitz und Radio Galaxy Landshut tätig sind (davon 18 Mitarbeitende, die ausschließlich für das Programm zuständig sind)	30-59 Jahre	101 Std.
Radio AWN	Bis zu 12 Beschäftigte (davon vier feste und bis zu zwei freie Mitarbeitende, die ausschließlich für das Programm zuständig sind)	25-59 Jahre	75 Std.

Tab. 12: Eckdaten der lokalen Radiosender in Niederbayern (Quelle: BLM 2019b: 70, 74, 126, 130; BLM 2019b; Rieger, E-Mail Auskunft, 18. September 2019; Hausmann, E-Mail Auskunft, 17. September 2019; Ibelshäuser, telefonische Auskunft, 30. September 2019).

Radiosender	Standort	Gesamt ab 14 J. in Mio.	Gesamt ab 14 J. in %	14-29 J. in %*	30-49 J. in %	50 J. u. ä. in %
UNSER RADIO	Deggendorf	0,016	12,8	10,2	9,1	16,1
UNSER RADIO	Passau/ Regen/ Freyung	0,037	11,5	8,5	15,8	10,3
Radio Galaxy Passau/ Deggendorf	Passau/ Deggendorf	0,004	6,2	8,8	13,1	1,0
Radio Galaxy Landshut	Landshut	0,017	10,1	10,2	13,1	8,0
Radio Galaxy Passau	Passau/ Regen/ Freyung	0,009	8,5	/	6,7	0,8
Radio Trausnitz	Landshut	0,048	11,6	17,8	12,3	8,3
Radio AWN	Straubing	0,013	9,8	4,1	3,7	16,1

Tab. 13: Tagesreichweite (Mo-Fr) der lokalen Radiosender im jeweiligen Stereoempfangsgebiet in Niederbayern (* = Basis ungewichtet oftmals < 80 Interviews; Quelle: BLM 2019a: 4f.).

Die Redaktionsorganisation privater Lokalradiosender in Niederbayern

Die Redaktionsorganisation der privaten Lokalradiosender in Niederbayern weist einige Gemeinsamkeiten auf: Die zentrale Themensteuerung erfolgt sowohl bei Radio Galaxy in Landshut, Passau und Deggendorf als auch bei Radio Trausnitz und UNSER RADIO in Passau und Deggendorf durch die Redaktionsleitung. Die Nachrichten für Online und Hörfunk werden separat verantwortet. Als Präzedenzfall erweist sich Radio AWN, das weder über eine zentrale Themensteuerung noch über einen Newsdesk verfügt.

Um die Inhalte neben dem Radioprogramm auch Online zu publizieren, sind bei der Mehrzahl der lokalen Privatradiosender in Niederbayern nach wie vor eine redaktionelle Entscheidung von Menschenhand und eine manuelle Bearbeitung unerlässlich. Keines der befragten Lokalradios verfügt über ein Redaktionssystem, das eine automatische Ausspielung der Inhalte im Hörfunk- und Onlinebereich ermöglicht. „Das System heißt Mensch", betont Simone Rieger, Redaktionsleiterin von Radio Galaxy und UNSER RADIO in Passau und Deggendorf. Sie verdeutlicht damit die individuelle journalistische Leistung, die von der Redaktion im lokalen Privatradio erbracht werden muss. Symptomatisch für den privaten Lokalhörfunk scheint zu sein, dass in keinem der Radiosender arbeitsteilige Ressorts bestehen – ein Sachverhalt, der Aufschluss über die redaktionelle Arbeitsweise und die spezifischen Anforderungen an die Journalistinnen und Journalisten gibt: Jede Person muss potenziell jedes Thema übernehmen können. Allerdings gibt es auch bei den Lokalradiosendern Redaktionsmitglieder, die sich in bestimmten Bereichen, beispielweise in Kultur oder Sport, besonders gut auskennen. „Dann ist es natürlich naheliegend, dass diese Person auch diese Themen aufarbeitet. Aber nicht in Form eines Ressorts", so Hendrik Schwartz, Social-Media-Experte von Radio Galaxy und UNSER RADIO in Passau und Deggendorf. Anders als in großen Medienunternehmen, in denen Ressorts journalistischen Expertengruppen entsprechen, die meist aufgrund fachlicher Vorbildung Beiträge zu jeweils bestimmten Themenkomplexen von gesellschaftlicher Relevanz verfassen, muss die einzelne Journalistin beziehungsweise der einzelne Journalist im Lokalradiojournalismus thematisch alle für das Programm des Senders relevanten „Gegebenheiten vor Ort – und das ist Politik, Kultur, Sport, Wirtschaft – abdecken", erklärt Georg Hausmann, Geschäftsführer von Radio AWN. Da das Berichterstattungsgebiet im lokalen Hörfunk einen begrenzten Umfang hat, sollte die Redakteurin oder der Redakteur „[..] Kommunalpolitik verstehen und [...] einen Bezirksrat von einem Betriebsrat unterscheiden können. Wenn er das nicht kann, wird er untergehen. Da sagen wir: ‚Flasche'", so Hausmann weiter.

Anforderungen an Journalistinnen und Journalisten: Generalisten statt Spezialisten

Aber nicht nur hinsichtlich des Fachwissens, sondern auch im handwerklichen Bereich wird bei den untersuchten Lokalradios von Beginn an auf eine Spezialisierung verzichtet. Um die Lokalradiojournalistinnen und -journalisten im privaten Sektor bereits in der Ausbildung, dem Volontariat, an die vielfältigen Arbeitsanforderungen heranzuführen und vorzubereiten, werden diese in den unterschiedlichen Funktionen des Radiojournalismus geschult. Dazu erläutert Simone Rieger:

> Bei uns wird ausgebildet für alle Bereiche: Moderation, Redaktion und Nachrichten. Weil es für uns von der Arbeitsweise her einfach unabdingbar ist, dass jeder alles bedienen kann. Natürlich gibt es Leute, die bevorzugt Nachrichten, bevorzugt Moderation machen. Aber prinzipiell ist es bei uns so, dass jeder alles können muss.

Gleiches berichtet auch Simone Moser, Redaktionsleiterin von Radio Galaxy Landshut und Radio Trausnitz:

> Bei uns wird viel Wert daraufgelegt, dass jeder alles machen kann. Wenn meine Volontärin jetzt mit ihrem Volontariat fertig ist, kann ich sie theoretisch als Moderatorin, Redakteurin, Nachrichtensprecherin oder Nachrichtenredakteurin sowie als stellvertretende Redaktionsleitung einsetzen.

Der These vom Lokalfunk-Allrounder pflichtet auch Ulrich Jörs bei, der für Radio Mainwelle im fränkischen Bayreuth ab 1987 als Redakteur und später als Geschäftsführer gearbeitet hat:

> Das Radio hat sich wirklich zu einem, wie man's jetzt ja nennt, trimedialen Medium entwickelt. Das heißt auch: Den typischen Radiomann gibt's eigentlich nicht mehr. Also den Moderator, den Nachrichtenredakteur. Du musst Allrounder sein.

Auch Radio AWN stellt an seine sich in Ausbildung befindenden Journalistinnen und Journalisten einen „generalistische[n] Anspruch, der irgendwann einmal in eine Spezialisierung mündet. Aber die Grundarbeitsweisen lernen die Kollegen auch bei den anderen Mediengattungen zuerst einmal", berichtet Georg Hausmann.

Das angeforderte Kompetenzprofil von Journalistinnen und Journalisten im Bereich des lokalen Hörfunks in Niederbayern ist das eines „Allrounder[s]", sagt auch Simone Moser. Insbesondere bei kleinen Radiosendern, die ihr Programm mit nur wenig Personal realisieren müssen, ist der Allrounder unabdingbar. „Die kleinen Stationen brauchen existenziell Generalisten [...], weil sie sonst einen Schichtplan gar nicht füllen können", erklärt Georg Hausmann.

Neben einem breiten Allgemeinwissen, das es ermöglicht, zu mehreren Themen zu berichten, und der multifunktionalen Ausbildung für Moderation, Redaktion und Nachrichten müssen die Radiojournalistinnen und -journalisten auch verschiedene Kanäle bedienen können. Es genüge also nicht, Themengeneralist zu sein, wenn es an kanalübergreifenden Fähigkeiten mangele, so Simone Rieger und Hendrik Schwartz:

> Wir wollen die [eierlegende, Anm. LL & RH] Wollmilchsau! [...] Bei uns kann jeder theoretisch Sachen online stellen, es kann jeder mal Nachrichten schreiben, es kann jeder Beiträge schneiden, es kann jeder auch mal ein Foto machen.

Personal, das ausschließlich für Online-Medien zuständig ist, gibt es bei den befragten Radiosendern nicht. Eine Ausnahme stellt partiell die von der Funkhaus Passau GmbH & Co. KG, unter deren Dach das Programm von UNSER RADIO und Radio Galaxy Passau/Deggendorf produziert wird, betriebene Online-Nachrichtenseite Passau24 dar: Die Website wird ausschließlich von der zuständigen Nachrichtenredakteurin oder dem zuständigen Nachrichtenredakteur bespielt, die oder der jedoch gleichzeitig auch für die Nachrichten im Hörfunk zuständig ist. „Alle Nachrichten, die bei uns on air laufen, werden mehr oder weniger eins zu eins online gestellt und dann natürlich mit Fotos oder Sonstigem bestückt", so Simone Rieger und Hendrik Schwartz im Interview. Die Websites der Sender UNSER RADIO und Radio Galaxy Passau/Deggendorf werden federführend von zwei Redaktionsmitgliedern verantwortet, können aber von allen bearbeitet werden: „Also wir sind wieder bei dem Thema: Jeder muss alles können", betonen Rieger und Schwartz weiter. Mithin findet sich bei den niederbayerischen Lokalradios ein journalistisches Profil, das auf den drei Ebenen Thema, Funktion und Plattform das Generalistentum bevorzugt.

Crossmedialität im lokalen Privatradio in Niederbayern

Um eine möglichst breite, heterogene Masse an Rezipierenden zu erreichen, bauen sich private Lokalradiosender in Niederbayern, wenn auch nicht durch Personal, das ausschließlich für die Internetpräsenz zuständig ist, neben dem Hörfunk zunehmend ein weiteres Standbein im Onlinebereich auf. Damit folgen sie einem international zu beobachtenden Trend, der insbesondere im Print-, aber auch im Fernseh- und Hörfunkbereich verfolgt wird und für die Existenzsicherung sämtlicher Mediengattungen kontinuierlich an Bedeutung gewinnt (vgl. Hohlfeld 2018: 21ff.). Das benötigte Kapital, um mehr- und crossmedial zu berichten und neben dem Hörfunk in gleichem Maße online tätig zu sein, ist jedoch insbesondere bei kleinen privaten Radiosendern nicht immer vorhanden. Denn, wenn mehrere Ausspielewege und Mediengattungen bedient werden sollen, „[…] dann benötigen Sie eine gewisse Mindestgröße an Mannschaft. Sie brauchen dazu, was im privaten Rundfunk zwangsläufig notwendig ist, auch die wirtschaftliche Kraft, um solche Dinge überhaupt einsetzen zu können", betont Georg Hausmann, Geschäftsführer von Radio AWN. Aufgrund der angespannten finanziellen Lage betreibt daher keines der lokalen Privatradios in Niederbayern Online mit der gleichen Intensität wie das Radioprogramm, wie auch Simone Rieger und Hendrik Schwartz im Interview erläutern:

> Wir machen im Moment nur das, was wir wirklich für sinnvoll erachten. Aber wir machen uns nicht mehr Arbeit mit Online, weil wir damit

> einfach aufgrund der – wie es in jedem Lokalradiosender ist – sehr angespannten personellen Lage automatisch das Hauptprodukt schwächen würden, da die Arbeitszeit zwangsweise von dem Hauptprodukt abgezogen werden müsste für Online.

Wenn es um die Frage gehe, ob man etwas für das Programm oder für Online mache, sei daher die Antwort immer: „Für das Programm", so die beiden weiter. Der Schwerpunkt der täglichen journalistischen Arbeit im Lokalradio konzentriert sich demnach also nach wie vor auf das Radio, das – so Simone Moser im Interview – „unser Aushängeschild, unser Steckenpferd" bleibe. Auffallend ist jedoch, dass der Onlineauftritt der Sender und der betriebene Arbeitsaufwand im Onlinebereich je nach Publikum variiert. Je jünger das Publikum, desto intensiver werden Website und Social-Media-Kanäle bespielt. So investiert die Redaktion von Radio Trausnitz und Radio Galaxy an allen Standorten vergleichsweise viel Zeit in die Pflege der Website und der sozialen Netzwerkprofile. Bei Radio Galaxy in Passau und Deggendorf gaben Simone Rieger und Hendrik Schwartz im Interview an:

> Es fließt täglich eine signifikante Menge an Arbeitszeit in den Bereich Online mit Instagram, Facebook und der Website. Da sieht man schon, ein junges Radioprogramm kann man nicht ganz ohne so etwas machen.

Simone Moser, Redaktionsleiterin von Radio Galaxy Landshut und Radio Trausnitz, beschreibt Crossmedia im privaten Lokalfunk sogar als essenziell: „Heutzutage läuft alles komplett über die sozialen Netzwerke und ohne Online ist auch ein Radiosender heute nichts mehr."

Dass Crossmedialität jedoch aufgrund begrenzter Ressourcen noch nicht bei allen privaten Lokalradiosendern in Niederbayern konsequent und strategisch verfolgt werden kann, verdeutlicht die Aussage des Geschäftsführers von AWN, Georg Hausmann:

> Wir haben ausschließlich eine Lizenz für ein lokales Radio, für eine lokale Radiofrequenz und das ist unser Schwerpunkt. Die anderen Optionen, die die Technik, Kommunikationsplattformen und Möglichkeiten schaffen, sind uns wichtig, aber wir können sie sicherlich noch nicht in dem Maße nutzen, wie wir es gerne tun würden.

Auf Online wird also immer erst dann zugegriffen, wenn es die Ressourcen ermöglichen. Obwohl der Wunsch bei Radio AWN bestünde, Online häufiger einzusetzen, sei dies nur bedingt möglich, da das Mantelprogramm, das den privaten Lokalradiosendern in Bayern zugespielt werde, nicht mehr so umfangreich sei wie früher. Somit müssten auch kleinere Sender längere Programmstrecken gestalten und verantworten.

Über die zunehmende Relevanz von Crossmedia im lokalen Privatradio sind sich alle befragten Personen einig. Die Notwendigkeit, crossmedial zu arbeiten, ist nicht zuletzt auch auf die veränderten Gewohnheiten der Nutzerinnen und Nutzer zurückzuführen, die es privaten Radiosendern nahezu unmöglich machen, komplett auf den Online-Bereich zu verzichten und ausschließlich ihrem Radioprogramm nachzukommen. Bei der Frage, welche Aufgaben der lokale Hörfunk heute übernehmen müsse und welche Kanäle er bespielen solle, herrsche allerdings kein Konsens, wie Simone Rieger und Hendrik Schwartz zu bedenken geben:

> Es gab in den letzten Jahren beispielsweise immer wieder Bestrebungen, dass wir mehr Videos machen sollten und dass wir Videos bräuchten. So richtig auf den grünen Zweig hat das auch nicht geführt. Man ist sich da ziemlich uneinig in dieser Sache, was jetzt wirklich zum Radio noch dazu gehört oder nicht im Thema Crossmedialität.

Relevanz sozialer Netzwerke für lokale Privatradiosender

Auch bezüglich des Gebrauchs sozialer Netzwerke gibt es bei den Lokalradiosendern deutliche Unterschiede. Für Radio AWN ist Facebook das wichtigste soziale Medium, um Hörerinnen und Hörer anzusprechen, sie in das Programm einzubeziehen und auf das Lokalradioprogramm aufmerksam zu machen. Der Instagramkanal des Senders sei, so Georg Hausmann im Interview, „momentan lahmgelegt", was daran liege, dass ein solcher Kanal viele Ressourcen benötige. Snapchat oder Twitter würden überhaupt nicht verwendet, so Hausmann weiter:

> Nicht, weil es uns unangenehm ist, sondern es ist einfach die Frage, was uns da angebracht und natürlich auch bedienbar erscheint. Das Hauptproblem unter all diesen Kanälen ist ja immer das Gleiche: Entweder Sie machen es sehr regelmäßig oder Sie lassen es sein. Denn nur ein bisschen, das kann sich eine Privatperson leisten, aber das sollte sich auch ein lokal begrenztes Medienunternehmen weniger antun. Da spielen wir nicht mit.

Für Radio Galaxy Landshut und Radio Trausnitz sind Instagram und Facebook die wichtigsten Social-Media-Kanäle. Twitter werde ebenfalls verwendet, sei jedoch mit den anderen Kanälen verknüpft, sodass die Beiträge automatisch auf Twitter erschienen, sobald ein neuer Inhalt publiziert werde, erläutert Moser:

> Über Instagram werden vor allem die Moderatoren für die Hörer greifbar und sichtbar gemacht. Bei Instagram kann man auch einfach mal so schnell mit seinen Hörern kommunizieren, ohne dass jeder Beitrag oder jeden Tag Radio gehört werden muss. Das ist eine Möglichkeit, die Hörer rein ins Studio zu bringen, sodass alles ein bisschen „verglast" ist.

Den Sendern Radio Galaxy Landshut und Radio Trausnitz dient Social Media insbesondere als Feedbackschleife: „Wenn wir Themen haben, hauen wir die auch in den sozialen Netzwerken raus. Und da kommt natürlich wahnsinnig viel Feedback, das wir wiederum für das Programm verwenden können" (ebd.). Welche Arbeitserleichterung die durch zusätzliche Feedbackschleifen verbesserte Publikumsbeobachtung und Kommunikation mit Hörerinnen und Hörern im Vergleich zu früher bedeutet, unterstreicht auch der ehemalige Radio Mainwelle-Geschäftsführer Ulrich Jörs:

> Die Kommunikation mit dem Hörer ist jetzt einfacher – und intensiver. Und das ist eigentlich das, was man damals schon gebraucht hätte, um einfach mehr Feedback zu bekommen [...]. Das ist halt durch's Digitale, durch WhatsApp, durch die Social-Media-Kanäle, die jetzt die Sender nutzen, der Fall.

Bei Radio Galaxy in Passau und Deggendorf entsteht „Communitybuilding" insbesondere im Bereich von Instagram, wohingegen Facebook eher als Kanal zur Informationsverbreitung genutzt wird. Um die Verbindung mit dem Publikum zu intensivieren, bedienen sich die Moderatorinnen und Moderatoren des Senders außerdem der Strategie der Crosspromotion, mit der das jeweilige Verweisen auf die verschiedenen Kanäle gemeint ist. „Bei Galaxy passieren auch öfter mal on air Beiträge wie ‚der sowieso hat uns bei Instagram geschrieben' oder ‚XY hat hier gepostet'", so Simone Rieger und Hendrik Schwartz im Interview. Solche Beiträge würden genutzt, um Hörerinnen und Hörer stärker in das Radioprogramm einzubinden und die Aufmerksamkeit auf die Onlineaktivitäten des Senders zu lenken. Denn, wie Markus Streckenbach, Produzent bei Radio Euroherz in Hof, weiß: „Jeder Hörer hat irgendwie einen Facebook-Account, jeder Hörer ist auf WhatsApp unterwegs [...]. Es lässt einen wirklich staunen, was da innerhalb kürzester Zeit an Resonanz zurückkommt."

Bei UNSER RADIO ist Facebook das soziale Netzwerk, das am ehesten verwendet wird. Allerdings sei die Nutzung von Facebook, so Simone Rieger und Hendrik Schwartz, „sehr moderat". Weiter erklären die beiden: „Da werden in der Regel Gewinnspiele, Aktionen gepostet und in loser Form Nachrichtenmeldungen mit besonderer Relevanz." Auch Twitter wurde von dem Radiosender eine Zeit lang betrieben, wird jedoch nun kaum mehr bespielt und dient der Redaktion inzwischen primär als Rechercheinstrument. Die unterschiedliche Verwendung und Intensität der Nutzung der Social-Media-Kanäle von Seiten der privaten Lokalfunkanbieter in Niederbayern verdeutlicht die bereits eingangs thematisierte Abhängigkeit von der Rezipierendengruppe und die damit korrespondierende Profitabilität des Social-Media-Auftritts. Letztlich führt die wirtschaftliche Beschränkung bei allen bayerischen Lokalradios zu einem selektiven Einsatz der sozialen Medien, wie Georg Dingler, Geschäftsführer bei Radio Gong 96.3 in München, unterstreicht:

> Im Vergleich zum Bayerischen Rundfunk oder Antenne Bayern haben wir für Social Media natürlich nicht sehr große Budgets. Da muss man natürlich gut haushalten und sagen, dass wir nicht auf jedes Pferd springen können. Wir müssen schauen, wo wir uns engagieren.

Einfluss von Klickzahlen und Online-Publikumsfeedback auf das Radioprogramm

Die durch Crossmedialität ermöglichte Feedbackschleife zwischen Publikum und Redaktion nimmt mitunter auch Einfluss auf die Programmgestaltung, etwa bei Radio Galaxy Landshut und Radio Trausnitz, wie Simone Moser im Interview ausführt: „Wenn wir sehen, dass wahnsinnig viel Feedback auf ein Thema kommt, wird das natürlich programmlich größer gemacht." Auch bei Radio Galaxy Passau/Deggendorf und UNSER RADIO dienen Klickzahlen und Feedbackschleifen als Orientierung, etwa um Tendenzen oder Trends zu erkennen. Wenn Onlinebeiträge besonders viel positive Resonanz erhalten, würden ähnliche Inhalte beispielsweise erneut auf Facebook gepostet, erläutern Simone Rieger und Hendrik Schwartz im Interview. Das Bild der niederbayerischen Radiolandschaft ist hinsichtlich der Klickzahlen-Orientierung jedoch nicht homogen. Radio AWN lasse sich laut Georg Hausmann gar nicht von Klickzahlen im Internet beeinflussen: „[N]ach dem Motto ‚Massenprinzip' arbeiten wir überhaupt nicht."

Crossmediales Storytelling

Auch zu crossmedialem Storytelling, also dem Erzählen von Geschichten über mehrere Kanäle hinweg, indem jeweils neue Informationen addiert und zusätzliche Aspekte hinzugefügt werden, komme es bei AWN selten, wie Hausmann erklärt: „Das hat auch wieder mit den Ressourcen zu tun, weil das einfach Aufgabenstellungen sind, die Sie nicht aus der hohlen Hand schnell mal hinwerfen und sagen: Passt so." Während der Verweis auf die Website bei UNSER RADIO häufig im Radioprogramm platziert wird, kommt es bei dem Sender im alltäglichen Geschehen nur sehr selten zu einem tatsächlichen crossmedialen Storytelling, das zusätzliche Informationen über das Radioprogramm hinaus verbreitet. Wenn dies der Fall sei, so Simone Rieger und Hendrik Schwartz im Interview, dann gehe es in der Regel um „Hintergrundinformationen", also darum, „[d]ass man beispielsweise eine Tabelle oder auch nur einen Link zu irgendetwas veröffentlicht." Bei Radio Galaxy Passau/Deggendorf entstehe crossmediales Storytelling zwar nicht jeden Tag, so Rieger und Schwartz im Interview, aber dennoch regelmäßig. Allerdings sei der Onlineinhalt auch hier begrenzt: „Es ist nicht so, dass wir extra für Online noch irgendwelche Inhalte produzieren, sondern nur, wenn es sich [...] ergibt", erklären Rieger und Schwartz.

Online-First-Strategie

Eine Besonderheit in Bezug auf Online besteht bei Radio Galaxy Passau/Deggendorf und UNSER RADIO, da die beiden Hörfunksender im Gegensatz zu den anderen befragten privaten Lokalradioanstalten in Niederbayern eine Online-First-Strategie verfolgen. Simone Rieger und Hendrik Schwartz erklären im Interview:

> Soweit Meldungen eine große Relevanz haben, warten wir nicht ab, dass die on air laufen, sondern geben sie gleich online. Das passiert natürlich nicht mit jeder Meldung, dass sie sofort online geht. Aber alles, was eine gewisse Relevanz hat wie größere Unfälle oder so etwas, wo ein öffentliches Interesse da ist, wird sofort online gestellt.

Das direkte Onlinepublizieren von Inhalten, noch bevor diese im Programm laufen, verdeutlicht den zuvor bereits erwähnten Anspruch, Informationen so schnell wie möglich zu übermitteln.

Finanzielle Auswirkungen von Crossmedialität im privaten Lokalradio

Neben den redaktionellen und strategischen Veränderungen, die mit der Crossmedialität einhergehen, hat crossmediales Arbeiten auch finanzielle Auswirkungen, die insbesondere für privatwirtschaftliche Radiounternehmen entscheidend sind. Es stellt sich daher die Frage, ob Crossmedialität zu Mehrkosten im Unternehmen führt und damit eine Arbeitsweise ist, die in erster Linie verfolgt wird, um sich den veränderten Nutzungsgewohnheiten der Rezipierenden anzupassen und auf dem umkämpften Markt attraktiv zu bleiben, oder ob, bedingt durch die zusätzliche Onlinepräsenz, auch Gewinne erzielt werden können. Auf die befragten lokalen Privatradiosender trifft ersteres aus rein finanzieller Sicht nicht zu, da kein zusätzliches Personal für den Online-Bereich eingestellt wurde. Alle Redaktionsmitglieder arbeiten, wenn möglich, plattformübergreifend, sodass der

Mehraufwand, der durch Online-Aktivitäten entsteht, innerhalb der regulären Arbeitszeit der Journalistinnen und Journalisten bewältigt wird. Würde in der Redaktion nicht crossmedial gearbeitet werden, so könnten alle laut Hausmann lediglich „zwei Zigarettenpausen mehr am Tag machen".

Zu finanziellen Zugewinnen führten crossmediales Arbeiten und Onlinepräsenz bei den privaten Lokalradiosendern in Niederbayern, so die Schilderungen von Simone Rieger und Hendrik Schwartz, bis jetzt jedoch noch nicht: „Ich meine, wir haben Erlösquellen, aber die Erlöse sind niedriger als die Kosten. Also kann man es eigentlich nicht als Einnahme sehen. Es ist eigentlich ein Kostenfaktor." Ein regelmäßiger Gewinn werde mit der Onlinepräsenz laut Hausmann auch bei AWN nicht erzielt:

> Darum sage ich, es ist vermessen zu sagen, man würde darauf hinsteuern, dass es ein Geschäftsmodell wird. Es ist eine kommunikativ unverzichtbare Tätigkeit und Plattform. Vielleicht entwickelt es sich so, dass die nächste oder übernächste Generation sagt: „Klar, ich bezahle dafür, dort ein bisschen herumzusurfen!" Das müssen wir abwarten.

Momentan wird Online daher von den befragten Sendern in erster Linie verwendet, um wettbewerbsfähig zu bleiben, auf möglichst vielen Plattformen Kontakte zu generieren und um das Publikum in das Programm einzubeziehen. Die Erweiterung um Online-Plattformen wird jedoch von den Verantwortlichen derzeit (noch) nicht betrieben, um Gewinne zu erwirtschaften.

Ein Finanzierungskonzept, wie es bis dato vor allem von Websites privater Zeitungshäuser bekannt ist, bei dem die Rezipierenden einen gewissen Betrag bezahlen oder ein Abonnement abschließen müssen, um zusätzliche Onlineinhalte rezipieren zu können, wäre womöglich auch für den privaten Lokalhörfunk denkbar. Wenn exklusive Onlineinhalte, die die Rezipierenden dazu veranlassen, für zusätzliches Material wie Exklusivinterviews, anspruchsvolle Podcasts oder Sendungen ohne Werbung Geld zu zahlen, gezielt eingesetzt würden, könnte aus der Onlinepräsenz gegebenenfalls ein Erlösmodell werden. Allerdings verhindert der bestehende Engpass an Personal und Finanzmitteln bei den privaten Lokalfunkanbietern aktuell ein solches Konzept.

Vor- und Nachteile von Crossmedialität im privaten Lokalfunk

Crossmedia birgt für private Lokalradiosender potenziell enorme Vorteile: Von der Möglichkeit einer unkomplizierten reziproken Kommunikation zwischen Hörfunkmacherinnen und -machern sowie Rezipierenden über die kostengünstige und weitläufige Verbreitung der Inhalte auf Social Media über das Sendegebiet hinweg bis hin zur Publikumsbindung erschließen sich zahlreiche Chancen für Radiosender lokaler Provenienz, ihre Existenz in einem hart umkämpften Medien-Segment zu sichern.

Das Internet sei, so Georg Hausmann, „ein unverzichtbarer Kommunikationsfaktor", über den eine „direkte Kommunikation" gelinge. „Ich kann Facebook-O-Töne, die mir da gegeben werden, eventuell sogar auf Sendung bringen und dergleichen mehr." Auf diese Weise ist es möglich, nicht nur die Grenzen zwischen Radio und Online verschmelzen zu lassen und die Kanäle zu verbinden, sondern auch die Distanz zwischen Studio und Außenwelt zu überbrücken, indem Beiträge aus der Community direkt in das Programm eingebunden werden.

Bei Radio Galaxy Passau/Deggendorf fungiere das Vernetzen der Kanäle, das beispielsweise über Instagram betrieben werde, mitunter als Methode, „um die Leute an das Programm zu binden oder dazu zu bringen, wieder einzuschalten", erläutern Simone Rieger und Hendrik Schwartz. Außerdem könne, durch den direkten Kontakt zwischen Hörerinnen und Hörern sowie Moderatorinnen und Moderatoren, das Programm lebhafter gestaltet werden.

Darüber hinaus bietet Social Media den Rezipierenden die Möglichkeit, sich untereinander zu vernetzen und Informationen über Veranstaltungen zu erhalten, ohne dafür das Radio einschalten zu müssen. So sei es laut Simone Moser beispielsweise möglich, unter dem Hashtag „#lokal" zu verfolgen, was in der Region passiere und geboten sei.

Neben den Vorteilen, die sich aus dem crossmedialen Arbeiten für die Rezipierenden ergeben, erleichtert Crossmedia auch den Redaktionsmitgliedern die Arbeit. UNSER RADIO und Radio Galaxy Passau/Deggendorf haben sich durch ihre Onlinepräsenz ein Nachrichtenarchiv aufgebaut, das bis 2006 zurückreicht. Simone Rieger und Hendrik Schwartz erklären dazu: „Das heißt, über 13 Jahre Nachrichten. Das ist mal ein Vorteil aus dem Crossmedialen, der im Arbeitsalltag tatsächlich genutzt wird." Dieses Archiv werde immer wieder dann zu Rate gezogen, wenn die vergangene Berichterstattung relevant sei und überprüft werden solle, wie ein bestimmter Fall damals aufgearbeitet worden sei. Das Nachrichtenarchiv sei damit die „strukturierteste Art und Weise" der Sender, um Informationen zu speichern. Es sei ein Archiv, das, in Zeiten eines ephemeren aktuellen Nachrichtengeschehens, dauerhaft Bestand habe. Schließlich gelte: „Online verschwindet nie."

Aber nicht nur im rein journalistisch-redaktionellen Bereich der Lokalradios, auch bei der bereits zuvor erwähnten Crosspromotion, mit der die Radiomarke, das Programm, Veranstaltungen oder Aktionen über verschiedene Kanäle hinweg beworben werden können, wirkt Crossmedialität leistungssteigernd. Die Vorteile von Crosspromotion lägen insbesondere in der einfachen Handhabung der Vernetzung von Inhalten, die von großem Vorteil für das Programm seien, berichtet Simone Rieger: „Du machst mal schnell einen Hinweis: Alle Infos finden Sie auf Unserradio.de. Du bist schnell raus. Du musst nicht jedes Mal die ganze Litanei nochmal erklären."

Auch bei Gewinnspielen reduziere Crossmedialität Komplexität und gestalte Arbeitsabläufe leichter, indem Online-Formulare verwendet würden: „Die Leute müssen sich vorher online bewerben. Das ist für den Redaktionsablauf, um solch ein Gewinnspiel abzuwickeln, natürlich viel einfacher. Man kann das super durchstrukturieren."

Außerdem biete Online die Chance, „viel leichter aktuell und schneller" zu sein, was jedoch „auch als Nachteil gesehen werden [kann], weil man dadurch einen wahnsinnigen Druck hat, so schnell wie möglich zu sein", so Simone Moser. Dadurch wachse der Konkurrenzkampf zwischen den einzelnen Radiosendern weiter und zwinge sie dazu, sich neben ihrem primären Aufgabenfeld, dem Hörfunk, auch Online zu beweisen. Und weiter: „Wenn irgendetwas passiert ist, geht es darum, so schnell wie möglich den Post abzusetzen. Natürlich hat man da andere Konkurrenten, die das genauso machen. Dann heißt es: ‚Wer ist der Schnellste? Wer hat das am genauesten gemacht?'"

Trotz der genannten Vorzüge entstünden durch Crossmedialität auch Nachteile, etwa bei der gleichmäßigen Beteiligung aller potenziellen Hörerinnen und Hörer, konstatieren Simone Rieger und Hendrik Schwartz. So besäße insbesondere die Zielgruppe von UNSER RADIO, die „schon etwas älter ist", nicht immer einen Computer und könne sich dadurch auch nicht ohne weiteres für Gewinnspiele registrieren, was ab und zu von Hörerinnen und Hörer kritisiert werde. Ein nicht zu vernachlässigender Nachteil sei außerdem, dass Crossmedialität mehr Arbeit verursache. Auch Rudi Loderbauer, ehemals Redakteur bei Radio Trausnitz in Landshut, moniert, dass man „auch immer die Leute bei Instagram bei Stange halten" müsse: „Man kann sich als Radiomacher irgendwie nicht mehr auf das Wesentliche, auf das Radio konzentrieren. Das wird oftmals etwas vernachlässigt."

Der zusätzliche Aufwand, der für die Website und die Pflege der Social-Media-Kanäle betrieben werden müsse, sei der ausschlaggebende Grund, weshalb insbesondere bei kleinen lokalen Hörfunkanstalten wie Radio AWN nicht vermehrt crossmedial gearbeitet werde, erklärt Georg Hausmann: „[N]atürlich wäre es schön, wenn wir diese Crossmedialität wesentlich intensiver und ausgiebiger leben könnten. Aber das können wir nicht", da es sowohl an personellen als auch an finanziellen Mitteln mangele. Falls sich lokale Radiosender entscheiden, trotz der beschränkten Mittel das gesamte Spektrum crossmedialen Publizierens zu bedienen und alle möglichen Plattformen auszurollen, zahlen oft die einzelnen Mitarbeiterinnen und Mitarbeiter den Preis – nicht nur bei niederbayerischen Sendern. Auf diese Problemverschiebung verweist Hermann Hohenberger, der bei Radio Euroherz Hof als Mann der ersten Stunde im Lokalfunk als Moderator und Redakteur tätig war:

> Da kommen Sie irgendwann auch an die Grenzen der Belastbarkeit der Mitarbeiter, weil je mehr Kanäle die bedienen müssen, desto schwieriger wird es für jeden einzelnen Kanal. Und wir sehen schon, dass jeder eigene Kanal seine eigenen Gesetzmäßigkeiten hat. Man kann nicht einfach 'nen Radiobeitrag nehmen und den ins Internet stellen.

Fazit

Insgesamt lässt sich konstatieren, dass die Digitalisierung und die daraus auch für private Lokalradiosender entstandene Notwendigkeit, crossmedial zu arbeiten und neben dem Hörfunkprogramm eine Onlinepräsenz zu etablieren, für die Unternehmen eine zusätzliche Arbeitsbelastung bei gleicher Personaldecke bedeutet – und das in einem zunehmend schwierigen Wettbewerbsumfeld, das durch sinkende Einnahmen bei der lokalen Radiowerbung geprägt ist. Ungeachtet dieser Belastung kann die crossmediale Entwicklung jedoch nicht ignoriert werden, wenn die Sender auf dem umkämpften Radiomarkt publizistisch und wirtschaftlich bestehen wollen. Für die Koordination und Distribution der Beiträge im Radioprogramm und Online sind bei den Sendern weder Maschinen noch Redaktionssysteme vorhanden, die eine automatische mehrmediale Ausspielung der Inhalte ermöglichen würden. Ressorts im „klassischen Sinne" existierten schon früher nicht, weshalb auch keine Konvergenz in Richtung eines integrierten Newsrooms stattfindet. Crossmediale Kenntnisse und Fähigkeiten werden von allen im Lokalradio tätigen Journalistinnen und Journalisten erwartet, da sie als Allrounder im Idealfall zu jedem Thema, in jeder Funktion und auf allen Kanälen arbeiten können sollten. Die Lokalsender bilden ihren Nachwuchs daher bereits meist während des Volontariats zu Generalisten aus, die zumindest dem Prinzip nach in der Lage sind, sowohl mehrthematisch (alle Ressorts) und multifunktional (Moderation, Redaktion, Nachrichten) als auch mehrmedial (Radio, Online, Social Media, zum Teil auch Video) zu arbeiten.

Obwohl keiner der Lokalradiosender über Personal verfügt, das ausschließlich für den Onlinebereich zuständig ist, investieren insbesondere Sender wie Radio Trausnitz und Radio Galaxy, die ihr Angebot primär an ein junges Publikum adressieren, täglich Arbeitszeit in die Pflege der Website und der Social-Media-Kanäle. Die sozialen Netzwerke dienen kaum als journalistisch geprägte Plattformen, sondern werden hauptsächlich als Feedbackkanal sowie zur Crosspromotion genutzt, um die Verbindung zu den Rezipierenden zu intensivieren und diese auf Aktionen aufmerksam zu machen.

Insgesamt scheinen die Synergieeffekte, die durch Crossmedia entstehen können, aufgrund mangelnder finanzieller und personeller Ressourcen bei den Lokalradiosendern in Niederbayern noch nicht gänzlich ausgeschöpft zu werden; auch zu Mehreinnahmen führt die Crossmedialität bis jetzt nicht.

Soweit es ihre Kapazitäten erlauben, versuchen jedoch alle privaten Lokalradiosender in Niederbayern, crossmedial zu arbeiten, um sich auch in Zukunft als Radiosender für die Region zu beweisen und dabei eine wichtige lokale Kommunikationsform zu gewährleisten. Umso schwerer lastet daher der mancherorts entstandene Eindruck, Lokalradio sei in einer digitalen Welt verzichtbar, auf dem Verantwortlichen Georg Hausmann:

> Ich bin ein gebranntes Kind, weil ich oft das Gefühl habe, diese bescheidene Untermediengattung „lokaler Hörfunk" wird verkannt und vor allem nicht in ihrer [...] Bedeutung, die sie im regionalen Bereich auch an kommunikativen Leistungen erbringen kann, anerkannt.

Aus existenzieller Sicht sei Hörfunk unbedeutend, so Hausmann weiter. Allerdings seien regionale Tageszeitungen, Fernsehsender und Radiosender Teil einer „regionalen Kommunikationsstruktur". Entfielen diese, verändere sich auch die Kommunikationsstruktur vor Ort: „Sie wird ärmer".

Literatur

Behmer, Markus/Müller, Holger (2013): Warum crossmedial arbeiten? In: Kaiser, Markus (Hrsg.): Innovation in den Medien. Crossmedia, Storywelten, Change-Management. München: Verlag Dr. Gabriele Hooffacker, S. 24-38.

Bayerische Landeszentrale für neue Medien (2019a): Funkanalyse Bayern. Übersichtstabellen Lokalradio. Online: https://www.funkanalyse-bayern.info/2019-2/HF/Tabellarische-Ergebnisse/5_Standortuebersichten.pdf (zuletzt abgerufen am 15.02.2021).

Bayerische Landeszentrale für neue Medien (2019b): Lokale Funkplanungsdaten Bayern 2019/2020 Hörfunk. Online: https://www.funkanalyse-bayern.info/2019-2/HF/-Funkplanungsdaten/Fupla-gesamt-Internet.pdf (zuletzt abgerufen am 15.02.2021).

Deutscher Fachjournalistenverband (2019): Portrait Lokaljournalismus. Berichterstattungsgegenstände. Online: https://www.dfjv.de/beruf/fachressorts/lokaljournalismus#lokales-portrait (zuletzt abgerufen am 15.02.2021).

Gattringer, Karin/Mai, Lothar (2016): Radio bleibt der Soundtrack des Tages. Ergebnisse aus der ARD/ZDF-Langzeitstudie Massenkommunikation. In: Media Perspektiven, H. 4, S. 206-215.

Hohlfeld, Ralf (2018): Crossmedialität im Journalismus. In: Otto, Kim/Köhler, Andreas (Hrsg.): Crossmedialität im Journalismus und in der Unternehmenskommunikation. Wiesbaden: Springer VS, S. 17-42.

Kretzschmar, Sonja/Waßink, Verena (2014): Neue Chancen für den Rundfunk. Crossmediale Strukturen und Angebote. Online: www.blm.de/files/pdf1/Studie_-_Implementierung_crossmedialer_Produktions-_und_Angebotsstrukturen_im_lokalen_Rundfunk.pdf (zuletzt abgerufen am 15.02.2021).

Kunde, Judith (2014): Versuchslabor Newsroom. Eine multimethodische Fallstudie der crossmedialen Redaktionsorganisation des BR Mainfrankenstudios. Unveröffentlichte Bachelorarbeit, Universität Passau.

Meier, Klaus (2002): Ressort, Sparte, Team. Wahrnehmungsstrukturen und Redaktionsorganisation im Zeitungsjournalismus. Konstanz: UVK Verlagsgesellschaft.

Meier, Klaus (2018): Journalistik. Konstanz: UVK Verlagsgesellschaft.

Meier, Klaus/Giese, Vanessa/Schweigmann, Tobias (2012): Das „Kreuzen" der Medien. Das Konzept des crossmedialen Labors. In: Dernbach, Beatrice/Loosen, Wiebke (Hrsg.): Didaktik der Journalistik. Konzepte, Methoden und Beispiele aus der Journalistenausbildung. Wiesbaden: Springer VS, S. 311-322.

Otto, Kim/Köhler, Andreas (Hrsg.) (2018): Crossmedialität im Journalismus und in der Unternehmenskommunikation. Wiesbaden: Springer VS.

Rautenberg, Kirsten (2016): Medienwandel durch Crossmedia. Konstanz, München: UVK Medien Verlagsgesellschaft mbH.

Spanner-Ulmer, Birgit (2014): Transformation und Management. Wie lässt sich ein etabliertes Medienunternehmen in die crossmediale Welt führen? In: Medienwirtschaft, H. 4, S. 45-49.

Verhovnik, Melanie/Bracker, Isabel/Meier, Klaus (2017): Technische Innovationen und trimedialer Journalismus. Untersucht am Transformationsprozess des Bayerischen Rundfunks. In: Hooffacker, Gabriele/Wolf, Cornelia (Hrsg.): Technische Innovationen – Medieninnovationen? Herausforderungen für Kommunikatoren, Konzepte und Nutzerforschung. Wiesbaden: Springer VS, S. 1-19.

5.8. Zwischen Zweitverwertung und Zusatzangebot: Podcasts der privatkommerziellen Hörfunkanbieter in Bayern

Michael Wild

Podcasts sind ein junges, aber kein neues Format: Bereits Anfang der 2000er Jahre erörterten Dave Winer und Adam Curry die Möglichkeit der Verwendung von RSS (Rich Site Summary) für Video- und Audiofiles (vgl. Sullivan 2019: 3). Winer war es schließlich auch, der 2003 einen RSS-Feed mit einem Software-Skript kombinierte und damit die erste Möglichkeit entwickelte, Audiodateien automatisiert auf ein Abspielgerät zu transferieren – der erste „Podcatcher" war geboren (vgl. Berry 2006: 145). Ebenso in dieser Zeit begann sich auch ein Begriff für diese Form der Verbreitung und des Empfangs von Audiodateien zu etablieren: *Podcasting*. Das erste Mal breitenwirksam verwendet wurde der Begriff 2004 von Ben Hammersley in einem Beitrag im *The Guardian* (vgl. Hammersley 2004). Für das damals noch gänzlich neue Phänomen schlug Hammersley aber noch „Audioblogging" oder „GuerillaMedia" als Bezeichnungen vor. Durchgesetzt hat sich bekanntermaßen der Ausdruck „Podcasting", als Beschreibung der Tätigkeit beziehungsweise des Vorgangs selbst, und daraus abgeleitet *Podcast* als Bezeichnung für das Produkt. Der Begriff ist aus zwei Teilen zusammengesetzt: „Pod" wird in den allermeisten Fällen als Abkürzung für „iPod", den ab Mitte der 2000er Jahre boomenden mp3-Player der Firma Apple, interpretiert – seltener als Akronym für „play on Demand" – und „cast" als Abkürzung für „Broadcast" (vgl. Quandt 2013: 266; Bonini 2015: 21; Puffer/Schröter 2018: 366). Diese Ausführungen zur Terminologie verdeutlichen die Grundbedingung für Podcasts: die Verbreitung des Internets und die damit einhergehende Digitalisierung, insbesondere im Bereich von Audioinhalten.

Apple prägt nicht nur aufgrund des namensgebenden mp3-Players die Entwicklung von Podcasts. Insbesondere durch die Aufnahme in das Musikprogramm iTunes verhalf die Firma 2005 dem Format Podcast erstmals zu breiter Aufmerksamkeit. Podcasts waren damit im kulturellen Mainstream angekommen (vgl. Sullivan 2019: 3; Aufderheide et al. 2020: 1684). Auch wenn Podcasts ihren Ursprung zunächst im partizipativen Geist des Web 2.0 hatten, nutzten die klassischen Massenmedien, insbesondere Presse und Hörfunk, diese Verbreitungsmöglichkeit bald für eigene Inhalte (vgl. Berry 2019: 2). Im Hörfunk wurden mit Podcasts in dieser Anfangszeit vor allem ursprünglich für das lineare Programm produzierte Sendungen nun auch für eine zeitversetzte Nutzung zugänglich gemacht (vgl. ebd.). In den ersten Jahren stieg die Zahl der Rezipierenden zwar kontinuierlich an, bewegte sich allerdings insgesamt auf einem sehr niedrigen Niveau. Daher waren viele Angebote wirtschaftlich nicht tragfähig und wurden nach und nach wieder eingestellt (vgl. Bonini 2015: 25). Zu Beginn der

2010er Jahre begann dann eine zweite Entwicklungsphase, die noch heute anhält: Durch die Verbreitung von Smartphones stieg die Zahl der Nutzerinnen und Nutzer an und durch unabhängige Crowdfunding-Projekte konnten neue, von traditionellen Medien und Unternehmen unabhängige Podcasts produziert werden (vgl. ebd.). Zudem begannen immer mehr im Hörfunk ausgebildete Journalistinnen und Journalisten – insbesondere aus dem Bereich des öffentlich-rechtlichen Rundfunks – immer professionellere Podcasts zu produzieren, was sich wiederum positiv auf die Zahl der Nutzerinnen und Nutzer auswirkte (vgl. Berry 2019: 2). Das bekannteste Beispiel dieser einsetzenden Professionalisierung ist wahrscheinlich der vom kleinen US-Sender Chicago Public Radio entwickelte Podcast „Serial", der bereits in seinem Erscheinungsjahr 2014 eine hohe Aufmerksamkeit erreichte und bis heute erfolgreich produziert wird. Immer noch gilt „Serial", in dem unaufgeklärte Kriminalfälle behandelt werden, als Aushängeschild dieser zweiten Phase. Er ist auch ein Vorreiter der anhaltend populären „True Crime"-Formate.

Mittlerweile sind Podcasts zu einem festen Bestandteil der deutschen Medienlandschaft geworden, wenngleich sie mit einer Tagesreichweite von drei Prozent insgesamt nur einen geringen Anteil an der täglichen medialen Nutzung der deutschen Bevölkerung haben (vgl. Beisch/Koch/Schäfer 2019: 378) – mit sechs Prozent fällt der Anteil bei den 14- bis 29-Jährigen doppelt so hoch, aber dennoch niedrig aus (vgl. Frees/Kupferschmitt/Müller 2019: 319). Auf der anderen Seite gab laut einer repräsentativen Studie aus dem Jahr 2017 etwas mehr als die Hälfte der Bevölkerung an, den Begriff Podcast zu kennen und knapp 30 Prozent bestätigten, in den letzten zwölf Monaten Podcasts genutzt zu haben (vgl. Domenichini 2018: 46). Diese Studie kommt zu dem Schluss, dass Nutzerinnen und Nutzer von Podcasts durchschnittlich einen höheren Bildungsgrad, eine höhere Kaufkraft und eine höhere Affinität zu Technik aufweisen als Nicht-Nutzerinnen und -Nutzer (vgl. ebd.). Somit können sie als „Premium-Zielgruppe" (ebd.) eingeordnet werden und es bietet sich damit auch für Podcasts privater Medienunternehmen eine Werbefinanzierung an (vgl. ebd.). Podcasts entwickeln sich also nicht nur zu einem immer relevanter werdenden Teil der Medienlandschaft und des Medienrepertoires insbesondere junger Menschen, sie werden auch zunehmend zu einem interessanten Werbemarkt. Dabei lässt sich im Hinblick auf die stärkere Verbreitung von Podcasts bei jungen Hörerinnen und Hörern zudem vermuten, dass dieser aufsteigende Trend auch in Zukunft anhalten wird. Obwohl Podcasts mittlerweile in allgemeine Studien zum Mediennutzungsverhalten aufgenommen wurden (vgl. AS&S Radio 2017; Frees/Koch 2018; Beisch/Koch/Schäfer 2019; Frees/Kupferschmitt/Müller 2019; Mai/Meinzer/Schröter 2019) und auch ihre Vermarktungsmöglichkeiten untersucht werden (vgl. AS&S Radio 2018; Domenichini 2018), fehlt bislang eine systematische Untersuchung der Angebotsseite. Dies ist wenig überraschend, da aufgrund des hochfragmentierten Angebots ein einfacher und schneller Einblick in die Struktur des Podcastangebots kaum möglich ist. So gehen bereits bei der Frage, wie viele Podcasts es eigentlich im deutschsprachigen Raum gibt, die Schätzungen weit auseinander und reichen von 6.000 bis hin zu 800.000 Podcasts (vgl. Bayerischer Rundfunk 2020; Deutscher Podcasts Preis 2020). Zudem werden Podcasts von unterschiedlichsten Anbietern produziert und über viele verschiedene Wege verbreitet. Um dennoch einen ersten strukturierten Einblick in das Angebot zu erhalten, bietet sich ein regionaler Zugang an. Ziel des folgenden Kapitels ist es daher, erste Strukturdaten zum Podcastangebot der privatkommerziellen Hörfunkanbieter in Bayern zu erheben und zusammenzustellen. Zunächst wird erläutert, was im Rahmen dieses Beitrags unter Podcasts verstanden werden soll und wie bei der Erhebung der Strukturdaten methodisch vorgegangen wurde.

Definition und Untersuchungsdesign

Wie bereits die einleitenden Ausführungen gezeigt haben, ist zwar der Begriff Podcast mittlerweile ein durchaus gängiger geworden, jedoch gibt es noch keine allgemeinverbindliche Definition. So werden unter dem Begriff Podcast entweder audiovisuelle (vgl. Quandt 2013; Berry 2019: 1) oder ausschließlich auditive Formate subsumiert (vgl. Mai/Meinzer/Schröter 2019). Darüber hinaus werden die besonderen digitalen Verbreitungswege und die inhärente zeitversetzte Nutzung als wesentliche Merkmale von Podcasts beschrieben. Aber auch die Beschreibung von Podcasts als Kulturphänomen (vgl. Sullivan 2019) oder der direkte Vergleich mit dem klassischen Hörfunk (vgl. Berry 2016; Rae/Russel/Nethery 2019) dienen zur Beschreibung von Podcasts.

Unter Podcasts werden im Folgenden audiobasierte Formate verstanden, die für eine nichtlineare Rezeption zur Verfügung stehen und über die Online-Auftritte der Podcastproduzierenden (primäre Verbreitung) und/oder über andere Online-Plattformen (sekundäre Verbreitung) zum Abruf bereitgestellt werden. Im Hinblick auf die Umsetzung der Erhebung erfolgt noch eine weitere Einschränkung: Um im Rahmen dieses Beitrags als Podcast zu gelten und somit in die Untersuchung mit aufgenommen zu werden, muss das entsprechende Angebot vom Anbieter auch mit dem Begriff Podcast bezeichnet werden.

Die Auswahl der untersuchten Hörfunkanbieter erfolgte auf Basis der Mitte Februar 2020 auf dem Online-Auftritt der Bayerischen Landeszentrale für neue Medien (BLM) ausgewiesenen Radiosender. Ausgeschlossen wurden nicht-kommerzielle Sender, Ausbildungs- und Hochschulsender sowie wenige Sonderfälle. 16 weitere Sender wurden nicht berücksichtigt, da sie keinen eigenständigen Online-Auftritt aufwiesen. Der Online-Auftritt aller so ausgewählten 73 Sender wurde daraufhin untersucht, ob ein Podcastangebot aufzufinden war. Dabei kam ein induktives Vorgehen zum Einsatz: Auf den Online-Auftritten der Sender wurde zunächst allgemein nach dem Begriff Podcast gesucht. Die Aufnahme der so gefundenen Audioformate in die Untersuchung wurde dann sehr umfassend vorgenommen. So wurden auch in allgemeinen Mediatheken vorgefundene Angebote, die beispielsweise nur in einem kurzen Beschreibungstext oder Untertitel den Begriff Podcast aufwiesen, als im Sinne der Untersuchung relevant mit aufgenommen. Wurden in dem Online-Auftritt eines Senders dann Hinweise auf ein Podcastangebot gefunden, wurde die Suche auch auf andere Online-Plattformen ausgedehnt.

Ergebnisse

Im Folgenden wird die Struktur des Podcastangebots der privatkommerziellen Hörfunkanbieter in Bayern entlang acht verschiedener Kategorien dargestellt. Die Darstellung der Ergebnisse erfolgt sowohl hinsichtlich der angebotenen Podcasts als auch auf Ebene der Sender. So kann die Struktur des Podcastangebots insgesamt, wie auch die Verwendung von Podcasts auf Senderebene, beschrieben werden. Insgesamt wurden anhand der sehr weit gefassten Definition 136 Podcasts identifiziert. Jedoch boten nur 29 der 73 untersuchten Sender (40 Prozent) ihren Hörerinnen und Hörern Podcasts an.

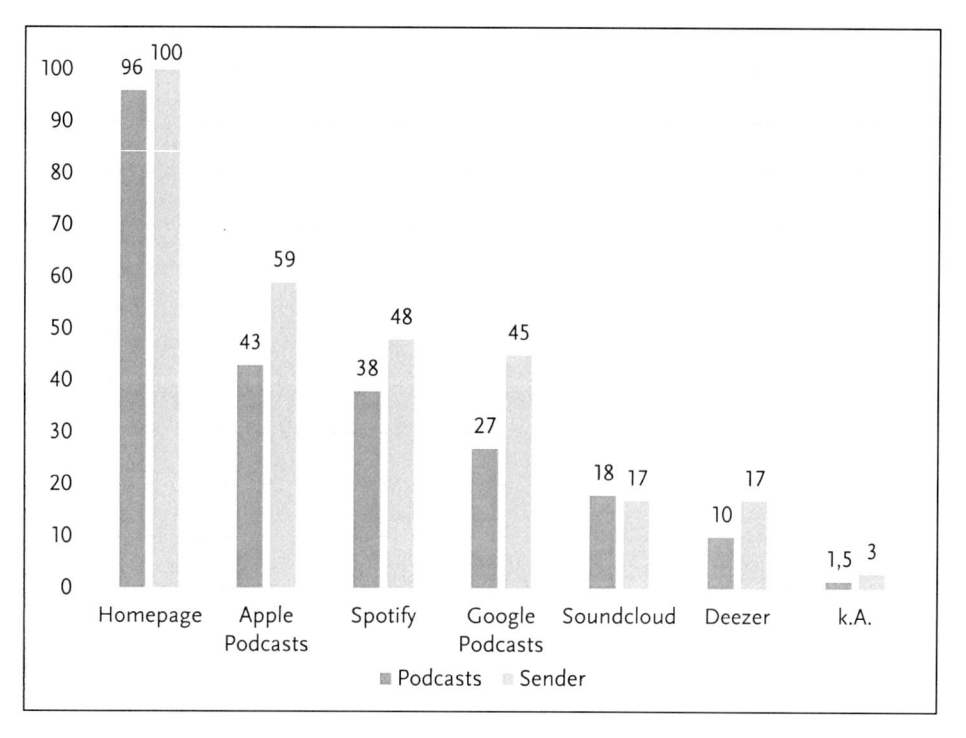

Abb. 26: Verbreitungswege der Podcasts (in Prozent, Grundgesamtheit: 136 Podcasts, 29 Sender).

Hörerinnen und Hörer können auf unterschiedlichsten Wegen Zugang zu den angebotenen Podcasts erhalten. Zwar ist die Möglichkeit der direkten Verbreitung durch die Produzierenden auf der eigenen Homepage ein zentrales Merkmal von Podcasts, aber auch Plattformen wie Apple Podcasts, Spotify, Google Podcasts, Deezer oder Soundcloud haben eine hohe Relevanz für die Nutzung von Podcasts. Dabei zeigt sich, dass alle Sender, die Podcasts anbieten, diese über ihren eigenen Online-Auftritt verbreiten und mit knapp 96 Prozent auch fast alle Podcasts über die Online-Auftritte der Anbieter abrufbar sind (siehe Abb. 26). Knapp 60 Prozent der Sender nutzten neben dem eigenen Online-Auftritt noch die Plattform Apple Podcasts und nur noch knapp die Hälfte nutzte auch Spotify zur Verbreitung des eigenen Angebots. Der Blick auf die angebotenen Podcasts zeigt einen noch größeren Abstand zwischen dem Online-Auftritt des Anbieters als Verbreitungsweg und den Plattformen: nur 43 Prozent der untersuchten Podcasts wurden auch auf Apple Podcasts angeboten und mit 38 Prozent noch etwas weniger auch auf Spotify.

Bei der Präsentation des Podcastangebots auf den jeweiligen Online-Auftritten konnten drei Ausprägungen unterschieden werden: Präsentationsformen wurden als prominent bewertet, wenn direkt auf der Startseite des Online-Auftritts auf Podcasts hingewiesen wurde – zumeist in Form eines eigenen Hauptmenüpunkts. Als weniger prominent wurde die Präsentationsform hingegen eingeschätzt, wenn nur über eine Unterseite auf das Podcastangebot hingewiesen wurde, also mindestens ein weiterer Schritt notwendig war, um auf das Angebot hingewiesen zu werden. Von dieser Ausprägung wurden dann zudem jene Podcasts unterschieden, auf die nur auf der Unterseite einer konkreten Sendung hingewiesen wurde – dies erfolgte zumeist durch den Hinweis „hier die Sendung zum Nachhören".

Auf knapp die Hälfte aller Podcasts wurde prominent hingewiesen, etwas mehr als ein Drittel der Podcasts wurden zudem unabhängig von einer konkreten Sendung als eigenständiges Angebot präsentiert. Nur wenige Podcasts waren ausschließlich über eine konkrete Sendung oder indirekt über eine zusätzliche Online-Recherche auffindbar. Die Verteilung der Präsentationsformen spiegelt sich auch mit Blick auf die Senderebene. Dies ist wenig verwunderlich, da bis auf einen Sender alle ausschließlich eine Form der Präsentation ihres jeweiligen Angebots aufwiesen. Damit zeigt sich eine durchwegs hohe Konsistenz in der Form der Präsentation des Podcastangebots der Sender; jedoch sind Podcasts nur bei knapp der Hälfte der Sender prominent als eigenständiges Angebot präsentiert.

Interessant ist auch der Blick auf die Beschaffenheit der Podcasts: Zunächst soll die eher breite Definition als alle zur nichtlinearen Nutzung bereitgestellten audiobasierten Formate weiter differenziert werden. Hierfür bietet sich die Unterscheidung des Angebots dahingehend an, ob dieses primär für eine lineare Verbreitung oder primär für eine nichtlineare Verbreitung produziert wurde.

Drei grundlegende Beobachtungen legen diese zentrale Unterscheidung nahe: Zum ersten ist das lineare Programm unbestritten weiterhin der Kern des Rundfunks. Zum zweiten wurden Podcasts bereits frühzeitig von traditionellen Medien genutzt, um Sendungen des linearen Programms auch nichtlinear zu verbreiten und sich damit ein neues Publikum zu erschließen (vgl. Berry 2019: 2). Zum dritten liegt der Ursprung von Podcasts demgegenüber gerade in einer nichtlinearen Logik – allein schon durch die eingangs vorgestellte technische Verbreitung über RSS-Feeds.

Aus diesen drei Aspekten folgt die Frage nach der Produktionsart: Was wird aus dem linearen Programm zur nichtlinearen Nutzung zur Verfügung gestellt und welche angebotenen Podcasts werden in einer nichtlinearen Logik produziert? Die Ergebnisse zeigen einen deutlichen Schwerpunkt auf der Nutzung von Podcasts zur nichtlinearen Verbreitung von für das lineare Programm produzierten Sendungen oder Teilen davon. Nur knapp ein Drittel der untersuchten Angebote waren eindeutig als ursprünglich nichtlineares Angebot zu identifizieren und knapp die Hälfte der analysierten Podcasts wurden ursprünglich als Teil einer Sendung des linearen Programms produziert (siehe Abb. 27).

	Podcasts	Sender
Sendungsteil	65 (48%)	20 (69%)
Ganze Sendung	29 (21%)	13 (45%)
Podcasts nicht linear	42 (31%)	16 (55%)

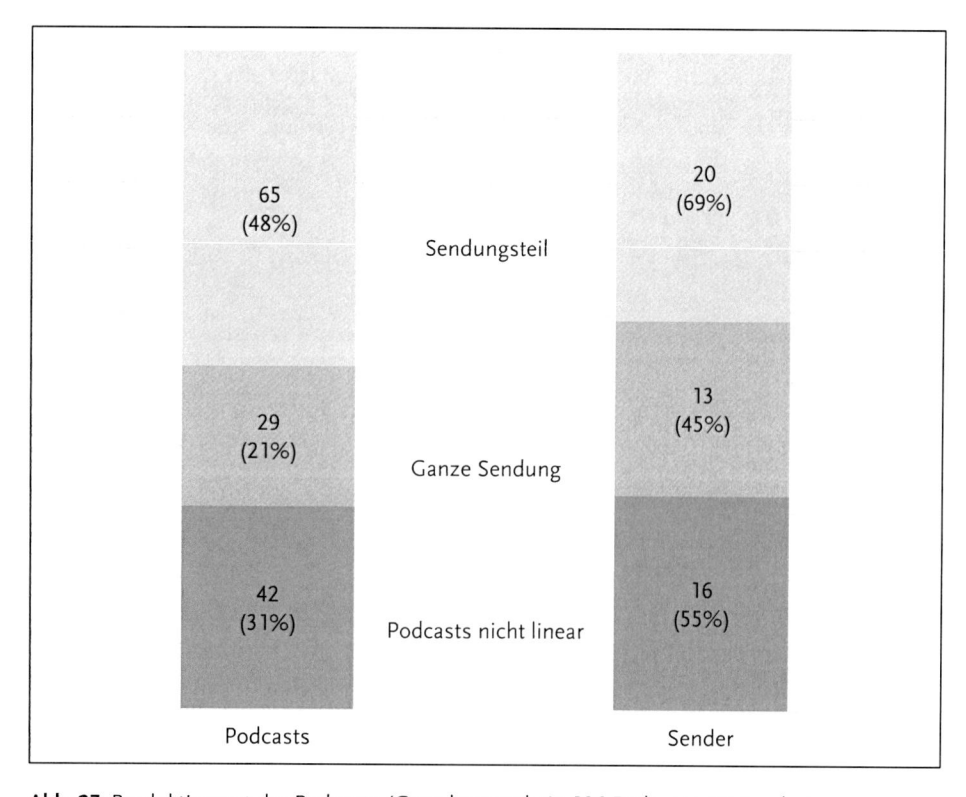

Abb. 27: Produktionsart der Podcasts (Grundgesamtheit: 136 Podcasts, 29 Sender).

5.8. Podcasts der privatkommerziellen Hörfunkanbieter in Bayern

Der Blick auf das Angebot auf Senderebene zeigt ein leicht verändertes Bild: So ist zwar mit etwas mehr als zwei Dritteln auch der Anteil der Sender, die Teile einer Sendung als Podcast anbieten, sehr hoch, allerdings bieten auch etwas mehr als die Hälfte der Sender mindestens einen ursprünglich für die nichtlineare Verbreitung produzierten Podcast an. Sowohl im Hinblick auf die angebotenen Podcasts als auch auf den Anteil der Sender, die ganze Sendungen zum Nachhören anbieten, zeigt sich, dass die Bereitstellung ursprünglich für das lineare Programm produzierter ganzer Sendungen jeweils nur den geringsten Anteil umfasst.

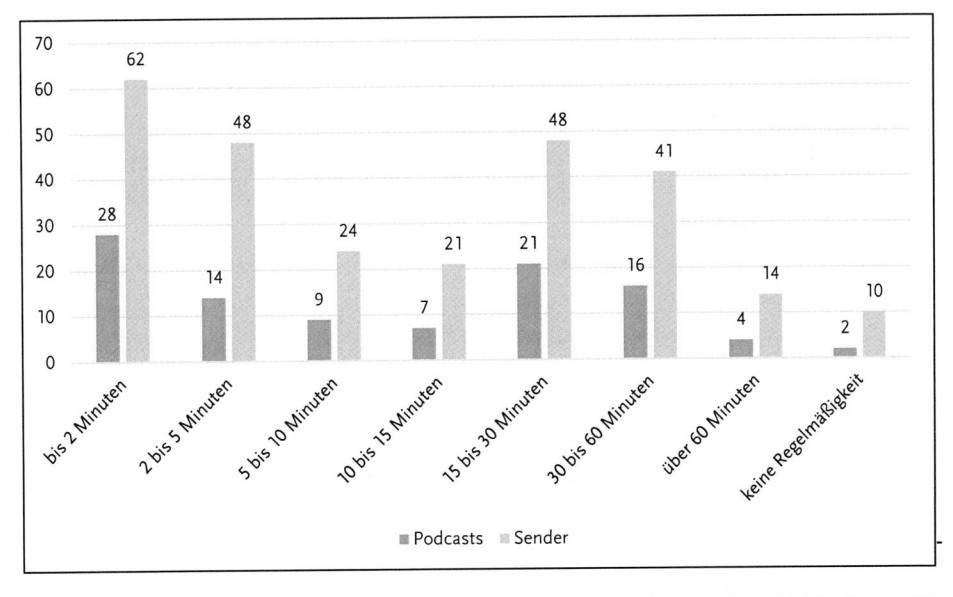

Abb. 28: Durchschnittliche Länge der Podcasts (in Prozent, Grundgesamtheit: 136 Podcasts, 29 Sender).

ßige Dauer der Folgen untersucht. Dafür wurden mehrere Folgen jedes Podcasts hinsichtlich der jeweiligen Länge analysiert und die daraus abgeleitete durchschnittliche Länge als Grundlage für die Erhebung herangezogen, sofern nicht größere Abweichungen in der Länge der einzelnen Folgen vorlagen – dies war allerdings nur bei drei der untersuchten 136 Podcasts der Fall.

Schwerpunkte lagen auf kurzen sowie mittellangen Formaten: 62 Prozent der Sender boten mindestens einen Podcast mit einer Dauer von unter zwei Minuten an; 42 Prozent stellten mindestens einen Podcast mit der Dauer zwischen zwei und fünf Minuten zur Verfügung (siehe Abb. 28).

Dies lässt sich durch den zuvor beschriebenen insgesamt hohen Anteil an Podcasts erklären, die als ein Teil einer Sendung produziert wurden. Bei 42 Prozent der Podcasts handelte es sich um eher kurze Folgen mit einer Länge von bis zu fünf Minuten. Podcasts mit einer mittellangen Dauer von 15 bis 60 Minuten nahmen zusammen einen Anteil von etwas mehr als einem Drittel am gesamten Angebot ein.

Aufschlussreich sind die Ergebnisse im Hinblick auf die Veröffentlichungsroutinen, also der Regelmäßigkeit der Publikation eines Podcasts. Hierfür wurden anhand der Online-Auftritte der Anbieter die angegebenen Veröffentlichungsdaten der einzelnen Folgen eines Podcast untersucht und, wo möglich, auch mit den Veröffentlichungsdaten auf anderen Plattformen abgeglichen. Dabei konnte in fast der Hälfte aller untersuchten Fälle keine eindeutige Regelmäßigkeit festgestellt werden oder es war keine Zuordnung möglich, da beispielsweise keine Veröffentlichungsdaten angegeben waren. Dies betraf mindestens einen Podcast bei fast allen Sendern (siehe Abb. 29). Bei etwas mehr als der Hälfte der untersuchten Podcasts zeigt sich jedoch deutlich ein regelmäßiger Publikationsrhythmus. Ein Drittel aller untersuchten Podcasts wird regelmäßig wöchentlich publiziert und immerhin zwölf Prozent werden (werk-)täglich veröffentlicht.

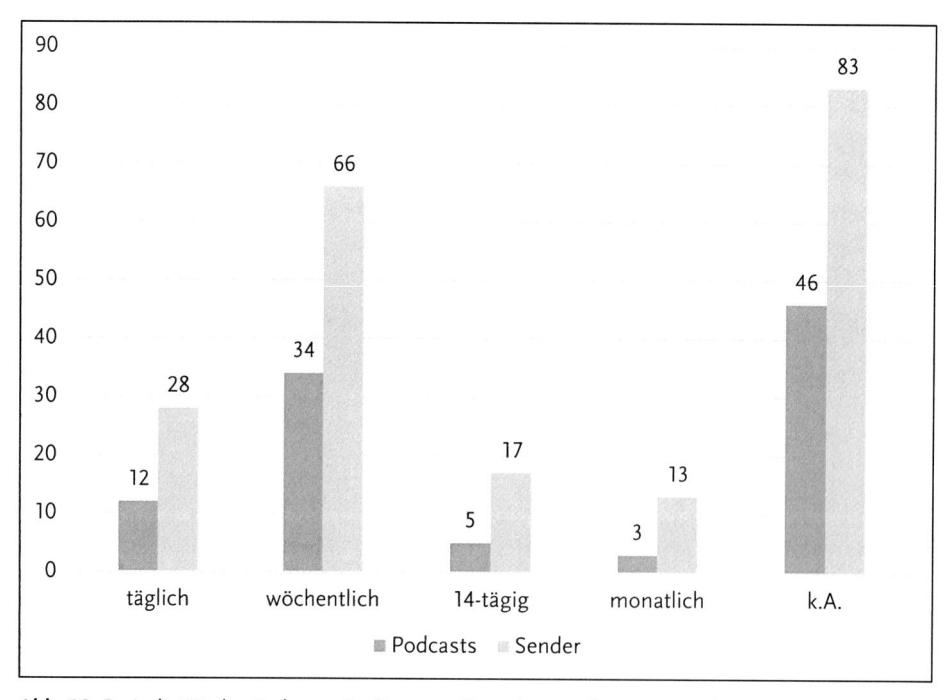

Abb. 29: Periodizität der Podcasts (in Prozent, Grundgesamtheit: 136 Podcasts, 29 Sender).

Zur Ermittlung des Publikationszeitraums wurden, sofern feststellbar, die Monate zwischen dem Veröffentlichungsdatum der ersten Folge eines Podcast und der zuletzt veröffentlichten Folge gezählt. Bei der sich daraus ergebenden Verteilung zeigt sich ein eher heterogenes Bild (siehe Abb.): Die Hälfte der Podcasts wurden in einem Zeitraum von vier Monaten bis zwei Jahren publiziert. Zudem zeigt sich, dass die deutliche Mehrheit der Podcasts, deren Publikationszeitraum zwischen vier Monaten und zwei Jahren liegt, zum Erhebungszeitpunkt noch aktuell produziert wurden. Als aktuell wurden alle Podcasts gezählt, deren zuletzt veröffentlichte Folge innerhalb des regelmäßigen Publikationsrhythmus lag.

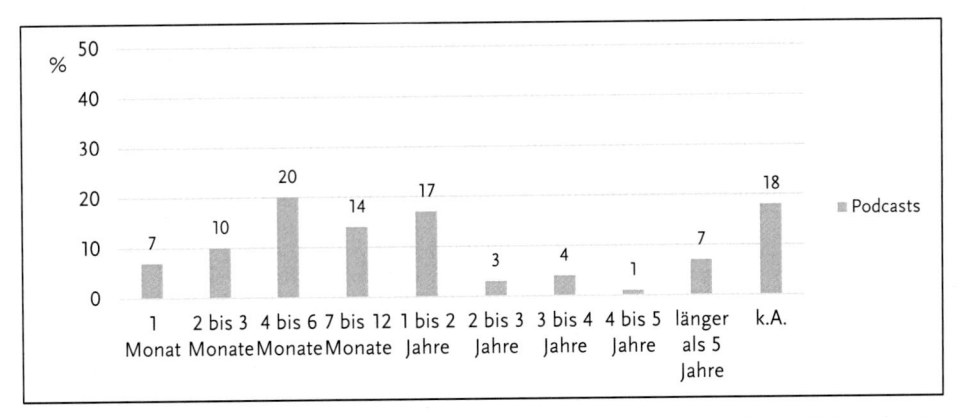

Abb. 30: Publikationszeitraum der Podcasts (in Prozent, Grundgesamtheit: 136 Podcasts, 29 Sender).

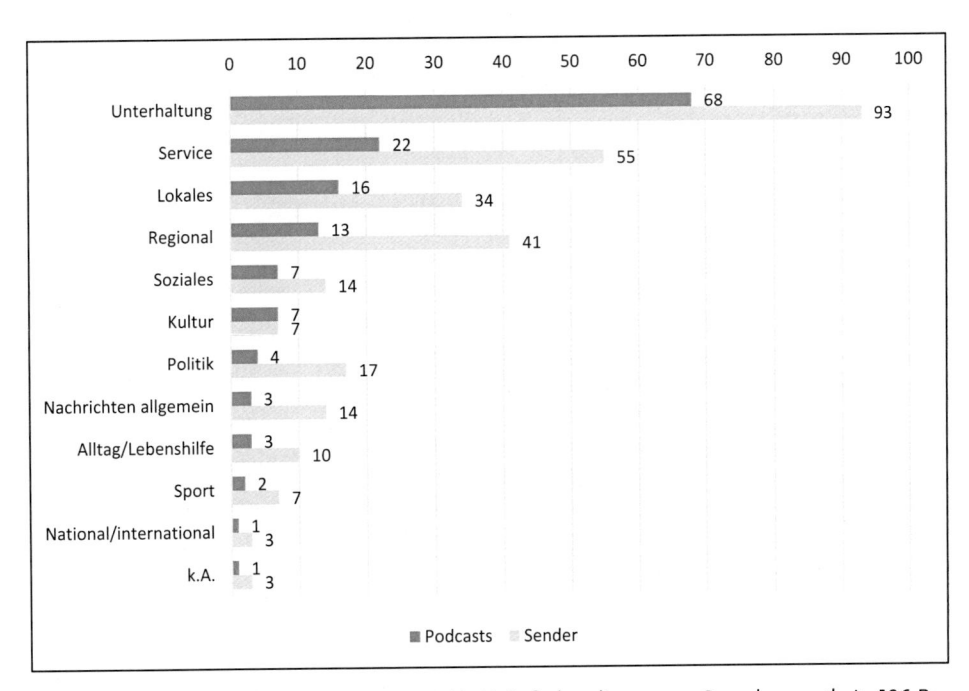

Abb. 31: Inhalte der Podcasts (in Prozent, inkl. Mehrfachcodierungen, Grundgesamtheit: 136 Podcasts, 29 Sender).

Abschließend soll noch ein Blick auf die Inhalte der untersuchten Podcasts geworfen werden. Dieser wird jedoch nur auf Basis der zur Verfügung stehenden Metainformationen und nicht anhand einer Inhaltsanalyse der Podcasts selbst erstellt.

Um auch einen lokalen beziehungsweise regionalen Bezug abbilden zu können, wurden je Podcast bis zu zwei Rubriken codiert. Insgesamt zeigt sich mit Blick auf die Inhalte ebenfalls ein eher heterogenes Bild (siehe Abb.). Einzig ein deutlicher Schwerpunkt auf Unterhaltungsformate ist sowohl mit Blick auf die einzelnen Podcasts als auch das Angebot der einzelnen Sender feststellbar: So bieten mit 93 Prozent fast alle untersuchten Sender mindestens einen Podcast an, der dem Bereich der Unterhaltung zugeordnet wurde. Mit Blick auf die untersuchten Sender ist dann doch überraschend, dass mit 29 Prozent eher wenige Podcasts einen konkret lokalen oder regionalen Bezug aufweisen.

Fazit

Insgesamt zeigt sich ein eher durchwachsenes Bild des Podcastangebots der privatkommerziellen Hörfunkanbieter in Bayern: Nur 40 Prozent der untersuchten Sender bieten zurzeit überhaupt Podcasts an. Mehr als zwei Drittel der Podcasts wurden dabei ursprünglich für das lineare Programm entwickelt. Etwas mehr als ein Drittel aller Sender nutzt ausschließlich den eigenen Online-Auftritt zur Verbreitung ihres Podcastangebots, was eher auf die Verwendung von Podcasts im Sinne einer Mediathek hinweist und nicht der Abonnement-Logik von Podcasts folgt.

Auf der anderen Seite nutzen aber ebenfalls ein Drittel der untersuchten Sender neben dem eigenen Online-Auftritt auch die drei großen Plattformen Apple Podcasts, Spotify und Google Podcasts. Demgegenüber steht ein knappes Drittel unabhängig vom linearen Programm produzierter Podcasts, von denen wiederum ein Drittel einem wöchentlichen Publikationsrhythmus folgt.

Die in diesem Beitrag vorgestellten Ergebnisse können nur einen ersten Einblick in die Struktur des Podcastangebots der privatkommerziellen Hörfunkanbieter in Bayern bieten. Eine vertiefte Auseinandersetzung mit den dort behandelten Inhalten in Form einer systematischen Inhaltsanalyse sowie mit der Seite der Produzierenden und der des Publikums mithilfe von standardisierten Befragungen oder qualitativen Interviews kann zu einer umfassenderen Analyse der Funktionsweisen, des Nutzungsverhaltens und der Frage nach den Möglichkeiten und Grenzen nichtlinearer Podcasts als Ergänzung des klassischen linearen Hörfunkangebots beitragen. Zudem scheint auch eine kontinuierliche Beobachtung des Podcastangebots sinnvoll, um dieses sich weiterhin in der Entwicklung befindende und daher stetig verändernde Feld weiter im Blick behalten zu können.

Literatur

AS&S Radio (2017): Spot on Podcast. Hörer & Nutzung in Deutschland 2017/18. Frankfurt a. M.: AS&S Radio GmbH.

AS&S Radio (2018): Spot on Podcast #2. Werbeformen und ihre Wirkung. Frankfurt a.M.: AS&S Radio GmbH.

Aufderheide, Patricia/Lieberman, David/Alkhallouf, Atika/Majiri Ugboma, Jijl (2020): Podcasting as Public Media: The Future of U.S. News, Public Affairs, and Educational Podcasts. In: International Journal of Communication, Jg. 14, H. 1, S. 1683-1704.

Bayerischer Rundfunk (2020): Bayern 3 Podcast-Show. Online: www.bayern3.de/podcast-show-empfehlungen- (zuletzt abgerufen am 30.09.2020).

Beisch, Natalie/Koch, Wolfgang/Schäfer, Carmen (2019): ARD/ZDF Onlinestudie 2019: Mediale Internetnutzung und Video-On-Demand gewinnen weiter an Bedeutung. Aktuelle Aspekte der Internetnutzung in Deutschland. In: Media Perspektiven, H. 9, S. 374-388.

Berry, Richard (2006): Will the iPod Kill the Radio Star? Profiling Podcasting as Radio. In: Convergence: The International Journal of Research into New Media Tech-nologies, Jg. 12, H. 2, S. 143-162.

Berry, Richard (2016): Podcasting: Considering the evolution of the medium and its association with the word radio. In: Radio Journal. International Studies in Broadcast & Audio Media, Jg. 14, H. 1, S. 7-22.

Berry, Richard (2019): Podcasts and Vodcasts. In: Vos, Tim P./Hanusch, Folker/Dimitrakopoulou, Dimitra/Geertsema-Sligh, Margaretha/Sehl, Annika (Hrsg.): The International Encyclopedia of Journalism Studies (Online). o. O.: Wiley, S. 1-5.

Bonini, Tiziano (2015): The „Second Age"of Podcasting: Reframing Podcasting as a New Digital Mass Medium. In: Quaderns Del CAC, Jg. 41, S. 21-30.

Deutscher Podcast Preis (2020): Die Kategorien. Beste*r Newcomer*in. Online: www.deutscher-podcastpreis.de/#about (zuletzt abgerufen am 30.09.2020).

Domenichini, Bernard (2018): Podcastnutzung in Deutschland. Ergebnisse einer empirischen Studie. In: Media Perspektiven, H. 2, S. 46-49.

Frees, Beate/Koch, Wolfgang (2018): ARD/ZDF-Onlinestudie 2018: Zuwachs bei medialer Internetnutzung und Kommunikation. In: Media Perspektiven, H. 9, S. 398-413.

Frees, Beate/Kupferschmitt, Thomas/Müller, Thorsten (2019): ARD/ZDF-Massenkommunikation Trends 2019: Non-lineare Mediennutzung nimmt zu. Ergebnisse der repräsentativen Studie im Intermediavergleich. In: Media Perspektiven, H. 7-8, S. 314-333.

Hammersley, Ben (2004): Audible Revolution. Online: www.theguardian.com/media/2004/feb/12/broadcasting.digitalmedia (zuletzt abgerufen am 30.09.2020).

Mai, Lothar/Meinzer, Nils/Schröter, Christian (2019): Radio- und Audionutzung 2019.

Standortbestimmung anhand der Studienreihen ARD/ZDF-Massenkommunikation Trends und der ARD/ZDF-Onlinestudie. In: Media Perspektiven, H. 9, S. 406-420.

Puffer, Hanna/Schröter, Christian (2018): Podcasts beflügeln den Audiomarkt. Angebot, Nutzung und Vermarktung von Audioinhalten im Internet. In: Media Perspektiven, H. 7-8, S. 366-375.

Quandt, Thorsten (2013): Podcast. In: Bentele, Günter/Brosius, Hans-Bernd/Jarren, Otfried (Hrsg.): Lexikon Kommunikations- und Medienwissenschaft. Wiesbaden: Springer Fachmedien Wiesbaden, S. 266.

Rae, Maria/Russel, Emma K./Nethery, Amy (2019): Earwitnessing Detention: Carceral Secrecy, Affecting Voices, and Political Listening in The Messenger Podcast. In: International Journal of Communication, Jg. 13, H.1, S. 1036-1055.

Sullivan, John L. (2019): The Platforms of Podcasting: Past and Present. In: Social Media + Society, Jg. 5, H. 4, S. 1-12.

5.9. Journalistische Qualität im privaten Rundfunk

Annika Geuß und Vera Katzenberger

„Angesichts der [...] Glaubwürdigkeitskrise der Medien kommen wir an der Qualitätsdebatte nicht vorbei" (BLM 2015), so der Präsident der Bayerischen Landeszentrale für neue Medien (BLM), Siegfried Schneider, zum Auftakt der Veranstaltung „Tendenzen im digitalen Journalismus" am 24. März 2015. Doch was sind die Kriterien für journalistische Qualität? Neben Aktualität, Ausgewogenheit und Vielfalt seien das, so Schneider weiter, vor allem Glaubwürdigkeit, Verantwortungsbewusstsein und journalistische Professionalität. Immer wichtiger werde auch die Vermittlung von Hintergrund- oder Orientierungswissen. Dass es dabei allerdings kein „One-size-fits-all"-Konzept geben könne, hob der BLM-Präsident zwei Jahre später mit Blick auf das Lokal-TV zur Eröffnung der Lokalrundfunktage 2017 hervor:

> Lokal-TV muss qualitativ hochwertige und aktuelle lokale Inhalte bieten. Um zeitgemäß zu bleiben, muss es sich ständig weiterentwickeln. [...] Das Ziel muss sein, den Zuschauern der bayerischen Lokal-TV-Programme möglichst viel eigenproduziertes, qualitätsvolles, aktuelles, relevantes, lokales Programm zu bieten (BLM 2017).

In der Diskussion um den Zustand und die Zukunft des Journalismus ist „Qualität" sicherlich eines der zentralen Schlagworte: Qualität wird von Journalistinnen und Journalisten sowie Wissenschaftlerinnen und Wissenschaftlern als „bedroht" angesehen. Hohe Qualität wird den Boulevardmedien ab- und den „Leitmedien" zugesprochen. Das Internet produziere vorrangig schlechte Qualität und verderbe die Zahlungsmoral der Rezipierenden – so einige ambivalente Thesen (vgl. Arnold 2016: 551).

In der Vergangenheit wurde Qualität in der Journalismusforschung vor allem dann diskutiert, wenn Krisen oder Strukturumbrüche auftraten: So beispielsweise in den 1960er Jahren, als das Thema durch die Pressekonzentrationswelle im Printbereich auf die Agenda kam, oder später in den 1980er Jahren, als die Einführung des privaten Rundfunks starke, neue Konkurrenz für den öffentlich-rechtlichen Rundfunk etablierte und Qualität zum Merkmal der Abgrenzung gegen die neuen Akteure wurde. Auch aktuell sind solche Strukturumbrüche zu beobachten: In den vergangenen Jahren hat sich vor allem im Hörfunkbereich die Spartenbildung verstärkt, sodass jeder Beitrag nicht nur format-, sondern auch zielgruppenspezifische Festlegungen berücksichtigen muss (vgl. Spang 2014: 117). Das Internet brachte zuletzt weitere Akteure und gänzlich neue Nutzungskonzepte auf den Markt. Die meist kostenlosen Informationsangebote sind insbesondere bei jüngeren Nutzerinnen und Nutzern erfolgreich, sodass Zeitungsverlage und Rundfunkveranstalter zunehmend Schwierigkeiten haben, den für ihren Qualitätsjournalismus erforderlichen Ressourcenverbrauch vor der „Gratis-Mentalität" (Arnold 2016: 552) zu rechtfertigen.

Insgesamt ist zu konstatieren, dass die kommunikationswissenschaftliche Qualitätsforschung nur wenig Tradition hat: Bis Anfang der 1990er Jahre waren Bemühungen in diesem Bereich weder unter einem einheitlichen Begriff gebündelt noch in einen theoretisch fundierten Rahmen eingebettet. Stephan Ruß-Mohl (1992) bereitete das Thema in seinem systematisierenden Aufsatz für die deutschsprachige Kommunikationswissenschaft auf, in dem er Qualität als Gesamtkonzept behandelte, statt sie anhand einzelner Kriterien zu beurteilen. Er fasste die Problematik kurzerhand wie folgt zusammen: „Qualität im Journalismus definieren zu wollen, gleicht dem Versuch, einen Pudding an die Wand zu nageln" (Ruß-Mohl 1992: 85). Dieses desillusionierende Zitat wird erschöpfend häufig wiedergegeben, steht aber zu Recht als Motto des Forschungsfeldes, zumindest für den Diskurs der 1990er Jahre. Am Ende eines Jahrzehnts voller wegweisender Werke stellte Vincenz Wyss fest, dass die Forschung vorangekommen sei und „dem Qualitätsdiskurs etwas Stärkemehl beigemischt" (Wyss 2000: 21) habe. Journalistische Leistung sei jetzt messbar. Mittlerweile heißt es noch optimistischer: „Inzwischen sind viele Nägel eingeschlagen worden und der Pudding scheint immer besser an der Wand zu halten" (Arnold 2016: 556).

Wie genau sieht dieser Pudding nun aus? Dieses Kapitel verfolgt das Ziel, verschiedene Fördermaßnahmen der BLM im privaten Rundfunk in Bayern erstmals in den kommunikationswissenschaftlichen Diskurs um journalistische Qualität einzuordnen.

Dazu wird zunächst eine ausführliche, theoretisch fundierte Begriffsbestimmung des Konstrukts journalistischer Qualität vorgelegt. Daraufhin werden drei verschiedene Perspektiven der Qualitätsforschung skizziert, bevor Akteure, Prozesse und Strukturen der Qualitätssicherung in den Fokus genommen werden. Interne und externe Qualitätssicherung stehen im Zentrum der Überlegungen. Dabei wird immer wieder Bezug genommen auf Rundfunkmedien, also sowohl auf Radio als auch auf Fernsehen.

Schließlich wird der Stellenwert und die Rolle der BLM als Akteur im Bereich der Qualitätssicherung und -förderung im privaten Rundfunk diskutiert. Zwei Maßnahmen zur Förderung der Qualität in Angeboten des privaten Rundfunks in Bayern werden exemplarisch vorgestellt: die Programmförderung, mit der die BLM Radio- und Fernsehanbieter und -zulieferer bei der Erstellung von Beiträgen mit kulturellem, kirchlichem, sozialem oder wirtschaftlichem Themenschwerpunkt unterstützt, und die Lokalrundfunkpreise, mit denen jährlich die besten Hörfunk- beziehungsweise Fernsehbeiträge mit lokaler Bedeutung im Freistaat gewürdigt werden.

Was ist journalistische Qualität?

„Qualität" meint zunächst neutral „Beschaffenheit, Zustand". Die Assoziation mit „Hochwertigkeit" wird erst in der zweiten Bedeutungsebene „Niveau, Wert" angedeutet (vgl. Duden 2020). Laut DIN EN ISO 8402 ist Qualität die „Gesamtheit von Merkmalen einer Einheit bezüglich ihrer Eignung, festgelegte und vorausgesetzte Erfordernisse zu erfüllen" (Piechotta 2008: 6).

Im Zusammenhang mit Journalismus wurde diese Idee standardisierter Produktion und der Qualitätsbegriff vor den 1990er Jahren fast nie gebraucht. Er entstammt den Medizin-, Wirtschafts- und Agrarsektoren, in denen DI-Normen übliche Mittel der Qualitätssicherung darstellen (vgl. Wunden 2003: 69; Mayer 2013: 74). In der Qualitätsforschung werden Normen häufig als Bezugspunkt genannt, wenn auf das Fehlen verbindlicher Qualitätsmerkmale hingewiesen werden soll (vgl. Hagen 1995: 32; Wyss 2002: 96; Weischenberg 2006a: 12; Arnold 2009: 118; Handstein 2010: 10; Mayer 2013: 74) – ein Versuch, das subjektive Konstrukt in ein handliches, objektives System zu zwängen.

Qualitätsbewertungen beziehen sich auf Produkte wie Zeitungen oder Inhalte wie Nachrichtensendungen, auf redaktionelle Strukturen eines Medienhauses oder die akteursbezogenen Handlungen im Prozess des Nachrichtenschreibens (vgl. Handstein 2010: 10). Die verschiedenen Untersuchungsgegenstände und Begründungszusammenhänge gipfeln in der Tatsache, dass sich die Forschung nicht auf einheitliche Qualitätsbegriffe einigen kann. „Nachrichten-" oder „Medienqualität", „publizistische" oder „journalistische Qualität" werden synonym verwendet und miteinander ausgetauscht, obwohl keine konzeptionelle Grundlage dafür existiert. Sprachliche Genauigkeit sollte in diesem unübersichtlichen Feld der erste Schritt zur Ordnung sein: „Nachrichtenqualität" verengt den Blick auf das Endprodukt „Nachrichten"; „Medienqualität" betrachtet (Vermittlungs-)Strukturen der Produkte. Beide klammern den Prozess der Recherche oder Akteure im Bereich Ausbildung und Regulierung aus (vgl. Geuß 2018: 17). Der Begriff der publizistischen Qualität sei „fraglos weiter greif[end]" (Rau 2007: 134f.) als der der journalistischen Qualität, da dann auch „semi-, para-, pseudo- oder metajournalistische" (ebd.) Phänomene umfasst seien. Die Prozesshaftigkeit der Herstellung von Qualität wird durch „journalistische", der Bezug zur öffentlichen Aufgabe durch „publizistische Qualität" verdeutlicht. Im vorliegenden Kapitel findet der Begriff der journalistischen Qualität Anwendung, weil hier die Produkte und Leistungen des journalistischen Arbeitens betont (und schließlich auch untersucht) werden.

Mayer empfiehlt, journalistische Qualität über ihre Bestandteile zu definieren (vgl. Mayer 2013: 74f.). Die Forschung bezieht sich bei diesem Versuch häufig auf die „Weischenberg-Zwiebel". Entlang der hierarchischen „Schichten" dieses vierteiligen Kreismodells kann Qualität interpretiert werden:

- Mediensysteme bilden mit ihren rechtlichen und politischen Normen die äußerste Grundlage für Qualitätskriterien.
- Medieninstitutionen bauen darauf ihre Normen und sichern Qualität über Binnenstrukturen.
- In ihnen werden Medienaussagen (Produkte) geschaffen, deren inhärente Zwänge gattungsspezifische Kriterien erzeugen.
- Medienakteure arbeiten innerhalb dieser produktgegebenen Zwänge und systemgegebenen Strukturen nach eigenen Qualitätsstandards (vgl. Weischenberg 2006a: 13ff.).

Die institutionellen Normen und genrespezifischen „Zwänge" machen es nahezu unmöglich, einheitliche Qualitätskriterien im Journalismus zu bestimmen. Als einer der ersten wies Göpfert in seinem Kriterienkatalog auf die Notwendigkeit von genrespezifischen Qualitätskriterien hin (vgl. Göpfert 1993: 104).

Kriterien für den Hörfunk stellten später beispielsweise Vowe und Wolling (2004) vor: In ihrer Studie, die eine der wenigen zur Qualitätsbewertung durch das Radiopublikum ist, stellen die beiden Forscher fest, dass Rezipierende oft auf Kriterien achten, die aus publizistisch-normativer Perspektive völlig irrelevant sind, wie die Frage, ob die Hörerinnen und Hörer in der Moderation mit „Du" oder „Sie" angesprochen werden: „Aus der Perspektive der subjektiven Qualitätsauswahl können sich solche Unterschiede jedoch auf die Wahrnehmung von Nähe oder Distanz zum Hörer auswirken" (Vowe/Wolling 2004: 312). Gerade im Fall von Lokalradios ist die Verbundenheit zur „Community" zentral für Rezeptionsentscheidungen. Von ihrem „Idealradio" erwarten Hörerinnen und Hörer vor allem Musik und Nachrichten. Selektionsentscheidungen und Qualitätsurteile hängen beim Radio am stärksten von der Musikauswahl ab. Qualitätsvolle Nachrichten steigern die Radionutzung nicht und fließen kaum in die Radiobewertung ein (vgl. Wolling 2006: 472f.). Je nachdem, ob das Medium als „Zuhörradio" oder „Nebenbeiradio" genutzt wird, sind Verkehrsservicemeldungen, Veranstaltungshinweise und humorvolle Beiträge für das Publikum unterschiedlich relevant. Große Ambivalenz gibt es bei Programmelementen wie Jingles, Alltagstipps oder Sendungen mit Beteiligung von Hörerinnen und Hörern, die von einigen Teilen des Publikums gewünscht, von anderen abgelehnt werden (vgl. Vowe/Wolling 2004: 147).

An dieser Stelle sei kurz angemerkt, dass der Hörfunk – bis auf Ausnahmen wie etwa der öffentlich-rechtliche Spartensender Deutschlandfunk oder der ebenso öffentlich-rechtliche bayerische Nachrichtensender B5 Aktuell – freilich kein ausschließlich journalistisches Medium ist (siehe Katzenberger 2021). Gerade der private Hörfunk ist oft ein musikbasiertes, unterhaltungsorientiertes Begleitmedium mit überschaubarem journalistisch geprägtem Nachrichten- und Informationsanteil.

Um der Diversität gerecht zu werden, stellte Ruß-Mohl journalistische Qualität mit seinem „Magischen Vieleck" aus fünf Kriterien bestehend dar: Objektivität (zum Beispiel Ausgewogenheit), Komplexitätsreduktion (inhaltliche Faktentreue trotz semantischer Vereinfachung), Aktualität (Neuigkeit und Relevanz), Originalität (eigene Gegenrecherche) und Transparenz/Reflexivität (Quellenkritik) (vgl. Ruß-Mohl 1992: 86). Da jedoch niemals alle Kriterien gleichzeitig erfüllt werden können, müssen politische Zieldiskussionen die Erwartungen an den Journalismus abwägen und auf einzelne Medienprodukte und -gattungen zugeschnittene Qualitätskriterien ermitteln (vgl. Geuß 2018: 53). Erst durch solche vorab festgelegten Gewichtungen wird journalistische Qualität messbar, wie Ruß-Mohl am Beispiel des Radios zeigt: Im Gegensatz zu Printmedien, die an Deadlines gebunden sind, hat die Radioredaktion eine weit höhere Reaktionsschnelligkeit. Aktualität ist deshalb die wichtigste Zielgröße. Im Hinblick auf das Publikum muss bedacht werden, dass die rein akustische und meist „nebenbei" erfolgende Informationsverarbeitung das Kriterium der Verständlichkeit verlangt. Interaktivität und die Einbindung der Hörerinnen und Hörer ist für Radioredaktionen technisch ebenfalls wesentlich leichter möglich als für Printmedien und sollte deshalb als Qualitätsmerkmal im Radio-Vieleck hervorgehoben werden. Natürlich muss innerhalb des Mediums Radio noch nach zielgruppen- und gattungsspezifischen Qualitätskriterien differenziert werden (siehe Ruß-Mohl 2011).

Qualität ist also, erstens, ein Leistungskonzept: Im Erreichen oder Nicht-Erreichen von Zielen wird Qualität messbar. Bezogen auf publizistische oder journalistische Qualität handelt es sich demnach um den Erfolg oder Misserfolg des Journalismus, bestimmte Leistungen zu erbringen. Die Erwartungen, die an journalistische Produkte und Akteure gestellt werden, variieren. Der Vorreiter Ruß-Mohl kommt zu dem Schluss: „Einen Qualitätsmaßstab gibt es nicht" (Ruß-Mohl 1992: 85; Ruß-Mohl 1996: 102), vielmehr sei es „ein subjektiver Maßstab, den man anlegen muss [...] über journalistische Qualität lässt sich nicht in dieser breiten Sicht, und schon gar nicht mit absoluten Wertmaßstäben diskutieren" (Korbmann 1993: 142). Genau diese zu finden und bestimmte Wertmaßstäbe als exklusiv anzusehen, empfindet Neuberger fünfzehn Jahre später immer noch als „Grundfehler" der Forschung (vgl. Neuberger 2011: 16).

Qualität, selbst formale, ist also abhängig von Genre, Medium, Zielgruppe und der erwünschten Funktion des Journalismus. Weischenberg versteht journalistische Qualität deshalb nicht als Eigenschaft, die der Beobachter am Objekt suchen und beurteilen soll, sondern, zweitens, als „Beobachterkonstrukt", welches der Medienakteur beim Kontakt mit dem Medium erstellt (vgl. Weischenberg 2006b: 668). Qualität ist Nutzerqualität und damit „eine Eigenschaft der Beziehung zwischen Angebot und Rezipienten" (Hasebrink 1997: 202), also keine Eigenschaft des Produkts. Das „Beobachterkonstrukt" Qualität ist interpretativ, situationsabhängig und damit nicht abschließend zu definieren. Qualität wird zugeschrieben und ist nicht natürlicherweise vorhanden:

> Qualität hängt immer von der Qualitätsforderung ab. Diese wiederum ist abhängig von dem Beobachter und von der beobachteten Einheit. Allgemeingültige, beobachterunabhängig Qualitätskriterien für den Journalismus gibt es nicht (Handstein 2010: 17).

Die empirische Qualitätsforschung muss deshalb zunächst das Materialobjekt (zum Beispiel Mediengattung) sowie die theoretische Perspektive festlegen: Sollen die Qualitätsforderungen aus der funktional-systemtheoretischen Journalismusperspektive, der Perspektive der handelnden Akteure und Prozesse oder der Publikumsperspektive abgeleitet werden? Danach kann ein passender Satz (gewichteter) Qualitätskriterien aus den vorhandenen empirischen Katalogen ausgewählt oder neu gebildet werden (vgl. Geuß 2018: 90).

Perspektiven der journalistischen Qualitätsforschung: Akteure, Prozesse, Strukturen

Insgesamt lassen sich in der journalistischen Qualitätsforschung drei verschiedene Strömungen erkennen, die sich anhand ihrer Erwartungen an den Journalismus unterscheiden. Außerdem betrachten sie verschiedene Akteure und Gegenstände des Mediensystems als Träger von Qualität.

Die erste Strömung der Qualitätsforschung kann als funktional-systemtheoretische Perspektive beschrieben werden. Sie betont die „öffentliche Aufgabe" des Journalismus. Qualitätskriterien werden aus demokratietheoretischen Überlegungen abgeleitet und mit der Funktion der Institution „Medien" für die Gesellschaft begründet. Im Bereich des Informationsjournalismus und bei der Untersuchung von „Nachrichtenqualität" ist die „Funktionstrias" (Schulz 2011: 155) der Maßstab der journalistischen Leistung: Information der Gesellschaft, Befähigung zur Meinungsbildung sowie Kritik und Kontrolle des politischen Systems (vgl. ebd.: 323). Die Studien messen Qualität an der historisch gewachsenen Funktion des Journalismus als Intermediär und verstehen journalistische Qualität als politische Notwendigkeit (vgl. Voigt 2016: 60). In der Regel werden in diesem Kontext vor allem inhaltliche Kriterien wie Objektivität, Vielfalt, Relevanz, Richtigkeit und Aktualität gefordert (vgl. Geuß 2018: 43).

Die zweite Strömung der Qualitätsforschung versteht das Handeln der beteiligten Akteure und die sie umgebenden Strukturen als die entscheidenden Faktoren journalistischer Qualität. Nähert man sich dem Qualitätskonzept über die

Akteure und die sie umgebenden Strukturen, wird Qualität meist als „Qualität der Journalistinnen und Journalisten", als „Leistung" von Redakteurinnen und Redakteuren verstanden.

In der dritten und relativ jungen Strömung wird Qualität aus Sicht der Rezipierenden betrachtet. Dabei sind zwei Fragen zentral: Erkennen Mediennutzerinnen und -nutzer journalistische Qualität? Und wenn ja, verstehen sie darunter dasselbe wie Medienschaffende? Statt Mediengesetzen, redaktionellen Blattlinien oder handwerklichen Standards entscheiden nach diesem Verständnis die Nutzerinnen und Nutzer über das Qualitätsniveau der Medien. Das Publikum nimmt verschiedene Rollen ein (als Konsumentinnen und Konsumenten, Bürgerinnen und Bürger, Wählerinnen und Wähler etc.), weshalb zwischen den verschiedenen Qualitätskriterien des „Consumer Value" und „Citizen Value" unterschieden wird (vgl. Neuberger 2011: 26). Typisch für „Nutzerqualität" sind Kriterien, die Anschlusskommunikation sichern und die Verwendung der Medieninhalte im Alltag erlauben: Verständlichkeit, Multimedialität und Partizipation/Interaktion (vgl. Geuß 2018: 81).

In den folgenden Überlegungen steht vor allem die zweite Strömung der Qualitätsforschung im Zentrum. Der Leistungsgedanke wurde durch die erste Monografie des neuen Forschungsfeldes, McQuails „Media Performance" (1992) geprägt. Im englischen Sprachraum lautet der Fachbegriff nicht „media quality", sondern „performance" oder „assessment" (vgl. Hagen 1995: 35; Hermes 2006: 20). Damit wird der Qualitätsdiskurs mit Blick auf den Prozessverlauf der Produktion geführt, entgegen der auf das Endprodukt gerichteten Interpretation im Deutschen und der Assoziation mit „wertvoller Kommunikation" (Hohlfeld 2003: 205). Qualität ist hier das Ergebnis der vor, während und nach der journalistischen Produktion stattfindenden Prozesse. Qualitätsbeurteilungen orientieren sich in dieser Perspektive an der journalistischen Selektion von Themen (Vielfalt, Relevanz, Transparenz), den „handwerklichen" Normen (Objektivität, Richtigkeit, Originalität, Vermittlung) und den umgebenden redaktionellen Prozessen (Kontrolle, Kommunikation mit Mitarbeiterinnen und Mitarbeitern, Unabhängigkeit) (vgl. Geuß 2018: 43).

Neuberger unterscheidet zwei „Produktionsperspektiven": die professionelle, Perspektive, in der redaktionelle Routinen und Berufsnormen Qualität definieren, sowie die ökonomische Perspektive, in der Medienvertreterinnen und Medienvertreter sowie Geschäftsführerinnen und -führer agieren und ihr Qualitätsmanagement anhand der Marktlogik beurteilt wird (vgl. Neuberger 2011: 26). Studien, die auf Routinen und Normen fokussieren, erklären handwerkliche Standards als „praktische Grundlagen der journalistischen Qualität" (Schröter 1995: 43) zu notwendigen Voraussetzungen für inhaltliche Qualität. Qualitätskriterien werden aus den Spielregeln des Journalismus abgeleitet, aus dem Selbstverständnis und den Berufsnormen der Journalistinnen und Journalisten sowie den Professionalitätsstandards ihrer Medien (vgl. Arnold 2009: 92). Die professionellen Standards und Berufsnormen variieren jedoch zwischen verschiedenen Medien(-gattungen) und bieten damit kaum Ansatzpunkte für Qualitätsvergleiche.

Die Perspektivenvielfalt zeigt, dass im Mediensystem teils antagonistische Wertesysteme hinsichtlich der Qualitätserwartungen aufeinandertreffen (Politik, Publikum, Professionelle). Auf der Suche nach empirisch prüfbaren Qualitätskriterien stellten Schatz und Schulz fest, dass nur das Medienrecht als verbindlicher Rahmen für alle Akteure gelte (vgl. Schatz/Schulz 1992: 691). Demnach stellt die Einhaltung gesetzlicher Regelungen eine allgemeingültige Qualitätserwartung dar. Für den Rundfunk gelten drei Programmgrundsätze: das Gebot der Vielfalt, der Professionalität und der Rechtmäßigkeit, an denen sich die Qualitätsforschung „naturgemäß" (ebd.: 692) zu orientieren habe. Die Autoren stützen sich auf Vielfalt als demokratisch erforderliches Kriterium (siehe § 41 Abs. 2, 19. RÄ StV) und ergänzen ihren Katalog um Relevanz, Professionalität, Akzeptanz und Rechtmäßigkeit (vgl. ebd.: 693). Der medienrechtliche Zugang zur Qualitätsbestimmung wurde scharf kritisiert: „Programme/Berichte, die gegen das Gebot der Rechtmäßigkeit verstoßen, sind nicht schlecht, sondern verboten" (Rager 1994: 195). Auch „Korrektheit" ist kein ausreichendes Merkmal journalistischer Qualität: „Die Fakten müssen stimmen. Das ist eine notwendige, aber keineswegs hinreichende Bedingung für Qualität" (Korbmann 1993: 143). Deshalb kann die „objektive Qualität" in Form von korrekten und wertungsfreien Inhalten kein ausreichendes Bewertungskonstrukt sein. Objektivität schließt sich insgesamt als Messkategorie aus (vgl. Neuberger 2011: 16).

Betrachtet man das Handeln der beteiligten Akteure und der sie umgebenden Strukturen als entscheidende Faktoren, können interne und externe Qualitätssicherung unterschieden werden.

Interne Qualitätssicherung

Interne Maßnahmen der Qualitätssicherung werden von innerredaktionellen Gegebenheiten geprägt: die Zusammenarbeit im Redaktionsteam (Recherche, Selektionsprozesse, Korrekturen), die Hierarchien von Journalistinnen und Journalisten sowie Herausgeberinnen und Herausgebern, der Umgang mit Publikumsreaktionen, Korrekturspalten und der Einsatz von Ombudsleuten. Solche Maßnahmen werden beispielsweise bei Schweizer Radiosendern vorgeschrieben, haben aber, davon geht Ruß-Mohl aus, mit ihrer Vermittlungsfunktion zwischen Redaktion und Öffentlichkeit wenig Einfluss auf die redaktionelle Qualitätssicherung (vgl. Ruß-Mohl 2011).

Redaktionelles Qualitätsmanagement untersuchte Wyss (2002) umfassend am Beispiel von Schweizer Zeitungsredaktionen. Er entwickelte qualitätssichernde Verfahren im Sinne des Qualitätssicherungssystems „Total Quality Management" (TQM) (vgl. Wyss 2002: 233f.). TQM bezieht sich auf Produkte, Prozesse, Kundinnen und Kunden sowie interne beziehungsweise externe Organisationsstrukturen. Oberste Zielgröße ist Qualität, Referenzgröße ist die Zufriedenheit der Kundinnen und Kunden (vgl. ebd.: 67f.). Unternehmen im qualitätsorientierten Führungsstil des TQM haben in Japan seit den 1950er Jahren Tradition, in den USA seit den 1980er Jahren, in Europa bis heute kaum (vgl. ebd.: 78). Vorreiter des TQM im Rundfunkbereich war das Schweizer Radio DRS (seit 2011 SRF). Es entwickelte einen Kriterienkatalog, der durch Monitoringprozesse (zum Beispiel Redaktionskonferenzen) gesichert wird (vgl. Wyss 2003: 138f.). Der Katalog besteht aus den Leitlinien „aktuell", „publikumsnah" und „vernetzt", die in jährlichen Zielvereinbarungen festgehalten und mehrmals täglich von einer publizistischen Tagesleitung überprüft werden (vgl. Anker 2003: 304ff.). Die Nutzbarkeit des Programms steht dabei im Fokus und wird anhand von Fragen wie „Was bringt es mir als HörerIn?" oder „Ist die Moderation anständig und fair?" (ebd.) an einer „menschlichen Perspektive" ausgerichtet.

Vergleichbare Qualitätssicherungsmaßnahmen hat der Südwestrundfunk (SWR) installiert. Jährlich werden 125 Personen ausgewählt, die bestimmte Radiosendungen in ihrer normalen Nutzungssituation hören sollen und anschließend befragt werden. Das Controlling-Verfahren wird mit einer Output-Analyse des Programms kombiniert und mündet in einem Ergebnisgespräch, aus welchem die Intendantin beziehungsweise der Intendant neue Zielvorgaben für die Redaktion ableitet (vgl. Spang 2006: 110ff.).

Der Hessische Rundfunk (HR) hat seit 2001 eine ganze Redaktion aus freien Mitarbeiterinnen und Mitarbeitern mit der Aufgabe „Hörfunk-Monitoring" betraut: „Sie führt regelmäßig Markt- und Programmbeobachtung, Konkurrenz- und Programm-Wirkungsanalysen durch, organisiert und steuert Feedbackverfahren; die Monitoring-Redakteure arbeiten als Coaches und Trainer" (Spang 2014: 118). Ihren Qualitätsbegriff richtet die Redaktion am Medium, an Inhalten und deren Vermittlung aus. Sie betonen die Aufgabe des Journalismus als Dienstleister für die Gesellschaft („Public Value") und berücksichtigen die besondere Konzentration, die zur Verarbeitung rein akustischer Informationen nötig ist. Radio als „Nebenbeimedium" erhält oft nicht die Aufmerksamkeit der Hörerinnen und Hörer, mit denen Radiomacher beim Erstellen ihrer Beiträge rechnen (vgl. ebd.: 199f.). In Publikumsbefragungen und Programmanalysen wird der potentielle Handlungsbedarf ermittelt und durch Trainingsgespräche mit den beteiligten Redaktionen umgesetzt (vgl. ebd.: 126).

Die vorgestellten Initiativen sind alle dem öffentlich-rechtlichen Rundfunk zuzuordnen. Auch im nicht-kommerziellen Hörfunk und Fernsehen – häufig als „dritte Säule" (Schätzlein 2011: 76) im Rundfunksystem beziehungsweise „Rundfunk der dritten Art" (Schill 2008: 396) bezeichnet – bestehen Untersuchungen zur Qualitätsentwicklung (siehe Heinold-Krug/Schäfer 2012; Ritter 2012; Wimmer 2017). In Nordrhein-Westfalen steht Bürgermedien beispielsweise auch das eigens für sie konzipierte „Qualitätsmanagement-Verfahren Bürgermedien" (QMB) zur Verfügung (siehe Wienken/Friedrich/Bruchhausen 2006; Paukens 2014).

Vereinzelt bestehen Überlegungen, inwiefern Verfahren wie das QMB auch im kommerziellen Rundfunk, insbesondere im Lokalradio, verankert werden könnten (siehe Wienken 2014). Obwohl sicherlich verschiedenste interne Qualitätssicherungsmaßnahmen innerhalb kommerzieller Rundfunkanbieter und -veranstalter bestehen dürften, wurden dazu bislang keine oder kaum (kommunikations-)wissenschaftliche Studien durchgeführt.

Externe Qualitätssicherung

Neben den innerredaktionellen Normen und Prozessen sind im Kontext der Qualitätssicherung Verbindungen zu verschiedenen externen Institutionen relevant. Ruß-Mohl (1994) entwickelte den Infrastrukturfaktor („I-Faktor") als zentrale Variable der Qualitätssicherung. Er umfasst jene Vielzahl von Initiativen und Institutionen, die mit ihren Aktivitäten zur Qualitätssicherung den Journalismus prägen – also auf Journalismus Einfluss nehmen, meist ohne selbst zur Erstellung von Medienprodukten direkt etwas beizutragen (vgl. Ruß-Mohl 1994: 22). Dazu zählte er Institutionen zur Aus- und Weiterbildung, Selbstkontrollorgane, Journalistinnen- und Journalistenverbände, Medienforschung und Meta-Journalismus. Journalistische Qualität entsteht innerhalb dieser Infrastrukturen, weil sie zur Qualitätssicherung und Professionalisierung des Journalismus beitragen – die nach Ruß-Mohl wichtigsten Aspekte journalistischer Qualität (vgl. ebd.: 108). Er unterscheidet Prävention, Produktionsprozess und Korrektur als zeitliche Phasen der Qualitätssicherung, in denen verschiedene Instrumente wirken können: Aus- und Weiterbildung, Konkurrenzvergleiche und Gegenlesen, innerredaktionelle Blattkritik, meso-externer Metajournalismus und Forschung, Publikumsbefragungen etc. (vgl. Ruß-Mohl 1992: 86f.).

Auch Preise und Auszeichnungen für herausragende journalistische beziehungsweise redaktionelle Leistungen dieser Institutionen sind hier zu nennen, da sie einen wichtigen Bestandteil der qualitätsfördernden Infrastruktur bilden. Studien dazu, wie die Analyse renommierter Journalismuspreise von Wallisch (1995), haben jedoch Seltenheitswert. Die ausgezeichneten Medienformate, Reportagen, Sendungen, etc. gelten als „Leuchttürme" journalistischer Qualität. Urteile von Expertinnen und Experten werden als Qualitätsmaßstab herangezogen, weil Berufsprofis (Jury einer Preisverleihung, Presserat, Verbandsvorsitzende) durch ihre Autorität als vertrauenswürdig gelten. Gleichzeitig schränkt sich der forschungspraktische Wert dieses Maßstabs ein, weil brancheninterne Personen

„betriebsblind" (Held/Ruß-Mohl 2000: 371) sind. Wallisch warnt davor, die prämierten Medieninhalte als Patentrezepte zu missverstehen (vgl. Wallisch 1995: 181f.).

Rolle der BLM in der Qualitätssicherung und -förderung im privaten Rundfunk

Viele externe Institutionen versuchen also durch vielfältigste Impulse eine Infrastruktur herzustellen, innerhalb derer Journalistinnen und Journalisten qualitätsvolle Leistungen erbringen können. Solche Institutionen sorgen somit vor, während und nach der Produktion von Medienaussagen für die Herstellung und Sicherung von Qualität. Auch hier bestehen freilich genrespezifische Unterschiede: Während für Presseakteure die Beziehungen zu Selbstkontroll-Institutionen wie dem Presserat maßgeblich sind, ist im öffentlich-rechtlichen Rundfunk die Rolle der Rundfunkanstalten hervorzuheben. Im privaten Rundfunk hingegen sind die Landesmedienanstalten zu nennen, die als zulassende, beaufsichtigende und qualitätsfördernde Institutionen auftreten.

Im Freistaat kommt diese Rolle der BLM zu. Im Bayerischen Mediengesetz (BayMG) ist für sie, neben Zulassung und Aufsicht, die Aufgabe festgeschrieben, sich für Vielfalt und Qualität der privaten Rundfunkangebote einzusetzen und die Anbieter und Zulieferer entsprechend zu unterstützen und zu fördern:

> [S]ie fördert insbesondere die Herstellung und Verbreitung hochwertiger lokaler und regionaler Fernsehprogramme unter Berücksichtigung der Möglichkeiten der Anbieter, die Angebote mit selbst erwirtschafteten Mitteln zu finanzieren. [S]ie fördert die Herstellung, Verbreitung und Digitalisierung von weiteren Rundfunkprogrammen zur Erhöhung von Vielfalt und Qualität dieser Angebote; gemeinnützige Anbieter und Zulieferer sind dabei besonders zu berücksichtigen. [...] [S]ie führt Untersuchungen und Erhebungen zu Fragen der Programminhalte, insbesondere der Qualität, der Wirtschaftlichkeit und der Akzeptanz von Rundfunkprogrammen durch (siehe Art. 11, Abs. 1, Nr. 4 und Nr. 5 sowie Abs. 2, Nr. 2, BayMG).

Um diesem gesetzlichen Auftrag gerecht zu werden und Vielfalt sowie Qualität der Angebote zu erhöhen, setzt die BLM verschiedenste Maßnahmen um. In ihren jährlichen Berichten sind diese Maßnahmen detailliert aufgeführt und nachzulesen (siehe BLM 2019). Zu diesen Maßnahmen zählen insbesondere die Förderung von Innovationen, Programmen, Medienforschung, Aus- und Weiterbildung sowie Medienpädagogik (vgl. ebd.: 84). Im Folgenden werden zwei dieser Maßnahmen zur Qualitätssicherung und -förderung im privaten Rundfunk und deren konkrete Ausgestaltung im Zeitverlauf exemplarisch vorgestellt.

Beispiel 1: Programmförderung

Die BLM unterstützt seit 1988 im Rahmen ihrer Programmförderungen Sendungen, Sendereihen, Beiträge oder Rubriken der Hörfunk- und Fernsehanbieter und -zulieferer, die einen kulturellen, kirchlichen, sozialen oder wirtschaftlichen Themenschwerpunkt aufweisen. Hinzu kommen jährliche Schwerpunktausschreibungen: 2015 wurden, ganz im Lichte der damals stark zunehmenden Migrationsbewegungen, Beiträge über Heimat, Flucht, Vertreibung oder Zuwanderung in einer eigenen Kategorie gefördert; 2019 hingegen standen Zeugnisse europäischen Kulturschaffens in der Region im Fokus.

Über eine Förderung entscheidet jeweils der Hörfunk- beziehungsweise der Fernsehausschuss des Medienrats (siehe Kapitel 3.1.): Berücksichtigt wird dabei das Konzept für die jeweiligen Sendungen, Sendereihen, Beiträge oder Rubriken, die wirtschaftliche Situation des Anbieters oder Zulieferers sowie Erkenntnisse aus der Beobachtung des Programms über die Qualität der Sendungen im Vorjahr. Für die Bewertung der Programmqualität werden sowohl die redaktionelle als auch produktionstechnische Gestaltung unter die Lupe genommen. Redaktionelle Beurteilungskriterien sind dabei beispielsweise Themenauswahl, Darstellungsform, Rechercheaufwand, Interviewführung oder Moderation. Eine eigenständige Programmförderungs-Richtlinie (PFR) bietet das Fundament für alle Entscheidungen über eine Programmförderung.

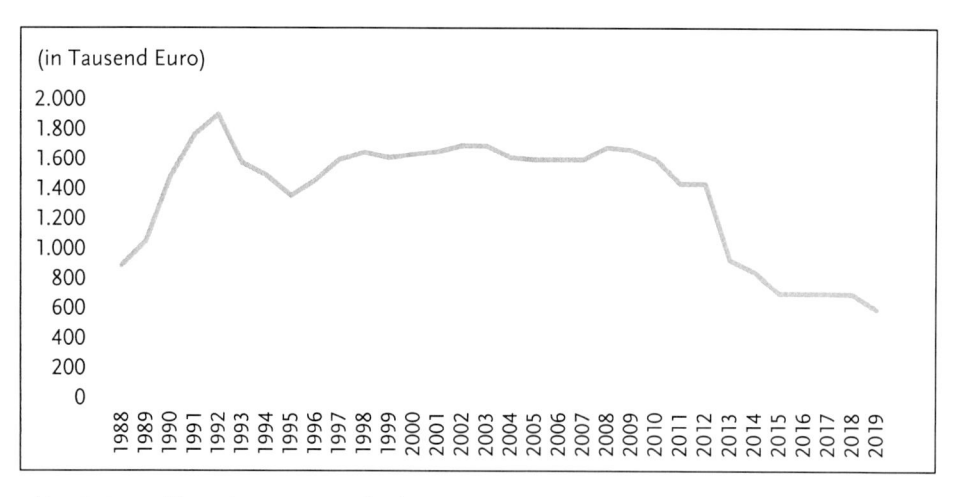

Abb. 30: Entwicklung der Programmförderung 1988-2019 (eigene Darstellung basierend auf Jahres- und Geschäftsberichten der BLM).

1988 waren umgerechnet 891.000 Euro und 1989 bereits 1.052.000 Euro für die Fördermaßnahmen in diesem Bereich investiert worden. 1992 erreichte der Förderbetrag mit 1.903.000 Euro seinen Höchststand. In den darauffolgenden Jahren stabilisierte sich die Förderung, sodass jährlich etwa zwischen 1.300.000 bis

1.600.000 Euro ausgegeben wurde. Seit 2009 ist allerdings eine kontinuierliche Absenkung der Förderung zu beobachten. 2019 entfielen noch knapp 600.000 Euro auf die Programmförderung. Über die vergangenen rund 30 Jahre hinweg betrachtet sind die Ausgaben der Landeszentrale also rückläufig, siehe Abb. 30. Genau wie die zu vergebenden Fördergelder sank auch die Anzahl der eingereichten Anträge: Für 1989 waren, nach Auskunft der BLM, insgesamt 98 Einreichungen zu verzeichnen, von denen 43 bewilligt werden konnten. 2019 wurden insgesamt 61 Anträge auf Programmförderung bei der Landeszentrale gestellt und 38 davon positiv beschieden.

Von den Förderungen profitieren auf der einen Seite kommerzielle, auf der anderen Seite aber vor allem die nicht-kommerziellen Angebote in Bayern. Dazu zählen nicht-kommerzielle Hörfunkanbieter mit 24 Stunden Programmen wie Radio Z in Nürnberg oder Radio Lora in München, Kultur- oder Musik-Spartenanbieter und Zulieferer wie Radio Opera in Würzburg, kirchliche Spartenanbieter und Zulieferer wie die Evangelische Funkagentur in München, Spartenanbieter und Zulieferer mit Beteiligung Jugendlicher wie das Projekt Funkenflug des Medienzentrums Parabol in Nürnberg, Campusradios wie Kanal C oder auch nicht-kommerzielle Fernseh-Angebote (siehe Kapitel 6.2.2.).

Beispiel 2: Lokalradio- und Fernsehpreise

Ein weiteres Instrument der BLM zur Förderung journalistischer Qualität sind die Lokalrundfunkpreise. Seit 1988 verleiht die Landeszentrale Hörfunkpreise. Mit dem verstärkten Aufbau lokaler Fernsehstationen seit Anfang der 1990ern (siehe Kapitel 3.3.2.) kamen 1992 die Lokalfernsehpreise hinzu. Einmal im Jahr wird seitdem die Trophäe, ein BLM-Radio beziehungsweise ein BLM-Telly aus Plexiglas, in verschiedenen Kategorien verliehen. Zunächst im Rahmen des damaligen BLM-Rundfunkkongresses bei den Medientagen in München vergeben, erfolgt die Kür seit 1993 jährlich im Rahmen der Eröffnungsveranstaltung der Lokalrundfunktage (siehe Kapitel 3.5.). Ausgezeichnet werden die besten Hörfunk- beziehungsweise Fernsehbeiträge mit lokaler Bedeutung aller in Bayern genehmigten Programmanbieter, Spartenanbieter und Zulieferer sowie Aus- und Fortbildungskanäle, die ein lokales Rundfunkprogramm ausstrahlen. Ziel des Preises ist es, journalistische Leistungen im lokalen Rundfunk in Bayern anzuerkennen und damit die Qualität der bayerischen Lokalrundfunkprogramme zu fördern.

Welche journalistischen Leistungen preiswürdig sind, entscheidet jedes Jahr eine neunköpfige Jury. Sie setzt sich aus Medienexpertinnen und -experten sowie Journalistinnen und Journalisten aus privaten sowie öffentlich-rechtlichen Rundfunkstationen zusammen. Alle Jurorinnen und Juroren stammen aus den verschiedensten Tätigkeitsbereichen und Hierarchiestufen: Geschäftsführerinnen und Geschäftsführer, Programmchefinnen und -chefs, Journalistinnen und Journalisten sowie Moderatorinnen und Moderatoren sind in dem Komitee vertreten. Die BLM ist durch die Vorsitzenden des Hörfunk- und des Fernsehausschusses beteiligt. In den ersten Jahren nach Schaffung der Preise war zudem der damalige Präsident der Landeszentrale, Wolf-Dieter Ring, in der Jury vertreten.

Im Hörfunkbereich werden, abgesehen von ausgelobten Sonder- und Spezialpreisen, in der Regel Beiträge aus den Kategorien „Aktuelle Berichterstattung und Information", „Unterhaltung und Comedy", „Moderation", „Nachwuchs", „Werbung und Promotion" gekürt. Der Lokalfernsehpreis wird in den Kategorien „Aktuelle Berichterstattung und Information", „Sparten- oder Sondersendungen", „Moderation", „Nachwuchs" sowie „Werbung und Promotion" vergeben. Von Bericht, Interview bis hin zur Reportage und von Wirtschaft, Kultur bis hin zu Gesellschaft: Berücksichtigt werden Beiträge, die verschiedenste Darstellungsformen nutzen und unterschiedlichste Themenschwerpunkte setzen.

Wie urteilte die Jury zuletzt über die journalistischen Leistungen? Im Hörfunkbereich ging der Preis 2020 in der Kategorie „Aktuelle Berichterstattung und Information" beispielsweise an Sebastian Pilous, der seit 2018 bei Radio TOP FM in Fürstenfeldbruck ist. Ausgezeichnet wurde er für seine Reportage-Reihe „24 Stunden unter Helden", in der er Menschen aus den unterschiedlichsten Gesundheitsberufen begleitete. In derselben Kategorie wurde im Fernsehbereich Joshua Gennari gewürdigt, der seit 2015 bei Niederbayern TV Passau (bis 2019 Tele Regional Passau 1) tätig ist. Den Preis erhielt er für einen Beitrag, in dem er über die „Papstglocke" berichtete, die im niederbayerischen Deggendorf für Papst Franziskus gegossen wurde. Der „Sonderpreis der Jury 2020" ging an Marie Gomez von Energy Nürnberg, die für das crossmediale, „on-demand"-Format „ENERGY – Green Up Your Life" gelobt wurde. Für die Beiträge im Rahmen dieses Formats interviewte sie Menschen, die der Umwelt zuliebe neue Wege gingen und testete solche Wege immer wieder auch selbst. Die Rubrik wurde dabei längst nicht nur „on air" umgesetzt: Auf der Homepage des Anbieters erschienen Blogbeiträge; auf den Social-Media-Kanälen wurden verschiedene Videos und Postings publiziert; mit dem gleichnamigen, alle zwei Woche erscheinendem Podcast konnten sich Hörerinnen und Hörer noch tiefer mit Fragen der Nachhaltigkeit befassen.

2020 wurde darüber hinaus erstmals das Publikum aktiv durch ein Voting beteiligt: Mittels Online-Abstimmung konnte es auf der Homepage der BLM über die Vergabe der beiden „BLM-Publikumspreise" bestimmen. Der Publikumspreis für den besten Beitrag im Lokalfernsehen ging letztlich an Paula Werneck von Regional Fernsehen Rosenheim für „100 Genussorte in Bayern – Acht in der Region"; der Preis für den besten Beitrag im Lokalradio hingegen an Andreas Nickl von Charivari Rosenheim für „As Wichdigste vom Doag auf Boarisch".

Wie eng diese Preise mit dem Konstrukt der journalistischen Qualität verbunden sind, machte Siegfried Schneider bei der Preisverleihung deutlich: „Qualität ist ein wesentlicher Erfolgsfaktor unseres lokalen Rundfunks in Bayern – nicht zuletzt, weil er mit seriösem Journalismus auch jüngere Zielgruppen erreicht" (BLM 2020). Lokaler Rundfunk könne so einen „Public Value", also einen wichtigen, gesellschaftlichen Mehrwert, darstellen und Journalismus könne so als Dienstleister für die Gesellschaft agieren.

Fazit: Community- und Service-Gedanke mit Mehrwert

Journalistische Qualität, so sollte deutlich geworden sein, ist ein komplexes Konstrukt, das auf vielen Ebenen und aus unterschiedlichsten Perspektiven betrachtet werden kann. Qualität und ihre Bewertung hängt immer vom Beobachter ab – diese Feststellung gilt für alle Mediengattungen. Im Bereich des Rundfunks kommen genretypische Merkmale hinzu, die in die Qualitätserwartungen einbezogen werden müssen: Die singuläre Nutzung von Audio-Elementen im Hörfunk und die Kombination von audiovisuellen Techniken im Fernsehen erzeugen unterschiedliche journalistische Produkte, die jeweils spezifische Qualitätsmerkmale aufweisen. Privater Lokaljournalismus wiederum erschafft besonders persönliche und habitualisierte Mediennutzungserfahrungen, die aus Sicht der Rezipierenden einen Mehrwert erzeugen. Der Community- und Service-Gedanke – ganz im Sinne des „Public Values" – hat entsprechend auch einen hohen Stellenwert im beruflichen Selbstverständnis der Medienschaffenden und prägt ihre Qualitätsansprüche. Das spiegelt sich im Rundfunk auch innerhalb von Redaktionen und Sendern wieder.

Die Herstellung journalistischer Qualität ist ein Prozess, der auch durch Institutionen außerhalb der Redaktionen und Sender bedeutsam ist: Indem sie journalistische Arbeits- und Ausbildungsprozesse fördern und herausragende Leistungen hervorheben, stellen verschiedene Institutionen Infrastrukturen her, innerhalb derer qualitätsvolle journalistische Arbeit geleistet werden kann.

In Bayern tritt die BLM als zulassende und beaufsichtigende Institution mit verschiedensten Maßnahmen für journalistischen Qualität im privaten Rundfunk ein. Ihre Rolle in der Qualitätsförderung und -sicherung verdient deutlich mehr wissenschaftliche Beachtung.

Mit Blick auf die Qualitätsförderung und -sicherung der BLM bleiben dennoch einige Desiderata: Neben der kontinuierlichen Reichweitenmessung (siehe Kapitel 6.1.) wäre es durchaus wünschenswert, dass auch im bayerischen Lokalfunkbereich Befragungen der Rezipierenden etwa nach den oben dargestellten „Modellen" der Qualität durchzuführen, so wie dies im Rahmen von skizzierten Projekten in der Schweiz im SRF oder in Deutschland im SWR oder HR geschieht. Schön wäre es zudem, wenn nicht nur „Leuchttürme" des Programms insbesondere mit lokalem Bezug mit Preisen gewürdigt würden, sondern verstärkt auch besondere Ausbildungsinitiativen, redaktionelle Projekte im Bereich der crossmedialen Verbreitung der Inhalte oder wegweisende Marketingkonzepte breiter öffentlich dargestellt und diskutiert würden.

Ein komplexes Konstrukt wie Qualität auszugestalten, ist eine immerwährende Aufgabe – gerade auch in Zeiten sich verschärfender und oft unsachlicher Medienkritik. Der mediale „Pudding" kann nie allen in gleicher Weise „schmecken". Die Rezepte, ihn möglichst vielfältig und mit hochwertigen Zutaten zu gestalten, müssen ständig weiterentwickelt werden – und es ist in gleicher Weise eine Daueraufgabe, die Ergebnisse einer stetigen Qualitätskontrolle zu unterziehen. Nicht „an die Wand genagelt werden" soll er, der „Pudding", um im eingangs zitierten Ruß-Mohlschen Bild zu bleiben, sondern mit spezifischen Instrumenten möglichst eingehend analysiert werden.

Literatur

Anker, Heinrich (2003): Qualitätssicherung um Hörfunk – das Beispiel Schweizer Radio DRS. In: Bucher, Hans-Jürgen/Altmeppen, Klaus-Dieter (Hrsg.): Qualität im Journalismus. Grundlagen – Dimensionen – Praxismodelle. Wiesbaden: Westdeutscher Verlag, S. 289-307.

Arnold, Klaus (2009): Qualitätsjournalismus. Die Zeitung und ihr Publikum. Konstanz: UVK Verlagsgesellschaft.

Arnold, Klaus (2016): Qualität des Journalismus. In: Löffelholz, Martin/Rothenberger, Liane (Hrsg.): Handbuch Journalismustheorien. Wiesbaden: VS Verlag für Sozialwissenschaften, S. 551-563.

Bayerische Landeszentrale für neue Medien (2015): Grußwort von BLM-Präsident Siegfried Schneider zur Veranstaltung „Tendenzen im digitalen Journalismus" am 24. März 2015. Online: www.blm.de/infothek/positionen_und_reden/2015.cfm?object_ID=4553 (zuletzt abgerufen am 15.02.2021).

Bayerische Landeszentrale für neue Medien (2017): Grußwort von BLM-Präsident Siegfried Schneider zur Eröffnung der Lokalrundfunktage am 4. Juli 2017. Online: www.blm.de/infothek/positionen_und_reden/2017.cfm?object_ID=7868 (zuletzt abgerufen am 15.02.2021).

Bayerische Landeszentrale für neue Medien (2019): Geschäftsbericht 2018. Online: www.blm.de/infothek/publikationen/geschaeftsberichte.cfm (zuletzt abgerufen am 15.02.2021).

Bayerische Landeszentrale für neue Medien (2020): Die BLM-Hörfunk- und Lokalfernsehpreise 2020. Online: www.blm.de/infothek/pressemitteilungen/2020.cfm?object_ID=14892 (zuletzt abgerufen am 15.02.2021).

Duden (2020): Qualität. Online: www.duden.de/rechtschreibung/Qualitaet (zuletzt abgerufen am 15.02.2021).

Geuß, Annika (2018): Qualität im Journalismus – Eine Synopse zum aktuellen Forschungsstand. Bamberg: University of Bamberg Press.

Göpfert, Winfried (1993): Publizistische Qualität: ein Kriterien-Katalog. In: Bammé, Arno/Kotzmann, Ernst/Reschenberg, Hasso (Hrsg.): Publizistische Qualität. Probleme und Perspektiven ihrer Bewertung. München, Wien: Profil, S. 99–109.

Hagen, Lutz M. (1995): Informationsqualität von Nachrichten. Meßmethoden und ihre Anwendung auf die Dienste von Nachrichtenagenturen. Opladen: Westdeutscher Verlag.

Handstein, Holger (2010): Qualität im lokalen Zeitungsjournalismus. Theoretischer Entwurf und empirische Fallstudie. München: AVM.

Hasebrink, Uwe (1997): Die Zuschauer als Fernsehkritiker? Anmerkungen zum vermeintlichen Mißverhältnis zwischen „Qualität" und „Quote". In: Weßler, Hartmut/Matzen, Christiane/Jarren, Otfried/ Hasebrink, Uwe (Hrsg.): Perspektiven der Medienkritik. Die gesellschaftliche Auseinandersetzung mit öffentlicher Kommunikation in der Mediengesellschaft. Wiesbaden: VS Verlag für Sozialwissenschaften, S. 201-215.

Heinold-Krug, Eva/Schäfer, Erich (2012): Entwicklung, Erprobung und Evaluation von Kriterien, Verfahren und Prozessen des Qualitätsmanagements in Bürgermedien. TLM-Schriftenreihe 23. Berlin: Vistas Verlag, S. 17-42.

Held, Barbara/Ruß-Mohl, Stephan (2000): Bilanzierender Ausblick. Qualität durch Kommunikation. In: Held, Barbara/Ruß-Mohl, Stephan (Hrsg.): Qualität durch Kommunikation sichern. Vom Qualitätsmanagement zur Qualitätskultur. Erfahrungsberichte aus Industrie, Dienstleistung und Medienwirtschaft. Frankfurt a. M.: Frankfurter Allgemeine Buch, S. 362-376.

Hermes, Sandra (2006): Qualitätsmanagement in Nachrichtenredaktionen. Köln: Halem Verlag.

Hohlfeld, Ralf (2003): Objektivierung des Qualitätsbegriffs. Ansätze zur Bewertung von Fernsehqualität. In: Bucher, Hans-Jürgen/Altmeppen, Klaus-Dieter (Hrsg.): Qualität im Journalismus. Grundlagen – Dimensionen – Praxismodelle. Wiesbaden: Westdeutscher Verlag, S. 203-222.

Katzenberger, Vera (2021): Radiojournalismus. Online: www.journalistikon.de/radiojournalismus/ (zuletzt abgerufen am 20.03.2021).

Korbmann, Rainer (1993): Was ist journalistische Qualität? In: Bammé, Arno/Kotzmann, Ernst/Reschenberg, Hasso (Hrsg.): Publizistische Qualität. Probleme und Perspektiven ihrer Bewertung. München, Wien: Profil, S. 99-109.

Mayer, Angelika (2013): Qualität im Zeitalter von TV 3.0. Die Debatte zum öffentlich-rechtlichen Fernsehen. Wiesbaden: VS Verlag für Sozialwissenschaften.

McQuail, Denis (1992): Media Performance. Mass Communication And The Public Interest. London, Newbury Park, New Delhi: Sage.

Neuberger, Christoph (2011): Definition und Messung publizistischer Qualität im Internet. Herausforderungen des Drei-Stufen-Tests. Berlin: Vistas Verlag.

Paukens, Hans (2014): QMB als Testierungsmodell für Bürgermedien. In: Vogel, Kirsten Annette/Wienken, Ursula (Hrsg.): Qualitätsmodelle im Hörfunk. Mehr als Quoten und Formate. Baden-Baden: Nomos Verlag, S. 69-70.

Piechotta, Beatrice (2008): PsyQM. Qualitätsmanagement für psychotherapeutische Praxen. Berlin, Heidelberg: Springer Science & Business Media.

Rager, Günther (1994): Dimensionen der Qualität. Weg aus den allseitig offenen Richter-Skalen? In: Bentele, Günter/Hesse, Kurt R. (Hrsg.): Publizistik in der Gesellschaft. Festschrift für Manfred Rühl. Konstanz: UVK Medien Verlagsgesellschaft mbH, S. 189-209.

Rau, Harald (2007): Qualität in einer Ökonomie der Publizistik. Betriebswirtschaftliche Lösungen für die Redaktion. Wiesbaden: VS Verlag für Sozialwissenschaften.

Ritter, Martin (2012): Qualitätsentwicklung im Thüringer Bürgerrundfunk – Perspektive der Pilotsender. TLM-Schriftenreihe 23. Berlin: Vistas Verlag, S. 43-52.

Ruß-Mohl, Stephan (1992): Am eigenen Schopfe ... Qualitätssicherung im Journalismus – Grundfragen, Ansätze, Näherungsversuche. In: Publizistik, Jg. 37, H. 1, S. 83–96.

Ruß-Mohl (1994): Der I-Faktor: Qualitätssicherung im amerikanischen Journalismus: Modell für Europa? Zürich: Edition Interform.

Ruß-Mohl, Stephan (1996): Am eigenen Schopfe... Qualitätssicherung im Journalismus – Grundfragen, Ansätze, Näherungsversuche. In: Wilke, Jürgen (Hrsg.): Ethik der Massenmedien. Wien: Wilhelm Braumüller, S. 100-114.

Ruß-Mohl, Stephan (2011): Von der Qualitätssicherung zur Qualitätskultur. Online: de.ejo-online.eu/qualitaet-ethik/von-der-qualitatssicherung-zur-qualitatskultur (zuletzt abgerufen am 15.02.2021).

Schatz, Heribert/Schulz, Winfried (1992): Qualität von Fernsehprogrammen. Kriterien und Methoden zur Beurteilung von Programmqualität im dualen Fernsehsystem. In: Media Perspektiven, Jg. 23, H. 11, S. 690-712.

Schätzlein, Frank (2012): Geschichte. In: Kleinsteuber, Hans J. (Hrsg.): Radio. Eine Einführung. Wiesbaden: VS Verlag für Sozialwissenschaften, S. 63-81.

Schröter, Detlef (1995): Qualität und Journalismus. Theoretische und praktische Grundlagen des journalistischen Handelns. München: Reinhard Fischer Verlag.

Schulz, Winfried (2011): Politische Kommunikation. Theoretische Ansätze und Ergebnisse empirischer Forschung. Wiesbaden: VS Verlag für Sozialwissenschaften.

Schill, Wolfgang (2008): Radio. In: Sander, Uwe/Gross, Friederike/Hugger, Kai-Uwe (Hrsg.): Handbuch Medienpädagogik. Wiesbaden: VS Verlag für Sozialwissenschaften, S. 395-401.

Spang, Wolfgang (2006): Qualität im Radio: Determinanten der Qualitätsdiskussion im öffentlich-rechtlichen Hörfunk in Deutschland. St. Ingbert: Röhrig Universitätsverlag.

Spang, Wolfgang (2014): Das Qualitätssteuerungsverfahren im Hessischen Rundfunk.

In: Vogel, Kirsten Annette/Wienken, Ursula (Hrsg.): Qualitätsmodelle im Hörfunk. Mehr als Quoten und Formate. Baden-Baden: Nomos Verlag, S. 115-144.

Voigt, Juliane (2016): Nachrichtenqualität aus Sicht der Mediennutzer. Wie Rezipienten die Leistung des Journalismus beurteilen können. Wiesbaden: VS Verlag für Sozialwissenschaften.

Vowe, Gerhard/Wolling, Jens (2004): Radioqualität – was die Hörer wollen und was die Sender bieten. Vergleichende Untersuchung zu Qualitätsmerkmalen und Qualitätsbewertungen von Radioprogrammen und Thüringen, Sachsen-Anhalt und Hessen. TLM-Schriftenreihe 17. München: kopaed Verlag.

Wallisch, Gianluca (1995): Journalistische Qualität. Definitionen – Modelle – Kritik. Konstanz: UVK Verlagsgesellschaft.

Weischenberg, Siegfried (2006a): Medienqualitäten. Zur Einführung in den kommunikationswissenschaftlichen Diskurs über Maßstäbe und Methoden zur Bewertung öffentlicher Kommunikation. In: Weischenberg, Siegfried/Loosen, Wiebke/Beuthner, Michael (Hrsg.): Medien-Qualitäten. Öffentliche Kommunikation zwischen ökonomischem Kalkül und Sozialverantwortung. Konstanz: UVK Verlagsgesellschaft, S. 9-34.

Weischenberg, Siegfried (2006b): Qualitätssicherung – Qualitätsstandards für Medienprodukte. In: Scholz, Christian (Hrsg.): Handbuch Medienmanagement. Eine interdisziplinäre Herangehensweise. Berlin, Heidelberg: Springer VS, S. 663–685.

Wienken, Ursula (2014): QMB als Denk- und Praxismodell für Hörfunksender. In: Vogel, Kirsten Annette/Wienken, Ursula (Hrsg.): Qualitätsmodelle im Hörfunk. Mehr als Quoten und Formate. Baden-Baden: Nomos Verlag, S. 84-114.

Wienken, Uschi/Bruchhausen, Thomas/Friedrich, Katja (2006): Qualitätsmanagement Bürgerfunk „QMB" Projektbeschreibung. Oberhausen: Deutsche Hörfunkakademie GmbH.

Wimmer, Jeffrey (2017): Bürgerrundfunk im Wandel: Partizipation und Qualität. In: Die Medienanstalten - ALM GbR (Hrsg.): Vom Urknall zur Vielfalt. 30 Jahre Bürgermedien in Deutschland. Leipzig: Vistas Verlag, S. 233-241.

Wolling, Jens (2006): Medienqualität aus Rezipientensicht. Test eines qualitätsbasierten Selektionsmodells im Rahmen eines Mehr-Methoden-Projekts. In: Weischenberg, Siegfried/Loosen, Wiebke/Beuthner, Michael (Hrsg.): Medien-Qualitäten. Öffentliche Kommunikation zwischen ökonomischem Kalkül und Sozialverantwortung. Konstanz: UVK Verlagsgesellschaft, S. 457-475.

Wunden, Wolfgang (2003): Medienethik – normative Grundlage der journalistischen Praxis? In: Bucher, Hans-Jürgen/Altmeppen, Klaus-Dieter (Hrsg.): Qualität im Journalismus. Grundlagen – Dimensionen – Praxismodelle. Wiesbaden: Westdeutscher Verlag, S. 55-78.

Wyss, Vinzenz (2000): Qualitätsmanagement im Journalismus: Das Konzept TQM auf Redaktionsstufe. In: Medienwissenschaft Schweiz, Jg. 100, H. 1, S. 21-30.

Wyss, Vinzenz (2002): Redaktionelles Qualitätsmanagement. Ziele, Normen, Ressourcen. Konstanz: UVK Verlagsgesellschaft.

Wyss, Vinzenz (2003): Journalistische Qualität und Qualitätsmanagement. In: Bucher, Hans-Jürgen/Altmeppen, Klaus-Dieter (Hrsg.): Qualität im Journalismus. Grundlagen – Dimensionen – Praxismodelle. Wiesbaden: Westdeutscher Verlag, S. 129-146.

6. Das Publikum

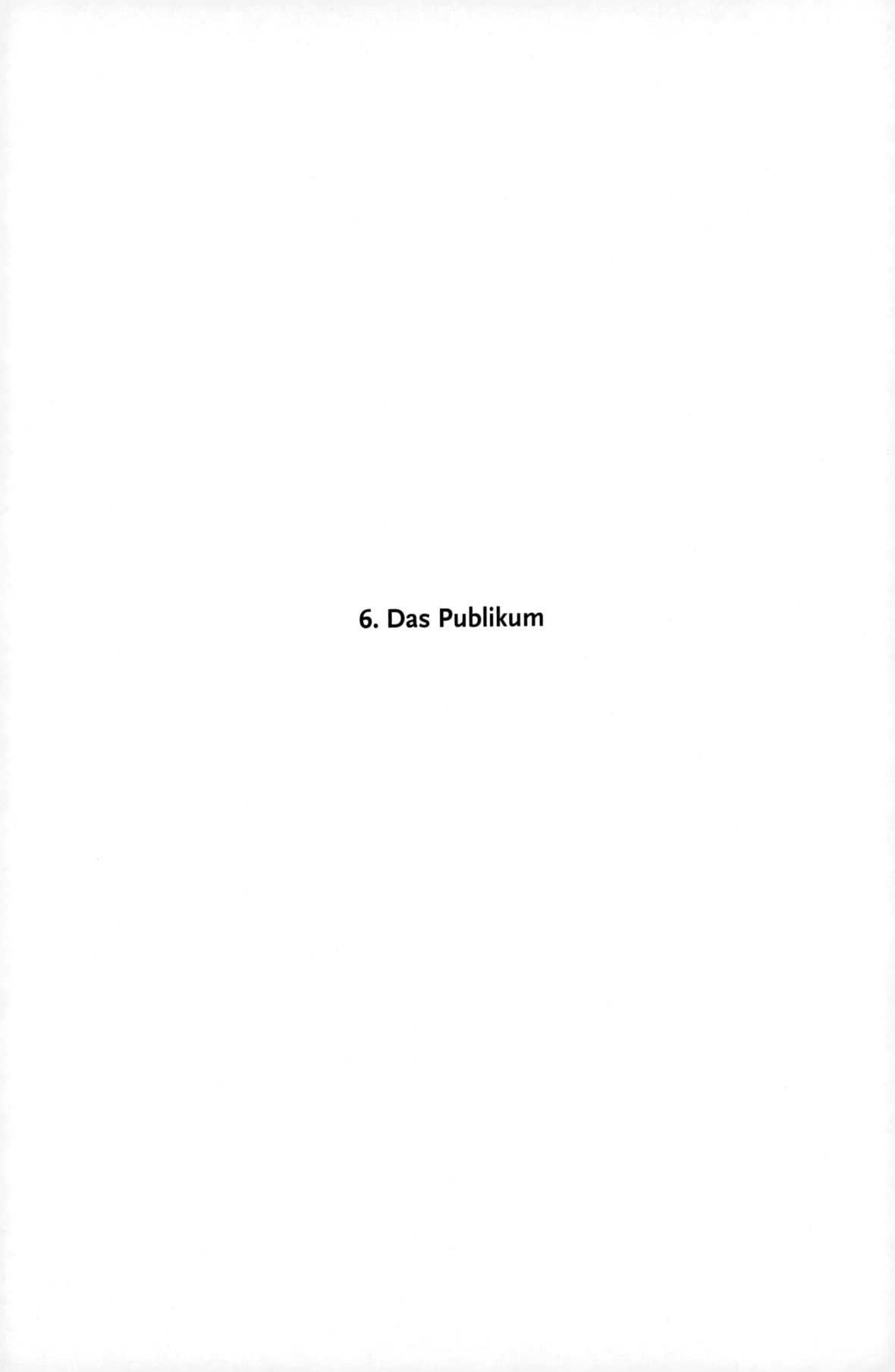

6.1. Rundfunkrezeption im Zeitverlauf

Sophie Reitmeier

Rundfunkrezeption, also die Nutzung von Fernsehen und Radio sowie ihren digitalen Ablegern, liegt im Forschungsinteresse von einerseits akademischer Mediennutzungsforschung und andererseits kommerzieller Mediaforschung (vgl. Burkart 2002: 236; Schweiger 2007: 36). Während der Untersuchungsgegenstand, nämlich das Publikum, die Medien und ihre Beziehung zueinander, derselbe ist und beide Forschungstraditionen auch meist die gleichen empirischen Methoden verwenden, ist der jeweilige Verwertungszusammenhang ein anderer: Für akademische Zwecke zielt die Forschung darauf ab, „erkenntnisbezogen" (Gleich 1996: 598) zu sein. Gemäß dem Wissenschaftsanspruch ist es also das Ziel, theoretisch begründetes und durch systematische Untersuchung gesichertes Wissen zu generieren (vgl. Brosius et al. 2016: 7ff.). Akademische Mediennutzungsforschung ist in der Regel frei von kommerziellen Interessen. Eben dieser Aspekt ist im Gegensatz dazu die Triebfeder der kommerziellen Publikumsforschung. Sie wird durch Auftraggeber finanziert, ist stets anwendungsorientiert und muss sich refinanzieren (vgl. Schweiger 2007: 36). Anwendungsorientiert bedeutet, dass die Forschung zielführend für die Mediaplanung sein muss. Betrieben wird diese Forschung in der Regel von den Medienunternehmen beziehungsweise von ihren Vermarktern selbst. Auch deshalb ist oft von „institutioneller Publikumsforschung" (Schenk 2007: 659) die Rede.

Massenmedien, mit Ausnahme der gebührenfinanzierten öffentlich-rechtlichen Rundfunkanstalten, existieren in marktwirtschaftlich orientierten Gesellschaften vor allem durch Werbeeinnahmen, womit die kommerzielle Publikumsforschung vor allem als Werbeträgerforschung von Bedeutung ist (vgl. Burkart 2002: 236). Gebührenfinanzierte öffentlich-rechtliche Rundfunkanstalten hingegen erzielen mit ihrer Forschung die Legitimierung ihrer Daseinsberechtigung (vgl. Schweiger 2007: 36). Die kommerzielle Forschung lässt sich in Publikumsbeziehungsweise Werbeträgerforschung einerseits und redaktionelle Mediaforschung andererseits unterteilen. Letztere bedient sich qualitativer Methoden und hat zum Ziel, Inhalte attraktiv zu gestalten. Erstere misst durch quantitative Verfahren den Erfolg der Medienprodukte und dient somit der Werbevermarktung (vgl. ebd.: 37). Ziel ist es also, durch die Messung der Rundfunkrezeption deskriptive Daten zu generieren, die der Argumentation beim Verkauf von Werbezeit beziehungsweise -flächen an Werbekunden oder ihre Dienstleister dienen.

Neben der Messung und Prognose der Publikumsgröße werden mit den Daten auch die Medienpublika beschrieben (Publikumssegmentierung). Diese ermöglichen den Sendern zielgruppenspezifische Werbeschaltung, wodurch die Streuverluste minimiert werden (vgl. ebd.). Zur Publikumssegmentierung wird unter anderem mit Sinus-Milieus oder Nutzertypologien gearbeitet. Dieser Ansatz wurde weiterentwickelt; heute wird in der kommerziellen Publikumsforschung mit fiktiven Personen, so genannten Personas, gearbeitet, die für eine bestimmte Zielgruppe stehen.

Die finanziellen Beträge, die jährlich in der Werbebranche verteilt werden, zeigen, dass die Entscheidungen der Werbekunden einen großen wirtschaftlichen Einfluss haben. Zu den grundlegenden Befunden der Publikums- beziehungsweise Werbeträgerforschung zählen die Reichweiten des Mediums (vgl. Burkart 2002: 237). In der Hörer- und Zuschauerforschungen haben sich dabei bestimmte Konventionen durchgesetzt (vgl. Schulz 2009: 230): Die Netto-Reichweite erfasst alle Personen, die in einem festgelegten Zeitraum mindestens einmal Kontakt zum Medium hatten. Der Zeitraum kann auf einen Tag, eine Stunde, eine Viertelstunde oder beispielsweise die Länge einer bestimmten Sendung festgelegt sein.

Die Daten zu den Reichweiten der einzelnen Werbeträger aus repräsentativen, im jährlichen Rhythmus durchgeführten Studien gelten als Leitwährung für die Mediaplanung (vgl. Burkart 2002: 237; Schulz 2009: 226). Zu solchen Daten zählen die der Arbeitsgemeinschaft Media-Analyse (agma; zuvor AG.MA) sowie der Arbeitsgemeinschaft Videoforschung (AGF; zuvor Arbeitsgemeinschaft Fernsehforschung). Gestützt wird die Mediaplanung durch ergänzende Daten weiterer Studien, die beispielsweise von den jeweiligen Rundfunksendern oder den Landesmedienanstalten in Auftrag gegeben werden. In Bayern kommt so die Funkanalyse Bayern (FAB) der Bayerischen Landeszentrale für neue Medien (BLM) zum Zug, welche sowohl Nutzungsdaten als auch Image- und Akzeptanzwerte (zum Beispiel Bewertungen von Programmen und Inhalten) für den bayerischen Hörfunk und das Fernsehen ermittelt.

Ziel dieses Kapitels ist es, die FAB selbst erstmals zum Gegenstand einer wissenschaftlichen Einordnung zu machen. Dazu wird zunächst die FAB im Aufgabenportfolio der BLM verortet. Es folgt eine Gegenüberstellung oben genannter Leitstudien mit der FAB. Daraufhin wird die FAB in den Dimensionen Ziele, Entstehung, Entwicklungs- und Vorstellungskontext, methodisches Vorgehen sowie Ergebnisse genauer dargestellt, wobei stets auch die Entwicklung seit ihrer Erstveröffentlichung im Jahr 1989 eine Rolle spielt. Diese Darstellung basiert auf einer Quellenarbeit an den einzelnen Ausgaben der FAB, ergänzt durch Erkenntnisse der akademischen Mediennutzungsforschung. Abgeschlossen wird dieser Beitrag mit Perspektiven verschiedener Rundfunkakteure auf die FAB. Hierfür wurden Aussagen aus verschiedenen qualitativen Interviews, die im Rahmen des Forschungsprojekts „Entwicklung des privaten Rundfunks" an der Otto-Friedrich-Universität Bamberg geführt wurden, zusammengestellt.

6.1. Rundfunkrezeption im Zeitverlauf

Rolle der BLM

Als bayerische Landesmedienanstalt genehmigt und beaufsichtigt die BLM die privaten Rundfunkangebote in Bayern (siehe Kapitel 3.1.). Aktuell (2019) ist sie für insgesamt 93 Fernsehsender und 125 Radiosender zuständig (vgl. KEK 2020). Ihre Aufgaben sind im Bayerischen Mediengesetz (BayMG) geregelt. Auch Forschung zählt zu ihren Aufgaben. Dabei können vier Schwerpunkte unterschieden werden: die Mediennutzungsforschung, die Programmforschung, Forschung im Bereich der Medienwirtschaft sowie medienpädagogische Forschung (vgl. BLM 2020a). Ihren Forschungsauftrag leitet die BLM dabei aus dem BayMG ab. Dort heißt es:

> [...] sie führt Untersuchungen und Erhebungen zu Fragen der Programminhalte, insbesondere der Qualität, der Wirtschaftlichkeit und der Akzeptanz von Rundfunkprogrammen durch [...] (siehe Art. 11, Abs. 2, Satz 2, BayMG).

Die Forschungsergebnisse dienen der BLM als „Grundlage zur Bewertung und Weiterentwicklung der bestehenden Organisationskonzepte, zur Stabilisierung der Wirtschaftlichkeit und zur Fortentwicklung der Qualität der in Bayern angebotenen Rundfunkprogramme in der Trägerschaft der BLM" (BLM 2020b). Neben den Studien zu Digitalisierung, Medienkompetenz, Meinungsvielfalt und weiteren Themenkomplexen hat die FAB einen besonderen Stellenwert: Sie wurde als erste Studie der BLM etabliert und wird bis heute im jährlichen Erhebungsrhythmus durchgeführt. Die FAB kann der eingangs beschriebenen kommerziellen Publikumsforschung zugeordnet und somit als institutionelle Forschung beschrieben werden (vgl. Schenk 2007: 659).

Status Quo: ma-Daten und AGF-Daten vs. FAB

Rundfunkrezeption lässt sich in die beiden Bereiche Hörfunk-, Radio- beziehungsweise Audionutzung und Fernseh- beziehungsweise Bewegtbildnutzung unterteilen. Als Leitwährung in der Mediaplanung gelten für die Audionutzung in Deutschland die Daten aus der Media-Analyse (ma) der Arbeitsgemeinschaft Media-Analyse (agma), respektive der ma Radio, welche seit 2018 als ma Audio erscheint (vgl. agma 2020). Die agma ist ein Forschungszusammenschluss aus mehr als 200 Unternehmen der Werbe- und Medienwirtschaft. In ihrem Auftrag misst die ma seit 1972 die Radionutzung in Deutschland.
Es handelt sich dabei um eine repräsentative Befragung auf Basis von aktuell etwa 67.000 Interviews. Die Erhebung erfolgt seit 1999 mittels CATI (Computer Assisted Telephone Interviewing) in zwei Erhebungswellen jeweils im Frühjahr

und im Sommer. Die Grundgesamtheit (GG) bildet die deutschsprachige Bevölkerung ab 14 Jahren.

Für die Bewegtbild- beziehungsweise Fernsehnutzung sind es die Daten der AGF (vgl. AGF 2020a). Die AGF ist ein Verbund aus Fernseh- und Streaming-Anbietern in Deutschland, darunter unter anderem ARD, ProSiebenSat.1 Media SE, Sky Deutschland. Neben diesen wirken auch Lizenznehmer, Werbungtreibende und Werbeagenturen in den Gremien der AGF an der Forschung mit (vgl. AGF 2020b). Die AGF-Daten werden seit 1985 durch die GfK Fernsehforschung in Nürnberg erhoben. Seit 1988 messen sie im Auftrag der AGF die Fernsehnutzung in Deutschland. Methodisch zum Einsatz kommt eine Beobachtung mittels spezifischem Messgerät. Auch hierbei handelt es sich um eine repräsentative Erhebung, die allerdings im Vergleich zur ma kontinuierlich und mittels Fernsehforschungspanel erfolgt, welches aktuell aus 5.400 Haushalten besteht, in denen rund 11.000 Personen leben (vgl. AGF 2020c). Die Grundgesamtheit bildet die „Wohnbevölkerung in der Bundesrepublik Deutschland in Privathaushalten mit mindestens einem Fernsehgerät und einem deutschsprachigem [sic] Haupteinkommensbezieher. Damit wird die Fernsehnutzung von 75,498 Mio. Personen ab drei Jahre beziehungsweise 38,584 Mio. Fernsehhaushalten abgebildet" (AGF 2020c). Die AGF orientiert sich hinsichtlich der Rahmenbedingungen an der ma, welche sich wiederum auf den Mikrozensus, eine amtliche Statistik, bezieht (vgl. AGF 2020d).

In Bayern werden die Rundfunknutzungsdaten durch die FAB ermittelt. Seit 1989 werden im Rahmen der FAB Nutzungsdaten der bayerischen Hörfunkprogramme und seit 1992 außerdem der bayerischen Fernsehprogramme erhoben. Die Erhebung erfolgt mittels CATI und findet einmal jährlich statt, im Hörfunk-Bereich im Frühjahr, im Fernseh-Bereich im Herbst. Die aktuelle Erhebung von 2019 im Bereich Hörfunk basiert auf Daten von 24.555 befragten Personen, im Bereich Fernsehen flossen insgesamt 15.069 Interviews in die Studie ein. Die Grundgesamtheit bilden alle deutschsprachigen Personen ab 14 Jahren in Privathaushalten im Erhebungsgebiet. Das Erhebungsgebiet umfasst dabei Bayern sowie angrenzende Gebiete, in denen bayerische Lokalprogramme empfangen werden können (vgl. BLM 2019a: 6; BLM 2019d: 82f). Die FAB orientiert sich, wie auch AGF und ma, am Mikrozensus. Somit wird repräsentativ die Rundfunknutzung von 11,388 Mio. Personen im Empfangsgebiet bayerischer Lokalprogramme erhoben.

Ziele der FAB

Zum Ziel hat die FAB, gemäß der klassischen Tradition kommerzieller Publikumsforschung, die Unterstützung der Werbevermarktung. Die Ergebnisse der FAB werden somit von den einzelnen privaten und lokalen Rundfunkanbietern verwertet. Im Vorwort der lokalen Funkplanungsdaten für Bayern 2019/2020 im Bereich Hörfunk beschreibt die BLM dieses Ziel mit Bezug auf ihre gesetzlich verankerte Aufgabe, „auf positive wirtschaftliche Rahmenbedingungen der Programmanbieter hinzuwirken" (BLM 2019b: 1). Denn die privaten Rundfunkanbieter in Bayern finanzieren sich, trotz der Festschreibung „öffentlicher Verantwortung und in öffentlich-rechtlicher Trägerschaft" (siehe Art. 111a, Bay Verf.), in marktwirtschaftlich orientierten Gesellschaften durch Werbeeinnahmen (vgl. Burkart 2002: 236). Deshalb zielt die FAB darauf ab, durch ihre Daten die „Leistungsfähigkeit der bayerischen Programme als Werbeträger [zu] belegen" (BLM 2019b: 1). Nach eigener Aussage der BLM liefert die FAB, ergänzend zur ma Radio, Daten zu den Reichweiten der bayerischen Programme (vgl. ebd.). Die zentrale Fragestellung der FAB bezieht sich auf die Ermittlung der Reichweiten und die Auswahl der Hörfunkprogramme (vgl. BLM 2019a: 19). Ergänzt wird dieses Erkenntnisinteresse um weitere Aspekte wie die Programmkompetenz und den Zugang, also Radiohören über das Internet, DAB+, UKW, TV-Kabelanschluss oder Satellit (vgl. ebd.: 20). Außerdem werden soziodemografische Merkmale zur Person und ihrem Haushalt erhoben (vgl. ebd.: 21). Daneben liefert die FAB seit 1992 auch für die bayerischen Fernsehprogramme jährlich Daten im Rahmen der Werbeträgerforschung. Neben Reichweiten wird auch in diesem Bereich die Nutzung verschiedener Empfangsmöglichkeiten erhoben (vgl. BLM 2019c).

Entstehung der FAB

Im Jahr 1985 konstituierte sich die BLM. Circa drei Jahre später, noch in der ersten Amtsperiode des Medienrats, stieß das Gremium die Etablierung eigener Forschung im Sinne der klassischen Publikums- beziehungsweise Werbeträgerforschung an. Für Diskussionen hatte eine Studie der Zeitschrift *Gong* über die Nutzung und Akzeptanz des Fernsehangebots im Großraum München gesorgt, die der damalige BLM-Geschäftsführer Wolf-Dieter Ring in der Medienratssitzung vom 14. Juli 1988 thematisierte (vgl. Protokoll zur Medienratssitzung vom 14.07.1988: 44). Die Studie hatte, so das Protokoll, Kritik seitens sich im Wettbewerb benachteiligt fühlender Anbieter zur Folge. Aus diesem Grund wurde seitens der BLM eine Stellungnahme formuliert, dass die Studie damalige Forschungsstandards nicht erfülle (vgl. ebd.: 45). Im Protokoll ist festgehalten:

> Die BLM beabsichtige, nach personeller Verstärkung, nun mit eigenen Forschungsüberlegungen in diese Problematik etwas tiefer einsteigen zu können. Hierzu liege ein ‚Bericht über die Forschungsvorhaben der Landeszentrale' vor, auf den er [Wolf-Dieter Ring, S.R.] aus Zeitgründen verweisen könne. Er enthalte zwei Ansatzpunkte: Erstens die Reichweitenforschung nach der Medienanalyse und zweitens Image-

/Akzeptanzstudien, eine Art Pilotprojekt. Hier seien in zehn Städten Hörer-Befragungen geplant, die für die Beurteilung der Entwicklung des lokalen Hörfunks wichtig seien. Man hoffe, auf diesem Weg einen sachlichen Beitrag für die Forschung leisten zu können, aber auch für die eignen zukünftigen Entscheidungen bessere Grundlage für eigene Entscheidungen zu erhalten (ebd.).

Die zentrale Basis für die Entwicklung der FAB bildete die „Grundlagenstudie zu Image und Akzeptanz der Hörfunk in Bayern", erstellt vom Roland Berger Forschungs-Institut für Markt- und Systemforschung (siehe Roland Berger Forschungs-Institut 1989).

Die erste FAB, zunächst ausschließlich für den Hörfunk, wurde schließlich im Jahr 1989 durchgeführt, also fünf Jahre nach Einführung des dualen Rundfunksystems. Das Forschungsinteresse der FAB ist dem der Media-Analyse (MA, heute ma) zwar sehr ähnlich, in der Relevanzbegründung der FAB werden allerdings einige Argumente genannt, weshalb die Ergebnisse der MA als Grundlage für die Mediaplanung des privaten Rundfunks in Bayern unzureichend seien (vgl. BLM 1989: 1ff.): So seien die Daten der MA „zu inaktuell" (ebd.: 1). Zudem seien einerseits der Untersuchungsgegenstand, also die bayerischen privaten Hörfunkprogramme, und andererseits die Stichprobe nicht repräsentativ für die aktuelle Hörfunksituation in Bayern.

Entwicklungs- und Vorstellungskontext der FAB

Die Erhebung im Rahmen der FAB begann in den Pionierjahren des dualen Rundfunksystems und unterlag seither dem Medienwandel und den damit verbundenen, veränderten, strukturellen Faktoren (siehe Stöber 2013; Schlütz 2016). Mit der Etablierung des Internets seit 1990 ist außerdem eine zunehmende technische und inhaltliche Konvergenz zu beobachten. Im Bereich des Fernsehens ist seither von der „Post-Network-Era" (Rogers/Epstein/Reeves 2002 zit. nach Schlütz 2016: 76) die Rede.

Das Publikum unterliegt fortan der Individualisierung. Dies ist auch an den erwähnten Personas erkennbar, die in der kommerziellen Mediaforschung zunehmend an Bedeutung gewinnen. Die Entwicklungen im Audiobereich zeichnen ein ähnliches Bild, wobei die Digitalisierung der Übertragungswege im Fernsehbereich erfolgreicher war. Im Audiobereich gab es zwar durch die Etablierung von DAB beziehungsweise DAB+ eine Qualitätssteigerung der Übertragung, eine weitgehende oder gar vollständige Substitution des alten Übertragungswegs UKW blieb allerdings bislang aus.

Zu den jüngsten Entwicklungen im Rundfunkbereich zählt die Diffusion so genannter Streaming-Angebote. Einerseits werden Angebote der etablierten

Rundfunkanbieter in dieser Form zur Verfügung gestellt, andererseits traten neue Konkurrenten (wie Spotify oder iTunes im Audio-Bereich und Netflix oder Amazon Prime Video im Bewegtbildbereich) in den Markt ein. Diese Entwicklung ist auch für die Publikumsforschung eine Herausforderung, insbesondere mit Blick auf die Reichweitenmessung.

In den Jahren 1989 und 1990 wurde die FAB unter dem Titel „Funkanalyse Bayern" in der BLM-Schriftenreihe als Buch veröffentlicht. Ab 1992 bis 1998 ändert sich der Titel in „Hörfunk- und Fernsehnutzung in Bayern". Der veränderte Titel lässt sich auf das seit 1992 um das Fernsehen erweiterte Erkenntnisinteresse zurückführen. Die Daten von 1999 bis einschließlich 2001 sind als Publikationen, sowohl analog als auch digital, nur im Archiv der BLM hinterlegt, sie lassen sich allerdings auch durch Rückblicke in den Daten ab 2002 erschließen. Seit 2002 veröffentlicht die BLM ihre Studienergebnisse online auf einer Webseite. Im Archiv sind alle Studien bis ins Jahr 2002 zurückreichend bereitgestellt. Präsentiert werden die Ergebnisse der FAB auf den „Lokalrundfunktagen Nürnberg", einer Veranstaltung der BLM (siehe Kapitel 3.5.).

Methodisches Vorgehen im zeitlichen Verlauf

Seit 1989 hat sich das methodische Vorgehen in der FAB immer wieder verändert. Einerseits liegen diese Veränderungen in strukturellen Faktoren in Bezug auf den Untersuchungsgegenstand begründet, andererseits entspringen sie auch den weiterentwickelten methodischen Standards. Betrachtet werden im Folgenden die vier Bereiche des methodischen Vorgehens der FAB: *Erhebungsverfahren*, *Erhebungszeitraum*, *Grundgesamtheit* sowie *Stichprobenlage*.

Deutliche Veränderungen, welche sich auf den technischen Fortschritt zurückführen lassen, sind im *Erhebungsverfahren* zu verzeichnen. Die ersten Erhebungen, 1989 sowie die Folgeerhebung, wurden mittels mündlich-persönlicher Stichtagsbefragung durchgeführt (vgl. BLM 1989: 77; BLM 1990: 137). 1991 wurde zum Tagebuchverfahren als Erhebungsinstrument gewechselt (vgl. BLM 1992). Eine positive Bewertung dieser Messung hatte zur Folge, dass sie bis einschließlich 1998 weiterhin eingesetzt wurde (vgl. ebd.: 213f; BLM 2002: 2). Bis 1998 wurden zudem Hörfunk und Fernsehen in einer gemeinsamen Erhebung gemessen. 1999 erfolgte ein weiterer methodischer Wechsel, mit dem die Erhebung in die beiden Teilstudien Hörfunk und Fernsehen getrennt wurde. Seither erfolgt die Messung mittels CATI-Verfahren. Um die Repräsentativität zu gewährleisten, wurden in der FAB 2019 im CATI-Verfahren sowohl Festnetz- als auch Mobilfunknummern berücksichtigt. Des Weiteren wurde die Erhebung zum Teil durch ein CAWI-Verfahren ergänzt (CAWI, Computer Assisted Web Interview) (vgl. BLM 2019a; BLM 2019d). Kontinuität lässt sich im *Erhebungszeitraum* feststellen. Die Feldphase lag seit Beginn der jährlichen Erhebung im Frühjahr. Dieser Erhebungszeitraum wurde auch nach der Teilung der Erhebung in Hörfunk und Fernsehen ab 1999 zunächst beibehalten. Die erste Erhebung, die von diesem Zeitraum abweicht, ist die für den Fernsehbereich 2019; hier lag der Erhebungszeitraum im Herbst. Die Feldphase erstreckte sich dabei jeweils über etwa zwei bis drei Monate.

Auch in der Definition der *Grundgesamtheit* lassen sich Brüche finden. So wird in der FAB 1989 die Grundgesamtheit noch als die deutschsprachige Bevölkerung ab 14 Jahren, welche in Privathaushalten in Bayern lebt, definiert (vgl. BLM 1989: 73). Aktuell wird die Definition um im Erhebungsgebiet lebende Personen ergänzt. Das Erhebungsgebiet umfasst dabei für den Hörfunkbereich Bayern sowie angrenzende Gemeinden, welche die bayerischen Lokalprogramme in Stereoqualität empfangen können (vgl. BLM 2019a). Für den Fernsehbereich umfasst es Bayern sowie angrenzenden Gemeinden in Baden-Württemberg, die zum Gesamtsendegebiet des Standorts Neu-Ulm gehören (vgl. BLM 2019e). Änderungen gab es in der definierten Altersgrenze: So zählten unter anderem 1995, 2010 oder 2015 bereits Personen ab 10 Jahren zur Grundgesamtheit (vgl. BLM 1995: 14; BLM 2010; BLM 2015).

Die veränderte Definition der Grundgesamtheit zeigt sich mit Bezug auf die Empfangsgebiete auch in der *Stichprobenbildung*. Die Stichprobe ist für jedes Jahr so geplant, dass die jeweiligen Lokalradiostandorte in Bayern beziehungsweise lokalen Fernsehempfangsgebiete in ausreichend großer Fallzahl repräsentiert werden. Die oben beschriebenen strukturellen Faktoren führen dazu, dass im Hörfunkbereich 2019 insgesamt 32 Standorte gezählt werden – zehn Standorte mehr als zu Beginn der FAB im Jahr 1989 mit insgesamt 22 Standorten (vgl. BLM 1989; BLM 2019a). Auch für den Fernsehbereich ist die Stichprobe so geplant, dass für alle 14 Lokalfernsehstandorte in Bayern repräsentative Daten zur Verfügung stehen (vgl. BLM 2019e). Alle Lokalrundfunkstandorte im Vergleich seit Beginn der FAB 1989 (Hörfunk) beziehungsweise 1992 (Fernsehen) und 2019 im Vergleich sind in Tab. 14 am Ende des Kapitels zu sehen.

Für die FAB 1989 wurden insgesamt 18.355 persönlich-mündliche Interviews durchgeführt (vgl. BLM 1989), für 1992 20.564 Interviews per Tagebuch (vgl. BLM 1992) und im Jahr 2019 im Bereich Hörfunk insgesamt 24.555 (vgl. BLM 2019a) sowie im Bereich Fernsehen insgesamt 15.069 (vgl. BLM 2019e). Der Stichprobenplan hat sich dabei über die Jahre immer weiterentwickelt und besteht nunmehr für beide Bereiche aus einer „Hauptstichprobe" sowie mehreren Teilstichproben. Diese Teilstichproben relativieren diverse Defizite in Bezug auf die Repräsentativität und lassen sich größtenteils auf die Probandenrekrutierung zurückführen. Die Hauptstichprobe bildet sowohl im Fernsehbereich (n = 12.765) als auch im Hörfunkbereich (n = 16.314) den Großteil des Samples. Gebildet werden diese Stichproben durch das so genannte ADM-Verfahren (Arbeitsgemeinschaft deutscher Marktforschungsinstitute) für Festnetznummern. Es handelt sich dabei um ein Zufallsstichprobenverfahren, welches allgemein in Studien der kommerziellen Marktforschung herangezogen wird. Die Fernsehstichprobe wird um zwei weitere Teilstichproben ergänzt: Eine Teilstichprobe fokussiert Personen ab 16 Jahren in Bayern und wird über ein Online Access Panel rekrutiert. Eine weitere Teilstichprobe betrachtet zusätzlich Personen ab 14 Jahren außerhalb Bayerns, welche auch mittels ADM-Verfahren für Festnetznummern rekrutiert werden. Im Hörfunkbereich bilden zusätzlich fünf weitere Teilstichproben die Grundlage der Daten: Die erste Teilstichprobe bilden Personen ab 14 Jahren, welche über ein ADM-Verfahren für Mobilfunknummern rekrutiert werden. Als zweite, dritte und vierte Teilstichprobe werden Personen über bereits bekannte ADM-Verfahren für Festnetznummern rekrutiert. Dabei handelt es sich um die Altersgruppen 14-29 Jahre (2. Teilstichprobe), 30-39 Jahre (3. Teilstichprobe) sowie ab 14 Jahre außerhalb Bayerns (4. Teilstichprobe). Schließlich wurden in der fünften Teilstichprobe Personen ab 14 Jahre mit dem Ziel der Aufstockung der 14-39-Jährigen über ein Online Access Panel rekrutiert (vgl. BLM 2019a; 2019f).

Festzuhalten bleibt, dass die Daten der FAB streng genommen keine Basis für die Betrachtung der Rundfunkrezeption im Längsschnitt liefern, da das Messinstrument nicht identisch geblieben ist (vgl. Scherer/Naab 2013: 104). Dennoch liefern die Daten haltbare Ergebnisse im Zeitverlauf, da stets repräsentative Daten zur Rundfunkrezeption bayerischer Programme beziehungsweise Sender erhoben wurden und die methodischen Wechsel sowie die veränderte Grundgesamtheit stets gekennzeichnet wurden.

Ergebnisse der FAB

Die Aussagekraft der FAB kann anhand der aktuellen Ergebnisse für den Bereich Hörfunk (vgl. BLM 2019a; BLM 2019b; BLM 2019g) und den Bereich Fernsehen (vgl. BLM 2019d; BLM 2019e) illustriert werden. Die Ergebnisse der FAB 2019 Hörfunk (GG: 11,090 Mio.; n = 24.555) attestierten dem gesamten Lokalradio in Bayern eine Tagesreichweite (Montag-Freitag) von rund 26,7 Prozent. Die höchsten Tagesreichweiten einzelner Sender verzeichneten Antenne Bayern (28,9 Prozent), gefolgt von Bayern 1 (28,5 Prozent) und Bayern 3 (22,1 Prozent). Insgesamt hörten 85,5 Prozent der bayerischen Bevölkerung ab 14 Jahren täglich Radio. Das waren 0,8 Prozent weniger als noch 2018. Die Hördauer (Montag-Freitag) stieg von 233 Minuten in 2018 auf 238 Minuten in 2019. Bayerische Lokalsender wurden durchschnittlich insgesamt 42 Minuten gehört. Bayern 1 wurde 57 Minuten gehört und verzeichnete somit den größten Marktanteil. Antenne Bayern folgte mit 49 Minuten, Bayern 3 mit 30 Minuten. Die Tagesreichweite im Audiobereich (Montag-Freitag) lag 2019 bei 12,9 Prozent, das waren 1,6 Prozent mehr als im Vorjahr. Die Diffusion der oben beschriebenen Streaming-Angebote wird hier deutlich: In der Altersgruppe der Digital Natives lagen Audio-Streaming-Angebote bereits bei 40,4 Prozent, während das klassische Medium Radio in dieser Gruppe nur noch 75,9 Prozent erreichte. Ob es sich hierbei um Kohorten- oder Alterseffekte handelt, bleibt zu beobachten. Eine andere Diffusion, die von Digitalradiogeräten beziehungsweise DAB+, hielt weiterhin an: Insgesamt 31,1 Prozent der Grundgesamtheit verfügte über diese Empfangsmöglichkeit. Die Tagesreichweite des Radioempfangs über DAB+ stieg auf 18,6 Prozent an.

Das bayerische Lokal- und Regionalfernsehen erreichte laut FAB 2019 Fernsehen (GG: 11,090 Mio.; n = 15.069) eine Tagesreichweite (Montag-Freitag) von 6,9 Prozent. Der Marktanteil (Montag-Freitag, 17:00-23:00 Uhr) lag in der gesamten Grundgesamtheit bei insgesamt bei 1,4 Prozent; in Haushalten mit Lokalprogrammempfang (GG: 8,247 Mio.) bei 1,7 Prozent. Auch im Fernsehbereich machte sich die Diffusion des internetbasierten Empfangswegs zunehmend bemerkbar: Insgesamt 7,0 Prozent empfingen Fernsehen über IPTV beziehungsweise das Internet. Das waren 1,6 Prozent mehr als im Vorjahr. Am weitesten verbreitet war der Empfangsweg über Satellit (55,0 Prozent), worauf der Empfang über einen Kabelanschluss (34,7 Prozent) folgt. Ein ausschließlich terrestrischer Empfang lag bei nur 3,2 Prozent. Ein direkter Vergleich der Nutzung des Fernsehangebots und des Bewegtbild-Streaming-Angebots blieb in der Studie aus.

Die FAB ermöglicht eine Beobachtung der Nutzung der bayerischen Lokalrundfunkprogramme seit über nunmehr etwa drei Jahrzehnte. Anders als bei einer Panelstudie, die statistisch sicherere Aussagen über die Veränderungen macht und auch Aussagen über individuelle Veränderungen zulässt, ermöglicht diese Form der Trendstudie, Veränderungen über einen sehr langen Zeitraum anhand repräsentativer Stichprobendaten darzustellen (vgl. Möhring/Schlütz 2019: 158). Die oben beschriebenen methodischen Veränderungen sollten bei der Interpretation der Zahl unbedingt berücksichtigt werden. Die Quellenarbeit mit den Zahlen der FAB gestaltet sich teils schwierig. Es existiert unter anderem keine Übersicht über alle Zahlen im Zeitverlauf. Eine Sekundäranalyse aller Zahlen kann im Rahmen des vorliegenden Beitrags nicht geleistet werden. Es wird dennoch wenigstens folgende Frage beantwortet: Welchen groben Trend zeichnen die Reichweiten der bayerischen Lokalrundfunkprogramme von 1989 beziehungsweise 1992 bis 2019?

Bis 2003 ist die Tagesreichweite der linearen bayerischen Fernsehprogramme kontinuierlich gestiegen. Lag die Reichweite 1992 noch bei 399.000 Zuschauerinnen und Zuschauern pro Tag, schauten 2003 insgesamt 1.028.000 Personen der Grundgesamtheit die bayerischen Fernsehprogramme. Seit 2003 fällt die Tagesreichweite der bayerischen Fernsehprogramme etwas zurück und liegt 2004 bei 842.000 Zuschauerinnen und Zuschauern pro Tag. Die Reichweite pendelt sich auf einem relativ stabilen Niveau ein und liegt so 2017 bei 870.000 täglichen Zuschauerinnen und Zuschauern. In den vergangenen beiden Jahren fiel

6.1. Rundfunkrezeption im Zeitverlauf

die Reichweite zunächst weiter leicht zurück, 2018 auf 731.000 Zuschauerinnen und Zuschauern und stieg wieder etwas an, 2019 auf 762.000 Zuschauerinnen und Zuschauern pro Tag.

Zwar ist das Fernsehen im Vergleich zu anderen Medien mit Abstand das reichweitenstärkste Medium (vgl. Breunig/van Eimeren 2015: 509), im Bereich der bayerischen Lokalprogramme zeigt sich hier allerdings ein anderes Bild: So liegt die Tagesreichweite der bayerischen Lokalradioprogramme über der der bayerischen Lokalfernsehprogramme, siehe Abb. 31.[191] Dies liegt unter anderem auch an der höheren Angebotsdichte der bayerischen Lokalradioprogramme im Vergleich zu den -fernsehprogrammen.

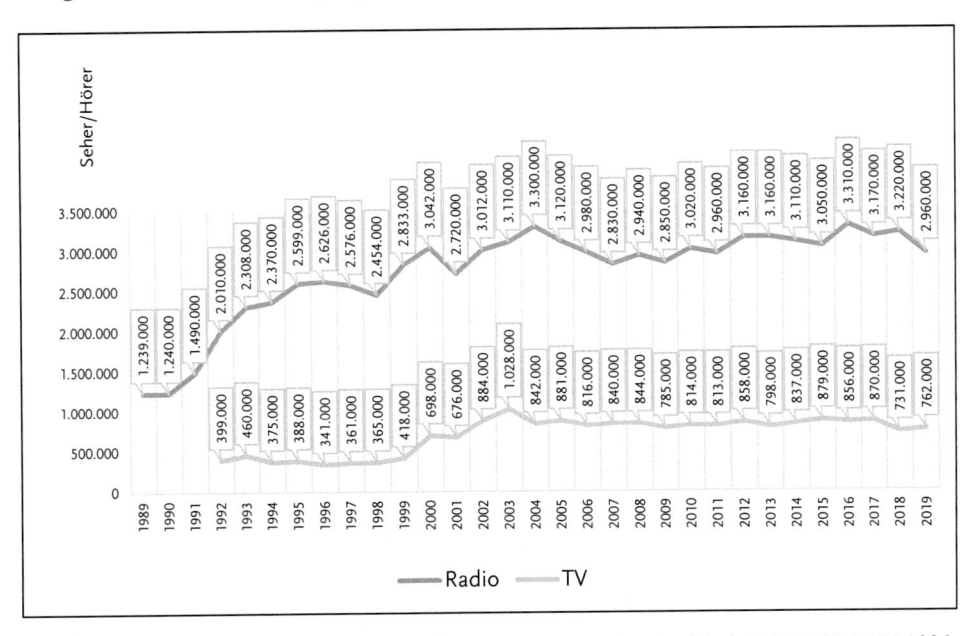

Abb. 31: Tagesreichweiten bayerischer Lokalprogramme im Zeitverlauf (vgl. BLM 2002; BLM 2006; BLM 2019d; BLM 2019f; Goldhammer et al. 2006).

Die Tagesreichweite der bayerischen Lokalradioprogramme ist bis 2000 kontinuierlich angestiegen. Zu Beginn der Erhebung im Jahr 1989 lag die Nutzung täglich bei 1,239 Millionen Hörerinnen und Hörern, 2000 wurden insgesamt 3,042 Millionen Hörerinnen und Hörer erreicht. Seit der Jahrtausendwende ist ein kontinuierliches Auf und Ab der täglichen Nutzung der bayerischen Lokalradioprogramme zu beobachten: Die beiden höchsten Anstiege lassen sich 2003 mit 3,3

---

[191] Hinweise zu Abb. 31: Bis 1990 mündlich-persönliche Stichtagsbefragung, 1991 bis 1998 Tagebuchverfahren, ab 1999 CATI bzw. CAWI, bis 2006 Hörerinnen und Hörer bzw. Seherinnen und Seher gestern, danach Tagesreichweite Montag bis Freitag, Grundgesamtheit: deutschsprachige Bevölkerung ab 14 Jahre bzw. ab 10 Jahre.

Millionen Hörerinnen und Hörern und 2016 mit 3,31 Millionen Hörerinnen und Hörern verzeichnen. In den letzten zehn Jahren ist die Reichweite nicht unter 2,96 Millionen Hörerinnen und Hörern gefallen. 2019 liegt die Reichweite bei 2,96 Millionen Hörerinnen und Hörern.

Perspektiven verschiedener Rundfunkakteurinnen und -akteure

Wie bewerteten verschiedene Rundfunkmacherinnen und -macher Nutzen und Defizite der FAB im Laufe der Zeit? Eine qualitative Inhaltsanalyse der leitfadengestütztern Interviews, die im Rahmen des Forschungsprojekts „Entwicklung des privaten Rundfunks" an der Otto-Friedrich-Universität Bamberg durchgeführt wurden, gab Einblicke, wie die FAB innerhalb der Rundfunkstationen wahrgenommen wurden. Die Interviewten stammten dabei überwiegend aus dem Hörfunkbereich. Die Aussagen der Interviewten zu Erfahrungen und Erinnerungen mit Bezug zur FAB wurden durch ein induktives Verfahren in den folgenden Kategorien systematisch ausgewertet: *Stellenwert*, *Nutzen*, *Auswirkungen* und *Kritik* an der FAB.

Mit Blick auf den *Stellenwert* der FAB ließen sich teils konträre Ansichten beobachten: So beschrieb Uwe Gürtler, ehemaliger Moderator und (Musik-)Redakteur bei Radio Xanadu, Radio M1 und Radio Arabella, heute Musikredakteur bei Bayern 1 in München, den Stellenwert positiv: „Die FAB zeigte uns, wo wir als Radiosender standen. Insofern war sie wahnsinnig wichtig. Für jeden privaten Radiosender war die FAB wirtschaftlich sozusagen die Bibel". Marc Stingl, unter anderem ehemaliger Programmchef von Radio Gong in Nürnberg, bezeichnete die FAB mit derselben Metapher: „Die FA Bayern war ab der ersten Ausgabe im Jahr 1989 die Bibel für die Programmmacher". Eine andere Metapher nutzte Silvia Laubenbacher, die in den späten 1980er und 1990ern Jahren bei den beiden ehemaligen Augsburger Lokalsender Radio Sunshine und Radio Kö und später auch bei Radio RT.1 arbeitete, mittlerweile allerdings bei A.TV in Augsburg als Moderatorin aktiv ist: „Die Verkündung der Funkanalyse auf den Lokalrundfunktagen war wie eine Oscar-Verleihung". Einige Rundfunkgestalter ordneten die FAB durchwachsener ein. Peter Bertelshofer, Gründer und Geschäftsführer von Radio 2Day in München, sah vor allem die Interpretation der Daten kritisch:

> Wir bei Radio 2Day rühmen uns in München immer damit, dass wir Platz 2 sind. Weil alle anderen Sender ja Platz 1 sind. Jeder Sender findet in der FAB einen Aspekt, in dem er führend ist, ob das in der Gruppe der 33-jährigen Linkshänder ist, die den *Münchner Merkur* lesen oder in der Gruppe der Vegetarier.

Die meisten Interviewten maßen der FAB allerdings einen recht hohen Stellenwert bei. Der *Nutzen* der FAB lag den Befragten zufolge insbesondere in der Argumentationsgrundlage zur Akquise von und in Verhandlungen mit Werbetreibenden. So beschrieb etwa Brigitte Jelinek, ehemalige Marketing- und Verkaufsleiterin von Radio Charivari in München, die den Sendestart im April 1986 miterlebte, die FAB als Bereicherung für die Akquise:

> Ganz am Anfang mussten wir im Anzeigenverkauf ohne Zahlen arbeiten. Das war eine große Herausforderung. [...] Mit der FAB hatten wir dann erstmals Daten, die wir für die Akquise nutzen konnten. Im überregionalen Geschäft war das sehr wichtig. Gerade, wenn wir mit unserem Programm in einer Kategorie den ersten Platz belegten, kam das sehr gut an.

Auch Marcus Appel, ehemaliger Mitarbeiter von Radio Antenne Franken in Bamberg, mittlerweile Moderator und Redakteur bei Radio Bamberg, stellte fest: „Die FAB war für uns immer schon maßgeblich im Hinblick auf überregionale Werbeeinnahmen". Ähnlich äußerte sich Markus Streckenbach von Radio Euroherz in Hof:

> Die FAB war natürlich ein ganz neues Werkzeug, das wir als Radiomacher an die Hand bekommen haben. In den Anfangsjahren hatten wir über Anrufe und Besuche der Hörer, Fanclubs oder Gewinnspiele grobe Rückmeldungen. Mit der Funkanalyse erhielten wir dann ganz andere, effektivere Möglichkeiten, die Resonanz bei den Hörern auszuwerten.

Durch die FAB erhielten die Radiomacherinnen und -macher also vor allem eine valide Argumentationsgrundlage für den Werbevertrieb. Die Studie erfüllte somit ihre Funktion im Sinne der Werbeträgerforschung. Hermann Hohenberger von Radio Euroherz in Hof sprach in diesem Zusammenhang von einem „Leistungsnachweis", den er wie folgt beschrieb: „Die Funkanalyse war wichtig, weil man musste der werbetreibenden Wirtschaft ja belegen, dass das Programm gehört wurde". Ähnlich ordnete das Silvia Laubenbacher ein:

> Mit den Zahlen der FAB ging unsere Werbeabteilung zu den Kunden und hat dort nachverhandelt oder neue Verträge an Land gezogen. Ohne Kunden fehlte uns das Geld. Ohne Geld fehlten uns Leute, Platten und Technik. Die FAB hatte Auswirkungen.

Innerhalb der Rundfunkanbieter wurde den Standort- und Zielgruppenanalysen der FAB ein besonderer Stellenwert zugeschrieben. Stefan Parrisius etwa, ehemaliger Moderator beim Münchener Sender Radio 1, später bei Antenne Bayern und mittlerweile bei Bayern 2 tätig, beschrieb die Bedeutung der FAB im Interview so: „Die Funkanalyse haben wir uns bei Antenne Bayern immer sehr genau angesehen. Schließlich gab es etliche Standorte, an denen Antenne Bayern nicht Platz 1 war". Rudi Loderbauer, der unter anderem beim Hessischen Rundfunk, Bayern 1 und etlichen Lokal-Radioprogrammen Station machte, maß der FAB vor allem bei Entscheidungen zur Programmgestaltung Bedeutung bei: „Man wollte jünger werden. Man dachte immer, die Zielgruppe sei zu alt. Und die Funkanalyse hatte das auch immer wieder gezeigt". Ähnliche Einschätzungen äußerte Helge Siemers, von 1991 bis 2008 Geschäftsführer der Dienstleistungsgesellschaft für Bayerische Lokal-Radioprogramme (BLR):

> Sie müssen sich in die Rolle eines Programmleiters eines Lokalsenders hineinversetzen. Man entwickelt eine Konzeption und man schaut mit der Media Analyse und der FAB darauf, welche Hörergruppen man hat. Möchte man andere Hörergruppe erreichen, muss man eben nachsteuern und zum Beispiel noch mehr Regionales bringen.

Die Zielgruppe stand demnach im reziproken Einfluss zur Programmplanung. Solche *Auswirkungen* der FAB auf das Programm ließen sich in vielen Aussagen der Befragten finden. Neben der zielgruppengerechneten Auswahl der Inhalte wurde häufig berichtet, dass generell abgeleitet werde, welche Inhalte welche Resonanz haben. Hohenberger formulierte das so:

> Ich glaube, insbesondere auch die Musikprogramme sind professionalisierter geworden, weil wir jetzt auch Marktforschung haben und wissen, welcher Titel tatsächlich ankommt und welcher nicht.

Das bestätigte auch Michael Betz, der von 1990 bis 1995 als Programmchef und Moderator bei Radio Charivari Würzburg aktiv war: „Gerade was die Musik betrifft, hat die Funkanalyse viele meiner Entscheidungen als Programmchef ganz stark beeinflusst".

Nicht alle Interviewpartnerinnen und -partner teilten diese Einschätzung. Sigi Hoga, hauptverantwortlicher Musikredakteur und stellvertretender Programmleiter beim Nürnberger Privatradiosender Radio F, ordnete die Auswirkungen der FAB folgendermaßen ein:

> Solange der Sender erfolgreich war, hatte die FAB wenig Konsequenzen. Wir haben nicht alle Zahlen darin für bare Münze genommen.

> Wir wussten natürlich genau, dass es Schwankungsbreiten gibt und man sehen muss, was sich im Long Run abzeichnet.

Die Interviews verdeutlichten, dass sich seit Beginn der Erhebung der FAB der Umgang mit den Daten und damit die Auswirkungen auf Entscheidungen verändert haben. So waren die Auswirkungen in den Anfangsjahren der FAB noch recht stark, wie Pitt Schurian, der von 1984 bis 1990 in der Redaktion von Radio RT.1 in Augsburg arbeitete, berichtete:

> Wir haben immer auf die Funkanalyse geschaut und auch reagiert. Ich kann mich zumindest an zwei Erhebungen erinnern. Ende der 1980er Jahre haben wir im Nachgang der Funkanalysen vieles hinterfragt und am Programm gefeilt. Wir haben die Funkanalyse sehr ernst genommen.

Auch Michael Betz beschrieb solche Reaktionen:

> Die FAB führte teilweise zu panikartigen Reaktionen, sodass Berater geholt wurden und vieles im Programm umgeschmissen wurde. Das galt vor allem für das Musikprogramm. Der Slogan von Radio Charivari hieß dann plötzlich: „Nichts mehr mit ABBA, sondern nur noch Schlager!"

Auch Marcus Appel erinnerte sich an solche Anpassungen: „Dann warf man alles über den Haufen: Neuer Slogan, neue Jingles, neue Planungen, neue Themen." Dieser „Aktionismus" im Umgang mit der FAB, so nannte Appel dieses Vorgehen im Interview, nahm bald ab. So schilderte beispielsweise Bianca Bauer-Stadler, von 1984 bis 1990 Programmchefin und Studioleiterin bei Radio Charivari in Nürnberg:

> [M]ein Credo war immer [...]: Leute, wir haben hier kein Hundert-Meter-Rennen vor uns, sondern einen Marathonlauf. Es nützt nichts, nach einer Umfrageerhebung jetzt auf die Schnelle etwas zu verändern.

Viele Befragte beschrieben auch noch andere *Auswirkungen* der FAB. So berichteten sie beispielsweise davon, dass Sender während des Erhebungszeitraums der FAB ihr Programm veränderten und besonders große Gewinnspiele, so genannte „Major Promotions", und weitere Aktionen mit Vorliebe in diesen Erhebungszeiträumen platzierten. Auch Silvia Laubenbacher berichtete im Interview von solchen Anpassungen im Programm:

> Wir haben in der Zeit der Erhebung alles gegeben. Wir haben Gewinnspiele gemacht, die an unsere finanziellen Grenzen gingen. Wir haben gearbeitet wie die Wahnsinnigen. Jeder Moderator hat sich mehrmals überlegt: „Was sage ich in dieser Zeit? Wie sage ich es? Wann sage ich es?" Man hoffte natürlich, eine gute Hörerbindung aufzubauen, sodass die Hörer in der Umfrage dann sagten: „Ja, ich höre Radio OK und Radio Kö täglich."

Auch Kerstin Rausch-Meier, Programmleiterin bei Radio Bamberg, ging auf diesen Effekt ein:

> Mit der Erfindung der Funkanalyse begann auch dieser Gewinnspiel-Run. Denn Hörer konnte man noch nie nur durch die lokale Berichterstattung binden. [...] Die Lokalsender sagten dann: „Ok, wir verlosen jetzt dieses, wir verlosen jetzt jenes." Dann sagte Antenne Bayern: „Ja, aber wir verlosen noch etwas viel Größeres!" Die Lokalsender mussten reagieren und sagten: „Ja, dann verlosen wir auch etwas viel Größeres!" Mittlerweile ist es im Prinzip eine riesige Losbude. Je größer die Losbude, desto mehr Hörer.

Dass diese Auswirkung bis heute anhält, betonte Ingrid Weigert, die ihre Karriere mit einem Volontariat bei Radio Charivari in Regensburg begann und seit 1995 mit einem Pressebüro in der Nähe von Würzburg selbständig ist:

> Früher und auch heute noch merkt man, wann der Umfragezeitraum der FAB ist. Aktuell verschenkt Antenne Bayern Bullis. Und auch in Würzburg gibt es gerade viele Aktionen bei den Lokalsendern. Das geschieht natürlich vor allem wegen der Funkanalyse.

Neben zusätzlichen Aktionen wie Gewinnspielen kamen in den Interviews auch generelle Bemühungen, einen möglichst guten Eindruck zu machen, zur Sprache, so zum Beispiel bei Rudi Loderbauer:

> Auch aktuell läuft die Funkanalyse. Alle Sender achten deswegen darauf, dass nur das Beste auf Sendung ist und keine Fehler „on air" laufen. Nur erfahrene Moderatoren dürfen in diesem Zeitraum dann zum Beispiel die Interviews übernehmen und auch ausprobiert wird nichts.

Hier zeigt sich eine Art Paneleffekt zweiter Ordnung: Die Rundfunkanbieter verändern ihr Programm innerhalb des Erhebungszeitraums und bieten Gewinnspiele sowie weitere Angebote zur Hörerbindung. Diese Veränderung des Verhaltens liegt nicht wie beim traditionellen Paneleffekt bei den Befragten, sondern beim Untersuchungsgegenstand.

Beim Paneleffekt handelt es sich um das Phänomen, dass Befragte durch die Teilnahme an einer Studie ihre Antworten verändern (vgl. Scherer/Naab 2013: 114). Der Paneleffekt ist also an die Verhaltensänderung der Befragten geknüpft, hier kann man vom Paneleffekt erster Ordnung sprechen.

Seitens der Befragten wurde auch *Kritik* an der FAB geäußert. Die Vorbehalte in den Interviews reichten von der Stichprobenbildung, über die Erhebungsmethode bis hin zu den Untersuchungsinhalten. Kai Fraass, der beim ehemaligen Radio W1 arbeitete, kritisierte: „Unser Programm lief viel in Kneipen. [...] Ein Radio in einer vollen Kneipe oder in einer gut besuchten Boutique zählt wie ein einziger Hörer." Die Stichprobe bilde demnach die Grundgesamtheit nicht deckend ab. Loderbauer brachte Kritik am methodischen Vorgehen vor:

> Natürlich sind die Zahlen der FAB bis heute ausschlaggebend. Trotzdem kann und sollte man darüber diskutieren, wie die Erhebungen durchgeführt werden und ob die Telefonumfragen, die doch sehr lange dauern, noch zeitgemäß sind. [...] Auch über die Fallzahlen kann man diskutieren.

Das Szenario, welches Fraass beschrieb, also die Rezeption im öffentlichen Raum, kann prinzipiell durch eine Befragung erhoben werden, wobei die Befragung freilich den Nachteil der Selbstauskunft mitbringt. Das Antwortverhalten ist hierbei an Faktoren wie das Erinnerungsvermögen, soziale Erwünschtheit und ähnliches geknüpft. Allerdings lässt sich auch festhalten, dass es im Audiobereich anders als beim Fernsehen nicht einfach möglich ist, beispielsweise wie bei den AGF-Daten auf eine Panelerhebung zu setzen, in der die Nutzung – zumindest des linearen Fernsehens – mit Hilfe eines Messgeräts erhoben wird. Die Audionutzung bringt nämlich die Herausforderung mit, dass sie potenziell überall an verschiedenen Orten und über verschiedene Geräte stattfinden kann. Die Kritik an der Repräsentativität lässt sich für die Betrachtung der Rundfunknutzung im Querschnitt und mit Blick auf die Stichprobe entkräften, da die FAB den Regeln eines repräsentativen Stichprobenverfahrens gerecht wird. Für die Betrachtung der Rezeption im Längsschnitt ist die Kritik, wie oben bereits erwähnt, aufgrund von Veränderungen durch strukturelle Faktoren sowie durch methodische Wechsel nicht ganz von der Hand zu weisen.

Inge Seibel, von 1986 bis 1995 Moderatorin und Redaktions- und Programmleitung bei Radio Charivari in München, brachte auch Vorbehalte am Untersuchungsinhalt vor: „Ich fand die Funkanalyse schon immer schwierig, weil sie leider nichts über die Qualität deines Programmes aussagt." Hier wird deutlich, dass seitens der Rundfunkakteure auch über reine Reichweitendaten hinaus großes Interesse an Forschungsdaten besteht. Diesen Wunsch berücksichtigt die grundsätzliche Konzeption der Funkanalyse, die neben Reichweitenzahlen auch Beurteilungen von Programminhalten und das Image der Programme erhebt. Deutlich werden in diesem Zusammenhang allerdings die Grenzen einer standardisierten Publikumsbefragung, die nicht so sehr in die Tiefe gehen kann wie qualitative Forschung mittels Inhaltsanalysen auf Basis wissenschaftlich erarbeiteter qualitativer Kriterien.

Programmliche Qualität als Erkenntnisinteresse kann beispielsweise aber im Rahmen redaktioneller Mediaforschung erhoben werden. In der BLM erfolgen solche Erhebungen beispielsweise in den regelmäßigen Programmstichproben, die den Gremien vorgelegt werden oder im Hörfunkbereich auch durch den Programm-Monitor Bayern, der im Auftrag der Landeszentrale vom MS Medienbüro Köln durchgeführt wird und alle Morgensendungen der bayerischen Hörfunkprogramme inhaltlich untersucht.

Fazit

Der Beitrag liefert akkumuliertes Wissen über die FAB, ihre Entwicklung im Zeitverlauf sowie Erfahrungen und Einstellungen verschiedener Rundfunkakteure zur Studie. Als repräsentative Nutzungsstudie bayerischer Lokalangebote im Bereich Fernsehen und Hörfunk stellt die FAB relevante Daten im Rahmen der Werbeträgerforschung bereit und ergänzt somit die bundesweiten Leitstudien der AGF zum Fernsehen und der agma zum Hörfunk. Über den Zeitverlauf hat die Studie zwei große methodische Wechsel vollzogen: 1992 wurde von persönlich-mündlichen Interviews auf die Tagebuchmethode gewechselt, 1999 wurde dann auf die CATI-Methode umgestellt. Das Studiendesign unterlag stets den strukturellen Faktoren der jeweiligen Zeit und unterliegt auch aktuell den Herausforderungen im Zusammenhang mit der Digitalisierung und aufkommenden konkurrierenden Streaming-Angeboten sowohl im Audio- als auch im Bewegtbild-Bereich.

Neben einzelnen kritischen Perspektiven verschiedener Rundfunkakteure wird die FAB generell wertgeschätzt – mitunter wird sie als „Bibel" für private Rundfunkanbieter in Bayern bezeichnet. Die Studie wird größtenteils im Sinne der kommerziellen Publikums- und Werbeträgerforschung genutzt und liefert somit relevante Daten zur Argumentation für Werbetreibende. Allerdings lässt sich durch den Rhythmus der jährlichen Erhebung ein Effekt beobachten, der seitens der Auftraggeber künftig kritisch betrachtet werden sollte: Eine Art Paneleffekt zweiter Ordnung führt zu einem verzerrten Bild. So wird im Programm der Hörfunkanbieter während des Erhebungszeitraums versucht, die Bindung der Hörerinnen und Hörer durch Gewinnspiele etc. zu verstärken. Dadurch wird freilich kein repräsentatives Ergebnis für das ganze Jahr ermöglicht.

Eine Limitierung des vorliegenden Beitrags stellt die Fokussierung auf den Hörfunkbereich im qualitativen Teil zu den Perspektiven einzelner Rundfunkakteure dar. Für die Rundfunkforschung stellt hier die Sicht auf den Fernsehbereich einen wichtigen Anknüpfungspunkt dar. Des Weiteren könnten künftige Studien einzelne Dimensionen der FAB beziehungsweise der Rundfunknutzung in Bayern tiefgehender betrachten.

	1989	1992	2019	
	Standorte im Sendegebiet (Hörfunk)	Lokalfunkstandorte (Hörfunk); *Standorte, die im Bereich Fernsehen ausgewertet wurden (vgl. BLM 1992)	Standorte mit lokalen Hörfunkprogrammen	Lokalfernsehstandorte
1	Altötting/Burgkirchen	Ansbach	Ansbach	Ingolstadt
2	Ansbach/Rothenburg/Dinkelsbühl	Aschaffenburg	Aschaffenburg	München
3	Aschaffenburg	Augsburg	Augsburg	Oberbayern
4	Augsburg	Bamberg/Forchheim	Bad Tölz/Miesbach	Passau
5	Bamberg/Forchheim	Bayreuth	Bamberg/Forchheim	Landshut
6	Bayreuth/Kulmbach	Burgkirchen/Mühldorf	Bayreuth	Deggendorf
7	Deggendorf	Donauwörth/Nördlingen/Dillingen	Berchtesgadener Land/Chiemgau	Amberg/Weiden
8	Dillingen/Donauwörth/Nördlingen	Fürstenfeldbruck	Burgkirchen/Mühldorf	Regensburg
9	Hof/Selb/Marktredwitz	Hof	Coburg	Oberfranken
10	Ingolstadt	Ingolstadt/Neuburg*	Deggendorf	Nürnberg
11	Kaufbeuren/Füssen	Kaufbeuren	Donauwörth/Nördlingen/Dillingen	Unterfranken
12	Kempten/Sonthofen	Kempten	Garmisch-Partenkirchen/Weilheim in Oberbayern	Augsburg
13	Landshut	Kulmbach	Günzburg/Neu-Ulm	Neu-Ulm
14	Lindau	Landshut	Hof	Allgäu
15	Mühldorf	Lindau	Ingolstadt	
16	München	Memmingen/Mindelheim	Kaufbeuren	
17	Neu-Ulm/Günzburg/Krumbach	München*	Kempten	
18	Nürnberg/Fürth/Erlangen	Neu-Ulm/Günzburg/Krumbach	Kulmbach	

19	Passau/Freyung/Regen	Nürnberg/Fürth/Erlangen*	Landshut
20	Regensburg	Passau/Deggendorf/Regen	Lindau
21	Straubing	Regensburg/Cham/Kelheim/Schwandorf/Neumarkt*	Memmingen/Mindelheim/Krumbach
22	Würzburg	Rosenheim*	München
23		Schweinfurt	München Region
24		Straubing*	Neuburg-Schrobenhausen
25		Traunstein	Nürnberg/Fürth/Erlangen
26		Weiden/Amberg/Tirschenreuth	Passau/Regen/Freyung
27		Würzburg	Regensburg/Cham/Kehlheim/Schwandorf/Neumarkt in der Oberpfalz
28			Rosenheim
29			Schweinfurt
30			Straubing
31			Weiden/Amberg/Tirschenreuth
32			Würzburg

Tab. 14: Lokalrundfunkstandorte im Vergleich: 1989 (Beginn FAB: Hörfunk), 1992 (Beginn FAB: Fernsehen) und 2019.

Literatur

AGF Videoforschung GmbH (AGF) (2020a): Forschung. Online: https://www.agf.de/forschung/ (zuletzt abgerufen am 30.09.2020).

AGF Videoforschung GmbH (AGF) (2020b): AGF Videoforschung. Online: https://www.agf.de/agf/ (zuletzt abgerufen am 30.09.2020).

AGF Videoforschung GmbH (AGF) (2020c): Fernsehpanel. Online: https://www.agf.de/forschung/methode/fernsehpanel/ (zuletzt abgerufen am 30.09.2020).

AGF Videoforschung GmbH (AGF) (2020d): Aussen- und Sollvorgaben. Online: https://www.agf.de/forschung/methode/aussensollvorgaben/ (zuletzt abgerufen am 30.09.2020).

Arbeitsgemeinschaft Media-Analyse e.V. (agma) (2020): ma Radio. Online: https://www.agma-mmc.de/media-analyse/ma-radio (zuletzt abgerufen am 30.09.2020).

Bayerische Landeszentrale für neue Medien (1989): Lokalfunkanalyse Bayern 1989. Zusammenfassung der wichtigsten Ergebnisse. Erstellt von Infratest Kommunikationsforschung. München: Reinhard Fischer Verlag. BLM-Schriftenreihe 3.

Bayerische Landeszentrale für neue Medien (1990): Lokalfunkanalyse Bayern 1990. Zusammenfassung der wichtigsten Ergebnisse. Erstellt von Infratest Kommunikationsforschung. München: Reinhard Fischer Verlag. BLM-Schriftenreihe 10.

Bayerische Landeszentrale für neue Medien (1992): Lokalfunkanalyse Bayern 1992. Zusammenfassung der wichtigsten Ergebnisse. Erstellt von Infratest Kommunikationsforschung. München: Reinhard Fischer Verlag. BLM-Schriftenreihe 21.

Bayerische Landeszentrale für neue Medien (1995): Lokalfunkanalyse Bayern 1995. Zusammenfassung der wichtigsten Ergebnisse. München: Reinhard Fischer Verlag. BLM-Schriftenreihe 32.

Bayerische Landeszentrale für neue Medien (2002): Funkanalyse Bayern. Hörfunk-Nutzung 2002 im Überblick. Gesamtpräsentation. Online: https://www.funkanalyse-bayern.info/2002/index.htm (zuletzt abgerufen am 30.09.2020).

Bayerische Landeszentrale für neue Medien (2006): Funkanalyse Bayern. Fernseh-Nutzung 2006 im Überblick. Reichweiten / Marktanteile Bayern gesamt. Online: http://funkanalyse.tns-infratest.com/2006/2_tv/1nutzung/index_1nutzung.asp (zuletzt abgerufen am 30.09.2020).

Bayerische Landeszentrale für neue Medien (2010): Funkanalyse Bayern. Methodenbeschreibung Hörfunk. Online: http://funkanalyse.tns-infratest.com/2010/1_hf/6methode/index_6methode.asp (zuletzt abgerufen am 30.09.2020).

Bayerische Landeszentrale für neue Medien (2015): Funkanalyse Bayern. Methodenbeschreibung Hörfunk. Online: http://funkanalyse.tns-infratest.com/2015/1_hf/6methode/index_6methode.asp (zuletzt abgerufen am 30.09.2020).

Bayerische Landeszentrale für neue Medien (2019a): Funkanalyse Bayern. Methodenbeschreibung Hörfunk. Online: http://funkanalyse.tns-infratest.com/2019/Glossar-

Methode/index.html (zuletzt abgerufen am 30.09.2020).

Bayerische Landeszentrale für neue Medien (2019b): Funkanalyse Bayern. Gesamtdatei Lokale Funkplanungsdaten Hörfunk 2019/2020. Online: http://funkanalyse.tns-infratest.com/2019/Funkplanungsdaten-2019/index.html (zuletzt abgerufen am 30.09.2020).

Bayerische Landeszentrale für neue Medien (2019c): Funkanalyse Bayern. Fernsehen 2019. Online: http://funkanalyse.tns-infratest.com/2019-2/TV/index.html (zuletzt abgerufen am 30.09.2020).

Bayerische Landeszentrale für neue Medien (2019d): Funkanalyse Bayern. Fernsehen 2019. Handout. Online: http://funkanalyse.tns-infratest.com/2019-2/TV/Gesamtbericht-Handout/index.html (zuletzt abgerufen am 30.09.2020).

Bayerische Landeszentrale für neue Medien (2019e): Funkanalyse Bayern. Methodenbeschreibung Fernsehen 2019. Online: http://funkanalyse.tns-infratest.com/2019-2/TV/Glossar-Methode/index.html (zuletzt abgerufen am 30.09.2020).

Bayerische Landeszentrale für neue Medien (2019f): Funkanalyse Bayern. Lokalrundfunktage Nürnberg Handout Gesamtdatei 2019 (PDF, 2 MB). Online: http://funkanalyse.tns-infratest.com/2019/Funkplanungsdaten-2019/index.html (zuletzt abgerufen am 30.09.2020).

Bayerische Landeszentrale für neue Medien (2020a): Die Aufgaben der BLM. Online: https://www.blm.de/ueber_uns/aufgaben.cfm (zuletzt abgerufen am 15.02.2021).

Bayerische Landeszentrale für neue Medien (2020b): Forschung. Online: https://www.blm.de/aktivitaeten/forschung.cfm (zuletzt abgerufen am 30.09.2020).

Breunig, Christian/van Eimeren, Birgit (2015): 50 Jahre „Massenkommunikation": Trends in der Nutzung und Bewertung der Medien. In: Media Perspektiven, Jg. 45, H. 11, S. 505-525.

Brosius, Hans-Bernd/Haas, Alexander/Koschel, Friederike (2016): Methoden der empirischen Kommunikationsforschung. Eine Einführung. Wiesbaden: Springer VS.

Burkart, Roland (2002): Kommunikationswissenschaft. Grundlagen und Problemfelder einer interdisziplinären Sozialwissenschaft. Wien, Köln, Weimar: Böhlau Verlag.

Gleich, Uli (1996): Neuere Ansätze zur Erklärung von Publikumsverhalten. Befunde, Defizite und Chancen der Publikumsforschung. In: Media Perspektiven, Jg. 26, H. 2, S. 598-606.

Goldhammer, Klaus/Wiegand, André/Polley, Cay-Norbert (2007): Wirtschaftliche Situation des lokalen und regionalen Fernsehens in Bayern. München: Reinhard Fischer Verlag.

KEK (2020): Mediendatenbank. Online: https://www.kek-online.de/medienkonzentration/mediendatenbank/#/ (zuletzt abgerufen am 30.09.2020).

Medienrat der Bayerischen Landeszentrale für neuen Medien (1988): Protokoll zur Medienratssitzung im Jahr 1988, 14. Juli.

Möhring, Wiebke/Schlütz, Daniela (2019): Die Befragung in der Medien- und Kommunikationswissenschaft. Eine praxisorientierte Einführung. Wiesbaden: Springer VS.

Roland Berger Forschungs-Institut GmbH (1989): Grundlagenstudie zu Image und Akzeptanz des Hörfunks in Bayern. München: Reinhard Fischer Verlag, BLM-Schriftenreihe 1.

Schenk, Michael (2007): Medienwirkungsforschung. Tübingen: Mohr Siebeck.

Scherer, Helmut/Naab, Teresa K. (2013): Messen im Zeitverlauf. In: Schlütz, Daniela/Möhring, Wiebke (Hrsg.): Standardisierte Erhebungsverfahren in der Kommunikationswissenschaft. Wiesbaden: Springer VS.

Schlütz, Daniela (2016): Quality-TV als Unterhaltungsphänomen. Entwicklung, Charakteristika, Nutzung und Rezeption von Fernsehserien wie The Sopranos, The Wire oder Breaking Bad. Wiesbaden: Springer VS.

Schulz, Rüdiger (2009): Mediaforschung. In: Noelle-Neumann, Elisabeth/Schulz, Winfried/Wilke, Jürgen (Hrsg.): Das Fischer Lexikon Publizistik. Massenkommunikation. Frankfurt a. M.: Fischer-Taschenbuch-Verlag, S. 201-234.

Schweiger, Wolfgang (2007): Theorien der Mediennutzung. Eine Einführung. Wiesbaden: VS Verlag für Sozialwissenschaften.

Stöber, Rudolf (2013): Neue Medien. Geschichte. Von Gutenberg bis Apple und Google. Medieninnovation und Evolution. Bremen: Edition Lumière.

6.2. Bürgerbeteiligung im Rundfunk

Vera Katzenberger

Seit mehr als drei Jahrzehnten besteht in der Bundesrepublik neben dem öffentlich-rechtlichen auch privater Rundfunk. Dieser bildet die zweite Säule des „dualen Rundfunksystems", so die Bezeichnung der kommerziellen Radio- und Fernsehangebote. Hinzu kommen verschiedenste nichtkommerzielle, bürgerschaftliche Rundfunkinitiativen, die zu einer „dritte[n] Säule" (Kleinsteuber 2012: 76) im Rundfunksystem beziehungsweise einem „Rundfunk der dritten Art" (Schill 2008: 396) gebündelt werden. In der Rundfunkforschung werden dabei traditionell verschiedene Organisationsformen des nichtkommerziellen, bürgerschaftlichen Rundfunks, häufig auch „Community Media" genannt, unterschieden: So bestehen Offene Radiokanäle (OK), Nichtkommerzielle Lokalradios (NKL), „freie" Radios, Aus- und Fortbildungsradios, Hochschulradios, Bürgerkanäle und Bürgerradios.

In ihren Funktionen und Aufgaben unterscheiden sich diese nichtkommerziellen, bürgerschaftlichen Rundfunkinitiativen maßgeblich vom öffentlich-rechtlichen, aber auch privaten Rundfunk. So steht es im Zentrum ihres Selbstverständnisses, interessierten Bürgerinnen und Bürgern eine eigene Beteiligung an Hörfunk- und Fernsehproduktionen zu ermöglichen. Viele „Bürgerfunker" verstehen es als ihre Kernaufgabe, einen offenen Zugang zu Radio und Fernsehen sicherzustellen. Es ging und geht ihnen stets darum „denjenigen eine kommunikative Plattform zu bieten, die trotz des Booms an neuen Frequenzen absehbar kaum oder gar nicht in den professionellen Programmen zu Wort kommen würden" (Paukens 2008: 527). Damit können diese nichtkommerziellen, bürgerschaftlichen Rundfunkinitiativen als Förderer von Medienkompetenz gesehen werden (siehe Günnel 2003; Günnel 2017). Die Kompetenzförderung findet dabei auf zwei unterschiedlichen Ebenen statt: Einerseits bieten diese Initiativen Laien niedrigschwellige, unverbindliche Einblicke in den Medien- und Journalismusbetrieb; andererseits erbringen sie eine Ausbildungsleistung und bilden Praktikantinnen und Praktikanten sowie Volontärinnen und Volontäre in verschiedenen Feldern wie Mediengestaltung und Layout, Journalismus oder Betriebswirtschaft aus (vgl. Möhring/Köpke 2016: 115). Durch die Mitarbeit kann damit der Grundstock für berufliche Karrieren gelegt werden. Verschiedene Studien belegen, dass Erfahrungen in Bürgermedien als Berufsvorbereitung dienen können (siehe Kertscher 2005; Möhring/Köpke 2016). Andere Studien zeigen, dass auch die freie Mitarbeit in solchen Initiativen den Berufseinstieg erleichtern kann (siehe Podzimski 2006). Insbesondere durch die Einbeziehung von Kindern und Jugendlichen erfüllen diese Initiativen auch eine medienpädagogische Funktion. Sie finden dort Raum, von Fachkräften begleitet erste Erfahrungen mit dem

Produzieren von Medienangeboten zu machen. Die durch bürgerschaftliches Engagement, die Einbeziehung verschiedener gesellschaftlicher Gruppen und Medienkompetenzförderung geprägten Strukturen spiegeln sich in der programmlichen Ausrichtung wider. Mit ihrer Themenwahl in der Berichterstattung sowie der Musik- und Programmgestaltung unterscheiden sich diese Initiativen teils deutlich von den anderen Angeboten im öffentlich-rechtlichen oder privaten Rundfunk. Der Fokus auf regionale und lokale Themen sowie Geschehnisse ermöglicht zudem das Herstellen einer alternativen Öffentlichkeit und ist „Ausdruck eines demokratischen Grundverständnisses" (Oberreuter 2017: 149) der Initiativen: Sie bieten durch ihre Berichterstattung über das Sendegebiet eine Ergänzung zum sonstigen Angebot und leisten damit einen Beitrag zur publizistischen Vielfalt vor Ort (vgl. Volpers/Schnier/Salwiczek 2000: 281f.). Damit sorgen sie für den Erhalt einer lokal-regionalen Identität und stärken das Heimatverständnis in den unterschiedlichen Regionen.

Während Jeffrey Wimmer im Kapitel 6.2.1. aus theoretisch-konzeptioneller Perspektive auf bürgerschaftliche Partizipation im nichtkommerziellen, lokalen Rundfunk blickt, stellt Julia Gürster in Kapitel 6.2.2. verschiedene Initiativen im Freistaat wie Radio Lora in München oder Radio Opera im unterfränkischen Schwanfeld exemplarisch vor, um so die Bedeutung dieser Initiativen für die bayerische Rundfunklandschaft abzubilden.

Literatur

Günnel, Waltraud (2003): Experiment Arbeitsweltredaktion. Bürgerradio im Kontext von Medienpolitik, Kommunikationswissenschaften und Pädagogik. München: kopaed Verlag.

Günnel, Traudel (2017): Medienkompetenz und Bürgermedien – gelebte Praxis. In: Förster, Stefan (Hrsg.): Vom Urknall zur Vielfalt – 30 Jahre Bürgermedien in Deutschland. Leipzig: Vistas Verlag, S. 102-103.

Kertscher, Brigitte (2005): Dialog Bürgermedien – Freie Meinungsäußerung und Medienkompetenz – Bürgerrundfunk in Deutschland. Aachen: Shaker Verlag.

Kleinsteuber, Hans J. (2012): Community Radio. In: Kleinsteuber, Hans J. (Hrsg.): Radio. Eine Einführung. Wiesbaden: VS Verlag für Sozialwissenschaften, S. 269-294.

Möhring, Wiebke/Köpke, Wilfried (2016): Zwischen Auftrag und ökonomischer Notwendigkeit. Ausbildungs- und ausbildungsähnliche Leistungen des niedersächsischen Bürgerrundfunks. In: Wimmer, Jeffrey/Hartmann, Maren (Hrsg.): Medien-Arbeit im Wandel. Theorie und Empirie zur Arbeit mit und in Medien. Wiesbaden: Springer VS, 115-134.

Oberreuter, Heinrich (2017): Eine Bresche für den Wildwuchs. In: Förster, Stefan (Hrsg.): Vom Urknall zur Vielfalt – 30 Jahre Bürgermedien in Deutschland. Leipzig: Vistas Verlag, S. 36-40.

Paukens, Hans (2008): Bürgermedien. In: Sander, Uwe/Gross, Friederike/Hugger, Kai-Uwe (Hrsg.): Handbuch Medienpädagogik. Wiesbaden: Springer VS, S. 527–532.

Podzimski, Katja (2006): Bürgermedien und Karriere. Untersuchung des Bürgerrundfunks nach berufsinitiierenden und berufsqualifizierenden Einflüssen auf Nutzer am Beispiel einer Tätigkeit in der Medienbranche. Aachen: Shaker-Verlag.

Schill, Wolfgang (2008): Radio. In: Sander, Uwe/Gross, Friederike/Hugger, Kai-Uwe (Hrsg.): Handbuch Medienpädagogik. Wiesbaden: Springer VS, S. 395-401.

Volpers, Helmut/Schnier, Detlef/Salwiczek, Christian (2000): Programme der nichtkommerziellen Lokalradios in Niedersachsen. Eine Programm- und Akzeptanzanalyse. BLM-Schriftenreihe 10. Berlin: BLM.

6.2.1. Nichtkommerzieller lokaler Rundfunk und Partizipation im Wandel

Jeffrey Wimmer

> What I like about community radio is that it can change people's lives and get people thinking. That's what I get out of this, plus I like being on radio (Gaynor/O'Brien 2010).

Die Ausfallbürgschaft der Bürgermedien

Der normative Anspruch an ein funktionierendes Mediensystem ist gegenwärtig relevant wie nie. Die öffentliche Thematisierung und Diskussion relevanter politischer Angelegenheiten sichern die Funktionalität und Legitimität eines demokratischen Gesellschaftssystems. Mit dem Siegeszug des Social Web erscheint mediale Partizipation allerdings nicht nur so leicht einlösbar, sondern auch so populär wie nie. Nichtsdestotrotz stellt sich die Frage, ob alle, die an Öffentlichkeit teilhaben wollen, auch tatsächlich die Möglichkeit und die Ressourcen dazu haben. Allen Angeboten von Bürgermedien – in der aktuellen medienpolitischen Diskussion oft auch als Community Media bezeichnet – ist gemeinsam, dass sie jeder Bürgerin und jedem Bürger den unmittelbaren Zugang zur medialen Öffentlichkeit eröffnen möchten. Diese Hauptfunktion erscheint vor allem vor dem Hintergrund wichtig, dass es nicht als gesichert gilt, dass infolge der digitalen Transformation die aktuellen Öffentlichkeitsstrukturen gerade auf lokaler Ebene gesellschaftliche Teilhabe noch umfassend gewährleisten können. Da Bürgerbeteiligung nicht auf das Internet reduzierbar ist und die etablierten Massenmedien nach wie vor die gesellschaftliche Themenagenda – gerade auch aus dem Blickwinkel der Medienqualität – entscheidend bestimmen, kommt dem lokalen nichtkommerziellen Rundfunk weiterhin eine zentrale Rolle bei der Verwirklichung des Grundrechts auf freie Meinungsäußerung in (Massen-)Medien und mediale Repräsentation zu. Zugespitzt spricht Imhof (2012) sogar von einer Ausfallbürgerschaft, die Bürgermedien in diesem Zusammenhang für die klassischen und etablierten Massenmedien übernehmen. Aus Sicht der politischen Bildung spielen sie unter anderem eine wichtige Rolle „als Projektionsfläche für Bürgermeinungen, als Stachel im Fleisch, als Einflugschneise anderer Wirklichkeiten, als Stimme unter den Stimmen der großen Synchronisations- und Aufmerksamkeitsmaschinerien der ‚klassischen' Massenmedien" (Krüger 2015: 12). Die konkreten Leistungen von Bürgermedien – in Bayern sind das gegenwärtig unter anderem nichtkommerzielle Lokalradios wie Radio Lora, Radio Feierwerk oder Radio Z – liegen dabei unter anderem in der Revitalisierung lokaler und regionaler Kommunikationsräume und der Vermittlung von Medienkompetenz.

Allerdings stehen Bürgermedien vor der doppelten Herausforderung, sich nicht nur die partizipatorischen Potentiale der digitalen Medienwelt verstärkt anzueignen und qualitätsvoll umzusetzen, sondern sich auch mehr denn je gesellschaftspolitische Anerkennung für ihr Tun zu sichern. Beides sind Herausforderungen, die aus kommunikationswissenschaftlicher Perspektive nur durch eine dauerhafte institutionelle Förderung und eine Professionalisierung der Sendungsstrukturen und des Ablaufs (zum Beispiel durch die Schaffung kontinuierlicher Koordinationsstellen) gemeistert werden können.

Die Idee des nichtkommerziellen Rundfunks früher und heute

Bürgermedien sind zwar ein weltweites und auch in Europa aufgrund einer Empfehlung des Europäischen Parlaments „zu gemeinnützigen Bürger- und Alternativmedien in Europa" im Jahr 2008 ein aufstrebendes Phänomen, auch wenn Deutschland nicht nur aufgrund seiner föderalen Struktur und damit einhergehender unterschiedlicher politischer Konflikte diesbezüglich medienpolitisch als Nachzügler bezeichnet werden kann. Die Entstehungsgeschichte der Bürgermedien ist ideengeschichtlich in Deutschland stark mit den neuen sozialen Bewegungen und einer Vielzahl von Bürgerinitiativen, den daraus hervorgegangenen Alternativmedien und dem in der damaligen Zeit geprägten Konzept der Gegenöffentlichkeit verbunden. Nichtkommerzieller Rundfunk ist gegenwärtig zwar in vielen Bundesländern institutionalisiert, allerdings mit recht unterschiedlichen Formen und Zielsetzungen.[192] Darunter werden alternative Rundfunk- oder Fernsehkanäle als auch Ausbildungssender verstanden, die keinen kommerziellen Profit anstreben und größtenteils durch unbezahlte Mitarbeiterinnen und Mitarbeiter getragen werden (vgl. Fasco/Schneider 2017: 9). Ein weit verbreitetes Selbstverständnis lautet: Mitmachen kann hierbei jede Person, die Interesse hat, Medien zu gestalten, oder für ein Thema brennt, über das sie gerne öffentlich berichten würde, egal ob Profi oder Anfänger (vgl. Günnel 2017: 102). Diese Art von Plattform kann also gleichzeitig die Möglichkeit einer bürgernahen und lokalen Berichterstattung und die Vermittlung von Medienkompetenz bieten. Das Spektrum der Themen ist vielfältig und beinhaltet Bereiche wie Kultur, Politik oder Soziales. Bürgermedien hoffen, dass sie „[m]it ihren vielfältigen Angeboten [...] zur Partizipation der Bürger bei[tragen], zur lokalen Information und Identifikation, zur Integration, zum interkulturellen Dialog" (Bundesverband Offene Kanäle und Bürger- und Ausbildungsmedien 2015: 7).

---

[192] Pinseler (2001) bietet eine Unterscheidung von Nichtkommerziellem Lokalem Hörfunk, Offenem Kanal und Freiem Radio. Eine kritische Einordnung ist bei Buchholz (2001) zu finden.

6.2.1. Nichtkommerzieller lokaler Rundfunk und Partizipation im Wandel

Trotz großer quantitativer und qualitativer Unterschiede lassen sich idealtypisch wesentliche Anforderungsmerkmale an Bürgerrundfunk feststellen, die ihn inhaltlich und strukturell von öffentlich-rechtlichen oder privat-kommerziellen Rundfunkveranstaltern klar unterscheiden lassen (vgl. Buchholz 2003: 75):[193] (1) Offenes und diskriminierungsfreies Zugangsangebot an Einzelne und Gruppen zur Programmgestaltung, wobei dieser Zugang konkret unterschiedlich stark ausgeprägt ist, (2) alternative Herangehensweise an die Gestaltung von Sendungen beziehungsweise Programmen, (3) mit dem Ziel, Themen auf die Agenda zu setzen, die andere, etablierte Medien im (lokalen) Kommunikationsraum vernachlässigen, (4) die lokale beziehungsweise regionale Verbreitung der Programm- und die damit verbundenen Bürgernähe sowie publizistische Ergänzung der regulären Berichterstattung, (5) Vermittlung praktischer Medienkompetenz und partizipativer Medienarbeit an Laien sowie (6) der Grundsatz der Gemeinnützigkeit, Nichtkommerzialität und Werbefreiheit von Sendungen beziehungsweise Programmen.

Bürgermedien können als Artikulations- und Selbstdarstellungsmedium einerseits das Kommunikationsbedürfnis der lokalen und regionalen, sozialen und kulturellen Gruppen kompensieren, andererseits bilden sie mit ihrer teils mehrsprachigen Programmgestaltung wichtige soziale Knotenpunkte und fördern den sozialen und interkulturellen Dialog. Bürgermedien gewinnen damit aktuell gerade in Ballungsgebieten unter anderem neue Bedeutungen besonders für die Integration von Migrantinnen und Migranten oder andere benachteiligte Gruppen. Nicht nur mit ihrer traditionellen Rolle, „den Stimmlosen eine Stimme" zu geben, sondern auch im Sinne der kritischen Pädagogik stellen sie wichtige dialogorientierte Lernorte für multiple Kompetenzen dar, die geeignet sind, die kritische und selbstbestimmte Handlungsfähigkeit benachteiligter Gruppen und Individuen zu erweitern (vgl. Wimmer 2009; Peissl et al. 2018). Bürgermedien greifen damit gezielt aktuelle gesellschaftliche Herausforderungen auf und erfüllen eine Art von öffentlicher Graswurzelfunktion beziehungsweise eines „Public Service von unten" (Peissl 2012: 124), da sie einen großen Teil zur Vielfalt von Meinungen und Medien gerade auf lokaler Ebene beitragen und dadurch Diversität herstellen (siehe prototypisch die Fallstudie von Krotz/Höflich 2010). Dies geschieht vor allem durch die dargestellten alternativen Sichtweisen, die von den so genannten Mainstream-Medien meist nicht gezeigt werden. Wegen der zivilge-

---

[193] Die Expertengruppe Offener Kanal der Bundeszentrale für politische Bildung (BpB) formulierte schon 1979 für Offene Kanäle folgende Zielsetzungen: „Qualifizierung der lokalen Kommunikation", „unterrepräsentierten Personen, Perspektiven und Bedürfnissen den Weg zur Teilhabe am öffentlichen Leben zu ebnen" sowie die „kommunikative Kompetenz der Rezipienten gegenüber den Massenmedien beziehungsweise öffentlicher Kommunikation zu stärken" (BpB 1980: 30).

sellschaftlichen Trägerschaft kommen gerade Bürgermedien im Rundfunkbereich den aktuell sehr hohen partizipatorischen Ansprüchen des Publikums besonders nah. Aber auch mit ihrer ergänzenden und korrigierenden Berichterstattung tragen sie zu einer Erweiterung des Informationsspektrums an sich und zu einer liberalen Öffentlichkeit bei. An dieser Funktion angelehnt können die mehr als 180 in Deutschland existierenden Bürgermedien mittlerweile zu Recht als etablierte dritte Säule neben dem privaten und öffentlich-rechtlichen Rundfunk bezeichnet werden (vgl. Peissl/Tremetzberger 2019).

Dieses Ziel gesellschaftlicher Gegenthematisierung findet sich schon bei den Klassikern gesellschaftskritischer Medientheorie. So fordert Bertolt Brecht (2002 [1932]) in seiner Radiotheorie, den Rundfunk von einem Distributions- in ein Kommunikationsmedium umzuwandeln, was schon damals letztlich auf die Aufhebung institutionalisierter Kommunikator- und Rezipientenrollen abzielte (vgl. Wimmer 2007: 167ff.) und was erst durch den heutigen technischen und medienstrukturellen Wandel scheinbar erreichbar scheint (Stichwort „Mitmachnetz"). Dem vorherrschenden „repressiven Mediengebrauch" setzt Enzensberger (1970) sein Verständnis eines „emanzipatorischen Mediengebrauchs" gegenüber, auf das sich die Kommunikationsmodelle und Produktionsstrukturen vieler alternativer Medien gründen: Durch dezentralisierte Programme, kollektive Produktion und gesellschaftliche Kontrolle der Medien mittels Selbstorganisation soll die Authentizität der Massenkommunikation und deren Inhalte erreicht werden.

Als kleinster gemeinsamer Nenner können zwei Eigenschaften gelten, die konstitutiv für alternative Medien sind und auch als Leitbilder für den Bürgerrundfunk wirkmächtig sind: Aus der Kritik an der herkömmlichen journalistischen Produktionsweise und Berichterstattung heraus entwickelte sich eine „alternative" Art und Weise sowohl der (Medien-)Produktion als auch der medialen Kommunikation beziehungsweise der Sendungsgestaltung und -inhalte (vgl. Atton 2002: 27) Die Bezeichnung „alternativ" verweist gerade darauf, dass sie nur in Relation zu „etablierten" beziehungsweise Mainstream Medien zu verstehen sind. Jeder soll nun mitreden können bei der Produktion von alternativen Medien wie zum Beispiel Stadtteilzeitungen oder freien Radios (Prinzipien der Offenheit und der Partizipation). Dem Selektionsverhalten der etablierten Medien sollten einerseits die Behandlung „ausgegrenzter" und „unliebsamer" Themen entgegengesetzt werden. Andererseits sollten die Arbeitsstrukturen unhierarchisch und möglichst unabhängig von medienökonomischen Zwängen sein (vgl. Weichler 1987: 356).

Genau diese Prinzipien machen die Bürgermedien attraktiv für Radiomacherinnen und -macher. Milan (2008) befragte über 40 Community Radio-Beteiligte aus verschiedenen Ländern und aus unterschiedlichen Altersgruppen, was sie an ihrer Arbeit schätzen. Dabei stellte sie fest, dass das Ziel sozialer Veränderungen durch aktive Berichterstattung sowie der Spaß an der Arbeit zentrale Motive sind,

6.2.1. Nichtkommerzieller lokaler Rundfunk und Partizipation im Wandel

um sich bei Bürgermedien zu beteiligen. Genauso motiviert es die Praktizierenden aber auch, dass im Radio Gleichstellung zwischen den Beteiligten angestrebt werde und keine hierarchische Arbeitsstruktur existiere. Ein weiterer Grund für die Mitarbeit ist die als sehr wertvoll eingeschätzte Beziehung zwischen Macherinnen und Machern sowie Hörerinnen und Hörern.

Im Gegensatz dazu untersuchte Rauch (2014), was Rezipierende an Bürgermedien im Gegensatz zu Mainstreammedien wertschätzen. Die Befragten heben die Nischenberichterstattung hervor, da sie so Informationen und Inhalte bekommen, die sie anderweitig nicht finden. Zusätzlich wird den Bürgermedien grundsätzlich eine erhöhte Glaubwürdigkeit zugeschrieben, da sie werbefrei und nicht kommerziell betrieben werden. Allerdings verdeutlichen die Ergebnisse der Studie auch, dass man im Gegensatz zu den Macherinnen und Machern nicht auch von „alternativen" Rezipierenden sprechen kann, eher von einem hybriden Publikum, das nicht ausschließlich Bürgermedien nutzt, sondern diese vor allem als Ergänzung zu den öffentlich-rechtlichen Medienangebote heranzieht.

Da nichtkommerzieller Rundfunk überwiegend durch ehrenamtliches Engagement und werbefrei betrieben wird, wird er finanziell von den jeweiligen Landesmedienanstalten recht unterschiedlich jährlich gefördert. Dazu kommen freiwillige Spenden oder Mitgliedsbeiträge aus Fördervereinen oder von Vereinsmitgliedern. Die Herausforderungen bei der Ausgestaltung von Bürgerrundfunk sind vielfach beschrieben. Buchholz (2003: 83) folgend können die Herausforderungen an das „zarte Pflänzchen" Bürgerrundfunk vor dem Hintergrund der Qualitätsfragestellung konkretisiert werden: Bürgermedien müssen ihre Arbeit professionalisieren, das heißt Programmleistungen mit Hinblick auf Erwartungshaltungen des Publikums aber auch ihrer Macherinnen und Macher stetig verbessern. Qualitätssicherung bedeutet aber nicht inhaltliche und strukturelle Orientierung an etablierten kommerziellen und öffentlich-rechtlichen Hörfunkanbietern, sondern eher ein permanenter Prozess der Ermöglichung des Einlösens der spezifischen Programmphilosophien des Bürgerrundfunks im Allgemeinen wie unter anderem Publikums- und Partizipationsorientierung, Bürgernähe, Gegenöffentlichkeit/alternative Kommunikationsprozesse und lokale Identität (vgl. Merz 1998). Gerade die Integration der partizipativen Strukturen neuer digitaler Medientechnologien ermöglicht dem Bürgerrundfunk mehrerlei: den direkten Dialog von Sender und Empfänger, den räumlich unabhängigen Austausch von Informationen, die nationale und internationale Vernetzung, Kooperation und Koordination.

Erste wegweisende Schritte in diese Richtung waren in Deutschland das Pilotprojekt der „Mediathek Thüringen" Ende der 2000er Jahre sowie die bis in die Gegenwart existierende Sendungsplattform „freie-radios.net" der Freien Radios. Nach einem rasanten Wachstum in den 1990er Jahren (vgl. aus internationaler Perspektive King 2017) und einem Bemühen um Konsolidierung in den 2000er

Jahren (vgl. DLM 2005) erschienen Bürgermedien in den 2010er Jahren von stabilen Reichweiten- und Akzeptanzwerten gekennzeichnet (vgl. ALM 2011). Gegenwärtig müssen sie sich verstärkt wie alle anderen Medien auch den Herausforderungen der digitalen Transformation wie insbesondere Konvergenzprozessen und stagnierenden Förderungen stellen (siehe Peissl/Tremetzberger 2019).

Fazit: Weiterführende Herausforderungen an Bürgerrundfunk

Aktuelle Befunde aus der Kommunikationswissenschaft verdeutlichen, dass sich durch die digitale Transformation auch der Wert und das Verständnis von Partizipation grundlegend ändern. So agiert die Jugend gerade im Internet medial so partizipativ wie noch nie in der Geschichte der Menschheit. Die partizipativen Potentiale von Bürgermedien erscheinen so auf einer breiten Ebene durch die digitalen Plattformen des Social Web eingelöst. Die Ergebnisse unter anderem der Shell-Jugendstudien zeigen allerdings, dass „soziales Engagement" und „politisches Bewusstsein" als Selbsthaltung nur von knapp einem Drittel der Jugendlichen genannt werden. An der Überwindung dieser „digitalen" Bedeutungskluft muss sich die aktuelle und zukünftige Medienpolitik messen lassen. Natürlich ist hier nicht nur aufgrund des stark ökonomischen Charakters vieler Netzwerkdienste übertriebene Euphorie fehl am Platz, denn nicht alle Rezipierenden können die Potenziale der neuen Medien gleichermaßen nutzen, sei es aus Ermangelung der technischen Voraussetzungen oder aufgrund fehlender Kompetenzen im Umgang mit den neuen Online-Werkzeugen (Stichwort „Digitale Kluft"). So verdeutlichen empirische Studien, dass zwar die Mehrheit der Deutschen zumindest gelegentlich online aktiv ist, sich aber abhängig von Alter und Bildung immer noch klare Unterschiede in der partizipativen Nutzungsweise zeigen. Auch können Analysen neuer Partizipationsinstrumente, wie unter anderem zur Twitter-Nutzung im Rahmen von lokalen Protesten, das Entstehen lokaler ad-hoc-Öffentlichkeiten dokumentieren. Allerdings stehen noch gesicherte Erkenntnisse darüber aus, inwiefern es diese Formen von digitaler Teilhabe den Bürgerinnen und Bürgern wirklich ermöglichen, dass ihre privaten Meinungen auch in der Öffentlichkeit einen Widerhall finden und einen breiteren gesellschaftlichen Diskurs anstoßen.

Bürgermedien können hierzu einen erfolgversprechenden Beitrag leisten. Wenn man aktuellen Ergebnissen der empirischen Forschung zu Konstitutionsbedingungen von Öffentlichkeit vor allem aus einer partizipationstheoretischen Perspektive folgt (siehe Wimmer 2017), kann dies aber nicht allein – wie zum Beispiel in Bayern bislang geschehen – dadurch geleistet werden, dass ausgewählte Beiträge einzelner zivilgesellschaftlicher Akteure wie zum Beispiel kirchlicher Gruppen in das Programm des kommerziellen Rundfunks übernommen oder Aus- und Fortbildungskanälen aufgebaut werden. Es muss vielmehr grundlegend für eine gesicherte Infrastruktur, einen Ausbau und eine stete Qualitätssicherung bisheriger Bürgermedien gesorgt werden, damit diese die Herausforderungen der digitalen Transformation der Radiolandschaft, den geänderten Hörgewohnheiten und gesteigerten Partizipationsansprüchen des Publikums meistern können. Neben der Notwendigkeit einer bislang fehlenden Image-Kampagne kann ein niedrigschwelliger Zugang zum Bürgerrundfunk die gesellschaftliche Anerkennung sichern. Eine gesellschaftliche Anerkennung, die sich nicht nur alle Bürgermedien, sondern auch die etablierten Massenmedien mehr denn je jeden Tag erarbeiten müssen. Gerade die Vielzahl an so genannten „alternativen" Nachrichtenmedien vor allem auf Facebook und YouTube, die eine Mischung aus Systemkritik und Verschwörungstheorien bieten, tragen zu einer Unsicherheit in der Bevölkerung bei (vgl. Müller 2018).

Aber auch aus Bürgermedien-Perspektive stehen darüber hinaus weitere interne Herausforderungen und potenzielle Konflikte bevor. Es ist nicht klar, ob die rhetorische Formulierung von Bürgermedien als „politisches Instrument für den sozialen Wandel" (Milan 2008: 28) eine Vielzahl von weiteren Motiven für eine Teilnahme verschleiert. Während viele tatsächlich auf Sendung gehen, um das Bewusstsein für soziale Themen zu schärfen, Debatten anzuregen oder soziale Veränderungen anzustoßen oder zu fördern, können andere dies tun, um neue Fähigkeiten zu erlernen oder einfach nur Spaß zu haben. Darüber hinaus ist zu fragen, ob diese Rhetorik als Quelle von Spannung oder Druck für oder sogar zwischen den Radiomacherinnen und -machern wirken kann (vgl. Jeffrey 2002: 47). Denn es kann davon ausgegangen werden, dass der Digitalisierungsprozess diese Konflikte weiter verschärft, nicht nur, weil er mit potenziell veränderten Motiven und Identitäten der Bürgermedien-Beteiligten einhergeht.

Es ist abschließend kritisch festzustellen, dass der Medienwandel bisher nichts an den grundlegenden ökonomischen Faktoren geändert hat, die den etablierten Medienkonzernen ihre marktbeherrschende Stellung ermöglicht. Allerdings wird durch nichtkommerzielle Rundfunkangebote augenscheinlich zumindest die mediale Repräsentation und Teilhabe lokaler, migrantischer und/oder kritischer Teilöffentlichkeiten enorm gefördert.

Literatur

ALM (2011): Bürger- und Ausbildungsmedien in Deutschland 2011/2012. Sonderdruck aus dem Jahrbuch 2011/2012. Berlin: Vistas Verlag.

Atton, Chris (2002): Alternative Media. London: Sage.

Brecht, Bertold (2002 [1932]): Der Rundfunk als Kommunikationsapparat. Rede über die Funktion des Rundfunks. In: Pias, Claus/Vogl, Joseph/Engell, Lorenz/Fahle, Oliver/Neitzel, Britta (Hrsg.): Kursbuch Medienkultur. Die maßgeblichen Theorien von Brecht bis Baudrillard. Stuttgart: Deutsche Verlags-Anstalt, S. 259-263.

Buchholz, Klaus-Jürgen (2001): Zur Funktion nichtkommerzieller und freier Radios. Anmerkungen zum Aufsatz von Jan Pinseler in M&K 3/2001. In: Medien & Kommunikationswissenschaft, Jg. 49, H. 4, S. 546-550.

Buchholz, Klaus-Jürgen (2003): Vielfalt gegen Einfalt – Bürgermedien in Deutschland. In: Medien Journal, Jg. 27, H. 4, S. 75-84,

Bundesverband Offene Kanäle/Bundesverband Bürger- und Ausbildungsmedien (Hrsg.) (2015): Bürgermedien in Deutschland. Online: www.bz-bm.de/fileadmin/media/Buergermedien-in-Deutschland.pdf (zuletzt abgerufen am 30.09.2020).

Bundeszentrale für politische Bildung (Hrsg.) (1980): Der Offene Kanal. Kriterien für ein Bürgermedium. BLM-Schriftenreihe 164. Bonn: o. V.

Direktorenkonferenz der Landesmedienanstalten (2005): Zur Konsolidierung der Bürgermedien in Deutschland. Gemeinsame Herausforderungen von Bürgermedien und Landesmedienanstalten. Online: www.schaefler.de/igr-nrw/gefahr/rettung/-2006/Sonstige/DLM%20zur%20Konsolidierung%20der%20Buergermedien%20in%20Deutschland.pdf (zuletzt abgerufen am 15.02.2021).

Enzensberger, Hans Magnus (1970): Baukasten zu einer Theorie der Medien. In: Kursbuch, Jg. 5, H. 20, S. 159-186.

Fasco, Jochen/Schneider, Siegfried (2017): Vorwort. In: Förster, Stefan (Hrsg.): Vom Urknall zur Vielfalt – 30 Jahre Bürgermedien in Deutschland. Leipzig: Vistas Verlag, S. 8-9.

Gaynor, Niamh/O'Brien, Anne (2010): Drivers of Change? Community Radio in Ireland. Broadcasting Authority of Ireland. Online: www.doras.dcu.ie/16219/1/PDF_FinalReport.pdf (zuletzt abgerufen am 15.02.2021).

Günnel, Traudel (2017): Medienkompetenz und Bürgermedien – gelebte Praxis. In: Förster, Stefan (Hrsg.): Vom Urknall zur Vielfalt – 30 Jahre Bürgermedien in Deutschland. Leipzig: Vistas Verlag, S. 102-103.

Imhof, Kurt (2012): Die Geltung der Bürgermedien in der Demokratie. Input für die FES-Veranstaltung „Bürger machen Medien. Medien machen Bürger". Berlin: o.V.

Jeffrey, Rowan (2002): Challenging voices? Going public on community radio. In: Media International Australia Incorporating Culture and Policy, Jg. 103, H. 1, S. 46–55.

King, Gretchen (2017): History of struggle: The global story of community broadcasting practices, or a brief history of community radio. Westminster Papers in Communication and Culture, Jg. 12, H. 2, S. 18-36.

Krotz, Friedrich/Höflich, Joachim R. (2010): Chancen lokaler Medien Modelle, Bewertungen und Anforderungen von lokalem Hörfunk und Fernsehen – zwei explorative Untersuchungen. Berlin: Vistas Verlag.

Krüger, Thomas (2015): Wir brauchen Bürgermedien. In: Bundesverband Offene Kanäle/Bundesverband Bürger- und Ausbildungsmedien (Hrsg.): Bürgermedien in Deutschland. Online: www.bok.de/wp-content/uploads/2016/01/B%C3%Bürger-medien-in-Deutschland.pdf (zuletzt abgerufen am 30.09.2020).

Merz, Pia (1998): Bürgerfunk zwischen Anspruch und Wirklichkeit. Organisations- und Programmstrukturen nichtkommerziellen lokalen Hörfunks am Beispiel Hessen. In: Media Perspektiven 5/1998, S. 250-258.

Milan, Stefania (2008): What makes you happy? Insights into feelings and muses of community radio practitioners. In: Westminster Papers in Communication and Culture, Jg. 5, H.1, S. 25-43.

Müller, Philipp (2018): Polarisierung des Publikums. Wie sich die Beziehung zwischen Journalismus und Bürgern verändert – und warum. In: Limbourg, Peter/Grätz, Ronald (Hrsg.): Propaganda im Netz: Fake News, Bots und Hate Speech. Göttingen: Steidl Verlag, S. 33-43.

Peissl, Helmut (2012): Alternative Medien – Community Medien. In: Jarren, Otfried/Künzler, Matthias/Puppis, Manuel (Hrsg.): Medienwandel oder Medienkrise? Folgen für Medienstrukturen und ihre Erforschung. Baden-Baden: Nomos Verlag, S. 115-126.

Peissl, Helmut/Tremetzberger, Otto (2019): Nichtkommerzieller Rundfunk: In: Krone, Jan/Pellegrini, Tassilo (Hrsg.): Handbuch Medienökonomie. Wiesbaden: VS Verlag für Sozialwissenschaften, S. 1-28.

Peissl, Helmut/Sedlaczek, Andrea/Eppensteiner, Barbara/Stenitzer, Carla (2018): Kritische Medienkompetenz und Community Medien. Graz: CONEDU – Verein für Bildungsforschung und -medien. Online: www.commit.at/fileadmin/Materialien/-dossier-kritische-medienkompetenz.pdf (zuletzt abgerufen am 15.02.2021).

Pinseler, Jan (2001): Sprechen im Freien Radio. Eine Fallanalyse zu Möglichkeiten alternativen Hörfunks. In: Medien & Kommunikationswissenschaft, Jg. 49, H. 3, S. 369-383.

Rauch, Jennifer (2014): Exploring the Alternative-Mainstream Dialectic: What „Alternative Media" Means to a Hybrid Audience. In: Communication, Culture & Critique, Jg. 8, H. 1, S. 124-143.

Shell Deutschland (Hrsg.). (2010): Shell Jugendstudie 2010. Frankfurt am Main: Fischer.

Weichler, Kurt (1987): Die anderen Medien. Theorie und Praxis alternativer Kommunikation. Berlin: o.V.

Wimmer, Jeffrey (2007): (Gegen-)Öffentlichkeit in der Mediengesellschaft. Analyse eines medialen Spannungsfelds. Wiesbaden: VS Verlag für Sozialwissenschaften.

Wimmer, Jeffrey (2009): Henry A. Giroux: Kritische Medienpädagogik und Medienaktivismus. In: Hepp, Andreas/Krotz, Friedrich/Thomas, Tanja (Hrsg.): Schlüsselwerke der Cultural Studies. Wiesbaden: VS Verlag für Sozialwissenschaften, S. 197-207.

Wimmer, Jeffrey (2017): Ebenen der Partizipation in der Auflösung? Das Drei-Ebenen-Modell und Ansätze partizipatorischer Öffentlichkeit im digitalen Zeitalter. In: Klaus, Elisabeth/Drüeke, Ricarda (Hrsg.): Öffentlichkeiten und gesellschaftliche Aushandlungsprozesse. Theoretische Perspektiven und empirische Befunde. Bielefeld: transcript, S. 197-216.

6.2.2. Partizipation im Rundfunk: Nichtkommerzielle Radio- und Fernsehinitiativen in Bayern

Julia Gürster[194]

In Deutschland bestehen neben den öffentlich-rechtlichen und privaten Rundfunkveranstaltern beziehungsweise -anbietern über 180 Bürgermedien; jeden Tag produzieren sie insgesamt rund 1.500 Stunden Programm und erreichen damit mehr als 1,5 Millionen Hörerinnen und Hörer sowie Zuschauerinnen und Zuschauer (siehe Förster 2017).

Auch im Freistaat gibt es zahlreiche nichtkommerzielle, bürgerschaftliche Rundfunkinitiativen. Zurzeit handelt es sich dabei um fünf nichtkommerzielle Hörfunkanbieter mit Vollprogrammen, sechs Kultur- oder Musik-Spartenanbieter beziehungsweise Zulieferer, 14 kirchliche Spartenanbieter beziehungsweise Zulieferer, sechs Spartenanbieter beziehungsweise Zulieferer mit Beteiligung von Jugendlichen und vier nichtkommerzielle Fernsehinitiativen (vgl. BLM 2020a). Hinzu kommen verschiedene Campusradios sowie die Aus- und Fortbildungskanäle beziehungsweise Angebote der Mediaschool Bayern[195] (siehe Kapitel 4.4.1. und Kapitel 4.4.2.). Tab. 15 am Ende des Kapitels bietet einen umfassenden Überblick über die verschiedenen nichtkommerziellen, bürgerschaftlichen Initiativen in Bayern.

Im Folgenden werden einige dieser Initiativen im Freistaat exemplarisch vorgestellt. Ausgewählt wurden der nichtkommerzielle Hörfunkanbieter mit Vollprogramm Radio Lora, der Kultur- oder Musik-Spartenanbieter und Zulieferer Radio Opera, der kirchliche Spartenanbieter und Zulieferer Christliches Radio München (CRM) sowie der Spartenanbieter und Zulieferer mit Beteiligung von Jugendlichen Parabol e.V. aus Nürnberg. Anhand der Gründungsgeschichten und Strukturen dieser Initiativen soll so das Konzept der Bürgerpartizipation im Rundfunk erläutert und die Bedeutung dieser Initiativen für die bayerische Rundfunklandschaft abgebildet werden.

Abgerundet wird das Kapitel mit der Vorstellung neuer Partizipationsformate im Digitalen wie dem Projekt „Mach Dein Radio". Grundlage der Darstellung sind Erinnerungsinterviews mit Programmverantwortlichen, die die Entstehungsphase und Strukturen der verschiedenen Initiativen maßgeblich gestaltet haben und teilweise bis heute prägen. Dazu zählen unter anderem Blagoy Apostolov (Radio Opera, Würzburg), Eckard Thiel (Radio Lora, München), Ernst Wolfswinkler und Klaus Martens (Radio Feierwerk, München).

---

[194] Besonderer Dank für wertvolle Hinweise zu diesem Kapitel gilt Vera Katzenberger.
[195] Im Folgenden wurde, wie bereits in Kapitel 4.4.1. und 4.4.2., auf die Schreibweise in Versalien zugunsten einer besseren Lesbarkeit verzichtet.

Nichtkommerzielle Hörfunkanbieter mit Vollprogramm: Radio Lora

Neben Radio Z in Nürnberg zählt Radio Lora in München zu den ältesten nichtkommerziellen, bürgerschaftlichen Rundfunkinitiativen in Bayern. Die Entstehung der Initiative reicht zurück bis in die Pionierjahre des privaten Rundfunks: Nach Sendebeginn der ersten privaten Radios in der Landeshauptstadt schlossen sich unter dem Schlachtruf „Kein Kommerz auf Megahertz!" ab 1984 einige engagierte Münchnerinnen und Münchner zusammen und forderten mehr politische, gesellschaftliche und kulturelle Vielfalt in dem neuen Medium (vgl. Oberreuter 2017: 54). Bald formalisierte sich die Bewegung und so riefen Mitglieder verschiedener politischer Gruppierungen in der Landeshauptstadt die Radioinitiative Bürgerradio Haidhausen ins Leben. Eine Frequenz wurde dem Bürgerradio allerdings nicht zugewiesen. 1990 wurde schließlich der „Lora Förderverein für alternative Programme im Lokalradio e. V." gegründet, um die Basis und Strukturen für einen nicht werbebasierten Radiosender in München zu schaffen (vgl. Radio Lora 2021). Nach langwierigen und zähen Diskussionen im Medienrat folgte die Zulassung von Radio Lora. Der 8. Oktober 1993 markierte schließlich den Sendestart von Radio Lora, das von Haidhausen aus auf der Münchner Frequenz 89,0 MHz werktags von 18 bis 20 Uhr sein Programm verbreiten konnte. Die *Süddeutsche Zeitung* bewertete Radio Lora in dieser Zeit als „[v]ielleicht spannendstes alternatives Radioprojekt in Bayern":

> LORA ist anders [...], ein Experiment, schrill und schräg, manchmal daneben, manchmal genauso, wie man sich die anderen Münchner Radios wünschen würde, nämlich als wirkliches LOKALradio. [...] LORA ist anstrengend. Es hat seine Existenzberechtigung, auch wenn es sich manchmal im Ton vergreift (Grill 1993).

Nach dem Wechsel auf die Sammelfrequenz 92,4 MHz sendete Radio Lora ab 1994 täglich von 19 bis 24 Uhr und teilte sich die Frequenz mit anderen Anbietern wie Radio Feierwerk oder Radio Jazzwelle. Mit Ablauf der Zulassung im Jahr 2004 erfolgte eine Neuorganisation der Frequenz, wonach sich Radio Lora die Sendezeiten mit Radio Feierwerk sowie zwei religiösen Programmen, Radio Horeb und dem Christlichen Radio München, teilte. Ab 2011 war Radio Lora auch digital über DAB zu empfangen, wobei das UKW-Liveprogramm per Simulcast erhalten blieb. 2015 erfolgte der Umzug vom alten Studio in Haidhausen in neue und speziell für den Sendebetrieb umgebaute Räume in der Münchner Innenstadt. Finanziert werden konnte der Umzug durch den Förderverein sowie private Spenden. Den Sendebetrieb stellten im Laufe der Betriebszeit bis zu 250 Mitarbeiterinnen und Mitarbeiter von Radio Lora sicher, darunter stets vor allem Ehrenamtliche sowie Praktikantinnen und Praktikanten. Programmlich setzte Radio Lora immer auf alternative Inhalte und legte seine Schwerpunkte auf eine kritische Berichterstattung über das politische Geschehen; hinzu kamen kulturelle und wissenschaftliche Sendungen. Auch zivilgesellschaftlichen Bewegungen aus dem lokalen sowie internationalen Kontext bot Radio Lora stets eine Plattform (vgl. Radio Lora 2021). Aufgrund der partizipativen Mitgliederstrukturen sowie der programmlichen Schwerpunkte verstand sich Radio Lora seit seiner Gründung als „Stimme der Zivilgesellschaft", so Eckard Thiel, einer der Mitbegründer der Initiative im Interview.

Radio Lora ist bis heute aktiv – und das nicht nur bei der Programmerstellung und -verbreitung: Für ihre gemeinsame Kampagne „Medienvielfalt in Bayern" wurden die Münchner Programmacherinnen und Programmmacher von Radio Lora gemeinsam mit ihren Kolleginnen und Kollegen vom nichtkommerziellen Hörfunkanbieter Radio Z in Nürnberg 2016 mit dem Bürgerpreis des Bayerischen Landtags ausgezeichnet. In seiner Dankesrede kündigte der damalige Lora-Geschäftsführer Eberhard Efinger an, weiterhin Technik- sowie Aus- und Weiterbildungsinvestitionen vorzunehmen, aber auch auf „eine gesetzliche Verankerung eines Förderauftrags für Community Medien in Bayern" (Radio Lora 2016) hinzuwirken. Kurz zuvor hatte die CSU im Landtag die gemeinsame Petition beider Sender zur entsprechenden Änderung des bayerischen Mediengesetzes abgelehnt.

Kultur- oder Musik-Spartenanbieter und Zulieferer: Radio Opera

Nicht nur in der bayerischen Landeshauptstadt haben sich bürgerschaftliche Rundfunkinitiativen durchgesetzt: Seit 1987 besteht im unterfränkischen Schwanfeld der nichtkommerzielle Kultur- und Klassikmusiksender beziehungsweise -zulieferer Radio Opera. Nach einer erfolgreichen Bewerbung der Bayerischen Kammeroper Veitshöchheim auf eine Ausschreibung der BLM konnte Radio Opera 1987 den Sendebetrieb aufnehmen.

Ziel der Bewerbung war es für die Kammeroper, „auch im Radio eine Stimme [zu] haben", erinnert sich Blagoy Apostolov, Eigentümer, Geschäftsführer und Chefredakteur des Senders beziehungsweise Zulieferers im Interview. Vor seiner Tätigkeit bei Radio Opera war er über 30 Jahre hinweg in seiner Funktion als Intendant, Oberspielleiter und Regisseur in der Kammeroper in Veitshöchheim involviert, die bis heute das einzige Theater der Bundesrepublik mit eigenem Rundfunkprogramm ist.

Zunächst ging Radio Opera mit halbstündigen Sendungen, die einmal pro Woche auf der Würzburger Frequenz 102,4 MHz ausgestrahlt wurden, auf Sendung. Die 102,4 MHz war ansonsten überwiegend mit dem Programm von Radio Charivari Würzburg belegt. Mit speziellem Fokus auf Opern- und Konzertmusik warb Radio Opera in der Region Würzburg mit seiner Sendung in diesen Anfangsjahren um klassikinteressierte Hörerinnen und Hörer im Alter von 30 bis 59 Jahren (vgl. BLM 2020b). Trotz der anfänglichen Orientierung an öffentlich-rechtlichen Klassikradioanbietern sei gerade in diesen ersten Jahren des Sendebetriebs als Spartensender die Abgrenzung notwendig gewesen, betont Programmmacher Apostolov im Interview: „Wir wollten Klassik für alle machen!"

Mit seinen Sendungen, die sich auf Opern- und Konzertmusik fokussieren, konnte sich Radio Opera bis heute behaupten: Noch immer teilt sich Radio Opera die Frequenz mit Radio Charivari Würzburg und ist zurzeit sonntag- bis donnerstagabends für jeweils eine Stunde auf den terrestrischen und Kabel-Frequenzen in Würzburg und im Umland zu hören. Hinzu kommen ein 24-Stunden-Livestream und die Übertragung über DAB+. Im Jahr 2016 entstand darüber hinaus der programmergänzende Weblog „Radio Opera Plus", der Hörerinnen und Hörer über das Hörfunkprogramm hinaus über die Welt der Klassikmusik und des Theaters auf dem Laufenden hält. Auch Verlosungen, Werbung und Sponsoring sind fester Bestandteil des Programms. Durch Kontakte zu Theatern in den Metropolen aus aller Welt entsteht zudem ein regelmäßiger Austausch mit den jeweiligen Korrespondentinnen und Korrespondenten, wodurch auch internationale Geschehnisse der Klassikwelt in die Berichterstattung von Radio Opera Einzug erhalten.

Kirchlicher Spartenanbieter und Zulieferer: Das Christliche Radio München (CRM)

Einen ganz anderen Fokus setzt das Christliche Radio München. Seine Lizenz war anfangs eng verbunden mit der eines ganz anderen Anbieters: dem FAZ Business Radio der Relax FM Rundfunkbetriebsgesellschaft mbH, das im Februar 2001 vom Medienrat zugelassen wurde. Um auf der Frequenz 92,4 MHz, die es sich mit Radio Lora und Radio Feierwerk teilen musste, täglich bis zu 19 Stunden senden zu dürfen, bekam das FAZ Business Radio zudem die Vorgabe, täglich bis zu einer Stunde „Programmteile des Christliches Fernsehen München e.V. als Spartenanbieter mit religiösen Inhalten" (BLM 2001) in das Angebot zu integrieren. Daraufhin nahm ein Arbeitszweig des Vereins, das Christliche Radio München, in einem Keller in der Geiselgasteigstraße in Harlaching die Arbeit auf und trug als Zulieferer mit Beiträgen rund um das christliche Leben oder Andachten zum Programm von FAZ Business Radio bei.

Doch diese Situation hatte nicht lange Bestand: Weil das FAZ Business Radio den Sendebetrieb aus wirtschaftlichen Gründen einstellte, wurde bis zu einer Neuorganisation das Programmangebot M94.5 des AFK Hörfunk München e.V. auf die 92,4 MHz aufgeschaltet. Eine Neuausschreibung der Sendezeit des FAZ Business Radio erfolgte 2003 und 2004. So kam es zu einer Neuorganisation der Frequenz. Dabei erhielt das Christliche Fernsehen München e.V. erneut Sendezeit, die wieder von dem CRM gestaltet werden sollte. An sieben Stunden pro Woche – montags bis freitags von 16 bis 17 Uhr sowie sonntags von 6 bis 7 beziehungsweise von 9 bis 10 Uhr – sollte CRM religiös geprägte Programmanteile ausstrahlen (vgl. BLM 2004). Ebenso zum Zuge kamen Radio Horeb München, die Anbietergemeinschaft Lora/Altop, das Radio Feierwerk e.V. sowie Net.FM GmbH. Wegen großer Schnittmengen teilte sich das CRM bald mit dem katholischen Sender Radio Horeb ein Sendestudio in der Münchner Innenstadt beim Sendlinger Tor.

2017 vergrößerte sich die Sendezeit des CRM erneut, sodass es seitdem rund 12 Stunden wöchentlich „on air" senden kann (vgl. BLM 2017). Auch die Digitalisierung hat längst im Sender Einzug erhalten: 2012 begann die Programmausstrahlung über das lokale DAB+-Netz in München. Heute ist der Anbieter auch auf sozialen Netzwerken angekommen (vgl. Christliches Radio München 2020). Mittlerweile ist der Sender im Großraum München wochentags von 14 bis 15 sowie von 0 bis 1 Uhr empfangbar. Alle Sendungen im UKW werden außerdem im Kabelnetz verbreitet. Ein Onlinestream ermöglicht den Empfang im Internet.

Das Programm des Christlichen Radios besteht heute vor allem aus Wortbeiträgen in Form von Spezialsendungen. Neben der Übertragung von Predigten und Andachten setzt der Sender auf Kindersendungen, einen Wochenrückblick oder genrespezifische Musiksendungen. Interviews werden auch in Form von Podcasts veröffentlicht. Um das selbstgesteckte Ziel zu erreichen, „die Gute Nachricht von Jesus Christus in die Wohnzimmer, Autos und Smartphones der Münchner und Münchnerinnen [zu] bringen", so die Programmmacherinnen und -macher auf ihrer Homepage, ist das CRM auf die Unterstützung aus Gemeinden oder Spenden von Einzelpersonen angewiesen. Neben aktuell drei Honorarkräften tragen zudem zahlreiche ehrenamtliche Mitarbeiterinnen und Mitarbeiter zur Programmgestaltung bei. Immer wieder gibt es Ausschreibungen, in denen interessierte Bürgerinnen und Bürger eingeladen werden, sich in die Programmgestaltung einzubringen.

Spartenanbieter und Zulieferer mit Beteiligung von Jugendlichen: Das Medienzentrum Parabol e.V. in Nürnberg

Auch Kinder und Jugendliche können im nichtkommerziellen, bürgerschaftlichen Rundfunk in Bayern auf Sendung gehen: Das Jahr 1985 markiert den Beginn des mittelfränkischen Medienzentrums Parabol, das vom 1983 gegründeten, gleichnamigen gemeinnützigen Verein getragen wird.

Als öffentlich anerkannter Träger der Jugendhilfe will das Zentrum Medienkompetenz bei Kindern und Jugendlichen fördern. Einer der zentralen Bestandteile der Medienarbeit ist dabei das Jugendradiomagazin „Funkenflug": Junge Radiomacherinnen und Radiomacher können dort ihre Gestaltungsideen einbringen. Die Produktion findet im Studio des Medienzentrums statt, die Ausstrahlung der Sendungen läuft über den Ausbildungskanal AFK Max (mittlerweile max neo) sowie das Privatradio egoFM. Darüber hinaus wird das fünfzehnminütige TV-Jugendmagazin „Polaris" seit 2008 jeden ersten Samstag im Monat auf dem Sender FrankenFernsehen übertragen.

Als Lernfeld für audiovisuelle Medien werden in dem Medienzentrum seit Projektbeginn neben Fortbildungen auch Praktika, Freiwillige Soziale Jahre und Jobs für Berufsanfängerinnen und -anfänger angeboten. Das Zentrum fungiert damit als Schnittstelle zwischen produktiver Medienarbeit und Jugendsozial- beziehungsweise Jugendkulturarbeit (vgl. Parabol Medienzentrum 2021). Auch Schulklassenprojekte ermöglichen Schülerinnen und Schülern aller Schularten regelmäßig die Teilnahme an internen Film-, Radio- und anderen Medienprojekten. Gemeinsam mit der Landeszentrale organisiert das Medienprojekt seit 2006 das regionale Hörfestival „Hört Hört!" in Fürth mit dem dazugehörigen Einsendewettbewerb für acht- bis 26-Jährige, das von Parabol gemeinsam mit dem Jugendamt Fürth, den Medienfachberatungen Ober- und Mittelfranken und dem Jugendmedienzentrum Connect ausgerichtet wird.

Neue Partizipationsformate im Digitalen: „Mach Dein Radio"

In Zeiten von UKW-Frequenzknappheit und hohen Verbreitungskosten für terrestrischen Rundfunk hat der Trend zum Digitalen längst auch den partizipativen Rundfunk erreicht. Die nichtkommerzielle Bürgerradioplattform „Mach Dein Radio" wurde 2016 als Initiative der BLM ins Leben gerufen, um radiointeressierten Bürgerinnen und Bürgern eine interaktive, niedrigschwellige Plattform zur Verfügung zu stellen (vgl. Bundesverband Offene Kanäle/Bundesverband Bürger- und Ausbildungsmedien 2016: 17). Unter dem Leitgedanken „Radio für alle" können kostenlos Radiokanäle angelegt werden, auf denen Beiträge veröffentlicht werden können. Angesichts der im Vergleich zu privatkommerziellen Rundfunkveranstaltern eher geringen Reichweite der Bürgerradios soll das Zusammenführen bayerischer, partizipativ orientierter Radioanbieter auf einer gemeinsamen Streamingplattform „die Aufmerksamkeit und die Auffindbarkeit der Beiträge im Internet erhöhen" (ebd.) – auch im Rahmen einer eigens entwickelten Applikation für die Nutzung auf mobilen Endgeräten wie Smartphones oder Tablets.

Unter dem Terminus *Bürgerradio* sind auf der Plattform „Mach Dein Radio" auch Schul-, Jugend-, Ausbildungs- und Campusradios inbegriffen. So nutzt beispielsweise die bereits vorgestellte Jungredaktion von „Funkenflug" des Medienzentrums Parabols die Plattform. Auch der Aus- und Fortbildungskanal max neo oder das Jugendradionetzwerk JungFM des Bezirksjugendrings Oberfranken greifen auf „Mach Dein Radio" zur Programmverbreitung zurück. Derzeit sind ebenfalls 17 studentische Radiogruppen aus mittelgroßen bis Großstädten des Freistaats als so genannte Campusradios auf der Website aktiv, unter ihnen zum Beispiel das Studierendenradio Main-Beat der Würzburger Hochschule für angewandte Wissenschaften (siehe Kapitel 4.4.2.). Weil auf der Plattform auch zahlreiche praxisorientierte Lehrmaterialien für die Schulradioarbeit im Rahmen von Radio-AGs oder Radioseminaren bereitgestellt werden, kommt die BLM so ihrem medienpädagogischen Auftrag nach. Neben regelmäßigen Workshops und Fortbildungen organisiert die BLM im Rahmen von „Mach Dein Radio" teilweise mehrtägige Events.

Den „Mach Dein Radio-Tag" (bis einschließlich 2018 „Schulradiotag") gibt es seit 2010. Er findet nach Angaben der BLM jedes Jahr in München, Fürth und Traunstein statt, also dreimal im Jahr. Der „Mach Dein Radio-Tag" in München ist an die Medientage gekoppelt (vgl. BLM 2020c).

Der „Mach Dein Radio"-Tag ist an Schülerinnen und Schüler gerichtet, die dort von Medienschaffenden sowie von Medienpädagoginnen und -pädagogen an professionelle Radioarbeit herangeführt werden. Mit dem Preis für den Radionachwuchs in Bayern „Mach Dein Radio Star" zeichnet die BLM zudem jährlich auf den Medientagen in München Kinder, Jugendliche, P-Seminare an Gymnasien und Studierende in vier verschiedenen Kategorien für ihre Radioangebote aus.

Fazit: Vom Lokalradio zum Bürgerradio

In dem Konzeptpapier „Hörfunk 2020", das im Jahr 2016 vom Medienrat beschlossen wurde (siehe Kapitel 3.1.), wurde auf das Drängen vieler zivilgesellschaftlicher Vertreterinnen und Vertreter im Medienrat hin folgende Forderungen an die Geschäftsführung der BLM festgeschrieben:

> darauf hinzuwirken, die lokale Programmvielfalt in den Regionen zu erhalten, mit dem Ziel, die lokal-regionale Identität und den Kultur- und Heimatbegriff der unterschiedlichen Regionen zu stärken [und eine] intensivere Zusammenarbeit von lokalen Stationen mit Gruppen und Initiativen mit kulturellen, heimatpflegerischen, sozialen oder kirchlichen Schwerpunkten [anzuregen] (BLM 2016).

Zu verstehen sind diese Forderungen durchaus als Wunsch, Bürgerradios in Bayern stärker zu unterstützen. Auf der Basis eines Arbeitspapiers wurden zur Etablierung von Bürgerradios in Bayern folgende fünf Ziele formuliert:

- Alle Bürgerinnen und Bürger sollen über Bürgerradios die Möglichkeit erhalten, sich mit eigenen Themen aktiv am Meinungsbildungsprozess beteiligen zu können (Partizpation).
- Diese Bürgerinnen- und Bürgergruppen sollen mit Unterstützung und professioneller Begleitung lernen, wie eigene Ideen in Programminhalte umgesetzt werden können (Medienkompetenz).
- Die Inhalte der Bürgerradios sollen sich dabei schwerpunktmäßig mit dem lokalen beziehungsweise regionalem Raum befassen (Lokalität).
- Dies kann über die Zusammenarbeit und Vernetzung mit Akteuren vor Ort geschehen (Kooperation).
- Alle erstellten Inhalte sollen dabei einem möglichst breiten Publikum zur Verfügung gestellt werden, geschehen kann dies zum Beispiel über die bereits vorgestellte Plattform „Mach Dein Radio" (Öffentlichkeit).

Um Bürgerradiokonzepte in Bayern besser umsetzen zu können und ihnen letztlich auch eine größere Reichweite zu ermöglichen, wird es notwendig sein, dass die BLM eine kontinuierliche Finanzierung sicherstellt und die verschiedenen Initiativen auch nachhaltig fördert.

Die Digitalisierung bietet schon jetzt vielfältige neue Möglichkeiten für innovative Programmmacherinnen und -macher jenseits des primär ökonomisch orientierten Mainstreams. Die vielen Angebote auf der Plattform „Mach Dein Radio" bieten bereits einen guten Einblick in die neuen Möglichkeiten. So ist nicht nur zu hoffen, sondern auch zu erwarten, dass die Idee des Bürgerradios künftig in Bayern mehr Schwung erhält.

6.2.2. Nichtkommerzielle Radio- und Fernsehinitiativen in Bayern

Nichtkommerzielle Hörfunkanbieter mit 24-Stunden-Programmen:
- München: Radio Lora - München: Radio München - München: Münchner Kirchenradio - Stein an der Traun: Radio BUH - Nürnberg: Radio Z
Kultur- oder Musik-Spartenanbieter und Zulieferer:
- Denklingen: Musikbund von Ober- und Niederbayern e.V. (Zulieferer) - Ingolstadt: Kulturkanal Ingolstadt (Spartenanbieter bei Radio IN) - Nürnberg: JazzTime (Spartenanbieter bei Hitradio N1) - Rosenheim: Radio Regenbogen (Spartenanbieter bei Radio Charivari Rosenheim, Radio ISW, Bayernwelle Südost, Radio Galaxy Rosenheim) - Samerberg: Ensemble am Chiemsee (Zulieferer bei Charivari Rosenheim) - Würzburg: Radio Opera (Spartenanbieter bei Charivari Würzburg)
Kirchliche Spartenanbieter und Zulieferer:
- Ansbach: Evangelisch-Lutherisches Dekanat Ansbach (Zulieferer) - Augsburg: Evangelisches Bildungswerk Augsburg e.V. (Spartenanbieter) - Bamberg: Hörfunkredaktion des Erzbistums Bamberg (Spartenanbieter) - Eichstätt: Bischöfliches Ordinariat Eichstätt (Spartenanbieter) - Günzburg: Christlicher Rundfunk Günzburg (Spartenanbieter) - München: Evangelische Funk-Agentur (efa) (Spartenanbieter) - München: Christliches Radio München (Spartenanbieter) - Nürnberg: Radio Meilensteine (Spartenanbieter) - Nürnberg: Camillo 92,9 (Spartenanbieter) - Nürnberg: Pray 92,9 (Spartenanbieter) - Nürnberg/Lauf: AREF (Spartenanbieter) - Passau: Diözese Passau: Katholisches Radiobüro (Zulieferer) - Regensburg: Bischöfl. Presse- und Medienabteilung - Diözese Regensburg (Zulieferer) - Würzburg: Diözese Würzburg – Kirche im Lokalfunk (Spartenanbieter)
Spartenanbieter und Zulieferer mit Beteiligung von Jugendlichen:
- Aschaffenburg: Radio Klangbrett (Spartenanbieter) - Augsburg/München/Nürnberg/Würzburg: Junge Talente (Zulieferer bei egoFM) - Bayreuth: JungFM-Jugendradionetzwerk (Spartenanbieter) - München: Dein Life, JFF (Zulieferer) - Nürnberg: Free Spirit, Medienfachberatung (Zulieferer) - Nürnberg: Funkenflug, Medienzentrum Parabol (Zulieferer)
Fernsehen:
- Augsburg: Christliches Regionalfernsehen Augsburg e.V. - München: abm – Arbeitsgemeinschaft Behinderung und Medien e.V. - München: Evangelisches Fernsehen im Evang. Presseverband für Bayern e. V. - München: Sankt Michaelsbund Diözesanverband München und Freising e.V.

Tab. 15: Nichtkommerzielle Angebote in Bayern (ohne Berücksichtigung der Campusradios und Aus- und Fortbildungskanäle; Stand: 01.02.2020).

Literatur

Bayerische Landeszentrale für neue Medien (2001): Medienrat genehmigt „FAZ Business Radio" auf der Frequenz 92,4 MHz in München. Online: www.blm.de/infothek/pressemitteilungen/2001.cfm?object_ID=1787 (zuletzt abgerufen am 15.02.2021).

Bayerische Landeszentrale für neue Medien (2004): Medienrat genehmigt Neuorganisation der Münchner Hörfunkfrequenz 92,4 MHz. Online: www.blm.de/infothek/pressemitteilungen/2004.cfm?object_ID=2146 (zuletzt abgerufen am 15.02.2021).

Bayerische Landeszentrale für neue Medien (2016): Hörfunk 2020. Internes Papier.

Bayerische Landeszentrale für neue Medien (2017): UKW-Frequenz 92,4 MHz in München neu geordnet. Online: www.blm.de/infothek/pressemitteilungen/2017.cfm?object_ID=7353 (zuletzt abgerufen am 15.02.2021).

Bayerische Landeszentrale für neue Medien (2020a): Nichtkommerzielle Angebote in Bayern. Online: www.blm.de/radiotv/nichtkommerzielle_angebote.cfm (zuletzt abgerufen am 15.02.2021).

Bayerische Landeszentrale für neue Medien (2020b): Radio Opera. Lokaler Spartenanbieter. Online: www.blm.de/radiotv/sendersuche/spartensender_hf/radio_opera.cfm (zuletzt abgerufen am 15.02.2021).

Bayerische Landeszentrale für neue Medien (2020c): Mach Dein Radio-Tag. 2020 als Online Special. Online: www.machdeinradio.de/events/machdeinradiotag/ (zuletzt abgerufen am 15.02.2021).

Bundesverband Offene Kanäle/Bundesverband Bürger- und Ausbildungsmedien (Hrsg.) (2016): Bürgermedien in Deutschland. Online: bok.de/wp-content/uploads/2016/01/B%C3%BCrgermedien-in-Deutschland.pdf (zuletzt abgerufen am 15.02.2021).

Förster, Stefan (2017): Vom Urknall zur Vielfalt. 30 Jahre Bürgermedien in Deutschland. Leipzig: Vistas Verlag.

Grill, Michael (1993): Trotzige Funksignale aus dem Untergrund. In: Süddeutsche Zeitung vom 25.10.1993.

Oberreuter, Heinrich (2017): Eine Bresche für den Wildwuchs. In: Förster, Stefan (Hrsg.): Vom Urknall zur Vielfalt – 30 Jahre Bürgermedien in Deutschland. Leipzig: Vistas Verlag, S. 36-40.

Parabol Medienzentrum (2021): Konzeption. Online: parabol.de/ueber-uns/konzeption (zuletzt abgerufen am 15.02.2021).

Radio Lora (2016): LORA wurde mit dem Bürgerpreis des bayer. Landtags geehrt. Online: lora924.de/2016/10/20/lora-erhaelt-buergerpreis-2016-des-bayerischen-landtags-und-fordert-aenderung-des-mediengesetzes-fuer-community-medien/ (zuletzt abgerufen am 15.02.2021).

Radio Lora (2021): LORA-Geschichte. Online: LORA924.de/?page_id=341 (zuletzt abgerufen am 15.02.2021).

6.3. Medienkompetenzförderung: Aufgaben der Landesmedienanstalten und deren Umsetzung in Bayern

Sarah Malewski, Vera Katzenberger und Markus Behmer

Medien sind heute fester Bestandteil des kindlichen Alltags. Kinder zwischen sechs und 13 Jahren haben laut der KIM-Studie 2018 Zugang zu einem breiten Medienrepertoire (siehe Feierabend/Rathgeb/Reutter 2019). In Bezug auf Fernseher, Internetzugang sowie Handys oder Smartphones besteht eine Vollausstattung bei den befragten Familien. Auch die Kinder sind bereits im Besitz eigener Mediengeräte. So verfügen nach Angabe der KIM-Studie 2018 etwa 51 Prozent der Mädchen und Jungen über ein eigenes Mobiltelefon und 42 Prozent über eine eigene Spielkonsole (vgl. ebd.: 9). Kinder nutzen die ihnen verfügbaren Mediengeräte ganz selbstverständlich in ihrem Alltag. 74 Prozent der Kinder sehen jeden oder mindestens fast jeden Tag fern, 42 Prozent machen regelmäßig Gebrauch vom Internet und 22 Prozent nutzen jeden beziehungsweise fast jeden Tag digitale Spiele (vgl. ebd.: 11). Folglich machen bereits die jungen Sprösslinge in ihrer Kindheit intensive Erfahrungen mit Medienangeboten, die einen reflektierten Umgang voraussetzen.

Denn die verschiedenen Angebote bergen durchaus Gefahren. Digitale Spiele wie Minecraft verleiten Kinder beispielsweise zu In-App-Käufen und die Inhalte von Apps wie TikTok, mit welcher Videos erstellt und online mit anderen geteilt werden können, werden immer häufiger missbraucht (vgl. Badillo-Urquiola et al. 2019: 394). Auf TikTok findet sich unter Hashtags wie „#bellydance" oder „#bikini" eine Vielzahl an Videos, in denen – teils minderjährige – Mädchen knapp bekleidet posieren. Eine Folge hieraus könnte so genanntes „Cybergrooming" sein. Verstanden wird darunter, dass Erwachsene gezielt Kontakt zu Kindern suchen, um deren Vertrauen zu gewinnen und Nähe aufzubauen. Um Kinder vor diesen Gefahren zu schützen, muss deren Medienkompetenz frühzeitig mit verschiedenen Maßnahmen gestärkt werden.

Der Begriff Medienkompetenz geht auf Dieter Baacke (1997) zurück, nach welchem der Begriff die Fähigkeit zur Medienkritik umfasst, das Wissen über Mediensysteme (Medienkunde), die Mediennutzung, die „gelernt werden muß" (ebd.: 99), sowie die Mediengestaltung. Das Konzept wurde unter anderem von Six und Gimmler (2007) erweitert. Sie fassen bestehende Forschungsergebnisse zusammen und ergänzen weitere Kompetenzdimensionen wie Nutzungs- und Verarbeitungskompetenzen, spezielle Kommunikationskompetenzen sowie Bewertungskompetenzen (vgl. ebd.: 26f.). Diese Kompetenzbereiche gilt es bei Kindern frühzeitig zu schulen. Dies impliziert gleichzeitig die Förderung der Medienkompetenz von Eltern, pädagogischen Fachkräften sowie der Lehrerinnen und Lehrer, da auch sie den Medienumgang von Kindern beeinflussen können.

Bereits in den 1990er Jahren wurde die Notwendigkeit der rechtlichen Verankerung der Medienkompetenzförderung erkannt. Nach § 40 des Rundfunkstaatsvertrags können aus Rundfunkgebühren „Projekte zur Förderung der Medienkompetenz" finanziert werden. Dieser Grundsatz ist auch in den Landesmediengesetzen verankert. Im Saarländischen Mediengesetz (SMG) ist die Förderung der Medienkompetenz beispielsweise in § 60 postuliert und es werden konkrete Aufgaben, wie die Schaffung von Fortbildungsangeboten, an die saarländische Landesmedienanstalt (LMS) gestellt. Auch im Bayerischen Mediengesetz (BayMG) wurde 1997 festgeschrieben, dass die Bayerische Landeszentrale für neue Medien (BLM) „einen Beitrag zur Vermittlung eines verantwortungsbewussten Gebrauchs der Medien, insbesondere zur Medienerziehung und Medienpädagogik" leisten muss. Dabei müssen die verschiedenen Zielgruppen stets berücksichtigt werden. Dies wurde auch in der Novellierung des BayMG im Jahre 2012 bestätigt.

Der folgende Beitrag zeigt zunächst die Aufgaben und Funktionen der Landesmedienanstalten im Hinblick auf die Medienkompetenzförderung auf, bevor er kurz den TV-Ratgeber *Flimmo* sowie das *Internet-ABC* als gemeinschaftliche Projekte der Landesmedienanstalten exemplarisch vorstellt. Anschließend steht die Medienkompetenzförderung der BLM im Mittelpunkt.

Rolle der Landesmedienanstalten

Eine zentrale Aufgabe der Landesmedienanstalten ist es, den Bürgerinnen und Bürgern „den Zugang zu den positiven Nutzungspotentialen der Medien (zum Beispiel Bildung, Kommunikation, Partizipation) zu eröffnen, Medien reflektiert zu nutzen und Risiken zu vermeiden" (Die Medienanstalten 2016: 11). Die Landesmedienanstalten sollen durch verschiedene Maßnahmen sensibilisieren, aufklären und gleichzeitig zur Qualifikation im Umgang mit Medien beitragen. Um dieser Aufgabe gerecht zu werden, können von den Landesmedienanstalten separat oder im Verbund Projekte durchgeführt werden. Gemeinsame Medienkompetenzprojekte der Landesmedienanstalten sind derzeit unter anderem der Fernsehratgeber *Flimmo* und das *Internet-ABC*.

Flimmo ist das zurzeit „größte[] gemeinsame[] medienpädagogische[] Projekt" (Flimmo 2019) der Landesmedienanstalten. Es bewertet seit 1996 das aktuelle Fernsehprogramm und gibt altersgerechte Hinweise zu den einzelnen Sendungen. Es wird außerdem diskutiert, welche Verarbeitungsprozesse bei den Kindern – abhängig vom Alter – bei der Rezeption der Sendungen zu erwarten sind (vgl. Flimmo 2020). Zudem erhalten Kinder und Eltern auf *Flimmo* Informationen zur Fernsehkunde und -erziehung. So werden beispielsweise Empfehlungen zu Regeln in Bezug auf die Fernsehnutzung gegeben. Für die Kinder selbst liegt dem drei Mal pro Jahr, 2018 in einer Druckauflage von 960.000

Exemplaren, erscheinenden Heft die Beilage *Dein Flimmo* bei (vgl. BLM 2019b: 102). Hinter *Flimmo* steht der gemeinnützige Verein „Programmberatung für Eltern e.V." als Herausgeber. Er wurde am 25. November 1996 auf Initiative der BLM gegründet, um mit den anderen Landesmedienanstalten und anderen Partnern medienpädagogische Projekte umsetzen zu können.

Das *Internet-ABC* hingegen fokussiert – anders als *Flimmo* – nicht Fernsehinhalte, sondern ist vielmehr ein Ratgeber für den Einstieg ins Internet für Kinder (fünf bis 12 Jahre), Eltern sowie pädagogische Fachkräfte. Seit 2001 widmet sich das *Internet-ABC* auf einer Internetseite der Medienerziehung von Kindern. Dort sind beispielsweise Informationen und Einschätzungen zu Applikationen wie der eingangs vorgestellten App TikTok zu finden. Die Seite soll sowohl Erwachsenen als auch Kindern helfen, kritisch mit Inhalten von Medienanbietern umzugehen. Ins Leben gerufen wurde die Initiative von der Landesanstalt für Medien Nordrhein-Westfalen (LfM), der Bertelsmann Stiftung und der Heinz-Nixdorf-Stiftung. Hinter dem Projekt steht seit 2003 der gemeinnützige Internet-ABC e. V., dessen Aktivitäten alle Landesmedienanstalten unterstützen. Die BLM ist sowohl Vereins- als auch Vorstandsmitglied.

Zusätzlich zu den vorgestellten Maßnahmen beauftragen die Landesmedienanstalten auch qualifizierte Dritte zur Durchführung von medienpädagogischen Praxis- oder Forschungsprojekten. So führt der Medienpädagogische Forschungsverbund Südwest beispielsweise seit 1998 im Auftrag der Landesanstalt für Kommunikation Baden-Württemberg (LFK), der Landeszentrale für Medien und Kommunikation des Landes Rheinland-Pfalz (LMK) und des Südwestrundfunks (SWR) die eingangs zitierte KIM-Studie sowie die JIM-Studie durch, die jeweils den Medienumgang von Kindern und Jugendlichen untersuchen.

Auf Landesebene werden zusätzlich Projekte für Kinder, Eltern sowie für pädagogische Fachkräfte angeboten. Im nachfolgenden Kapitel wird darauf anhand von Beispielen der BLM vertiefend eingegangen.

Rolle der BLM

Zum Aufgabenfeld der BLM zählt neben der Programmförderung und -aufsicht, der Regelung von Werbung und Jugendschutz, programmlicher und medienpädagogischer Forschung (siehe Kapitel 3.1.), wie eingangs ausgeführt, auch die Förderung der Medienkompetenz. Diese wird heute – neben Lesen, Schreiben und Rechnen – als eine weitere Schlüsselkompetenz betrachtet, deren Förderung daher unumgänglich ist.

Die Aktivitäten der BLM in diesem Bereich reichen weit zurück: Bereits 1991 startete in Zusammenarbeit mit dem Münchner Institut Jugend Film Fernsehen (heute JFF – Institut für Medienpädagogik in Forschung und Praxis) das Projekt „In eigener Regie". Über mehr als zwei Jahrzehnte hinweg wurde es hier jährlich

30 bis 40 Gruppen von Jugendlichen ermöglicht, pädagogisch begleitet eigene Video- und Audioprojekte umzusetzen (vgl. BLM 2011; Weigand 2019: 130).

1994 wurde das Forum Medienpädagogik ins Leben gerufen, welches aus Rundfunkräten des Bayerischen Rundfunks (BR), Medienräten und externen Fachleuten, wie beispielweise Personen vom Internationalen Zentralinstitut für das Jugend- und Bildungsfernsehen (IZI) oder dem Staatsinstitut für Frühpädagogik (IFP) aus Ministerien und den Kirchen, besteht. Die Gründung war durch einen Beschluss des Medienrats zur „Eindämmung von Gewalt im Fernsehen" (BLM 2019a: 11) vom November 1993 angeregt worden, in dem es hieß: „Vor allem in Hinblick auf die gestiegene Zahl von Fernsehprogrammen sind alle gesellschaftlichen Kräfte aufgerufen, ihre Anstrengungen für eine effiziente Medienpädagogik zu verstärken." Anliegen des Forums war es von Beginn an, sich mit Medienpädagogik als gesellschaftlicher Aufgabe zu befassen und notwendige Rahmenbedingungen zu erarbeiten, um über relevante medienpädagogische Themen und mögliche Projekte, Förderungen sowie Aktivitäten zu diskutieren.

Das Forum begleitet alle medienpädagogischen Tätigkeiten der BLM „kritisch und unterstützend" (Ring 1996: 214). Seit 1995 organisiert es eine jährliche Fachtagung, bei der medienpädagogische Themen thematisiert und praktische Umsetzungen aufgezeigt werden. Das Themenspektrum reicht von „Voll Porno, Alter!? Sexualisierte Medieninhalte im Alltag von Jugendlichen" (2010), „Musik in der Lebenswelt von Jugendlichen" (2012), „Cybermobbing" (2014) über „Second- bzw. Multiscreening" (2017) bis hin zur Beschäftigung mit Influencerinnen und Influencern (2019). Zielgruppe der Fachtagung sind pädagogisch Tätige, also Mitarbeiterinnen und Mitarbeiter der freien Jugend- und Sozialarbeit, aber auch Medienschaffende. Auch Lehrkräfte werden mit der Tagung angesprochen, denen hierfür eine Freistellung vom Unterricht erteilt werden kann.

Im Juli 2008 wurde die gemeinnützige Stiftung Medienpädagogik Bayern von der BLM als Gründungsstifterin aus der Taufe gehoben. Die eigentliche Initiative ging vom damaligen Medienratsvorsitzenden Erich Jooß aus. Gemeinsam mit dem damaligen BLM-Präsidenten Wolf-Dieter Ring bereitete er den Weg. Die Idee zur Gründung einer Stiftung kam schließlich von Heinz Heim, Bereichsleiter Programm in der BLM, und Verena Weigand, damals bei der BLM für Jugendmedienschutz, Medienpädagogik und Medienkompetenz zuständig, die die entsprechenden Gründungs-Vorbereitungen, wie die Erstellung einer Stiftungssatzung, trafen. Mit der Anerkennung der Stiftung durch die Regierung von Oberbayern wurden Weigand und Heim 2008 durch Beschluss des Medienrats denn auch zum ehrenamtlichen Stiftungsvorstand gewählt. Diese Funktion führen die beiden bis heute aus. Vorsitzender des Stiftungsrats ist aktuell der derzeit amtierende BLM-Präsident Siegfried Schneider mit dem BLM-Medienratsvorsitzenden Walter Keilbart als Stellvertreter. Die Aktivitäten der Stiftung sollen Menschen aller Altersgruppen zu einem kritischen und reflektierten Umgang mit

Medien befähigen und gleichzeitig darauf hinwirken, Medienpädagogik als Schwerpunkt in Wissenschaft und Forschung, Bildung und Erziehung sowie Kunst und Kultur zu etablieren. Dazu führt die Stiftung eigene Maßnahmen durch, vergibt aber auch jährlich Zuschüsse für medienpädagogische Projekte, die sich auf klassische Medien wie Hörfunk und Fernsehen oder auf neue, digitale Medien wie Computer oder Smartphone beziehen.

Aufgrund der immer weiter zunehmenden Bedeutung etablierte die BLM 2013 schließlich sogar den Arbeitsbereich Medienkompetenz und Jugendschutz, der seit Beginn von Weigand geleitet wird (siehe Kapitel 3.1.), mittlerweile aber um zahlreiche Aufgaben erweitert wurde.

Im Jahr 2014 wurde innerhalb des Medienrats der BLM der „Ausschuss für Fragen der Medienkompetenz und des Jugendschutzes" („Medienkompetenz-Ausschuss") eingerichtet. Zu den Aufgaben des Ausschusses gehört die Beratung von allen Fragen bezüglich der Vermittlung von Medienkompetenz oder der Förderung von Medienkompetenzprojekten. Darüber hinaus begleitet er medienpädagogische Veranstaltungen der BLM und berät über Jugendschutzfragen im Hörfunk, im Fernsehen und in den Telemedien. Den Vorsitz des Ausschusses führt aktuell Michael Schwägerl, Vertreter der Lehrerverbände im Medienrat. Er folgte auf Michael Voss, Vertreter des Bayerischen Jugendrings, der den Vorsitz bis Ende 2019 innehatte.

2018 investierte die BLM rund 700.000 Euro in medienpädagogische Aktivitäten (vgl. BLM 2019a: 7); dieser Haushaltsposten ist damit (bei kleinen Schwankungen) weithin konstant, umfasste er doch 2011 schon 727.000 Euro (vgl. BLM 2013: 108); im Jahr 2000 (noch vor der Euro-Umstellung) waren es 950.000 Mark (vgl. BLM 1999). Verwendet wird das Geld neben Forschungsaufträgen, der Organisation von Veranstaltungen und Workshops oder der Entwicklung von Informationsmaterialien auch für die Initiierung und Förderung von Projekten (siehe BLM 2020a), von denen zwei im Folgenden kurz dargestellt werden.

An Radiobegeisterte aller Altersgruppen, ganz wesentlich aber auch an Jugendliche und junge Erwachsene, wendet sich beispielsweise das 2015 gestartete Projekt „Mach Dein Radio". Schulen, Hochschulen und Jugendradio-Gruppen können hier auf einer Audioplattform ihre Beiträge auf einem eigenen Radiokanal veröffentlichen. Die BLM unterstützt die Radiomacherinnen und -macher mit erfahrenen Radio-Coaches aus dem lokalen Rundfunk, die unter anderem erklären, wie Beiträge aufgenommen und geschnitten werden. Im Rahmen des Projekts veranstaltet die BLM außerdem jährlich drei Schulradiotage, an welchen Schülerinnen und Schüler mit Unterstützung von Expertinnen und Experten selbst eine Live-Sendung gestalten können.

Auch für Studierende bietet die BLM Weiterbildungsmöglichkeiten im Bereich Radio zur Kompetenzstärkung an. 2018 hatten Studierende auf den Medientagen München erstmals die Möglichkeit, sich in themenspezifischen Panels und Podiumsdiskussionen fortzubilden. Auf „Mach Dein Radio" sind viele der studentischen Radiogruppen und Campus-Radios aus dem Freistaat aktiv (siehe Kapitel 4.2.2.).

Ein Projekt, das 2009 von der Bayerische Staatsregierung initiiert wurde und von der Stiftung Medienpädagogik Bayern koordiniert wird, ist der „Medienführerschein Bayern". Ziel des Projekts ist es, sowohl die Medienkompetenzen der Kinder und Jugendlichen als auch die der Erwachsenen mittels eines flexiblen Baukastensystems zu den Themen „Printmedien", „Audiovisuelle Medien", „Interaktive Medien" und „Medienübergreifend" zu stärken. Zu den einzelnen Themen wurden von Fachexpertinnen und -experten Lernmaterialien erstellt, die in Grundschulen, weiterführenden und beruflichen Schulen sowie in der außerschulischen Jugendarbeit eingesetzt werden können. Die Lernmaterialien reichen von Elternbriefen, über Präsentationsfolien bis hin zu ganzen Modulen zu Themen wie „Coole Superstars – Die Inszenierung von Castingshows im Fernsehen erkennen und bewerten". Die Materialien sind vom Staatsinstitut für Schulqualität und Bildungsforschung (ISB) auf Lehrplankonformität geprüft.

Insbesondere die Eltern sollen gezielt von dem Medienpädagogischen Referentennetzwerk Bayern der Stiftung Medienpädagogik angesprochen werden, so zum Beispiel durch die kostenlosen Elternabende zu digitalen Spielen. Dieses Thema gewinnt zunehmend an Relevanz, da Games, gleich ob App-Games oder Konsolen-Games, immer häufiger monetarisiert werden. Das bedeutet, dass solche Spiele Kinder durch In-App-Angebote oder Werbung zu Käufen verleiten.

Auch in Initiativen und Arbeitsgruppen bringt die BLM ihre langjährige Expertise in der Medienkompetenzförderung ein. Sie unterstützt etwa die interministerielle „Lenkungsgruppe Medienkompetenz". Unter der Federführung der Bayerischen Staatskanzlei treffen sich dort Vertreterinnen und Vertreter verschiedener bayerischer Ministerien, der Stiftung Medienpädagogik Bayern und der BLM. Auftrag dieser „Lenkungsgruppe" ist der Austausch über alle laufenden staatlichen beziehungsweise staatlich finanzierten Projekte zur Medienkompetenzförderung.

Außerdem wirkt die BLM im Beirat der KABU-App, die 2017 vom SIN – Studio im Netz e. V. entwickelt wurde. In der App werden Kinder spielerisch an medienpädagogische Themen herangeführt. Einen Überblick über diese und viele weiter medienpädagogische und kompetenzfördernde Maßnahmen und Aktivitäten der BLM bietet der Jahresbericht Medienkompetenz (siehe BLM 2020a).

Fazit: Medienkompetenzförderung gestern, heute, morgen

„Die Chancen der Medien nutzen und ihre Risiken minimieren – das war und ist der Antrieb des umfassenden medienpädagogischen Engagements der Landeszentrale" (BLM 2020b), betonte BLM-Präsident Siegfried Schneider bei der Vorstellung des jüngsten Medienkompetenzberichts. So hatte bereits 1996 sein Vorgänger im Amt, Wolf-Dieter Ring, einen kurzen Fachaufsatz „Medienpädagogik – Kein Grund zur Resignation" (Ring 1996) herausgegeben.

Die Herausforderungen schienen damals angesichts der erst heraufdämmernden digitalen Informationsgesellschaft riesig mit ihren neuen Entwicklungen, die „in erster Linie als bedrohlich und inhuman apostrophiert" (ebd.: 212) worden seien. Es habe „bei einigen Vertretern der Medienpädagogik eine Auffassung vor[geherrscht], nach der Medien und Technologien die Menschheit ‚überfluten', ‚an den Rand drängen', ‚die Realität aufsaugen', auf jeden Fall den einzelnen zum hilflosen Objekt degradieren" (ebd.).

Kompetenzförderung, Medienpädagogik und Jugendmedienschutz waren mithin schon damals große Herausforderungen – und sie sind es noch heute, ein Vierteljahrhundert später. Noch immer gilt auch, was Ring damals – keineswegs resignierend – resümierte:

> Zusammenfassend ist festzuhalten, daß die neuen Entwicklungen im Multimedia-Bereich zwar bahnbrechend sein und große soziale Veränderungen mit sich bringen werden. Aber diese Veränderungen können bewältigt werden, wenn alle gesellschaftlichen Kräfte mitarbeiten, die neuen Medien sozialverträglich zu gestalten und kompetent zu nutzen. Dazu bedarf es ordnungspolitischer Vorgaben, verantwortlicher Selbstbeschränkung der Medienanbieter und wirksamer Unterstützung durch eine Vielfalt medienpädagogischer Hilfestellungen. Begleitet werden muss dieser Dreiklang von einer gesamtgesellschaftlichen Debatte, die ihren Niederschlag finden muß in den konkreten Umsetzungen der Ordnungspolitik, der Medieninhalte und -zugänge und der Medienerziehung (ebd.: 214).

„Allerdings", so ist sich die zuständige Bereichsleiterin der BLM, Verena Weigand, auch nach bald 30 Jahren im Amt bewusst, „ist leider zuzugestehen, dass sich Jugendschutz tatsächlich schwer und schon gar nicht flächendeckend durchsetzen lässt. Daher sind [sic] die Anleitung zum Selbstschutz und die Aufklärung der Eltern eine zunehmend wichtige Aufgabe" (Weigand 2019: 131).

Da sich die Medienwelt und folglich auch der Medienumgang rasch weiterentwickeln, wird es auch in Zukunft Aufgabe der Landesmedienanstalten sein, diese Trends stetig zu beobachten, kritisch zu reflektieren und medienpädagogisch aufzubereiten, um Kinder, Jugendliche sowie Erwachsene zu einem kritisch-reflektierten Umgang mit Medien zu befähigen. Denn nur, wenn sowohl Erwachsene als auch Kinder über Gefahren wie die von Social-Video-Apps wie TikTok oder Game-Apps wie Minecraft aufgeklärt sind, kann ein medienkompetenter Umgang gewährleistet werden.

Nicht nur Apps und Games, Social Media und überhaupt die weite Welt der digitalen Angebote benötigen eine genaue Beobachtung, medienpädagogische Begleitung und gegebenenfalls ordnungspolitische Maßnahmen. Auch die Anbieter „klassischer Rundfunkangebote" – im lokalen wie im überregionalen Bereich – haben hier eine anhaltend hohe Verantwortung, anspruchsvolle und adäquate Programme zu bieten. Vielfältige Förderprogramme – vom „Medienführerschein" bis zum Kinderratgeber *Dein Flimmo* – mögen dazu beitragen, die Medienkompetenz nachhaltig zu steigern. Dies ist nicht nur eine gesamtgesellschaftliche Notwendigkeit, sondern auch eine Grundlage dafür, dass qualitätsvolle Medienangebote weiterhin entsprechend genutzt werden.

Literatur

Baacke, Dieter (1997): Medienpädagogik. Grundlagen der Medienkommunikation. Tübingen: Niemeyer Verlag.

Badillo-Urquiola, Karla/Bonsignore, Elizabeth/Smriti, Diva/Golub, Evan/McNally, Brenna/Wisniewski, Pamela (2018): Stranger Danger! Social Media App Features Co-designed with Children to Keep Them Safe Online. In: Proceedings of the 18th ACM International Conference on Interaction Design and Children, S. 394-406.

Bayerische Landeszentrale für neue Medien (1999): BLM-Haushalt verabschiedet (Pressemittleitung). Online: www.blm.de/infothek/pressemitteilungen/1999-12-16-blm-haushalt-verabschiedet-1700 (zuletzt abgerufen am 15.02.2021).

Bayerische Landeszentrale für neue Medien (2011): 20 Jahre „In eigener Regie" (Pressemittleitung). Online: www.blm.de/infothek/pressemitteilungen/2011-02-22-20-jahre-in-eigener-regie-690 (zuletzt abgerufen am 15.02.2021).

Bayerische Landeszentrale für neue Medien (2013): Geschäftsbericht 2012. Online: www.blm.de/files/pdf1/GB_20121.pdf (zuletzt abgerufen am 15.02.2021).

Bayerische Landeszentrale für neue Medien (2019a): BLM-Jahresbericht Medienkompetenz 2018/2019. Online: www.blm.de/files/pdf2/jahresbericht_medienkompetenz_2018-191.pdf (zuletzt abgerufen am 15.02.2021).

Bayerische Landeszentrale für neue Medien (2019b): Geschäftsbericht 2018. Online: www.blm.de/infothek/publikationen/geschaeftsberichte.cfm (zuletzt abgerufen am 15.02.2021).

Bayerische Landeszentrale für neue Medien (2020a): BLM-Jahresbericht Medienkompetenz 2019/20. Online: www.blm.de/files/pdf2/23.-jahresbericht-medienkompetenz-2019-20.pdf (zuletzt abgerufen am 15.02.2021).

Bayerische Landeszentrale für neue Medien (2020b): 55.000 medienpädagogische Broschüren bestellt: Bedarf an Aktivitäten der BLM steigt – Neuer Medienkompetenzbericht fasst Vielzahl der Projekte und Veranstaltungen zusammen (Pressemitteilung). Online: www.blm.de/infothek/pressemitteilungen/2020-07-23-55000-medienpaedagogische-broschueren-bestellt-bedarf-an-aktivitaeten-der-blm-steigt-neuer-medienkompetenzbericht-fasst-vielzahl-der-projekte-und-veranstaltungen-zusammen-14322 (zuletzt abgerufen am 15.02.2021).

Die Medienanstalten – ALM GbR (2016): Medienkompetenz. Berlin: Vistas Verlag.

Flimmo (2019): Projektdarstellung. Online: www.flimmo.de/presse-kooperationen/projektinformationen/ (zuletzt abgerufen am 15.02.2021).

Flimmo (2020): Über Flimmo. Online: www.flimmo.de/ueber-flimmo/ (zuletzt abgerufen am 15.02.2021).

Feierabend, Sabine/Rathgeb, Thomas/Reutter, Theresa / Medienpädagogischer Forschungsverbund Südwest (mpfs) (Hrsg.) (2019): KIM-Studie 2018. Kindheit, Internet, Medien. Basisuntersuchung zum Medienumgang 6- bis 13-Jähriger. Online: www.mpfs.de/fileadmin/files/Studien/KIM/2018/KIM-Studie_2018_web.pdf (zuletzt abgerufen am 30.09.2020).

Ring, Wolf-Dieter (1996): Medienpädagogik – kein Grund zur Resignation. In: Medien und Erziehung, H. 4, S. 212-214.

Ring, Wolf-Dieter (2009): Grußwort anläßlich des 15. Forums Medienpädagogik am 22.10.2009 in der BLM. Online: www.blm.de/infothek/positionen_und_reden/-2009-10-22-grusswort-von-prof-dr-wolf-dieter-ring-anlaesslich-des-15-forums-medienpaedagogik-am-22102009-in-der-blm-718 (zuletzt abgerufen am 15.02.2021).

Six, Ulrike/Gimmler, Roland (2007): Die Förderung von Medienkompetenz im Kindergarten. Eine empirische Studie zu Bedingungen und Handlungsformen der Medienerziehung. Berlin: Vistas Verlag.

Weigand, Verena (2019): Zwei Seiten einer Medaille. Jugendschutz und Medienkompetenz in der BLM. In: Ring, Wolf-Dieter (Hrsg.): Aufbruch zur Medienvielfalt. Entwicklung des privaten Rundfunks in Bayern. Augsburg: Context Verlag, S. 127-131.

Chronik

Markus Behmer

Die Zeittafel basiert auf dem Artikel „20 Jahre BLM – eine Chronik", erschienen in *Tendenz – das Magazin für Funk und Fernsehen der Bayerischen Landeszentrale für neue Medien*", Heft 1/2005 (Beilage) und auf der „Historie der BLM", einsehbar auf der BLM-Website[196], sowie diversen weiteren Quellen. Erfasst sind wesentliche Daten der Entwicklung des privaten Rundfunks in Bayern, die einen Überblick ermöglichen und einige weiterführende Informationen zur Einordnung bieten, jedoch keinen Anspruch auf Vollständigkeit erheben.

1973

1. Juli: Nach einem Volksbegehren zur „Rundfunkfreiheit" im Juni/Juli 1972 und Debatten in Landtag und Öffentlichkeit wird durch einen Volksentscheid die Bayerische Verfassung um Artikel 111a ergänzt. Er besagt unter anderem, dass Rundfunk „in öffentlicher Verantwortung und öffentlich-rechtlicher Trägerschaft betrieben" wird. Reiner Privatfunk ist damit in Bayern formalrechtlich ausgeschlossen.

1976

27. Januar: Die Bayerische Staatsregierung unter Ministerpräsident Alfons Goppel erklärt es für „wünschenswert", ein Pilotprojekt für Breitbandverteilnetze in Bayern durchzuführen.

1980

28. November: Ministerpräsident Franz-Josef Strauß beruft eine Projektkommission für das in München anzusiedelnde Pilotprojekt.

1984

1. April: Das Münchner Kabelpilotprojekt nimmt unter Koordination der Münchner Pilot-Gesellschaft für Kabelkommunikation (MPK) seinen Betrieb auf.

---

[196] Siehe www.blm.de/ueber_uns/chronik-/blm_chronik_2020.cfm (zuletzt abgerufen am 15.02.2021).

Radio Xanadu, Radio Neue Welle Antenne München, Radio M1 und Radio Aktiv beginnen den Sendebetrieb als erste private Anbieter in der Landeshauptstadt. Nur 700 Haushalte waren anfangs angeschlossen, eineinhalb Jahre später, beim Ende des Pilotprojekts, immerhin schon 8.800.

15. November: Der bayerische Landtag beschließt das Gesetz über die Erprobung und Entwicklung neuer Rundfunkangebote und anderer Mediendienste, kurz: Medienerprobungs- und -entwicklungsgesetz (MEG).

1. Dezember: Das MEG tritt in Kraft.

Zudem wird am 1. Dezember der Verband Bayerischer Lokalrundfunk (VBL) gegründet. Er ist der erste Zusammenschluss zur Vertretung der Interessen lokaler und regionaler Rundfunkanbieter. 2020 umfasst der VBL mit Sitz in Straubing 54 Mitglieder. Vorsitzender ist seit 1988 Willi Schreiner, der im August 2020 wiedergewählt wird.

1985

20. März: Basierend auf den Vorgaben des MEG konstituiert sich der Medienrat als erstes Organ der BLM. Der Gründungsvorstand besteht aus dem CSU-Landtagsabgeordneten Klaus Kopka (Vorsitz), Ekkehard Schumann, Juraprofessor an der Universität Regensburg und Mitglied des Bayerischen Senats, sowie der Geschäftsführerin des Bayerischen Journalistenverbandes (BJV) Frauke Ancker.

1. April: Die Bayerische Landeszentrale für neue Medien (BLM) nimmt mit zunächst nur fünf Mitarbeitern ihre Tätigkeit auf: der nachmalige Präsident Wolf-Dieter Ring, Helmut Haunreiter (bis 1989 Bereichsleiter Rundfunktechnik), Heinz Heim (bis heute Bereichsleiter Programm), Reiner Müller (bis 2019 Bereichsleiter Technik) und Helmuth Neupert (bis 1990 Bereichsleiter Recht).

Die BLM ist als öffentlich-rechtliche Anstalt organisiert und fungiert als Veranstalter der von privatwirtschaftlichen Anbietern erstellten Rundfunkangebote. Damit wird Artikel 111a der bayerischen Verfassung entsprochen, doch führt dies immer wieder zu Auseinandersetzungen im Parlament und auch vor dem Bayerischen Verfassungsgerichtshof.

Die Geschäfte der BLM leitet bis zur Wahl des Präsidenten der vormalige Leiter des Referats Medienpolitik der Bayerischen Staatskanzlei Wolf-Dieter Ring.

25. April: Die UKW-Frequenzplanung beginnt. Für München müssen drei terrestrische Hörfunkfrequenzen organisiert werden.

29. Mai: Die ersten Hörfunksender Radio Süd, Radio Gong 2000 und Radio M1

gehen in München terrestrisch auf Sendung. Sender an anderen Standorten folgen bald.

Oktober: Nach und nach werden die ersten Kabelgesellschaften genehmigt, Ende Oktober startet auch der erste lokale Fernsehsender: TV-Weiß-Blau in München.

27. November: Der Verwaltungsrat konstituiert sich als zweites Organ der BLM. Erster Vorsitzender wird der vormalige Präsident des Oberlandesgerichts München Hans Domcke.

19. Dezember: MPK-Geschäftsführer Rudolf Mühlfenzl, bis 1983 Fernsehchefredakteur des Bayerischen Rundfunks, wird vom Medienrat zum Präsidenten der BLM gewählt; Wolf-Dieter Ring zu seinem Stellvertreter und Geschäftsführer.

31. Dezember: Das Kabelpilotprojekt München und damit die Tätigkeit der MPK enden. Die MPK wird in die Münchner Gesellschaft für Kabelkommunikation (MGK) überführt, die nun als Münchner und gleichzeitig als überörtliche, landesweite Kabelgesellschaft fungiert.

1986

30. Januar: Im bayerischen Lokalradiokonzept der BLM werden im Freistaat an 78 Standorten 92 UKW-Frequenzen vorgesehen, darunter fünf für München.

20. März: Für Freising und Ingolstadt werden Programmversuche mit lokalem Fernsehen genehmigt.

24. April: Dem Medienrat wird seitens der Ausschüsse ein erster Entwurf für Jugendschutzrichtlinien vorgelegt.

13. Oktober: Im Großraum München wird erstmals ein privates Fernsehprogramm terrestrisch verbreitet, das von 13 verschiedenen Anbieter gestaltet wird: Kanal 4.

3. Dezember: Die vier ersten Hörfunkprogramme starten in Nürnberg auf UKW: Radio Franken, Radio Charivari 98,6, Radio Gong 97,1 und Hit Radio N1.

11. Dezember: Der Medienrat verabschiedet die Teilnehmerentgeltsatzung.

14. Dezember: Die Inn-Salzach-Welle in Südostbayern nimmt im Kabelfernsehen den Probebetrieb auf. 1988 erfolgt die Dauergenehmigung des Medienrats.

24. Dezember: Der Hörfunk in Kempten und Kaufbeuren nimmt den befristeten Probebetrieb auf.

1987

23. Januar: Die MGK als zuständige überörtliche Kabelgesellschaft schreibt die erste landesweite, private UKW-Hörfunkkette aus.

21. März: Der Sendebetrieb von Hit Radio RT.1 und Radio Fantasy in Augsburg beginnt.

3. April: Die Ministerpräsidenten der Bundesländer unterzeichnen den ersten „Rundfunkstaatsvertrag zur Neuordnung des Rundfunkwesens". Er tritt am 1. Dezember 1987 in Kraft. Damit hat das duale Rundfunksystem einen einheitlichen rechtlichen Ordnungsrahmen für die gesamte Bundesrepublik. Erstmals sind westdeutschlandweit Regelungen zu Programmgrundsätzen, Jugendschutz, Werbung, der Sicherung der Meinungsvielfalt und der Finanzierung der Landesmedienanstalten zur Erfüllung ihrer vielfältigen Aufgaben legislativ festgelegt. Im am 1. Januar 1992 in Kraft tretenden „Staatsvertrag über den Rundfunk im vereinten Deutschland" wird er wesentlich weiterentwickelt und auf das gesamte neue Staatswesen übertragen. Bis 2019 wird der Rundfunkstaatsvertrag 22 Mal novelliert. 2020 wird er durch den „Staatsvertrag zur Modernisierung der Medienordnung in Deutschland" (Medienstaatsvertrag) ersetzt werden.

22. Mai: Wolf-Dieter Ring wird Vorsitzender der neu gegründeten Direktorenkonferenz der Landesmedienanstalten (DLM).

2. Juli: Der Medienrat genehmigt Hörfunkangebote in Passau, Regen und Freyung.

16. Juli: Lokalradios in Bayreuth, Landshut und Straubing werden genehmigt.

25. September: Das lokale Kabelfernsehen in Rosenheim beginnt den Probebetrieb mit der zusätzlichen Ausstrahlung von Kabeltext.

1. Oktober: Das Münchner TV-Spartenprogramm KMP-musicbox wird zum jugendspezifischen Vollprogramm Tele 5 umgewandelt.

3. Oktober: Radio Euroherz und extra radio in Hof beginnen den Sendebetrieb. Mittlerweile sind bayernweit 25 lokale Hörfunksender in Betrieb.

29. Oktober: Eine fünfte Hörfunkfrequenz wird in Nürnberg zugelassen und mit Auflagen für Radio Z genehmigt.

10. Dezember: Der Münchner Hörfunk wird umorganisiert; lokale Hörfunkprogramme in Augsburg und Lindau werden zugelassen.

1988

In München wird die Vereinigung Bayerischer Rundfunkanbieter (VBRA) als zweite Interessensvertretung privater Anbieter (nach dem VBL) gegründet. Ihr gehören 2020 41 Mitglieder an, darunter kaum einzelne Sender, sondern vor allem Mediengruppen sowie Programm- und Verlagsgesellschaften.

17. Februar: Der Lokalfernsehsender TV Touring in Würzburg startet.

23. März: Star*Sat Radio sendet als erstes deutsches Privatradio sein Programm europaweit via Satellit.

April bis Oktober: In Dillingen, Donauwörth und Nördlingen beginnt ein zeitgleich ausgestrahltes gemeinsames Lokalhörfunkprogramm. In München nimmt Radio Xanadu (heute: Radio Energy) seinen Betrieb auf. In Würzburg werden Radio Gong-Mainland und Radio Charivari Würzburg zugelassen. In Mühldorf, Burgkirchen und Deggendorf gehen Lokalradios an den Start, in Kulmbacher Radio Plassenburg.

5. September: Antenne Bayern beginnt die landesweite Ausstrahlung seines Programms.

18.-19. Oktober: Die BLM veranstaltet den ersten BLM-Rundfunkkongress auf den Münchner Medientagen. Erstmals wird auch der BLM-Hörfunkpreis vergeben; er wird später ergänzt um den 1992 erstmals auf den Medientagen vergebenen BLM-Lokalfernsehpreis. Die Medientage selbst waren 1987 von Edmund Stoiber, damals Leiter der bayerischen Staatskanzlei, und BLM-Geschäftsführer Wolf-Dieter Ring ins Leben gerufen worden. Von 1999 bis 2019 ist die Medientage München GmbH (ab 2020 die Medien.Bayern GmbH), ein hundertprozentiges Tochterunternehmen der BLM, Veranstalter der jährlich im Oktober stattfindenden Medientage, die sich zu einem der wichtigsten deutschen Medienkongresse mit bis zu 10.000 Teilnehmenden und mehreren hundert Vorträgen entwickeln.

24. November: Die Diskussion um ein bayerisches Zulieferprogramm für die Lokalradios beginnt. Auslöser ist die Gründung der Radio Sat 2000 in München.

Zum Jahresende sind 50 Lokalfrequenzen in Bayern in Betrieb, über die 35 Lokalradioprogramme verbreitet werden. Das Lokalradio ist somit endgültig in der Fläche des Freistaats angekommen.

1989

Die erste Studie zu Image und Akzeptanz des Hörfunks in Bayern liegt vor und bildet den Beginn der BLM-Schriftenreihe, in der bis heute 109 Bände erschienen sind.

Januar bis Dezember: Die lokale Radio- und regionale Fernsehlandschaft wird immer bunter. So nehmen Radio ND1 in Neuburg, Radio Charivari in Rosenheim, TV1 Schweinfurt und das Regionalfernsehen Landshut den Sendebetrieb auf. Im November startet zudem via Satellit der erste bundesweite private Klassiksender Radio Belcanto.

1. Januar: ProSieben (hervorgegangen aus dem 1987 gegründeten Spartensender Eureka TV) mit Sitz in Unterföhring bei München nimmt sein unterhaltungsorientiertes Vollprogramm auf. Geschäftsführer ist Georg Kofler, Finanzier (zunächst im Hintergrund) der Filmhändler Leo Kirch, der bereits an dem 1984 gegründeten Sender SAT.1 (mit Sitz zunächst in Ludwigshafen, dann Mainz, schließlich Berlin und ab 2009 ebenfalls in Unterföhring) beteiligt ist. Beide werden zu bestimmenden Figuren der deutschen Privatfernsehszene.

11. Juli: Erstmals werden die Ergebnisse der Funkanalyse Bayern präsentiert. Die seither jährlich im Auftrag der BLM durch das Meinungsforschungsinstitut Infratest (heute Kantar) durchgeführte Studie mit (2019) rund 25.000 Befragten zum Hörfunk und etwa 15.000 Befragten zur TV-Nutzung bietet verlässliche Daten zur Nutzung des Hörfunks und seit 1992 auch des regionalen und lokalen Fernsehens.

20. Juli: Wolf-Dieter Ring wird zum BLM-Präsidenten gewählt.

28. September: Das bayerische Fernsehkonzept inklusive eines landesweiten Fensters im SAT.1-Programm und eines lokalen Fensters auf RTL plus wird in den Grundzügen beschlossen.

1990

In München wird die Arbeitsgemeinschaft Privater Rundfunk (APR) als nationale Interessensvertretung der lokalen und regionalen Rundfunkunternehmen gegründet. Sie ist in Landesverbände untergliedert; bayerische Mitglieder der Arbeitsgemeinschaft sind der VBL und der VBRA.

1. Januar: Wolf-Dieter Ring tritt sein Amt als BLM-Präsident an; er wird die Anstalt 21 Jahre lang leiten.

1. Mai: Martin Gebrande tritt sein Amt als Geschäftsführer der BLM an. Er war

zuvor persönlicher Referent des Staatssekretärs im bayerischen Staatsministerium für Wissenschaft und Kunst.

3./4. Mai: Die BLM veranstaltet den Ausbildungskongress „Journalismus für den Hörfunk der Zukunft". Es ist der Auftakt zu jährlichen Tagungen zu unterschiedlichen Themen.

1. Oktober: Aus zwei Vorläuferverbänden, dem Bundesverband Privater Rundfunk und Telekommunikation (BPRT) und dem Bundesverband Kabel und Satellit (BKS), geht der Verband Privater Rundfunk und Telekommunikation e.V. (VPRT) hervor. 2018 wird er umbenannt in VAUNET – Verband Privater Medien. Der Verband mit Sitz in Berlin vertritt deutschlandweit die Interessen der Anbieter; er hat 2020 rund 150 Mitglieder. Vorsitzender ist seit 1996 Jürgen Doetz, der zuvor seit der Gründung geschäftsführender Vizevorsitzender war.

22. November: Das Hörfunkkonzept wird erweitert; eine bayerische Programmzulieferungsgesellschaft soll gebildet werden. BLM und BR treffen eine Vereinbarung über die Aufteilung verfügbarer UKW-Frequenzen.

Dezember: Fünf Jahre nach dem Start des Privatfunks in Bayern können nun acht Millionen Hörerinnen und Hörer in Bayern ihr jeweiliges Lokalradio empfangen. An 64 Standorten sind insgesamt 81 Frequenzen in Betrieb. Sat.1 und RTL plus werden terrestrisch an neun Standorten ausgestrahlt. Tele 5 in acht Städten und Pro.7 an vier Standorten.

1991

Januar bis Dezember: Der Ausbau des Sender- und Frequenznetzes geht weiter. So nimmt im Juni Radio Chiemgau in Traunstein den Sendebetrieb auf, im Juli startet Radio Antenne Franken in Bamberg, im September in Schweinfurt Radio PrimaTon und im Oktober das erste bundesweite private Volksmusikprogramm Radio Melodie.

Auch die lokale Zusammenarbeit wird mit neuen Modellen vorangebracht. So wird das Funkhaus Regensburg gegründet, in dem zunächst die Lokalsender Radio Gong und Radio Charivari zusammenwirken; 2000 kommt Radio Galaxy dazu und 2011 Absolut Radio als „Dachmarke" verschiedener Digitalradioprogramme. Weitere Funkhäuser entstehen zum Beispiel 1993 in Würzburg (ebenfalls als Kooperation von Radio Gong und Radio Charivari), zum Jahresbeginn 1995 in Nürnberg, wo heute sogar sieben Sender kooperieren (nämlich Charivari 98.6, Radio F, Gong 97.1, Hit Radio N1, Pirate Radio, Mein Lieblingsradio und N90 4.Beat) und später auch in vielen anderen bayerischen Städten wie Aschaffenburg, Augsburg, Bamberg, Landshut, Passau und Rosenheim.

Insgesamt werden am Jahresende nun 49 lokale Hörfunkprogramme über 86 Frequenzen und 47 Füllfrequenzen verbreitet. Lokale, regionale beziehungsweise landesweite TV-Programme sind an zehn Standorten empfangbar.

28. Februar: Der Pay-TV-Sender Premiere geht auf Sendung, dessen analoge Verbreitung 2003 eingestellt wird.

2. April: Die Dienstleistungsgesellschaft für Bayerische Lokal-Radioprogramme mbH & Co. KG (BLR) nimmt den Sendebetrieb auf. Die Gesellschaft, dessen Gesellschafter zu je rund einem Drittel die bayerischen Tageszeitungsverlage (resp. deren Mediengesellschaft für Kabelkommunikation m.b.t.), der Nürnberger Unternehmer Gunther Oschmann (über seine RSG – Radio System & Service Handels- und Beratungsgesellschaft mbH) sowie die Studio Gong München GmbH & Co. Studiobetriebs KG (mit dem Hauptanteilseigner Hubert Burda Media) sind, liefert Lokalradiosendern zunächst ein Nachrichtenformat, ein Mantelprogramm und drei Beiträge pro Tag. Nach und nach wird der Service stark erweitert auf unterschiedliche Nachrichtenformate, Mantelprogramme und umfangreiche aktuelle Berichterstattung.

11. November: Der Medienrat der BLM und der Rundfunkrat des BR halten eine erste gemeinsame Sitzung.

19. Dezember: Der Medienrat stimmt der Rahmenvereinbarung zur technischen Zusammenarbeit von BLM und BR zu, womit der BLM für weitere 23 UKW-Frequenzen die Nutzungsrechte gestattet werden.

1992

1. Februar: Die ersten Informations- und Servicekanäle (ISK) gehen in München, Rosenheim, Regensburg (1993) und Nürnberg (1993) an den Start.

27. Februar: Die Versorgungsoptimierung für terrestrischen Hörfunk wird beschlossen, die einen Versorgungsgrad von 90 Prozent der Bevölkerung gewährleisten wird.

29. Februar: „Der Kabelkanal" (heute: Kabel 1) geht als von der BLM als Spartenprogramm Unterhaltung genehmigter Anbieter von München aus bundesweit auf Sendung.

23. Juli: Ein lokales Kabelfernsehprogramm für Nürnberg wird genehmigt und von Franken Funk und Fernsehen gestaltet.

12. November: Der Medienrat stimmt den neuen Jugendschutzrichtlinien der Landesmedienanstalten zu und verabschiedet eine Resolution gegen Gewalt und Sex im Fernsehen.

24. November: Der bayerische Landtag beschließt das Bayerische Mediengesetz (BayMG). Es ersetzt mit Wirkung ab dem 1. Dezember das MEG.

3. Dezember: Studio 1 FM beginnt den Sendebetrieb in Bad Tölz/Miesbach (heute: Radio Alpenwelle).

1993

1. Januar: Tele 5 wird zu Das Deutsche SportFernsehen (DSF) (heute: Sport1) umgewandelt.

25. Januar: Das Vollprogramm VOX mit Fokus auf Information nimmt den Sendebetrieb auf.

18. April: Radio Feierwerk startet in München.

15. Juli: Auf dem Nürnberger Messegelände findet der erste „Lokalrundfunktag" der BLM statt. Seither findet der Branchenkongress, erweitert zu „Lokalrundfunktagen", mit bis zu 1.200 Teilnehmenden jährlich im Juli statt.

15. Juli: BLR, BLW und Antenne Bayern einigen sich unter der Vermittlung der BLM in einem gemeinsamen Vermarktungsvertrag über die überregionale Werbung der bayerischen Lokalradios innerhalb der Radio Marketing Service GmbH; die Finanzierung der BLR-Zulieferungen werden ebenfalls vertraglich geregelt.

1. September: TV-Weiß-Blau beginnt als erstes lokales Ballungsraumfernsehen den terrestrischen Sendestart in München.

9. Oktober: In München startet der nichtkommerzielle, „alternative" Sender Radio Lora.

15. Oktober: Franken Info TV in Nürnberg geht auf Sendung.

31. Dezember: Das landesweite TV-Fenster Bayern aktuell wird künftig nur noch auf Sat.1 und nicht mehr parallel auch bei RTL ausgestrahlt.

1994

Januar: Die französische Mediengruppe Nouvelle Radio Jeunesse (NRJ) übernimmt (nach Sendern in Berlin und Sachsen) das Münchner Radio Xanadu und nennt es zu Radio Energy um. Im Dezember 1995 übernimmt sie auch Radio

Down-Town, nun Radio Energy Nürnberg. (In den Folgejahren wird NRJ zum größten privaten Radiounternehmen Europas mit Sendern in 17 Ländern.)

18. Februar: Die Bayerische Akademie für Fernsehen (BAF) wird auf Initiative der BLM und privater Programmanbieter eröffnet, um die Ausbildung von Nachwuchskräften im TV-Bereich zu fördern.

27. Februar: Das zweite terrestrische Ballungsraumfernsehen, Franken Fernsehen in Nürnberg/Erlangen, nimmt den Sendebetrieb auf.

31. März: Flott TV, ein Kulturprogramm, startet im Raum Augsburg und Nordschwaben.

4. April: Die Geschäftsstelle des 1993 gegründeten Vereins Freiwillige Selbstkontrolle Fernsehen (FSF) nimmt ihre Arbeit in Berlin auf.

1. Juni: Das 1993 in Köln gegründete jugendorientierte, bundesweite TV-Vollprogramm RTL2 verlegt seinen Standort nach München.

8. Juli: BR und BLM gründen die Bayerische Medien-Technik GmbH (BMT) als gemeinsames Tochterunternehmen, das Dienstleistungen für die Umsetzung von Projekten im Hinblick auf die technische (bald digitale) Entwicklung anbietet.

27. Juli: Das von der BLM einberufene Forum Medienpädagogik hält ein erstes Treffen ab. Mitglieder des BLM-Medienrats, des BR-Rundfunkrats sowie externe Expertinnen und Experten treffen sich seither regelmäßig, unter anderem zu einer jährlichen Fachtagung, zum Austausch über Fragen der Medienpädagogik und zur Stärkung diesbezüglicher Initiativen.

Nach zehn Jahren Privatrundfunk haben nun vier bundesweite TV-Anbieter ihren Sitz in München, an 15 bayerischen Standorten gibt es lokale Fernsehangebote, 57 Lokalradioprogramme sind terrestrisch auf Sendung und mit Antenne Bayern ein landesweites Hörfunkprogramm.

1995

16. März: Eine Änderung im Rundfunkstaatsvertrag macht die Förderung nichtkommerzieller Radios aus dem Rundfunkgebührenanteil (zwei Prozent des Gesamtaufkommens) der Landesmedienanstalten möglich.

7. April: Die DVB-Multimedia Bayern Projekt GmbH (seit 1999 Medientage München GmbH) wird gegründet. Sie ist heute hundertprozentige Tochter der BLM und veranstaltet die Medientage München.

24. April: Die AFK Aus- und Fortbildungs GmbH für elektronische Medien wird mit mehrheitlicher Beteiligung der BLM gegründet.

1. Juni: Das Regionalfernsehen DONAU TV in Deggendorf nimmt den Sendebetrieb auf.

25. August: Mit tm3 nimmt ein weiterer bundesweiter Fernsehsender, der in Bayern lizensiert ist, sein Programm auf. Der ursprünglich auf Unterhaltung vor allem für Frauen ausgerichtete Spartensender erregt 1999 große Aufmerksamkeit, als er sich die Übertragungsrechte der Fußball-Champions-League sichert.

16. Oktober: H.O.T. (Home Order Television) (heute: HSE24) mit Sitz in Ismaning startet als erster deutscher Teleshopping-Sender; es ist eine Kooperation des Versandhandelsunternehmens Quelle mit ProSieben.

17. Oktober: Bayern beginnt als eines der ersten Bundesländer das Digitalradio-Pilotprojekt DAB. Zunächst werden sieben landesweite und je sieben lokale Hörfunkangebote in München, Nürnberg und Ingolstadt verbreitet.

1996

1. März: Oberpfalz TV Nord geht auf Sendung. Änderungen des BayMG treten in Kraft, darunter auch die Erweiterung der BLM-Aufgaben um die Medienerziehung.

1. April: TV Aktuell Ostbayern in Regensburg startet den Sendebetrieb.

26. April: AFK MAX in Nürnberg geht an den Start.

30. Juni: In München beginnt AFK TV seine Arbeit.

1. Juli: AFK m94.5 in München nimmt den Betrieb auf.

5. Oktober: HOT*FM (heute: Galaxy Hof) geht auf Sendung.

15. November: Oberfranken TV beginnt als weiteres bayerisches Lokalfernsehen seinen Betrieb.

1997

1. Januar: Der 3. Rundfunkänderungsstaatsvertrag tritt in Kraft. Die Messung der Marktmacht einzelner Unternehmensgruppen erfolgt nun nicht mehr über die Anzahl einzelner Sender, die einer Gruppe zugeordnet werden können, sondern über ein Zuschauermarktanteilmodell. Die Einhaltung der Bestimmungen zur

Sicherungen der Meinungsvielfalt im TV-Bereich wird nun durch die Kommission zur Ermittlung der Konzentration im Medienbereich (KEK) überprüft, die am 15. Mai 1997 in Potsdam ihre Arbeit aufnimmt.

7. Juli: ProSieben geht als erstes deutsches TV-Unternehmen an die Börse.

10. Oktober: 95 Prozent der bayerischen Kabelnetze können mit der so genannten d-box digitale Fernsehprogramme zur Verfügung stellen.

11. Dezember: Der Medienrat stimmt der stufenweisen Einführung des Digitalradios und der Schaffung von UKW-Zweitfrequenzen an Einfrequenzstandorten zu.

1998

In München wird der MedienCampus Bayern e.V. auf Initiative der Bayerischen Staatsregierung in Zusammenarbeit mit 13 Ausbildungsinstitutionen gegründet. Anliegen des Vereins, der 2020 rund 120 Mitglieder umfasst, ist die Förderung sowie die Koordinierung der Medienaus- und -fortbildung in Bayern.

1. Januar: Das erneuerte BayMG tritt in Kraft. Zum Jahresende werden demgemäß die Medienbetriebsgesellschaften, die seit Beginn des privaten Rundfunks in Bayern den lokalen und regionalen Rundfunk unter der Verantwortung der BLM organisiert und vor Ort die Lizenzen koordiniert hatten, „aus ihren Rechten und Pflichten entlassen" (und nach und nach aufgelöst). Die Lizenzvergabe erfolgt nun direkt durch die BLM. Zudem wird das bisherige „Teilnehmerentgelt", eine seit 1985 nur in Bayern von allen Nutzern eines Kabelanschlusses zusätzlich zur Rundfunkgebühr und Nutzungsentgelt für den Kabelbetreiber zu leistende Gebühr, stufenweise (bis Ende 2002) abgebaut.

28. Mai: BLM, LPR Rheinland-Pfalz und LfK Baden-Württemberg erklären gemeinsam die Einführung von DAB in ihren Bundesländern.

1999

Die Mediengruppe des Unternehmers Leo Kirch übernimmt (nach langen rechtlichen Auseinandersetzungen) komplett den Bezahlfernsehsender Premiere, an dem sie bislang schon beteiligt war, fusioniert ihn mit ihrem bereits 1996 gegründeten Pay-TV-Angebot DF1 und verlegt den Sitz des Senders von Hamburg nach Unterföhring.

1. Februar: Hitwelle 87,9 Erding nimmt den Sendebetrieb im Kabelnetz Dorfen/Isen auf. 2002 erfolgt eine terrestrische Frequenz in Erding.

29. April: Der Medienrat genehmigt 15 Digitalradio-Programmen den Regelbetrieb; Rock Antenne, Radio Fantasy, Vil Radio, Radio IQ und Radio IN senden als erste über DAB. Auch zwei digitale Fernsehkanäle erhalten in Bayern die Zulassung: Discovery Channel und Disney Channel.

22. Juli: Der BLM-Medienrat ermöglicht lokalen Rundfunksendern die Übernahme von Zuliefererprogrammen und die gemeinsame Vermarktung überregionaler Werbung.

2000

1. Januar: 13 bayerische Lokalfernsehstationen beginnen mit anderen lokalen deutschen TV-Sendern eine gemeinsame Vermarktung im Media.1-Vermarktungs-Network.

24. Januar: Der 1999 von der damaligen ProSiebenSat.1 Media AG gegründete Nachrichtensender N24 (heute der zum Axel-Springer-Konzern gehörende Sender Welt) nimmt sein deutschlandweites Programm auf. Im Juli 2001 zog der Sender von München nach Berlin.

15. Mai: TV-Allgäu nimmt den Sendebetrieb auf.

13. Oktober: ProSieben und SAT.1 fusionieren zur ProSiebenSat.1 Media AG (ab 2015 SE) mit Sitz in Unterföhring. Zu der Aktiengesellschaft im Mehrheitsbesitz der Unternehmensgruppe von Leo Kirch gehören neben den beiden namensgebenden Sendern diverse kleinere Voll- und Sparten-TV-Programme.

30. November: 89 Hit FM in München stellt den Sendebetrieb aufgrund unzureichender finanzieller Prognosen nach der Ablehnung einer Genehmigungsverlängerung ein.

20. Dezember: Radio Galaxy, zunächst als DAB- und Kabelprogramm gestartet, geht in Aschaffenburg auch terrestrisch auf Sendung. Bis 2005 folgen Frequenzen an neun weiteren bayerischen Standorten von Kempten bis Amberg und Bayreuth.

2001

1. September: Der TV-Sender tm3 wird umbenannt in 9Live. Das „Mitmach-Fernsehen"-Spartenprogramm der ProSiebenSat.1 Media AG finanziert sich – erstmals in Deutschland – wesentlich durch Call-In-Gewinnspiele. Am 9. August 2011 stellt 9Live den Betrieb ein.

8. Dezember: Hitradio X geht als Jugendradio in Günzburg an den Start.

2002

1. Januar: Mit einer Änderung des BayMG wird das Teilnehmerentgeltsystem bis 2008 aufrechterhalten, doch in drei Stufen auf 30 Cent pro Monat und Kabelhaushalt reduziert.

21. März: Der Augsburger Hörfunk wird, nachdem Radio KÖ aus wirtschaftlichen Gründen den Betrieb eingestellt hat, auf zwei UKW-Frequenzen reduziert: Radio Fantasy und Hitradio RT.1.

8. April: Die Kirch-Gruppe stellt aufgrund von Überschuldung einen Insolvenzantrag für das Kerngeschäft der KirchMedia AG mit ProSiebenSat.1 und dem Filmrechtehandel. Die anderen Tochtergesellschaften des Konzerns sind rasch mitbetroffen und am 12. Juni beantragt auch die Kirch-Dachgesellschaft TaurusHolding Insolvenz. Die Aktienmehrheit der ProSiebenSat.1 Media AG wird bald durch den US-Investor Haim Saban übernommen, dann 2006 durch die Investmentunternehmen Permira und KKR, die sich schrittweise wieder davon trennen (derzeit sind die Aktien mehrheitlich in Streubesitz). Der Unternehmenssitz ist weiterhin in Unterföhring.

28. April: Zehn Jahre nach der Umbenennung des Senders Tele 5 in DSF nimmt wieder ein Spartensender für fiktionale Unterhaltung mit dem Namen Tele 5 den Sendebetrieb auf. Sitz des Unternehmens ist Grünwald bei München.

13. Mai: Eine Neuausschreibung für ein regionales Fenster- und Kabelfernsehprogramm für Oberfranken folgt auf den Insolvenzantrag von Oberfranken TV. Im Juli genehmigt der Medienrat eine Neuorganisation von TV Oberfranken zum 1. August.

12. Juni: ON-TV startet im Rahmen des zunächst zweijährigen DVB-S-Pilotprojekts für Lokalfernsehen, womit die fünf Lokalfernsehprogramme aus Niederbayern und der Oberpfalz digital per Satellit empfangbar werden.

2003

1. April: Nach Inkrafttreten des Staatsvertrags über den Schutz der Menschenwürde und den Jugendschutz in Rundfunk und Telemedien (JMStV) wird die Aufsicht über Rundfunk und Telemedien unter dem Dach der Kommission für Jugendmedienschutz (KJM) vereinigt. Ihr erster Vorsitzender wird Wolf-Dieter Ring. Die KJM-Stabsstelle hat ihren Sitz in München bei der BLM, zusätzlich gibt es eine Geschäftsstelle in Erfurt. Beides wechselt 2013 nach Berlin, wo eine gemeinsame Geschäftsstelle eingerichtet ist.

3. Juni: Im Rahmen eines Pilotprojekts werden die mittel-, ober- und unterfränkischen Lokalfernsehprogramme als Franken-SAT digital über Satellit empfangbar.

18. Dezember: Angesichts der schlechten wirtschaftlichen Lage vieler bayerischer Lokalradios beschließt der Medienrat der BLM Anpassungen im Hörfunkkonzept. So wird es ermöglicht, die Sendezeiten mit lokalen Inhalten zu reduzieren, mehr Zulieferungen durch die BLR in das Programm zu integrieren und Kooperationen im Bereich der Vermarktung zu erweitern.

18. Dezember: Erich Jooß wird zum Vorsitzenden des Medienrats der BLM gewählt. Der Medienbeauftragte der Bayerischen Bischofskonferenz folgt auf Klaus Kopka, der das Amt gut 18 Jahre lang innehatte.

2004

5. Februar: Erste Eckpunkte zur Einführung von DVB-T in Bayern werden vom Medienrat verabschiedet.

16. September: Ein Pilotprojekt ermöglicht die digitale Satellitenausstrahlung lokaler Programmangebote von TV Augsburg, IN-TV in Ingolstadt und TV-Allgäu Nachrichten.

18.-20. Oktober: Auf den Medientagen München präsentieren BLM und BMT den DMB-Standard für Digital Multimedia Broadcasting.

16. Dezember: Radio 2Day erhält die komplette Sendezeit auf der Münchner Frequenz 89,0 MHz.

2005

24. Januar: Nachdem tv.münchen bis zum 20. Januar 2005 keine neue genehmigungsfähige Gesellschafterstruktur vorgelegt hat, widerruft die Landeszentrale

die Genehmigung zur Jahresmitte. Für die daraus resultierende Neuorganisation wird für das Gebiet München/Oberland ein lokales/regionales Fernsehvollprogramm mit einem lokalen Fernsehfenster bei RTL neu ausgeschrieben.

1. Juli: münchen.tv erhält die Lizenz und geht auf Sendung. Eigentümer ist eine Kommanditgesellschaft, an der viele der wichtigsten bayerischen Privatrundfunkunternehmer beteiligt sind, so Hubert Burda, Helmut Markwort, Gunther Oschmann, Dirk Ippen und Franz Georg Strauß.

29. September: In München startet der von der Medienanstalt in Nordrhein-Westfalen (LfM) zugelassene Spielfilmsender „Das Vierte" des US-Medienkonzerns NBC. Nach einem Verkauf an die Walt Disney Company wird der Sender Ende 2013 eingestellt respektive in den „Disney Channel" überführt.

2006

Juni: Bei einer Europakonferenz der International Telecommunication Union (ITU) wird festgelegt, welche digitalen und terrestrischen Kapazitäten in Zukunft für DAB, DMB, DVB-H und DVB-T zur Verfügung stehen. Die Ergebnisse sollen rund 25 Jahre lang gelten. Im Dezember einigen sich die Landesmedienanstalten mit ARD und ZDF auf Leitlinien für die Nutzung dieser digitalen, Deutschland zugesprochenen Frequenzen.

22. September: Regio TV Schwaben startet als weiteres lokales Fernsehprogramm und Fernsehfenster im Raum Ulm/Neu-Ulm.

2007

5. März: Die Landesmedienanstalten beginnen mit der Ausschreibung eines länderübergreifenden Pilotprojekts im DVB-H-Standard.

26. Juli: Der Medienrat verabschiedet eine Neufassung der Kabelbelegungssatzung, wobei für Kabelnetzbetreiber die Einspeisung von acht öffentlich-rechtlichen und acht privaten Fernsehprogrammen verpflichtend vorgeschrieben ist.

21. November: Die Landesmedienanstalten verabschieden Leitlinien zur Zukunft der deutschen Hörfunklandschaft: Neben lokalen, regionalen und landesweiten Hörfunkangeboten soll es in Zukunft auch bundesweite Hörfunkangebote geben.

Ende November: Eine Änderung des Bayerischen Mediengesetzes sieht für eine Übergangsphase 2008 und 2009 die staatliche Förderung der lokalen und regionalen Fernsehangebote vor.

2008

Ende März: Die BLM und Kabel Deutschland (KDG) vereinbaren, dass lokale bayerische Fernsehprogramme künftig auch digital ins Kabelnetz eingespeist werden.

10. Juli: Die BLM fordert in ihrer Fernsehsatzung eine Genehmigungspflicht für Rundfunkangebote im Internet, wenn mehr als 500 Benutzerinnen und Benutzer zeitgleich auf den Livestream zugreifen können.

Juli: Die BLM gründet die Stiftung Medienpädagogik Bayern und stattet sie mit einem Grundstockvermögen von drei Millionen Euro aus; zentrales Anliegen ist die Förderung der Medienkompetenz als Anlaufstelle zur Vernetzung und Koordination aller Anbieter, die medienpädagogisch wirken.

9. September: Die Kommission für Zulassung und Aufsicht (ZAK) nimmt als zentrales Zulassungs- und Aufsichtsorgan für bundesweite private TV-Veranstalter ihre Arbeit auf. Damit bündeln die 14 Landesmedienanstalten Aufgaben, die bisher einzeln oder über die Direktorenkonferenz wahrgenommen worden waren.

21. November: Das Jugendradio ego FM nimmt auf UKW-Stützfrequenzen in Augsburg, München, Nürnberg, Regensburg und Würzburg den Sendebetrieb auf.

2009

26. Mai: Nachdem Medienberichte enthüllen, dass der ehemalige Vorsitzende des BLM-Medienrats Klaus Kopka zwischen 1994 und 2000 Darlehen in Höhe von 215.000 Euro von Ralph Burkei, einem der Gesellschafter des Fernsehunternehmens C.A.M.P. TV (die seit 1984 zunächst in den Kabelkanälen des Bayerischen Rundfunks und von 1989 bis 2009 als Fensterprogramm bei RTL und Sat.1 das von der BLM lizenzierte „BayernJournal" produzierte), erhalten haben soll, beschließt der Medienrat einen Verhaltenskodex für Gremienangehörige und Mitarbeiter der BLM. Präsident Wolf-Dieter Ring war bereits etwa ein Jahr vor dem Ausscheiden Kopkas aus dem Medienrat (2004) über den Kredit in Kenntnis gesetzt worden, hatte aber keinen Anlass gesehen, den als private Angelegenheit eingeschätzten Sachverhalt durch die Rechtsaufsicht oder die Staatsanwaltschaft prüfen zu lassen.

8. Juli: Auf den Lokalrundfunktagen in Nürnberg präsentiert die BLM erstmals den von Goldmedia erstellten „Webradio-Monitor": Deutschlandweit werden im April 2009 1.914 Webradios gezählt, von denen 77 Prozent ausschließlich online

empfangbar sind. Der Markt entwickelt sich rasch weiter: 2011 ist ein Höhepunkt mit 3.055 Webradios erreicht. Im bislang jüngsten Monitor von 2017 ist die Zahl auf 2.399 zurückgegangen (davon 67,7 Prozent ausschließlich online), doch gibt es zudem 9.476 User generated Radio-Streams und redaktionell kuratierte Playlists auf Streaming-Plattformen.

15. Oktober: Der Medienrat beschließt eine Neuorganisation des landesweiten Fernsehfensters am Wochenende bei Sat.1 und RTL. Das landesweite Fernsehfenster an Werktagen wird auf Sat.1 auf den Samstag verlängert. Das landesweite Fenster am Sonntag auf RTL wird in Zukunft von den lokalen TV-Anbietern in Bayern gestaltet. Die Lizenzen für die Gestaltung der Fensterprogramme werden neu vergeben.

2010

21. Januar: Die von der BLM entwickelte App „Lokalradio" wird freigeschaltet, über die nun viele Lokalradios auf dem iPhone – und ab Oktober 2011 auch über das iPad – empfangbar sind. Die App wurde zwischenzeitlich eingestellt.

2011

24. Februar: Der Medienrat wählt den Leiter der Bayerischen Staatskanzlei, Staatsminister Siegfried Schneider, zum Präsidenten der BLM. Er tritt das Amt am 1. Oktober an.

1. August: Bundesweit starten elf private und drei öffentlich-rechtliche Digitalradioprogramme auf DAB+, davon zwei aus Bayern: Absolut Radio und Radio Horeb.

27. September: Der BR beteiligt sich künftig mit zwei Prozent am 1995 von der BLM gegründeten Aus- und Fortbildungskanal.

13. Oktober: Der Medienrat genehmigt die landesweite Verbreitung von fünf DAB+-Hörfunkprogrammen für acht Jahre: Antenne Bayern digital und Antenne Bayern Info digital der Antenne Bayern GmbH & Co. KG, das Programm Mega Radio (Bayern) der Fantasy Bayern GmbH, das Programm rt.1 in the mix der rt.1 digital broadcast GmbH und das Programm Absolut Relax der Neue Welle Rundfunk-Verwaltungsgesellschaft mbH & Co. KG.

2012

31. Januar: Die BLM startet die Plattform www.medienpuls-bayern.de, auf der neben Veranstaltungen der Landesmedianstalt künftig auch möglichst viele Events anderer Organisatoren angezeigt werden sollen. 2018 wird sie durch eine Events-Site auf der Homepage des MedienNetzwerks Bayern ersetzt.

14. Februar: Der Ministerrat beschließt die Fortführung der staatlichen Förderung des Lokal-TV, die die Finanzierung der Satellitenverbreitung des bayerischen Lokalfernsehens bis 2016 absichert.

30. April: Die analoge Übertragung von deutschsprachigen Fernsehprogrammen über Satellit endet. Ab sofort sind dafür ein digitaler Empfänger und eine digitaltaugliche Empfangsanlage notwendig.

14. Juni: Beim erstmals von der BLM veranstalteten Deutschen Social TV Summit tauschen sich Branchenexperten über Möglichkeiten interaktiven Fernsehens via Internat aus. Seither findet die Veranstaltung jährlich im Juni statt.

4. September: 78,5 Prozent der bayerischen TV-Haushalte empfangen mittlerweile digitales Fernsehen.

24. Oktober: Die BLM stellt erstmals den „MedienVielfaltsMonitor" vor, in dem die „Meinungsmacht" deutscher Medienkonzerne erhoben wird. Dafür werden die Reichweiten resp. Marktanteile aller Medien und Daten zu den dahinterstehenden Konzernen kombiniert mit Befragungsdaten, aus denen hervorgeht, welche Medien wie intensiv für die Meinungsbildung genutzt werden. Der Vielfaltsmonitor wird seither ständig aktualisiert.

30. November: Alle 43 in der Münchner Region aktiven Radiosender sind nun über DAB+ zu empfangen.

2013

28. Januar: Auf Initiative der bayerischen Staatsregierung in Zusammenwirkung der BLM, des Bayerische Rundfunks, des Bayerischen FilmFernsehFonds und des MedienCampus Bayern wird das MedienNetzwerk Bayern gegründet. Ziel ist es, als Austauschplattform und mittels Veranstaltungen die Medienakteure besser zu vernetzen und so den Medienstandort Bayern zu fördern.

13. September: In Berlin wird die Gemeinsame Geschäftsstelle der Arbeitsgemeinschaft der Landesmedienanstalten (ALM) eröffnet. Sie koordiniert nun sämtliche Aktivitäten der Landesmedienanstalten mit bundesweitem Bezug und vereint die bislang eigenständig agierenden Geschäftsstellen der Kommissionen

für Jugendmedienschutz (KJM), zur Ermittlung der Konzentration im Medienbereich (KEK), für Zulassung und Aufsicht (ZAK) sowie der Gremienvorsitzendenkonferenz (GVK).

2014

4. April: Die BLM veranstaltet erstmals einen „Medieninnovationstag", bei dem 20 Referentinnen und Referenten innovative Medienprojekte präsentieren. Angeregt werden soll eine bessere Infrastruktur für Startups. Unter dem Titel „media:innovations" findet die Veranstaltung seither jährlich statt. Erstmals präsentiert wird dabei das BLM-Projekt „Mach Dein Radio": Über eine digitale Audio-Plattform können hier Radiobegeisterte aller Altersstufen einen eigenen Radiokanal anlegen und bespielen. Ende 2020 sind auf www.machdeinradio.de 132 Kanäle von Schülern, Studierenden oder Vereinen aufrufbar, darunter allein rund 100 Schulprojekte und 16 Bürgerradios.

21. Oktober: Die BLM ruft auf den Medientagen München die Initiative INNOVATE:MEDIA ins Leben, durch die die Innovationsarbeit von Radio- und Fernsehanbietern in Bayern gefördert werden soll.

2015

12. Januar: kultradio.fm geht in Bayern landesweit in DAB auf Sendung.

13. Mai: Im Rahmen der BLM-Initiative INNOVATE:MEDIA startet das media.lab Bayern am Standort München. Geplant ist es als „Innovation Hub" für die Gründung von Startups im Bereich digitaler Medien. Zur Verfügung gestellt werden neben finanzieller Förderung Räume (Coworking-Spaces) und Infrastruktur auch professionelle Unterstützung. Das vom Bayerischen Wirtschaftsministerium und der BLM finanzierte Projekt fördert bislang 54 Startups (Stand Ende 2020).

Mit dem Konzept media.projects fördert die BLM zudem ab 2015 Kooperationen bayerischer Lokalsender, die innovative Lokalkonzepte umsetzen.

2016

21. Januar: Neben dem „Webradio-Monitor" präsentieren die BLM und die Landesanstalt für Kommunikation Baden-Württemberg (LfK) erstmals einen (ebenfalls von Goldmedia bereits seit 2010 regelmäßig erstellten) „Web-TV-Monitor". Erfasst werden alle deutschen Webfernsehangebote und YouTube-Kanäle. 8.997

Online-Videoangeobte werden Mitte 2015 insgesamt gezählt, darunter 1.044 TV-Sender (davon am meisten in Bayern, nämlich 246) und 7.953 YouTuber. In der bislang letzten Erhebung im Jahr 2019 ist die Zahl der Web-TV-Angebote auf 625 zurückgegangen (davon 144 in Bayern), doch werden nun deutschlandweit 17.450 YouTube-Channels (gezählt wurde ab 500 Abonnenten) ermittelt sowie 9.760 regelmäßige Videoangebote auf Facebook und 1.906 Video-Influencer auf Instagram.

12. Mai: Der Medienrat beschließt 13 Maßnahmen zur Sicherung des Bestands an privaten Hörfunkangeboten sowie für eine technische, wirtschaftliche und inhaltliche Fortentwicklung des Programmangebots; optimiert werden sollen unter anderem der BLR-Zulieferungsservice und der flächendeckende Ausbau des DAB+-Netzes.

7. September: Über 90 Prozent der TV-Haushalte in Bayern sind mittlerweile digitalisiert, so der Digitalisierungsbericht der Landesmedienanstalten.

15. Dezember: Der Medienrat verabschiedet Ziele und Kriterien für die Etablierung von Bürgerradio-Projekten.

20. Dezember: Eine Novelle des BayMG tritt in Kraft. Sie ermöglicht die weitere finanzielle Förderung von lokalen TV-Angeboten aus Mitteln des Staatshaushalts bis 2020 und die Digitalisierung des Hörfunks wird als ein Aufgabenschwerpunkt der BLM festgelegt.

2017

30. März: Die BLM vergibt die Münchner UKW-Frequenz 92,4 MHz und die dortigen Sendezeiten neu. Fünf gemeinnützige, nicht kommerzielle Sender, nämlich die beiden christlichen Programmanbieter Radio Horeb und Christliches Radio München sowie die drei alternativen Community-Sender Radio Lora, Radio Feierwerk und Radio München, teilen sich die Frequenz und bekommen feste Sendeblöcke, um die Durchhörbarkeit zu erhöhen.

11. Mai: Walter Keilbart wird zum Vorsitzenden des Medienrats der BLM gewählt. Der Hauptgeschäftsführer der Industrie- und Handelskammer Niederbayern folgt auf Erich Jooß, der das Amt 14 Jahre lang innehatte.

23. Juni: Die BLM fördert die Entwicklung von Smart TV-Apps für die bayerischen Lokalsender finanziell, um deren Verbreitung zu unterstützen. Dies wurde mittlerweile eingestellt.

1. August: 14 Lokalradioprogramme in Franken können nun in UKW und DAB+ empfangen werden und läuten die Kooperation von BR und BLM beim DAB-Netzbetrieb in Bayern ein.

2018

11. Juni: Die BLM kauft über ihre Tochter Bayerische Medien Technik (BMT) in Abstimmung mit den Anbietern alle 180 UKW-Sendeanlagen für den privaten Rundfunk in Bayern. Damit ist die terrestrische Ausstrahlung dauerhaft gesichert.

24. Juli: Die Gesellschafterversammlung der afk GmbH beschließt in München die Umstrukturierung der bayerischen Aus- und Fortbildungskanäle zur Mediaschool Bayern. Aus afk M94.5 wird M94.5, auch afk tv sendet ab dem Sommer als M94.5 und tritt als Produkt der Mediaschool Bayern auf. Im Ausbildungsplan werden insbesondere die Bereiche Digitalisierung und Social Media ausgebaut; Crossmedialität löst die bisherige Trennung der Bereiche Hörfunk, Fernsehen und Online ab.

2019

14. Februar: Die BLM kündigt an, dass im Laufe des Jahres 2020 in Bayern als erstem Bundesland das gesamte UKW-Radioangebot auch über DAB+ zu empfangen sein wird.

18. April: In Ansbach wird ein zweiter Standort des Media Lab Bayern eröffnet. Forciert wird hier die Zusammenarbeit mit Hochschulen und Studierenden.

Mai: Die (1999 gegründete) Medientage München GmbH wird aufgelöst. Neu gegründet wird die Medien.Bayern GmbH. Über die Veranstaltung der jährlichen Medientage München und der Lokalrundfunktage hinaus setzt sich die Gesellschaft, eine hundertprozentige Tochter der BLM, für den Medienstandort ein, indem sie unter anderem Innovationen in allen Medienbereichen fördert und Medien-Startups unterstützt. Die bayerische Staatskanzlei stellt dafür für 2019 und 2020 jeweils rund fünf Millionen Euro für Standortinitiativen und Projektförderung zur Verfügung. Vorsitzender der Geschäftsführung ist Stefan Sutor.

30. Juni: In Ingolstadt stellt intv den Sendebetrieb ein. Zum 1. Juli geht tv.ingolstadt auf Sendung, nachdem die BLM die Lizenz an die München Live TV GmbH & Co. KG neu vergeben hat.

1. September: Thorsten Schmiege, bisher Leiter des Referats Medienpolitik/Rundfunkrecht in der bayerischen Staatskanzlei, wird als Nachfolger von Martin Gebrande, der das Amt fast 30 Jahre lang innehatte, der neue BLM-Geschäftsführer.

17. Oktober: Die Lizenz des bundesweiten Fernseh-Vollprogramms ProSieben wechselt mit Wirkung zum 1. Januar 2020 von Berlin nach Bayern (wo der Senderbetreiber, die ProSiebenSat.1 Media SE, schon seit Gründung ihren Sitz hat).

2020

März bis Dezember: Aufgrund der Pandemiesituation fallen auch in der bayerischen Medienszene zahlreiche Veranstaltungen aus oder werden verschoben. Die Lokalrundfunktage und die Münchner Medientage werden – wie viele anderen Events – erstmals rein digital durchgeführt.

April: Der 2019 zwischen den Bundesländern ausgehandelte „Medienstaatsvertrag zur Modernisierung der Medienordnung in Deutschland" (Medienstaatsvertrag) wird von allen Ministerpräsidentinnen und -präsidenten unterzeichnet und im Laufe des Jahres durch die Landesparlamente ratifiziert. In den Geltungsbereich gegenüber dem bisherigen Rundfunkstaatsvertrag (siehe oben bei 3. April 1987) neu aufgenommen werden auch Medienintermediäre (wie Soziale Netzwerke, Suchmaschinen und Video-Sharingdienste). Er tritt am 7. November 2020 in Kraft.

5. Juni: Der Freistaat Bayern und die BLM verabschieden ein 1,25 Mio. Euro umfassendes Corona-Hilfspaket je zur Hälfte für finanziell bedrohte bayerische Lokalradio- und Lokalfernsehsender. Im Dezember stockt der Freistaat die Förderung gezielt für Lokal-TV um eine weitere Million auf.

Mitte Oktober läuft zudem die Auszahlung von bis zu 2,6 Millionen Corona-Bundeshilfen für private Radiounternehmen in Bayern an.

2021

25. März: Der Medienrat der BLM wählt Thorsten Schmiege zum Nachfolger des am 30. September aus dem Amt scheidenden Präsidenten Siegfried Schneider.

Abbildungs- und Tabellenverzeichnis

Abbildungen

Abb. 1: Kosten- und Ertragsstruktur im privaten Rundfunk in Bayern im Zeitverlauf 109

Abb. 2: Ertrags- und Aufwandsstruktur im lokalen und regionalen Fernsehen in Bayern 2018 110

Abb. 3: Organigramm der BLM (eigene Darstellung) 150

Abb. 4: Grafische Darstellung der mit Antenne Bayern über die Inhaber in Verbindung stehenden Gesellschaften und Medien – Ausschnitt aus einer weit größeren Grafik 161

Abb. 5: Gesellschaftsstruktur der München Live TV Fernsehen GmbH ... 162

Abb. 6: Karikatur 174

Abb. 7: Durchschnittliche Kostendeckung der Lokalradios in Bayern von 1988 bis 1995 189

Abb. 8: Entwicklung der Tagesreichweiten der Lokalradioprogramme in Bayern 191

Abb. 9: Kostendeckungsgrad im lokalen und regionalen Fernsehen in Bayern 211

Abb. 10: Tagesreichweiten der bayerischen Lokal-TV-Programme 212

Abb. 11: (Einzel-)Mitgliedschaften von lokalen und landesweiten Rundfunkanbietern in Bayern nach Branchenverbänden in Prozent 222

Abb. 12: Beschäftigte im privaten Rundfunk in Bayern in den Jahren 1995 bis 2018 in allen Bereichen (feste und freie Mitarbeiterinnen und Mitarbeiter inklusive Teilzeitbeschäftigte, Praktikantinnen und Praktikanten und Auszubildende) 250

Abb. 13: Entwicklung des Journalistinnenanteils im Rundfunk in Deutschland (1993-2017) in Prozent 260

Abb. 14: Frauenanteile im privaten HF und TV in Bayern in Prozent 264

Abb. 15: Pionierstimmung in den 1980er Jahren 275

Abb. 16: Die ersten Radio-IN-Macherinnen und -macher 283

Abb. 17: Struktur der Aus- und Fortbildungskanäle in Bayern bis zur Umstrukturierung 2018 299

Abb. 18: Struktur der Aus- und Fortbildungskanäle in Bayern nach der Umstrukturierung 2018 302

Abb. 19: Ausbildungs- und Hochschulrundfunk in Bayern 312

Abb. 20:	Anteile der Praktikantinnen und Praktikanten sowie Hospitantinnen und Hospitanten am Gesamtpersonal im lokalen privaten Hörfunk und lokalem privaten Fernsehen in Bayern von 1996 bis 2018	320
Abb. 21:	Weg zum Praktikumsplatz	323
Abb. 22:	Tätigkeiten der Praktikantinnen und Praktikanten	327
Abb. 23:	Karriereangebote und -optionen nach dem Praktikum	328
Abb. 24:	Logo von Radio Oberland 2007 sowie 2019	352
Abb. 25:	Stereoempfangsgebiet Garmisch-Partenkirchen/Weilheim in Oberbayern im Jahr 2018	356
Abb. 26:	Verbreitungswege der Podcasts	460
Abb. 27:	Produktionsart der Podcasts	462
Abb. 28:	Durchschnittliche Länge der Podcasts	463
Abb. 29:	Periodizität der Podcasts	464
Abb. 30:	Publikationszeitraum der Podcasts	465
Abb. 31:	Inhalte der Podcasts	465
Abb. 32:	Entwicklung der Programmförderung 1988-2019	480
Abb. 33:	Tagesreichweiten bayerischer Lokalprogramme im Zeitverlauf	503

Tabellen

Tab. 1:	Anteil der thematisierten Städte und Landkreise	128
Tab. 2:	Die häufigsten Sachgebiete der Regionalnachrichten	129
Tab. 3:	Fördermaßnahmen 2019 der BLM	152
Tab. 4:	Neue Welle Rundfunk-Verwaltungsgesellschaft	171
Tab. 5:	Anzahl der Radiosender/-programme pro Unternehmen	173
Tab. 6:	Typologie von Ballungsraum-, Regional- und Lokalfernsehen	200
Tab. 7:	Beschäftigte im privaten Rundfunk in Bayern 1995 bis 2018	251
Tab. 8:	Anteil Journalistinnen nach Medientyp	258
Tab. 9:	Derzeitige Nachrichtenformate der BLR	366
Tab. 10:	Musikformate im Überblick mit Beispielen aus Bayern	376
Tab. 11:	Anmoderation mithilfe der AIDA-Regel	389
Tab. 12:	Eckdaten der lokalen Radiosender in Niederbayern	441
Tab. 13:	Tagesreichweite der lokalen Radiosender in Niederbayern	442
Tab. 14:	Lokalrundfunkstandorte im Vergleich: 1989, 1992 und 2019	513
Tab. 15:	Nichtkommerzielle Angebote in Bayern	540

Abkürzungsverzeichnis

3-EB	Three-Element-Break (kurze Zwischenmoderation bei Radiosendungen)
ABP	Akademie der Bayerischen Presse
AC	Adult Contemporary (Radioformat)
ACSP	Archiv für Christlich-Soziale Politik der Hanns-Seidel-Stiftung
ADM	Arbeitsgemeinschaft deutscher Marktforschungsinstitute
AFK	Aus- und Fortbildungskanal (auch genannt: Ausbildungsfrequenz)
AFN	American Forces Network
AGABY	Arbeitsgemeinschaft der Ausländer-, Migranten- und Integrationsbeiräte Bayerns
AGF	Arbeitsgemeinschaft Fernsehforschung
agma	Arbeitsgemeinschaft Media-Analyse (zuvor: AG.MA)
AGS	Arbeitsgemeinschaft für Studio- und Senderfragen
AIDA	Werbewirkungsprinzip (Attention, Interest, Desire, Action)
AKM	Arbeitskreis Kommunikatorforschung München
ALM	Arbeitsgemeinschaft der Landesmedienanstalten der Bundesrepublik Deutschland, seit 2011 „Die Medienanstalten"
APR	Arbeitsgemeinschaft Privater Rundfunk
ARD	Arbeitsgemeinschaft der öffentlich-rechtlichen Rundfunkanstalten der Bundesrepublik Deutschland
BAF	Bayerische Akademie für Fernsehen und Digitale Medien e.V.
BayMG	Bayerisches Mediengesetz (Gesetz über die Entwicklung, Förderung und Veranstaltung privater Rundfunkangebote und anderer Telemedien in Bayern)
BayMS	Bayerische Medien-Servicegesellschaft mbH
BayRG	Bayerisches Rundfunkgesetz
BBiG	Berufsbildungsgesetz
BBV	Bayerische Beamtenversicherung

BCI	Broadcast Consult International (Rundfunkunternehmen)
BDR	Bayern Digital Radio
BDZV	Bundesverband Deutscher Zeitungsverleger (heute: Bundesverband Digitalpublisher und Zeitungsverleger)
BIKK	Bürgerinitiative gegen Kabelkommerz
BJV	Bayerischer Journalisten-Verband
BKS	Bundesverband Kabel und Satellit
BLM	Bayerische Landeszentrale für neue Medien
BLR	Dienstleistungsgesellschaft für Bayerische Lokal-Radioprogramme mbH & Co. KG
BLW	Bayerische Lokalradio-Werbung
BMAS	Bundesministerium für Arbeit und Soziales
BMO	Gebauter Beitrag mit O-Tönen
BMT	Bayerische Medien Technik
BpB	Bundeszentrale für politische Bildung
BPR	Bundesverband Privater Rundfunk
BPRT	Bundesverband Privater Rundfunk und Telekommunikation
BR	Bayerischer Rundfunk
BStK	Bayerische Staatskanzlei
BVerwG	Bundesverwaltungsgericht
CATI	Computer Assisted Telephone Interview
CDU	Christlich Demokratische Union Deutschlands
CHR	Contemporary Hit Radio (Radioformat)
CSU	Christlich-Soziale Union in Bayern
CvD	Chefin oder Chef vom Dienst
DAB	Digital Audio Broadcasting
DAB+	Digital Audio Broadcasting mit zusätzlichem Fehlerschutz
DFG	Deutsche Forschungsgemeinschaft

DGK	Deutsche Gesellschaft für Kabelkommunikation
dju	Deutsche Journalistinnen- und Journalisten-Union
DJS	Deutsche Journalistenschule in München
DJV	Deutscher Journalisten-Verband
DLD	Digital Life Design
DLM	Direktorenkonferenz der Landesmedienanstalten
DMB	Digital Multimedia Broadcasting
DOM	Deutsch-orientierte melodiöse Musik (Radioformat)
ddp	Deutscher Depeschendienst
DSF	Deutsches SportFernsehen (heute: Sport1)
DSGVO	Datenschutz-Grundverordnung
DSL	Digital Subscriber Line
DVB-C	Digital Video Broadcasting – Cable
DVB-C2	Weiterentwicklung von DVB-C
DVB-S	Digital Video Broadcasting – Satellite
DVB-S2	Weiterentwicklung von DVB-S für die Übertragung größerer Datenmengen
DVB-T	Digital Video Broadcasting – Terrestrial
DVD	Digital Versatile Disc
DW	Deutsche Welle
ECTS	European Credit Transfer System
EPF	Erste private Fernsehgesellschaft mbH
ETSI	European Telecommunications Standards Institut
FAB	Funkanalyse Bayern
FSF	Freiwillige Selbstkontrolle Fernsehen
FSK	Freiwillige Selbstkontrolle der Filmwirtschaft
GEMA	Gesellschaft für musikalische Aufführungs- und mechanische Vervielfältigungsrechte

GfK	Gesellschaft für Konsumforschung
GG	Grundgesamtheit
GöfaK	Göttinger Institut für angewandte Kommunikationsforschung
GPTBL	Garmisch-Patenkirchner Tagblatt
GSJ	Gemeinsame Stelle für Jugendschutz und Programm der Landesmedienanstalten
GSPWM	Gemeinsame Stelle Programm, Werbung und Medienkompetenz der Landesmedienanstalten
GVK	Gremienvorsitzendenkonferenz der Landesmedienanstalten
HbbTV	Hybrid Broadcast Broadband TV
HDTV	High Definition Television
HF	Hörfunk
HH	Haushalte
HOT	Home Order Television
HSF	Hochschulfunk Ilmenau
HStA	Hauptstaatsarchiv
IBW	Informationszentrale der Bayerischen Wirtschaft
ICM	International Congress Center München
IFP	Staatsinstitut für Frühpädagogik
IPTV	Internet Protocol Television
ISB	Staatsinstitut für Schulqualität und Bildungsforschung München („In Sachen Bildung")
ISDN	Integrated Services Digital Network
ISK	Informations- und Servicekanal
ITU	International Telecommunication Union (Internationale Fernmeldeunion)
IW	Institut der deutschen Wirtschaft
IZI	Internationales Zentralinstitut für das Jugend- und Bildungsfernsehen

JFF	Institut für Medienpädagogik in Forschung und Praxis in München
JIM-Studie	Studie zu Jugend, Information und (Multi-)Media
JMStV	Staatsvertrag über den Schutz der Menschenwürde und den Jugendschutz in Rundfunk und Telemedien
JSS	Satzung zur Gewährleistung des Jugendschutzes in digital verbreiteten privaten Fernsehangeboten
KDG	Kabel Deutschland
KEF	Kommission zur Ermittlung des Finanzbedarfs der Rundfunkanstalten
KEK	Kommission zur Ermittlung der Konzentration im Medienbereich
KIM-Studie	Studie zu Kindheit, Internet und Medien
KJM	Kommission für Jugendmedienschutz der Landesmedienanstalten
KMP	Kabel Media Programmgesellschaft
KtK	Kommission für den Ausbau des technischen Kommunikationssystems
LAG	Landesarbeitsgemeinschaft Selbsthilfe von Menschen mit Behinderung
LFK	Landesanstalt für Kommunikation Baden-Württemberg
LfM	Landesanstalt für Medien NRW
LMA	Landesmedienanstalt
LMK	Landeszentrale für Medien und Kommunikation (Medienanstalt Rheinland-Pfalz)
LMS	Landesmedienanstalt Saarland
LOP	Least objectionable programming (Theorie zur Erklärung des Zuschauerverhaltens und daraus abgeleitete Programmplanung)
LTE	Long Term Evolution (Mobilfunkstandart)
LTE+	Long Term Evolution Advanced (auch: LTE-A oder LTE-Advanced)
LTF	Landtagsfraktion
Ma	Media-Analyse (zuvor: MA)

Abkürzungsverzeichnis

MA HSH	Medienanstalt Hamburg und Schleswig-Holstein
m.b.t.	Mediengesellschaft der Bayerischen Tageszeitungen für Kabelkommunikation mbH
MEG	Medienerprobungs- und -entwicklungsgesetz
MGK	Münchner Gesellschaft für Kabelkommunikation
MGO	Mediengruppe Oberfranken
MHz	Megahertz
MK	Bayerisches Staatsministerium für Unterricht und Kultus („Kultusministerium"), zeitweise auch zusätzlich für Wissenschaft und Kunst zuständig
MOR	Middle of the Road (Radioformat)
MPK	Münchner Pilot-Gesellschaft für Kabelkommunikation mbH
MPZ	Museums-Pädagogisches Zentrum München
MvD	Moderatorin oder Moderator vom Dienst
MWF	Ministerium für Wissenschaft und Forschung des Landes Nordrhein-Westfalen
NBC	National Broadcasting Company
NiF	Nachrichten im Film
NKL	Nichtkommerzielles Lokalradio
NL	Nachlass
NRJ	Nouvelle Radio Jeunesse (europaweit tätiges französisches Rundfunkunternehmen)
NWF	Neue Welle Franken
OK	Offener Kanal
OMR	Online Marketing Rockstars (Plattform und Festival für Online Marketing)
PAL	Phase Alternating Line (Verfahren zur Farbfernsehübertragung)
PFR	Programmförderungs-Richtlinie der BLM
PK	Programmkoordinatorin oder -koordinator
PRIBAG	Private Bayerische Rundfunk-und Fernseh-AG

PT	Parteitag
QMB	Qualitätsmanagement-Verfahren Bürgermedien (Initiative der Landesanstalt für Medien NRW zur Förderung der Medienkompetenz)
RDS	Radio Data System (System zur Übermittlung digitaler Zusatzinformationen beim analogen Rundfunk)
RFO	Regional Fernsehen Oberbayern
RFR	Regionalfernsehen Rosenheim
RKB	Radio-Kombi-Bayern
RMS	Radio-Marketing-Service
RäStV	Rundfunkänderungsstaatsvertrag
RRC06	Regional Radiocommunication Conference 2006 (Internationale Funkplanungskonferenz der ITU)
RStV	Staatsvertrag für Rundfunk und Telemedien
SDR	Süddeutscher Rundfunk
SLM	Sächsische Landesanstalt für privaten Rundfunk und neue Medien
SMG	Saarländisches Mediengesetz
SMS	Short Message Service
SPD	Sozialdemokratische Partei Deutschlands
SWR	Südwestrundfunk
SXSW	South by Southwest (jährliches Festival und Fachkonferenz für Musik, Kultur und interaktive Medien in Austin/Texas)
SZ	Süddeutsche Zeitung
TiVo	Television Input/Video Output (Videorekordersystem)
TLM	Thüringer Landesmedienanstalt
TQM	Total Quality Management
tsd.	Tausend
tz	In München erscheinende Tageszeitung
UKW	Ultrakurzwelle

UMTS	Universal Mobile Telecommunications System (Mobilfunkstandard)
VAUNET	Verband Privater Medien e.V. (zuvor: Verband Privater Rundfunk und Telemedien e.V. / VPRT)
VBL	Verband Bayerischer Lokalrundfunk
vbw	Vereinigung der Bayerischen Wirtschaft
VBRA	Vereinigung Bayerischer Rundfunkanbieter
VBZV	Verband Bayerischer Zeitungsverleger e.V.
VDZ	Verband Deutscher Zeitschriftenverleger e.V.
VFX	Visual Effects
VJ	Videojournalistin oder Videojournalist
VPRT	Verband Privater Rundfunk und Telemedien e.V. (seit 2018 VAUNET)
VuLB	Verband unabhängiger Lokalradios in Bayern
VZB	Verband der Bayerischen Zeitschriftenverlage e.V.
WHK	Weitester Hörerkreis
WiLa	Berichte zur Wirtschaftlichen Lage im privaten Rundfunk
ZAK	Kommission für Zulassung und Aufsicht der Landesmedienanstalten
ZDF	Zweites Deutsche Fernsehen

Autorinnen- und Autorenverzeichnis

Markus Behmer

Prof. Dr. Markus Behmer ist Dekan der Fakultät für Geistes- und Kulturwissenschaften der Otto-Friedrich-Universität Bamberg und hat die Professur für empirische Kommunikatorforschung am dortigen Institut für Kommunikationswissenschaft inne. Seit Februar 2018 leitet er das Forschungsprojekt „Entwicklung des privaten Rundfunks in Bayern". Seine Forschungsschwerpunkte sind Mediengeschichte, Journalismusforschung und internationale Kommunikationspolitik. Er ist unter anderem Mitherausgeber des Sammelbands „Das Gedächtnis des Rundfunks" (Springer VS 2014) sowie des Lehr- und Handbuchs „Kommunikationsgeschichte. Positionen und Werkzeuge" (Lit Verlag 2008).

Melina Bosbach

Melina Bosbach ist Pressereferentin im Landratsamt Schweinfurt. Zuvor studierte sie Kommunikationswissenschaft an der Otto-Friedrich-Universität in Bamberg. In ihrer Masterarbeit untersuchte sie die Vielfalt der Regionalnachrichten im dualen Hörfunk. Die Idee dazu entstand im Laufe diverser journalistischer Praktika.

Romy Fröhlich

Prof. Dr. Romy Fröhlich lehrt Kommunikationswissenschaft an der Ludwig-Maximilians-Universität München. Die Schwerpunkte ihrer Forschung liegen auf persuasiver Kommunikation, Public Relations und Organisationskommunikation sowie geschlechtsspezifischen Aspekten der Kommunikationswissenschaft und Medienforschung. Sie ist Mitglied in den Herausgeber-Boards der Fachzeitschriften „Journal of Communication", „Communication, Culture & Critique", „Journalism & Mass Communication Educator" sowie „Media, War & Conflict" und Mitherausgeberin unter anderem des Sammelbands „Women journalists in the Western world" (Hampton Press 2008), des „The Routledge Handbook of Media, Conflict and Security" (Routledge 2016) und des „Handbuchs der Public Relations" (VS Verlag 2015) sowie Autorin zahlreicher weiterer Publikationen.

Annika Geuß

Annika Geuß ist seit Oktober 2019 wissenschaftliche Mitarbeiterin am Institut für Kommunikationswissenschaft der Otto-Friedrich-Universität Bamberg mit den Schwerpunkten politische Kommunikation und journalistische Qualitätsforschung. Sie ist Autorin des Buchs „Qualität im Journalismus: Eine Synopse zum aktuellen Forschungsstand" (University of Bamberg Press 2018).

Julia Gürster

Julia Gürster wirkte ab April 2019 als studentische Mitarbeiterin im Forschungsprojekt „Entwicklung des privaten Rundfunks in Bayern" an der Professur für empirische Kommunikatorforschung an der Otto-Friedrich-Universität Bamberg mit und war von Januar bis Juni 2020 als wissenschaftliche Mitarbeiterin in dem Projekt beteiligt.

Christian Henrich-Franke

PD Dr. Christian Henrich-Franke lehrt Wirtschaftsgeschichte an der Universität Siegen. Seine Forschungsschwerpunkte sind die Geschichte europäischer Infrastrukturen, Europäische Integration, Wirtschafts- und Technikgeschichte sowie internationale Beziehungen vor allem vom 19. bis in das 21. Jahrhundert. Zwei seiner jüngsten Buchpublikationen sind „Globale Welt 1970-2015" (Kohlhammer 2019) und „Diversität, Transformation, Kontinuität: Europa 1800-1870" (mit Gerold Ambrosius, Kohlhammer 2020).

Ralf Hohlfeld

Prof. Dr. Ralf Hohlfeld hat seit 2008 den Lehrstuhl für Kommunikationswissenschaft an der Universität Passau inne. Er leitet dort den Bachelorstudiengang „Journalistik und Strategische Kommunikation" und ist Vorsitzender der Kollegialen Leitung des Passauer „Centre for Digitalisation in Society" (CeDiS). Seine Forschungsschwerpunkte sind Öffentlichkeitsentstehung, Medienwandel, Kommunikator- und Redaktionsforschung sowie Qualität im Journalismus. Die jüngste seiner zahlreichen Publikationen ist der gemeinsam mit seinem Passauer Lehrstuhlteam herausgegebene Band „Fake News und Desinformation. Herausforderungen für die vernetzte Gesellschaft und die empirische Forschung" (Nomos 2020).

Markus Kaiser

Prof. Markus Kaiser ist Professor für digitalen Journalismus, Medieninnovationen und Change-Prozesse in der Kommunikationsbranche an der Technischen Hochschule Nürnberg und Berater für Change Management, Social Media und Kommunikation sowie Journalist. Zuvor war er Leiter der Medienstandort-Agentur des Freistaats Bayern, Leiter der Pressestelle einer Behörde und Redakteur der Nürnberger Zeitung. Seine jüngste Buchpublikation behandelt „Change Management in der Kommunikationsbranche" (Springer VS 2020).

Vera Katzenberger

Vera Katzenberger ist wissenschaftliche Mitarbeiterin am Institut für Kommunikationswissenschaft an der Otto-Friedrich-Universität Bamberg. Seit Februar 2018 ist sie Projektkoordinatorin im Forschungsprojekt „Entwicklung des privaten Rundfunks in Bayern". Ihre Forschungsgebiete sind neben dem privaten Rundfunk vor allem Podcasts. In ihrer Dissertation befasst sie sich mit Fragen der Journalismuskompetenz.

Lea Sophia Lehner

Lea Sophia Lehner ist seit April 2020 wissenschaftliche Mitarbeiterin am Lehrstuhl für Kommunikationswissenschaft der Universität Passau. Ihre Forschungsschwerpunkte betreffen den Medienwandel sowie die digitale Transformation des öffentlich-rechtlichen Rundfunks. In ihrer Dissertation untersucht sie, wie es öffentlich-rechtlichen Sendeanstalten gelingt, sich zu crossmedialen Unternehmen zu wandeln, und welchen Einfluss die redaktionelle Konvergenz auf die Arbeitsweisen der Journalisten hat.

Rudi Loderbauer

Rudi Loderbauer ist ausgebildeter TV- und Hörfunk-Journalist und arbeitet als Sendeleiter und Programmplaner für die Mediengruppe RTL. Er war seit 1998 für mehrere Radiosender in Bayern sowie auf den Kanaren als Moderator, Chef vom Dienst und Musik-Redakteur tätig. An der Ludwig-Maximilians-Universität München studierte er Ethnologie, Alte und Bayerische Geschichte.

Sarah Malewski

Dr. Sarah Malewski ist seit Juli 2019 in der Abteilung Beratung und Strategie für Studium und Lehre im Bereich E-Learning an der Frankfurt University of Applied Sciences tätig. Zuvor war sie wissenschaftliche Mitarbeiterin am Institut für Kommunikationswissenschaft der Otto-Friedrich-Universität Bamberg. Ihre Doktorarbeit verfasste sie zum Thema „Medienhandeln von Kindern im Kontext des Schulübertritts" (Nomos 2020).

Klaus Meier

Prof. Dr. Klaus Meier ist seit 2011 Inhaber des Lehrstuhls für Journalistik I an der Katholischen Universität Eichstätt-Ingolstadt. Davor war er Professor an der Hochschule Darmstadt und der Technischen Universität Dortmund. Seine Forschungsgebiete sind unter anderem Qualität und Ethik des Journalismus, Transfer zwischen Wissenschaft und Praxis sowie crossmediale Entwicklungen und

Innovationen des Journalismus. Neben vielen Herausgeberbänden ist er Autor unter anderem der Facheinführung „Journalistik" (UVK ⁴2018) und des Standardwerks „Ressort, Sparte, Team. Wahrnehmungsstrukturen und Redaktionsorganisation im Zeitungsjournalismus" (UVK 2002). Er ist Mitherausgeber des Sammelbands „Neujustierung der Journalistik/Journalismusforschung in der digitalen Gesellschaft" (2020).

Holger Müller

Holger Müller ist seit Oktober 2009 wissenschaftlicher Mitarbeiter am Institut für Kommunikationswissenschaft der Otto-Friedrich-Universität Bamberg mit den Schwerpunkten praktische Journalistenausbildung und Hörfunkforschung; zudem leitet er das Uniradio Frieda FM. Zuvor absolvierte er ein Volontariat bei der Dienstleistungsgesellschaft für Bayerische Lokalradioprogramme (BLR) und arbeitete dort als freier Journalist und Moderator.

Christoph Neuberger

Prof. Dr. Christoph Neuberger ist Inhaber eines Lehrstuhls und Leiter der Arbeitsstelle für Digitalisierung und Partizipation am Institut für Publizistik- und Kommunikationswissenschaft der Freien Universität Berlin sowie Geschäftsführender Direktor des Weizenbaum-Instituts für die vernetzte Gesellschaft, Berlin. Zuvor lehrte er an der Ludwig-Maximilians-Universität München sowie der Universität Münster. Er ist unter anderem Mitglied der Bayerischen Akademie der Wissenschaften. Zu seinen zahlreichen Buchpublikationen zählen zum Beispiel „Was erwartet die Gesellschaft im Internet – und was erhält sie?" (KAS 2018) und die Herausgeberbände „Journalismusforschung" (Nomos ²2016) sowie „Journalismus im Internet" (Nomos ²2018).

Sophie Reitmeier

Sophie Reitmeier ist seit Mai 2018 wissenschaftliche Mitarbeiterin am Institut für Kommunikationswissenschaft der Otto-Friedrich-Universität Bamberg mit dem Schwerpunkt empirische Rezeptions- und Wirkungsforschung.

Maria Lisa Schiavone

Maria Lisa Schiavone ist Redaktionsvolontärin bei der Tageszeitung Main-Post und promoviert im Fach Journalistik an der Katholischen Universität Eichstätt-Ingolstadt. Zuvor hat sie dort als wissenschaftliche Mitarbeiterin am Lehrstuhl für Journalistik I gearbeitet. Nach ihrem Bachelor-Studium in Medienmanagement war sie mehrere Jahre als Social Media Managerin tätig.

Jonas Schützeneder

Dr. Jonas Schützeneder ist wissenschaftlicher Mitarbeiter am Lehrstuhl für Journalistik I der Katholischen Universität Eichstätt-Ingolstadt. Als Stipendiat im Journalistischen Förderprogramm der Passauer Neuen Presse absolvierte er dort ein Volontariat und war anschließend für Zeitungen und Online-Medien tätig. Seine aktuellen Forschungsschwerpunkte liegen im Bereich der Redaktionsorganisation und Innovationskommunikation. Promoviert wurde er mit einer Studie über „Profitrainer zwischen Sportjournalismus und Sportkommunikation" (Springer VS 2019). Er ist Mitherausgeber des Sammelbands „Neujustierung der Journalistik/Journalismusforschung in der digitalen Gesellschaft" (2020).

Manfred Treml

Nach dem Studium der Geschichte, Germanistik und Sozialkunde in München und der Promotion in Bayerischer Landesgeschichte sowie dem 1. und 2. Staatsexamen war Manfred Treml zunächst Gymnasiallehrer, ab 1985 dann Dozent und Leiter des Referats Geschichte an der Akademie für Lehrerfortbildung in Dillingen. Von 1985 bis 2001 war er stellvertretender Direktor des Hauses der Bayerischen Geschichte, von 2001 bis 2010 war er Direktor des Museums-Pädagogischen Zentrums (MPZ) in München. Seit 2001 ist er Honorarprofessor an der Katholischen Universität Eichstätt-Ingolstadt. Darüber hinaus verantwortete er bis heute zahlreiche historische Ausstellungen, Publikationen, Kolloquien und Vorträge zu Themen der Landesgeschichte, Geschichtsdidaktik, Ausstellungs- und Museumsdidaktik oder Historischen Bildkunde. Seit 1990 sitzt er im Medienrat der BLM und leitet den dortigen Hörfunkausschuss. Das jüngste seiner zahlreichen Bücher ist der von ihm koordinierte Reader „Geschichte des modernen Bayern. Königreich und Freistaat" (Landeszentrale für politische Bildungsarbeit 2020).

Michael Wild

Dr. Michael Wild ist seit Oktober 2011 wissenschaftlicher Mitarbeiter am Institut für Kommunikationswissenschaft der Otto-Friedrich-Universität Bamberg mit den Schwerpunkten Kommunikationsgeschichte und Methoden der Kommunikationswissenschaft. Er ist Autor des Buches „Öffentlichkeit in unsicheren Zeiten. Zur Analyse öffentlicher Kommunikation in Revolutionen" (Halem 2020).

Jeffrey Wimmer

Jeffrey Wimmer, Dr. phil., ist Professor für Kommunikationswissenschaft mit Schwerpunkt Medienrealität an der Universität Augsburg. Davor war er als Wissenschaftler an der FAU Erlangen-Nürnberg, LMU München, FU Berlin, Universität Bremen, Leuphana Lüneburg sowie TU Ilmenau tätig. 2007 promovierte er zum Thema (Gegen-)Öffentlichkeit in der Mediengesellschaft (veröffentlicht im VS Verlag). 2009 bis 2015 war er Sprecher der Sektion „Communication and Democracy" der European Communication Research and Education Association sowie der Fachgruppe „Soziologie der Medienkommunikation" der deutschen Gesellschaft für Publizistik und Kommunikationswissenschaft. Seine Forschungs- und Lehrschwerpunkte liegen in den Bereichen Soziologie der Medienkommunikation, Öffentlichkeit und Partizipation, Mediatisierung und Medienwandel, Digitale Spiele und Virtuelle Welten.

Guido Zurstiege

Prof. Dr. Guido Zurstiege hat den Lehrstuhl für Medienwissenschaft und empirische Medienforschung an der Universität Tübingen inne. Aktuelle Forschungs- und Arbeitsschwerpunkte sind strategische Kommunikation, Gesundheitskommunikation, Medientheorie und Medienkultur. Einige seiner vielen Publikationen sind „Zwischen Kritik und Faszination. Was wir beobachten, wenn wir die Werbung beobachten, wie sie die Gesellschaft beobachtet" (Halem 2005), „Medien und Werbung" (VS Verlag 2015) und „Taktiken der Entnetzung. Die Sehnsucht nach Stille im digitalen Zeitalter" (Suhrkamp 2020).

Personenregister

Adams, Bryan	382
Adenauer, Konrad	17, 32-34, 339
Albrecht, Ernst	58
Ambros, Wolfgang	350
Ancker, Frauke	142, 552
Angermeier, Anja	322
Anton, Wilfried	140
Apostolov, Blagoy	531, 533
Appel, Marcus	167, 378, 505, 507
Arden, Jann	403
Baacke, Dieter	541
Baerns, Barbara	418
Bartsch, Peter	368, 379f.
Bauer, Gabi	389f.
Bauer-Stadler, Bianca	204, 397, 507
Bäumler, Matthias	282
Bausch, Hans	55
Beck, Martina (geb. Glagow)	347, 349
Behmer, Markus	11, 115
Berg, Maximilian	350
Berger, Roland	337, 342
Bernard, Birgit	115
Berndl, Walter	355
Berls, Ulrich	298
Bertani, Claudia (Werbefigur)	413
Bertelshofer, Peter	230, 504
Bethge, Herbert	139
Betz, Michael	506f.
Bocklet, Reinhold	47
Böddrich, Jürgen	55, 61, 83
Böhm, Johann	86f.
Bon Jovi, Jon	382
Bopp, Gabriele	21
Bornemann, Roland	150
Bösch, Frank	27-29, 71
Bosl, Karl	27
Brandt, Willy	399
Braun, Klaus	360, 368, 370, 380-382
Brecht, Bertolt	14, 524
Bredow, Hans	95, 104
Brem, Beppo	411
Brenner, Christian	360, 365, 368-370, 372
Bucher, Hans-Jürgen	115, 429
Bücher, Karl	411f.
Buchholz, Klaus-Jürgen	525
Buchwald, Angel	395
Burda, Hubert	161, 163f., 173, 237, 558, 566
Burkei, Ralph	146, 205, 567
Burnett Tylor, Edward	338
Buschheuer, Hans-Peter	140, 186
Coelln, Christian von	82
Collins, Phil	394
Conrad, Werner	141
Cotugno, Toto	350
Cube, Walter von	31
Curry, Adam	457
Dahlmeier, Laura	347
Dahrendorf, Ralf	37

Deck, Regina 21
Deraëd, André 298
Diana, Princess of Wales 369
Dicks, Carsten 223
Dietrich-Gsenger, Marlene 257
Dingler, Georg 22, 449
Doetz, Jürgen 557
Domcke, Hans 553
Drollmann, Stefan 283-286

Ebel, Martin 397f.
Eberle, Raimund 37, 38
Eckl, Thomas 225
Efinger, Eberhard 533
Ehard, Hans 34
Eichhorn, Wolfgang 124, 190
Eichinger, Bernd 164
Elisabeth II. (Queen) 398, 399
Engel, Bernhard 115
Engelhardt, Walter 87, 169f.
Enzensberger, Hans Magnus 524
Essl, Erwin 36, 44

Fasco, Jochen 429
Fell, Johanna E. 150
Fendrich, Rainhard 350
Ferenčak, Wolfgang 404f.
Ferenczy, Josef von 164
Fischer, Laurent 65
Fischer, Markus 381f., 402, 405
Flieger, Wolfgang 16, 21
Förster, Michael „Goofy" 375, 377, 404f.
Fraas, Kai 321, 509
Franziskus (Papst) 482

Frei, Norbert 64, 71
Friedrich, Dirk 150
Fritz, Wilhelm 66
Furtado, Nelly 382

Gaab, Jochen 27
Gabert, Volkmar 339
Gamer, Michael 154
Gebrande, Martin 16, 21, 85, 139f., 149, 255, 364, 556, 572
Gegenfurtner, Wilhelm 140, 146
Gennari, Joshua 482
Gill, David 399
Gimmler, Roland 541
Gleich, Uli 115
Glotz, Peter 57, 71
Goedhart, Jan 298
Goldhammer, Klaus 424
Gomez, Marie 482
Göpfert, Winfried 472
Goppel, Alfons 36-39, 44f., 551
Großmann, Alexander 396
Gummer, Andreas 150
Gürster, Julia 18, 19, 20, 22, 518
Gürtler, Uwe 394, 398, 504

Haas, Mike 378, 380, 396f., 405f.
Hahn, Jonna 22
Haimerl, Norbert 173f.
Hamm-Brücher, Hildegard 43, 72
Hammersley, Ben 457
Hanauer, Rudolf 38

Hanitzsch, Thomas 263
Hartstein, Reinhard 64, 69
Hasselbring, Birgit 15
Haunreiter, Helmut 62, 140, 142, 183, 552
Hauschild, Joachim 393, 396
Hausmann, Georg 440, 443-447, 449, 451-453, 455
Hecht, Anja 22
Hefter, Robert 150
Hegelich, Simon 154
Heim, Heinz 16, 21, 142, 150, 240, 296, 544, 552
Herbig, Michael „Bully" 248, 400f.
Hermann, Inge 388-390
Hermanni, Afred-Joachim 28
Herrmann, Florian 107
Hesse, Albrecht 84
Heubl, Franz 58
Heyn, Jürgen 296
Hickethier, Knut 28
Höcherl, Hermann 34
Hoga, Sigi 279-281, 506
Hohenberger, Hermann 377, 453, 505f.
Holland, Alexandra 175
Hömberg, Walter 248
Hopp, Olaf 223
Huber, Erwin 58, 187, 228
Huber, Herbert 83
Huber, Ludwig 45
Hundhammer, Alois 38

Imhof, Kurt 521
Ippen, Dirk 64, 340, 566

Janssen, Andi 275
Janßen, Günther 329
Jelinek, Brigitte 22, 505
Johannes Paul II. (Papst) 405
Jooß, Erich 111, 146, 210, 228, 544, 565, 571
Jörs, Ulrich 444, 448

Kaiser, Heinz 83, 87
Kamm, Raimund 88
Kappler, Gerald 387, 401, 405
Karepin, Rolf 396
Karlstadt, Liesl 411
Kavanian, Rick 248, 400
Kasch, Achim 300, 320
Kasem, Casey 378
Keilbart, Walter 112, 150, 544, 571
Keldenich, Felix 427
Kerschner, Flo 387
Kirch, Leo 10, 71, 164, 172, 556, 562-564
Klein, Hans Hugo 48
Klein, Paul 413
Klingler, Walter 115
Kloepfer, Rolf 415
Kloiber, Herbert 164
Knieling, Sabine 229
Knoeringen, Waldemar von 39
Kofler, Georg 146, 556
Kogel, Fred 10, 17, 22
Kohl, Helmut 52f., 99
Kollmann, Dominik 404

Kopka, Klaus   88, 142, 146, 184, 186, 205, 552, 565, 567
Kors, Johannes   342
Kovac, Felix   161, 223, 225
Krafft, Tobias   154
Kreile, Johannes   46, 51
Kretzschmar, Sonja   427, 430, 438
Krinner, Christiane   268
Krol, Reinhard   388-390

Landbeck, Hanne   415
Langemann, Markus   400f., 406
Langenohl, Susanne   428
Laschet, Armin   237
Lauerer, Corinna   262
Laubenbacher, Silvia 504, 507
Leber, Georg   43
Lehmann, Stephan   381, 405
Leikermoser, Wolfgang 17, 247f., 254, 375, 381, 405
Lemmer, Christoph   367
Leusser, Claus   32-34, 35
Lindner, Livia   115
Loderbauer, Rudi   329, 453, 506, 509
Löffelholz, Erich von 36
Löffelholz, Martin   261
Lorenzmeier, Stefan   82
Lörz, Nikolaus   150
Lüders, Johannes   141, 226
Lynen, Patrick   394, 404, 406

Maier, Hermann   360
Malak, Yvonne   388, 400

Mann, Golo   55
Marks, Christian   395
Markwort, Helmut   10, 17, 22, 64, 164, 168, 172, 225f., 228, 248, 566
Martens, Klaus   531
McBeal, Ally (TV-Serienfigur)   416
McQuail, Denis   475
Medina Serrano, Juan Carlos   154
Meier, Christa   83
Meixner, Stefan   401f., 406
Merkel, Angela   237
Merkel, Heinrich G.   36f., 39
Merten, Klaus   414
Merten, Maximilian   53, 226
Meuser, Michael   279
Meyer, Alfred   46f.
Milan, Stefania   524
Milkau, Brigitte   322
Möhring, Wiebke   427
Moser, Simone   440, 443f., 446f., 449, 452f.
Möstl, Markus   82
Mühlfenzl, Rudolf   64, 69, 141, 143f., 184, 296, 340, 553
Müller, Arno   400, 405
Müller, Dieter   115
Müller, Reiner   142, 552
Müller-Hohenstein, Kathrin   403
Müller-Meiningen, Ernst jr.   39
Müller-Sachse, Karl   199

Nafziger, Rolf   199
Nagel, Ulrike   279

Nagel, Tanja 21
Nannini, Gianna 350
Neeser, Ruth 21
Neuberger, Christoph 428, 473, 475
Neuner, Magdalena 347
Neupert, Helmuth 142, 552
Neureuther, Christian 347
Neureuther, Miriam (geb. Gössner) 347
Neven DuMont, Alfred 37
Nickl, Andreas 482
Noelle-Neumann, Elisabeth 42
Nöller, Jens 371
Noppel, Jürgen 359, 365f.
Nörr, Angelika 264
Nuernbergk, Christian 428

Oliver, Richard W. 417f.
Oschmann, Constanze 172
Oschmann, Gunther 10, 17, 22, 64, 146, 163f., 167-173, 186f., 229, 340, 360, 558, 566
Oschmann, Michael 22, 64, 172
Ott, Klaus 72

Parrisius, Stefan 320f., 375, 377, 383, 394-399, 400, 403, 505
Pelunka, Peter 165
Penninger, Gerd 229
Peschke, Sina 405f.
Piller, Ralph 146, 205
Pilous, Sebastian 482
Plake, Klaus 115

Pregel, Bettina 21
Prokscha, Gerhard 173
Prokscha, Irmgard 173

Ramazzotti, Eros 350
Rasser, Bernd 368, 380
Rauch, Jennifer 525
Rausch-Meier, Kerstin 320f., 508
Redepenning, Ursula 55
Reger, Stefanie 21, 150
Repa, Christian 286
Richter, Roland 150
Rieger, Simone 440, 442-453
Rieß, Martin 124f., 190
Ring, Wolf-Dieter 10, 16f., 21, 51, 54, 59, 60, 62, 64, 67-69, 71, 83, 85, 88, 107, 112, 139, 142-146, 149, 154f., 159, 167, 174f., 183f., 186, 188, 206f., 209, 228, 235, 241, 359, 363f., 482, 497, 544, 546f., 552-556, 565, 567
Röder, Franz-Josef 39
Roland, Ad 380, 397, 406
Rolf, Christoph 227
Rosenbauer, Roland 405
Rost, Sieghart 55
Rothemund, Helmut 48
Ruland, Hans 169
Ruß-Mohl, Stephan 470, 473, 476, 484

Rust, Roland T.   417f.

Saban, Haim   564
Sabisch, Wolfgang   300, 321
Salmen, Christian   371
Salwiczek, Christian   118
Salzmann, Mischa   167, 227, 320
Samstag, Peter   343, 351f.
Schäfer, Dieter   186
Schäffer, Fritz   33f.
Scharf, Albert   40, 50
Schedel, Otto   41
Scherer, Helmut   124f., 190
Schieferle, Walter   395
Schirner, Michael   414
Schmalfeldt, Carmen   405f.
Schmidbauer, Wolfgang   350
Schmidt, Helmut   99
Schmidts, Mareike   388-390
Schmieder, Daniela   150
Schmiege, Thorsten   21, 149f., 255, 572f.
Schneider, Siegfried   15, 17, 21, 107, 112, 147, 155, 175, 177, 181, 192, 229, 236-238, 241f., 255, 258, 267, 300, 302, 309, 330, 469, 483, 544, 546, 568, 577
Schneiderbanger, Elke   10, 17, 22, 247f., 254
Schnier, Detlef   118
Scholl, Armin   261
Scholl, Mehmet   401
Schosser, Erich   43f., 55
Schott, Dominik   397-399
Schreiner, Willi   21, 202, 227f., 340, 552
Schulz von Thun, Friedemann   388, 390f.
Schumann, Ekkehard   83, 142, 552
Schunk, Klaus   224
Schurian, Pitt   507
Schwägerl, Michael   545
Schwaegerl Navarra, Enrique Antonio „Tony"   165
Schwannberger, Markus   173
Schwartz, Hendrik   440, 443-453
Schwarz-Schilling, Christian   49-52
Schwertner, Nicole   239
Seehofer, Horst   237
Seethaler, Josef   257
Seibel, Inge   22, 381, 406, 509
Seidel, Hanns   32, 34
Seidlein, Maria-Theresia von   10, 22, 64, 163-165
Seifert, René   397f.
Selig, Susanne   22
Sengle, Berthold   298
Sethe, Paul   159f.
Shannon, Del   350
Siegle, Jochen A.   424
Siemers, Helge   298, 359-362, 365f., 379, 506
Simon, Helmut   226
Sinatra, Frank   369
Six, Ulrike   541

Söder, Markus	112	Thiel, Mike	247f., 254, 381, 387
Spang, Wolfgang	264f.		
Spielhagen, Edith	199	Thomaschek, Mathias	275
Spranger, Carl-Dieter	50	Trebbe, Joachim	120, 189f.
Springer, Axel	37, 40, 161, 164	Treml, Manfred	11, 16f., 21, 28, 81f., 139, 159, 363
Stein, Erwin	43f.		
Steindl, Nina	262	Tusch, Christopher	236
Steinmayr, Sebastian	359, 361f., 364f., 368, 370	Ude, Christian	48, 72, 389
Steinmetz, Rüdiger	85, 426		
Stettner, Rupert	139	Valentino, Peter	173
Stingl, Marc	504	Vogel, Hans-Jochen	46
Stöber, Rudolf	81, 85, 91	Volpers, Helmut	118
Stöckl, Alexander	203	Vorndran, Wilhelm	186
Stoiber, Edmund	10, 17, 22, 42, 53, 57-70, 83, 228, 235, 237, 339f., 555	Voss, Michael	545
		Vöth, Reinhold	38, 58f., 62, 66
		Vowe, Gerhard	115, 472
Stoltenberg, Gerhard	58		
Strauß, Franz Georg	165, 566	Wagner, Alfred	140, 148
Strauß, Franz Josef	43, 45-48, 50f., 53-59, 60, 66, 69, 165, 241, 339, 551, 566	Wagner, Richard	13
		Wallenreiter, Christian	38, 44
		Wallisch, Gianluca	478f.
Streckenback, Markus	448, 505	Warnecke, Klaus	10, 22, 61, 140, 148, 184
Streibl, Max	169		
Stücklen, Richard	33, 45	Warwick, Dionne	397
Stuiber, Heinz-Werner	126	Waßink, Verena	427, 430, 438
Sutor, Stefan	150, 236, 238, 240f., 426, 572	Weber, Valerie	247f., 254
		Weigand, Verena	150, 544f., 547
		Weigert, Ingrid	508
Tandler, Gerold	51, 58f.	Weischenberg, Siegfried	261, 471, 473
Täsch, Tina	21	Werneck, Paula	482
Teichert, Will	199	Werner, Andreas	286-288
Theile, Brigitte	403	Wiegand, André	200
Thiel, Eckard	531, 533	Williams, Robbie	382

Wimmer, Jeffrey	518	Worms, Viktor	17, 405
Winer, Dave	457	Wyss, Vincenz	470, 476
Winkler, Konni	304		
Winter, Jessica	401f., 406	Zerdick, Axel	424
Witte, Eberhard	51, 56	Ziegler, Barbara	22
Wolf, Lorenz	225f.	Zimmermann, Friedrich	43, 59
Wolfman Jack	378	Zorn, Kai	349
Wolfswinkler, Ernst	531	Zweig, Katharina	154
Wolling, Jens	115, 472		